Bertolt Brecht
Notizbücher

Herausgegeben von
Martin Kölbel und Peter Villwock

im Auftrag des
Instituts für Textkritik (Heidelberg)
und der
Akademie der Künste (Berlin)

Band 1

Bertolt Brecht
Notizbücher 1-3

(1918-1920)

Suhrkamp Verlag Berlin

Gefördert durch die Otto Wolff Stiftung

Erste Auflage 2012

Fotografien: Karl Grob (Zürich)
Satz: Martin Kölbel, Peter Villwock (Berlin)
Druck: Memminger MedienCentrum AG
Printed in Germany

ISBN: 978-3-518-42299-1

1 2 3 4 5 6 – 17 16 15 14 13 12

Inhalt

Notizbuch 1

Lieder zur Klampfe

von

Bert Brecht und seinen Freunden.

1918.

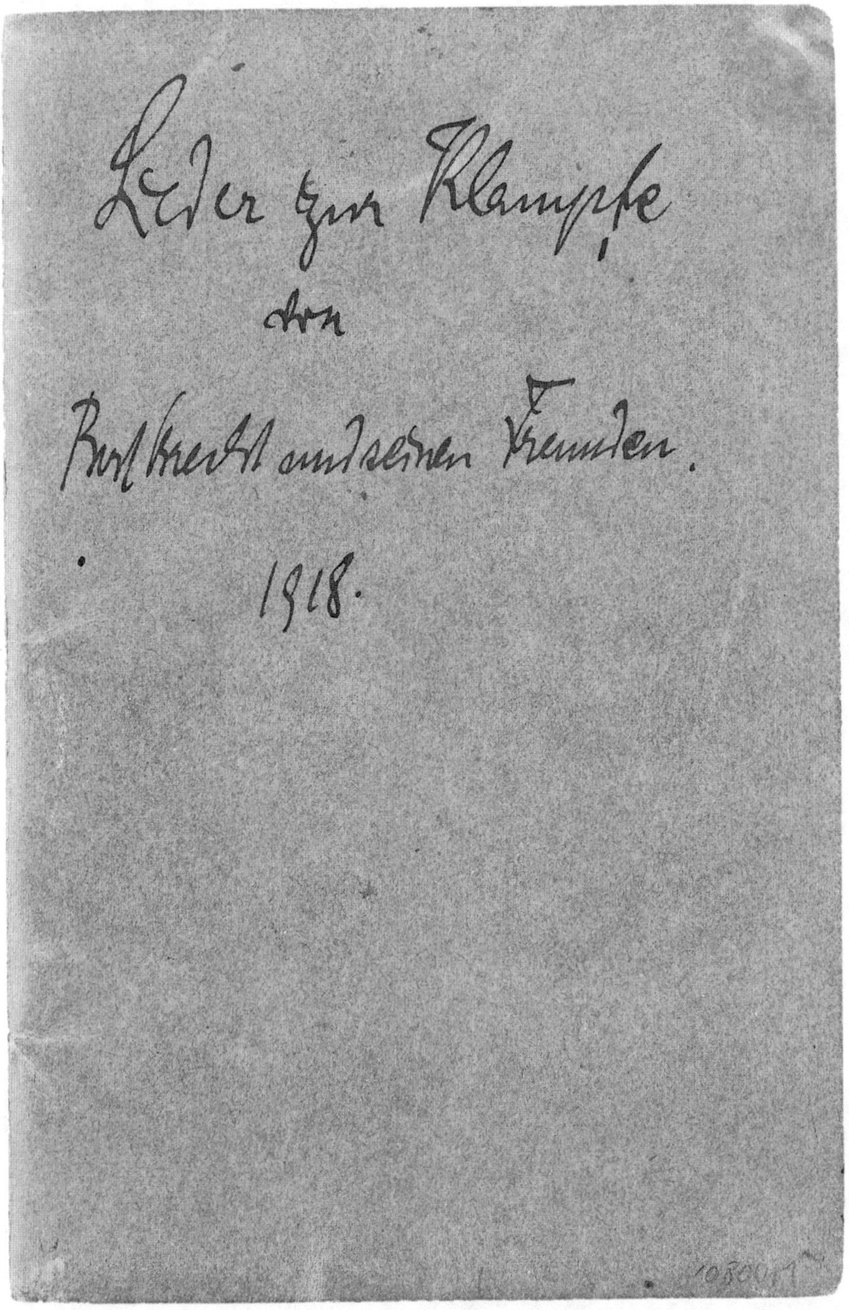
Lieder zur Klampfe
von
Bert Brecht und seinen Freunden.
1918.

Baals Lied

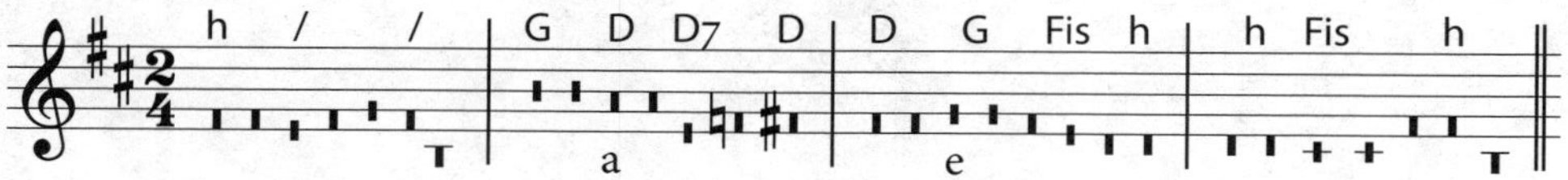

Hat ein Weib fette Hüften, tu ich sie ins grüne Gras.
Rock und Hose tu ich lüften, sonnig – denn ich liebe das.

Beißt das Weib vor Ekstase, wisch ich ab mit grünem Gras
Mund und Biß und Schoos und Nase: sauber – denn ich liebe das.

Treibt das Weib die schöne Sache feurig doch im Übermaß
geb ich ihr die Hand und lache: freundlich, denn ich liebe das.

Zusammen mit Lud am 7. VII. 18
nachts am Lech.

Baals Lied] ⟨nachträglich eingefügt⟩
Lud] ⟨Ludwig Prestel⟩

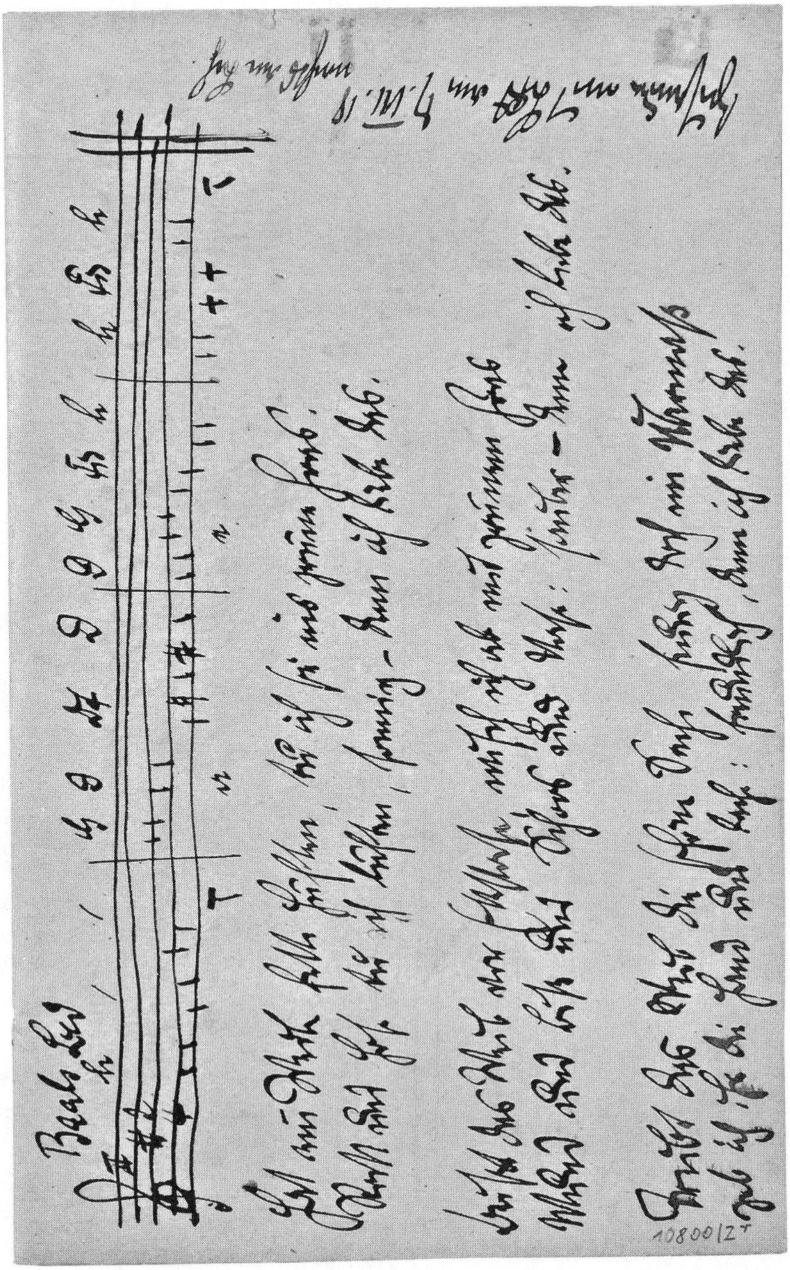

NB 1, 2r

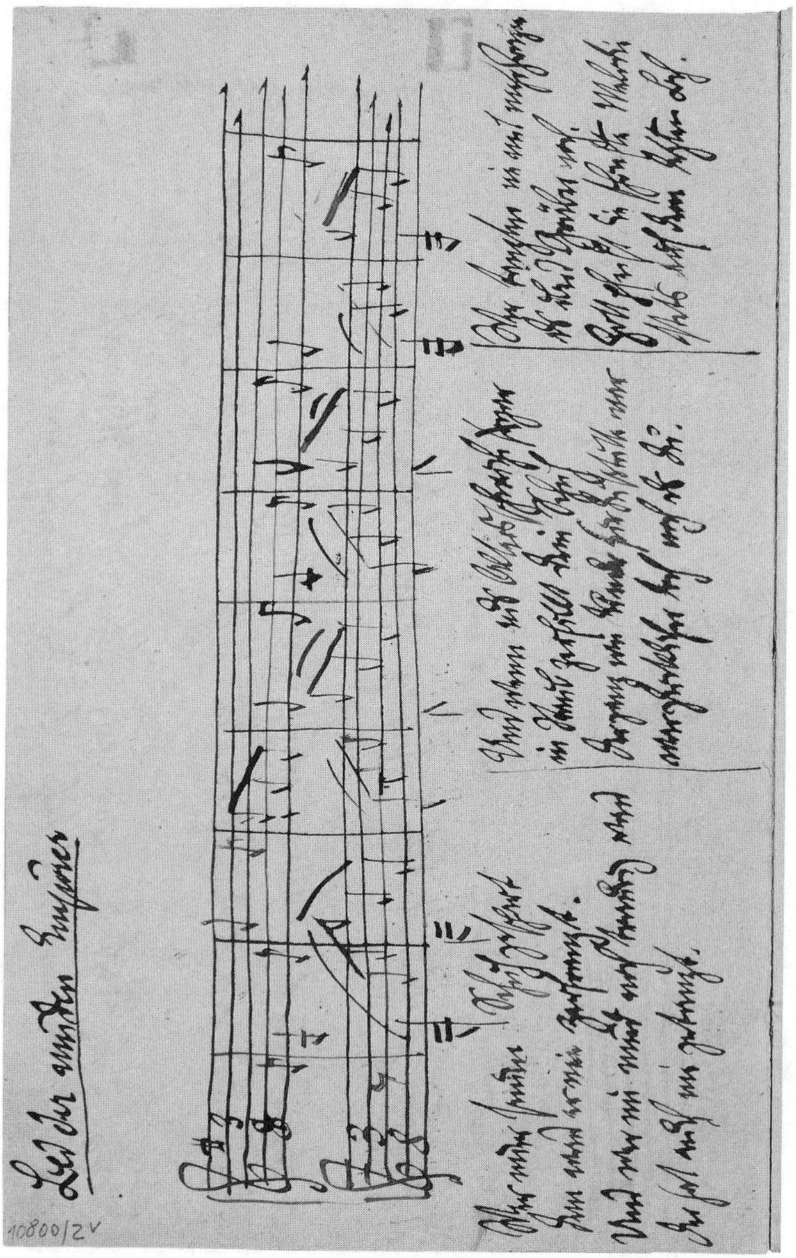

NB 1, 2ᵛ

Lied der müden Empörer

Wer immer seinen Schuh gespart
dem ward er nie zerfranzt.
Und wer nie müd noch traurig ward
der hat auch nie getanzt.

Und wenn aus Altersschwäche ~~so~~gar
in Staub zerfällt dein Schuh
der ganz wie du nur für Fußtritte war
war glücklicher doch noch als du.

Wir tanzten nie mit mehr Grazie
als über d Gräber noch.
Gott pfeift die schönste Melodie
stets auf dem le[t]zten Loch.

⟨1. Stimme, 3. Takt: h und e wohl zunächst probeweise notiert, dann aber zugunsten des g verworfen⟩
⟨2. Stimme, 2. Takt: Bogen zugleich als Achtelbalken und Bindungsbogen lesbar⟩
⟨2. Stimme, 7. Takt: beim tiefen g keine dritte Hilfslinie, sondern Verdeutlichung des Notenkopfs⟩

Kleines Lied

1) Es war einmal ein Mann	2) Es war einmal ein Kind	3)
der fing das Trinken an	das starb [ges]*v*iel zu geschwind	Daraus erkennt ihr wohl
mit 18 Jahren und –	mit 1 Jahre und –	wie harmlos Alkohol....
daran ging er zugrund.	~~es ging~~ daran ging es zugrund.	
Er starb mit 80 Jahr	Nie trank es: das ist klar	
woran, ist sonnenklar.	und starb mit 1 Jahr.	

⟨Vorzeichen nachträglich eingefügt⟩
⟨8. Takt:⟩ 𝄾 ⟨nachträglich⟩
l. Str.] ⟨letzte Strophe⟩

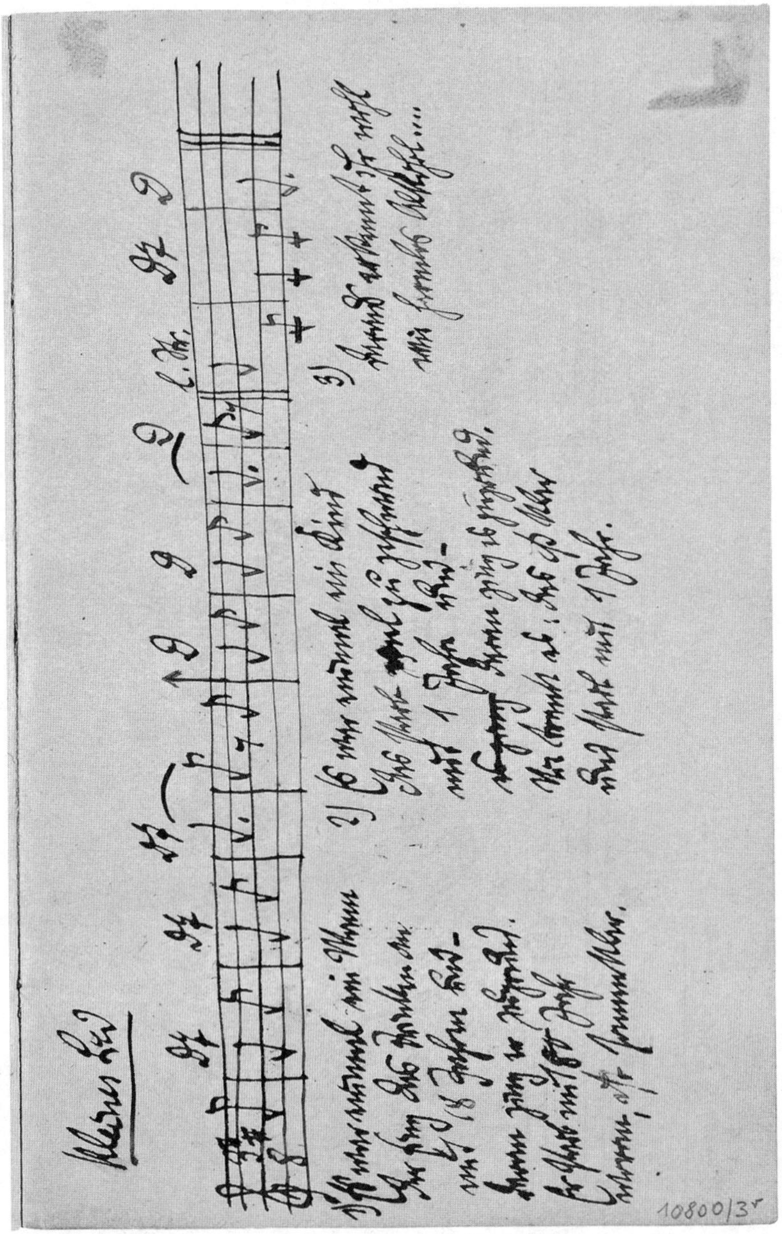
10800/3r

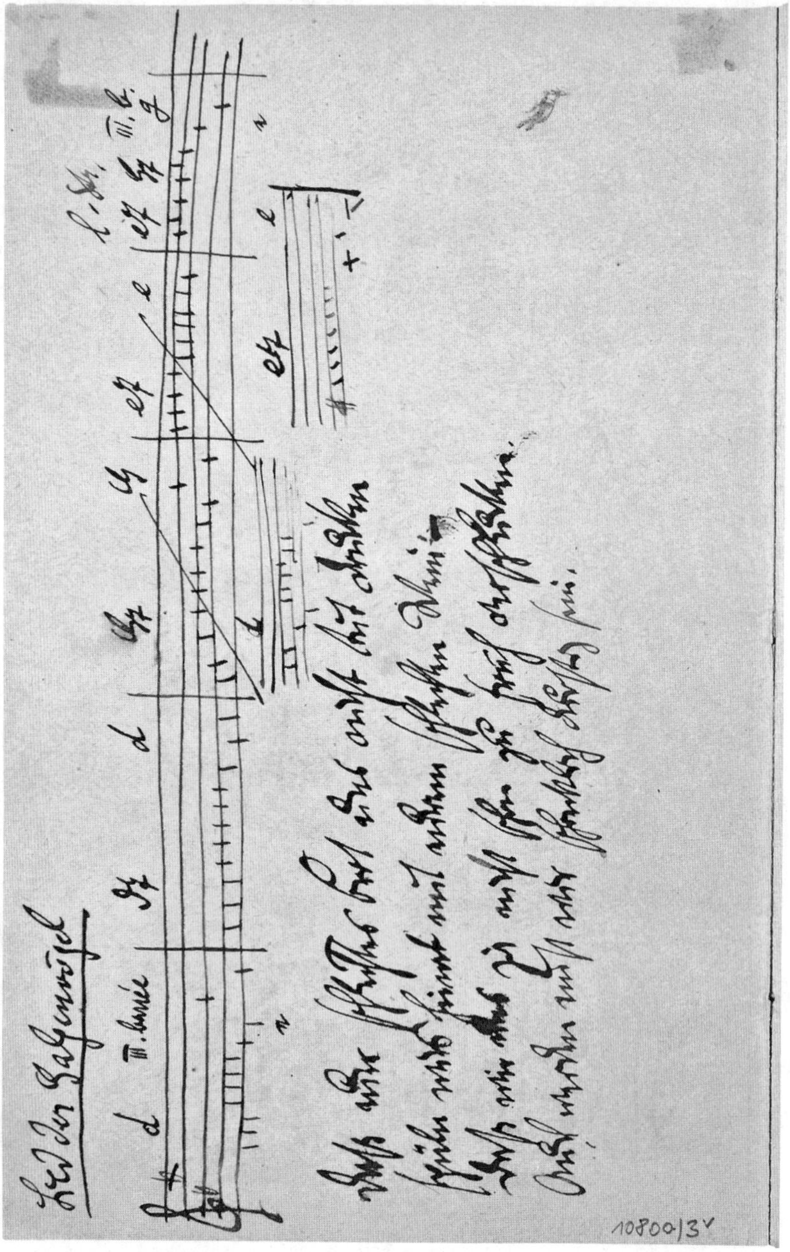

NB 1, 3v

Lied der Galgenvögel

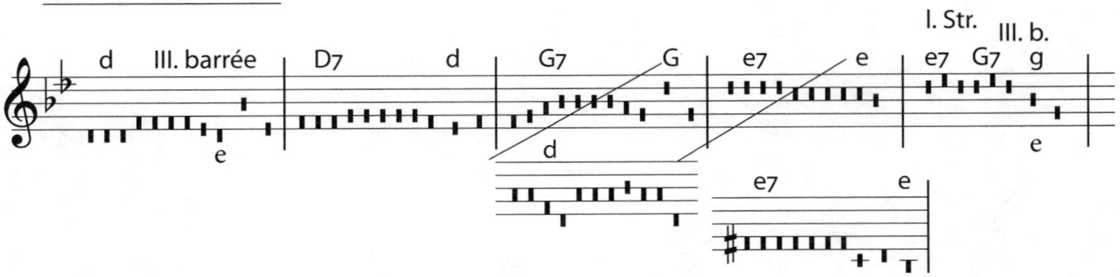

Daß euer schlechtes Brot uns nicht tut drucken

spüln wirs hinab mit eurem schlechten Wein [:]–

daß wir uns ja nicht schon zu früh verschlucken.

Auch werden einst wir schrecklich durstig sein.

⟨teilweise Abdruck der Tinte von 4r.1 und einem anderen, nicht identifizierten Blatt⟩
I. Str.] ⟨letzte Strophe⟩
III. b.] ⟨III. Barrée; wohl nachträglich eingefügt⟩
durstig sein.] ⟨→ 4r.1⟩

⟨3v ←⟩ Wir lassen euch für eure schlechten Weine
neidlos und edel euer Abendmahl....
Wir haben Sünden. – Sorgen han wir keine.
Ihr aber habt dafür eure Moral.

Wir stopfen uns den Wanst mit guten Sachen
das [e]*k*ost' euch Zähren viel und vielen Schweiß.
Wir haben oft das Maul zu voll zum Lachen
Ihr habt es oft zu voll vom Kyrieleis.

Und hängen wir einst zwischen Himmel und Boden
wie Obst und Glocke, Storch und Jesus Krist,
dann bitte faltet die geleerten Pfoten
zu einem Vater Eurer der nicht ist.

Wir haun zusammen wonnig eure Frauen
und ihr bezahlt uns heimlich eure Schmach....
Sie werden mit Wonne zusammen gehauen
⟨→ 4v.1⟩ und laufen uns noch in die Kerker nach.

⟨Z. 14, 16 Abdruck der Tinte von 3v⟩

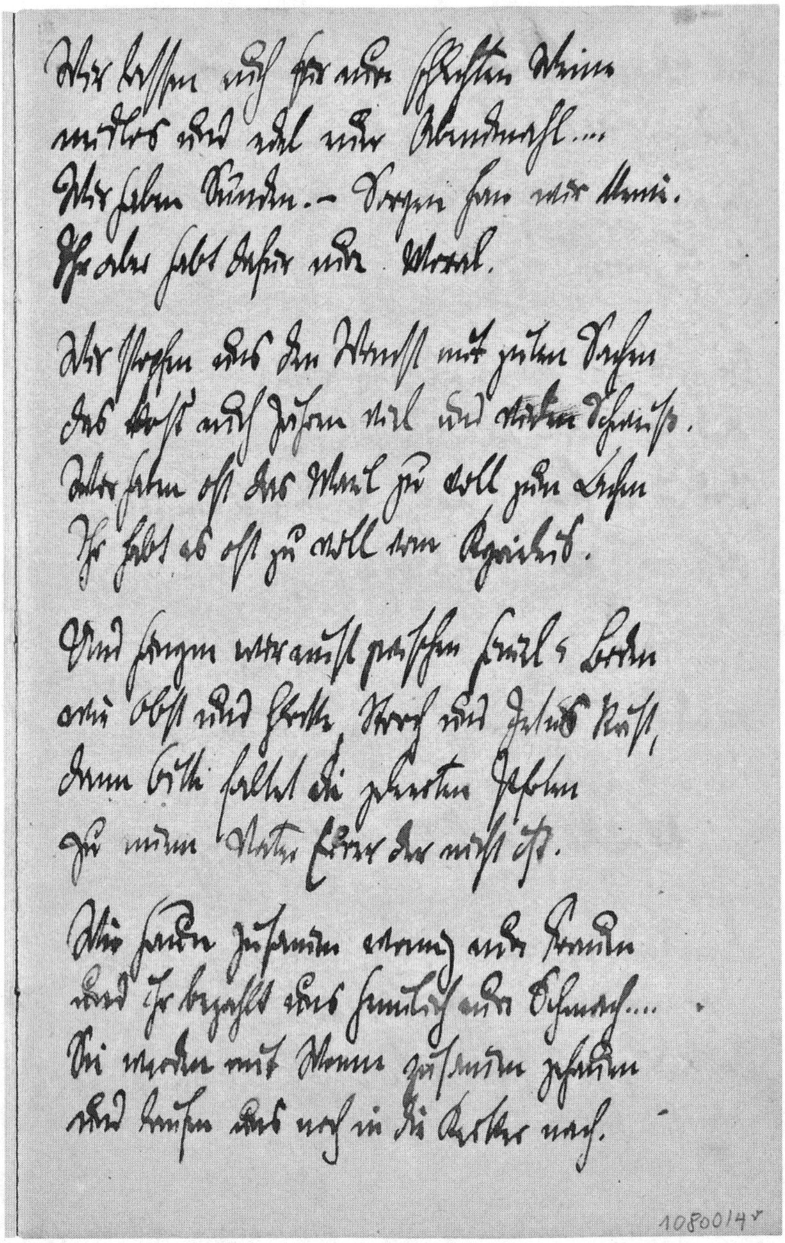
10800/14r

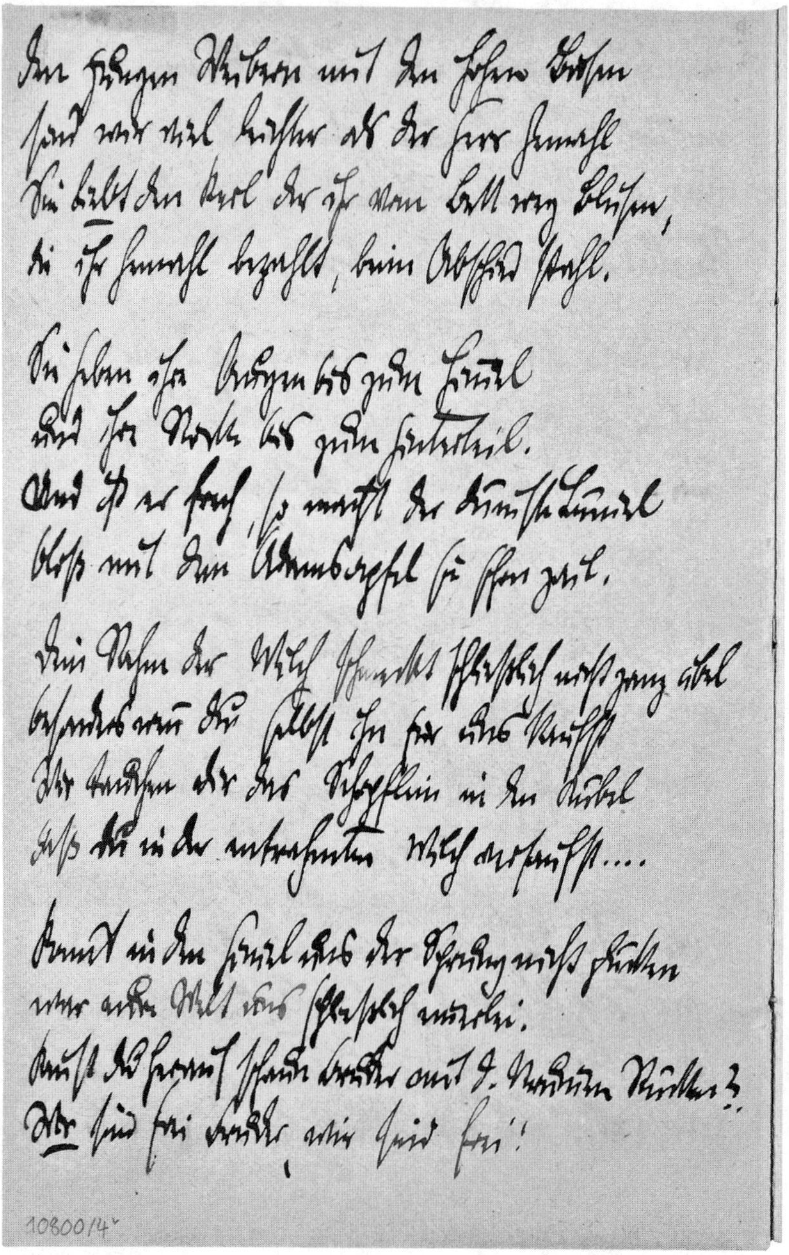

NB 1, 4v

Den jungen Weibern mit den hohen Busen ⟨4r.16←⟩
sind wir viel leichter als der Herr Gemahl
Sie liebt den Kerl der ihr vom Bett weg Blusen,
die ihr Gemahl bezahlt, beim Abschied stahl.

Sie heben ihre Augen bis zum Himmel
und ihre Röcke bis zum Hinterteil.
Und ist er frech, so macht der dümmste Lümmel
bloß mit dem Adamsapfel sie schon gail.

Dein Rahm der Milch schmeckt schließlich nicht ganz übel
besonders wenn du selbst ihn für uns kaufst
Wir tauchen dir das Schöpflein in den Kübel
daß du in der entrahmten Milch versaufst....

Konnt in den Himmel uns der Sprung nicht glücken
war eure Welt uns schließlich einerlei.
Kannst du herauf schaun Bruder mit d. krummen Rücken[:]?
Wir sind frei Bruder, wir sind frei!

Ein bitteres Liebeslied

klagend und laut schallend.

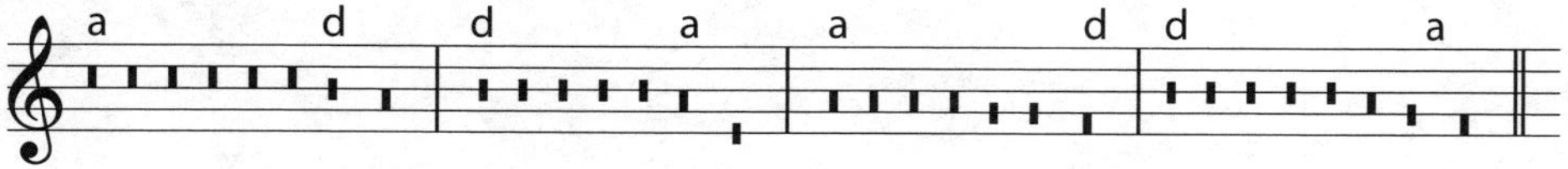

Mag es jetzt sein wie es will | einmal hatt ich sie sehr lieb

Darum weiß ich auch: Einmal | muß sie sehr schön gewesen sein.

Wohl weiß ich jetzt nicht mehr wie sie da aussah: |

Ein Tag verlöschte was 7 Monde lang strahlend war |

⟨teilweise Durchschlag der Tinte von 5v⟩
⟨1. Takt:⟩ a ⟨andere Lesart:⟩ d

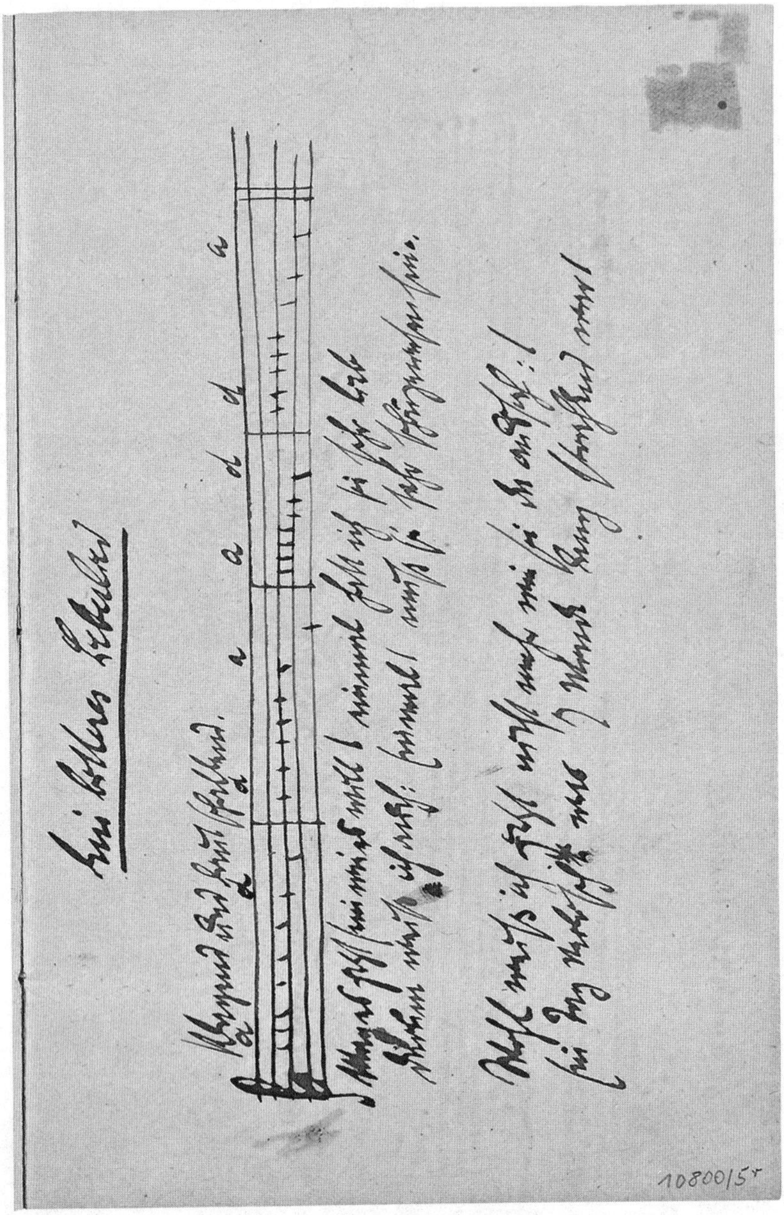

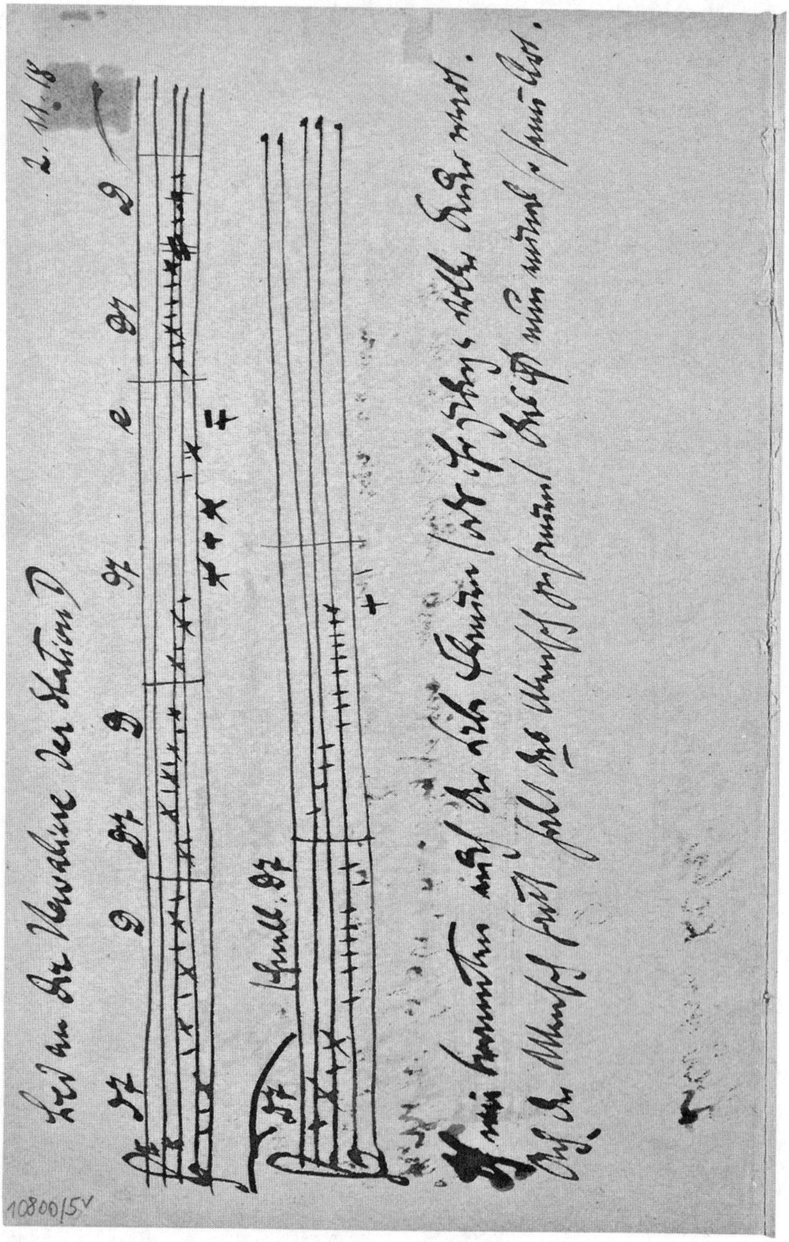

NB 1, 5v

Lied an die Kavaliere der Station D

2. 11. 18

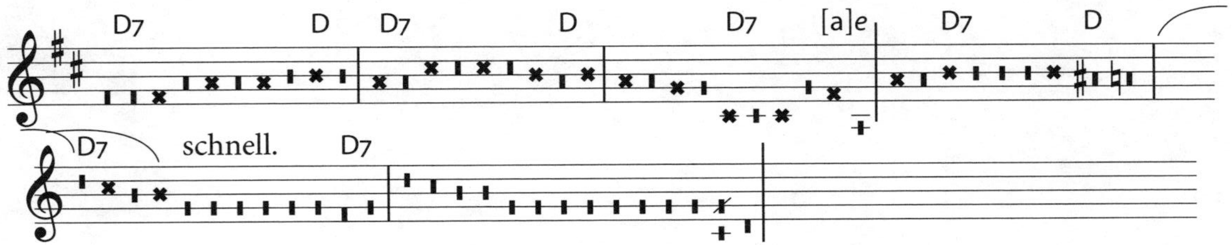

Oh wie brannten euch der Liebe Flammen | als ihr jung und voller Feuer wart.

Ach der Mensch haut halt das Mensch zusammen | das ist nun einmal so seine Art.

⟨teilweise Durchschlag der Tinte von 5r; Vorzeichen wohl nachträglich; 6. Takt, vorletzte Note: g gestrichen⟩
Ach] ⟨Strich nach⟩ h ⟨wohl nicht signifikant; vielleicht Komma⟩

Lied von Liebe

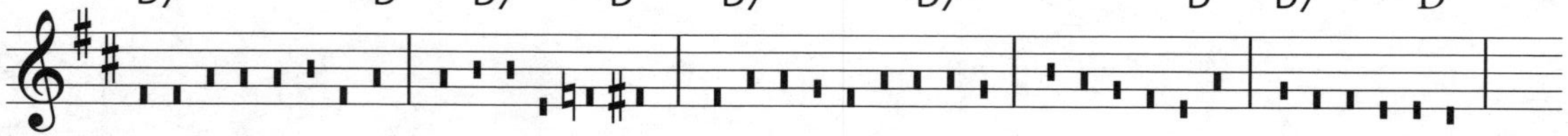

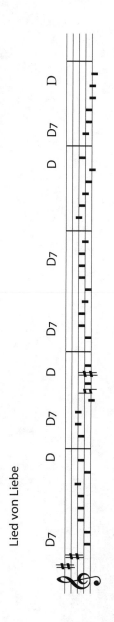

Heider Hei saß bei Tine Tippe im Gras | und helle Sonne schien

da bat der Hei die Tine um was. | Und sie lachte sehr über ihn.

Und sie lachte sehr über ihn.

⟨vorangehendes Blatt herausgerissen; teilweise Durchschlag der Tinte von 6v; Vorzeichen nachgetragen⟩
Lied von Liebe] ⟨andere Feder⟩
um was.] ⟨andere Lesart:⟩ um was –

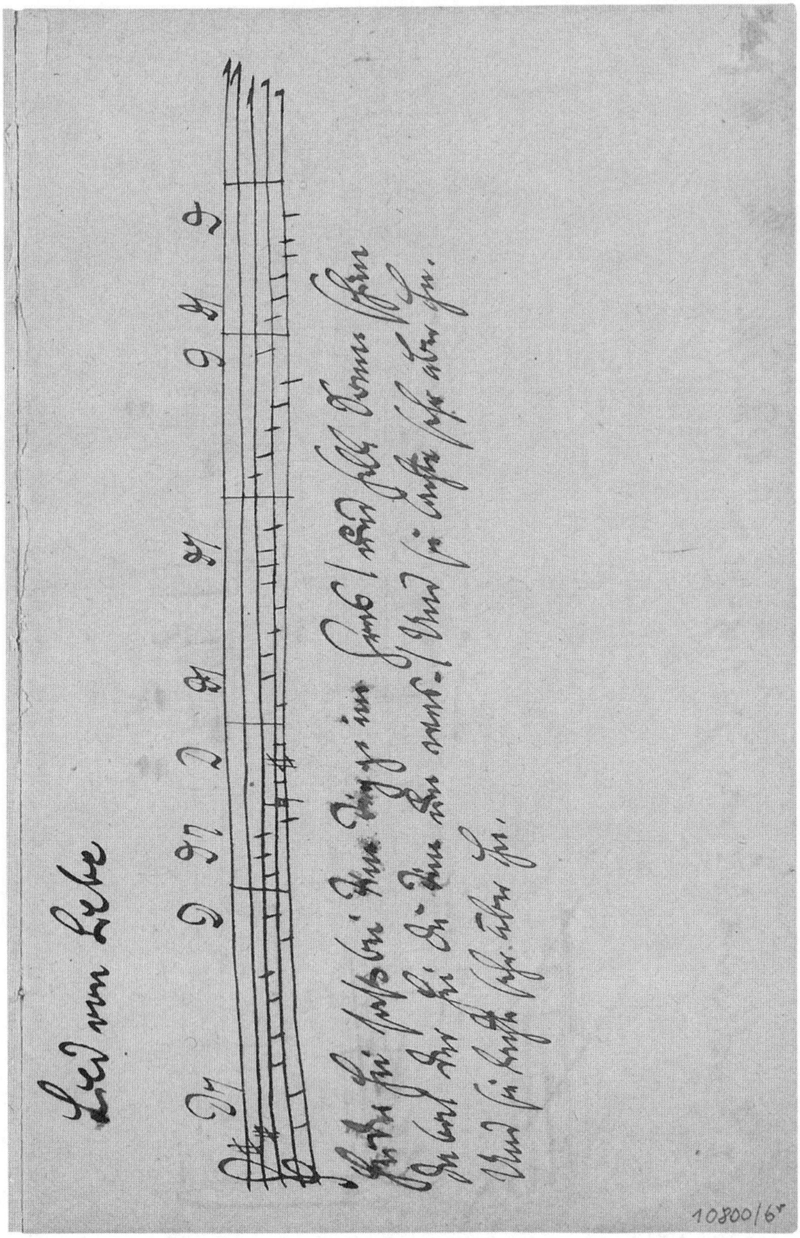

NB 1, 6r

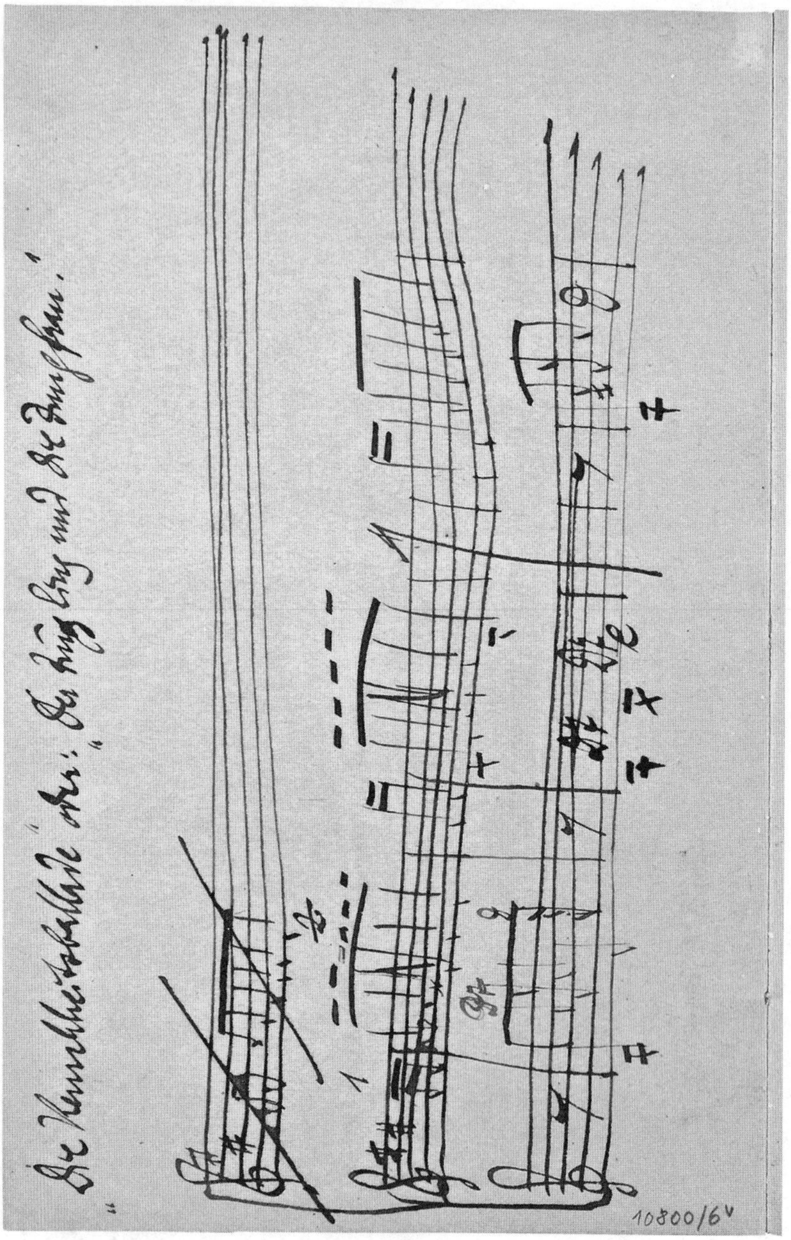

NB 1, 6v

„Die Keuschheitsballade" oder: „Der Jün[¿]gling und die Jungfrau."

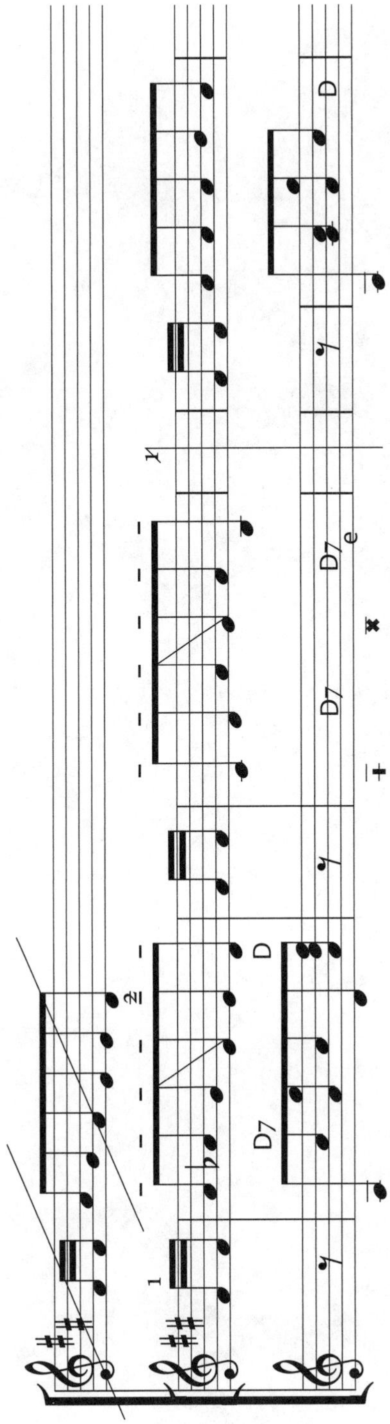

⟨zunächst zwei Notensysteme und die ersten acht Noten eingetragen, danach Abbruch und Ergänzung des 3. Notensystems⟩
⟨3. Notensystem, letzter Takt: erstes a gestrichen⟩

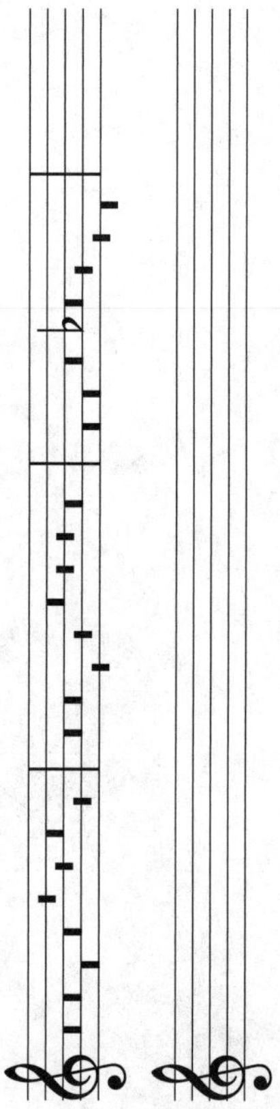

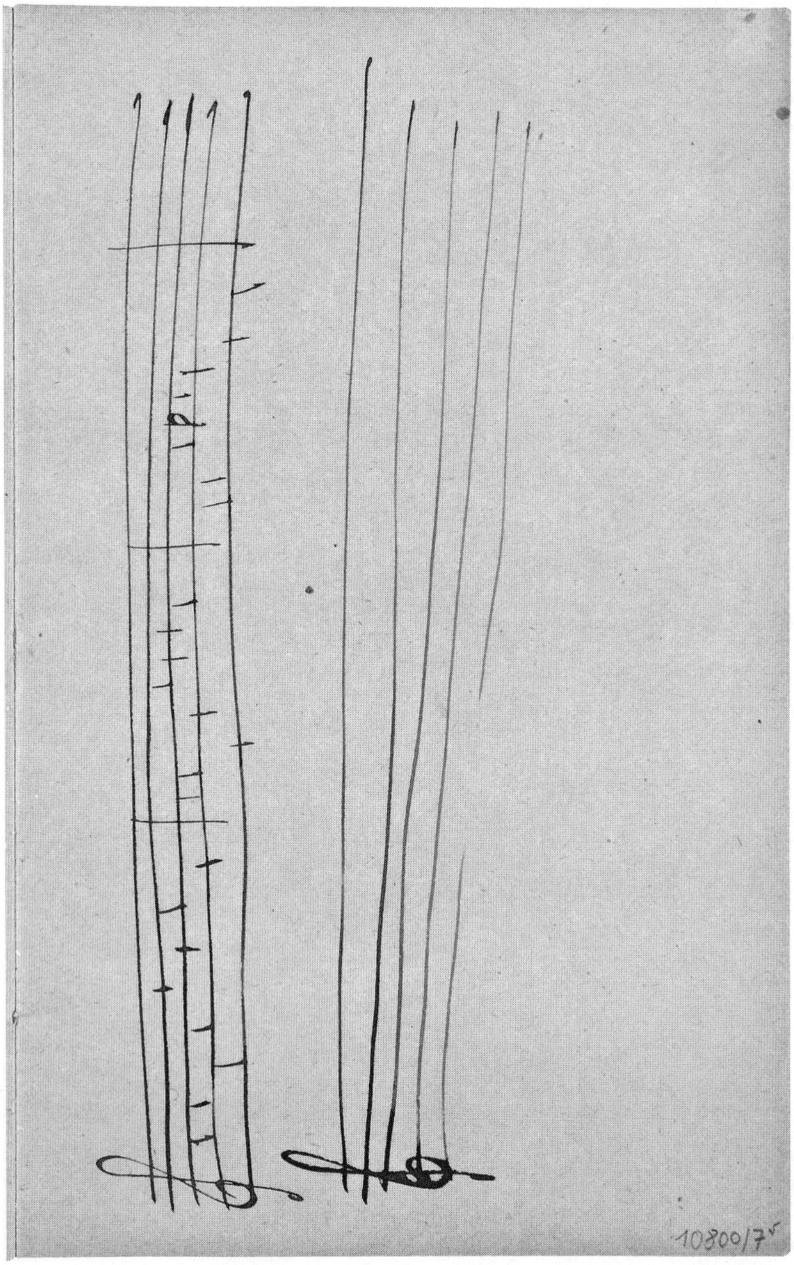

NB 1, 7r

Januar 1[7]*8*.

Fahrt	50	
		<u>Montag</u>
Essen	1.40	
Billete	2.40	
Abend	2.30	

⟨ganze Seite Bleistift⟩

Januar 18.

Frühst 50
Essen 1.40
Billete 2.40
Abend 2.30

Montag

10800/11

NB 1, 11r

Als ich einst im Flügelkleide | ~~lächelnd~~
in den Himmel g[ing |]*angen* bin | sagten traurig
manche Kuli |: Schade, aber hin ist hin. –

⟨ganze Seite Bleistift⟩
1-2 ~~lächelnd~~ *[…]* bin |] ⟨1.⟩ lächelnd in den Himmel ging | ⟨2.⟩ in den Himmel gangen bin |

NB 1, 20r

Eingelegtes Blatt

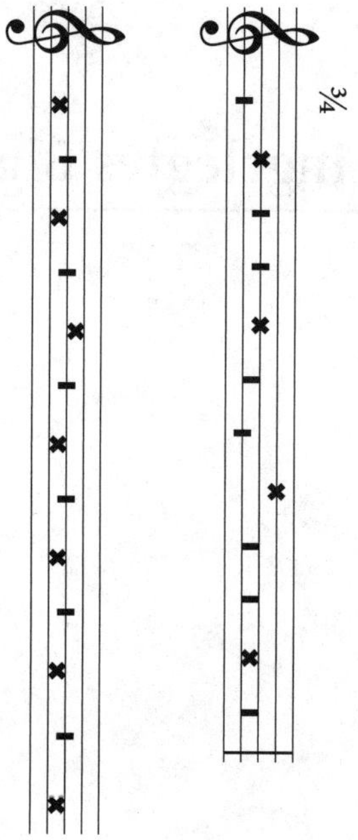

⟨zwischen Bl. 22 und 23 überliefert; ganze Seite Bleistift⟩

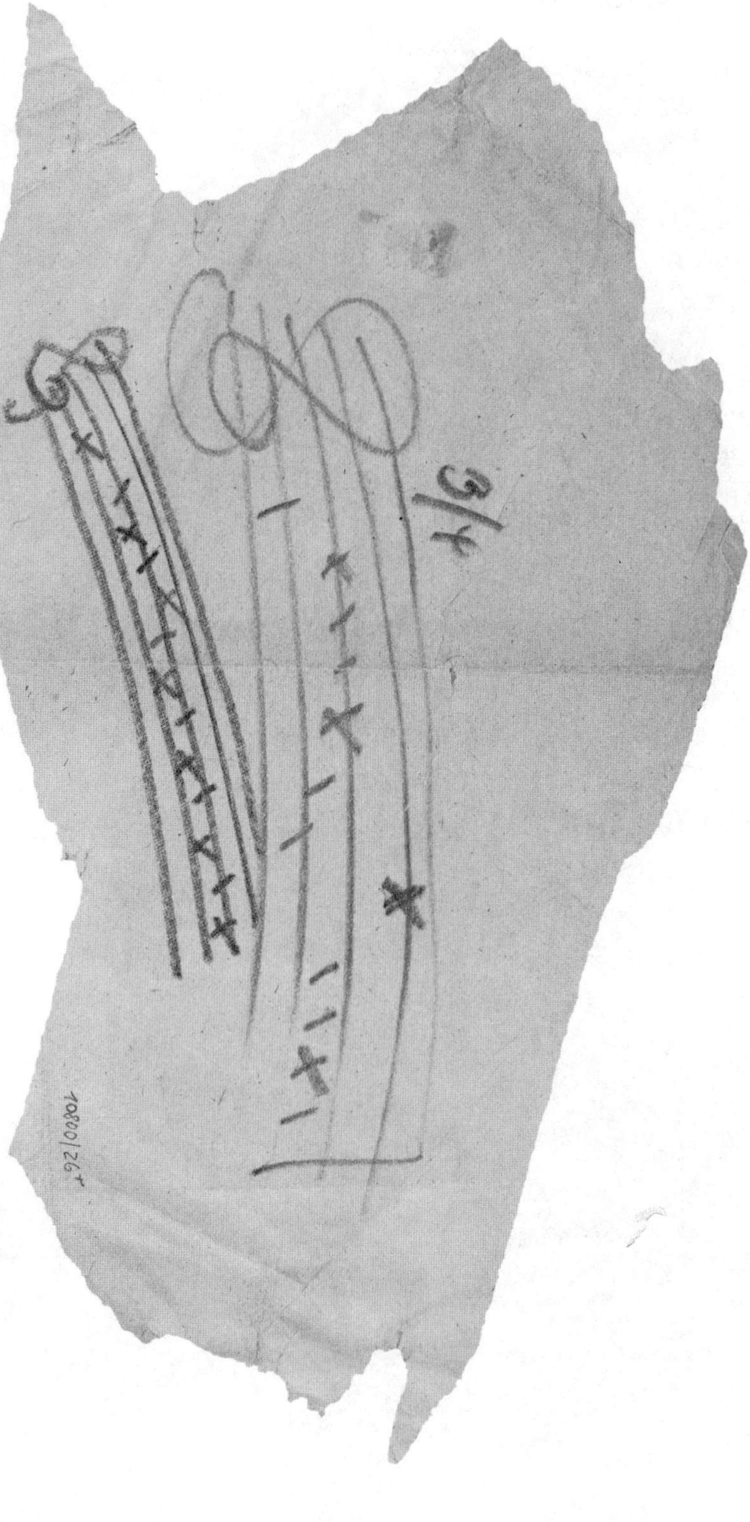

NB 1, 26r

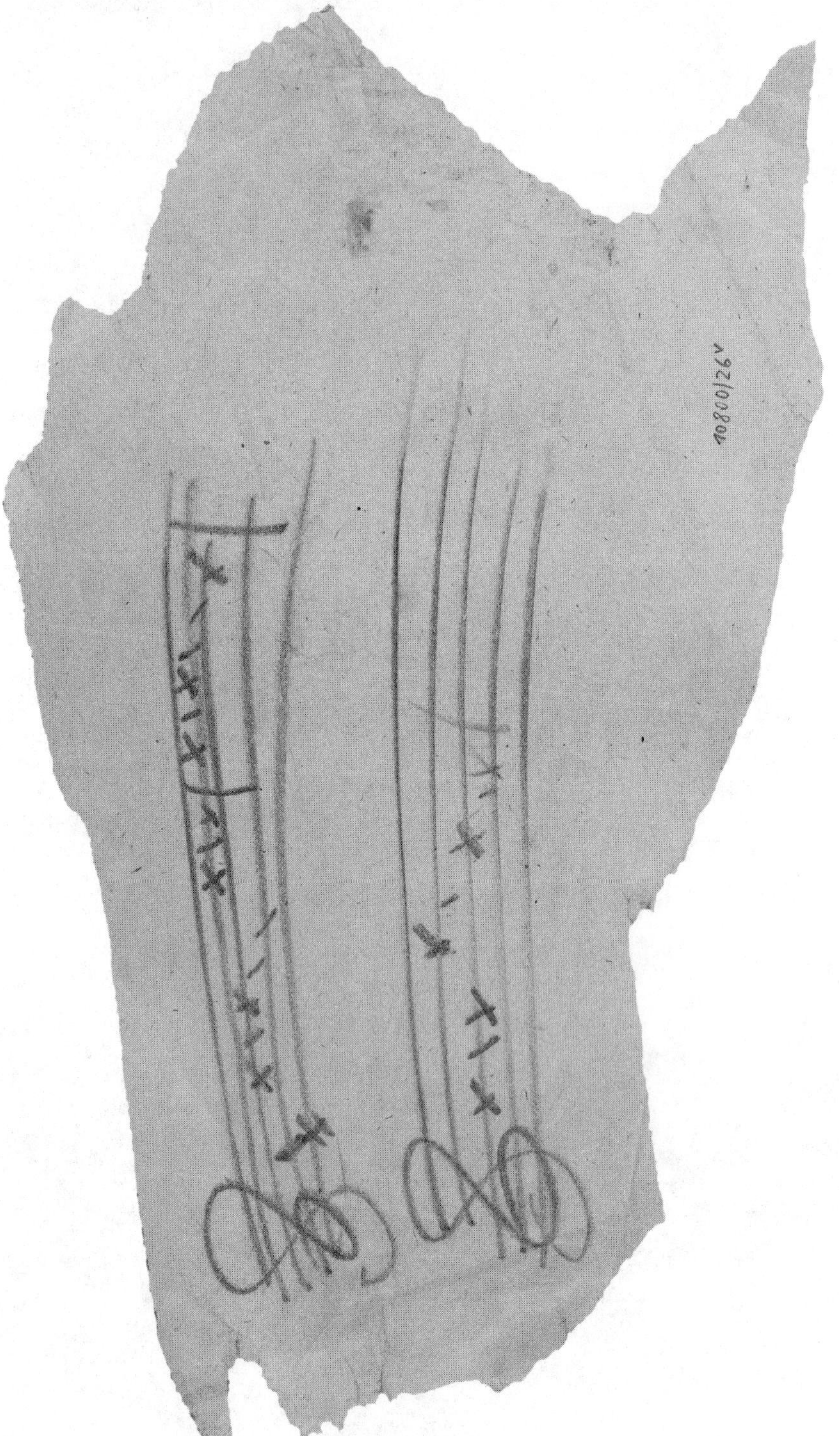

NB 1, 26v

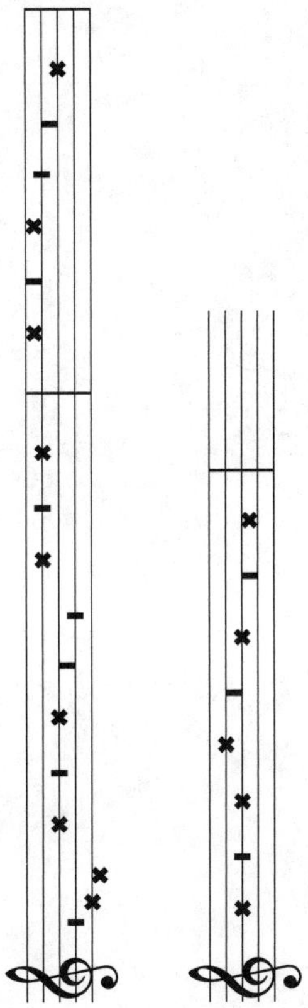

⟨zwischen Bl. 22 und 23 überliefert; ganze Seite Bleistift⟩
⟨Noten g, e, d im 1. Notensystem, 1. Takt vermutlich Änderung; Reihenfolge unklar⟩

Notizbuch 2

Reiche mir Kind das Johimbim
daß meine [Kräfte]*Lenden* erstarken
mit rosigen Händen < nimm
du [S]*d*ie Pillen die Semori bargen,

Schütte mir Kind das Johim
in den Liederreichen
Mund. Du aber nimm
das Semori desgleichen,

⟨teilweise Abdruck der braunen Tinte eines anderen Blatts; wohl Notenskizze⟩

2 Lenden] ⟨schwarze Tinte⟩

[illegible]

[illegible]

[illegible]

[illegible]

[illegible]

[illegible]

[illegible]

[illegible]

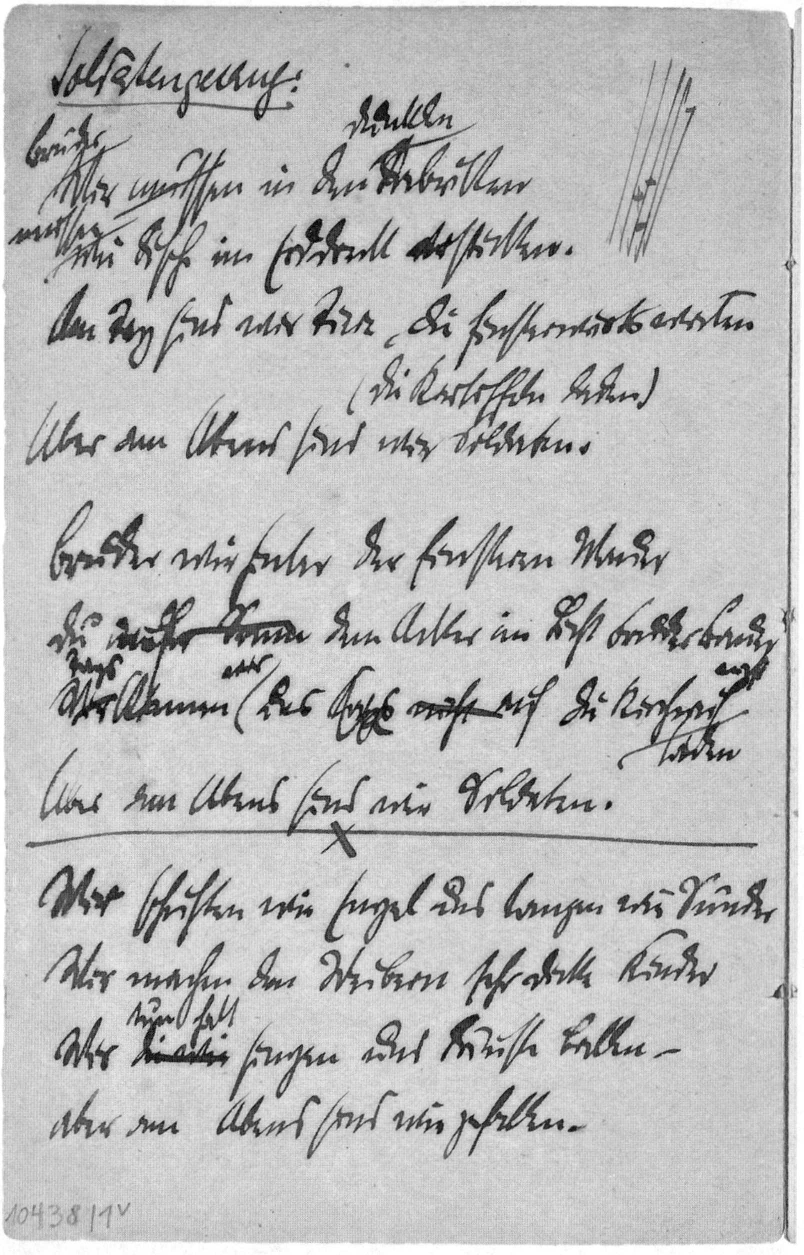
Soldatengesang:
(die Kartoffeln hacken)
Aber am Abend sind wir Soldaten.
Aber am Abend sind wir Soldaten.
Wir machen den Weibern sehr dicke Kinder
Aber am Abend sind wir gefallen.
10438/1v

NB 2, 1v

Soldatengesang:

Brüder dunklen
Wir ~~müssen~~ in den [¿]*F*abriken
müssen
wie Fische im Erddreck [t¿]*er*sticken.

Am Tag sind wir Tiere, die finsterwärts waten

(die Kartoffeln laden)

Aber am Abend sind wir Soldaten.

Bruder wir hinter der finsteren Mauer

du [in der]*auf* ~~Sonne~~ dem Acker im Licht Bruder Bauer
Tags wir nicht
~~Wir~~ können uns ~~tags~~ ~~nicht~~ auf die Kirchweih
laden
Aber am Abend sind wir Soldaten.

———×——— ⟨→ 2r.1⟩

Wir schuften wie Engel und tanzen wie Sünder

Wir machen den Weibern sehr dicke Kinder
tun halt
Wir ~~die wir~~ singen und Fäuste ballen –

aber am Abend sind wir gefallen.

⟨ganze Seite braune Tinte, wie 2r.1-4⟩

10 du [in der]*auf* ~~Sonne~~ dem Acker] ⟨1.⟩ du in der Sonne ⟨2. Sofortänderung:⟩ du auf dem Acker

11-13 Tags *[…]* laden] ⟨1.⟩ Wir können uns tags nicht auf die Kirchweih laden ⟨2.⟩ Tags können wir uns auf die Kirchweih nicht laden ⟨; Umstellung von⟩ nicht ⟨wohl unabhängig vom Vorangehenden geändert⟩

⟨1v.15←⟩ × Wir spielen die Zieharmonika leiden-
schaftlich und schleifen d[ie]*as* Messer bei Zeiten.
Wir wälzen uns gerne im weichsten Fladen
Aber beim Sterben sind wir Soldaten.

Kerr der Nüanzerich

der war nun auch tot
— ———

jetzt kommt der Schlußeffekt im Morgenrot.

Die Billette für die Buden, die die Liebhaber anbieten.

2 Zeiten.] ⟨andere Lesart:⟩ Zeiten –
1-4 ⟨braune Tinte, wie Iv⟩
7 ⟨Striche können als Platzhalter für einzufügenden Text, als Trennlinie oder als Unterstreichung von Z. 6 gemeint sein⟩

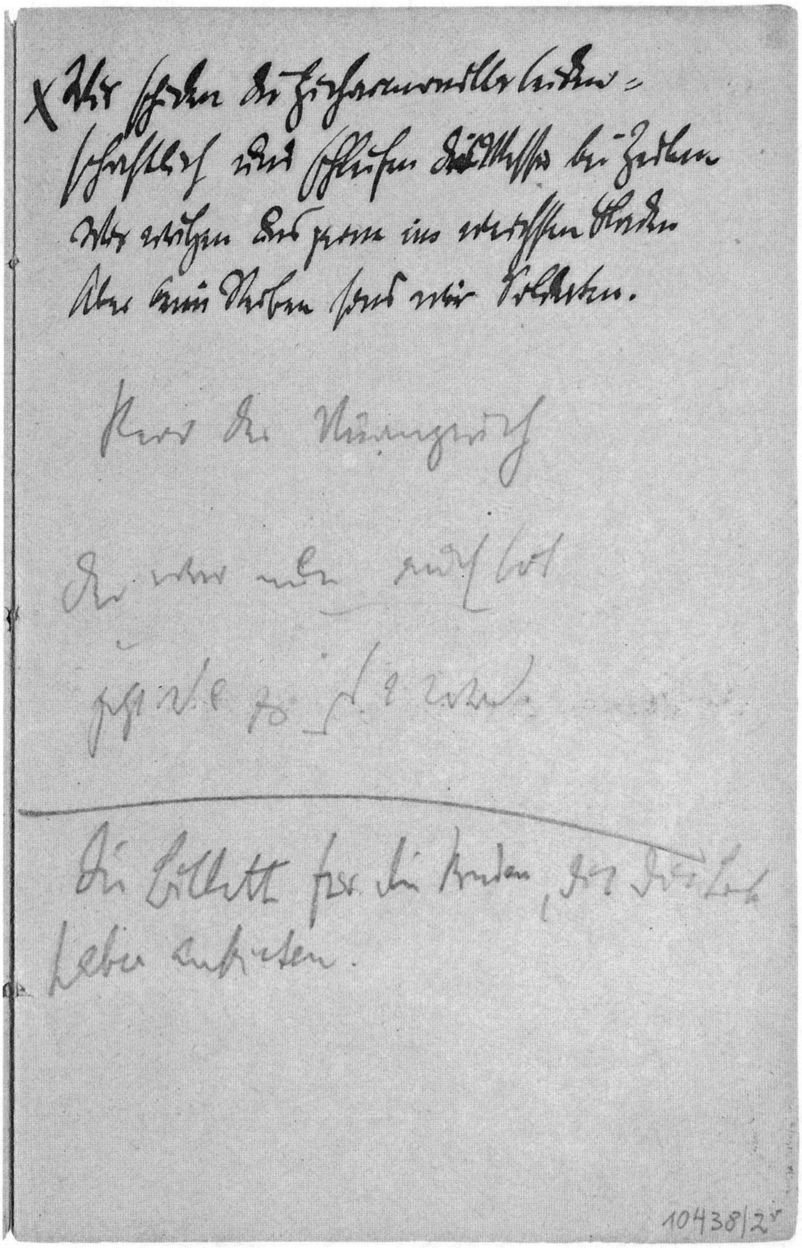
10438/2r

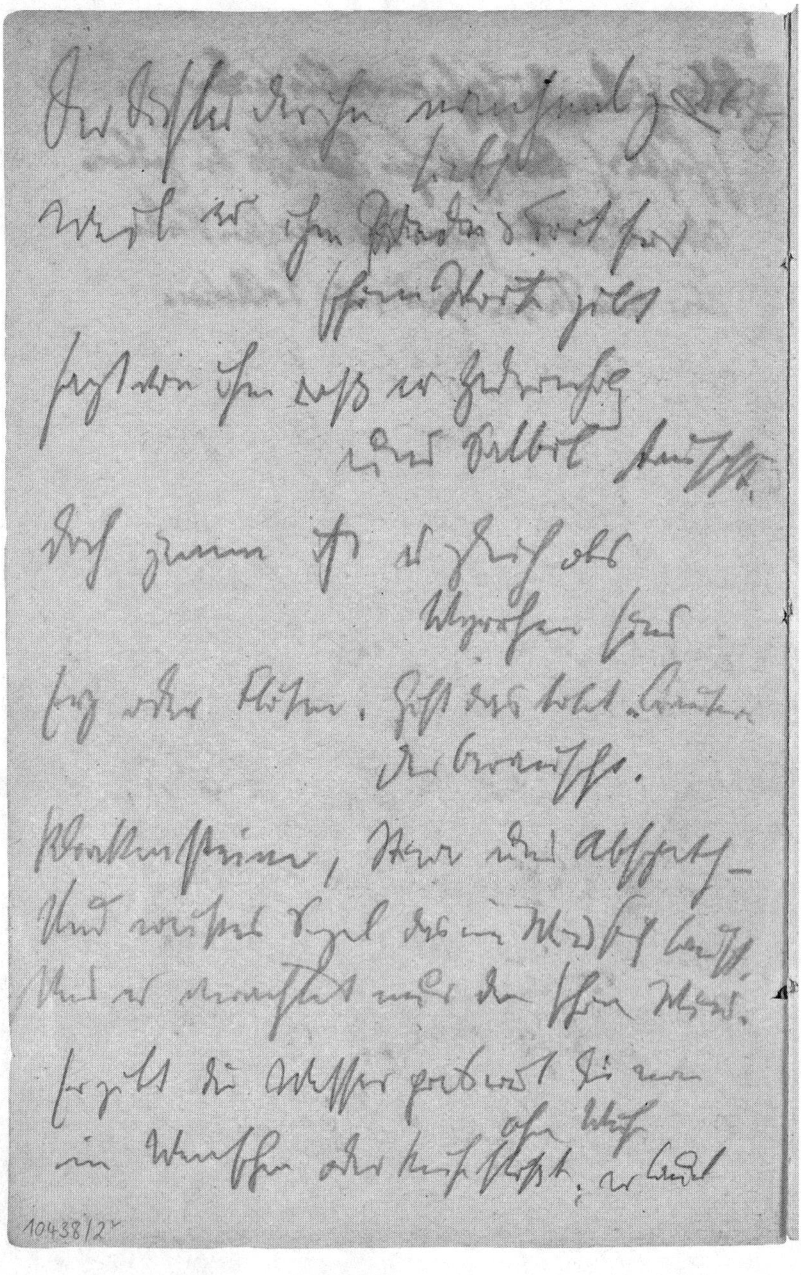

NB 2, 2ᵛ

Der Dichter der ihn manchmal göttlich
liebt
weil er ihm [für die] *Wein* und Brot für
schöne Worte gibt
sagt von ihm daß er Zedernholz
und Salböl tauscht.
Doch jenem ist es gleich obs
Myrrhen sind
Erz oder Flöten. Gift das tötet. Branntwein
der berauscht.
Kloakensteine, Stiere und Absynth –
Und weißes Segel das im Wind sich bauscht.
Und er verachtet nur den schönen Wind.
Er gibt die Messer preiswert die man
ohne Mühe
in Menschen oder Kühe stößt; er lauert ⟨→ 3r.1⟩

⟨2v.16←⟩ auf das was komm[t]*en* muß. Er kauf

[K]*d*ie Kühe

und baut die Häusern drein man

Mörder mauert.

Er will das Schicksal lenken

~~i i~~ nicht es halten.

Was frommt sich wegzuwerfen

und was: Händefalten –

Er schleppt nicht Lasten übern schwachen

Steg

Himmel mit List
und will d[as]*en* ~~Wetter~~ nicht bereden

–

Er geht und
~~Er~~ tritt gelassen aus dem Weg

wenn Stiere kommen und Profeten,

Züge
Seine ~~Schiffe~~ aber schleppen über die

bleichen Prärien

⟨→ 3v.1⟩ Wein und Korn und Werkzeuge her

1 ⟨nach⟩ das ⟨Abdruck der Tinte von 2v⟩
6 es halten] ⟨andere Lesart:⟩ erhalten

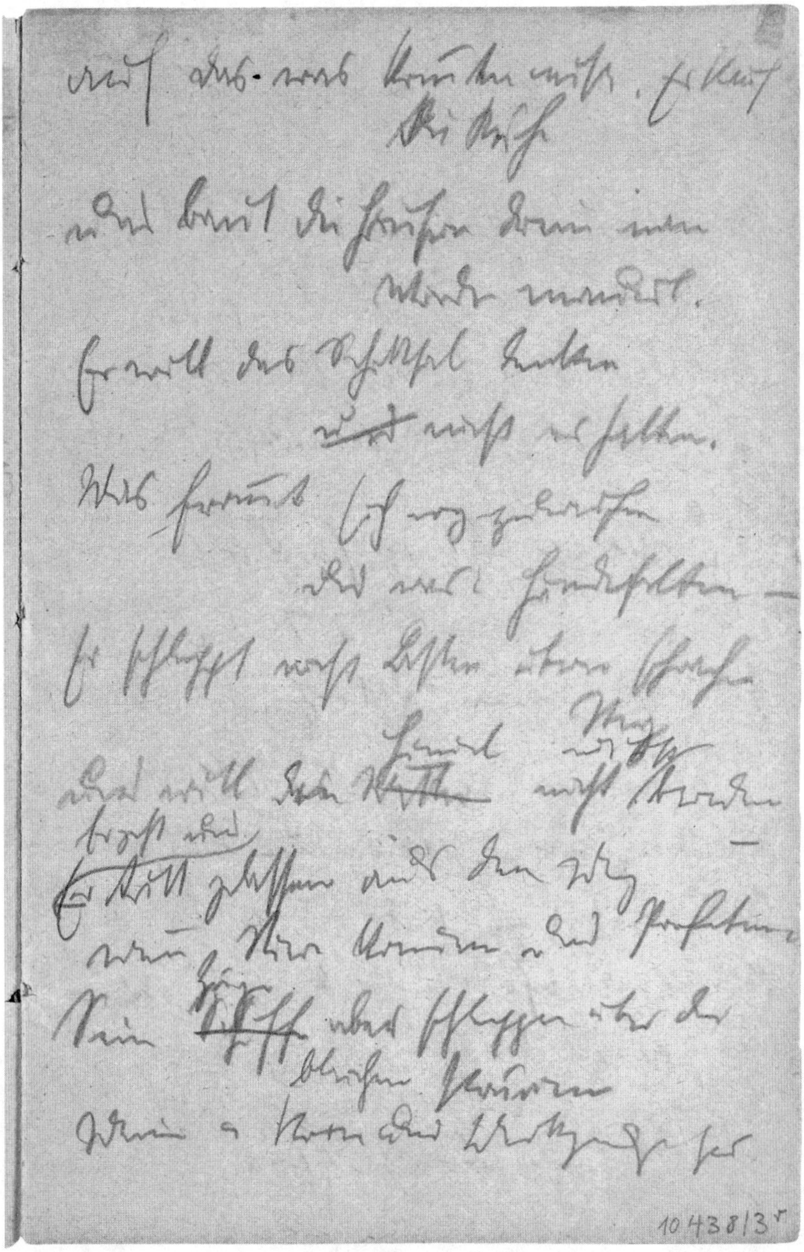

NB 2, 3r

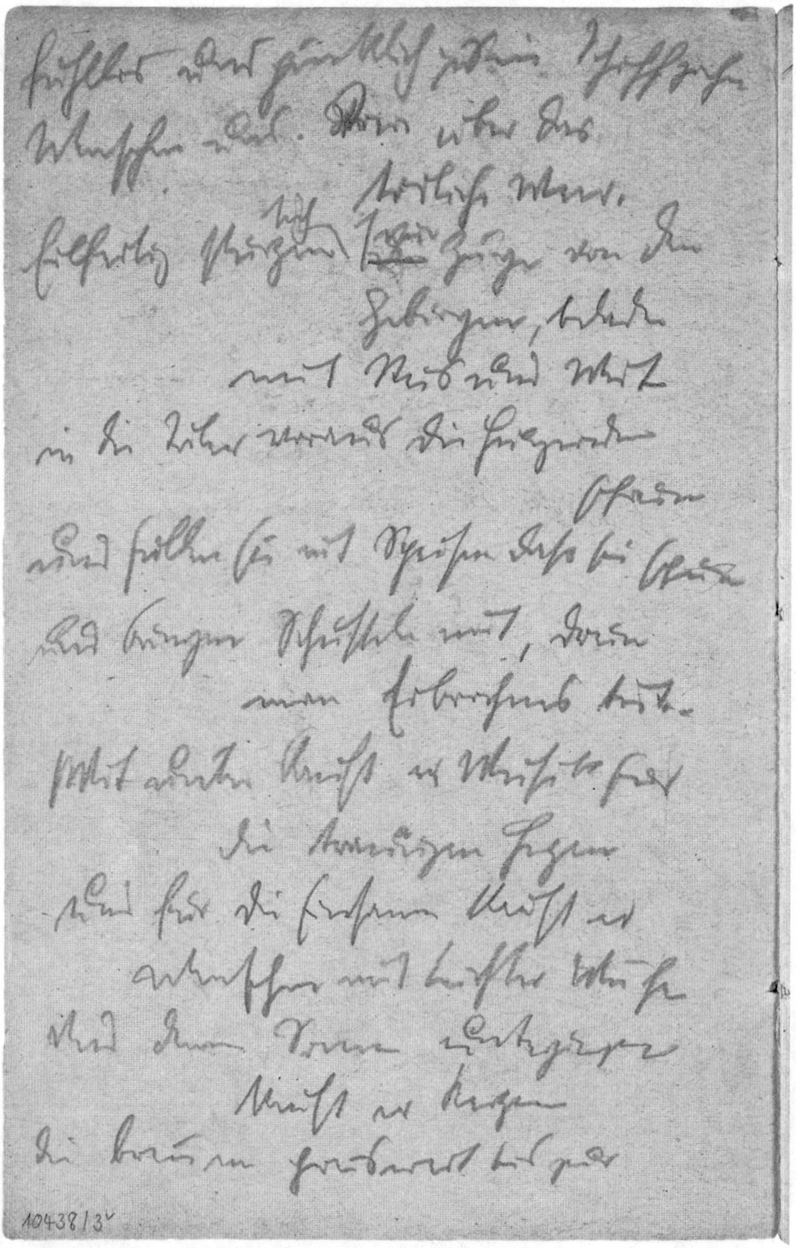

NB 2, 3v

fühllos und pünklich[u]. *S*ein Schiff ziehen ⟨3r.20←⟩
Menschen und [W]*T*iere über das
tödliche Meer.
sich seine
Eilfertig stürzen ~~die~~ Züge von den
Gebirgen, beladen
mit Reis und Mut
in die Täler woraus die Hungernden
schreien
und füllen sie mit Speisen daß sie speien
und bringen Schüsseln mit, drein
man Erbrochnes tut . .
[¿]*M*it unter kauft er Musik für
die traurigen Herzen
und für die Einsamen kauft er
Menschen mit leichter Mühe
Und denen Sonnen untergingen
kauft er Kerzen
die brennen preiswert bis zur ⟨→4r.1⟩

1 pünklich[u]. *S*eine] ⟨1.⟩ pünklich u ⟨2.⟩ pünklich. Seine ⟨; das⟩ S ⟨überschreibt nur den Endstrich des⟩ u
ziehen] ⟨andere Lesart:⟩ ziehn

9 schreien] ⟨andere Lesart:⟩ schrein

10 speien] ⟨andere Lesart:⟩ spein

⟨3v.19←⟩ neuen Frühe.

Manchmal gehen ihm Schiffe unter

aber es macht nichts

oder es wächst auf seinen Äckern
grauer
~~nichts als~~ Grind.

×~~Aber er hadert nicht mit Sonne und~~

~~Wind.~~

Dann siehst du in den Augen

seines Angesichts
gute Äcker
Freude über die Schiffe die angekommen

sind.

[Denn er ist nicht Herr über Sonne

und dummen Wind).

Ihn fesseln die Dinge die da sind:

Er weiß

Jedes Ding ist mehr wert als sein

⟨→4v.1⟩ Preis

4 Äckern] ⟨andere Lesart:⟩ Ackern
11 Äcker] ⟨andere Lesart:⟩ Acker

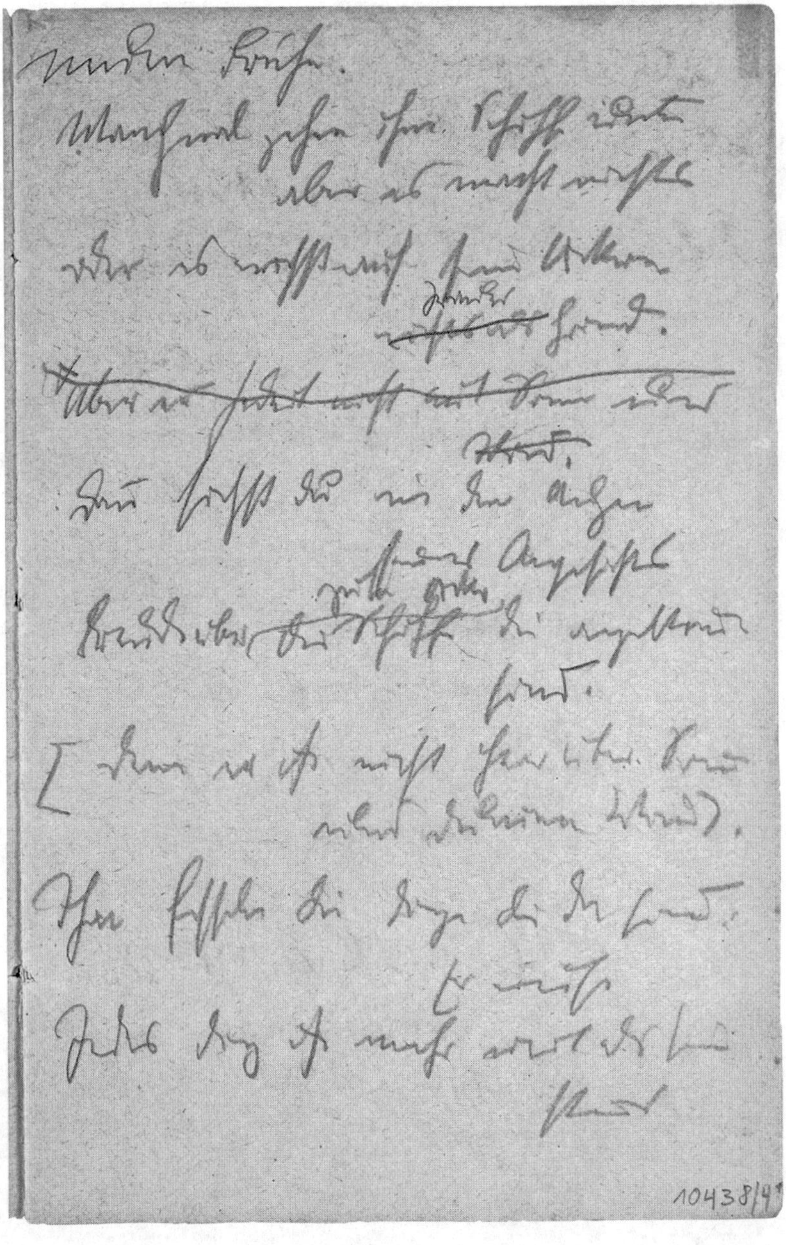

NB 2, 4r

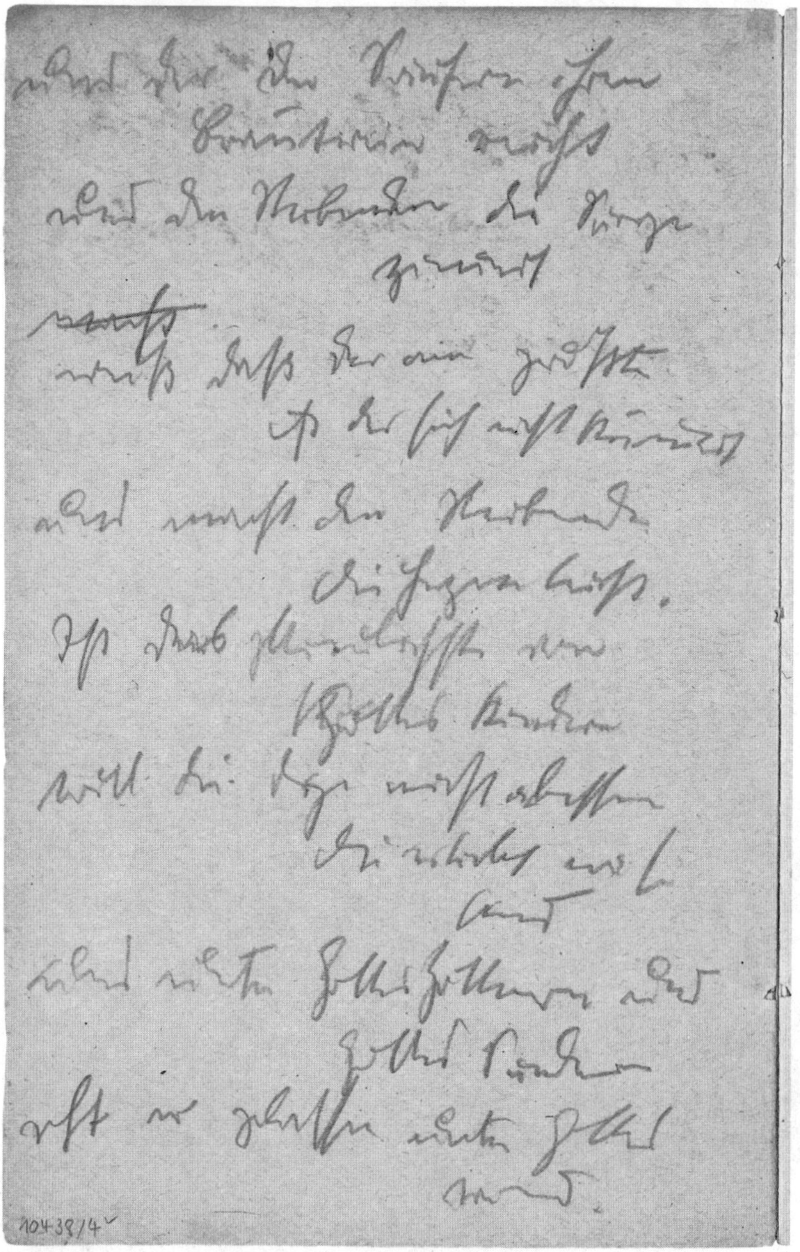

NB 2, 4v

und der den Säufern ihren ⟨4r.19←⟩
Branntwein reicht
und den Sterbenden die Särge
zimmert
~~macht~~
weiß daß der am größten
ist der sich nicht kümmert
und macht den Sterbenden
die Herzen leicht.
Ist d[er]*as* gkindlichste von
[Kot]*Go*ttes Kindern
will die Dinge nicht abessern
die er liebt wie sie
sind
[¿]*u*nd unter Gottes Zöllnern und
Gottes Sündern
geht er gelassen unter Gottes
Wind.

10 gkindlichste] g ⟨versehentlich nicht gestrichen⟩
12 abessern] a ⟨versehentlich nicht gestrichen⟩

⟨organisierte⟩ stattlich organis.

Der Richterstand ist eine
Clique wahnsinnig gewordener
Schullehrer.

Das Lazarettschiff: Es kommt Wind
von dem niemand spricht.

2. Szene:

Nacht. Strand. Die Leute fischen mit
Stangen Strandgut. Jubel. Dämonischer
Jubel, Kaufmann: Legt die Fässer zu
den Andern! <Herr G.> immer Glück. Dir
fällt alles umsonst zu.

1-4 ⟨anderer Bleistift, dickerer Strich als bei den vorausgehenden und nachfolgenden Aufzeichnungen⟩

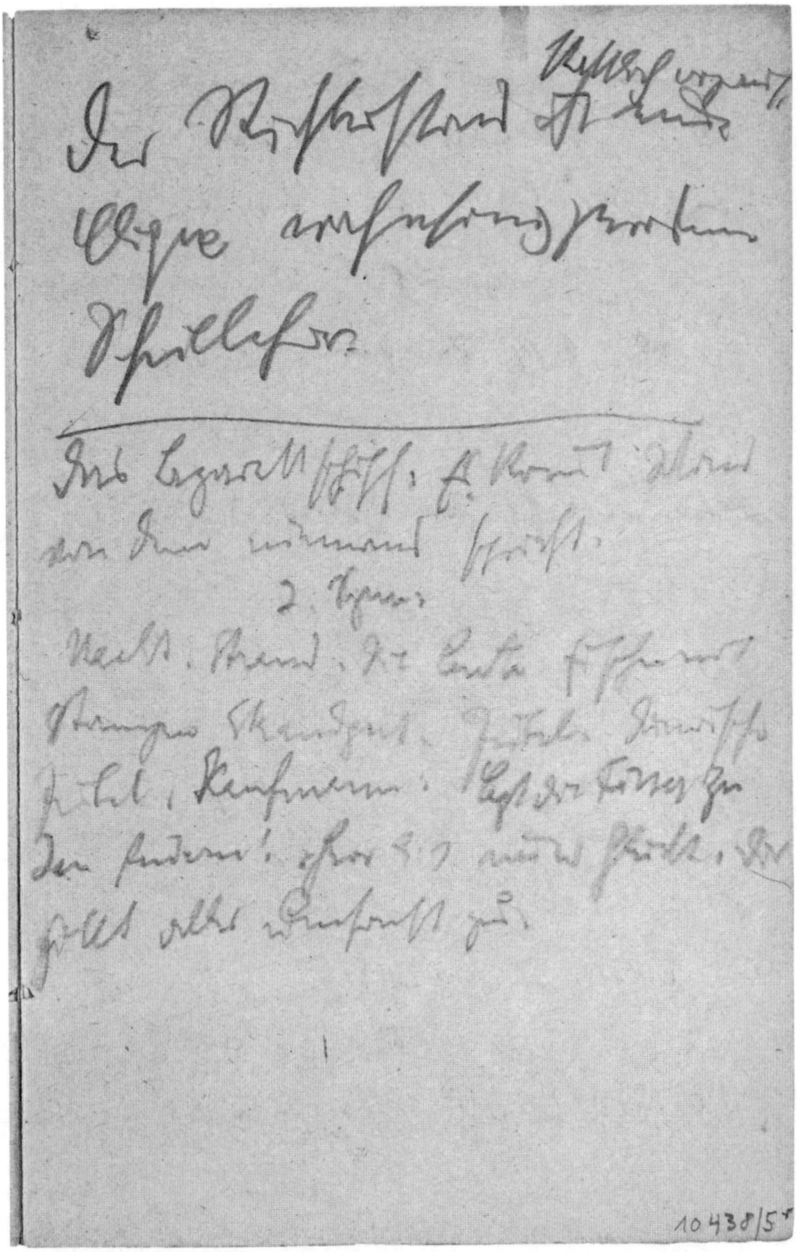

NB 2, 5r

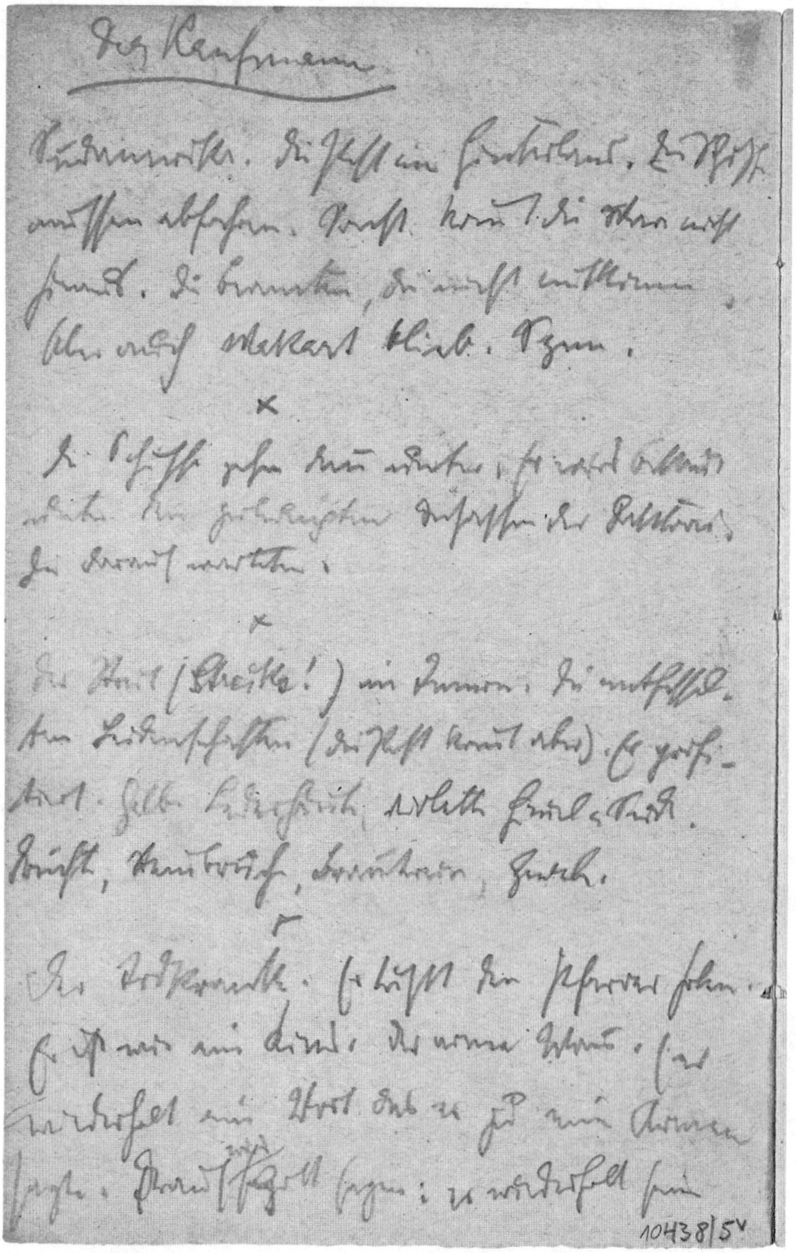

10438/5v

NB 2, 5v

Der Kaufmann

Südamerika. Die Pest im Hinterland. Die Schiffe müssen abfahren. Sonst kommt die Ware nicht hinaus. Die Beamten, die nicht mitkommen. Aber auch Makart blieb. Szene.

×

Die Schiffe gehen dann unter. Es wird bekannt unter den zerlumpten Insassen der Faktorei, die darauf warteten.

×

Der Streit (Streiks!) im Innern. Die entfesselten Leidenschaften (die Pest kommt aber). Er profitiert. Gelbe Lederhäute, violette Himmel und Seide. Früchte, Steinbrüche, Branntwein, Gewebe.

×

Der Todkranke. Er läßt den Pfarrer holen. Er ist wie ein Kind. Der arme Mann. (er wiederholt ein Wort das er zu einem Armen sagte. [(]*Drauf* wird [sag]*Gott* sagen: er wiederholt seine ⟨→6r.1⟩

11 Streiks] S ⟨verdeutlicht⟩

⟨5v.20←⟩ einstige Antwort) Er gibt Ordres: die Leiche
in den Sarg auf das Meer. Keinen Kalk.
Versenken. Daß nicht einmal die Pest
~~kommt~~ wiederausbricht.

×

Der Friseur, der im Rasieren entsetzt
nur an die Pest denkt

×

Der Komis, weder gut noch schlecht, erkennt
in der Dämmerung (des Sterbens), einer
die
Beleuchtung ~~die~~ für ¿ ~~jene eben~~ seine Augen
eingestellt waren von Anbeginn an, Einiges
und trägt es mit sich herum in die
Nacht, unentschieden, ohne [Le]*K*lage
und ohne Triumpf, immerhin etwas
⟨→6v.13⟩ gefestigt. Seine kleine Welle im

2 den] ⟨andere Lesart:⟩ dem
9 Komis] ⟨andere Lesart:⟩ Kraus
11-12 ~~die~~ *[…]* seine Augen] ⟨1.⟩ die für jene eben ⟨2.⟩ für die seine Augen
15 [Le]*K*lage] ⟨andere Lesart:⟩ [Bi]*K*lage
17 Seine *[…]* im] ⟨vermutlich ab hier nach 6v.1-11 eingetragen⟩

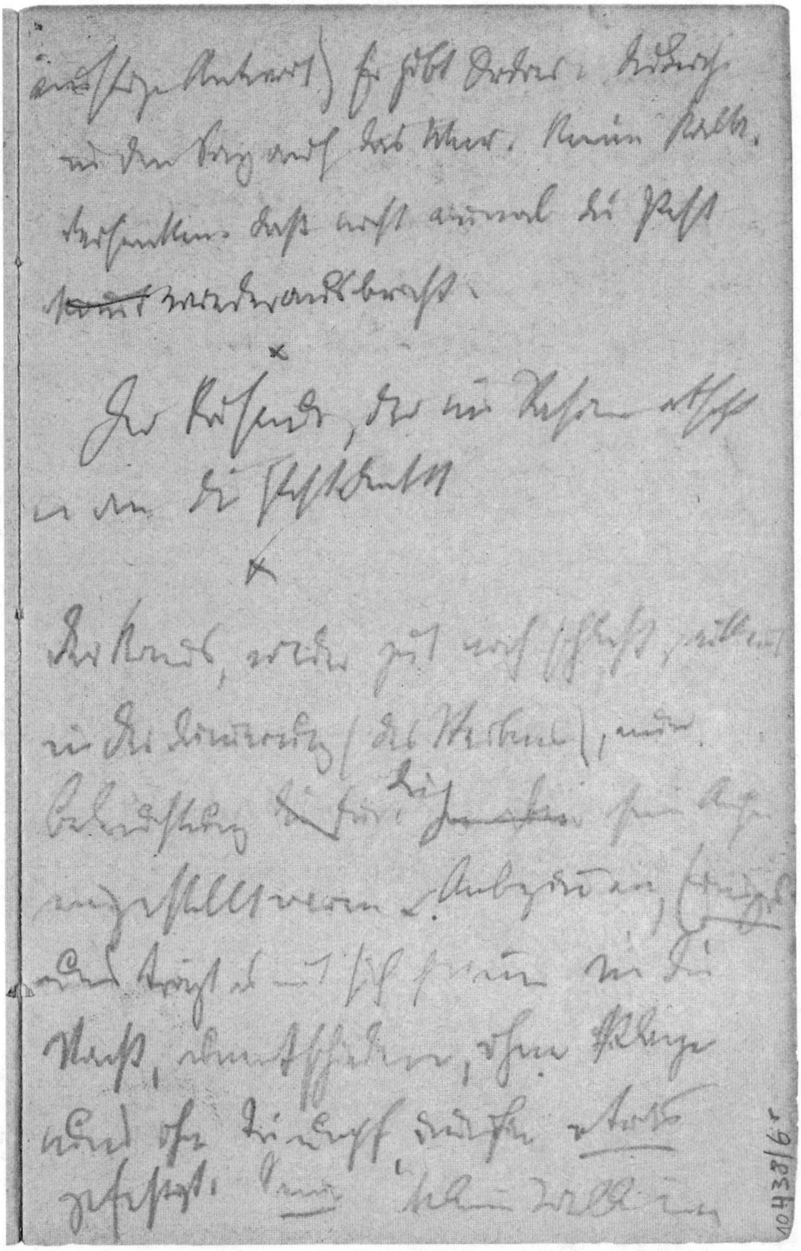

NB 2, 6[r]

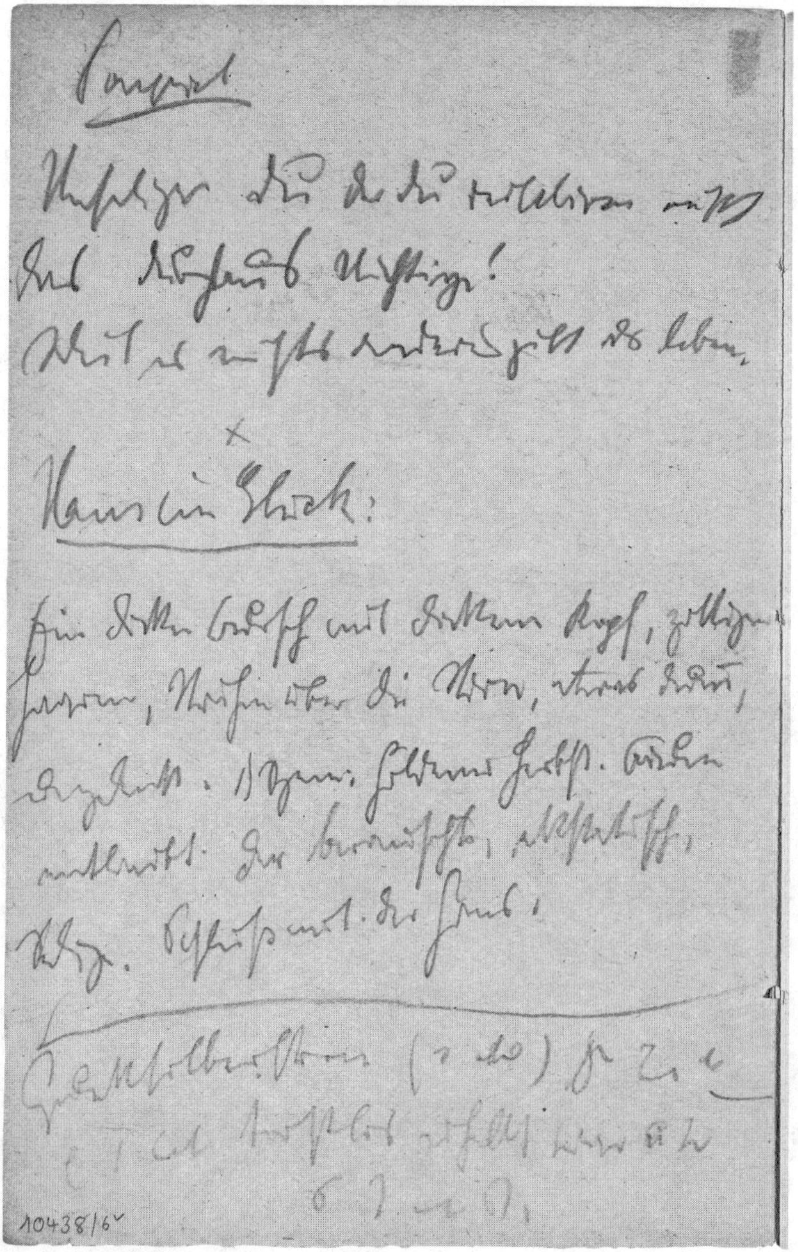

NB 2, 6^{v}

Vorspiel

Unseliger du der du verklären mußt
das durchaus Nichtige!
Weil es nichts anderes gibt als leben.

×

Hans im Glück:

Ein dicker Bursch mit dickem Kopf, zottigen
Haaren, Strähne über die Stirn, etwas dumm,
ungelenk. 1) Szene: Goldener Herbst. Bäume
entlaubt. Der berauschte, ekstatische,
Selige. Schluß mit der Gans.

Queksilberstrom (des Lebens) sprang empor als
das Gewölbe trostlos erhellt war u man
seine ganze Leere sah. ⟨→ 7r.16⟩

13 sprang empor] ⟨andere Lesart:⟩ zur Empore
14 ⟨Strich gehört zum Einweisungspfeil auf 7r.17⟩
16 ganze] ⟨andere Lesart:⟩ große

Das Tier auf dem Abort.

[I]*Am* Gründonnerstag Abend, in einer kleinen

Stadt

<u>Hans im Glück</u>

1) Frau gegen Haus

2 Haus gegen Wagen

3 Wagen gegen Karusell

4 Karusell gegen Frau

5 Frau gegen Gans / Violett. Schwangre
Frau. Gans

6 Gans gegen Freiheit

7 Freiheit gegen nacktes Leben

8 Nack

9

⟨6^{v}.16←⟩ Taylor: So nehmen Sie doch Ihren

⟶

Hut mit! Was soll ich denn mit Ihrem

Hut anfangen?

1-3 ⟨blaue Tinte⟩

17 ⟨Einweisungspfeil beginnt auf der gegenüberliegenden Seite 6^{v}.14⟩

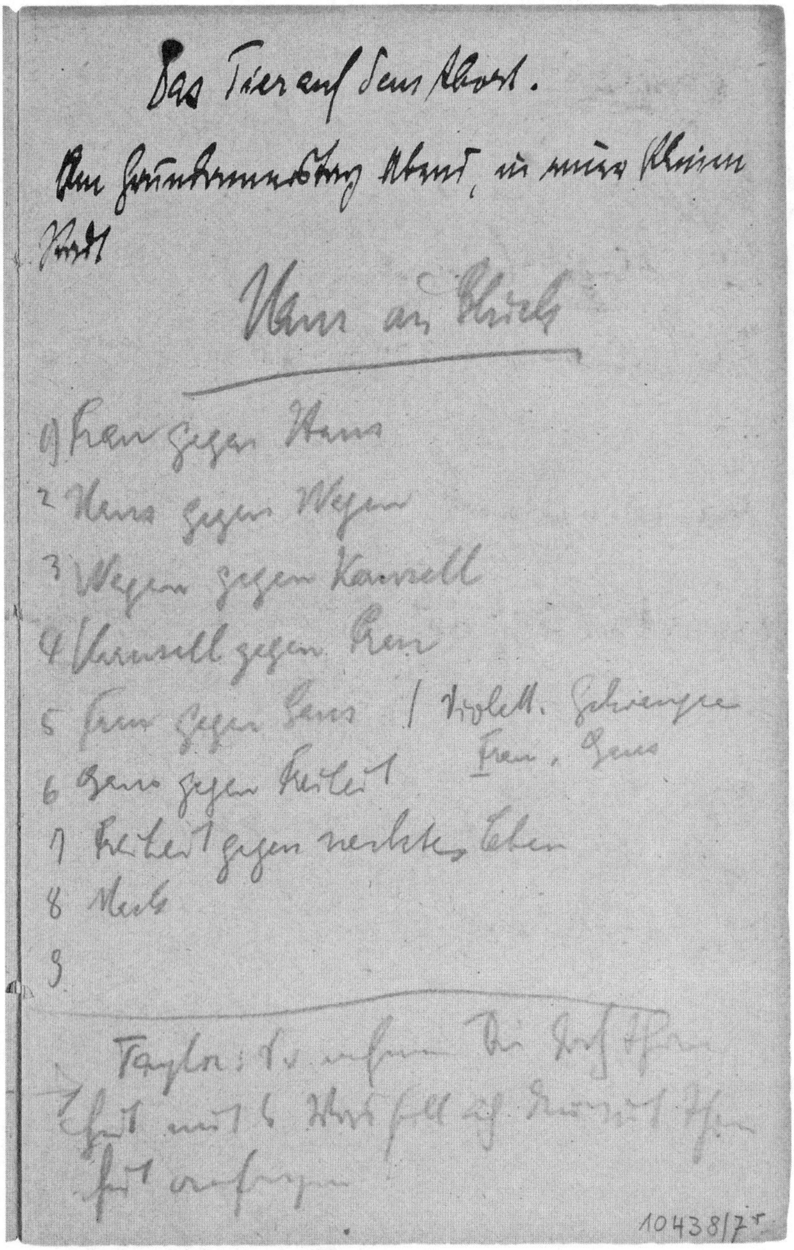
Das Tier auf dem Abort.
Frau gegen Hans
Hans gegen Wagen
gegen
Frau gegen Hans
Hans gegen Arbeit
Frau. Hans
Arbeit gegen verletztes Leben
10438/7r

NB 2, 7r

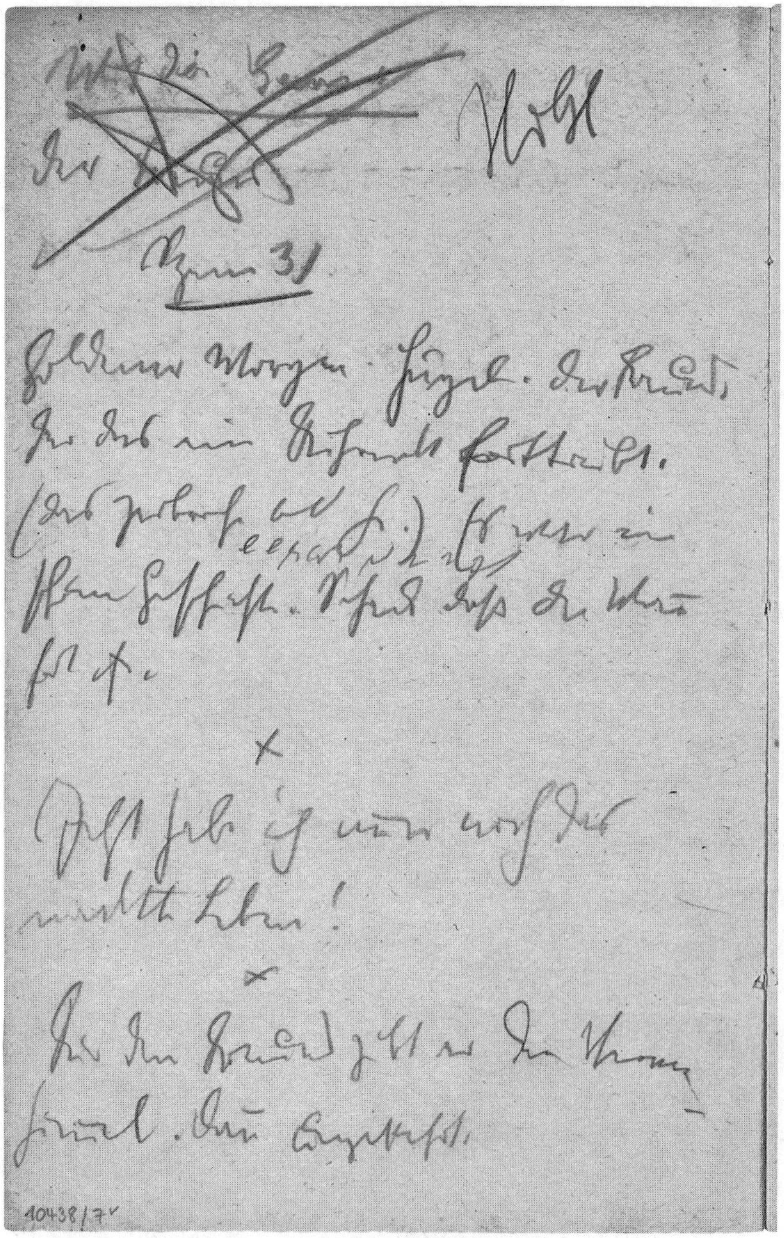

NB 2, 7^{v}

Mit [Die]*der* Gans:

HiGl ⟨Hans im Glück⟩

Der Freund

Szene 3)

Goldener Morgen. Hügel. Der Freund,
der das eine Fuhrwerk [¿¿]*fo*rttreibt.
(Das zerbroche bleibt zurück.) Es war eine
Daß das Fuhrwerk fort ist, ist gleich
schöne Geschichte. Schade daß der Mann
fort ist.

×

Jetzt hab ich immer noch das
nackte Leben!

×

Für den Freund gibt er den Sternenhimmel. Dann umgekehrt.

1 Mit [Die]*der* Gans:] ⟨1.⟩ Die Gans: ⟨; 2.⟩ Mit der Gans:

Nach der Gansgeschichte die Stier-

Geschichte.

[N]Sternennacht. Stierweide. Er ist wieder Kuhjunge geworden. Da kommt der Freund u. stiehlt Stiere.

×

In der Kellerszene der [F]*F*reund. Bleiche, dürre Leiber, ein dürres Fanale, Rührung.

Früher schlangen sie beim Leichenmahl Fleisch hinunter [und]*bis* der Nabel glänzte und spülten die Gurgeln mit Branntwein daß sie bessere Loblieder singen konnten aber hier ist nur Branntwein da und Tischtücher.

11 beim] ⟨versehentlich ein m-Bogen zuviel⟩

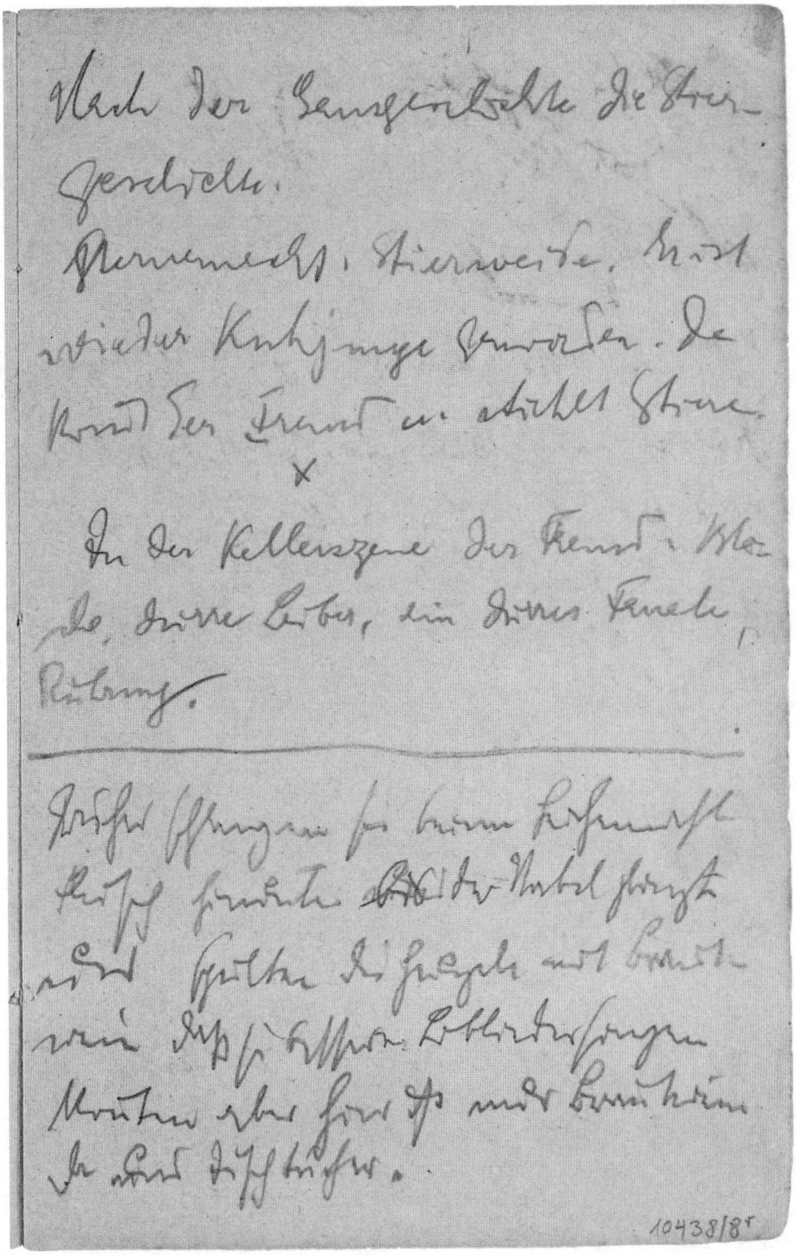
Nach der Saugeschichte die Stier-
geschichte.
Sternennacht. Stierweide.
x
In der Kellerszene
Rührung.
10438/8r

NB 2, 8r

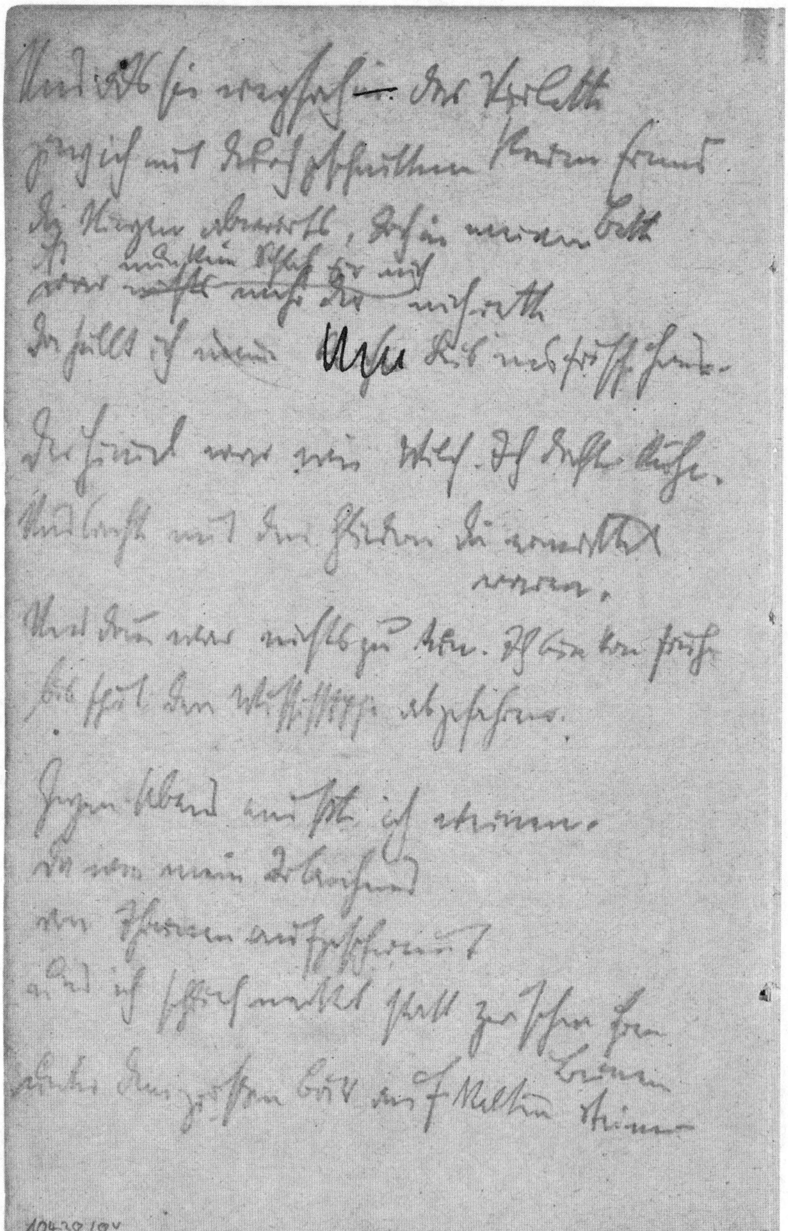

NB 2, 8v

Und als sie wegsah ~~in~~ das Violette

ging ich mit durch geschnittenen Knien fremd

die Stiegen abwärts, doch in meinem Bette
ist nun kein Schlaf für mich
~~war nichts~~ mehr das mich rette

da hüllt ich meinen ~~bleichen~~ Leib ins frische Hemd.

Der Himmel war wie Milch. Ich dachte kühn.

Und lachte mit den Gliedern die ermattet

waren.

Und dann war nichts zu tun. Ich bin von früh

bis spät den Mississippi abgefahren.

Gegen Abend mußte ich weinen.

Da war mein Totenhemd

von Thränen aufgeschwemmt

und ich schlief nackt statt zwischen ihren

Beinen

unter dem großen Bär auf kalten Steinen

1 ~~in~~] ⟨Streichung mit schwarzer Tinte, wie 1r.2⟩
6 ~~bleichen~~] ⟨Streichung mit schwarzer Tinte, wie 1r.2⟩
17 Steinen] ⟨andere Lesart:⟩ Steinen –

Es kam George Garga
nur wenn die Sonne scheint
dem hatten sie Gott weisswarum
keine Thräne nachgeweint

Es kam D[i]yonysos Heigei
der starb in Amerika
das wußte seine Braut noch nicht
drum war keine Thräne da.

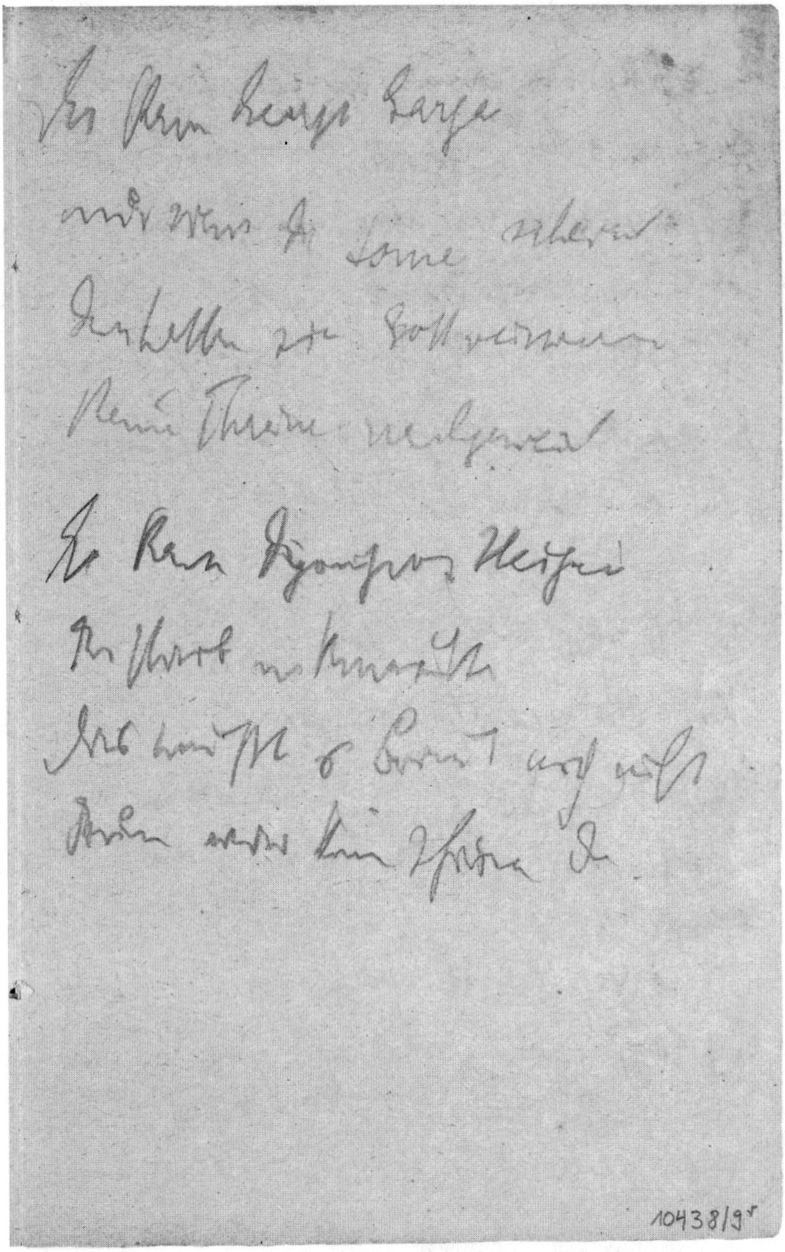

NB 2, 9r

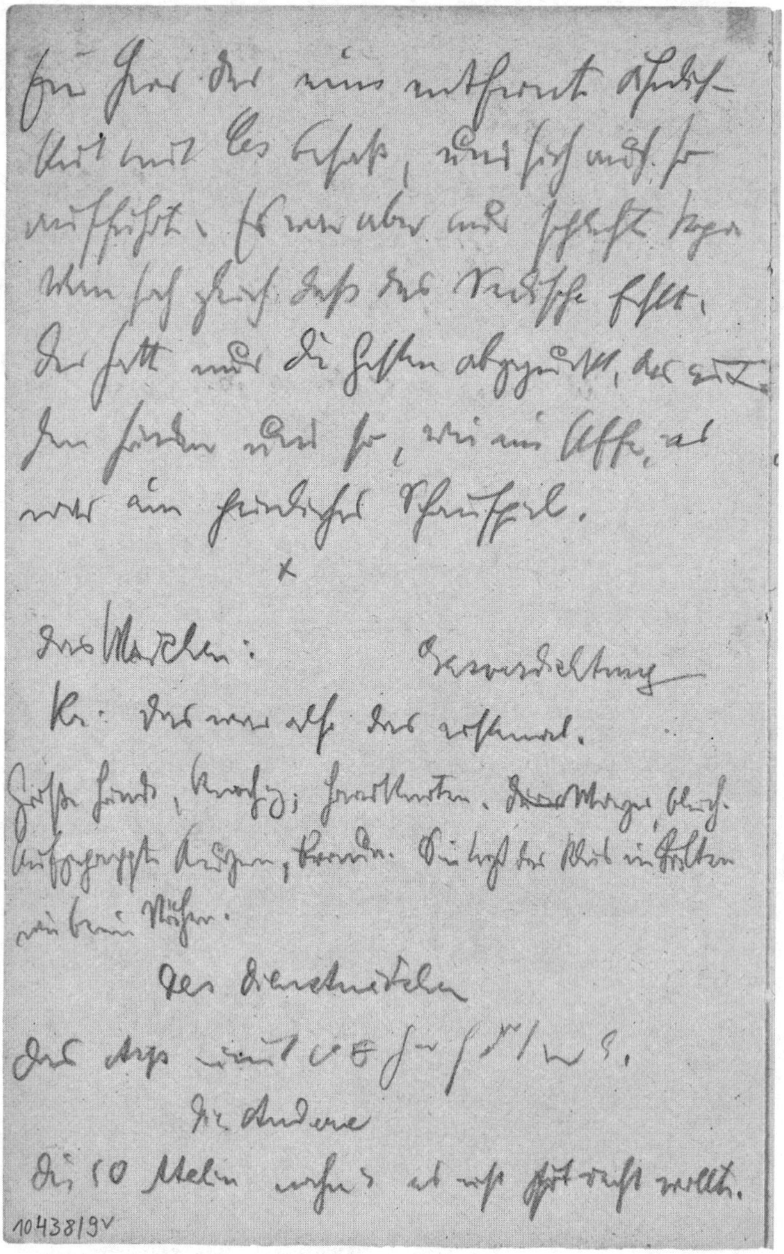

Ein Herr der eine entfernte Ähnlich-

keit mit Cas besaß, und sich auch so ⟨Caspar Neher⟩

aufführte. E[r]*s* war aber nur schlechte Kopie

Man sah gleich daß das Seelische fehlte.

Der hatte nur die Gesten abgeguckt, das mit

den Händen und so, wie ein Affe, es

war ein peinliches Schauspiel.

×

Das Mädchen: Gasverdichtung

Kr: Das war also das erstemal.

Große Hände, knochig; Haarknoten. ~~Dürr~~ Mager, bleich.

Aufgepappte Augen, braun. Sie legt das Kleid in Falten

wie beim Nähen.

Das Dienstmächen

Das Aaß weint weil sie zu den Stiefeltern nicht hereindurfte.

Die Andere

Die 50 Atalin nahm und es nicht [gut]*so* recht wollte. ⟨→ 10r.1⟩

4 gleich] ⟨danach kein Komma, sondern Abdruck des Kopierstifts von 10r⟩

4-5 fehlte. \ Der] ⟨andere Lesart:⟩ fehlte, \ der

8-17 ⟨Kopierstift⟩

15 ⟨andere Lesart:⟩ Arß

⟨9v.17←⟩ Weil dann Gott dachte: Sie hats nicht gewollt und der Himmel klafft.

Auf der Welt heraus ist nicht mehr schön.

Kr: Sie wollte eine Heilige werde.

(Sie verdeckt das Gesicht)

Sie wollte mal schlafen und dann wars ihr auch gleich

×

Es ist noch nicht [Zi]*Ku*ltur wenn 60 Mill schreiben können (außer den Ärzten)

×

Der Jude der im Kouppee um die Achtung der beiden Freunde kämpft. Er fängt an mit der Teuerkeit des Medizinstudiums und verfällt der Verachtung.. Zuletzt siegt er durch seine Anpreißung von Abortiv-mitteln.

1-7 ⟨Kopierstift⟩

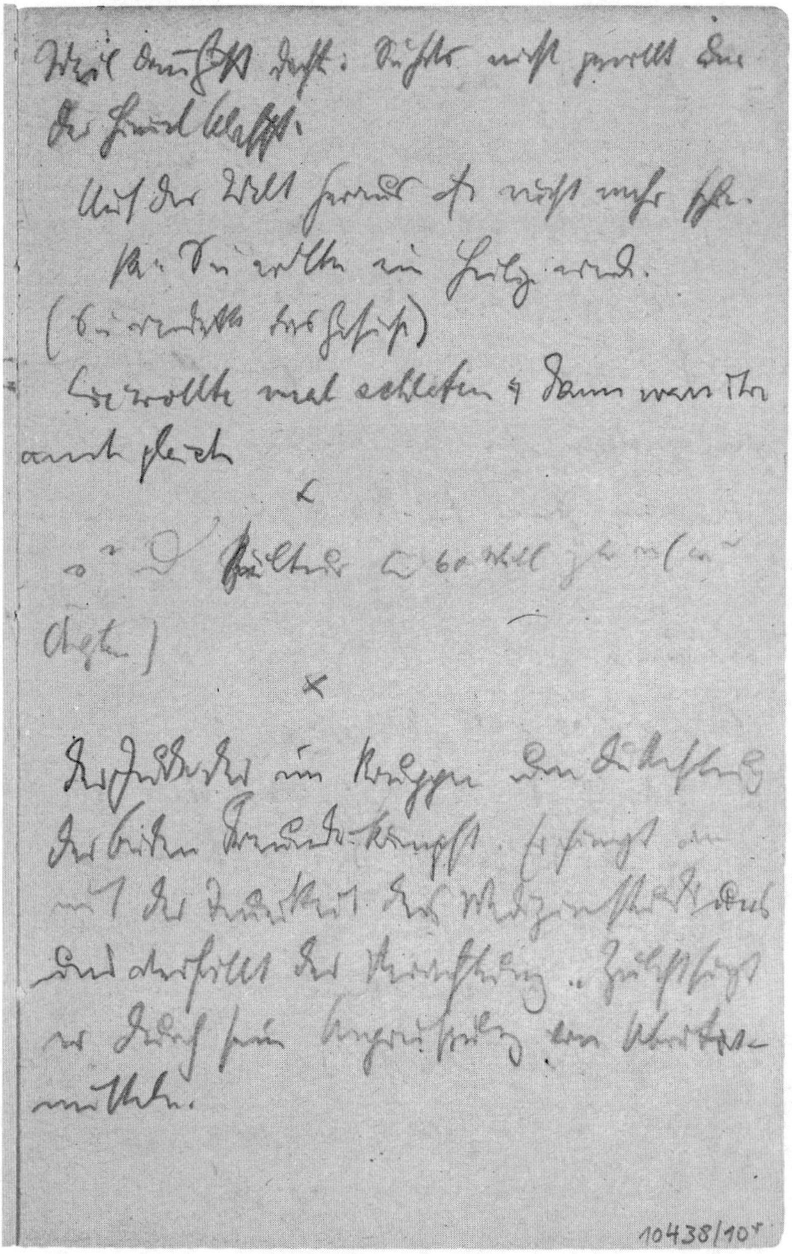

[illegible]

Er wollte mal schlafen & dann war ihm
auch gleich

[illegible]

Gärten.

Ach diese Stadt frisch und wunderbar fremde Stadt! Er bedeckte die Erdoberfläche wie ein dichtes Schlangengewächs und wird mit wüsten Messern dagegen geschliffen! Sie waren kälter als der Nordwind, er schrie ihn nur leicht in durch umsonst, sie zitterten wie die Hunde und auf den Wegen schwammen sie in Asche. Sie machten Krieg und zwangen sie, nicht aus dem Feld der Ehe zu treten mit Fremdländern. Gegen die [illegible] aufstiegen, wo sie [illegible] schwanden sie den höchsten Ast und [illegible] die Schiffer [illegible] stehen die [illegible] schwankend über den [illegible] unter den dritten [illegible] [illegible]

10438/10v

NB 2, 10v

Juden.

Oh dieses starke fröhliche und niederträchtige
Volk! Es bedeckt die Erd[opf]*ob*erfläche wie
ein dickes Pflanzengewächs und was
wurden Messer dagegen geschliffen! [Der]*Sie*
waren kälter als der Nordwind, es fror
ihn wenn durch sie durch mußte, heißer
wie der Samum und auf dem Regen
schwammen sie in Archen. Sie machten
Kriege und gewannen sie, nicht auf dem
Feld der Ehre sondern im Handelsladen.
Gegen d[en]*ie* Scheiterhaufen auf de[m]*nen* man
sie brennen ließ erfanden sie den Holzhan-
wenn
del und ~~als~~ die Pfaffen hungers sterben
sitzen die Juden schmatzend über den Särgen.
Unter den Tritten kristlicher Rohlinge ⟨→ 11r.1⟩

⟨10v.17 ←⟩ vermehrten sie sich wie Seeigel, wo sie
hinkamen wuchs~~t~~en Getreidemeere und
wo sie weggingen, da wuchs kein
Gras mehr.

erkämpften sie sich und [illegible] setzten sie
hinkamen [illegible]
wo sie vorbeigingen, da wuchs kein
Gras mehr.
10438/11r

NB 2, 11r

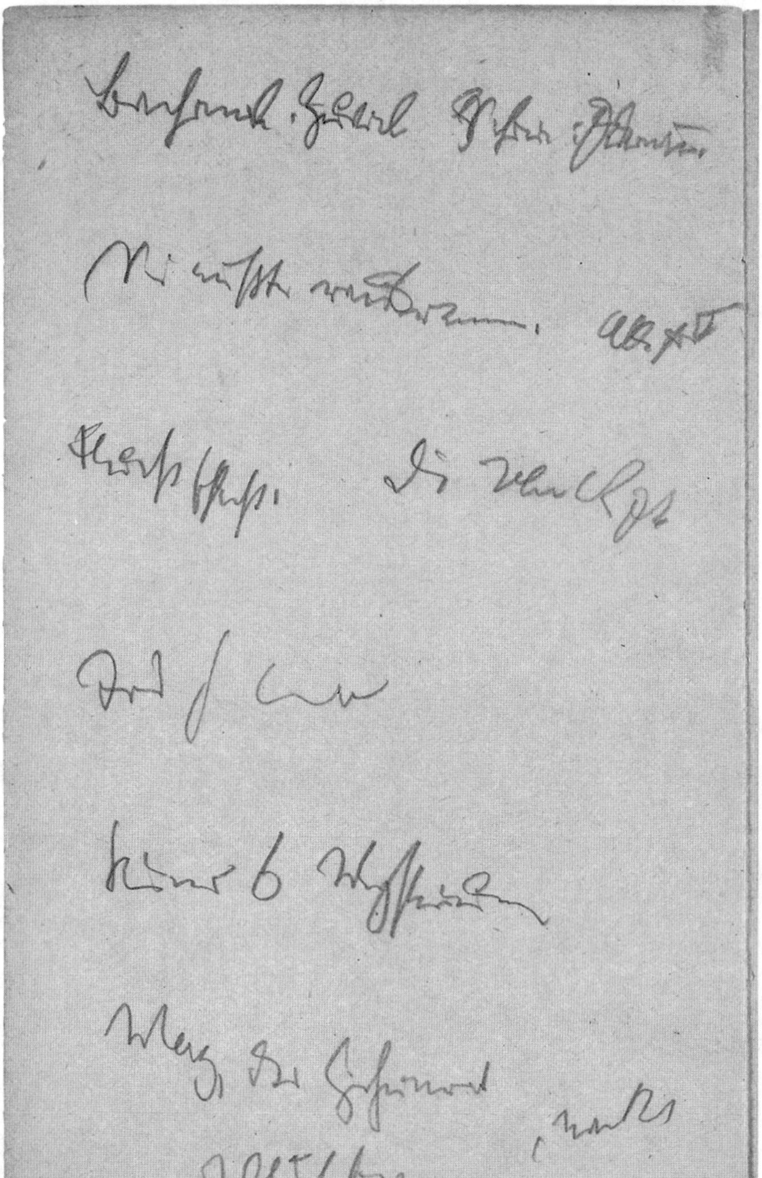

NB 2, 11v

Bachanale. Zuviel [G]Schreie: Jedermann.

Sie mußten rausrennen. Alle fort

Flucht schlecht, die goldenen Becher schlagen

Tod zu weinerlich

Kino statt Mysterium

Merz, der Geheimrat ⟨Hermann Merz⟩
, nackt

mit Gold behangen ⟨→ 12r.1⟩

5 Kino] ⟨andere Lesart:⟩ Stund

⟨11v.8 ←⟩ Der Glaube im blauen bengalischen Licht
die guten Werke grün

Von den Werken sieht man nur ein Buch und

zwar grün beleuchtet

die störend liegen

5 die störend liegen] ⟨andere Lesart:⟩ die starrenden Laien

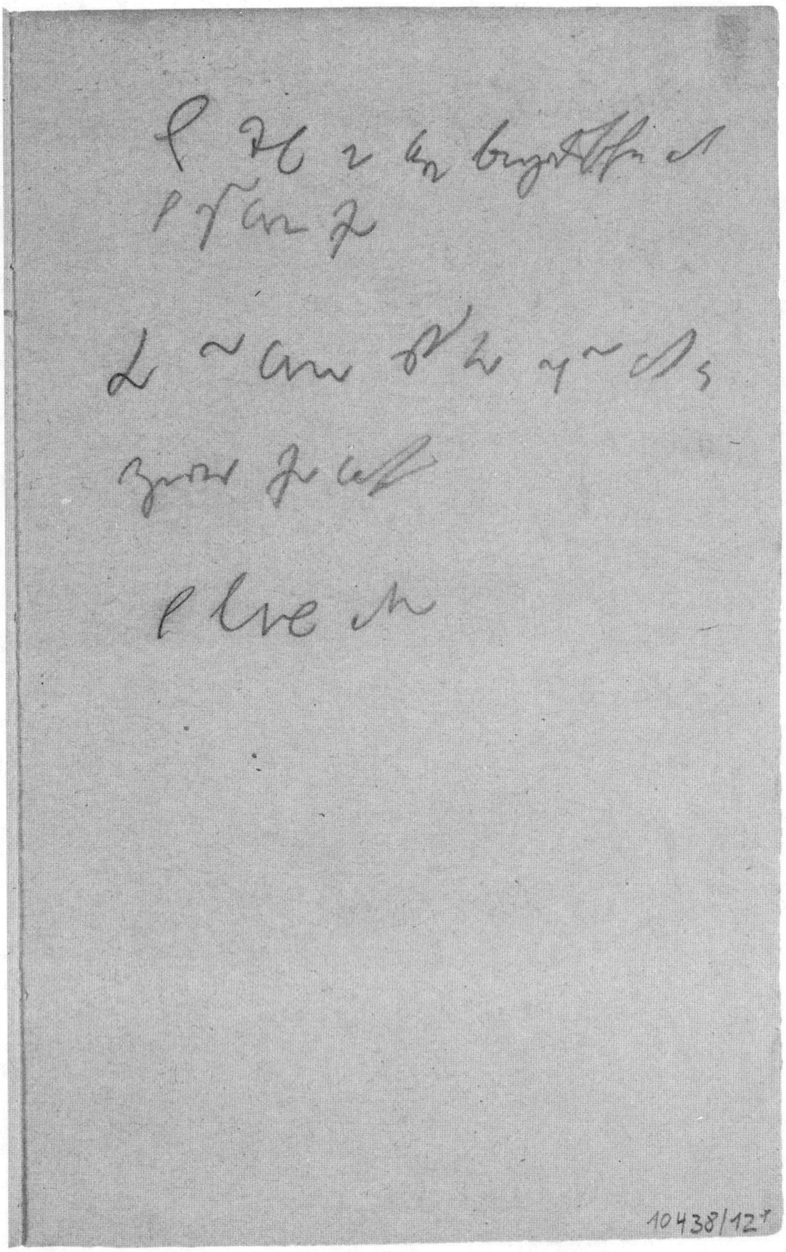

NB 2, 12r

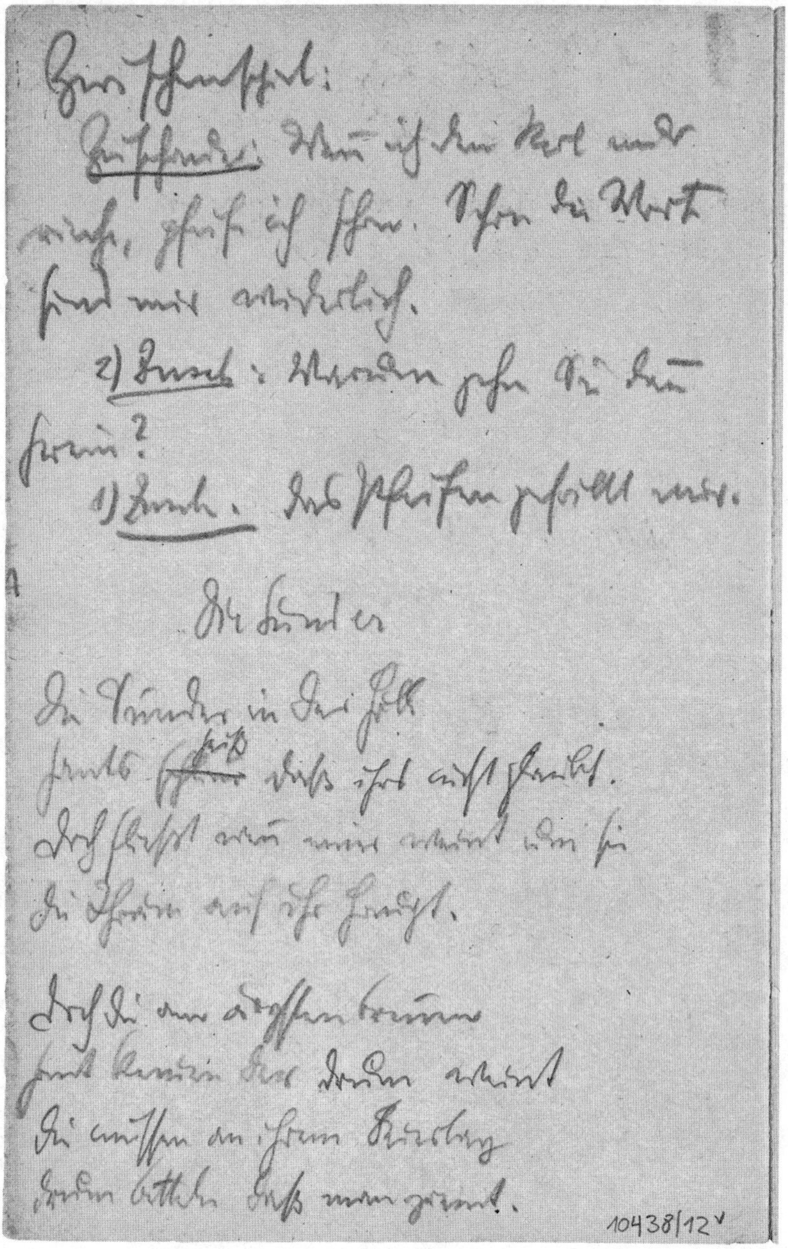

NB 2, 12v

Zwischenspiel:

Zuschauer: Wenn ich den Kerl nur

rieche, pfeife ich schon. Schon die Worte

sind mir widerlich.

2) Zusch: Warum gehn Sie dann

herein?

1) Zusch. Das Pfeifen gefällt mir.

¿

Die Sünder

Die Sünder in der Hölle
heiß
hants ~~schlimm~~ daß ihrs nicht glaubt.

Doch fließt wenn einer weint um sie

die Thräne auf ihr Haupt.

Doch die am ärgsten brennen

hant keinen der drum weint

die müssen an ihrem Feiertag

drum betteln daß man greint. ⟨→13r.1⟩

18 ⟨zweiter Punkt nach⟩ greint. ⟨nicht signifikant; vielleicht Abdruck der Tinte eines anderen Blatts⟩

⟨12v.18←⟩ Es [g]*k*ommt Dionysos Heigei.
Der starb in Amerika
das wußte seine [S]*B*raut noch nicht
drum war keine Träne da.

Es [g]*k*ommt George Garga
sobald die Sonne scheint
dem hatten sie Gottweißwarum
keine Thräne nach geweint.

Und Liselotte [¿]*B*arger
stand mitten in der Sonn
die hatte so geliebt daß man
einst
nichts [hatte]*m*ehr hatte davon.

Es kam Geörge Pfanzelt
ein äußerst schlimmer [m]*M*ann
der hatte die Idee gehabt
⟨→13v.1⟩ es käm auf ihn nicht an.

9 Liselotte] l ⟨neu angesetzt⟩

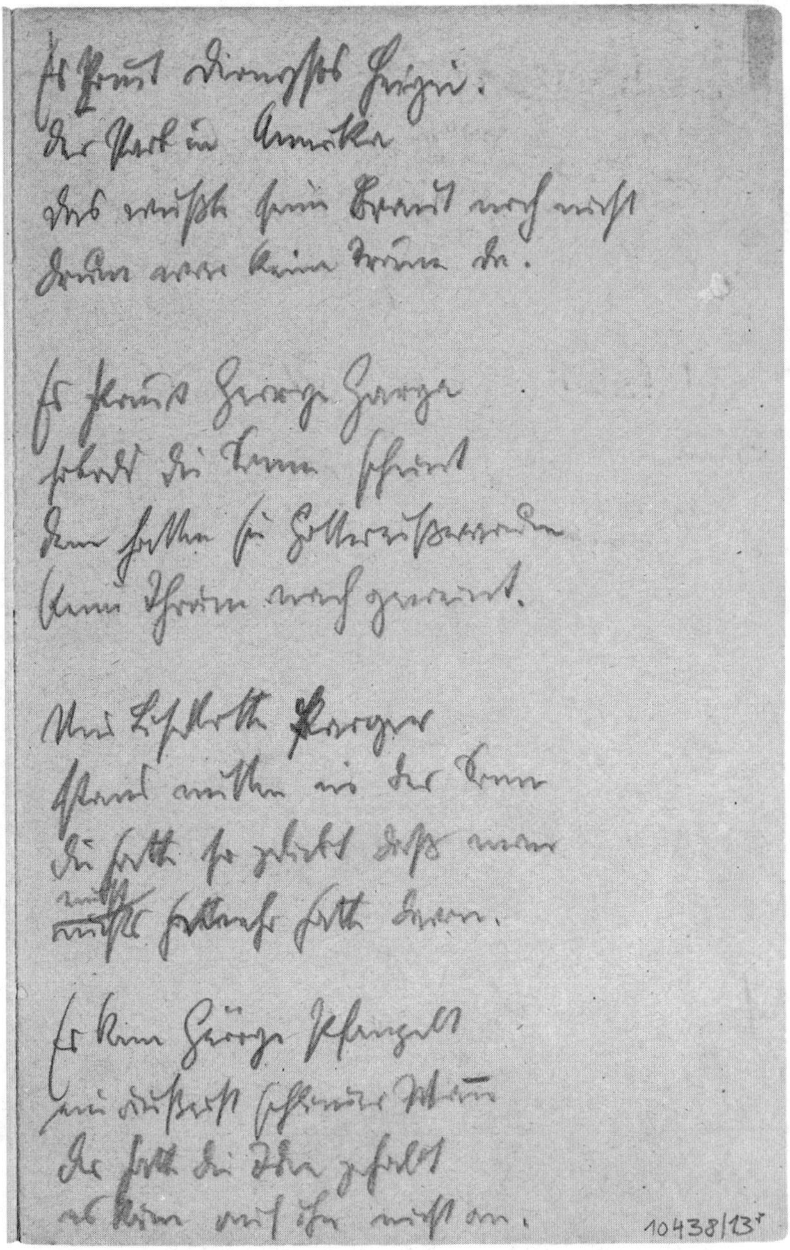

NB 2, 13r

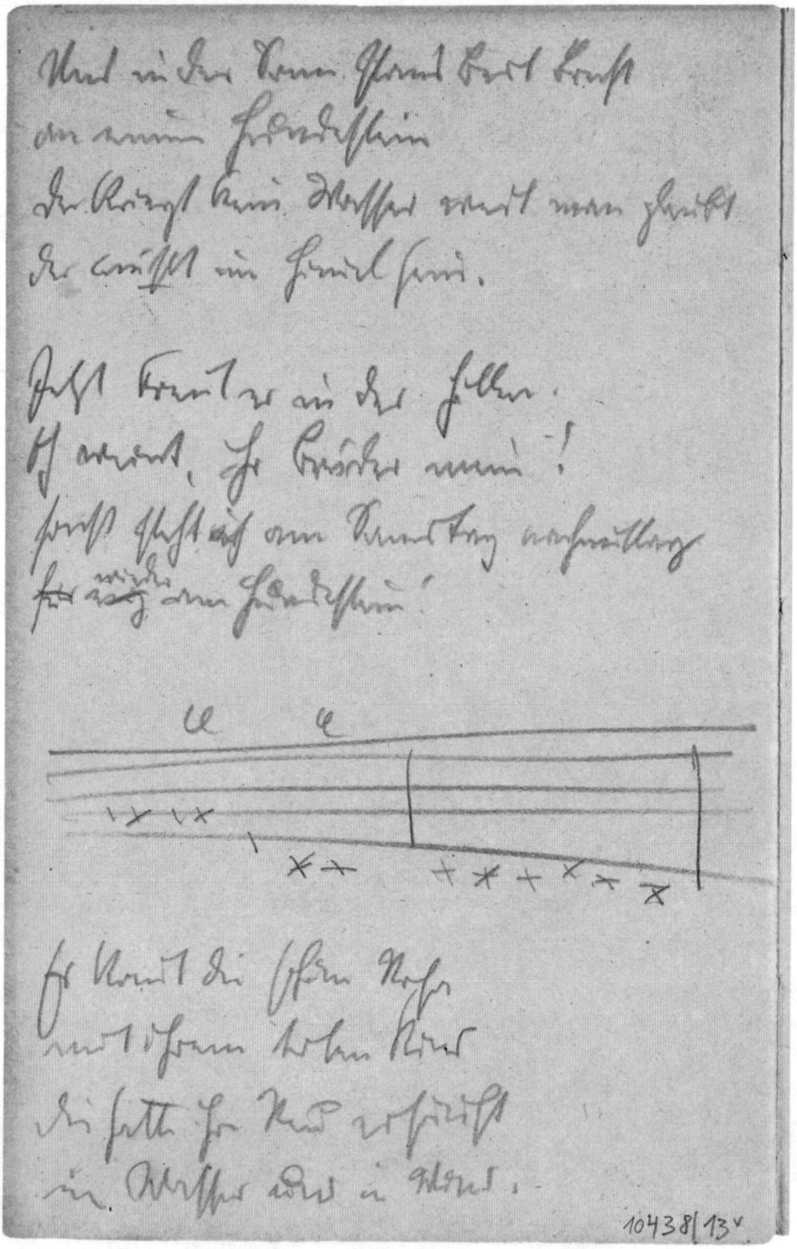

NB 2, 13v

Und in der Sonne stand Bert Brecht ⟨13r.17←⟩

an einem Hundestein

der kriegt kein Wasser weil man glaubt

der müßt im Himmel sein.

Jetzt brennt er in der Höllen.

Oh weint, ihr Brüder mein!

sonst steh*t* [ich]*er* am Samstag nachmittag
wieder
~~für ewig~~ am Hundestein!

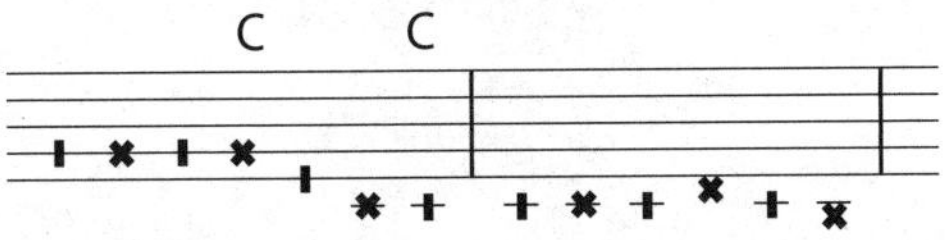

Es kommt die schöne Rosa

mit ihrem toten Kind

die hatte ihre Reu ersäuft

in Wasser und in Wind. ⟨→14r.1⟩

⟨13v.15←⟩ Doch keiner hört ihr Flehen

durch die die Winde wehn
die/ hin
durch die Sonn scheint ~~mitten~~ durch

die kann man nicht mehr sehn.

Drum geht zum Otto Zarek
er
und lernts es vor ~~man~~ stirbt:

wie man bei fremden Leuten frech

um ein paar Thränen wirbt.

Sonst kommts ihr einst wie diese

und wißts nicht wie mans macht

daß um euch noch weinen tut

und nicht nur [euch]*hönt*, nicht lacht.

—

Es kommt die Liebe Marie

gestorben im Spital –

Ach, Gott vergaß die Absolution

und sie das Abendmahl.

8 lernts] t ⟨verdeutlicht⟩
14 [euch]*hönt*] ⟨wohl 2.⟩ h ⟨für⟩ höhnt ⟨aus graphischen Gründen vergessen⟩

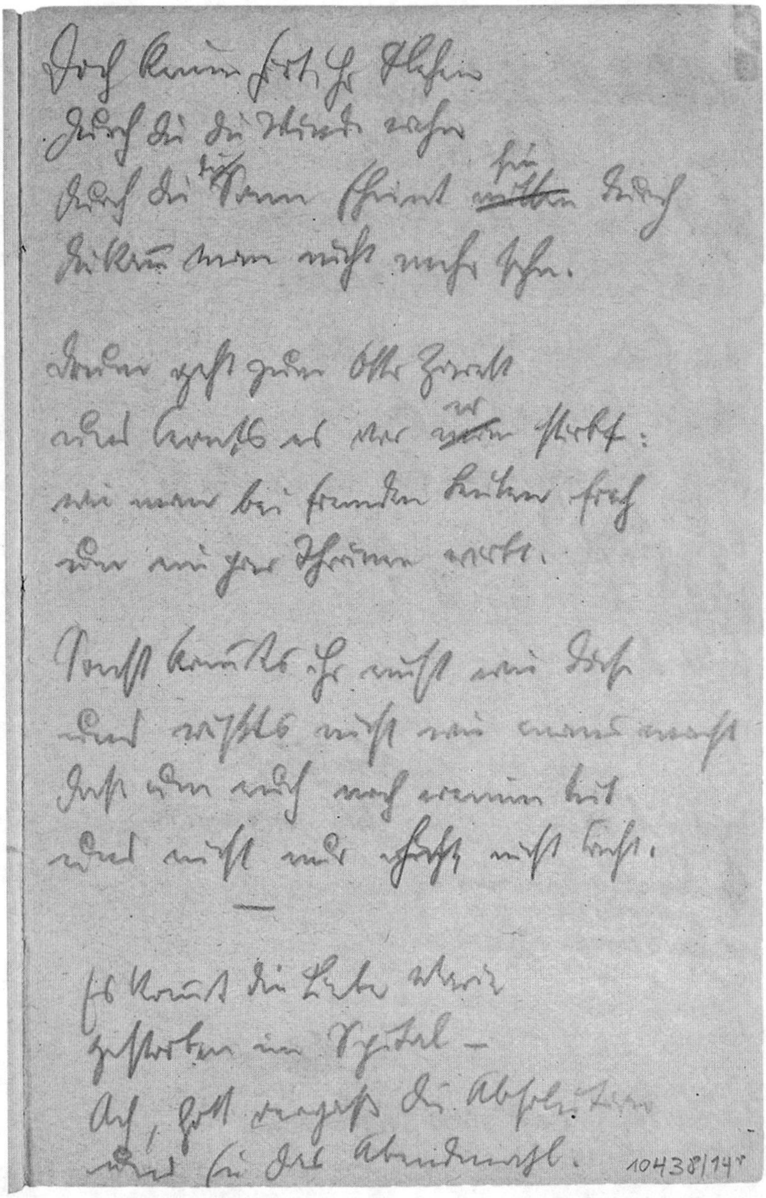

NB 2, 14r

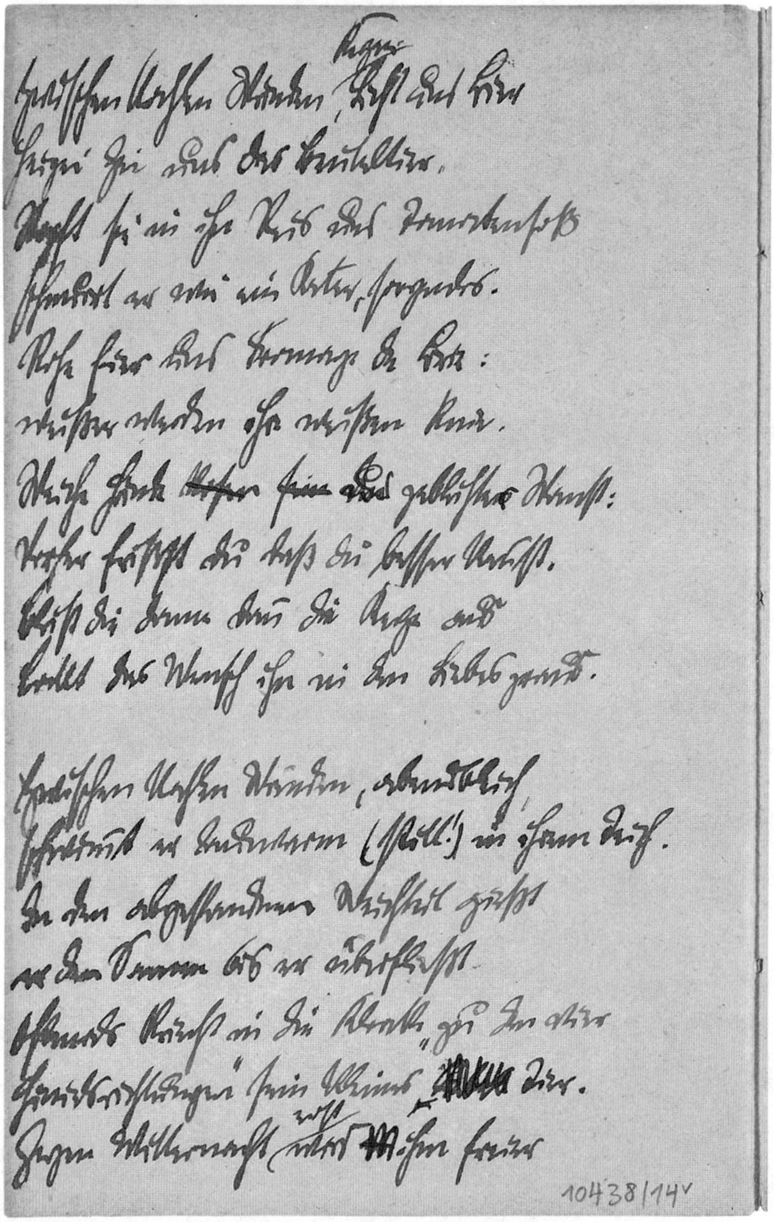

NB 2, 14v

Kerzen-
Zwischen kahlen Wänden, Licht und Bier

Heigei Gei und das Beuteltier.

Stopft sie in ihn Reis und Tomatensoß

schnurrt er wie ein Kater, sorgenlos.

Rohe Eier und Fromage de Brie:

weißer werden ihre weißen Knie.

Weiche Hände ~~kosen~~ ~~sein~~ [den]*und* geblähte[n]*r* Wanst:

Vorher frißt du daß du besser kannst.

Bläst die Dame dann die Kerze aus

Lockt das Mensch ihn in den Liebesgraus.

[¿]*Z*wischen kahlen Wänden, abendbleich,

schwimmt er lauwarm[,] *(*still*!*[,]*)* in ihrem Teich.

In den abgestandenen Weichteil gießt

er den Samen bis er überfließt.

Oftmals kriecht in die Kloake „zu den vier

Himmelsrichtungen" sein kleines ~~liebes~~ Tier.

erst e
Gegen Mitternacht wird ~~es~~ ihm freier ⟨→ 15^{r}.1⟩

⟨überwiegend braune Tinte, wie 15^{r}-16^{r}⟩

8 ~~kosen~~ *[…]* Wanst] ⟨Streichung⟩ ~~kosen~~ ⟨,⟩ und ⟨sowie die Änderung⟩ geblähte[n]*r* ⟨mit schwarzer Tinte; 1.⟩ kosen ~~sein~~ den geblähten Wanst ⟨2.⟩ und geblähter Wanst

13 lauwarm[,] *(*still*!*[,]*)*] ⟨Klammern und⟩ ! ⟨schwarze Tinte; 1.⟩ lauwarm, still, ⟨2.⟩ lauwarm (still!)

17-19 ~~liebes~~ *[…]* ~~es~~] ⟨Streichung von⟩ ~~liebes~~ ⟨und⟩ ~~es~~ ⟨, Einfügung von⟩ erst ⟨und sofort wieder gestrichenes⟩ e ⟨mit schwarzer Tinte⟩

⟨14v.19←⟩ und er taucht alten
~~Wird er müd~~ [in]*aus* ihrem ~~lauen~~ Weiher,
über dem kein schöner Stern erglänzt.
Und er geht hinaus wie ein Gespenst.

Und im Sternenlicht, in kühlem Wind
wandelt Heigei Gei, das Waisenkind.
[b]*B*leich und zitternd wie der gute Hirt,
daß sein nasses Hemd getrocknet wird.
Doch dieweil das Scheusal ~~außen~~ promeniert
wird ein Schauspiel drinnen aufgeführt:
Wild im Weinkrampf wälzt das Beuteltier
~~zwischen~~ sich in kahlen Wänden, Kerzenlicht u. Bier.
[s]*D*enn jetzt ist der ~~Muttermund~~ Uterus erschlafft
und man weint [u]*n*ach seiner ~~Mutt~~ Jungfernschaft.

„Beuteltier mit Weinkrampf"

⟨Otto Bezold⟩ [für]*an* Bez

⟨überwiegend braune Tinte, wie 14v, 15v-16r⟩
1-2 ⟨Streichungen, Einfügungen und Überschreibung mit schwarzer Tinte; 1.⟩ Wird er müd in ihrem lauen Weiher ⟨2.⟩ und er taucht aus ihrem alten Weiher
8 nasses] ⟨zweites⟩ s ⟨nachgezeichnet⟩
10-11 ⟨Abdruck der Tinte von 14v.10⟩
16 [für]*an*] ⟨vielleicht gestrichen⟩

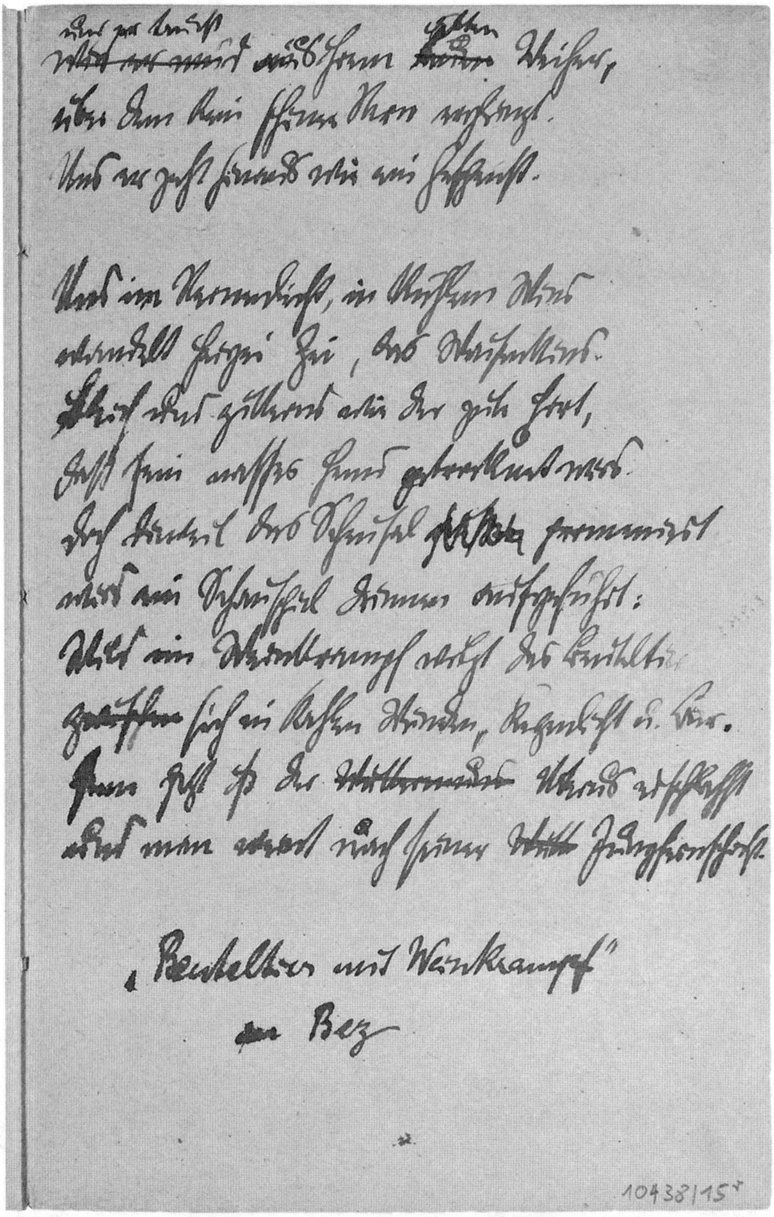

Das sterbende Gespenst
oder
Der Liebhaber auf der Barrikade.
oder
Der Massenmörder aus Liebe
oder
Von der Barrikade ins Ehebett
oder
Per aspera ad astra

Das sterbende Gespenst

oder

Der Liebhaber auf der Barrikade.

oder

Der Massenmörder aus Liebe

[¿]*o*der

Von der Barrikade ins Ehebett

oder

Per aspera ad astra

⟨ganze Seite braune Tinte, wie 14^{v}-15^{r}, 16^{r}⟩

So halb im Schlaf in bleicher Dämmerung
an deinem Leib, so manche Nacht; der Traum~~:~~
Gespenstige Chausseen unter abendbleichen
sehr kalten Himmeln. Bleiche Winde. Krähen
die nach der Speise schrei[e]'n und nachts kommt Regen.
Mit Wind und Wolken, Jahre über Jahre,
verschwimmt dein Antlitz, Bittersüße, ~~immer~~ wieder,
und in dem kalten Wind fühl ich erschauernd
leicht deinen Leib, so, halb im Schlaf, in Dämmerung
ein wenig Bitternis noch im Gehirn.

An Bittersweet, 31.10.19.

⟨ganze Seite braune Tinte, wie 14^{v}-15^{v}⟩

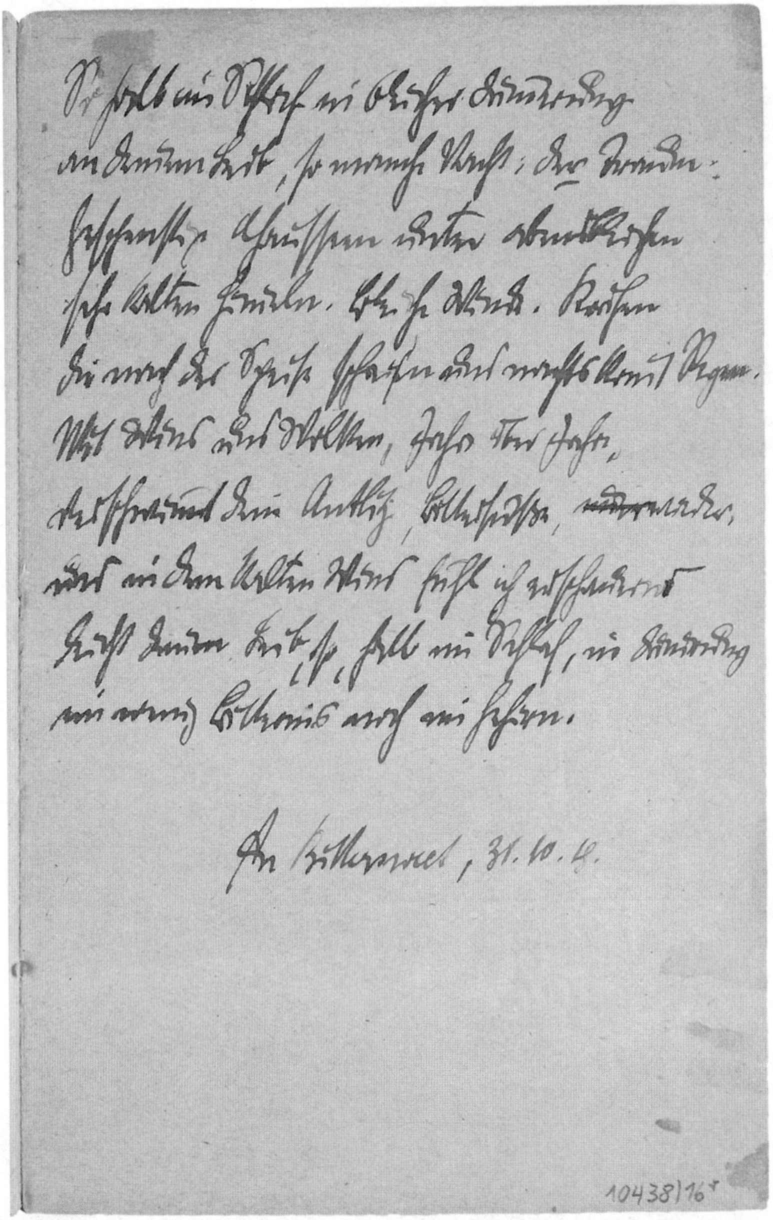

NB 2, 16r

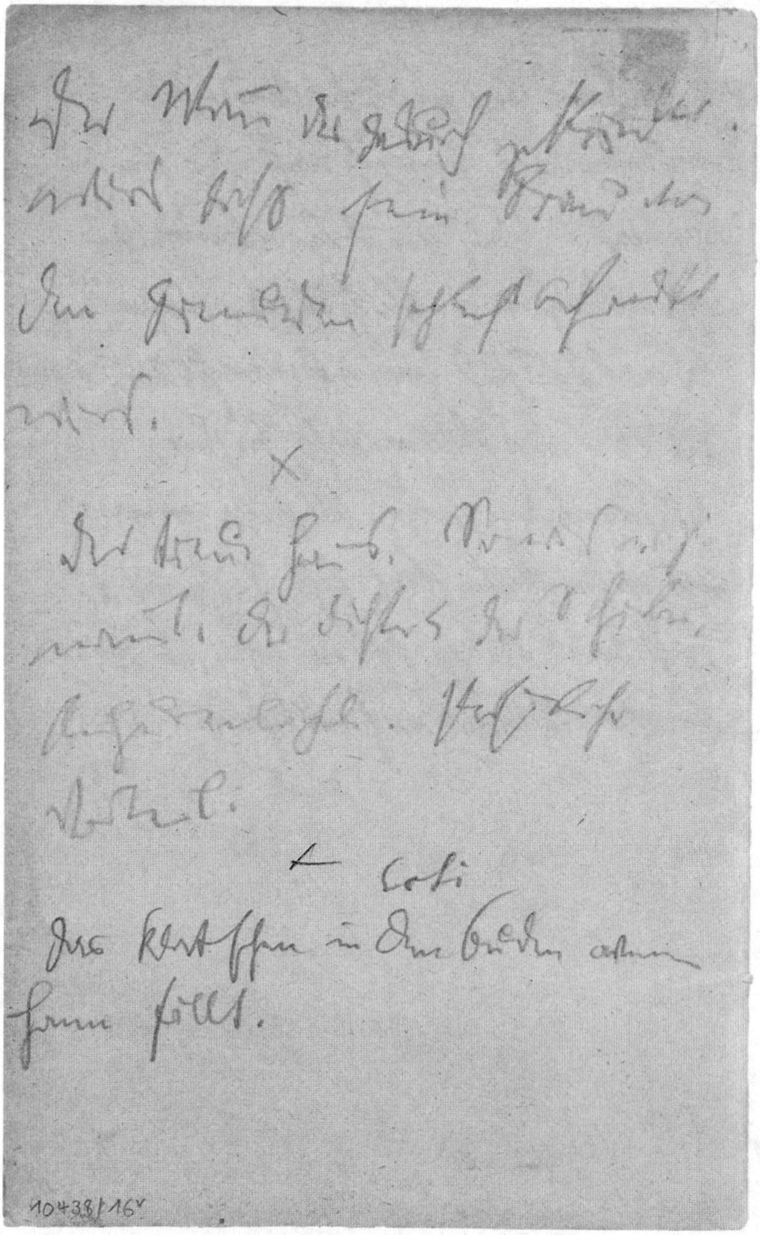

NB 2, 16ᵛ

Der Mann der dadurch gekränkt
wird daß seine Frau von
den Freunden schlecht behandelt
wird.

×

Der treue Gaus. So wird er ge-
nannt. Der Dichter und der Schieber.
Augurenlächeln. Persönlicher
Vorteil.

×

SoSi ⟨Sommersinfonie⟩

Das Klatschen in den Buden wenn
Hanne fällt.

11 SoSi] ⟨wohl nachträglich eingefügt⟩
6 Gaus] ⟨andere Lesart:⟩ Hanns

Notizbuch 3

zu werden. Ich verbitte mir ~~die andern~~ Brüder!

×

Ich gehöre nicht zu~~r~~ den nützlichen Gliedern der menschlichen Gesellschaft, die sich strecken, wenn sie an Anerkennung denken und Wollust haben wenn sie Reibung verursachen.× Aber Verstand haben sie gar keinen. Sie wollen nur hinein in die menschliche Gesellschaft. Man soll sie abschneiden.

×

Ich habe den Becher geleert bis zur Neige. Ich bin nämlich verführt worden.

×

Der freie Wille – das ist eine kapitalistische Erfindung!

1 zu werden.] ⟨vorangehendes Blatt fehlt⟩
4 zu~~r~~] ⟨andere Lesart:⟩ zu~~m~~
7 ×] ⟨Bezug des Einfügungszeichens unbekannt, vielleicht zu Text auf dem fehlenden vorangehenden Blatt⟩

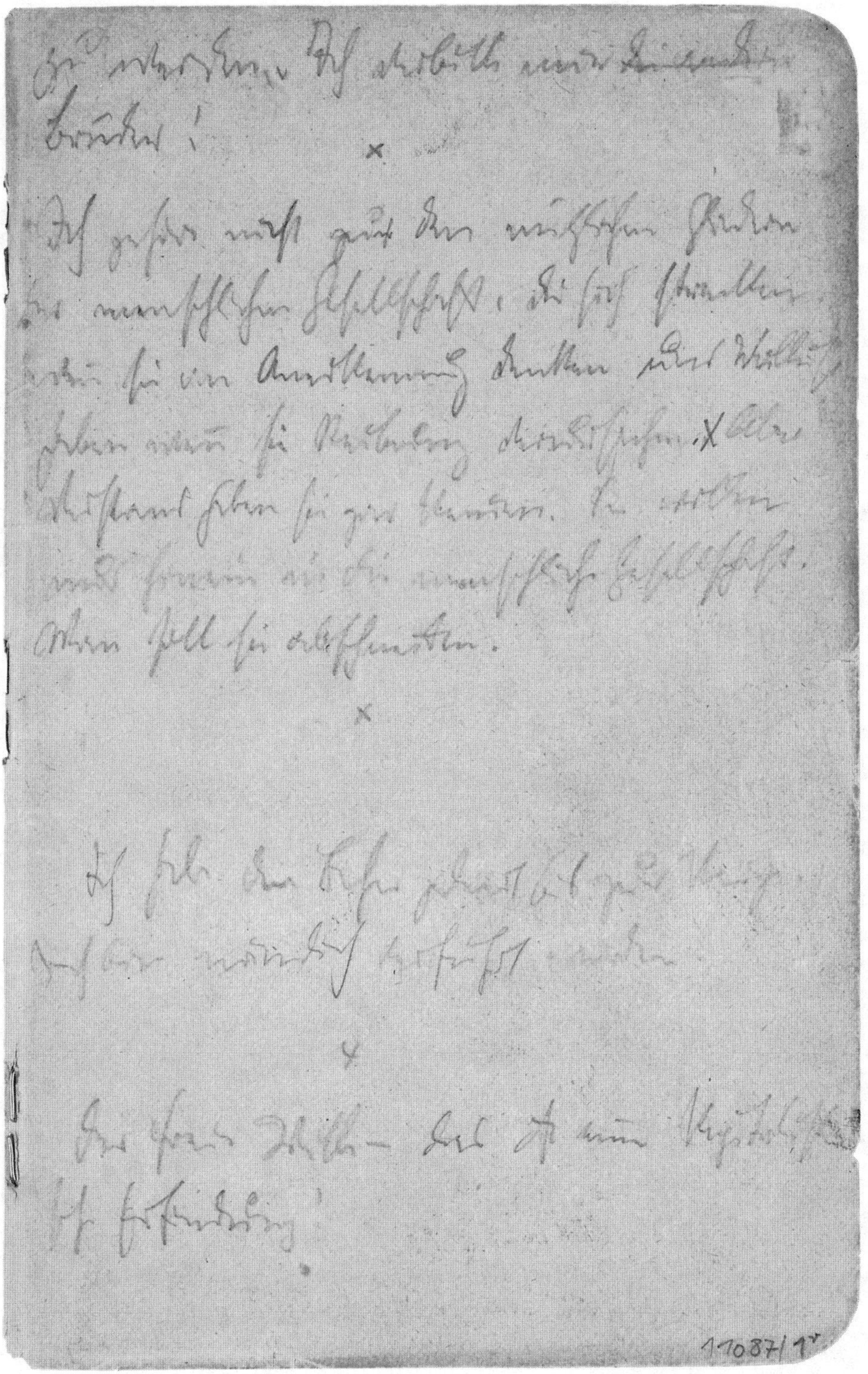

NB 3, 1r

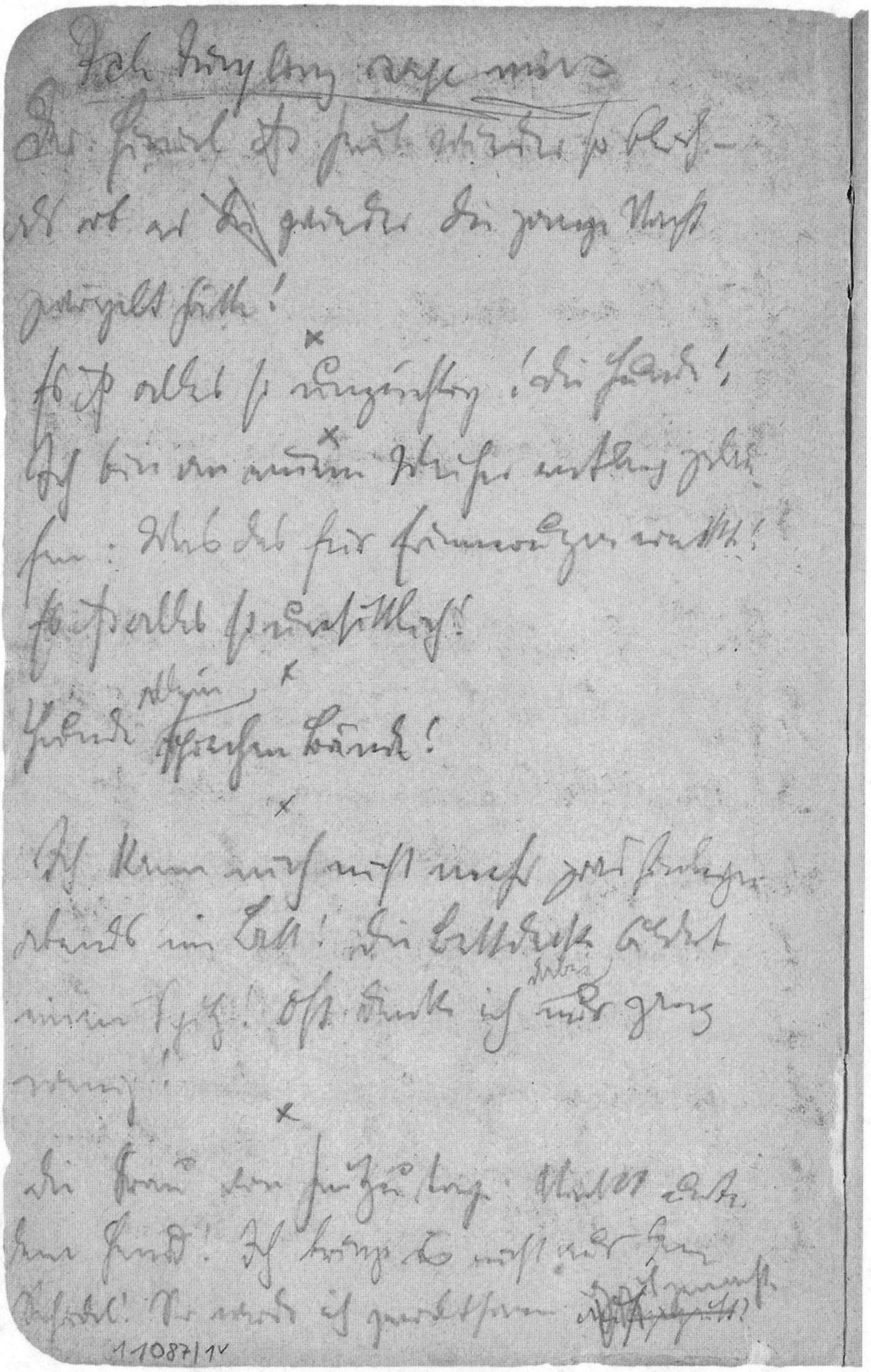

NB 3, 1v

Ich Jüngling sage mir:

Der Himmel ist heut wieder so bleich –

als ob er ~~die~~ [g]*w*ieder die ganze Nacht

gevögelt hätte!

×

Es ist alles so unzüchtig! Die Hunde!

×

Ich bin an einem Weiher entlang gelau-

fen: Was das für Erinnerungen we[k]*c*kt!

Es ist alles so unsittlich!

allein ×

Hunde [¿]*s*prechen Bände!

×

Ich kann mich nicht mehr grad hinlegen

abends im Bett! Die Bettdecke bildet

dabei

einen Spitz! Oft denke ich nur ganz

wenig!

×

Die [h]*F*rau von heutzutage: kackt unter

dem Hem[d]*d*! Ich bringe es nicht aus dem

gail gemacht.

Schädel! So werde ich gewaltsam ~~[an]*auf*gegailt~~!

1 Ich *[…]* mir:] ⟨Zeile wohl im dafür freigelassenen Raum nachgetragen⟩
3 ~~die~~] ⟨ungewöhnliche Form der Streichung wohl nicht signifikant⟩
5, 7 ×] ⟨nachträglich⟩
23-24 gail *[…]* ~~*auf*gegailt~~!] ⟨hypothetische Entzifferung bzw. Eintragungsfolge: 1.⟩ angegailt ⟨2. teilweise Überschreibung⟩ aufgegailt ⟨3. über der Zeile⟩ gail gemacht. ⟨4. Streichung von⟩ auf ⟨mit Wellenlinie, dabei⟩ gail ⟨ausweichend, 5. Streichung von⟩ gegailt ⟨mit horizontalem Strich⟩

Gegen die Korrektur eines Stückes ist der Sta[t]*a*tskonkurs die reinste Hochzeitsnacht!

Du hast eine Ahnung vom Sta[t]*a*tskonkurs!

Und du hast eine Ahnung von einer Hochzeitsnacht!

×

Die Leute mit dicken Kindern die Scharlach haben. Sie reisen in einem halbdunklen Abteil, halten es zu, wie ihre Nase und sagen: Abteil für Kriegsverletzte.

Ein Mann (Idealist) dringt ein. Weil es eine Unverschämtheit ist[.] *v*on den Leuten. Er kriegt Scharlach. – Die dicken Bälge~~,~~ das Unheimliche. Der Kampf für des Mannes Rettung gegen den Mann.

1 Gegen] ⟨von hier an dunklerer oder weicherer Bleistift⟩

10 halb-] ⟨Punkt über dem Trennstrich mit schwarzer Tinte, nicht signifikant⟩

11 Abteil] b ⟨verdeutlicht⟩

16 Bälge~~,~~ das] ⟨wohl gestrichenes Komma; andere Lesarten: zwei Kommas, zwei Punkte oder Anführungszeichen vor⟩ das

Zeigen die [illegible] auch Stücke
ob die Weltgeschichte die nächste Hochzeitsnacht!
Du hast nur Angst vor der Weltgeschichte!
Und du hast nur Angst vor der nächsten Hochzeitsnacht!

×

Die Frauen mit dicken Kindern die [illegible]
[illegible] haben. Sie machen in einem [illegible]
[illegible] Abteil, halten es zu, wie sie
[illegible] und fragen. Abteil für Kriegsbeschädigte.
Ein Mann ([illegible]) dringt ein. Weil
er nur Unverschämtheit [illegible] den Frau-
en. Er dringt [illegible]. – [illegible]
[illegible] [illegible] Unverschämtheit. Die [illegible]
[illegible] [illegible] [illegible] gegen den Mann.

11087/2r

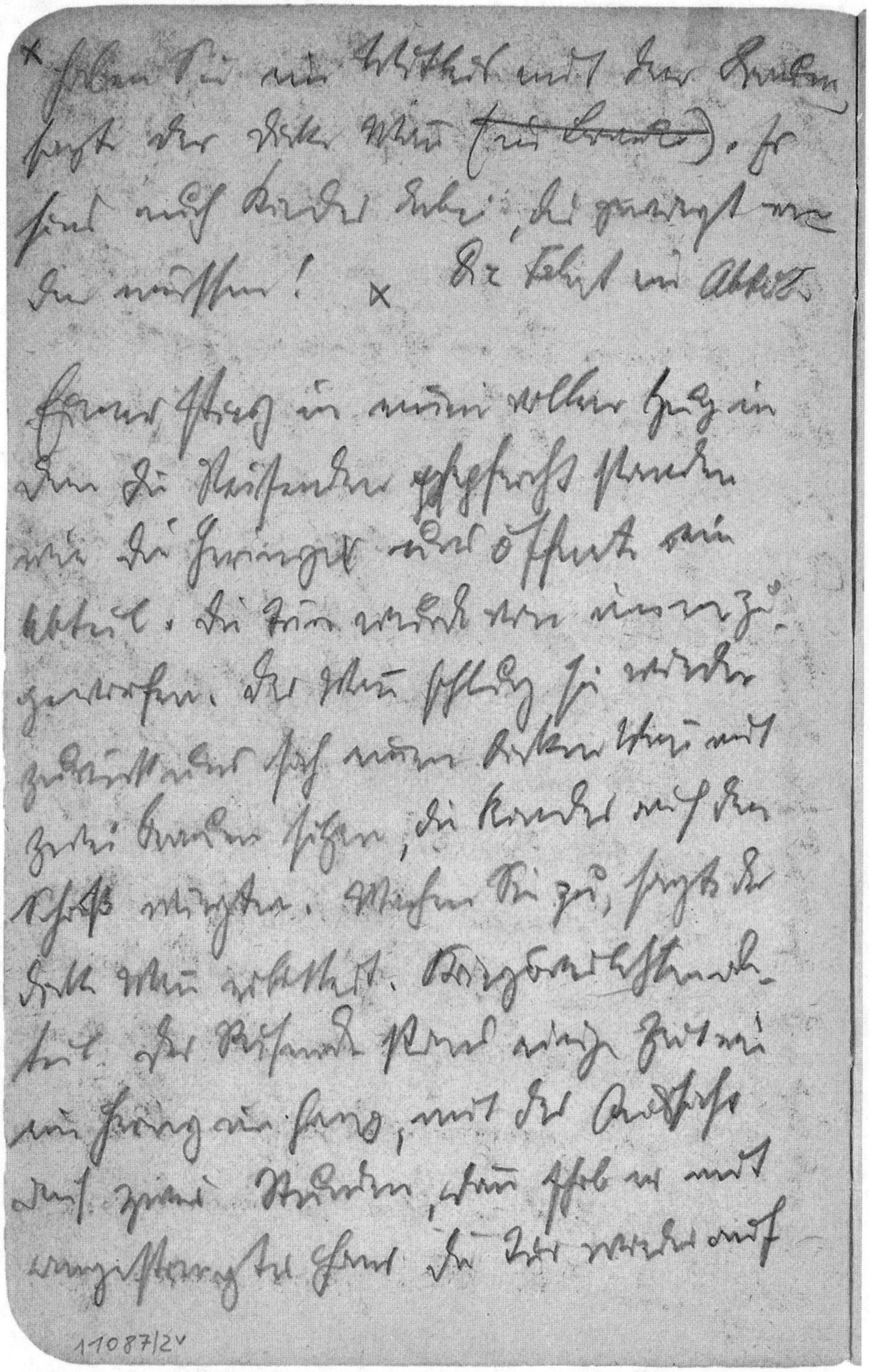

NB 3, 2v

⟨→ 3v.2⟩

× Haben Sie ein Mitleid mit den Frauen, sagte der dicke Mann ~~(ein Brauer)~~. Es sind auch Kinder dabei, die gewiegt werden müssen! × Die Fahrt im Abteil.

Einer stieg in einen vollen Zug in dem die Reisenden [pf]*ge*pfercht standen wie die Heringe~~r~~ und öffnete [¿]*e*in Abteil. Die Türe wurde von innen zugeworfen. Der Mann schlug sie wieder zurück und sah einen dicken Mann mit zwei Frauen sitzen, die Kinder auf dem Scho[o]*ß* wiegten. Machen Sie zu, sagte der dicke Mann erbittert. Kriegsverletztenabteil. Der Reisende stand einige Zeit wie ein Hering im Gang, mit der Aussicht auf zwei Stunden, dann schob er mit angestrengter Hand die Tür wieder auf ⟨→ 3r.1⟩

1 ×] ⟨nachgetragen⟩
4 Die Fahrt im Abteil.] ⟨nachgetragen⟩

⟨2v.17←⟩ und sagte: Haben Sie Papiere[:]? Hier sind
leere Plätze. Entschuldigen Sie! Der dicke
Mann stand immer auf wenn die Tür auf
ging, warum war nicht einzusehen.
Hier können Sie nicht herein, sagte er.
Der Reisende [b]*s*ah ihm ernst ins Gesicht,
er war ein junger Mensch[,] *u*nd sagte:
Sehen Sie nicht ein daß das eine Rücksichtslosigkeit ist? Der dicke Mann wollte
die Tür schließen. Aber der junge klemmte
seinen Fuß ein. Es war ihm nicht wichtig
hineinzukommen um zu sitzen, aber
die Leute drinnen befanden sich im Unrecht und es sollte Ihnen nicht hinausgehen, das verlangte das Gerechtigkeits-
gefühl des jungen Menschen. Ich setze
mich hier, sagte er. Tun Sie den Karton
⟨→3v.1⟩ weg! Der dicke Mann stand wieder. Er

10 klemmte] te ⟨verdeutlicht⟩

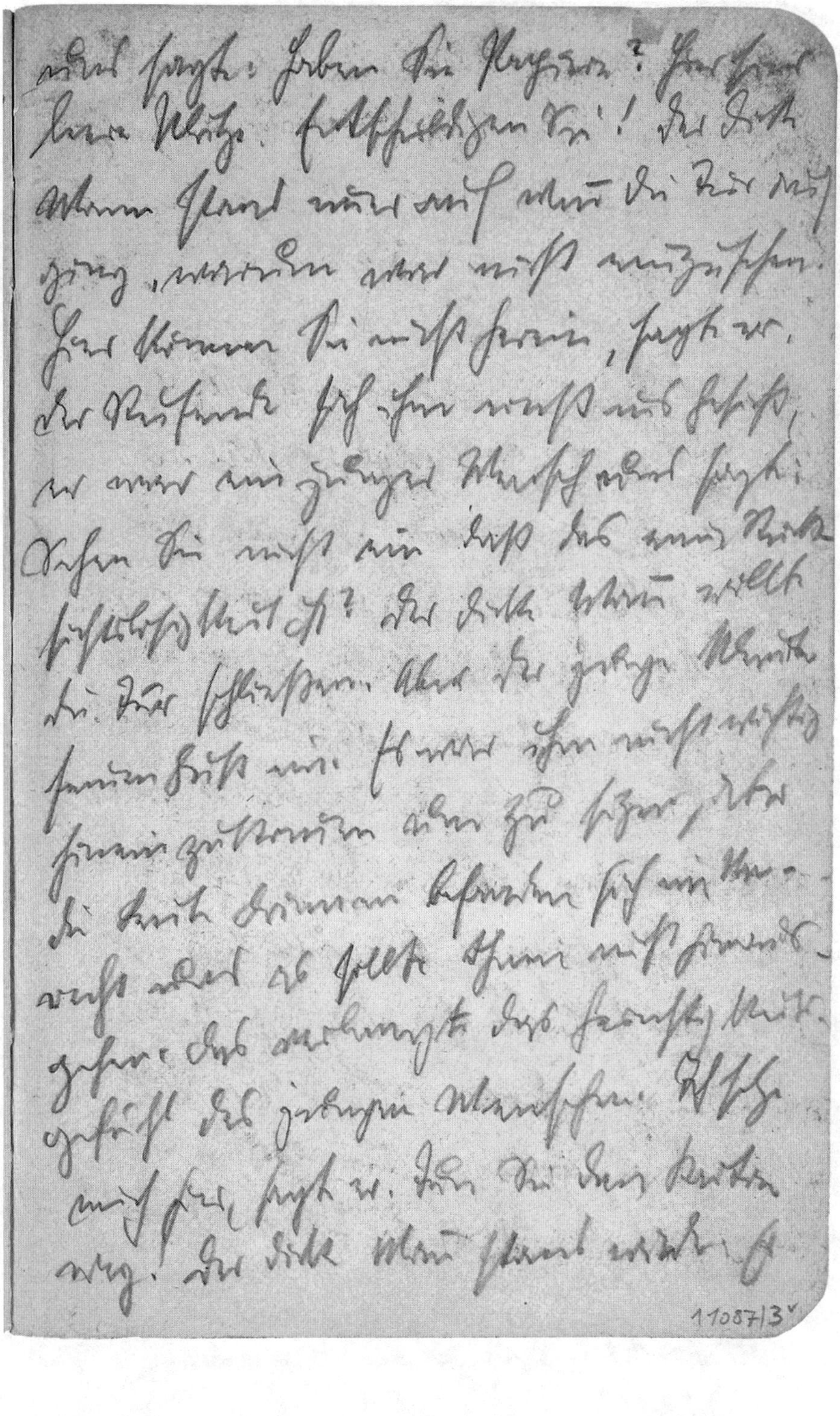

NB 3, 3r

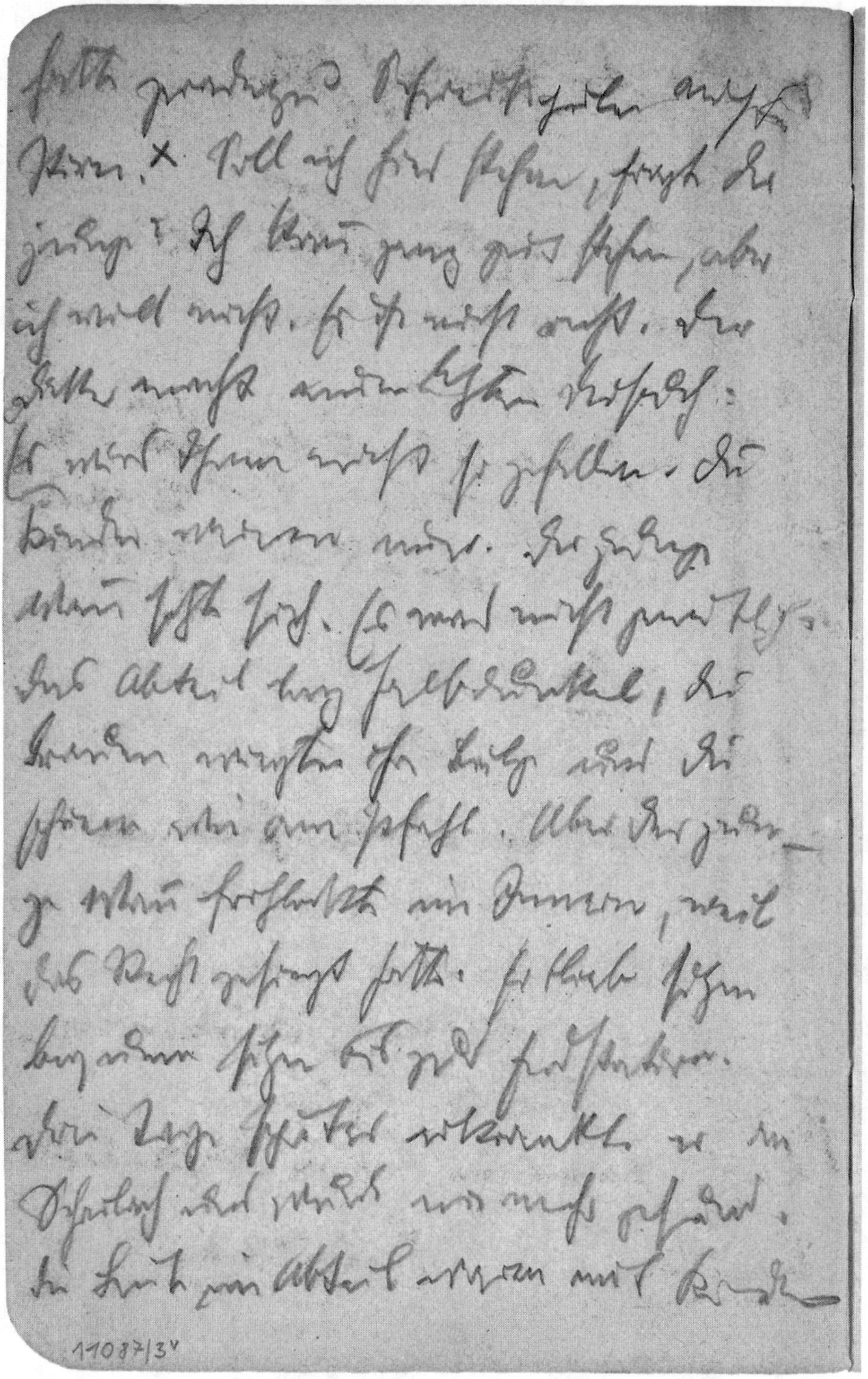

NB 3, 3v

hatte geradezu Schweißperlen auf der ⟨3r.18←⟩ Stirn.× Soll ich hier stehen, fragte der ⟨2v.1←⟩ junge? Ich kann ganz gut stehen, aber ich will nicht. Es ist nicht recht. Der Dicke machte einen letzten Versuch: Es wird Ihnen nicht so gefallen. Die Kinder weinen immer. Der junge Mann setzte sich. Es war nicht gemütlich, das Abteil lag halbdunkel, die Frauen wiegten ihre Bälge und die schrieen wie am Pfahl. Aber der junge Mann frohlockte im Innern, weil das Recht gesiegt hatte. Er blieb sitzen bequem sitzen bis zur Endstation. Drei Tage später erkrankte er an Scharlach und wurde nie mehr gesund. Die Leute im Abteil waren mit Kindern ⟨→4r.1⟩

2 ×] ⟨Einweisungszeichen nicht nachträglich⟩
5 Dicke] D ⟨verdeutlicht⟩
8-9 gemütlich, das] ⟨andere Lesart:⟩ gemütlich. Das

⟨3v.17←⟩ gefahren, die Scharlach hatten.

–   ×

mir

Wie Schwäne flattern sie ins Holz.

– Knie?

Ich Schwelg~~en~~ in weißen Leibern.

Verschlungen in

Kriegen

[Das]*Me*in Dachbode[m]*n* ist kein Bordell. ~~Haben~~ Sie denn das viele Fleisch nicht bis an den Hals? Sie werden ja immer bleicher. Sie sehen aus wie ein Handtuch.

Baal

liegt auf dem Bett

Baal (summt) Den dunklen Himmel macht.

Dazu dein

Schwestern (umschlungen) Sie haben uns geschrieben wir sollen [s]Sie besuchen.

Baal: In einem breiten weißen Bett.

×

⟨→4v.1⟩ Haus[k]frau: Baal sucht Papier.

5 – Knie] ⟨nachgetragen⟩
18 Baal: *[...]* Bett.] ⟨wohl nachgetragen⟩
20 Baal sucht Papier.] ⟨wohl nachgetragen und als Regieanweisung zum Vorangehenden gehörig⟩

gesehen, die Schrecken hatten.

x

–

Wie Schwäne flattern sie mit ums Holz.
– wie?
Ich schaukelte in weißen Kissen.

Aufschreiungen in

Mein Verschwinden ist kein Verlust. Sagen Sie denn
bis auf Weiteres nicht bis an den Hals? Sie werden
zu mir kriechen. Sie sehen aus wie ein Gewächs.

Baal

liegt auf dem Bett

Baal (schreit) Die dunklen Insel macht.

Dazu die

Schwestern (aufschreiend) Sie haben ausge-
schrieben wie selten sie besehen.
Baal: Die andern wurden ausgestorben.

x

Hausmann: Baal lacht jetzt.

11087/45

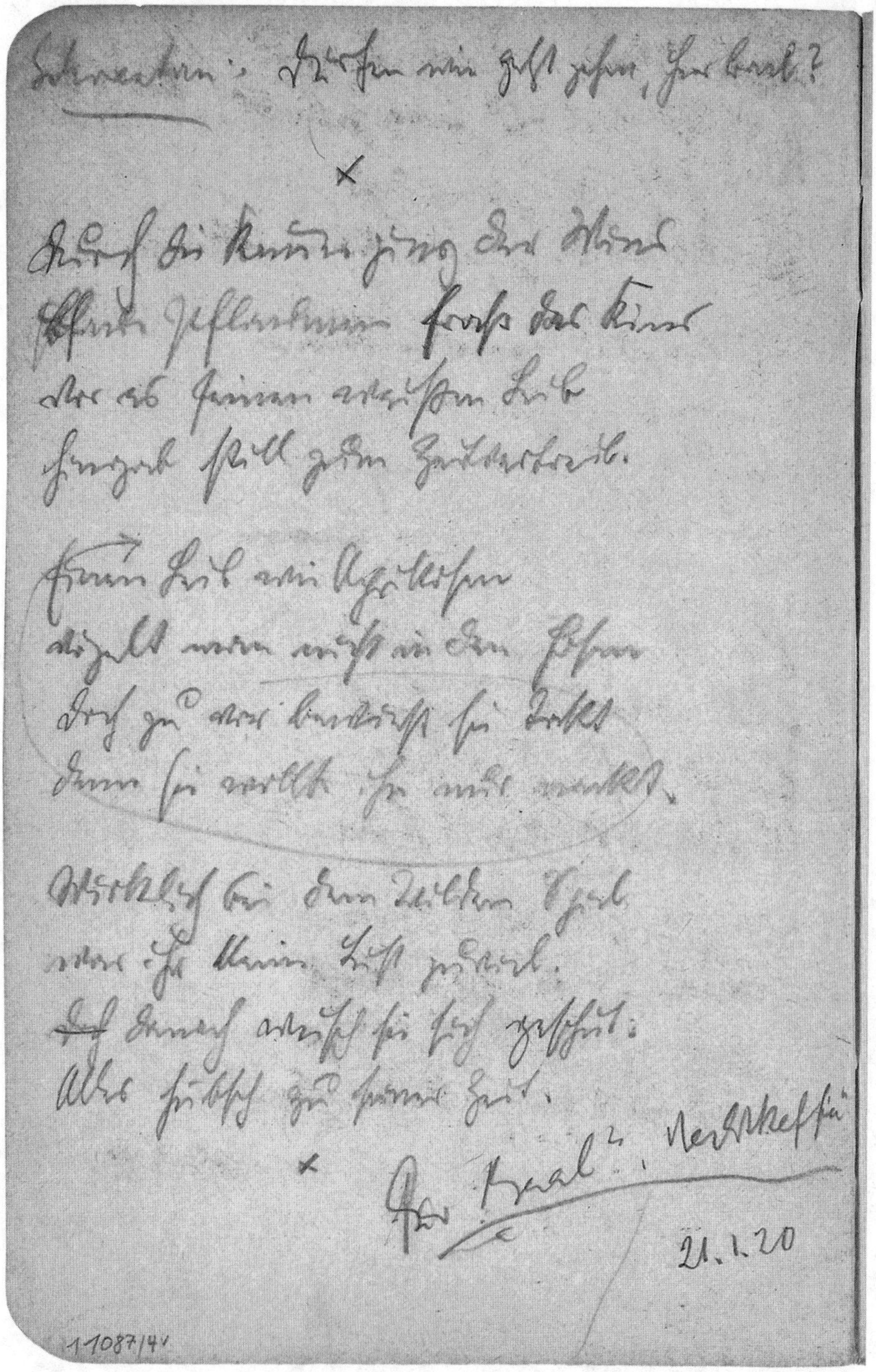
Schwestern: Dürfen wir jetzt gehen, Herr Baal?
Durch die Kammer ging der Wind
Blaue Pflaumen fraß das Kind
Aber es seinen weißen Leib
Hergab still zum Zeitvertreib.
21. 1. 20
11087/4v

NB 3, 4v

Schwestern: Dürfen wir jetzt gehen, Herr Baal? ⟨4r.20 ←⟩

×

Durch die Kammer ging der Wind
[Pf]*Bl*aue Pflaumen fraß das Kind
vor es seinen weißen Leib
hingab still zum Zeitvertreib.

Einen Leib wie Aprikosen
vögelt man nicht in den Hosen
Doch zu vor bewieß sie Takt
denn sie wollte ihn nur nackt.

Wirklich bei dem Wilden Spiel
war ihr keine Lust zuviel.
~~Doch~~ danach wusch sie sich gescheit:
Alles hübsch zu seiner Zeit.

× [f]Für „Baal", Nachtkaffée

21.1.20

4 das] a ⟨verdeutlicht⟩
13 ~~Doch~~ danach] ⟨andere Lesart:⟩ ~~doch~~ danach

Liebe Marie, [¿]*S*eelenbraut:
du bist viel zu eng gebaut.
Eine solche Jungfernschaft
braucht nur zu viel Manneskraft.

Ich vergieße meinen Samen
immerdar schon vor der Zeit:
wohl nach einer Ewigkeit
aber lange vor dem Amen.

Liebe Marie, Seelenbraut:
deine dicke Jungfernhaut
bringt mich noch zur Raserei[:]–
Warum bist du auch so trei?

Warum soll ich, sozusagen:
nur
weil du [s]*l*ang sitzen bliebst
grade ich, den du doch liebst
mich statt einem Andern plagen?!

21. 1. 20

4 nur] ⟨verdeutlicht; andere Lesart:⟩ [mir]*nur*
11 Raserei[:]–] ⟨andere Lesart:⟩ Raserei[:].

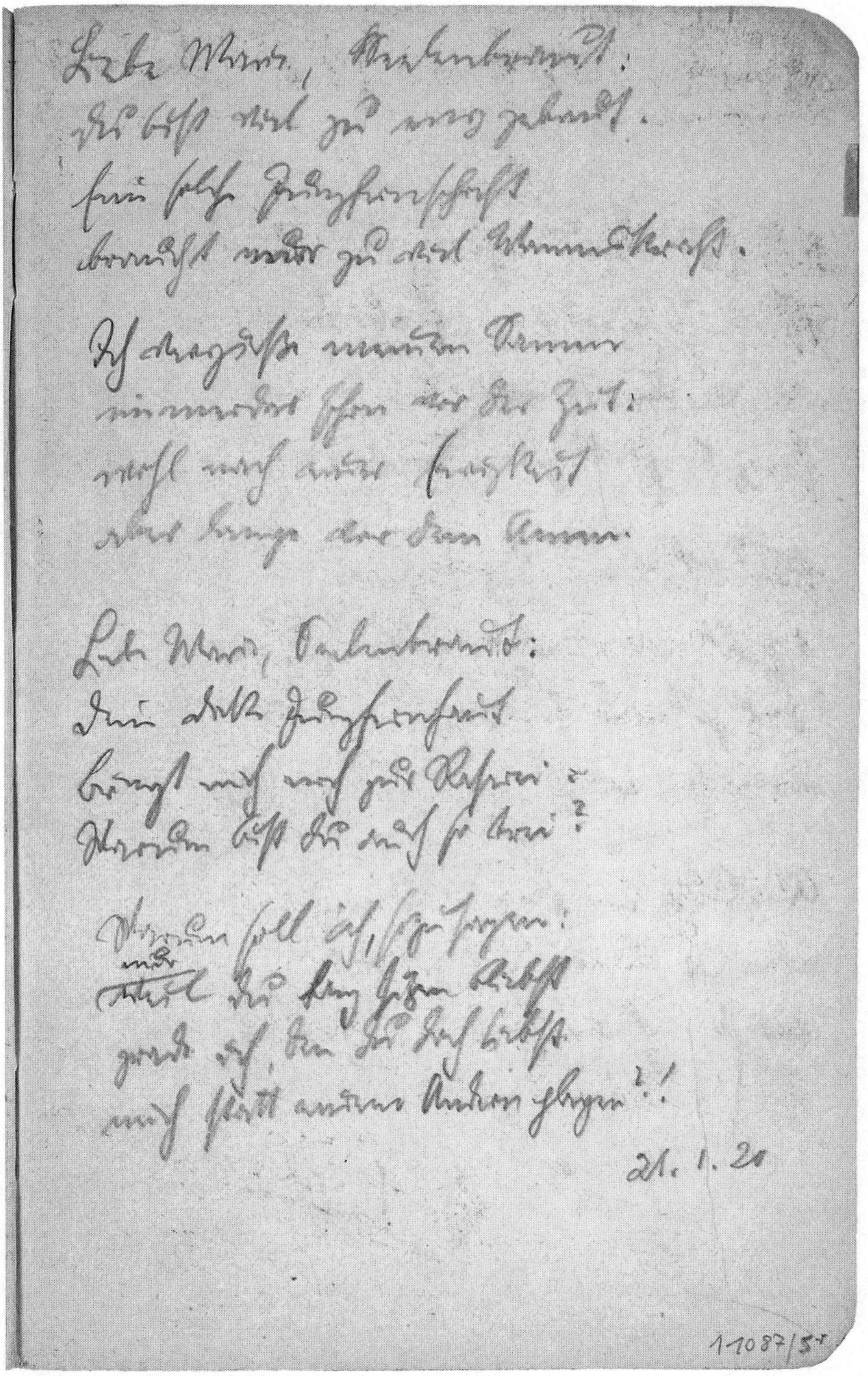

NB 3, 5r

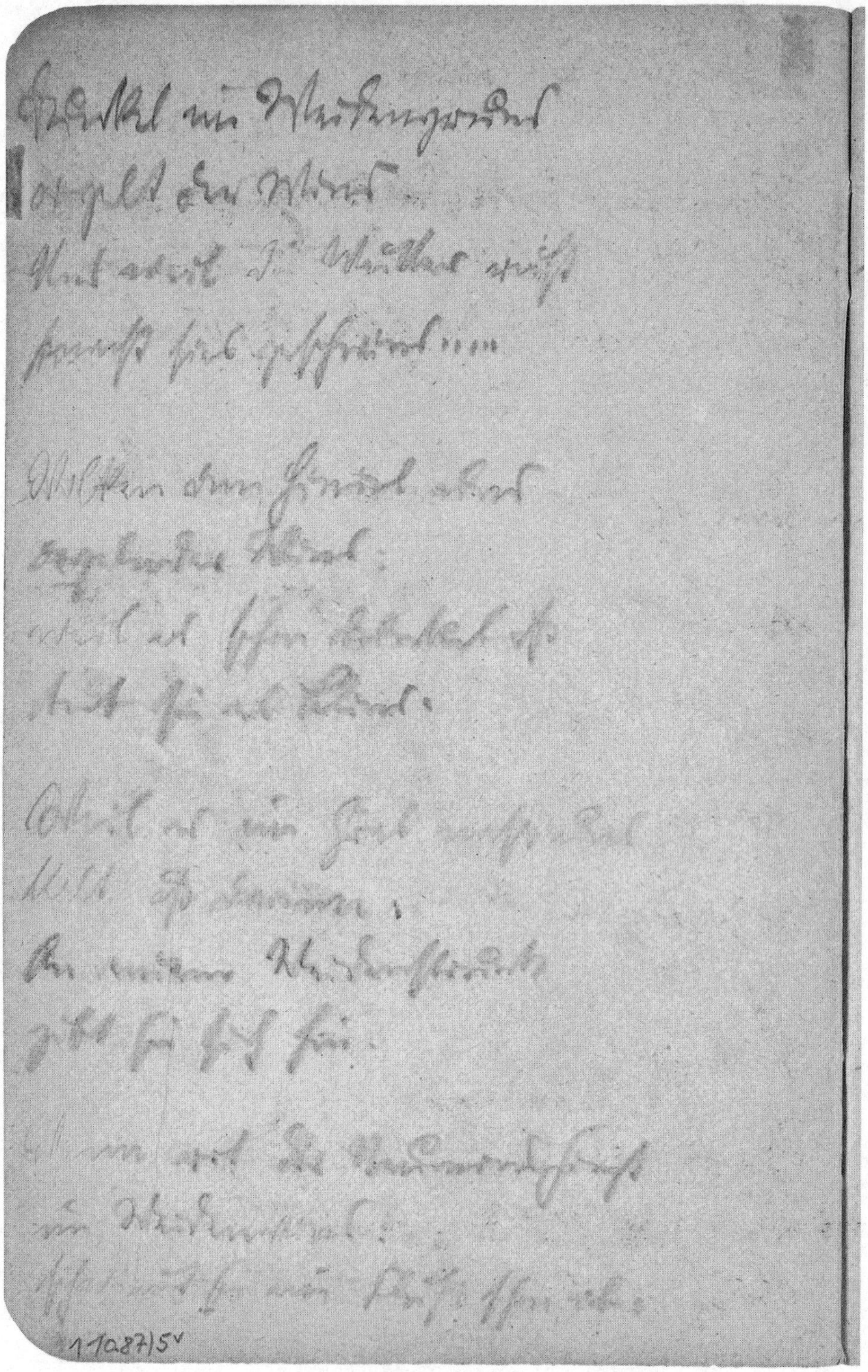

NB 3, 5v

Dunkel im Weidengrund
orgelt der Wind.
Und weil die Mutter ruft
[s]*m*acht sies geschwind .....

Wolken am Himmel und
orgelnder Wind:
weil es schon dunkel ist
tut sie es blind.

Weil es im Gras naß und
kalt ist darinn:
An einem Weidenstrunk
gibt sie sich hin.

Wenn rot der Neumond hängt
im Weidenwind:
schwimmt sie im Fluß schon ab: ⟨→6r.1⟩

⟨5v.15 ←⟩ Jungfrau und Kind.

×

Wenn ein Individuum soweit ist, daß

es
nur dadurch gerettet werden kann daß ein

Anderes sich ändert, dann soll es kaputt gehen.

×

Das ist wie wenn einer dem

andern ein Messer verkaufen

will und ihn um ihm zu

zeigen was für ein gutes

Messer er kaufe, damit tot

sticht. –

×

Der Seiltänzer:

Jener aber bestieg das Gerüst....

[¿]*b*ei Orgel[¿]*ei* und Trompetenschall

Vor ihren Augen lief er übers Seil

⟨ab Z. 2 dunklerer Bleistift⟩
1 und] d ⟨nachgezeichnet⟩
3, 15 ⟨Trennstriche nachträglich⟩
17 Der Seiltänzer:] ⟨nachträglich⟩

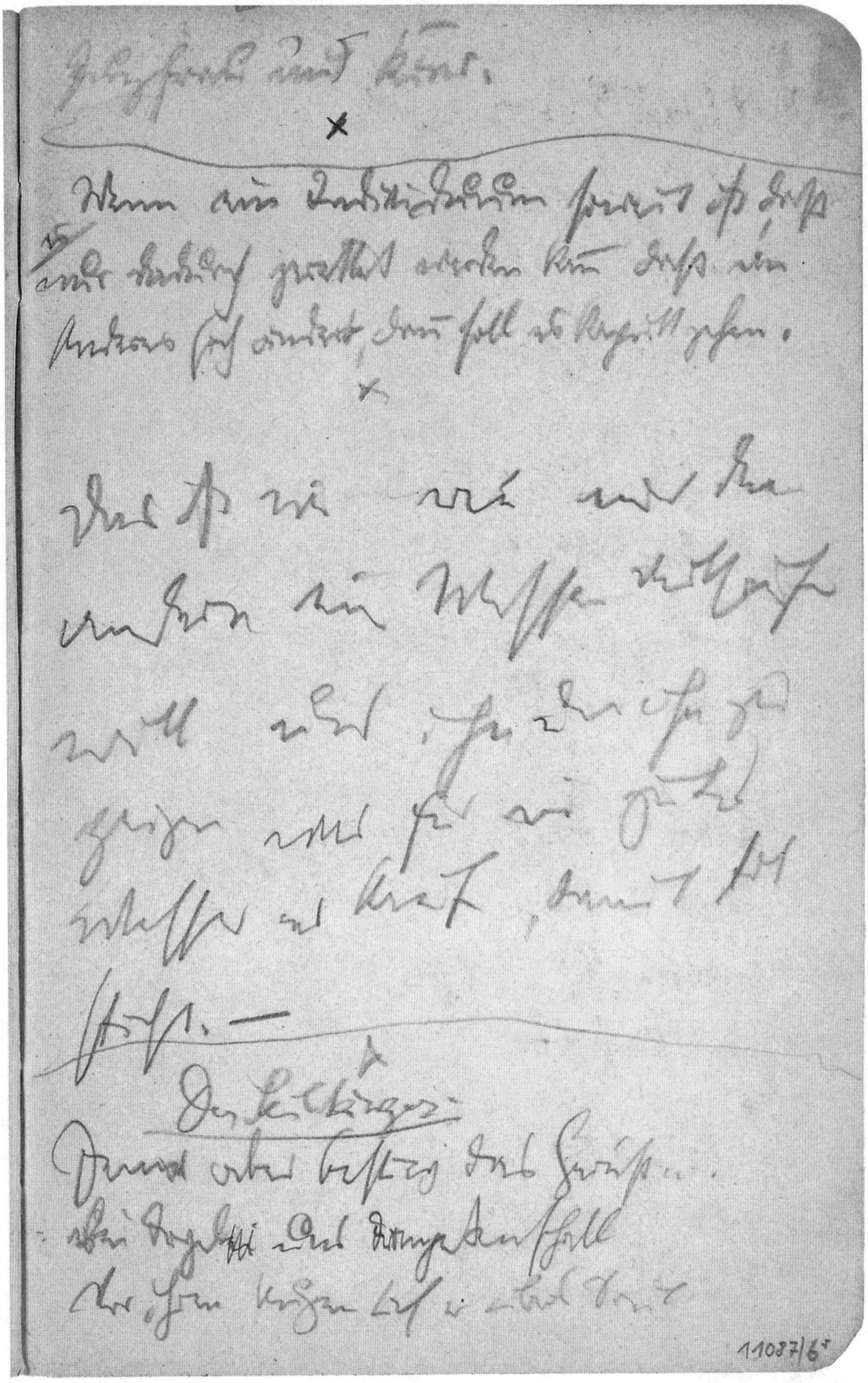

NB 3, 6r

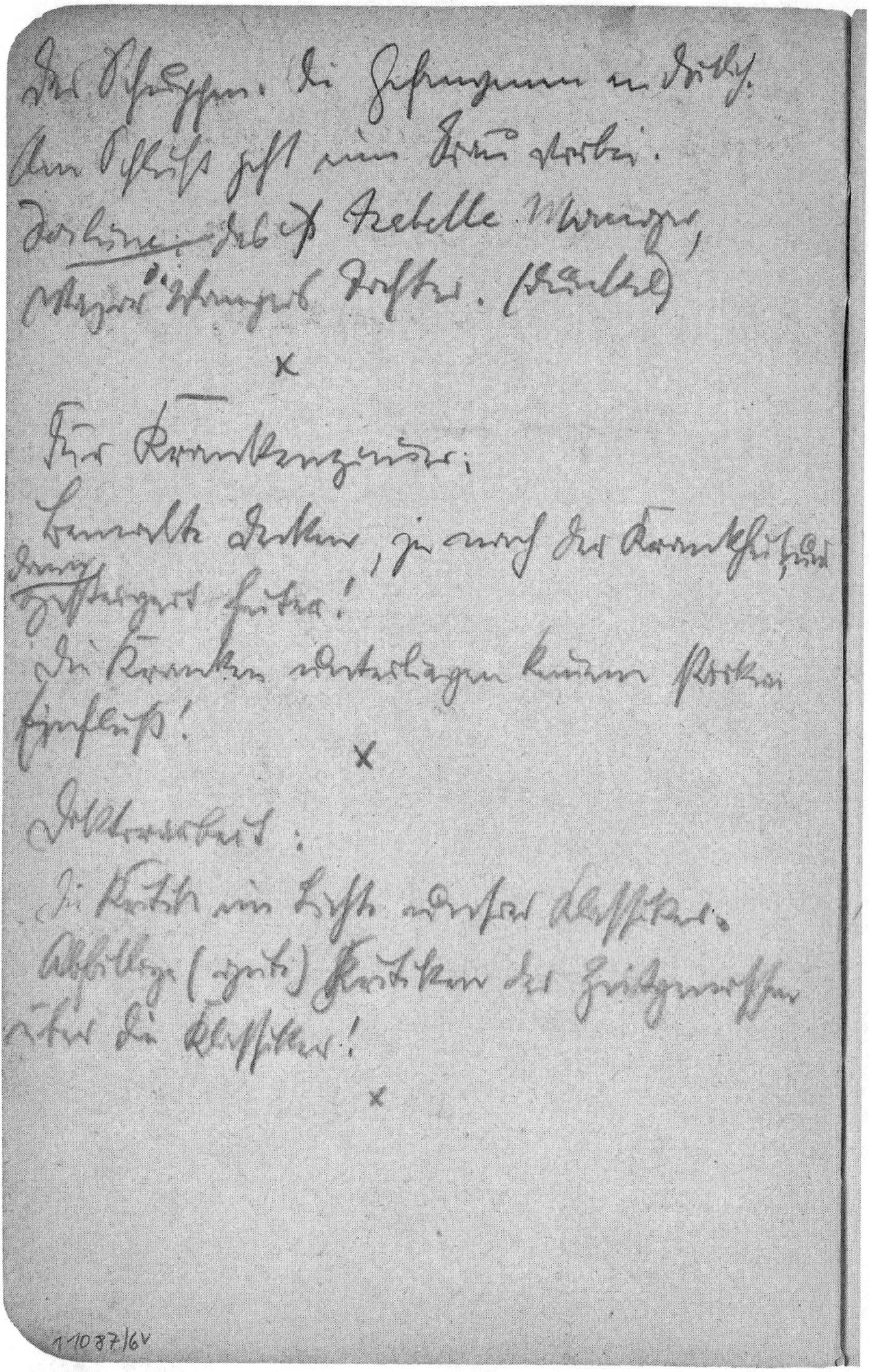

NB 3, 6v

Der Schuppen. Die Gefangenen im Drillich.

Am Schluß geht eine Frau vorbei.

Der Eine: das ist Isabelle Manger,
O.
Mayor Mangers Tochter. (dunkel)

×

Für Krankenzimmer:

Bemalte Decken, je nach der Krankheit, *und*
dann
gesteigert heiter!

Die Kranken unterliegen keinem starken

Einfluß!

×

Doktorarbeit:

Die Kritik im Lichte unsrer Klassiker.

Abfällige (gute) [Z]*K*ritiken der Zeitgenossen

über die Klassiker!

×

4 ⟨Strich gemeinsam mit Buchstaben zur Abgrenzung von Z. 3 eingetragen; andere Lesart:⟩ v.

7 Krankenzimmer] ⟨Balken des⟩ K ⟨verrutscht; kein Trennstrich⟩

Ich gehe immer ganz langsam. Ich
weiß daß ich in der falschen Rich-
tung laufe. Jede Richtung ist falsch.
Mir eilts gar nicht.
Wenn man ein Trottel ist macht
einem das Gehen Genuß. Es macht
[¿]*m*ir solang Genuß bis [ich]*m*ir das Nicht-
Gehen Genuß macht. Ich gehe wie auf
Eiern.
Ich kann mich auch hinlegen ins s[¿¿]*ch*attige
Eines Tages
Gras. ~~Dann~~ lasse ich mir nur mehr die
Haare wachsen und fange Fliegen
indessen (daß die Fliegen einen Zeitver-
treib haben!)

⟨Eintragung über Z. 1 mit anderem Bleistift, wohl nicht signifikant⟩

10 s[¿¿]*ch*attige] ⟨wohl Sofortänderung des 2./3. Buchstabens oder⟩ h ⟨verdeutlicht⟩

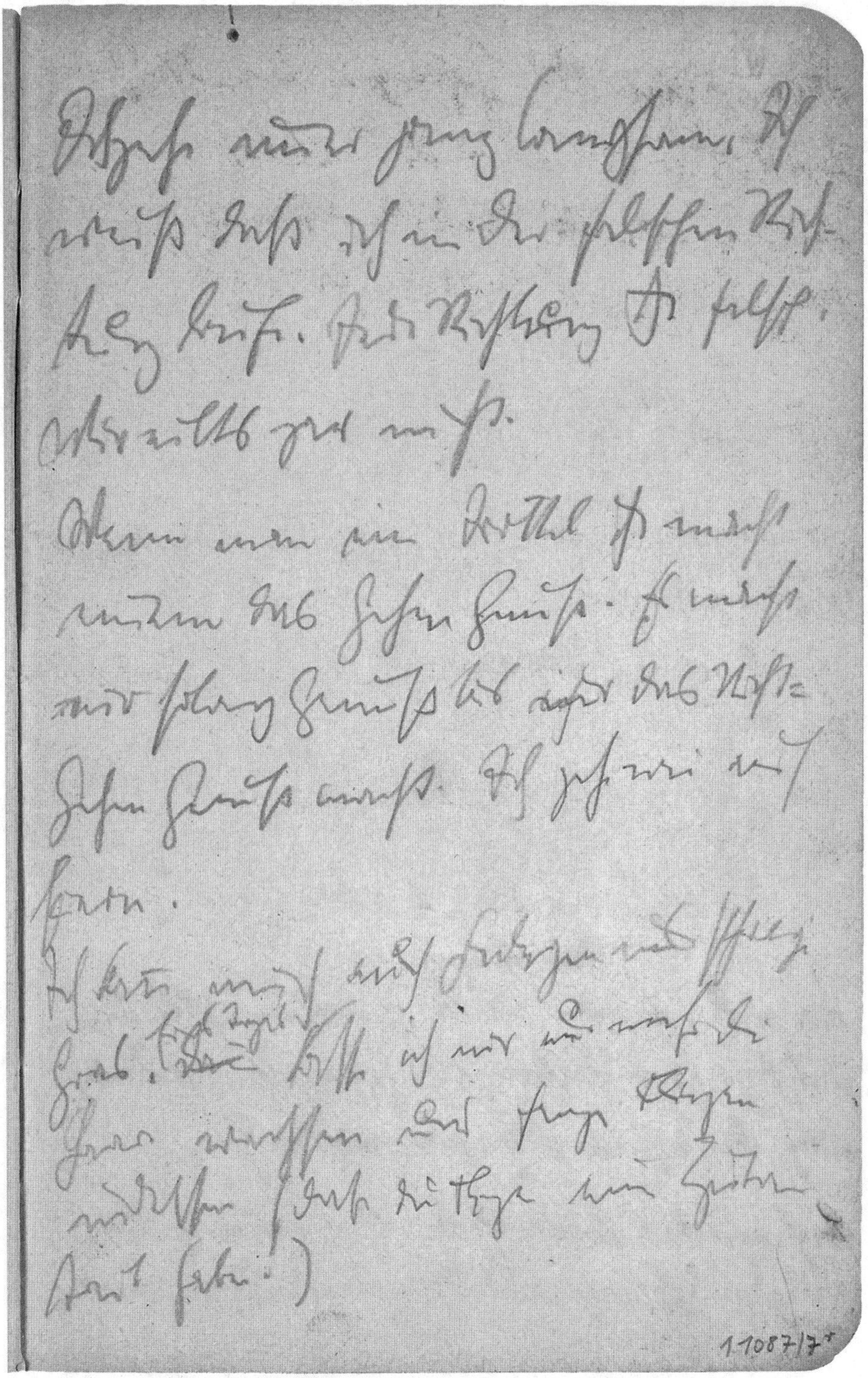

NB 3, 7r

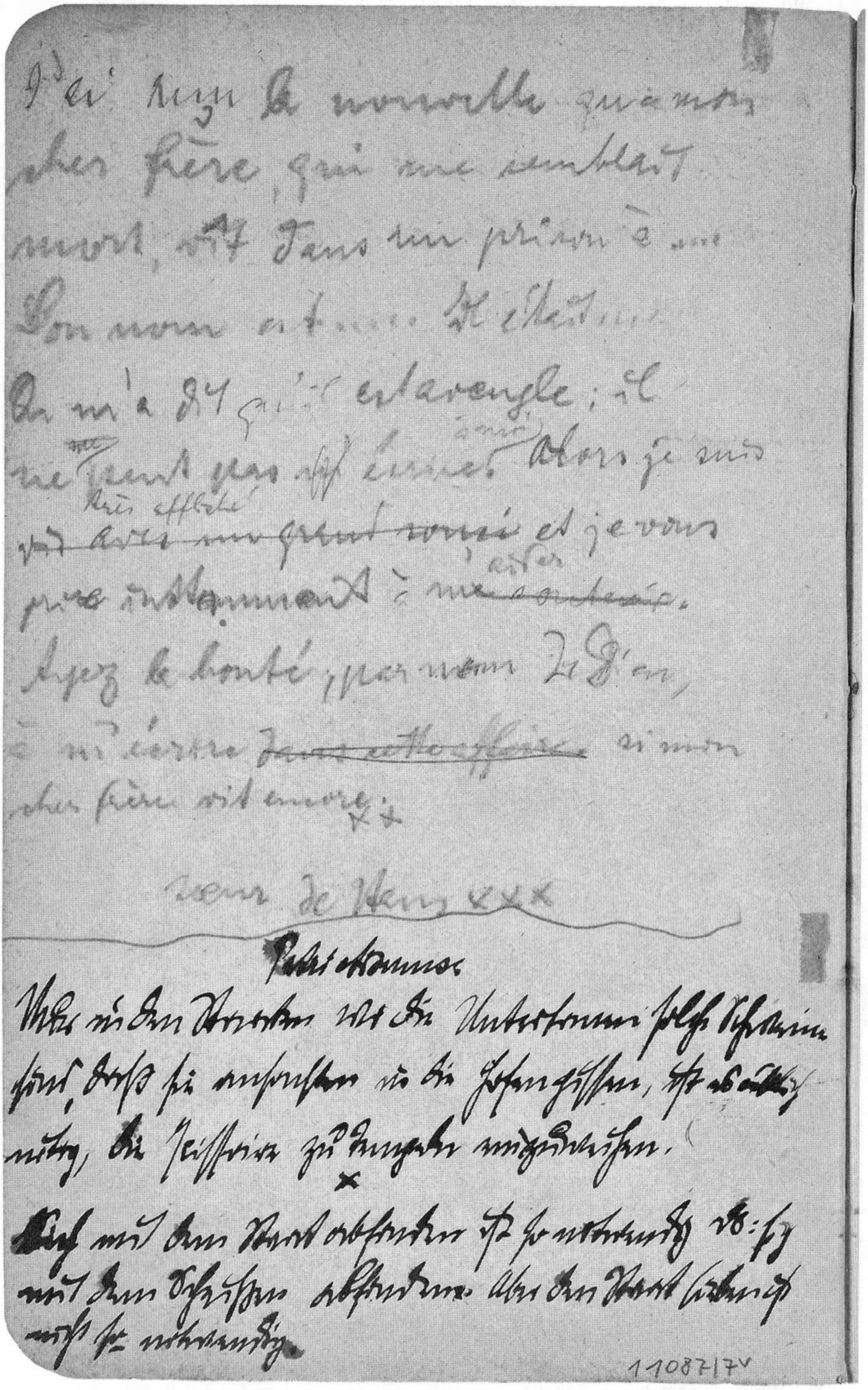
J'ai reçu la nouvelle qu'un mon
cher frère, qui me semblait
mort, est dans un prison à ...
Son nom est ...
On m'a dit qu'il est aveugle; il
ne peut pas écrire. Alors je suis
très affligé et je vous
prie instamment à me aider.
Ayez la bonté, par nom de Dieu,
à m'écrire si mon
cher frère vit encore.

Veuve de Hans xxx

[illegible]

11087/7v

NB 3, 7v

J'ai reçu la nouvelle que mon

cher frère, qui me semblait

mort, v[i]*î*t dans un prison à .....

[¿]Son nom est..... Il était....

On m'a dit qu'il est aveugle; il
~~me~~ à moi
ne peut pas ~~m'~~écrire. Alors je *suis*
très affliché
~~vis avec un grand souci~~ et je vous
'aider
pri[s]*e* in[t]*st*[e]*a*mm[a]ent à m~~e soutenir~~.

Ayez la bonté, par nom de [d]*D*ieu,

à m'écrire ~~dans cette affaire.~~ si mon
cher frère vit encore.
××

sœur de Hans ×××

Patriotismus.

Nur in den Staaten wo die Untertanen solche Schweine

sind, daß sie ansonsten in die Hosen pissen, ist es wirklich

nötig, die Pissoire zu Tempeln einzuweihen.

×

Sich mit dem Staat abfinden ist so notwendig als: sich

mit dem Scheißen abfinde[m]*n*. Aber den Staat lieben ist

nicht <u>so</u> notwendig.

⟨Z. 19-21 schwarze Tinte; Z. 18, 22-25 mit grünschwarzer Tinte nachgetragen⟩
1 J'ai reçu] ⟨anderer Bleistift⟩
12 nom] o ⟨wohl verdeutlicht; vielleicht Änderung⟩
13-14 si *[...]* encore.] ⟨nachgetragen⟩

1) ~~Fressen~~ Ei [¿]*für* Ei

2) Atelier Johimbim.

3) Atelierfest: Die Vitalität, Keuschheitsballade.

---

4) Es ist ganz einfach

5)

6) Der Arzt

---

7)

8)

9)

~~72 Amtsrichter Guttmann~~

Vormundschaft

Johsts Mutter läßt sich im
Hauskittel begraben aus Zorn darüber daß ihre Dienstmagd sich im
schwarzseidenen begraben ließ.

Die Mutter dreier Kinder die
krumm stirbt. Die Kinder setzen sich auf die Knie

⟨teilweise Durchschlag der Tinte von 8v⟩

8 ⟨Trennstrich wohl verdeutlicht; vielleicht gestrichen⟩

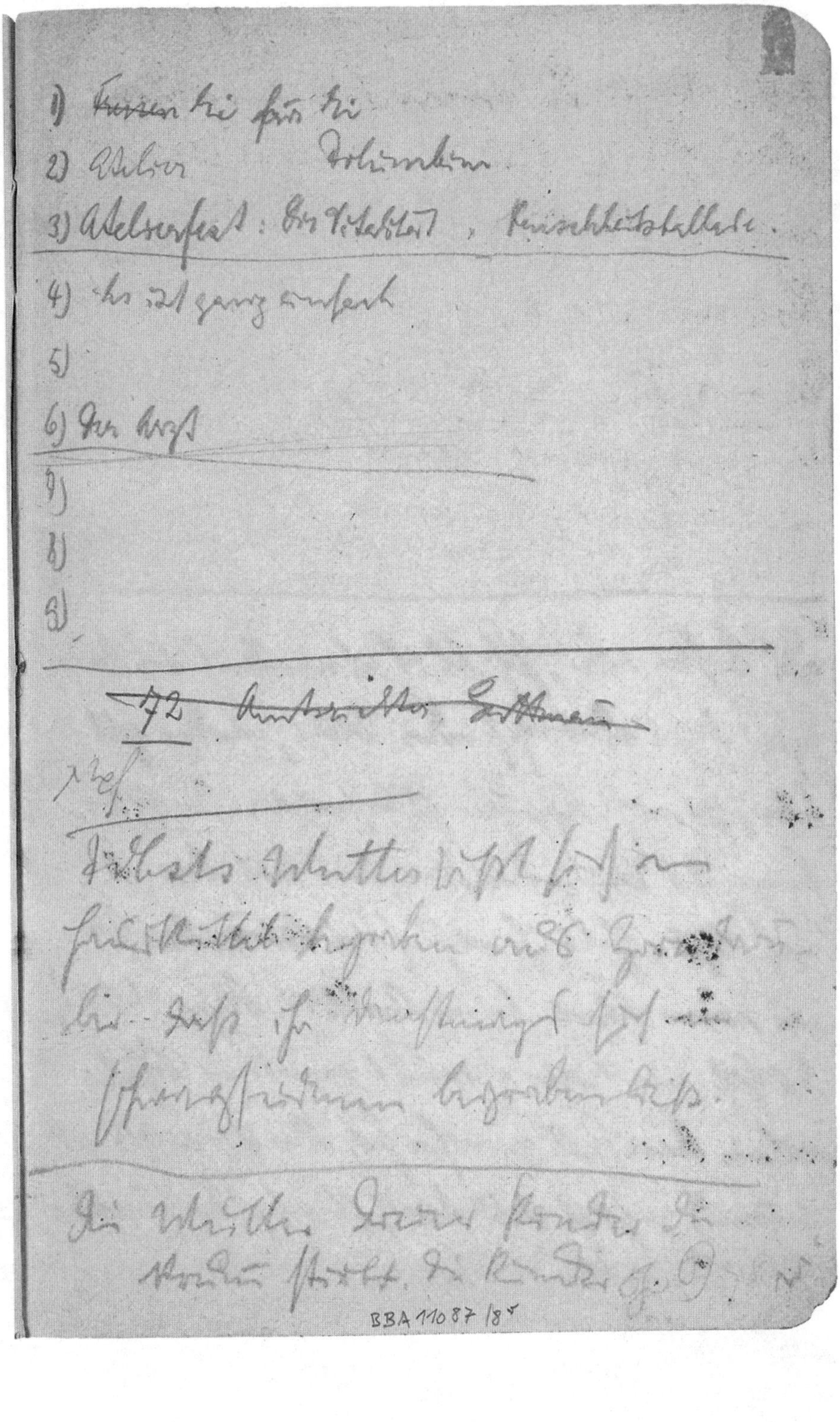

NB 3, 8r

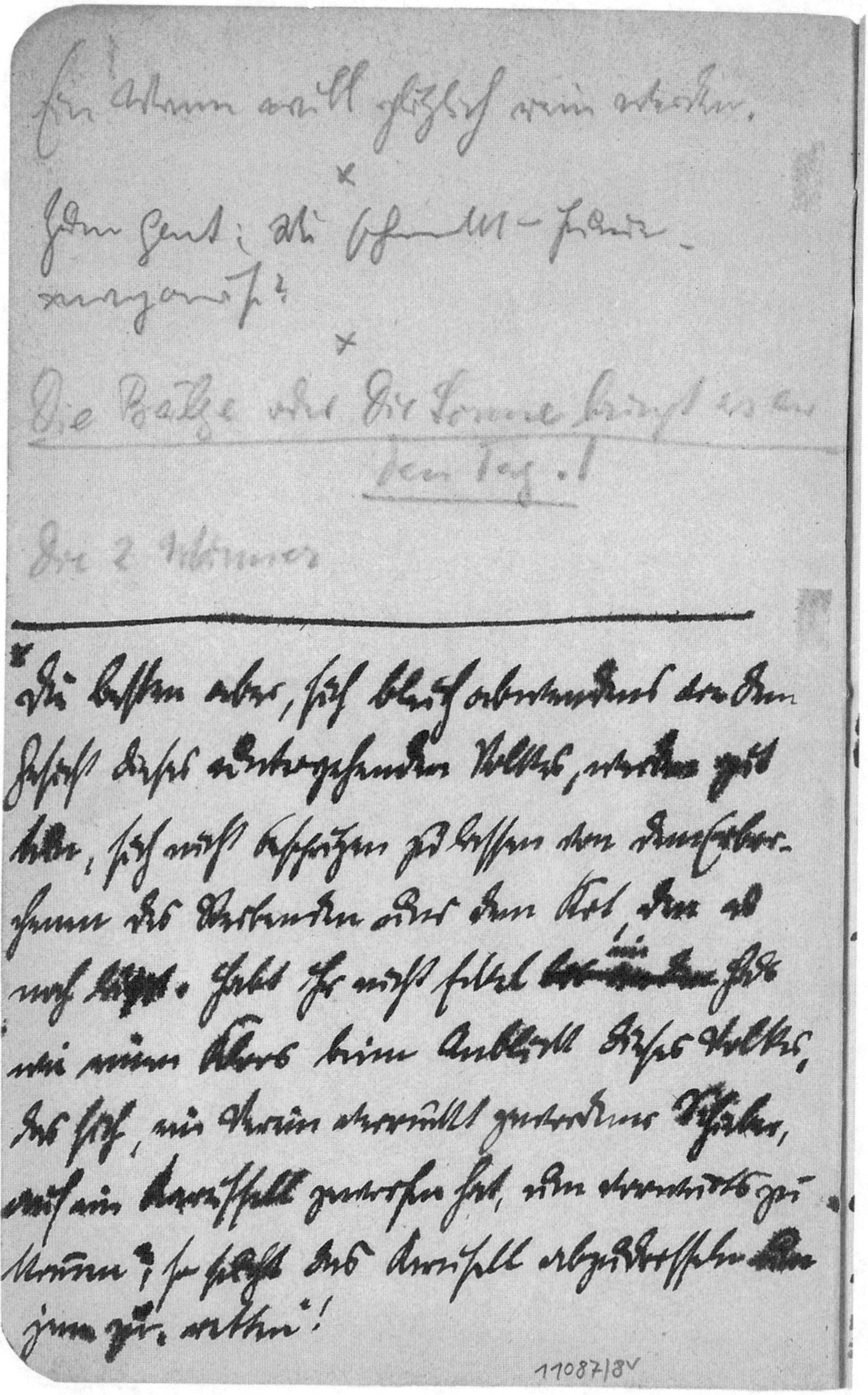

NB 3, 8ᵛ

Ein Mann will plötzlich rein werden.

×

Zum Gent: Wie schmeckt – Hummermayonaise?

×

Die Bälge oder Die Sonne bringt es an
den Tag. /

Die 2 Männer

× ⟨10ʳ.9 ←⟩
Die besten aber, sich bleich abwendend von dem
Gesicht dieses untergehenden Volkes, werden gut
tun, sich nicht bespritzen zu lassen von dem Erbro-
chenen des Sterbenden und dem Kot, den es
im
noch läßt. Habt ihr nicht Eckel ~~bis an den~~ Hals
wie einen Kloos beim Anblick dieses Volkes,
das sich, ein Verein verrückt gewordener Schieber,
auf ein Karussell geworfen hat, um vorwärtszu-
kommen[,]? so sucht das Karusell abzudrosseln um
jene zu „retten“!

3-4 Hummermayonaise] ⟨andere Lesart:⟩ Hummer-mayonäse
9-21 — *[…]* „retten“!] ⟨schwarze Tinte, wie 9ʳ-10ʳ.9⟩
16 ~~an~~] ⟨andere Lesart:⟩ ~~in~~
20 kommen[,]?] ⟨andere Lesart:⟩ kommen[?],

Aufruf zum Streik

An euch: die Zwanzigjährigen[,] *in* einem Volk das
untergeht!
Dieses Volk ~~zu~~ auszurotten war Alles wert. Übrig-
von dieser Zeit
bleiben wird in der Geschichte die Klage um die Opfer
deren es bedurfte, daß dieses Volk vom Erdboden ver-
schwände!
Jedem Volke verleiht die Romantik seines Untergangs
den Schein einer ideellen Größe, das Schiksal eines
Hiob erhebt den Verkommensten zu einer Erscheinung,
die den Aufwand, der nötig war ihn zu demütigen,
einigermaßen lohnen mußte. Unser Untergang a-
ber entlarvt die Romantik! Es ist eine Tatsache daß
die Behörden darüber wachten daß kein Toter dieses
Volkes ein besseres Hemd mit in die Erde nehme als
ein papiernes. Welch eine Ehrung für die Toten läge
darin, wenn dieser Brauch der Ehrerbietung vor
der lebendigen Idee für die jene ~~gestorb~~ starben, ver-
⟨→ 9v.1⟩ stummte, statt der Ehrerbietung vor den kostbaren

⟨ganze Seite schwarze Tinte, wie 8v.9-21, 9v-10r.9⟩

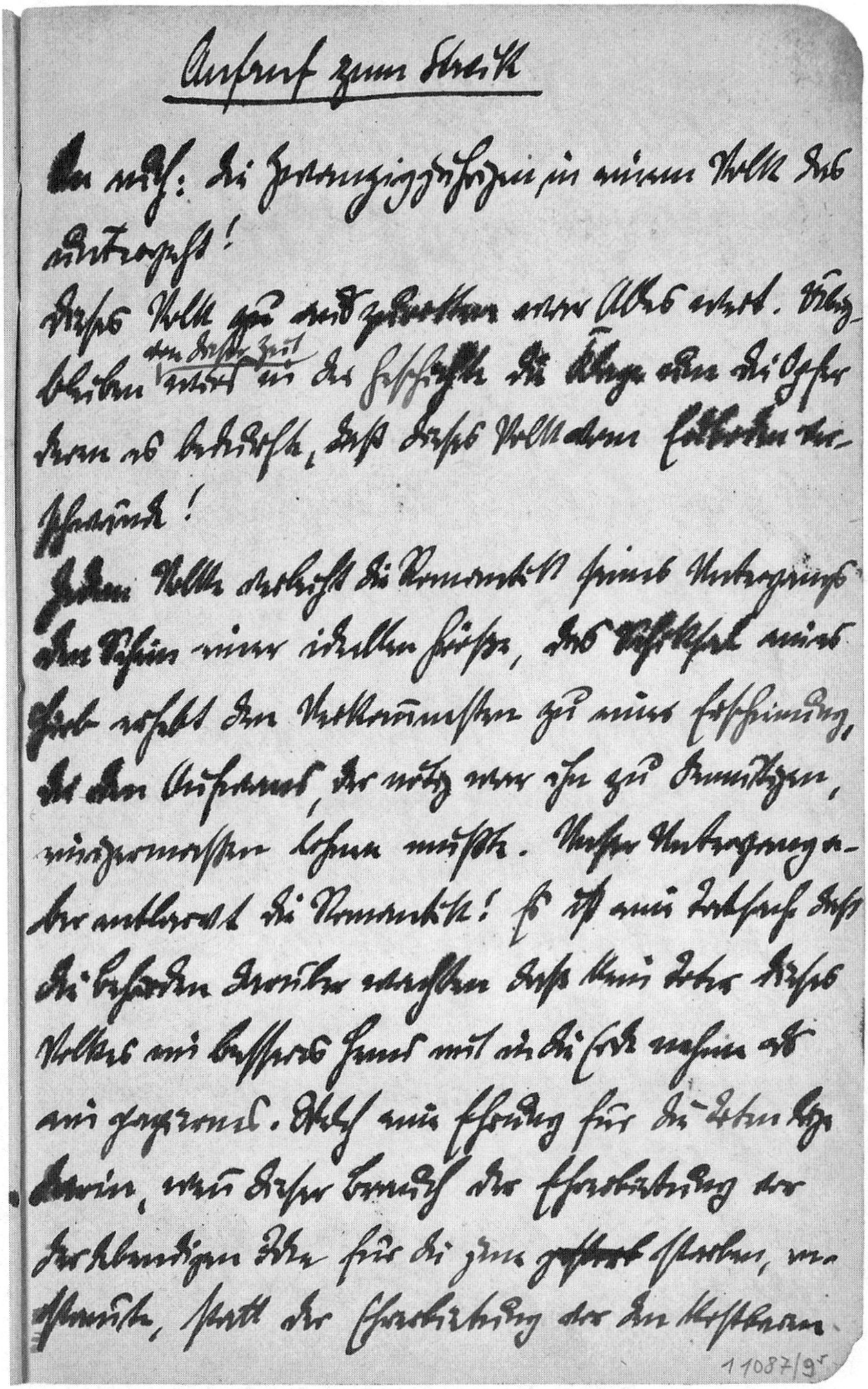

Aufruf zum Streik

An euch: die Zwanzigjährigen in einem Volk des Untergangs!

Dieses Volk ~~zu~~ ~~und~~ zerbrechen oder Alles erst. Übrig bleiben von dieser Zeit ~~erst~~ in der Geschichte die Klage oder die Opfer, denen es bedeutete, dass dieses Volk einem [illegible] verschwand!

Jedem Volke erbricht die Romantik seines Untergangs den Schein einer idealen Größe, das Schicksal wird [illegible] den Weltenmeister zu einer Erscheinung, die den Aufstand, der nötig war ihn zu bewältigen, [illegible] lohnen musste. Unser Untergang aber entlarvt die Romantik! Es ist ein [illegible], dass die Besten darüber erlagen, dass kein [illegible] dieses Volkes ein besseres [illegible] mit in die Erde nehmen als ein [illegible]. Welch eine Schändung für die Toten [illegible], wenn dieser [illegible] die Schändung der [illegible] der Lebendigen oder für die zum ~~[illegible]~~ sterben, [illegible], statt der [illegible] der [illegible].

11087/9r

NB 3, 9r

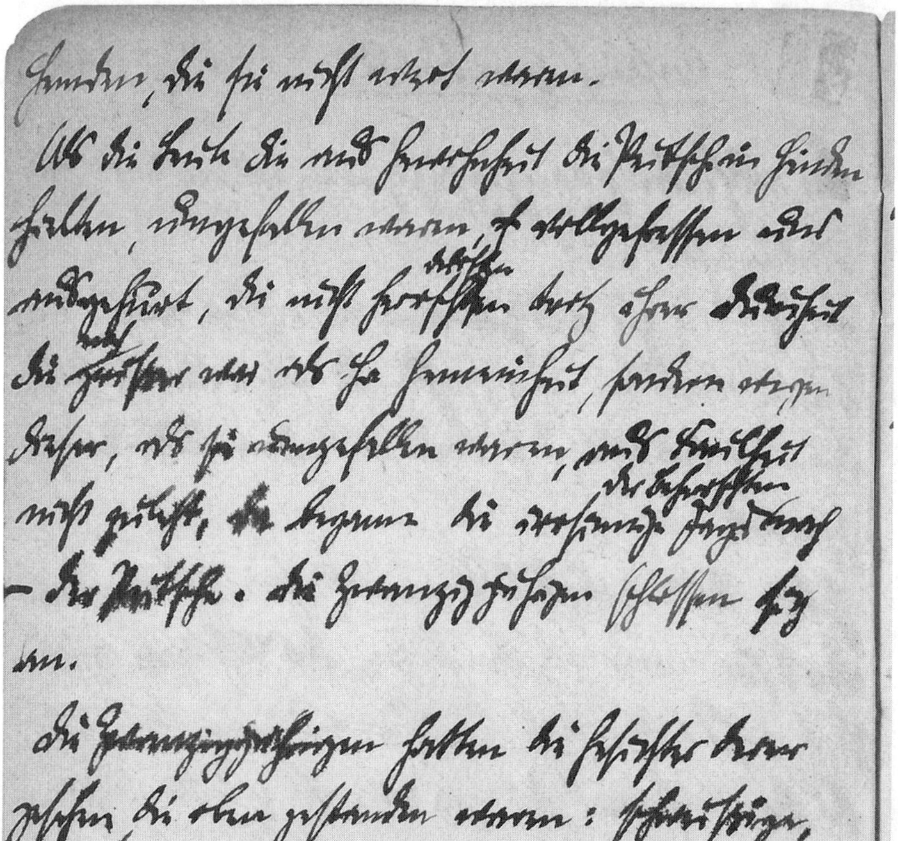

NB 3, 9v

Hemden, die sie nicht wert waren. ⟨9r.20 ←⟩

Als die Leute die aus Gewohnheit die Peitsche in Händen

hielten, umgefallen waren, ~~f~~ vollgefressen und

durften

ausgehurt, die nicht herrsch~~t~~en trotz ihrer Dummheit

noch

die größer war als ihre Gemeinheit, sondern wegen

dieser, als sie umgefallen waren, aus Faulheit

der Beherrschten

nicht zuletzt, da begann die irrsinnige Jagd nach

– der Peitsche. Die Zwanzigjährigen schlossen sich

an.

Die Zwanzigjährigen hatten die Gesichter derer

gesehen, die oben gestanden waren: schweißige,

verkommene, aufgedunsene. Nun liefen sie

mit jene zu zertreten und sahen nicht die

Gesichter hinter ihnen und neben ihnen. Die

Zwanzigjährigen können für eine Idee nichts

[¿]*tu*n als für sie sterben.

Gewiß, es gibt Völker, die keine Achtung hatten

verkommen

vor den Ideen und sie ~~sterben~~ ließen in der Gosse. ⟨→ 10r.1⟩

⟨ganze Seite schwarze Tinte, wie 8v.9-9r, 10r.1-9⟩

⟨9v.22 ←⟩ Gewiß, es gibt Völker, die Achtung hatten vor den Ide-
en und sie in einen Tempel sperrten und sie anbe-
teten (sie durften nur nicht heraus –).
Aber dieses Volk, von dem ich rede aus Gnade, legte
sich zu den Ideen ins Bett, schändete sie und zeug-
te ihnen Bälge. Geht weg von mir, hört mir nicht
zu, sonst speie ich euch ins Gesicht, ich kann nichts
dagegen tun.

⟨8v.10 ←⟩ ×

Der alte Mann der immer die Zeitung vor-
die
nimmt, abends, wenn die Tochter/Geige spielt.
Es stellt sich heraus: Er will weinen dahinter.

Wie wenn Geier schnäbeln….

1-9 Gewiß, *[…]* ×] ⟨schwarze Tinte, wie 8v.9-9v⟩

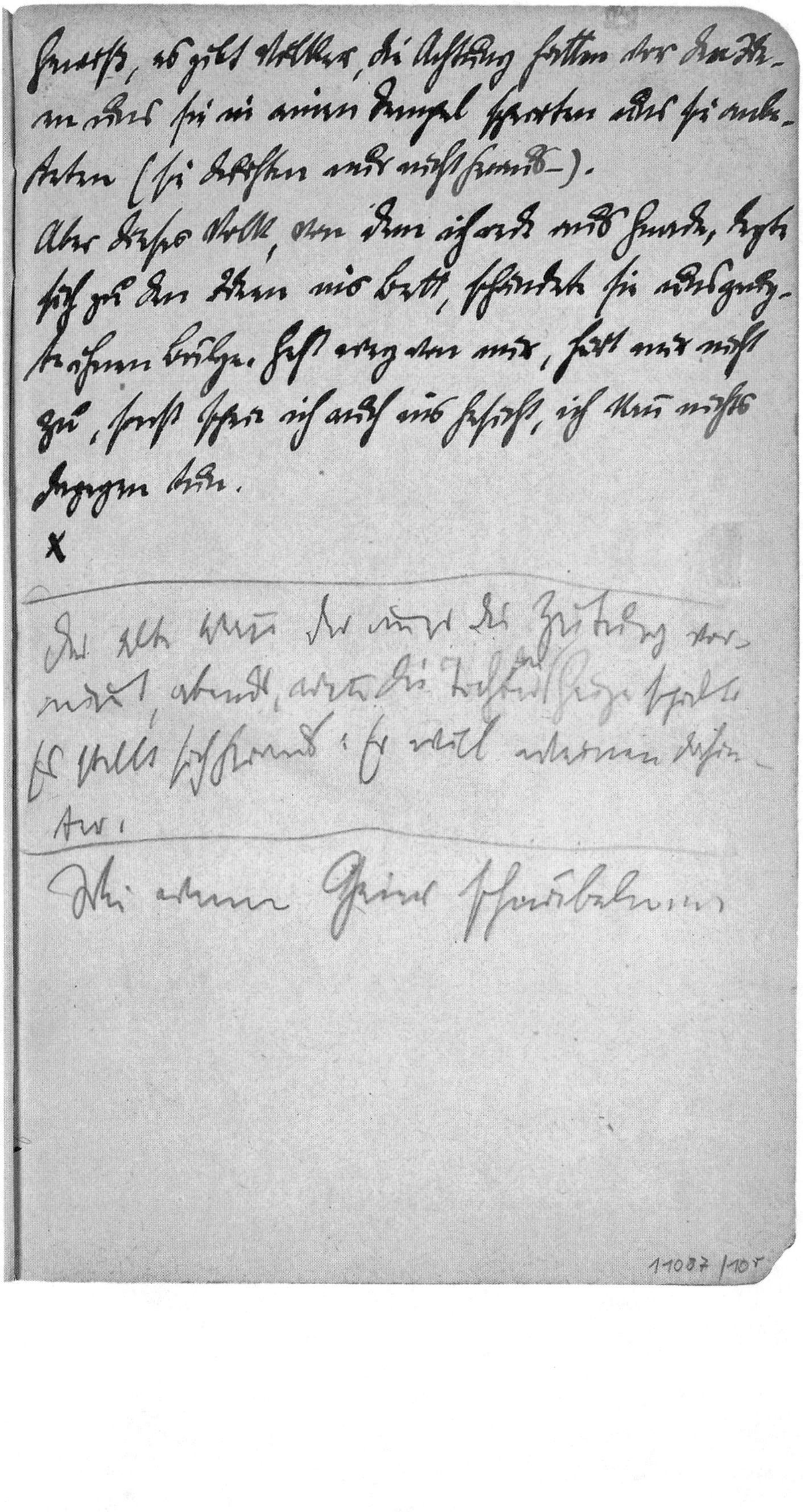

NB 3, 10r

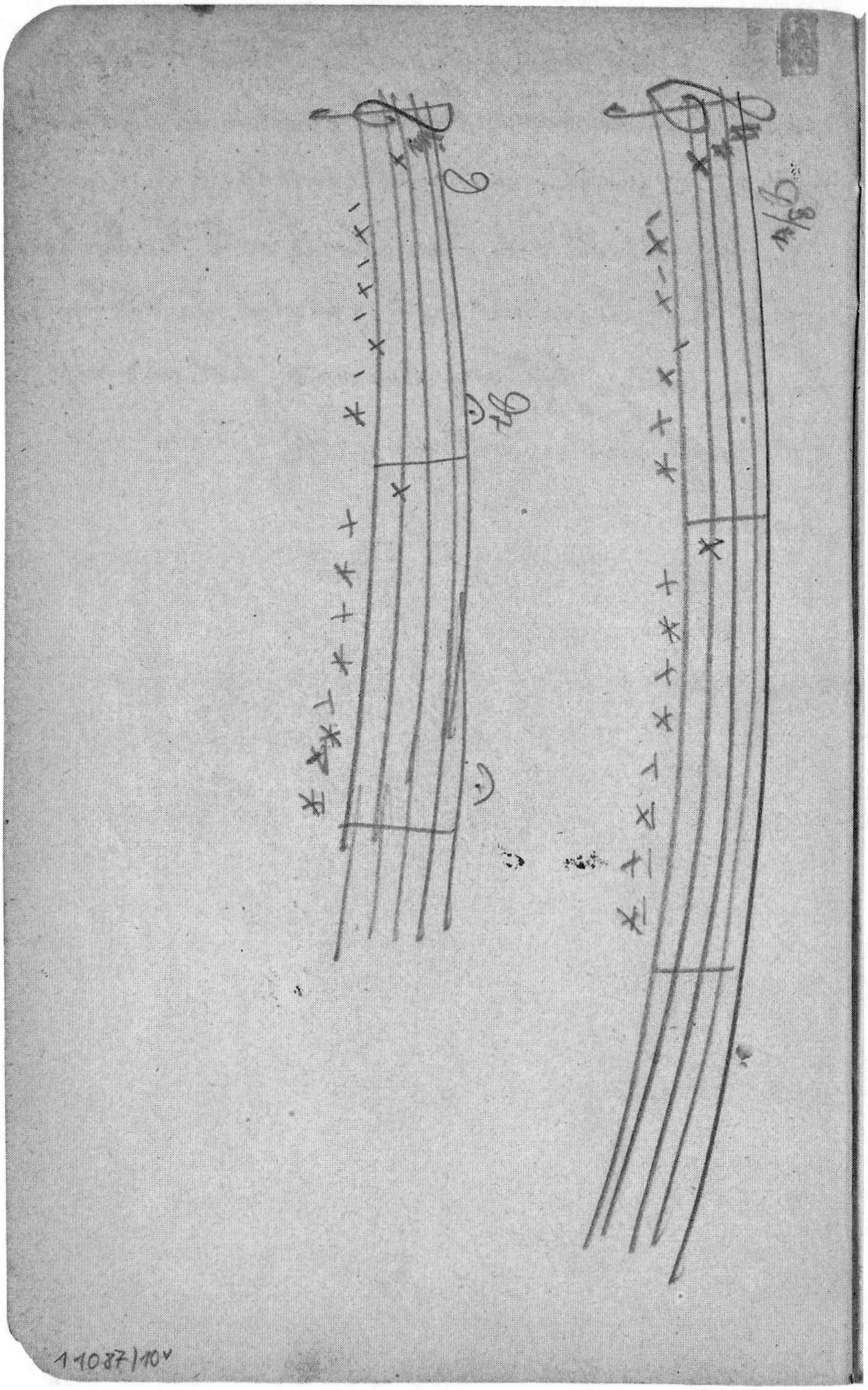

NB 3, 10v

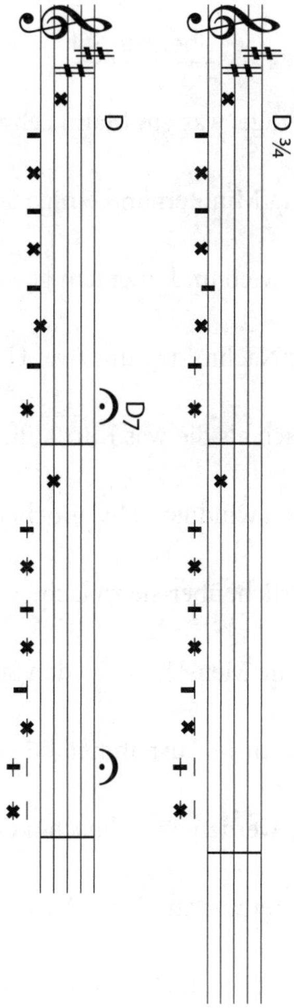

⟨teilweise Abdruck der Tinte von 11r; Vorzeichen und letztes h im 2. Notensystem, 2. Takt wohl nachgetragen⟩
⟨2. Notensystem, 2. Takt, vorletztes g, andere Lesart: langes a⟩ ✖

Über den Stil

⟨östlicher Länge⟩

Die Frage, was ein Mann zehn Grad fünfunddreißig Minuten und einige Sekunden ö. L. von Greenwich und in einem gewissen Breitegrad heute Nachmittag um zwei Uhr schreibt, ist weniger peinlich als die was Kurt Hiller und die vielen kleinen windigen Heiländchen schreiben. Es wäre lächerlich, über sie zu lachen. Aber es gibt gute und ehrliche Menschen, die den Sparren haben, Literatur nicht nur in Ausnahmefällen ernst zu nehmen: Diese werden eines unschönen Tages aus Eckel an der Literatur auch von Ausnahmefällen nichts mehr wissen wollen. Das würde unsere Einkünfte schmälern. Ich hoffe, Sie finden eine Entschuldigung meinerseits daß ich über diese Leute schreiben, so nötig wie ich selbst!

⟨ganze Seite schwarze Tinte⟩

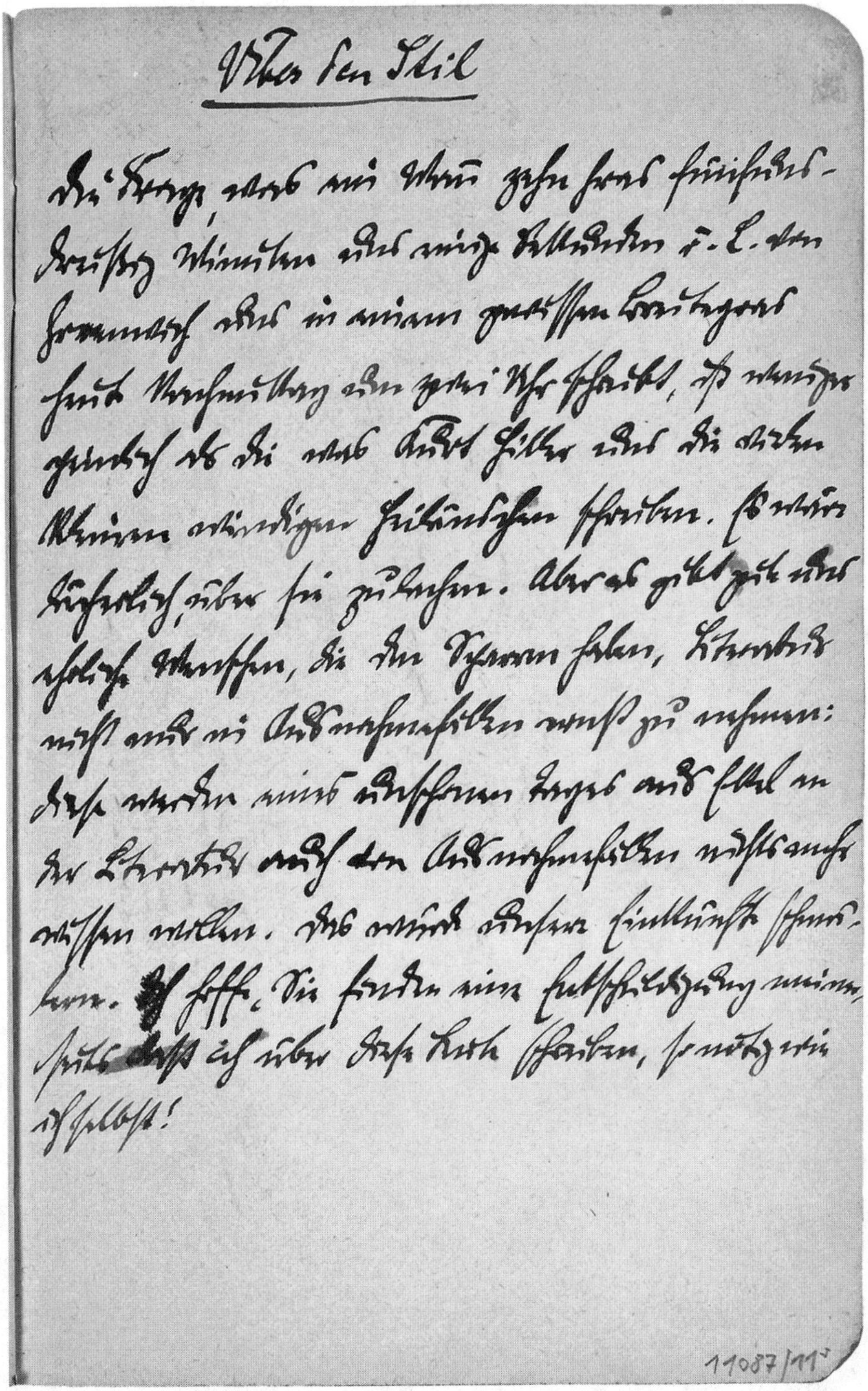

Über den Stil

NB 3, 11r

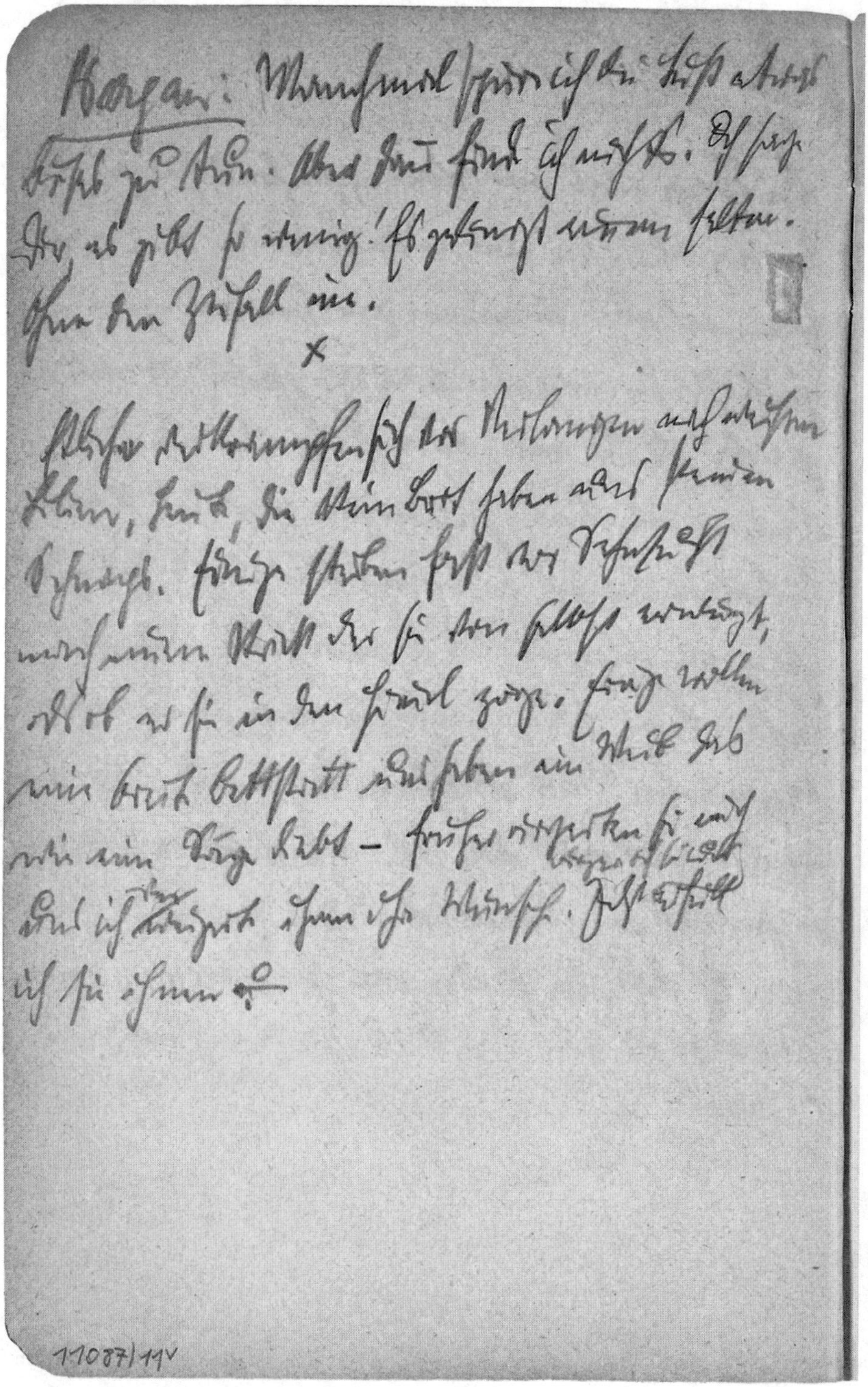

NB 3, 11^v

Bargan: Manchmal spüre ich die Lust etwas
Böses zu tun. Aber dann finde ich nichts. Ich sage
dir, es gibt so wenig! Es gelingt einem selten.
Ohne den Zufall nie.

×

Etlich[en]*e* verkrampfen sich vor Verlangen nach weißen
Lilien, Leute, die kein Brot haben und keinen
Schnaps. Einige sterben fast vor Sehnsucht
nach einem Strick der sie von selbst erwürgt,
als ob er sie in den Himmel zöge. Einige wollen
eine breite Bettstatt und haben ein Weib das
wie eine Säge liebt – früher ärgerten sie mich
ver/ ärgere ich sie und
und ich weigerte ihnen ihre Wünsche. Jetzt erfüll
ich sie ihnen[u].

13 ärgere] ⟨andere Lesart:⟩ ärger
15 [u].] ⟨zuerst Ansatz zu⟩ und ⟨mit u-Bogen, dann gestrichen und durch Punkt ersetzt⟩

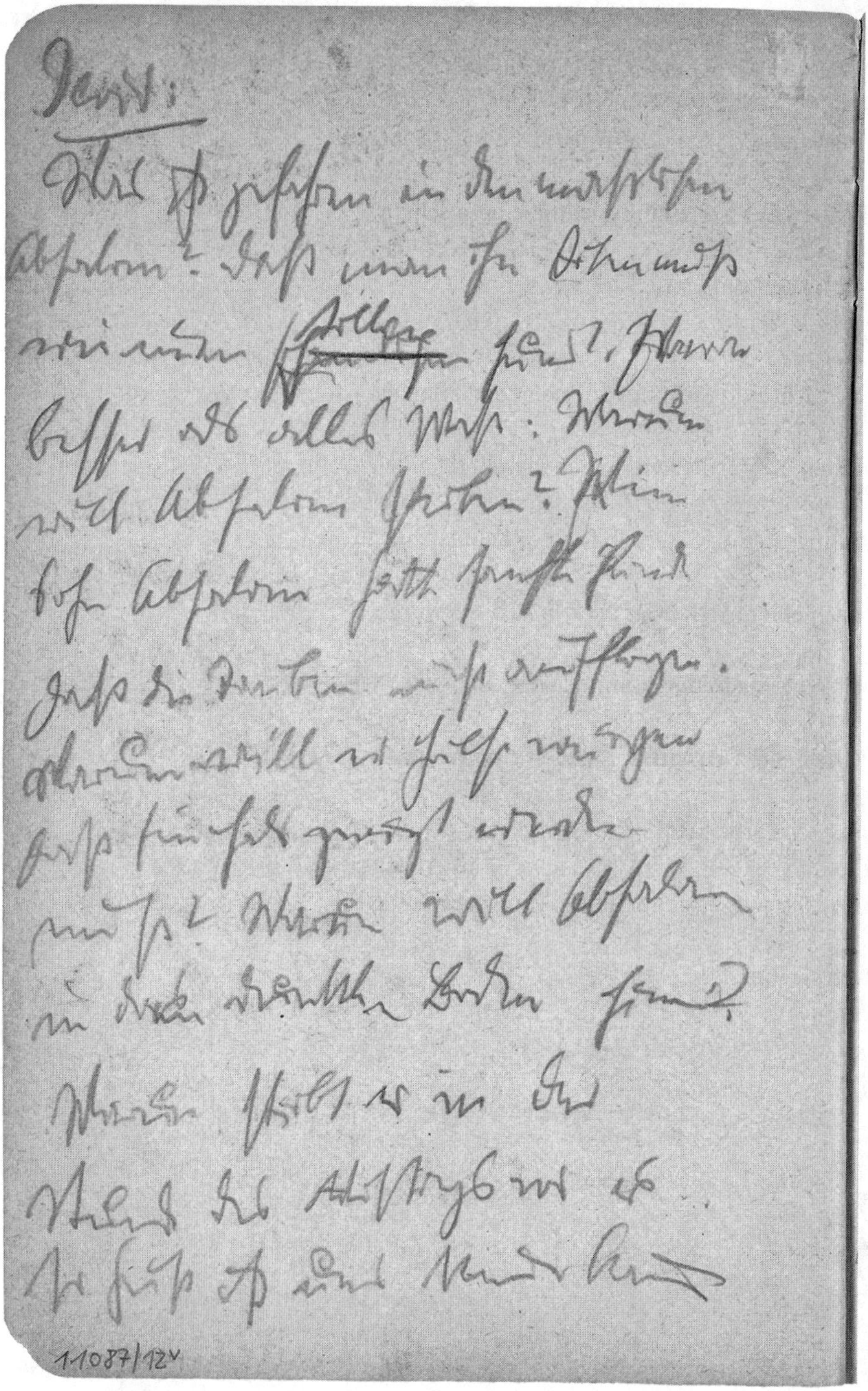

NB 3, 12v

David:

Was ist gefahren in den maßlosen
Absalom? Daß man ihn töten muß
tollen
wie einen ~~[scha]¿¿mlosen~~ Hund? [Er]*W*arum
besser als alles Maß: Warum
will Absalom sterben? [E]*M*ein
Sohn Absalom hatte sanfte Hände
daß die Tauben nicht aufflogen.
Warum will er Hälse würgen
daß sein Hals gewürgt werden
muß? Warum will Absalom
in d[as]*en* dunkle*n* Boden hinein?
Warum stirbt er in der
Stunde des Mittags wo es
so heiß ist und keiner kann ⟨→ 13r.1⟩

4-5 tollen \ ~~[scha]¿¿mlosen~~] ⟨zuerst Überschreibung von⟩ scha ⟨, dann ganzes Wort gestrichen und durch⟩ tollen ⟨ersetzt⟩

⟨12v.16←⟩ ihm Wasser reichen? Bevor
ein Weib einen Atem[t]*zug* tut,
wird er darüber lächeln!

×

Absalom:

Ich will wegwerfen was meine
Hand fassen kann. Sie ist zu klein.
Ich will nicht haben was ich haben
kann: denn es ist zu wenig. Ich
will daß es mehr gibt als da ist.
Ich will meine Hand wegwerfen!
Ich will den Himmel bestrafen: Ich
werfe ihm mein erschlagenen Leib
hin! Dem strahlenden Himmel, dem
Schamlosen!

Ihr [illegible] wachen u. [illegible]
ein Weib [illegible] [illegible] hat,
wird er [illegible]!

×

Absalom:

Ich will wegschicken weil mein
Herz hoffen kann. Das ist zu klein.
Ich will nicht lieben wenn ich lieben
kann: Denn es ist zu wenig. Ich
will daß es mehr gibt als da ist.
Ich will mein Herz zerbrechen!
Ich will den Himmel [illegible]: Ich
weiß ihn meine [illegible] [illegible]
[illegible]! Dem [illegible] Himmel, den
[illegible]!

1087 / 13r

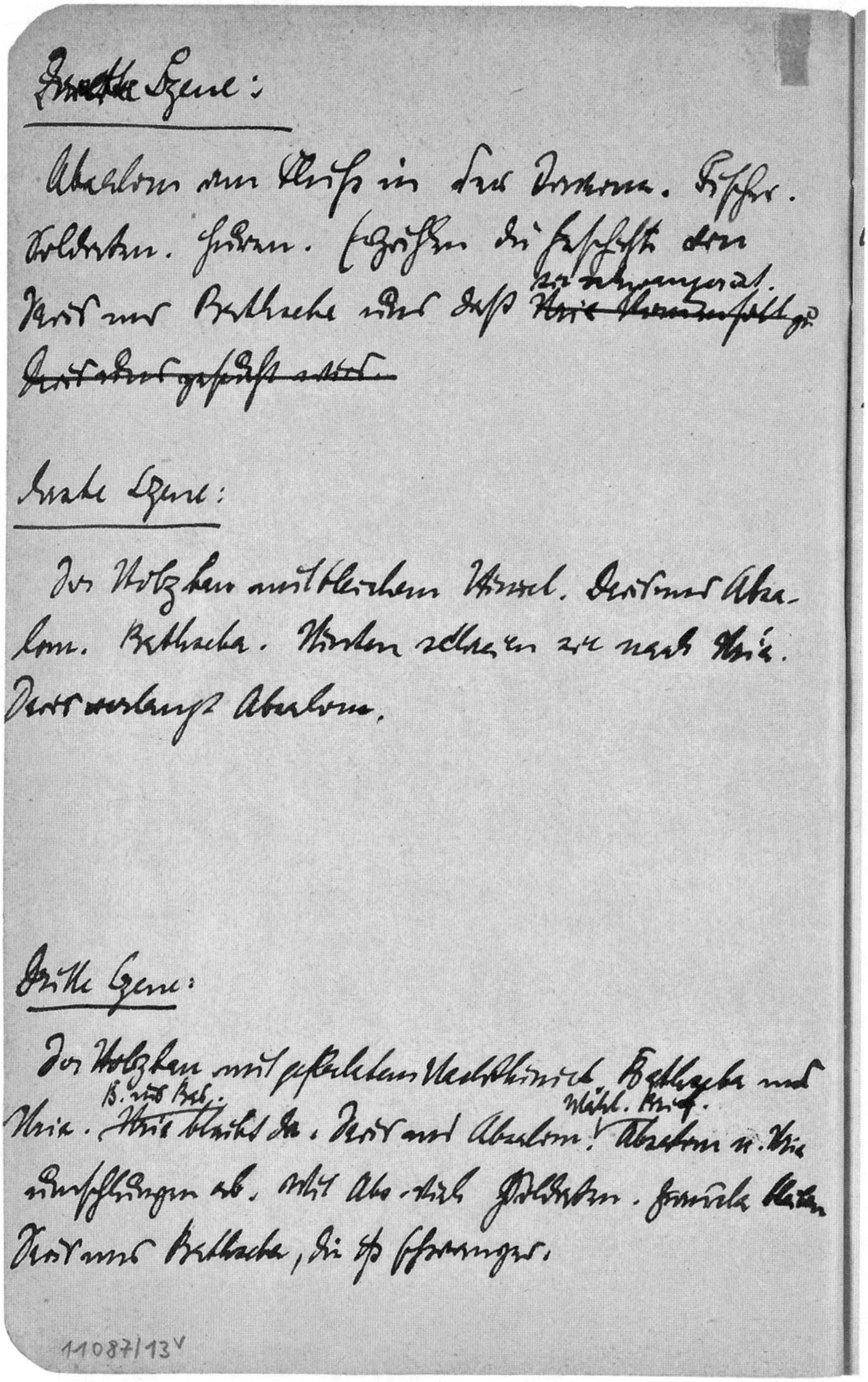

NB 3, 13v

[Erste]*Zweite* Szene:

Absalom am Fluß in der Taverne. Fischer.

Soldaten. Huren. Erzählen die Geschichte von
sie schwanger ist.
David und Bathseba und daß ~~Uria kommen soll zu~~
~~David und gesucht wird.~~

Erste Szene:

Der Holzbau mit bleichem Himmel. David und Absalom. Bathseba. Hinten schreien sie nach Uria.
David verlangt Absalom.

Dritte Szene:

Der Holzbau mit geflecktem Nachthimmel. Bathseba und
B. ins Bad. Mahl. Brief.
Uria. Uria bleibt da. David und Absalom. Absalom u. Uria
umschlungen ab. Mit Abs. viele [s]Soldaten. Zurück bleiben
David und Bathseba, die ist schwanger. ⟨→ 14r.1⟩

⟨ganze Seite schwarze Tinte, wie 14r⟩

⟨13v.16←⟩ Vierte Szene:

Gelbes/[z]Zelt. Uria und Absalom. Uria allein, im Hemd. (Absalom erst zurück mit den aufgewiegelten Soldaten!) Bathseba und Uria. Absalom. Aufruhr. Uria glaubt nicht an das Gute, er geht zu David, um sein Leben zu erbetteln. Bath. schickt er voraus. Uria, der Todeskeim, sitzt unter den Begeisterten.

Fünfte Szene:

Davids Holzbau. Baths. wird gebracht. Uria kommt. Er wird fortgeschickt nach dem Brief. Inzwischen wird das Kind der Baths. erwürgt. Uria aber kommt und David flieht mit ihm. Baths. bleibt, allein, zurück mit dem Kind.

Sechste Szene:

⟨→14v.1⟩ Absaloms Zelt. Entlarvung des Uria.

⟨ganze Seite schwarze Tinte, wie 13v⟩
2 Absalom] l ⟨verdeutlicht⟩

Vierte Szene:

Feldherrnzelt. Uria und Absalom. Uria allein, ein Freund.
(Absalom erst gemacht mit den aufgewiegelten Soldaten!)
Bathsebas Uria. Absalom. Aufruhr. Uria glaubt nicht an das Ende, er geht zu David, um sein Leben zu erbetteln. Bath. schickt er voraus. Uria, der Totenklamm, unter den Belagerten.

Fünfte Szene:

Davids Wohnzelt. Bathseba wird gebracht. Uria kommt. Wird fortgeschickt nach dem Krieg. Inzwischen wird das Kind der Bathseba erwürgt. Uria aber kommt von David fliehend mit ihm. Bathseba bleibt, allein, zurück mit dem Kind.

Sechste Szene:

Absaloms Zelt. Entlarvung des Uria.

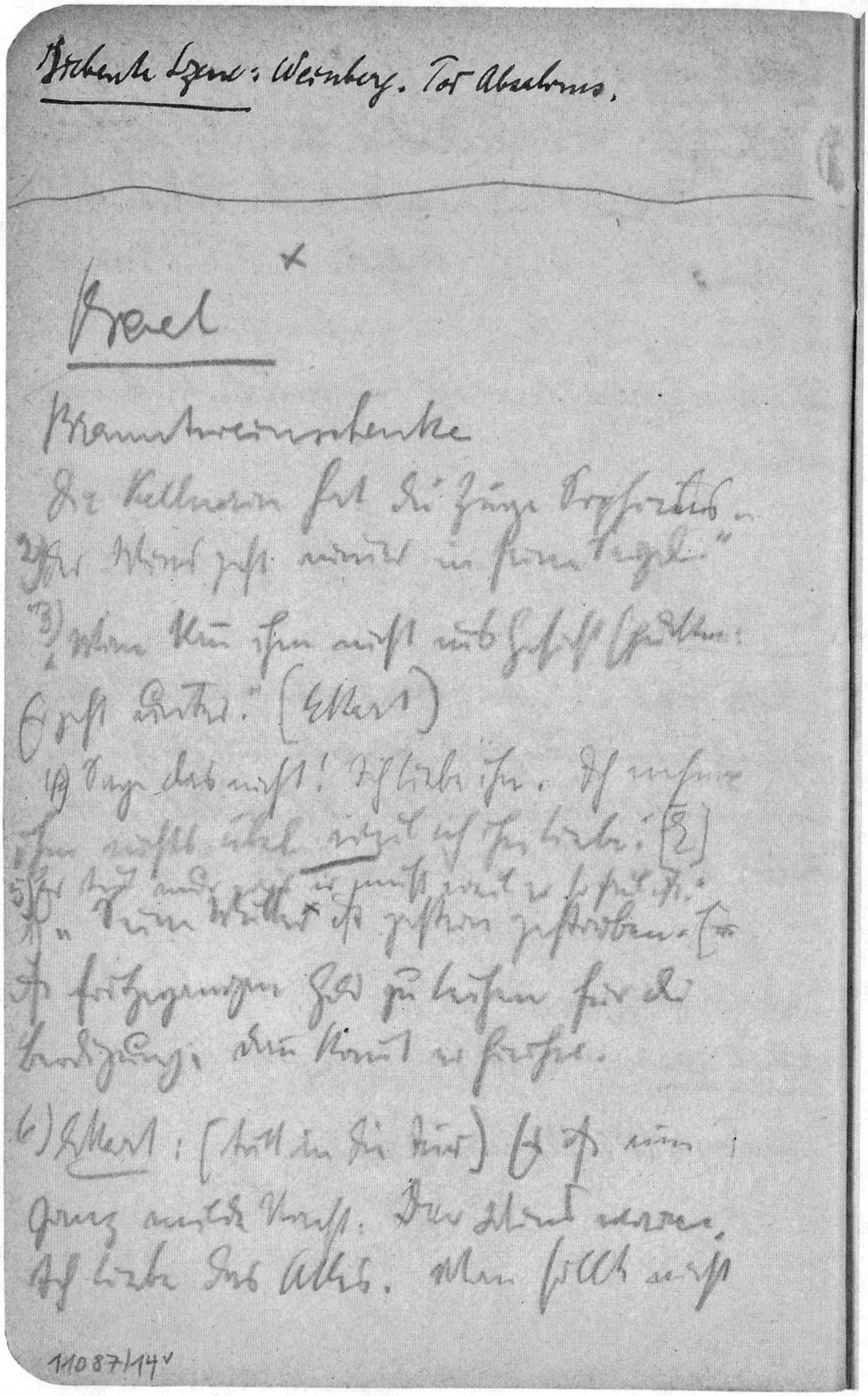

NB 3, 14v

[7]Siebente Szene: Weinberg. Tod Absaloms. ⟨14r.15←⟩

×

Baal

Branntweinschenke

Die Kellnerin hat die Züge Sophie[s.]*ns* ¿

2) ⟨15r.11←⟩

„Der Wind geht nimmer in seine Segel."

3) ⟨15r.14←⟩

„Man kann ihm nicht ins Gesicht spucken:

Er geht unter." (Ekart)

4) „Sage das nicht! Ich liebe ihn. Ich nehme ⟨15r.18←⟩

ihm nichts übel weil ich ihn liebe." [E] ⟨Ekart⟩

—

5) Er tut nur was er muß weil er so faul ist." ⟨15r.19←⟩

×

1) „Seine Mutter ist gestern gestorben. Er ⟨15r.10←⟩

ist fortgegangen Geld zu leihen für die

Beerdigung, dann kommt er hierher.

6) Ekart: [tritt in die Tür) Es ist eine ⟨15v.1←⟩

ganz milde Nacht: Der Wind warm.

Ich liebe das Alles. Man soll nicht ⟨→15r.1⟩

1 ⟨grünschwarze Tinte⟩
6 ¿] ⟨lesbar als Punkt, Gedankenstrich oder zu Beginn der Folgezeile wiederholtes Anführungszeichen⟩
12 *4)* „Sage] ⟨Anführungszeichen von nachgetragener⟩ *4)* ⟨überdeckt, aber nicht als gestrichen zu lesen⟩
14-16 ⟨nachträglich eingefügt⟩

⟨14v.22←⟩ soviel trinken. [zurück] Die Nacht
ist ganz mild. Jetzt und noch 3 Wochen
in den Herbst kann man gut auf den
Straßen laufen. (setzt sich)

×

Ekart: Jetzt sind es acht Jahre.

Johannes: Mit fünfundzwanzig ginge das
Leben erst an. Da werden sie breiter
und haben Kinder.

⟨14v.17←⟩ Watzmann: Seine Mutter 1)

⟨14v.7←⟩ Johannes: Baal. Der Wind 2)

⟨Ekart⟩ Watzmann: (zu E.) [z]*D*u hast wohl viel
mit ihm auszuhalten?

⟨14v.9←⟩ Ek.: Man kann 3)

⟨Johannes⟩ Watzmann: (zu Joh.) Tut dir das weh?

Joh.: Es ist schade um ihn.
Watzm.: Er wird immer eckelhafter.
⟨14v.12←⟩ Ek: 4)

⟨14v.15←⟩ Watzm: 5)
⟨→15v.1⟩

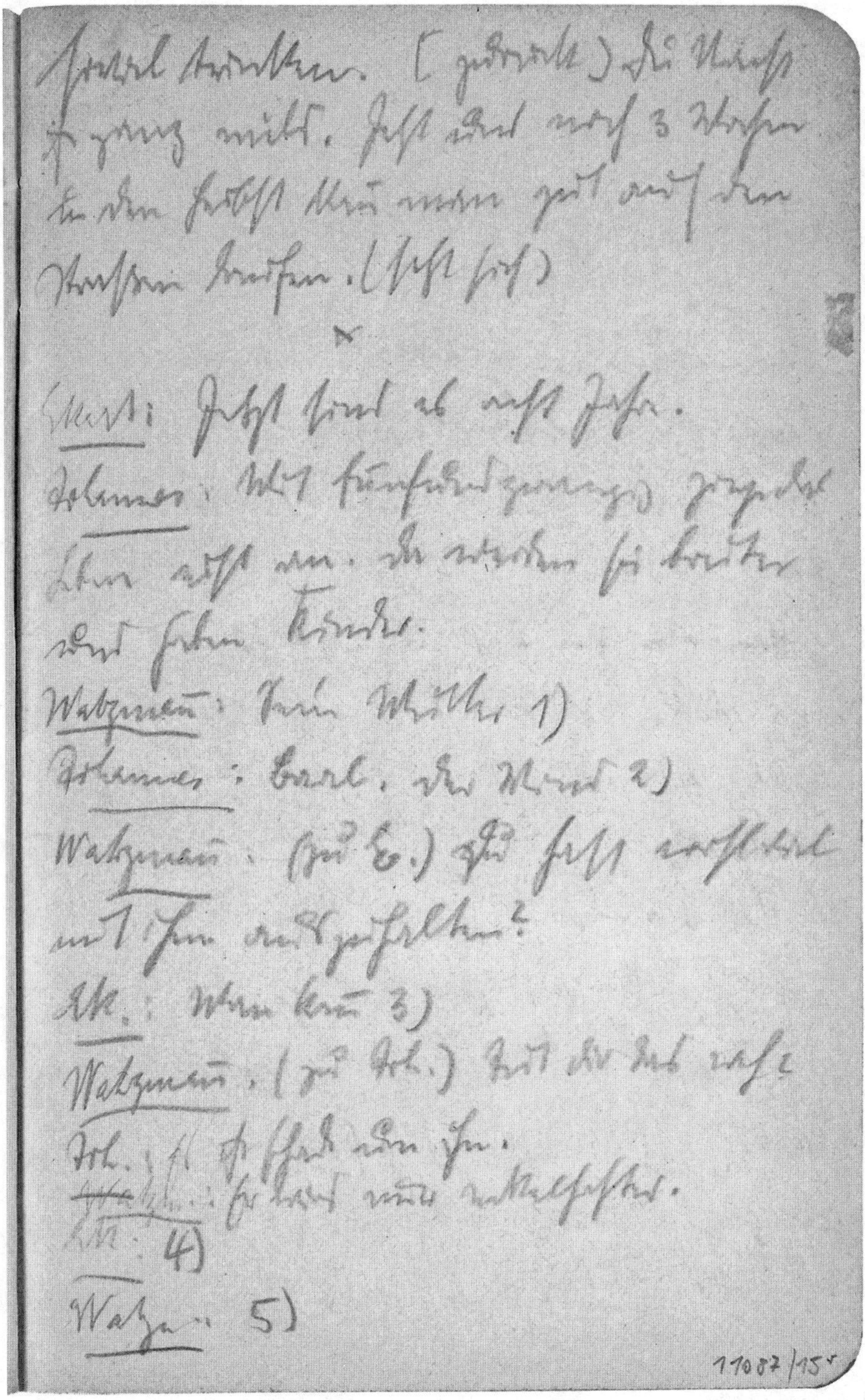

NB 3, 15r

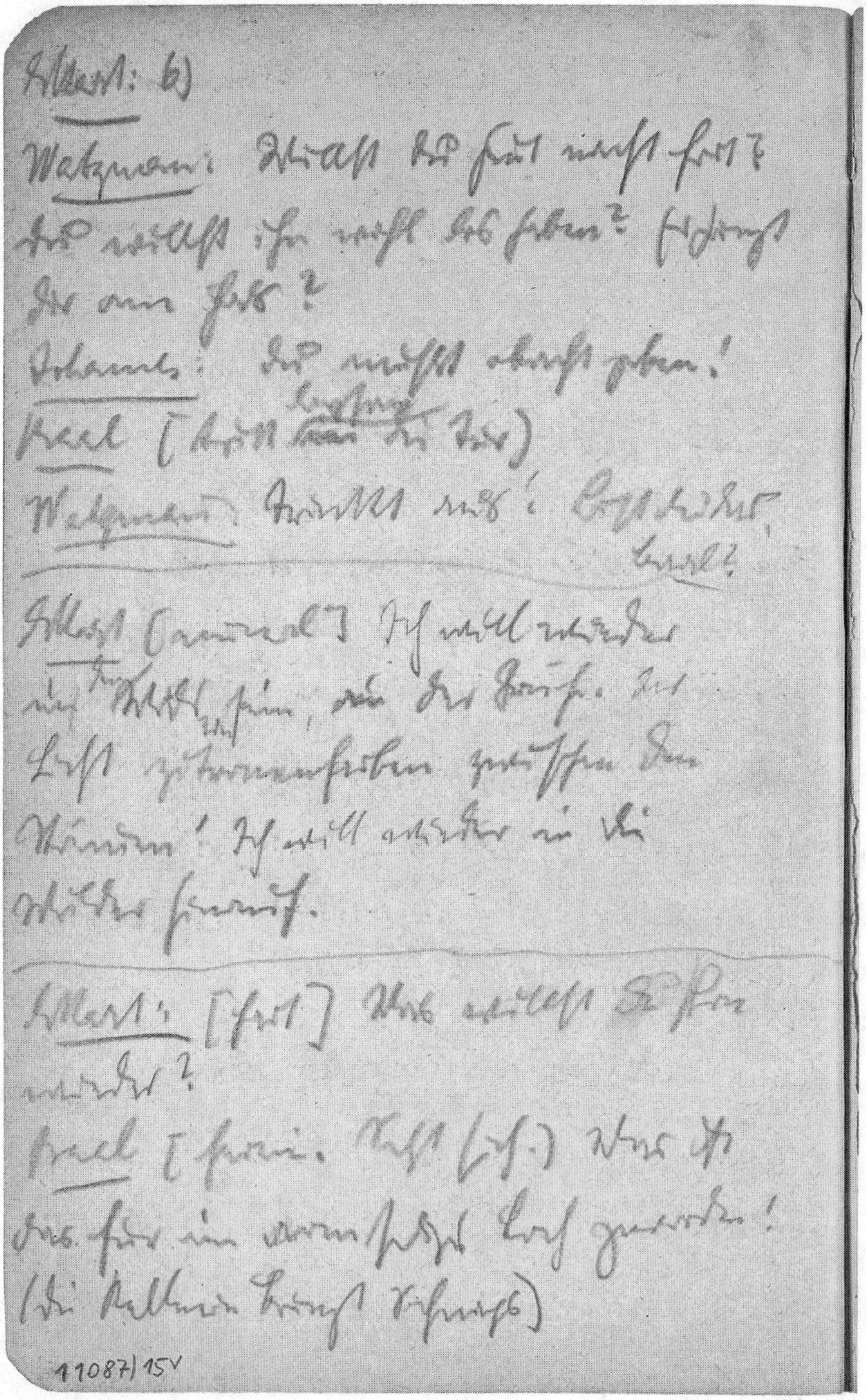

NB 3, 15v

Ekart: 6) ⟨15r.19 ←⟩ ⟨→ 14v.20⟩

Watzman: Willst du heut nacht fort?

Du willst ihn wohl los haben? Er hängt

dir am Hals?

Johannes: Du mußt obacht geben!

langsam

Baal [tritt [a]*in* die Tür)

Watzmann: Trinkt aus! Bist du das,

Baal?

Ekart [animal] Ich will wieder ⟨animalisch⟩

den

i[m]*n* W[a]*ä*ld*ern* sein, [am]*in* der Frühe. Das

Licht zitronenfarben zwischen den

Stämmen! Ich will wieder in die

Wälder hinauf.

Ekart: [hart] Was willst du schon

wieder?

Baal [herein. Setzt sich.) Was ist

das für ein armseliges Loch geworden!

(Die Kellnerin bringt Schnaps) ⟨→ *NB 12*, 62r⟩

8-9 Bist *[…]* Baal?] ⟨nachträglich⟩

21 armseliges] a ⟨verdeutlicht⟩

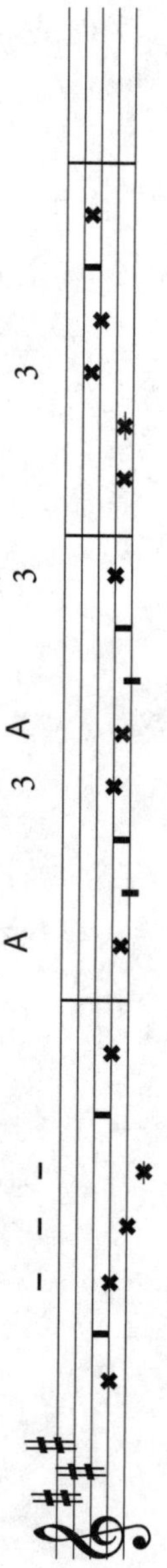

⟨teilweise Durchschlag der Tinte von 16v; vorangehendes Blatt herausgerissen⟩
⟨3. Takt: fis gestrichen; folgendes cis verdeutlicht⟩

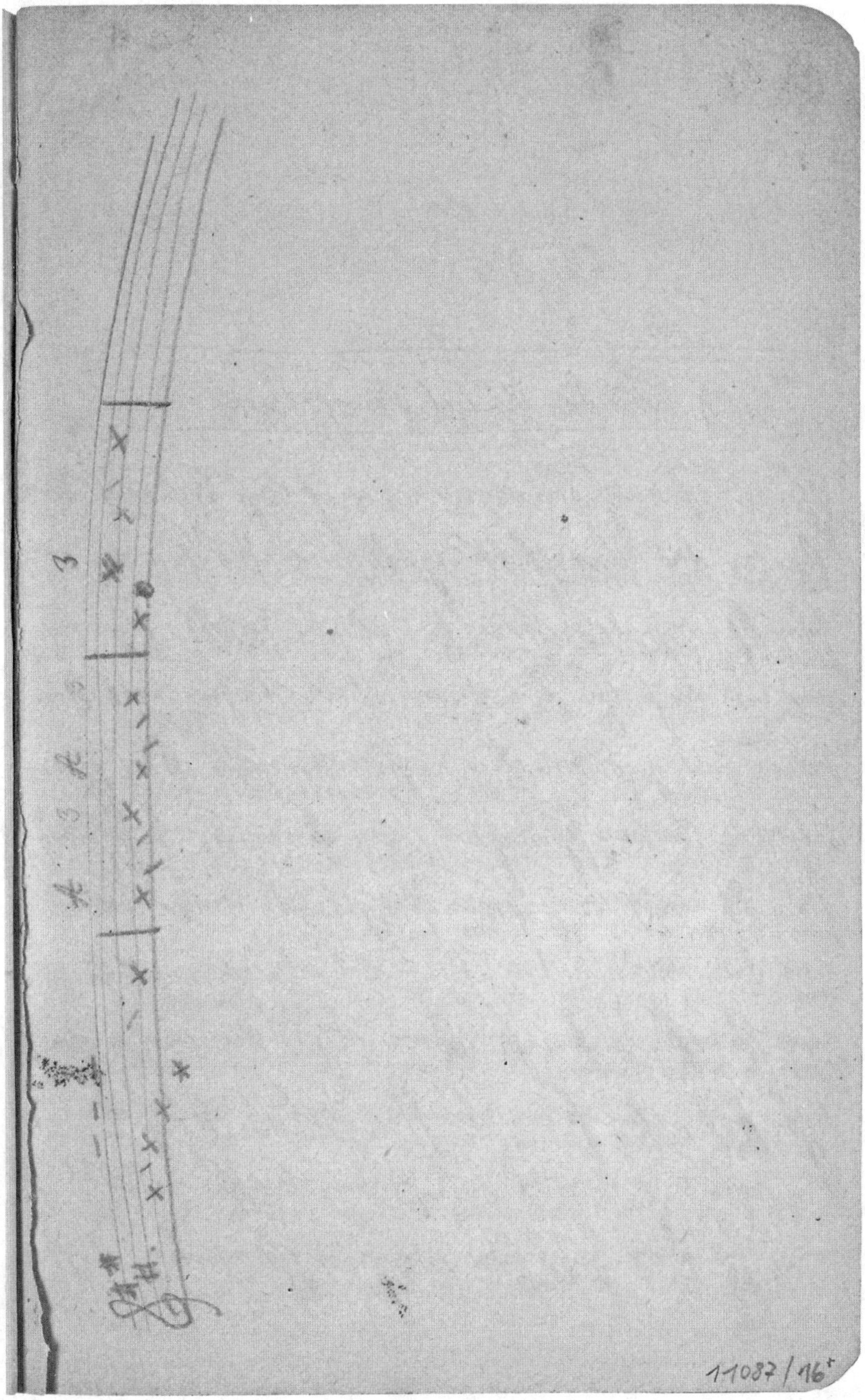

NB 3, 16r

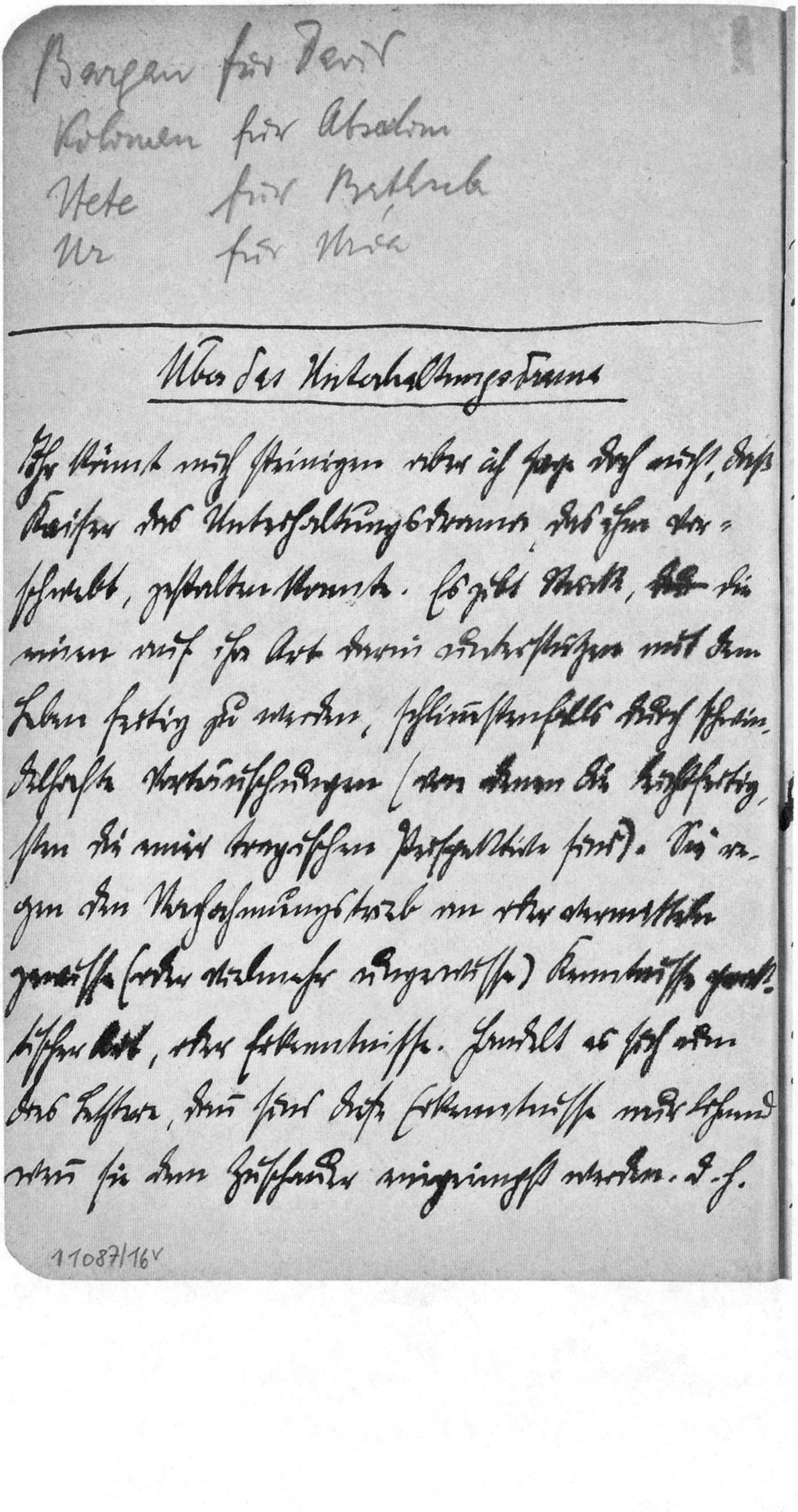

NB 3, 16ᵛ

Bargan für David

Koloman für Absalom

Hete für Bathseba

Ur für Uria

Über das Unterhaltungsdrama

Ihr könnt mich steinigen aber ich sage doch nicht, daß Kaiser das Unterhaltungsdrama, das ihm vorschwebt, gestalten konnte. ⟨Georg Kaiser⟩ Es gibt Stücke, ~~dur~~ die einen auf ihre Art darin unterstützen mit dem Leben fertig zu werden, schlimmstenfalls durch schwindelhafte Vortäuschungen (von denen die leichtfertigsten die einer tragischen Perspektive sind). Sie regen den Nachahmungstrieb an oder vermitteln gewisse (oder vielmehr ungewisse) Kenntnisse praktischer Art, oder Erkenntnisse. Handelt es sich um das Letztere, dann sind diese Erkenntnisse nur lohnend wenn sie dem Zuschauer eingeimpft werden. D. h. ⟨→ 17r.1⟩

5-18 ⟨schwarze Tinte, wie 17r-19v.7⟩

⟨16ᵛ.18←⟩ sie müssen ihm so leiblich geboten werden daß sie ihn ganz durchbluten wie Blut bei einer Transfusion. Die Erkenntnisse müssen seinem Instinkt einverleibt werden. Ich habe bisher von den Bedarfsstücken gesprochen: aber hier, in dem letzten Punkt berühren sie sich mit den Unterhaltungsstücken. Unterhaltungsstücke sind solche Stücke, die irgendwie Ideen verleiblichen: also höhere Allegorieen, Spielereien, Luxusstücke. Zweifellos bilden diese Unterhaltungsstücke eine höhere Gattung als die Bedarfsstücke und sie verlangen auch ein besseres Publikum. Sie sind noch in sehr wenigen Exemplaren vertreten und z. B. G. Kaisers Stücke sind [sehr schlechte) Stücke einer sehr hohen Gattung. Sie entsprechen der Freude an der reinen [fast uninteressierten) Dialektik, an der Eleganz der Kurve und dem Spieltrieb. Leider ist Kaisers dichterische Potenz zu schwach, um d[ie]*en* Ideen, an denen sie sich sozusagen angeilt, leibhaftige Kinder zu machen. Seine Ideen schweifen aus, sie haben keine ⟨→ 17ᵛ.1⟩

⟨ganze Seite schwarze Tinte, wie 16ᵛ.5-18, 17ᵛ-19ᵛ.7; teilweise Abdruck der Tinte von 7ᵛ.1⟩

1 daß] ß ⟨verdeutlicht⟩ i

11-12 noch \ in] noch ⟨zuerst vor, dann nach⟩ in ⟨eingefügt⟩

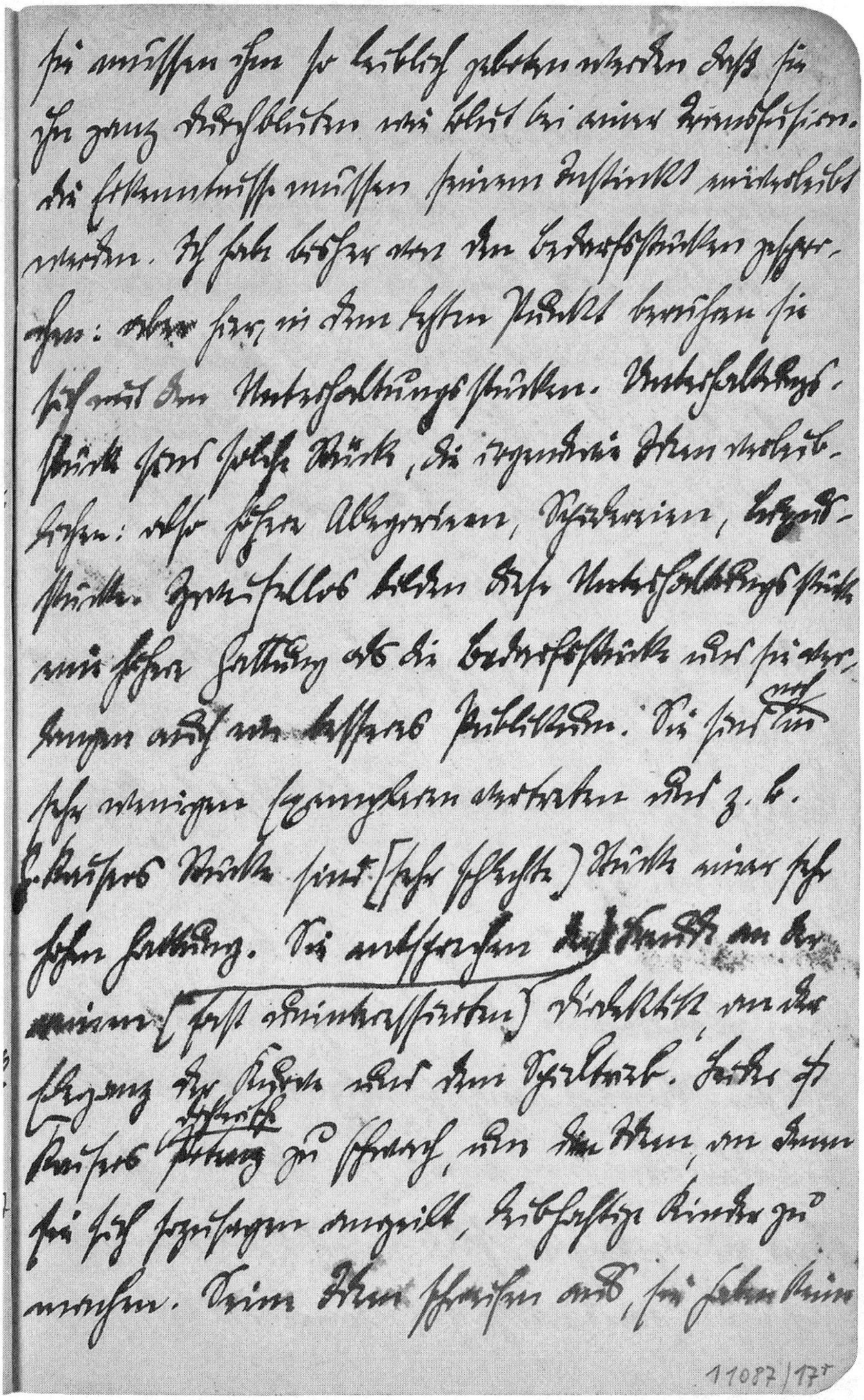

sie müssen ihm so leiblich gegeben werden daß sie
ihn ganz durchbluten wie Blut bei einer Transfusion.
die Erkenntnisse müssen seinem Instinkt einverleibt
werden. Ich habe bisher nur von den Lehrstücken gesprochen: aber hier, in dem letzten Punkt berühren sie
sich mit den Unterhaltungsstücken. Unterhaltungsstücke sind solche Stücke, die irgendein Thema unterhalten: also schöne Abenteuer, Schilderungen, Liebes-
stücke. Zweifellos bilden diese Unterhaltungsstücke
eine schöne Haltung als die Lehrstücke und sie verlangen auch ein besseres Publikum. Sie sind auf
sehr wenigen Schauspielern vertreten und z. B.
Kaisers Stücke sind [sehr schlechte] Stücke einer sehr
schönen Haltung. Sie entsprechen dem Wunsch an der
einen [fast uninteressanten] Wirklichkeit an der
Erzeugung der Bilder und dem Spieltrieb. Sache des
Kaisers [illegible] zu schaffen, und die Ideen, an denen
sie sich [illegible] angreift, leibhaftige Kinder zu
machen. Seine Ideen schaffen auch, sie haben keine

11087/17r

NB 3, 17r

Gängen, sie haben kein Gesicht, sie sind gestaltlos
wie treibende Wolken, aber sie sind zu wenig für
einen ganzen Himmel oder das Schlimmste ist: sie
sind Wolken mit Propellern oder [illegible]
[illegible] die [illegible] lächerliche Kraft, besonders wenn
sie hereditär schädlich sind, der außerordentlichen Versuchung zu viel Wesens aus sich zu machen: den Georg Kaiser halten als [illegible]
[illegible], die Dichter, gefallen zu wollen [illegible]
sich ~~aber schlecht~~ besser mit dem sublimen Genre des
Unterhaltungsdramas als die Dichter Einfluss zu
gewinnen. Ist das Theater aber das Ziel unseres
[illegible], dann muss er alles tun, um seine
Ideen zu verbergen oder sie zusammen mit leb-
haften Menschen einzuschmuggeln. Da es für
G. Kaiser aber noch andere wichtigere Gründe gibt, seine
Ideen zu verbergen, sollte er sich lieber einen weniger hohen, weil menschlicheren Genre des Unterhaltungs-

Grenzen, sie haben kein Gesicht, sie sind gestaltlos wie treibende Wolken, aber sie sind zu wenig für einen ganzen Himmel und das Schlimmste ist: Es sind Wolken mit Propellern und Steuervorrichtung. Gerade die Ideen unterliegen leicht, besonders wenn sie hereditär schwächlich sind, der außerordentlichen Verführung zu viel Wesens aus sich zu machen: Dem Georg Kaiser passieren alle Augenblicke Tendenzen. Die Sucht, gefallen zu wollen verträgt sich ~~aber schlecht~~ besser mit dem sublimen Genre des Unterhaltungsdramas als die Sucht Einfluß zu gewinnen. Ist das Letztere aber das Ziel eines Dramatikers, dann muß er alles tun um seine Ideen zu verbergen um sie zusammen mit leibhaftigen Menschen einzuschmugeln. Daẓ es für G. Kaiser aber noch andere triftigere Gründe gibt, seine Ideen zu verbergen, sollte er sich lieber dem weniger hohen, weil nützlicheren Genre des Bedarfsdra- ⟨17^{r}.21 ←⟩ ⟨→ 18^{r}.1⟩

⟨ganze Seite schwarze Tinte, wie 16^{v}.5-17^{r}, 18^{r}-19^{v}.7⟩

⟨17v.20←⟩ mas zuwenden: Er landet sonst bei einer Meßal-
lianz und die ist das schlechteste Genre.

9. I. 20.

<u>Über den Expressionismus</u>

Expressionismus bedeutet: Ver[¿]gröberung.

Dort wo es sich nicht um eine Allegorie handelt,
(wie im „Geretteten Alkibiades“, in „Gas“, i[n]*m* „Sohn“)
handelt es sich um Heraus- oder Übertreibung
des Geistes, des Ideellen und da es hier (zufällig)
in der Literatur
ging wie in der Politik, wo es ein neues
Parlament aber keine neuen Parlamentarier
gab, gab es hier die Freude an der Idee aber keine
wurde es eine
Ideen und daher ~~warf sich die ganze~~ Bewegung
statt eine Erscheinung und man hielt sich ans
Äußere; d. h. statt Leiber mit Geist zu füllen,
kaufte man [möglichst bunte) Häute für Geister
auf und statt in den Leibern die (wie man
argwöhnte: verkannte) Seele aufzuzeigen, machte
⟨→ 18v.1⟩ man die Seelen zu Leibern, vergröberte sie

⟨ganze Seite schwarze Tinte, wie 16v.5-17v, 18v-19v.7⟩

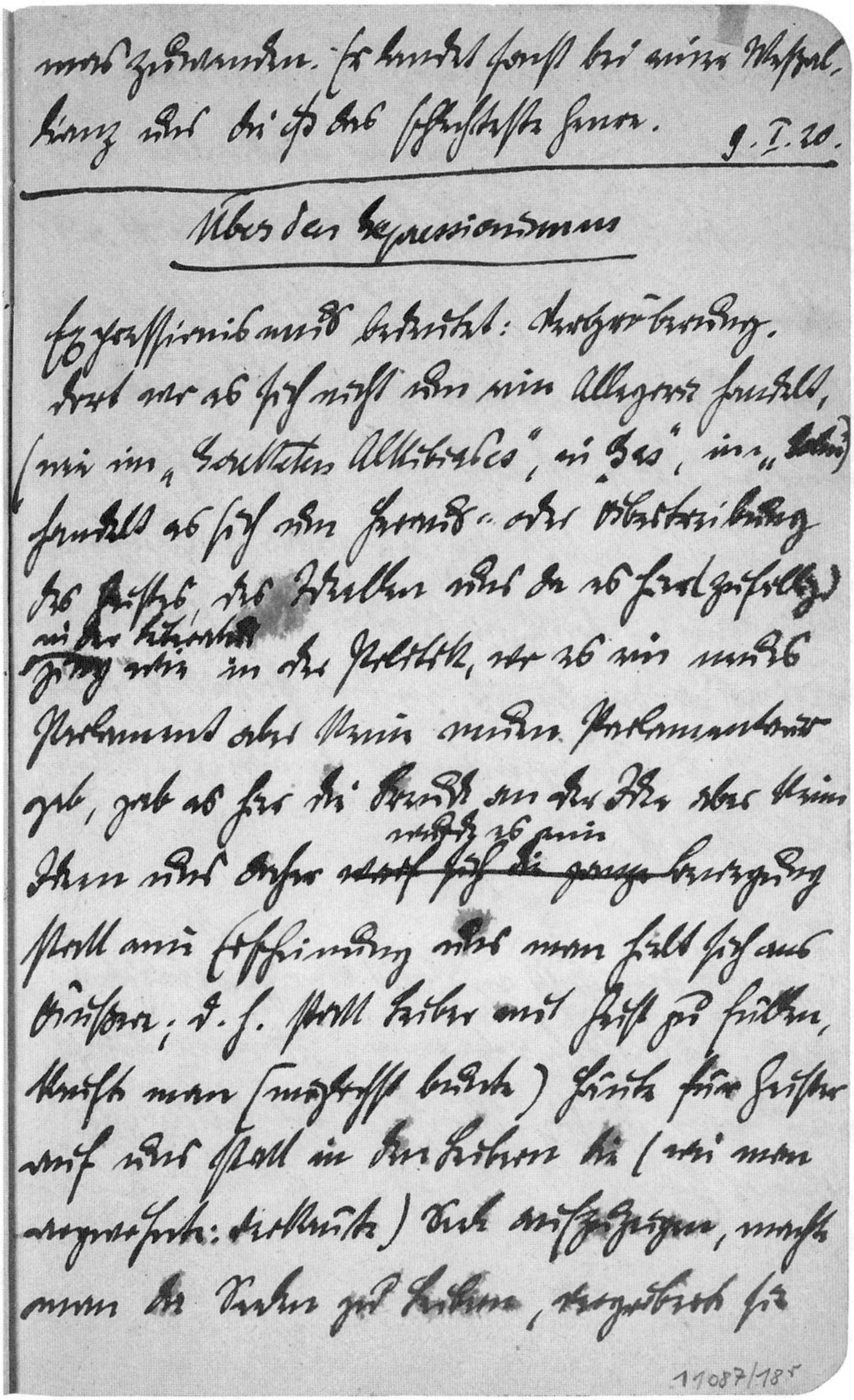

9. I. 20.

Über den Expressionismus

Expressionismus bedeutet: Vergewaltigung.

NB 3, 18r

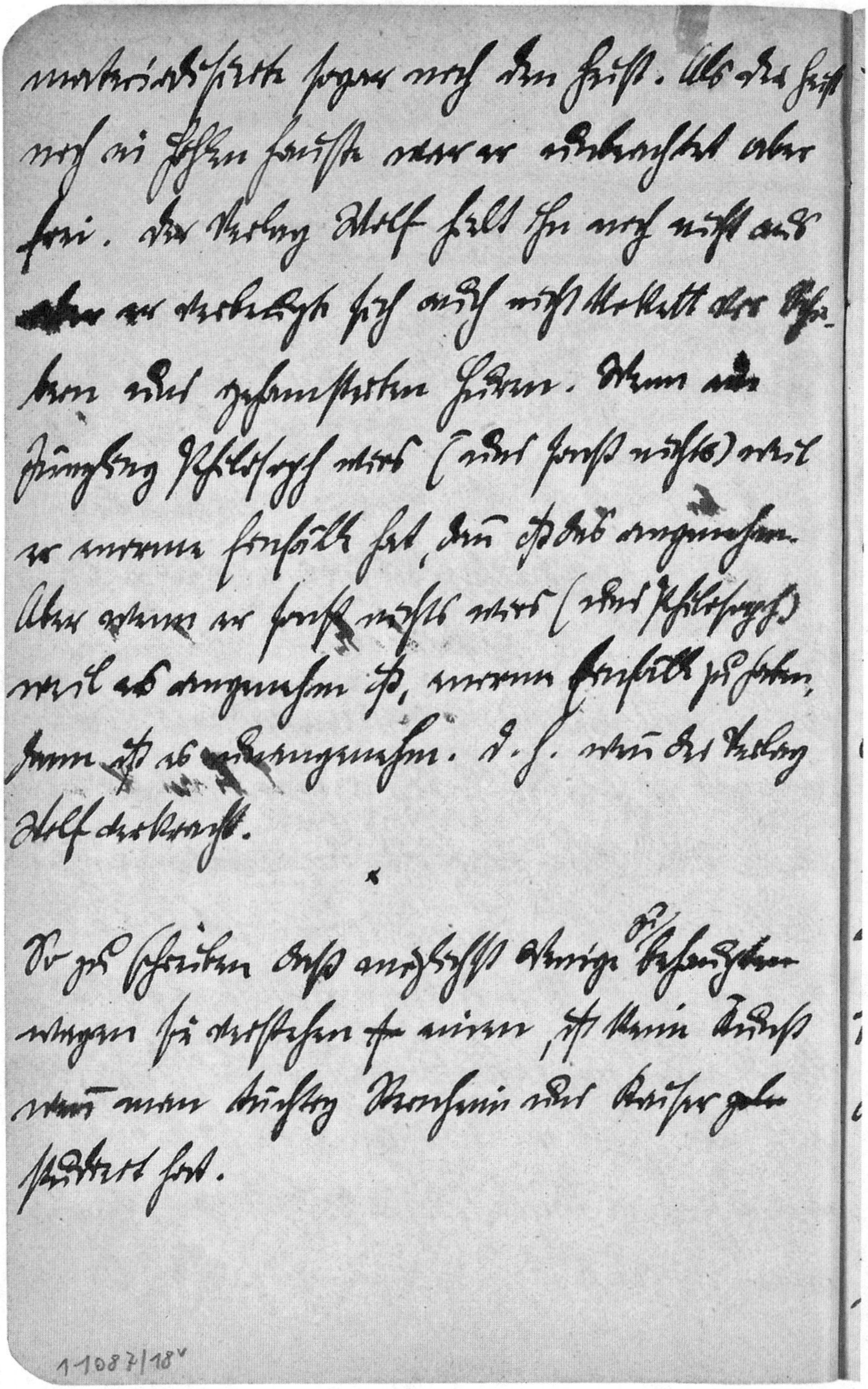

NB 3, 18v

materialisierte sogar noch den Geist. Als der Geist ⟨18r.22 ←⟩
noch in Höhlen hauste war er unbeachtet aber
frei. Der Verlag Wolf hielt ihn noch nicht aus ⟨Kurt Wolff Verlag, München⟩
aber er verbeugte sich auch nicht kokett vor Schie-
bern und gehamsterten Huren. Wenn ein
Jüngling Philosoph wird (und sonst nichts) weil
er enorme Einfälle hat, dann ist das angenehm.
Aber wenn er sonst nichts wird (und Philosoph)
weil [an]*es* angenehm ist, enorme Einfälle zu haben,
dann ist es unangenehm. D. h. wenn der Verlag
Wolf verkracht.

×

zu
So zu schreiben daß möglichst Wenige behaupten
wagen sie verstehen ~~se~~ einen, ist keine Kunst
wenn man tüchtig Sternheim und Kaiser ~~gele~~ ⟨Carl Sternheim, Georg Kaiser⟩
studiert hat.

⟨ganze Seite schwarze Tinte, wie 16v.5-18r, 19r-19v.7;
teilweise Abdruck der Tinte von 19r.7-12⟩

Über das R[e]*h*etorische

Bezeichnend für unsere Zeit ist die Renaissance der Rhetorik; d. h. der pathetischen Rhetorik. Gut zu sein ist modern, wie es zeitweise modern war, diabolisch zu sein. Sinn für Nützlichkeit wird als nützlich erklärt. Er gebiert ~~Leitartikel~~ unter Gesch*r*ei Leitartikel. Dem

⟨Walter Hasenclever, Georg Kaiser⟩ Hasencl[l]*e*ver geht jeden Mittag einer ab. G. Kaiser

⟨Kaiser Wilhelm II.⟩ lernt gegenwärtig öffentlich das Reden. Er ist der redselige Wilhelm des deutschen Dramas. Er hat dessen Pathos, dessen Gedankenarmut, dessen Geschmacklosigkeit, ~~und~~ dessen Sinn für Prägnanz, dessen Liebe zum Theatralischen und dessen Freude daran daß was „klappt". Irgendwie ist er auch „schlicht", „militärisch schlicht" (in Generalsuniform …) Im übrigen ist er rührend. Sein Eifer ist geradezu lobenswert. Darin gleicht er Demosthenes. Wie jener lernt~~e~~ er das Reden nur sehr schwer, stottert, sagt alles zwei, dreimal und ist bemüht

⟨→ 19v.1⟩ möglichst laut zu schreien. Nur geht er statt ans ein-

⟨ganze Seite schwarze Tinte, wie 16v.5-18v, 19v.1-7⟩

15 „schlicht"] ⟨Anführungszeichen nachgetragen⟩

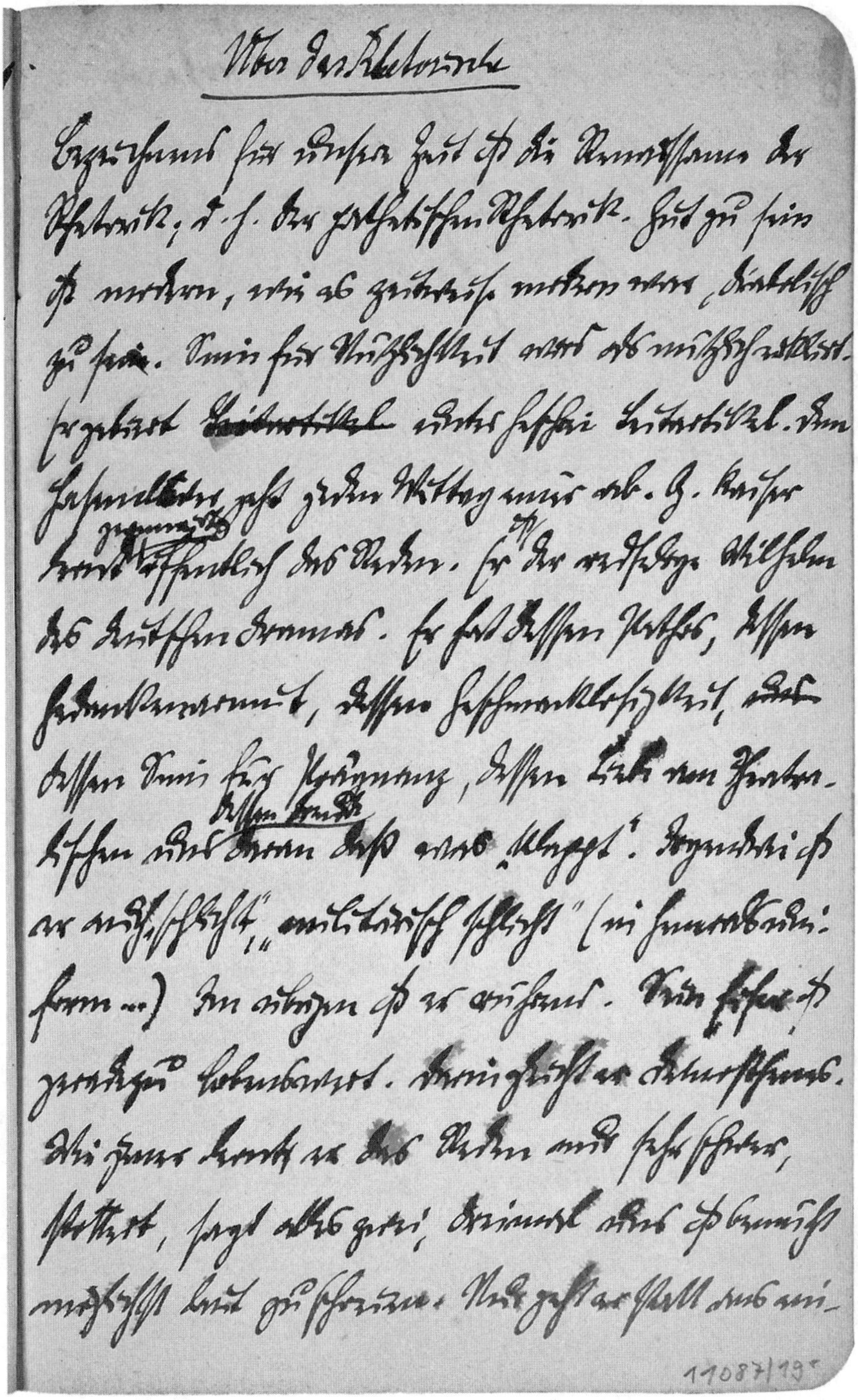

NB 3, 19r

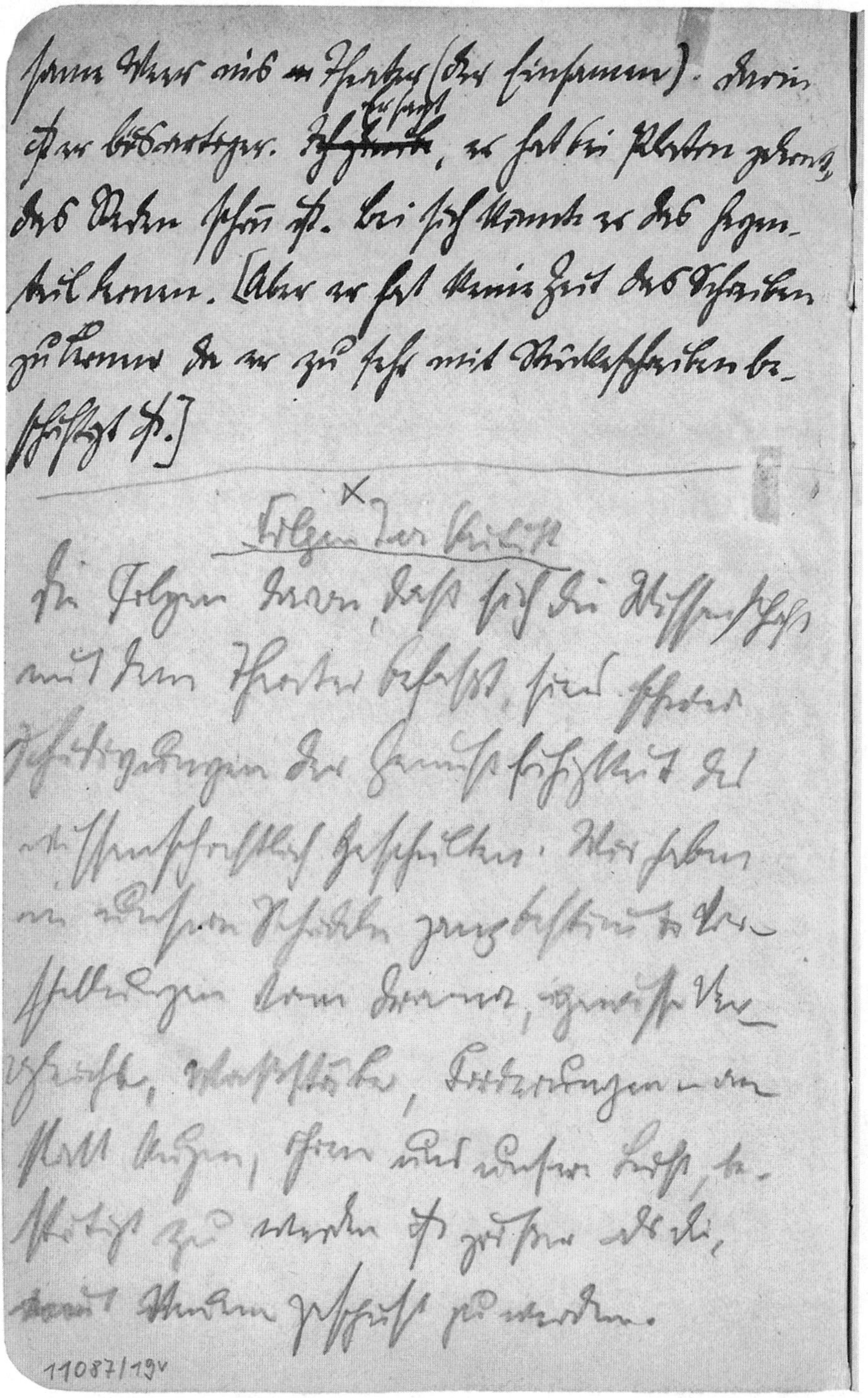

NB 3, 19v

same Meer ins ~~ei~~ Theater (der Einsamen). Darin ist er bösartiger. ~~Ich glaube~~ Er sagt, er hat bei Platon gelernt, das Reden schön ist. Bei sich könnte er das Gegenteil lernen. [Aber er hat keine Zeit das Schreiben zu lernen da er zu sehr mit Stückeschreiben beschäftigt ist.] ⟨19r.20←⟩

×

Folgen der Kritik

Die Folgen davon, daß sich die Wissenschaft mit dem Theater befaßt, sind schwere Schädigungen der Genußfähigkeit des wissenschaftlich Geschulten. Wir haben in unsern Schädeln ganz bestimmte Vorstellungen vom Drama, [i¿]gewisse Vergleich[s]*e*, Maßstäbe, Forderungen – anstatt Augen, Ohren und unsere Lust, bestätigt zu werden ist größer als die, [von]*mit* [n]*N*euem gespeist zu werden. ⟨→20v.1⟩

1-7 ⟨schwarze Tinte, wie 16v.5-19r⟩
6 lernen] l ⟨verdeutlicht⟩
8, 10 ⟨Trennstrich und Titel nachträglich⟩

Über das Schreiben.

Ich schreibe das an die Jünglinge, die noch nicht verdor-

ben sind wie ich, der ich morgen wieder schreibe, weil

ich diesem Laster verfallen bin, das abgefeimter und

der

blutsaugerischer ist als ~~das Morphium~~ Morphinismus.

Ich bin ihm noch nicht ganz verfallen, d. h., ich habe noch

andere Laster, die fast ebenso schlimm sind, ich schreibe

es

nur wenn mir so vorkommt als falle mir was

ein, bei mir ist es noch nicht umgekehrt. Noch sind

mir die Dinge wichtiger als der Katalog, noch

befällt mich kein Krampf wenn ich etwas nicht haben

kann, ich bin noch der Herr in meiner Haut. Ich

weiß, mein Hals ist besser als mein Gesang, auch

die Dinge die ich besinge sind besser. Ich „muß“ noch

nicht schreiben, wie so viele, die doch nicht schreiben

<u>können.</u>

⟨ganze Seite schwarze Tinte⟩

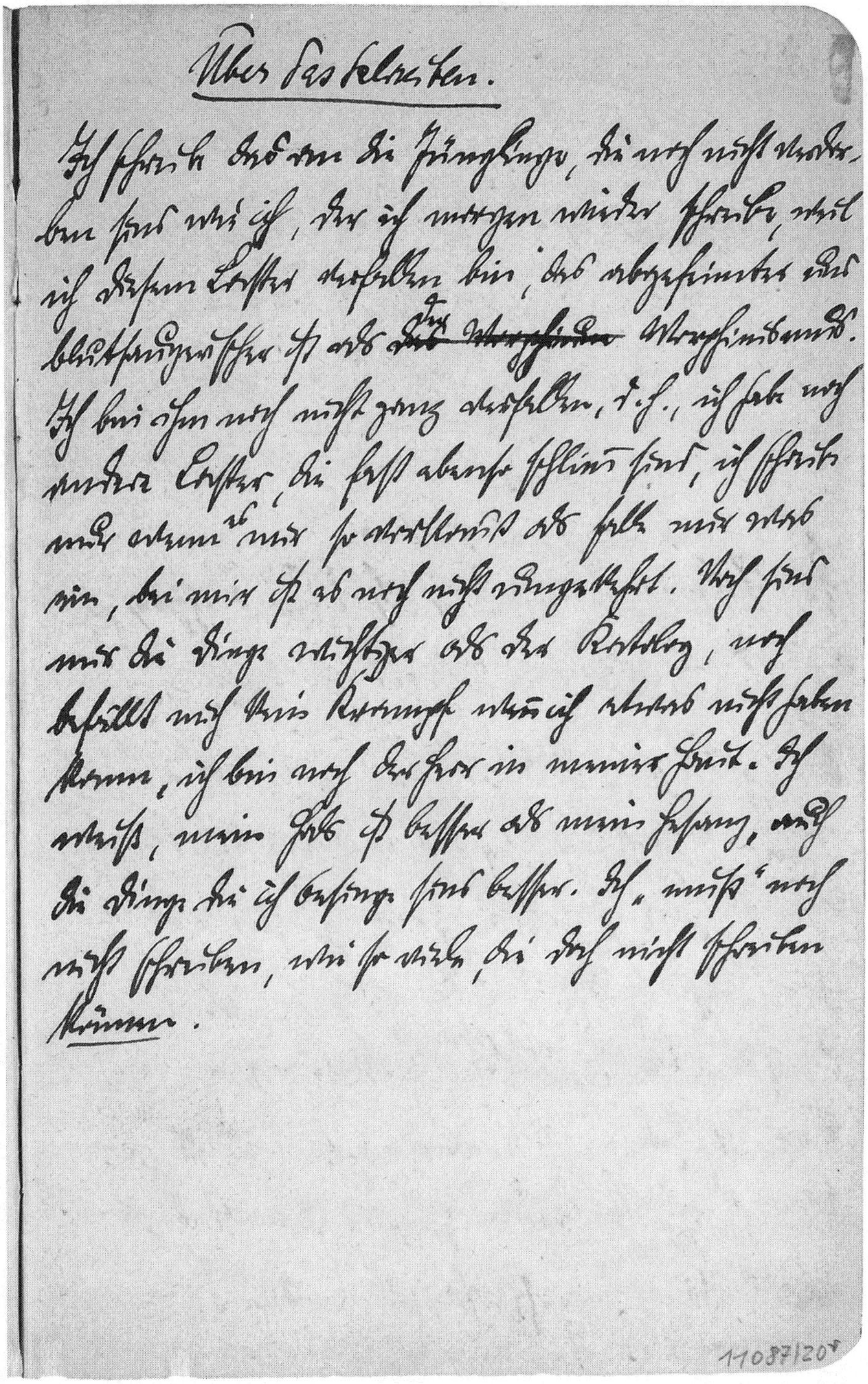

Über das Schreiben.

Ich schreibe dies an die Jünglinge, die noch nicht verdorben sind wie ich, der ich morgen wieder schreibe, weil ich diesem Laster verfallen bin, das abgefeimter und blutsaugerischer ist als ~~der Morphium~~ der Morphinismus.
Ich bin aber noch nicht ganz verfallen, d.h., ich habe noch andere Laster, die fast ebenso schlimm sind, ich schreibe [illegible] nur so [illegible] als [illegible] mir [illegible] ein, bei mir ist es noch nicht [illegible]. Noch sind mir die Dinge wichtiger als die [illegible], noch befällt mich kein Krampf, wenn ich etwas nicht sagen kann, ich bin noch der Herr in meinem Haus. Ich weiß, mein Leben ist besser als mein Gesang, auch die Dinge die ich besinge sind besser. Ich muß noch nicht schreiben, wie so viele, die doch nicht schreiben können.

11087/20r

NB 3, 20r

Die Fabel, ~~wie~~ die große gedankliche Wahrheit er-
hält, verlangen nur Natürlichkeit und
lebendige Willkür, sind also unbefriedigt.
Die Jugendstimmen verlangen nur Ideen
und die Angestammten, die ausgezeichnete
Bedeutung nach der Synthese verlangt
und das natürliche Vergnügen an dem
Beschäftigen. Zweifellos ist das Wichtigste
einer Dichtung am ehesten die menschlichen
der Zuschauer interessieren. Der fortgeschrittene
Kenner Zuschauer (d. h. derjenige, der und
die Kunst nach Kapital schlägt) wird sich
auf den Gehalt des Kunstwerks stützen und
sich nie bloß von ~~der~~ dessen Geistigkeit zu entschlie-
ßen suchen. Der niedrigste (und aller-
unwürdigste) Standpunkt dem Kunstwerk
gegenüber aber ist der geschmäcklerische. Jeder

NB 3, 20v

⟨19^{v}.20 ←⟩
⟨Friedrich Hebbel⟩

der
Bei Hebbel, ~~wo~~ große gedankliche Massen auf-
tischt, verlangen wir Natürlichkeit und
lebendige Willkür, sind also unb[[e¿]*fr*]*fr*iedigt.
Bei Hauptmann verlangen wir Ideen ⟨Gerhart Hauptmann⟩
und die ungestüme, uns eingepflanzte
Forderung nach der Synthese verdirbt
uns das natürliche Vergnügen an dem
Einseitigen. Zweifellos ist das Stoffliche
einer Dichtung am ehesten die einfachsten
der Zuschauer interessieren. Der fortgeschri*t*-
~~t~~tenere Zuschauer (d. h. derjenige, der aus
der Kunst mehr Kapital schlägt) wird sich
auf d[en]*ie* Optik des Künstlers stürzen und
dessen
sich ein Bild von ~~der~~ Geistigkeit zu verschaffen suchen. Der niedrigste (weil un-
rentabelste) Standpunkt dem Kunstwerk
gegenüber aber ist der prokrustische. Immer ⟨→ 21^{r}.1⟩

⟨20v.19←⟩ darauf zu lauern, inwieweit der Künstler
das was er zeigen wollte, zeigen konnte,
nur
das verdirbt jeden Genuß (soweit nicht/~~die~~
Eitelkeit befriedigt werden soll*!*). Es ist [ein]*der*
Standpunkt eines literarisch gemachten
Spießers, der seine Genüsse immer aus 3. Hand
nehmen muß. Es ist der Standpunkt unsrer
meisten Kritiker.

×

Über den Dadaismus.

Einer der schlimmsten Fehler der Dadaisten besteht darin daß sie ihre Werke, die sich
den Anschein geben als entstünden sie unmittelbar und für die allerwirklichste Gegenwart, drucken lassen. Die Wirkung davon ist peinlich.

Die ~~innerste Sehnsucht aller~~ Kunst ~~ist entwe~~

⟨→21v.1⟩ beschäftigt sich in allen Spielarten mit den

Eindruck zu haben, verwendet der Künstler
das was er zeigen wollte, gegen Kenntnis
des Werkes jeder Gemüts- (worauf nicht die
Schaulust befriedigt werden soll). Es ist aber
Standpunkt nicht literarisch gemachten
Zuschauers, der sein Gemüt mit dem 3. [illegible]
nehmen muss. Es ist der Standpunkt dieser
naiven Kritik.

---

x

Über den Realismus.

Einer der schlimmsten Fehler der Realisten besteht darin, dass sie ihre Werke, die sich den Anschein geben als entstünden sie unmittelbar und für die allerwirklichste Gegenwart, veralten lassen. Die Wirkung davon ist peinlich.

Die ~~[illegible] [illegible]~~ Kunst ~~[illegible]~~
beschäftigt sich in allen Zeitaltern mit den

11087/21r

politischen Gleichgewicht der Kunstgenießer. Dieses
zu festigen oder es zu erschüttern ist gleich-
gültig. Gegen diese ihre [bewußt zugefügten] Erschütterungen sucht sich
der Kunstgenießer, der dem berühmten Trägheits-
gesetz unterliegt, unter allen Umständen, bewußt und unbewußt sicher zu stellen. Darin
unterscheidet sich das Gewerbe des Kunstwerks.
Die äußerste (oben angedeutete) Wirkung
des Kunstwerks aber ist einmalig.
Die großen Volkswirkungen gehen 2. und wider-
gegen eine 2. Arbeitsform neuer Ideen, die sich
schon bekannter, aber erfolgreicher Mittel bedient,
ist der Kunstgenießer meistens immun.
Deshalb kann es dieser Sache die ersten
Werke nicht (zur Zeit) weniger Geltung und
tieferen Eindruck hinterlassen, als die vollkom-
menen Versuche, die länger bleiben. (Wie
das Gewerbe an seinen Produkten ist.)

11087/21v

se[l]*e*lischen Gleichgewicht der Kunstgenießer. Dieses ⟨21r.20←⟩
zu festigen oder es zu erschüttern ist [un]*ihr* Ehr-
daraufhin [gerich]*zie*lenden
geiz. Gegen ~~diese~~ ihre Bemühungen sucht sich der Kunstgenießer, der dem berühmten Trägheits-gesetz unterliegt, unter allen Umständen, be-wußt und unbewußt sicher zu stellen. Darin unterstützt ihn das Formale des Kunstwerks. Die äußerste (oben angedeutete) Wirkung des Kunstwerks aber ist einmalig.

Die gleichen Triks verfangen zum 2. mal nimmer. Gegen eine 2. Invasion neuer Ideen, die sich [de]*s*chon bekannter, etwa erfolgreicher Mittel bedient, ist der Kunstgenießer meistens immun.

Vielleicht kommt es daher daß die ersten Werke einer (zur Zeit) neuen Gattung einen tieferen Eindruck hinterlassen, als die vollkom-meneren Nachläufer, die länger bleiben. (Weil das Formale an ihnen stärker ist.) ⟨→22r.1⟩

11 nimmer.] r. ⟨verdeutlicht⟩

⟨21v.19←⟩ Wenn man Kräfte an ihrer Wirkung erkennt

dann gehört der Dadaismus zur Kunst. In ihm

werden durch geistige Anstrengungen

Wenn man Kräfte an ihrer Wirkung erkennt
dann gehört der Arbeitsmuth zu den Kräften. Die ihn
werden durch geistige Anstrengungen

NB 3, 22r

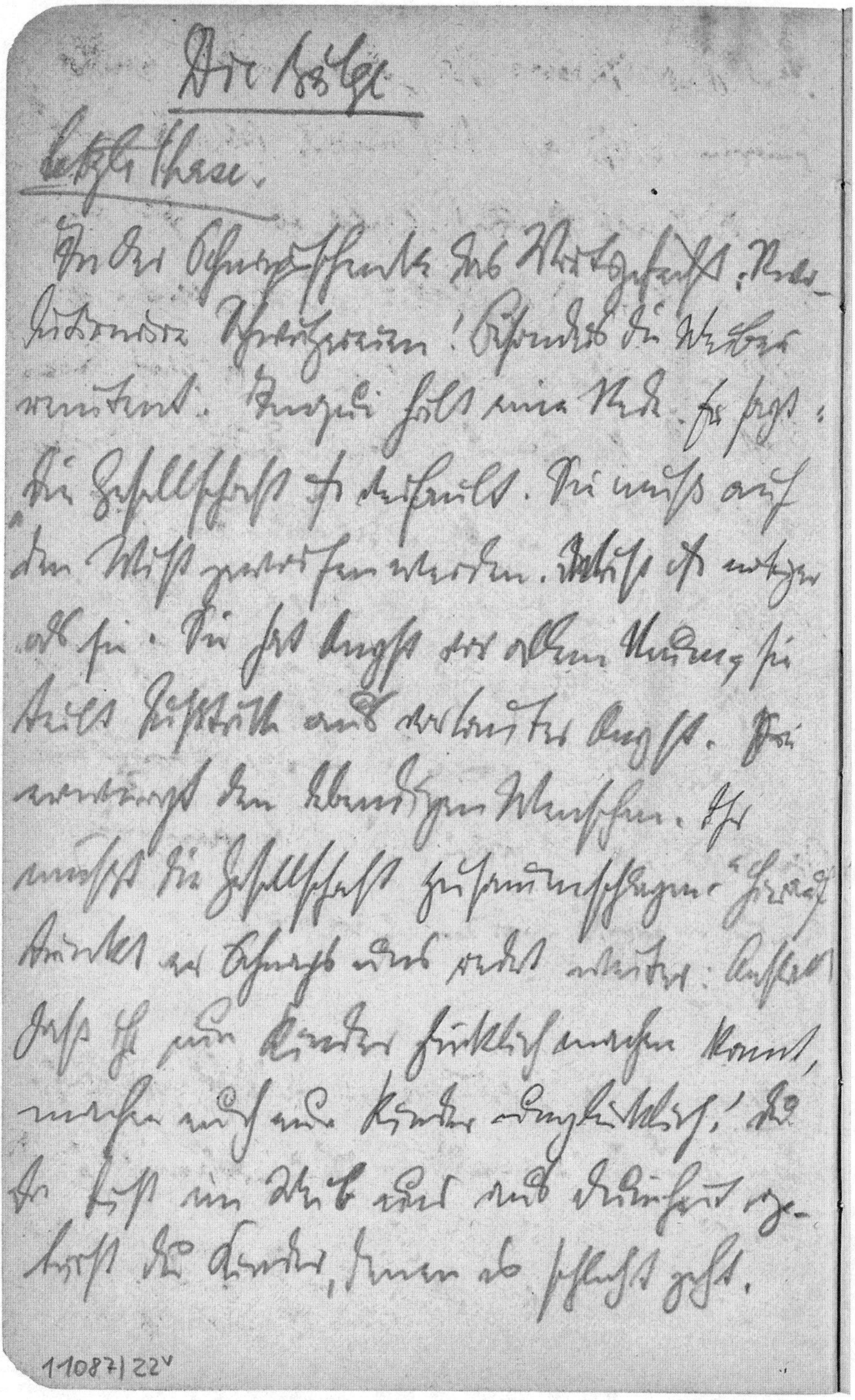

NB 3, 22v

Die Bälge

Letzte Phase.

In der Schnapsschenke das Wortgefecht: Revolutionäre Schwätzereien! Besonders die Weiber renitent. Inqui hält eine Rede. Er sagt: „Die Gesellschaft ist verfault. Sie muß auf den Mist geworfen werden. [Der]*Mi*st ist nötiger als sie. Sie hat Angst vor allem Neuen[.], sie teilt Fußtritte aus vor lauter Angst. [s]*S*ie erwürgt den lebendigen Menschen. Ihr müßt die Gesellschaft zusammenschlagen.“ Hierauf trinkt er Schnaps und redet weiter: Anstatt daß ihr eure Kinder glücklich machen könnt, machen euch eure Kinder unglücklich! Du da bist ein Weib und aus Dummheit gebierst du Kinder, denen es schlecht geht. ⟨→23r.1⟩

⟨22v.16←⟩ Und der Mann da, der wurde nur
geboren daß er dich eines Abends auf
das Heu wirft und vögelt, zu nichts anderem. Aber jetzt solltet ihr streiken. Ihr
sollt euch allein vergnügen! Es sind keine
Betten da für Kinder, keine Tücher, keine
Milch und ihr vögelt immer weiter. Ihr
dürft jetzt nimmer. Der Staat will es
nicht. Ich bitte euch, beherrscht euch, Leute"!
Dann trinkt er wieder. Einer kneift einem
Weib in die Schenkel. Sie tanzen. „Der
Kerl macht einen gail!"

×

Vorher:
Inqui: Jetzt kommt eine Geschichte, aber laßt
das Orchestrion nur weiterspielen! Es handelt
sich um einen Mann, der ging ganz nackt
⟨→23v.1⟩ und armselig in die Heide hinauf und

11-12 „Der *[…]* gail!"] ⟨Anführungszeichen verdeutlicht⟩
13, 15 × \ Vorher:] ⟨nachträglich⟩

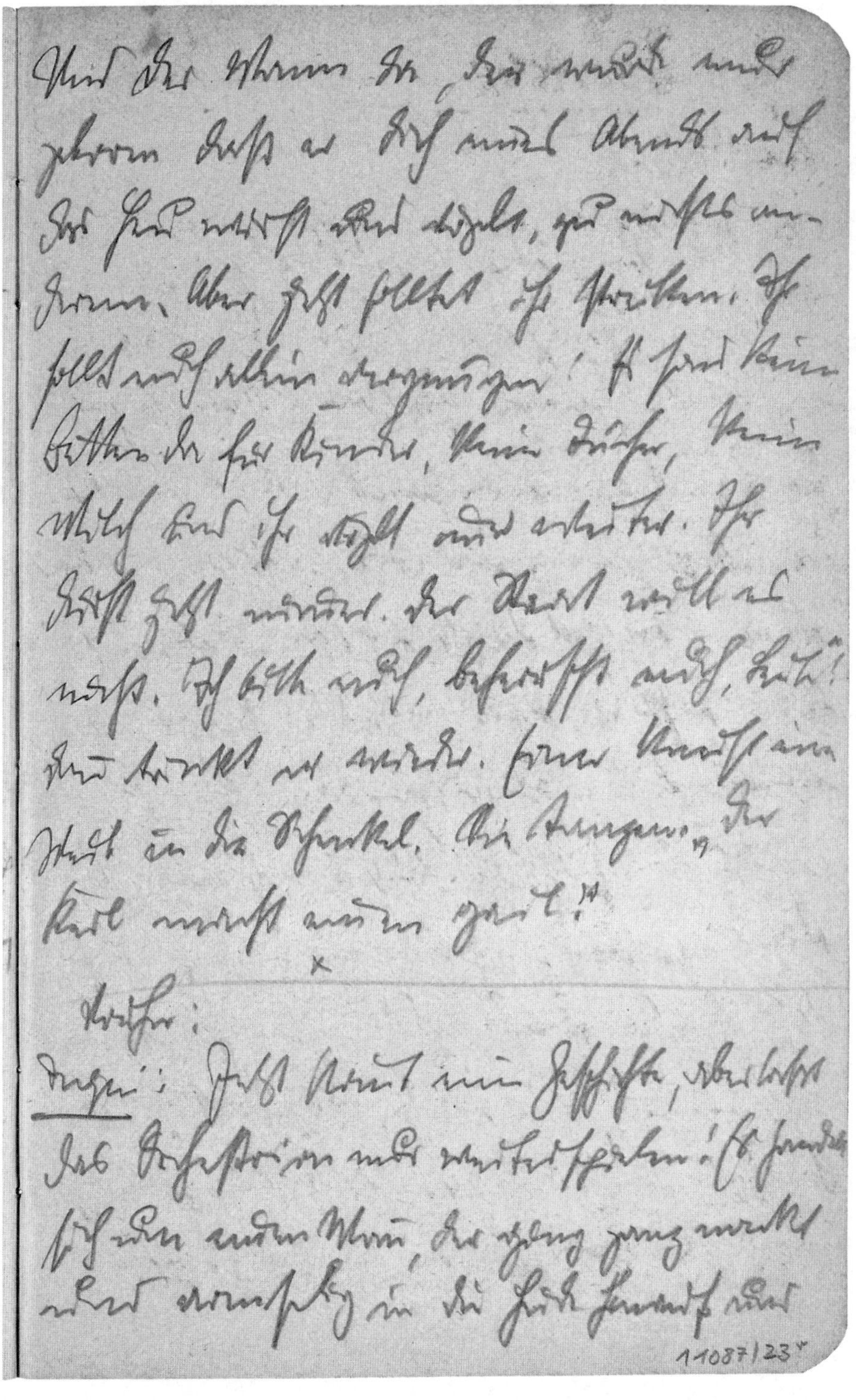

NB 3, 23r

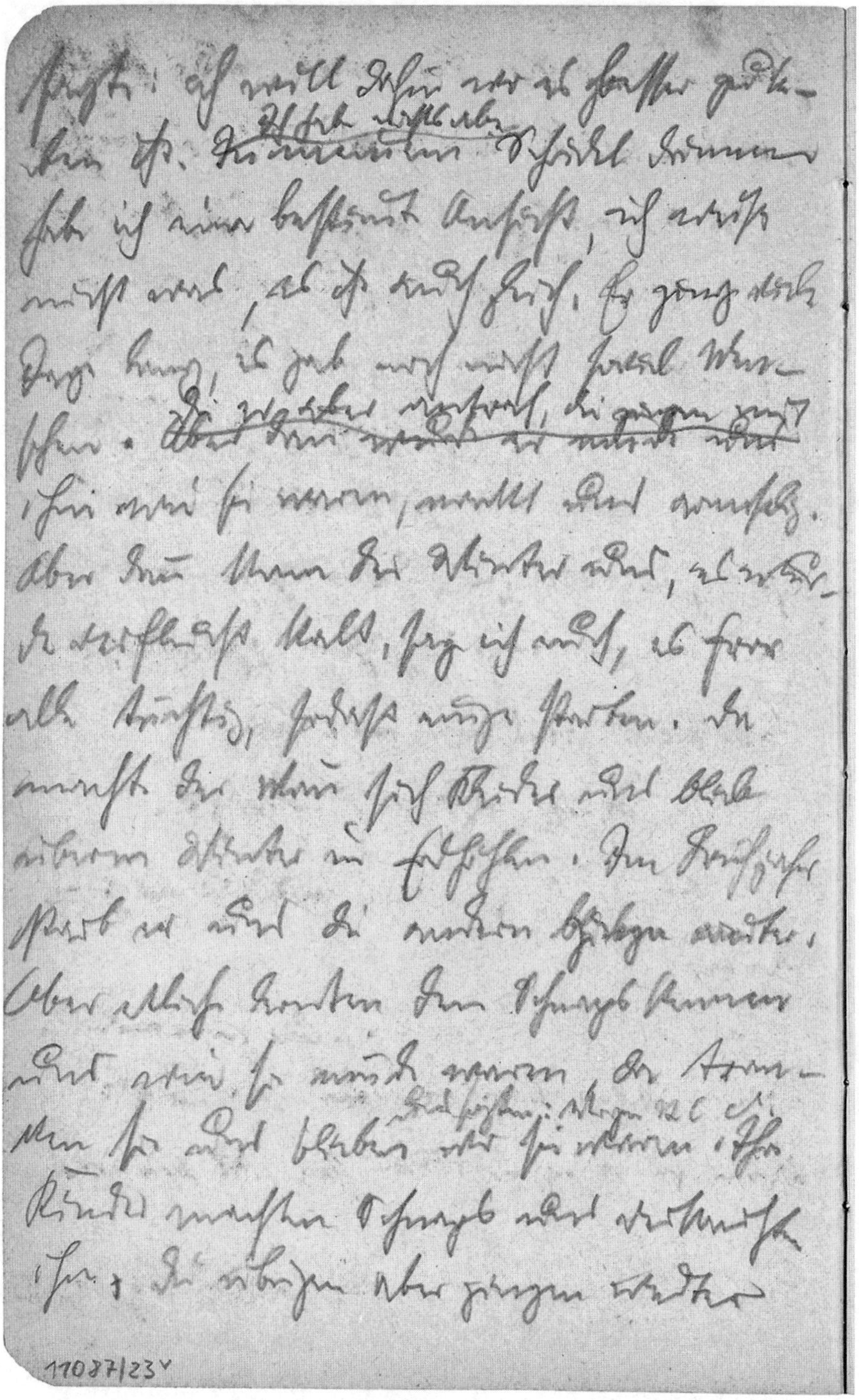

NB 3, 23v

sagte: ich will dahin wo es [gu]*be*sser zu le- ⟨23r.19←⟩
Ich habe nichts aber
ben ist. In meinem Schädel drinnen
habe ich eine bestimmte Ansicht, ich weiß
nicht was, es ist auch gleich. [T]*Er* ging viele
Tage lang, es gab noch nicht soviel Men-
Die er aber antraf, die gingen mit
schen. ~~Aber dann wurde er müde und~~
ihm ¿wie sie waren, nackt und armselig.
Aber dann kam der Winter und, es wurde verflucht kalt, sage ich euch, es fror
alle tüchtig, sodaß einige starben. Da
machte der Mann sich Kleider und blieb
überm Winter in Erdhöhlen. Im Frühjahr
starb er und die andern [blieben]*gingen* [am]*we*iter.
Aber etliche lernten den Schnaps kennen
und wie sie müde waren, da tran-
und sagten: Morgen gehen wir weiter.
ken sie und blieben wo sie waren. Ihre
Kinder machten Schnaps und verkauften
ihn[.], die übrigen aber gingen weiter ⟨→24r.1⟩

⟨23v.21←⟩ hinauf und der Weg wurde immer steiler. Da blieben wieder einige zurück. Die [¿]*n*ahmen die Weiber auf den Schoos und sagten: Das ist was wir müssen uns erholen und morgen gehen wir weiter. Da gingen die letzten noch ein Stück und als sie müde wurden, da sagen n sie Lieder von dem Land wo sie hinwollten und das gefiel ihnen und sie blieben sitzen und wollten morgen weiterziehen. (Er setzt sich)

Ein Weib: Und was war dann?

Inqui: Nichts. Das ist die Geschichte.

Ein Mann: Zog jemand wirklich morgen weiter?

Inqui: Nein. Sie sagten, sie seien ausgezogen Schnaps ~~zu machen~~, Kinder und Lieder zu machen. Und soweit hätten sie es auch gebracht.

⟨→24v.1⟩ Ein 2. Mann: Aber wohin wollten sie denn?

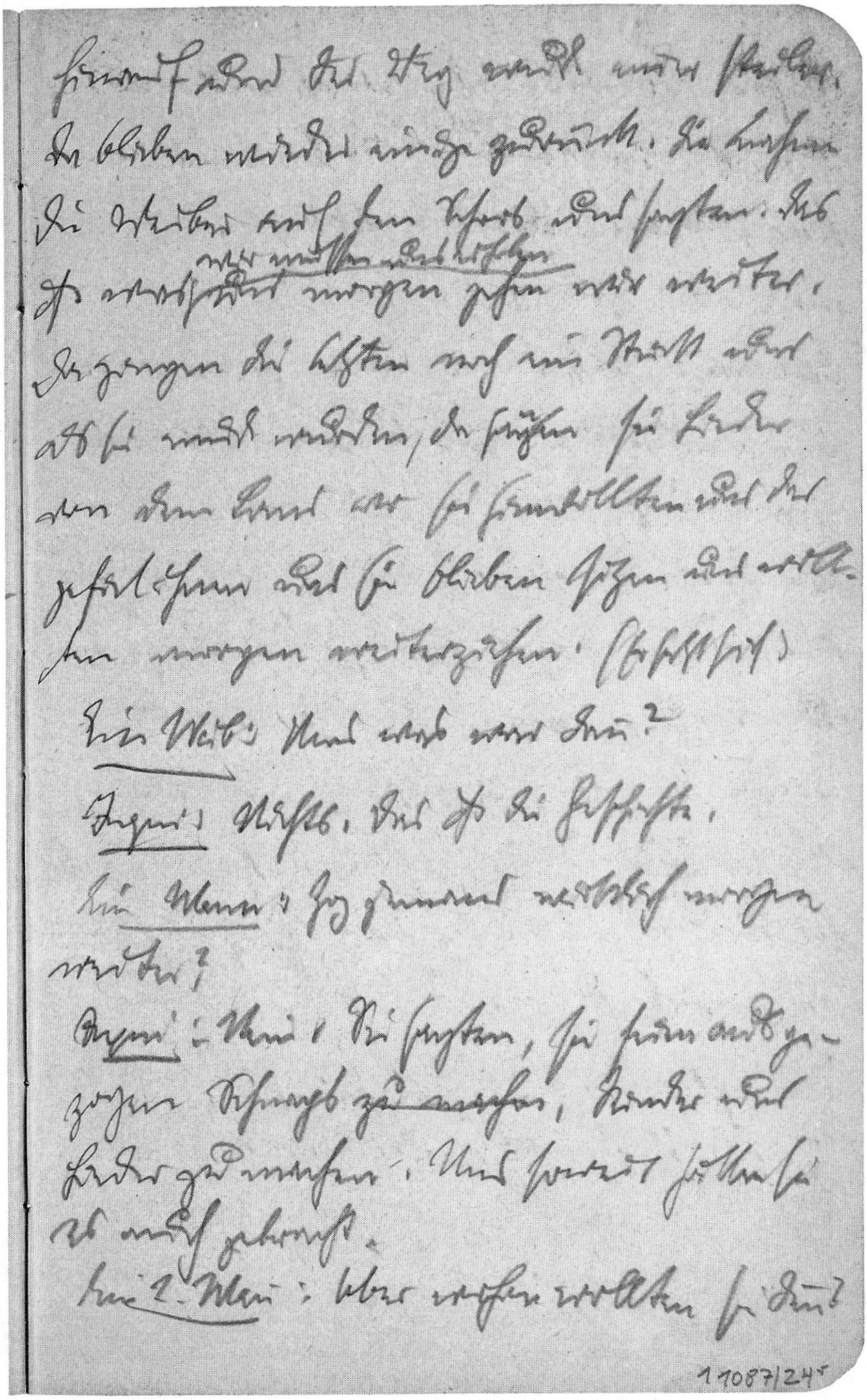

hierauf aber ist der Weg nicht mehr steiler.
Die [illegible] wurden ruhig gedrückt. Sie suchen
die Weiber auch [illegible] und suchten. [illegible]
ich [illegible] morgen gehen wir weiter.
Da zeigen die Lichter sich im Wald und
als sie nicht wandern, da sagten sie Lieder
von dem Land wo sie hinwollten und die
gefielen ihnen und sie blieben sitzen und wollten morgen weiterziehen. (Schluss)
Ein Weib: Und was war das?
Jeguri: Nichts. Das ist die Geschichte.
Ein Mann: Ist jemand wirklich morgen
weiter?
Jeguri: Nein. Die suchten, sie [illegible] gezogen Schnaps zu ~~machen~~, sondern um
Lieder zu machen. Und darum sollten sie
es auch gebraucht.
Ein 2. Mann: Aber wohin wollten sie denn?

1 1087/24r

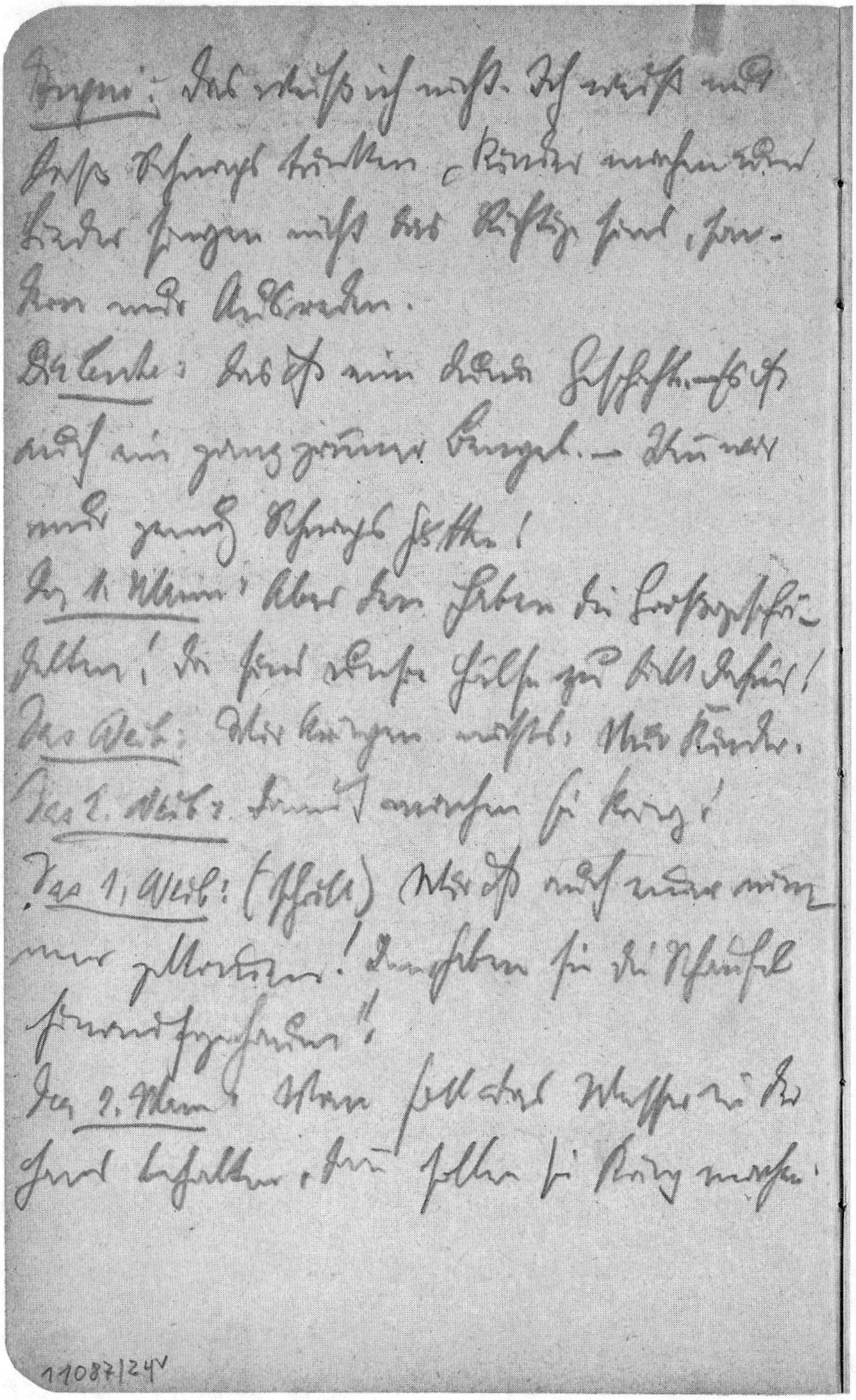

Bürger: Das weiß ich nicht. Ich weiß nur
diese Schnaps trinken, Kinder machen. Die
Kinder fragen nicht, ob es richtig sind, son-
dern [illegible].
Die Leute: Das ist nun keine [illegible]
auch ein ganz gemeiner Bengel. – Wenn wir
nur genug Schnaps hätten!
Der 1. Mann: Aber dann haben die [illegible]
[illegible]! Die sind unsere Hilfe zu [illegible]!
Das Weib: Wir kriegen nichts. Wir Kinder.
Das 2. Weib: [illegible] machen sie Krieg!
Das 1. Weib: (schrill) Wir ist auch immer [illegible]
[illegible]! [illegible] sie die [illegible]
[illegible]!
Der 2. Mann: Man soll das Wasser in der
Hand behalten. [illegible] sollen sie Krieg machen.

11087/24v

NB 3, 24v

Inqui: Das weiß ich nicht. Ich weiß nur daß Schnaps trinken, Kinder machen und Lieder singen nicht das Richtige sind, sondern nur Ausreden. ⟨24r.19←⟩

Die Leute: Das ist eine dumme Geschichte. – Es ist auch ein ganz grüner Bengel. – Wenn wir nur genug Schnaps hätten!

Der 1. Mann: Aber den haben die Großgeschädelten! Da sind unsre Hälse zu dick dafür!

Das Weib: Wir kriegen nichts. Nur Kinder.

Das 2. Weib: Damit machen sie Krieg!

Das 1. Weib: (schrill) Mir ist auch einer nimmer gekommen! Dem haben sie die Schaufel hinaufgehauen!

Der 2. Mann: Man soll das Messer in der Hand behalten, dann sollen sie Krieg machen.

5 –] ⟨nachträglich⟩
12 ⟨vor⟩ Das ⟨Durchschlag der Tinte von 25v⟩
14 hinaufgehauen!] ! ⟨verdeutlicht⟩
16 behalten, dann] ⟨andere Lesart:⟩ behalten. Dann

Erste Szene: Atelier.

1) Gespräch der 3 Männer im feurigen Ofen von den Eiern.

2) Die Mädchen. Die Männer ab, Liquör zu holen. Von den Handgreiflichkeiten. Nur eine wirft es in die Debatte (der dann das Kind abgetrieben wird,) die andern sind überrascht. Nein, sagen sie. Volle, weiß [g]*v*erhüllte Leiber. Zitternd. Scheu. Unsicher. (Die Sichere)

3) Das Fest. Keuschheitsballade. Schluß: Die Jünglinge stürzen sich auf die Mädchen. Dunkel.

Zweite Szene Mädchenkammer

1) Schwärmen.

⟨Periode⟩ 2) Die Pe blieb aus.

⟨→25^{v}.1⟩ 3) Die Jünglinge kommen.

⟨teilweise Durchschlag der Tinte von 25^{v}⟩

3 Ofen] Of ⟨verdeutlicht⟩

5 Nur] N ⟨verdeutlicht⟩

7 abgetrieben] ⟨andere Lesart:⟩ ausgetrieben

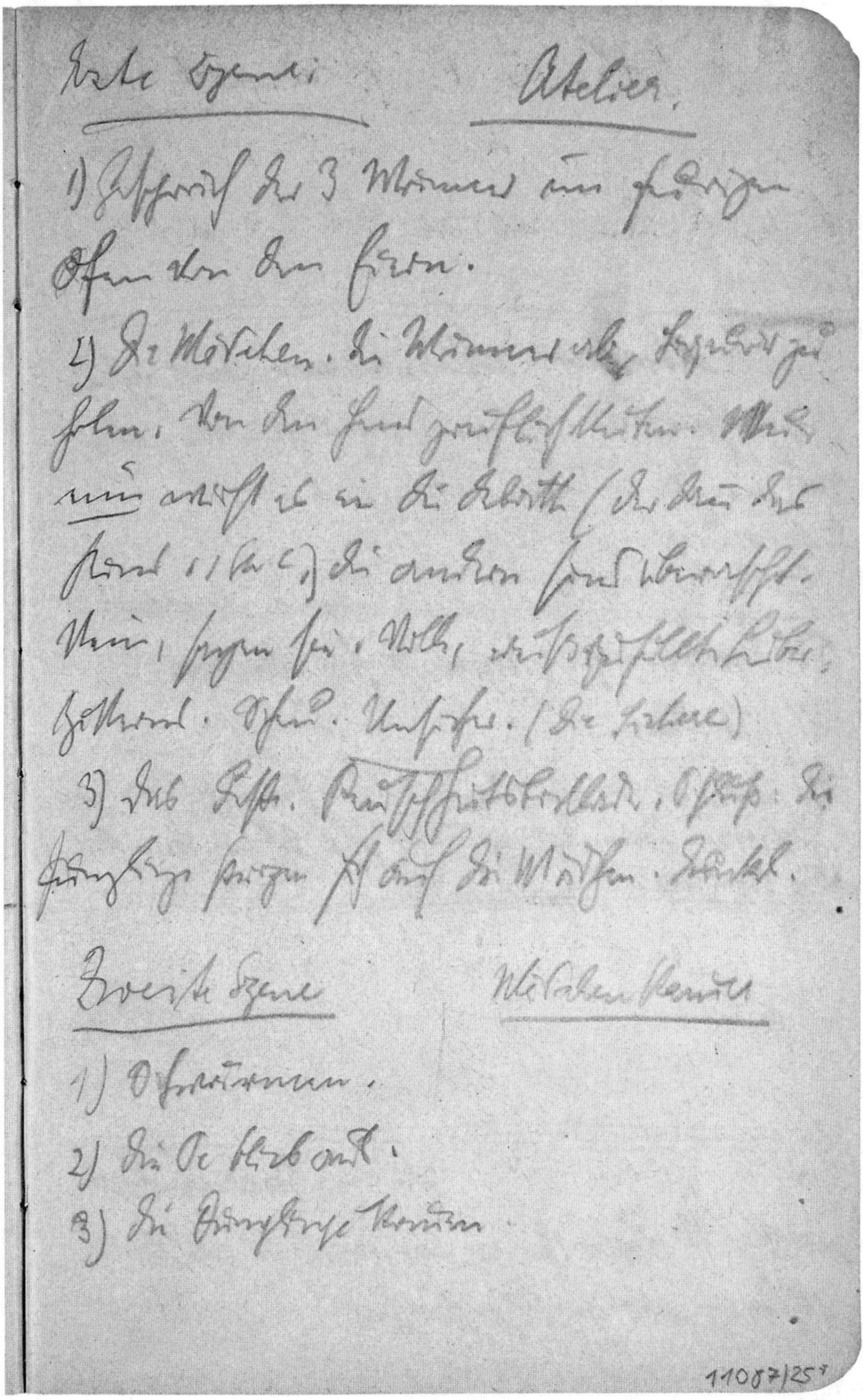
Erste Szene: Atelier.
1) Gespräch der 3 Männer am [illegible] Ofen über den [illegible].
2) Die Mädchen. Die Männer [illegible] zu holen. [illegible]
3) [illegible]
Zweite Szene Mädchenkammer
1) [illegible]
2) Die [illegible]
3) Die Jünglinge kommen
11087/25r

NB 3, 25r

NB 3, 25v

3) Das Atelier. Der Arzt. (Einer stellt sich krank) Schluß: Nil [am Fenster) Mein lieber Freund: Jetzt wird es Sommer! Das Blut. ⟨25r.15←⟩

---

4) Der Abortus. Klabauter und Anna gehen zur weißen Frau. Nil und Inqui streiten, ob es gut sei. [Die Mädchen weigern sich. Entzweiung.

---

5) Entzweiung. Inqui ist für Abortus. Nil fällt um.   oder:

---

5) Nacht in der Mädchenkammer. Inqui steht auf, hat die Maja im Arm und sagt Ekstatisches. Ich kann keine Bindung brauchen.

---

6) Schnapskneipe. Der Choral.

---

7) Die Mädchen nähen Wäsche. Gardinen. Sommermittag. In ihrem Leben regt es sich. Sie strahlen. Klabauter wird hinausgeschmissen. ⟨→26r.10⟩

⟨zunächst Eintragungen mit Bleistift: Z. 1-3:⟩ 3) Das Atelier. *[...]* Sommer! ⟨, Z. 6:⟩ 4) ⟨, Z. 11:⟩ 5) ⟨, Z. 18:⟩ 6) Schnapskneipe. Der Choral. ⟨und Z. 20:⟩ 7) Die Mädchen nähen Wäsche. ⟨; dann alles übrige mit schwarzer Tinte, dabei Z. 11:⟩ 5) ⟨überschrieben⟩

4 Das Blut] ⟨Tinte verwischt⟩
4-6 ⟨Tintenfleck⟩

„Eier“

Modelle:

Paula Banholzer – Maja?

Liesel Mann – Liese?

~~Gerhard Gerlacher~~ – Inqui

Cas Neher – Nil

Marietta N. – Rosa Amann – Anna

– [Clab]*Kla*bauter

⟨25v.23 ←⟩ 5, b Dann bricht Liese aus: gegen die Macht in ihrem Schoos. Inqui s[¿¿¿]*tür*zt fort. Liese (kniet vorm Bett) Geht nicht fort. Ich habe Angst. Geht nicht fort. Komm, Maja, komm eng her. Ich habe Angst. Bleibt bei mir! Nil: Darf ich dableiben?

⟨Z. 1-14 schwarze Tinte; Z. 15 Bleistift⟩

4 ⟨Abdruck des Tintenflecks von 25v.4-6⟩

5 ~~Gerhard Gerlacher~~] ⟨Name nur hypothetisch entzifferbar; zunächst wohl durch einen anderen überschrieben, dann beides gestrichen⟩

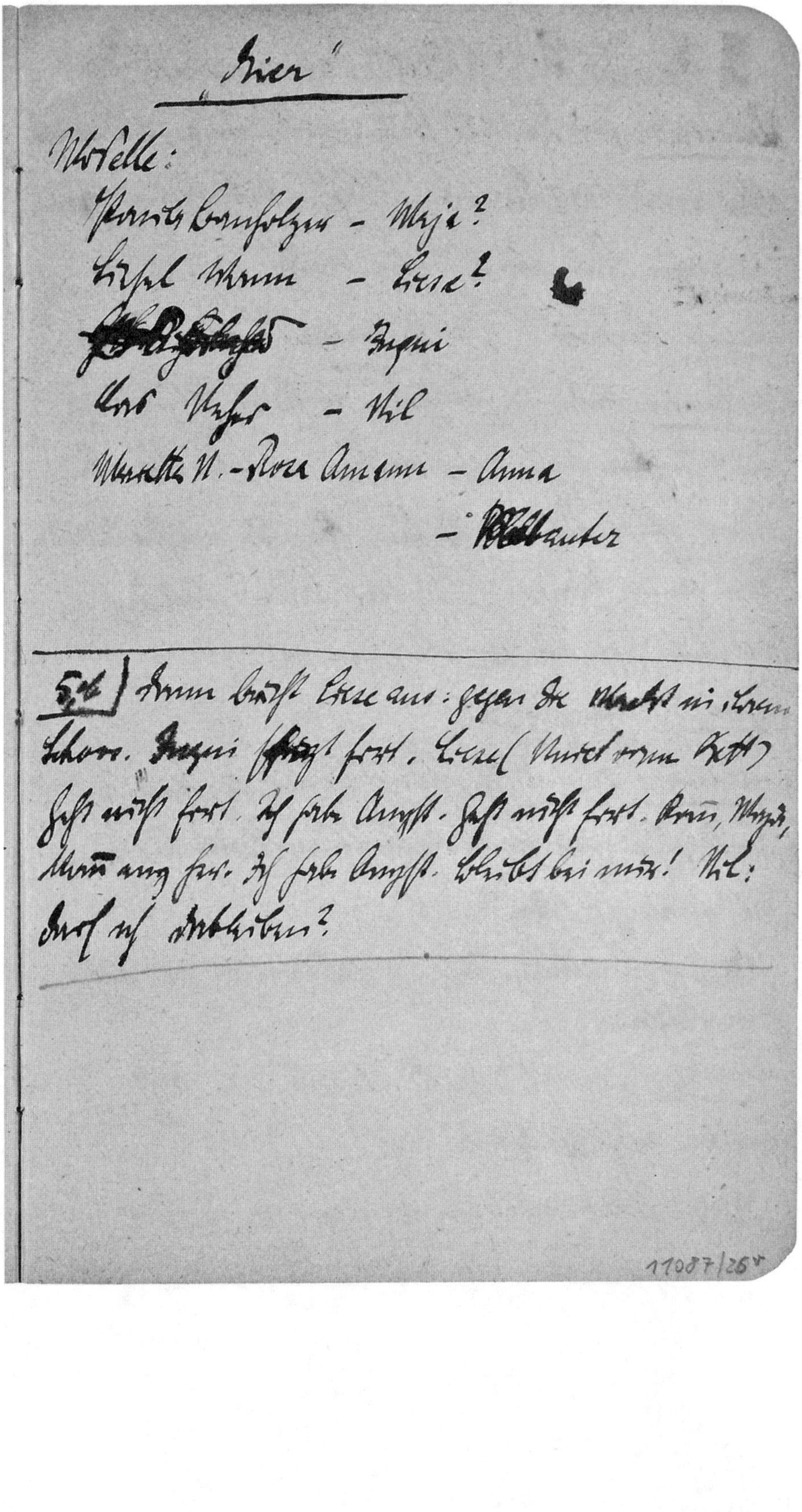

NB 3, 26r

3 ([illegible])

Klabauter: (in der Tür) Es ist merkwürdig, wie man alles braucht auf der Erde: Schlaf, Arbeit, Speise, Liebe, Philosophie. Heut hab ich ein Bild gebraucht.

Argan: Ein Bild? Bist du übergeschnappt?

Klabauter: Nein. Ich habe einen Kopf [illegible] wie wenn ich ihn seit 3 Wochen in Seewasser aufbewahrt hätte. Aber die Anna [illegible] die Wäsche [illegible] und sie müssen beide dabei sein. Daran muss Bild kleben oder [illegible], das Bild! (Er hebt ein [illegible] hoch)

Argan: Woher hast du's?

Klabauter: Ich musste jeden Kreuzer. [illegible]

Argan: (schüttelt den Kopf) Es hilft nichts. Wir müssen [illegible].

Klabauter: (an der Tür) Die ist gut gelungen. [illegible]!

Argan: Wem [illegible] du eigentlich?

11087/26v

NB 3, 26v

3 [)]/Fortsetzung]

Klabauter: [in der Tür] Es ist merkwürdig was man alles braucht auf der Erde. Schlaf, Arbeit, Speise, Liebe, Philosoph¿ie. Heut hab ich ein Blut gebraucht.

Inqui: Ein Blut? Bist du übergeschnappt?

Klabauter: Nein. Ich habe seit 3 Tagen einen Kopf wie wenn ich ihn seit 3 Nächten in Eiswasser aufbewahrt hätte. Aber die Anna schickt die Wäsche heim und da müssen Binden dabei sein. Daran muß Blut kleben und da ist es[.], das Blut! [Er hebt ein Fläschchen hoch]

Inqui: Woher hast dus?

Klabauter: Ich mußte zum Fleischer. In dem Medizinfläschchen war früher Leberthran drin. So schwindelt man sich durch!

Inqui [Schüttelt den Kopf) Es hilft nichts. Wir müssen dran glauben.

Klabauter: [vor Nil) Die ist gut gelungen. Nicht sehr ähnlich: verflucht [¿]*d*urchgeistigt!

Inqui: Wovon redest du eigentlich? ⟨→27r.1⟩

⟨ganze Seite schwarze Tinte, wie 27r-29r.3⟩

1 3 [)]/Fortsetzung]] ⟨öffnende eckige Klammer überschreibt schließende runde⟩

5 hab] h ⟨verdeutlicht⟩

6-14 ⟨teilweise Durchschlag der Tinte von 26r.5-11⟩

9 ⟨Abdruck der Tinte von 27r.7⟩

⟨26v.21←⟩ Klabauter: Von Nils Totenmaske da! –

Nil: Oben fehlts ihm!

Klabauter: Wann kommt der Doktor? [Stille[)]. ~~Klaba~~) War er schon da? (Stille. Klabauter setzt sich) Also nichts? Ich dachte es mir. (er zieht einen Zettel heraus, streicht etwas durch.)

Inqui: Was schmierst du da?

Klabauter: Ich streiche aus. Ich habe da eine Liste mit sieben Namen, die hätten helfen sollen. Gestern waren es noch fünf, vorhin noch drei. Jetzt streiche ich den Doktor durch. So. Und jetzt sind es noch zwei.

Nil: Die kannst du gleich durchstreichen, Klabauter!

Inqui: Wie bist du da drauf gekommen?

Klabauter: Die Anna, die heult nicht. Das ist unglaublich peinlich. Sie wird kalkweis und zwingts mit den Zähnen: Und darum habe ich die Liste gemacht. Wenn ~~sie~~ ich das mit den Zähnen ansehe, dann lange ich mir in die Brusttasche, wo das Papier sitzt.

Inqui: Man schwindelt sich durch.

⟨→27v.1⟩ Nil: Die zwei Namen kannst du ruhig durchstreichen

⟨ganze Seite schwarze Tinte, wie 26v, 27v-29r.3⟩
1 Nils] i ⟨verdeutlicht⟩
3 Stille[)].] ⟨andere Lesart:⟩ Stille[.])
10 vorhin] v ⟨und⟩ i ⟨verdeutlicht⟩

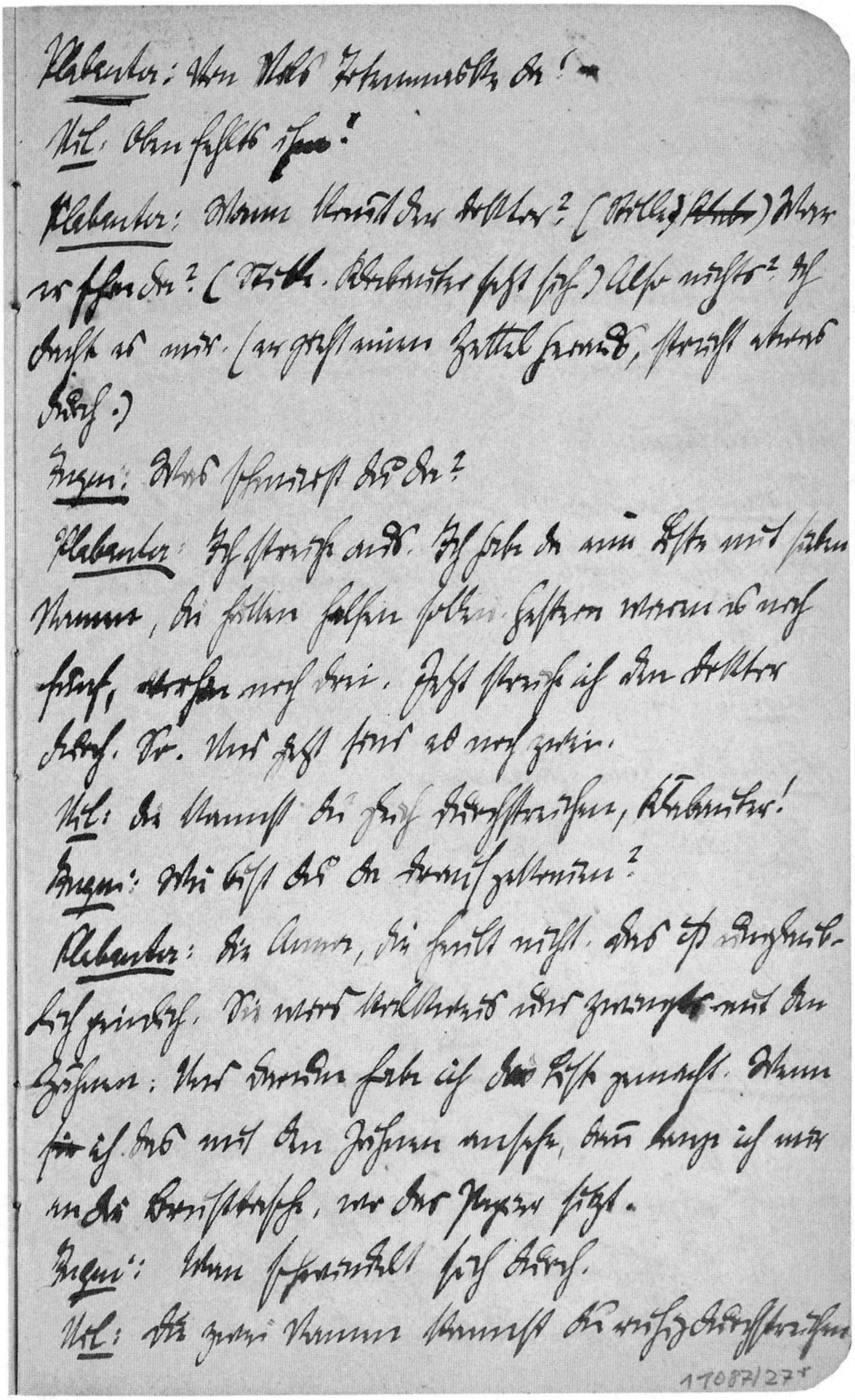

NB 3, 27r

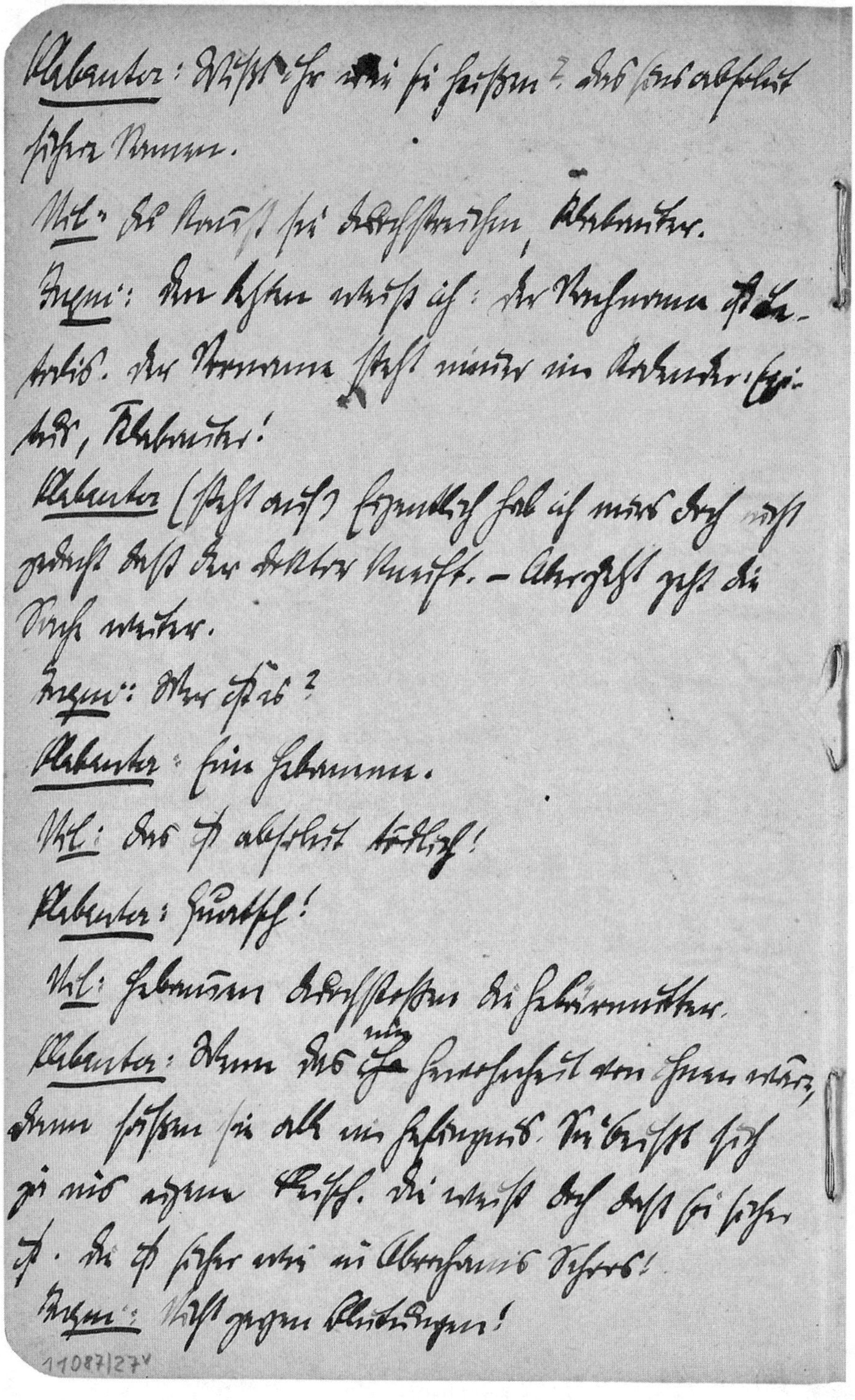
11087/27v

Klabauter: Wißt ihr wie sie heißen? Das sind absolut sichere Namen. ⟨27r.20←⟩

Nil: Du kannst sie durchstreichen, Klabauter.

Inqui: Den letzten weiß ich: Der Nachname ist Letalis. Der Vorname steht nimmer im Kalender: Exitus, Klabauter!

Klabauter (steht auf) Eigentlich hab ich mirs doch nicht gedacht daß der Doktor kneift. – Aber jetzt geht die Sache weiter.

Inqui: Wer ist es?

Klabauter: Eine Hebamme.

Nil: Das ist absolut tödlich!

Klabauter: Quatsch!

Nil: Hebammen durchstoßen die Gebärmutter.

Klabauter: Wenn das ~~ihre~~ eine Gewohnheit von ihnen wäre, dann säßen sie alle im Gefängnis. Sie beißt sich ja ins eigene Fleisch. Die weiß doch daß sie sicher ist. Die ist sicher wie in Abrahams Schoos!

Inqui: Nicht gegen Blutungen! ⟨→28r.1⟩

⟨ganze Seite schwarze Tinte, wie 26r-27r, 28r-29r.3⟩

⟨27v.20←⟩ Klabauter: Dann läuft man zum Arzt.

Nil: Dann ist es zu spät.

Inqui: Bei Laien gibt es immer eine Infektion!

Klabauter: Ein Kind ist auch eine Infektion!

Nil: Aber ob es die Anna machen läßt?

Klabauter: (schreiend) Ja, wollt ihr denn durchaus um jeden Preis Kinder?! [Stille)

Nil: Ich habe nur gesagt: ob sie es sich machen läßt.

Klabauter: Sie läßt es sich natürlich machen. Selbstverständlich läßt sie es sich machen. Was soll sie denn sonst wohl auch? Das Wasser ist kein Heilmittel! Die Ärzte sind feige Schweine! Und die Eltern sind schlimmer als euer Letalis! Was soll sie denn tun! – Blödsinniges Geschwätz! (setzt sich) Was soll sie denn machen sonst..... [Stille)

Inqui: Ich habe die Welt nicht gemacht.

Klabauter: Jetzt wachsen die Bälge. Mit jeder Minute werden sie dicker. Es sind Krebse. Bei Krebs operiert man. Weil es da keinen Wert hat. Also: er

⟨→28v.1⟩ muß heraus! Ich dulde es nicht. Ich bin kein

⟨ganze Seite schwarze Tinte, wie 26v-27v, 28v-29r.3; vorangehendes Blatt herausgerissen⟩

Klabauter: Dann braucht man jeden Arzt.

Vol: Dann ist es zu spät.

Bergm.: Bei beiden gibt es nur eine Desinfektion!

Klabauter: Hier aber ist auch eine Desinfektion!

Vol: Aber ob es die Armen machen lässt?

Klabauter: (schreiend) Ja, wollt ihr denn Siechende oder gesunde Kinder?! (Volk)

Vol: Ich habe nur gefragt: ob sie es sich machen lässt.

Klabauter: Sie lässt es sich natürlich machen. Selbstverständlich lässt sie es sich machen. Was soll sie denn sonst auch? Das Wasser ist kein Heilmittel! Die Ärzte sind feige Schweine! Und die Eltern sind schuld an [illegible]! Was soll sie [illegible] [illegible] Geschrei! (setzt sich) Was soll sie denn machen sonst..... (Volk)

Bergm.: Ich habe die Welt nicht gemacht.

Klabauter: Jetzt wachsen die [illegible]. Mit jeder Minute werden sie älter. Es sind Krebse. Die Krebse [illegible] man. Weil es die kleinen Welt hat. Also: es wächst heraus! Ich dulde es nicht. Ich bin kein

Geschwister.

Eugen: Wann?

Alexander: Übermorgen nachmittag. Wenn ihr wollt könnt ihr auch kommen. Es kostet à 250 Mark. Das ist die Prüfung. Vielleicht werde ich zu gross billiger. Ich brauche auf jeden Fall. Es kann auch eine Aufführung geben. Bringst du die Mädchen mit! Es dauert à 3 Minuten. Dann kann man sie die schlafen machen. (ab)

Emil (steht auf) Jetzt sehe ich wieder hinaus. Vielleicht geht es noch einmal, Eugen.

Eugen: Es wäre eine wunderbare Geschichte.

Emil: Glaubst du, Marie lässt sich machen?

Eugen: Ja, das glaube ich. Weil sie so Angst hat. Und dann ist sie noch ein Kind. Sie weiss nicht, was es ist, Emil. Aber was weisst du von der Liebe?

Emil: (betroffen) Ich weiss nicht..... (Pause)

Eugen: (am Fenster) ~~[illegible]~~ Das ist ein warmer Abend! Wir werden auch bald brauchen. – Mein lieber

Zuchtstier. ⟨28^{r}.20←⟩

Inqui: Wann?

Klabauter: Übermorgen nachmittag. Wenn ihr wollt könnt ihr auch kommen. Es kostet à 250 Mark. Das ist die Taxe. Vielleicht wirds en gros billiger. Ich feilsche auf jeden Fall. Es kann auch eine Infektion geben. Bringt die Mädels mit! Es dauert à 3 Minuten. Dann kann man wieder schlafen nachts. [ab)

Nil [steht auf) Jetzt sehe ich wieder hinaus. Vielleicht geht es noch einmal, Inqui!

Inqui: Es wäre eine wunderbare Geschichte.

Nil: Meinst du, Maya läßt sichs machen?

Inqui: Ja, das glaube ich. Weil sie so Angst hat. Und dann ist sie noch ein Kind. Sie weiß nicht, was es ist, Nil. Aber was meinst du von Liese?

Nil: [betreten) Ich weiß nicht...... (Stille)

Inqui: (am Fenster) ~~Mein Li~~ Diese warmen Abende! Wir werden auch Blut brauchen. – Mein lieber ⟨→29^{r}.1⟩

⟨ganze Seite schwarze Tinte, wie 26^{v}-28^{r}, 29^{r}.1-3⟩

5 gros] ⟨Strich über⟩ gr ⟨nicht signifikant⟩

wird es
⟨28^{v}.19←⟩ Freund, jetzt ~~kommt der~~ Sommer!

(dunkel)

---

4)

<u>Inqui</u>: Gestern haben wir in eurer

Kneipe getanzt, d. h. sie tanzte. Ich sah

immer nur zu, das ist besser als alles

Tanzen. Sie tanzt wie ein Schwan fliegt

zu der elendesten Ziehharmonika, in un-

geheuren Schwärmen von Tänzern die nur

dazu da zu sein scheinen um ihr Platz zu
war
machen. Das ~~ist~~ mein Mädchen dachte ich,
⟨→29^{r}.18⟩ es war ein schönes Mächen, leicht und wie ein Schwan ×
das ist mein Mädchen und mein Kind, jetzt

tanzen sie.

⟨29^{r}.15←⟩ [× und zum Tanzen geeignet]

1-3 ⟨schwarze Tinte, wie 26^{v}-28^{v}⟩

Brüder, geht ~~[illegible]~~ Brüder!

([illegible])

4)

<u>Besser</u>: Gestern haben wir ein anderes Kreuz getanzt, d. h. sie tanzte. Ich sah immer nur zu, daß ich besser als alle tanzen. Sie tanzt wie ein schöner [illegible] zu den [illegible], in den [illegible] Schwärmen der [illegible] zu [illegible] zu [illegible] oder [illegible] zu machen. [illegible]
[illegible] ×
daß ich [illegible], ich [illegible]
[illegible].

[× [illegible]]

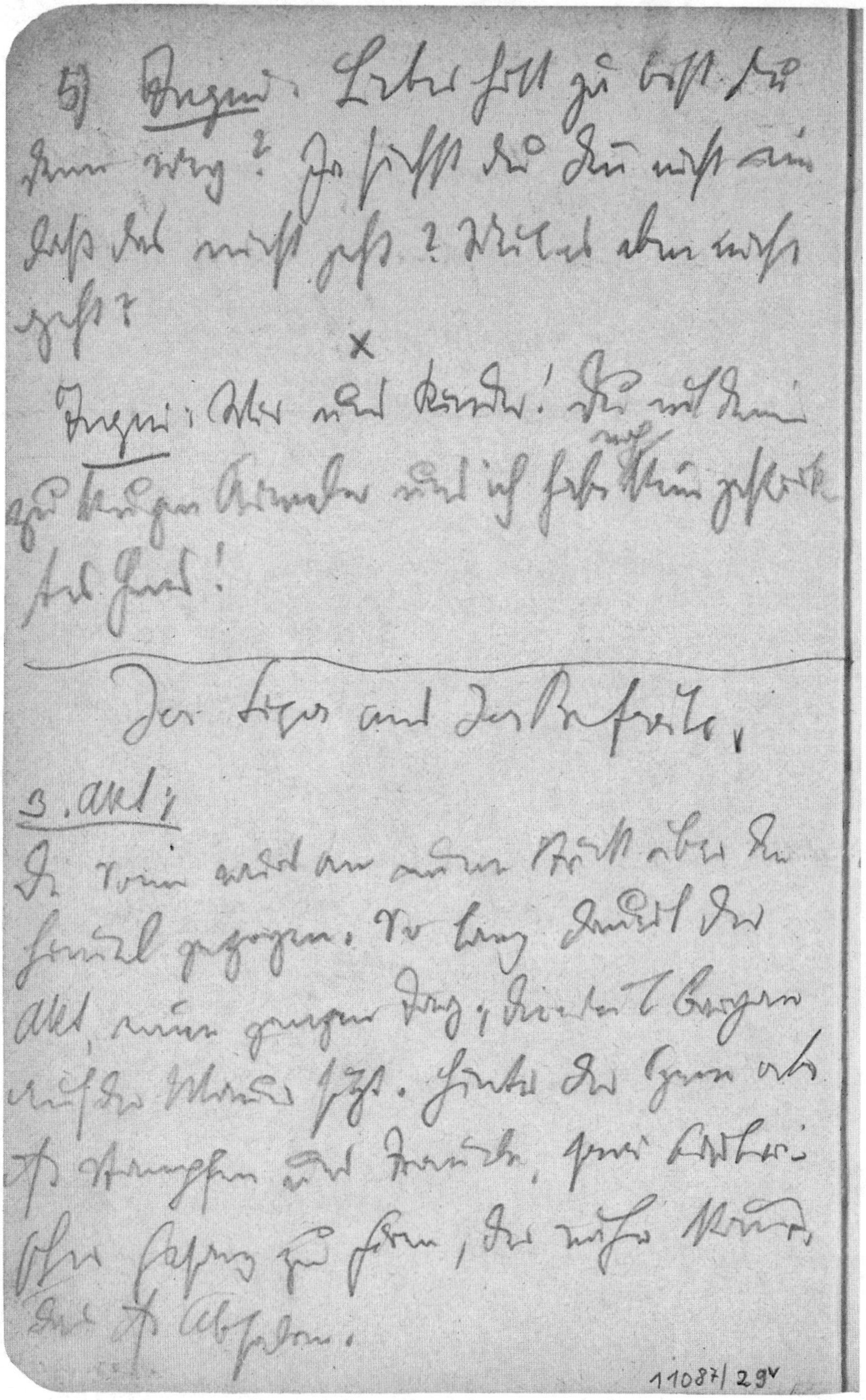
Der Sieger und der Befreite.

3. Akt:

11087/29v

NB 3, 29v

5) Inqui: Lieber Gott ja bist du denn weg? Ja siehst du denn nicht ein daß das nicht geht? Weil es eben nicht geht?

×

Inqui: Wir und Kinder! Du mit deinen zu kurzen Ärmeln und ich habe noch kein gestärktes Hemd!

Der Sieger und der Befreite.

3. Akt:

Die Sonne wird an einem Strick über den Himmel gezogen. So lang dauert der Akt, einen ganzen Tag[.], dieweil Bargan auf der Mauer sitzt. Hinter der Szene aber ist Stampfen und Trommeln, sowie barbarischer Gesang zu hören, der näher kommt. Das ist Absalom. ⟨→ 30r.1⟩

⟨29v.19←⟩ 5. Akt:

Schluß: Die Gestirne fangen an durcheinander zu laufen. Es wird vorn dunkel,
die Kurven der Sternbahnen!

/ – / – / – /
/ – / – /

---

abgewandt
In der Elektrischen stand vor mir eine
üppige Frau[,]. [Sie]*Ich* saß und sie sank oft
in die Kniee und dabei fühlte ich durch
den weichen, kupplerischen [¿]Sammt ihre
schwachen Kniekehlen und die Richtung
ihrer Schenkel und die Abgrenzung ihrer
Beine gegen einander. Ich fühlte das
Alles so lange nach bis ich vor Sinnlichkeit zu einem Hund wurde. Man
vollen
müßte diese Beine auseinanderbiegen,
⟨→30v.12⟩ schon da sie so nachgiebig schienen und

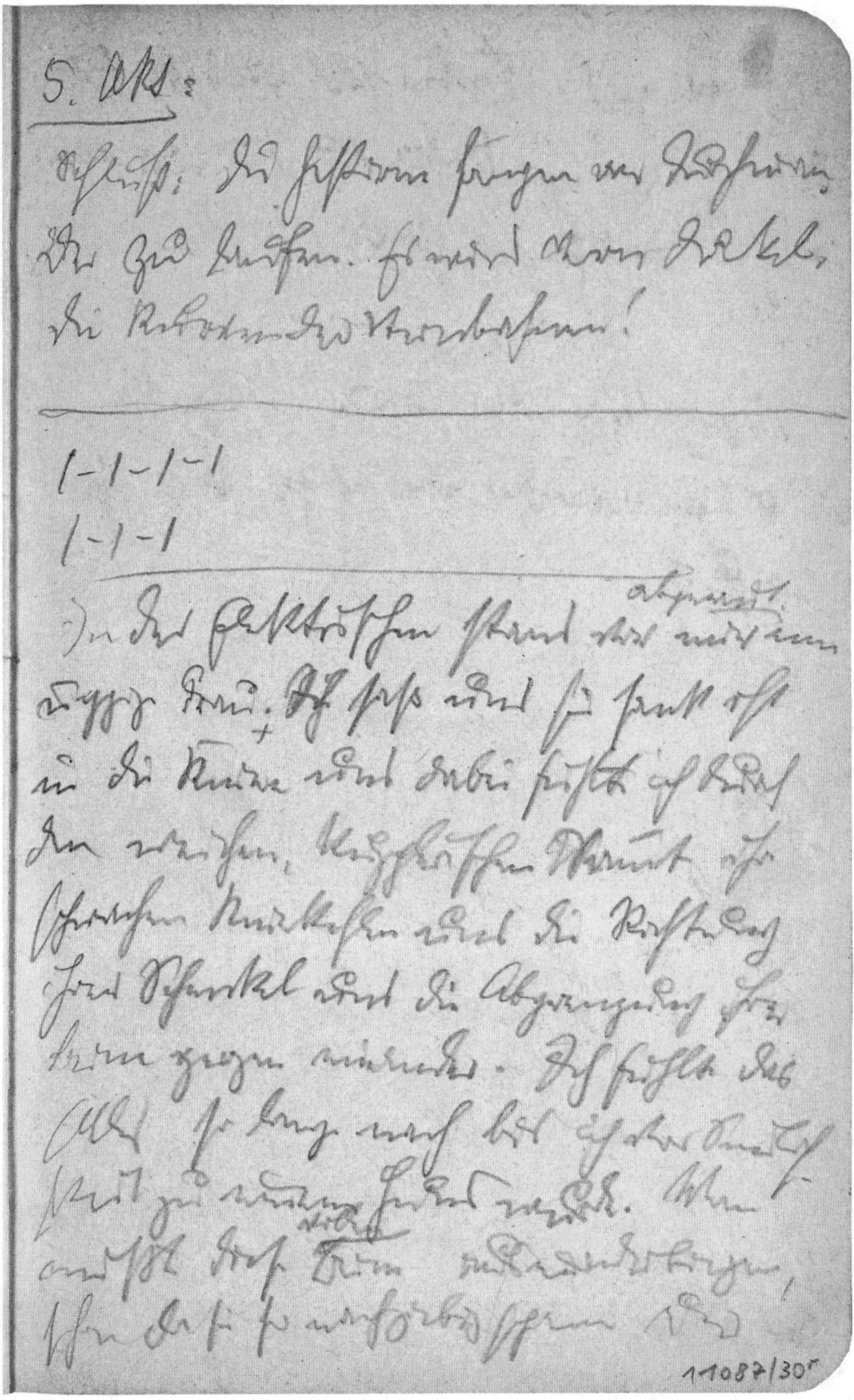

NB 3, 30r

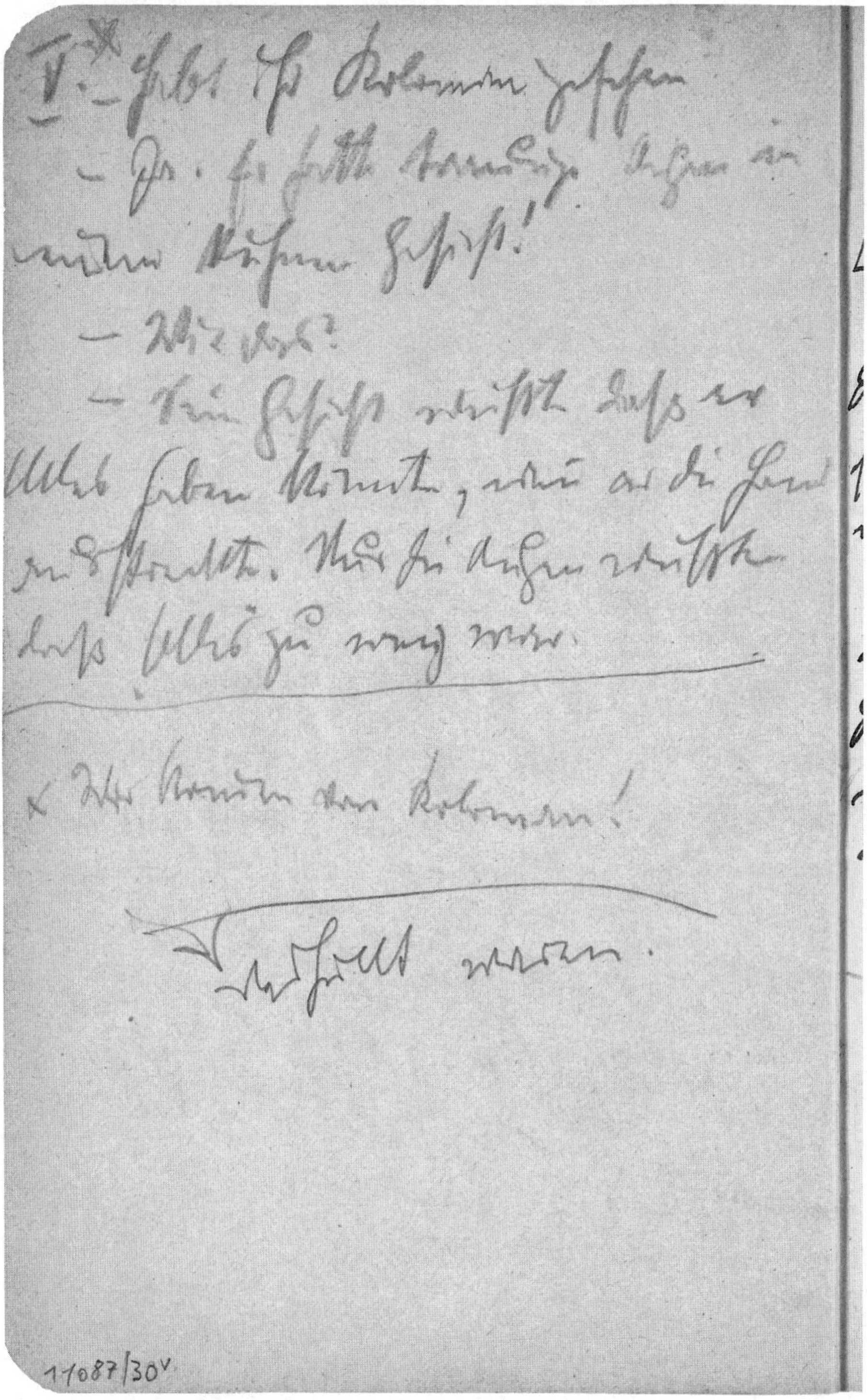

NB 3, 30v

V. ˟– Habt ihr Koloman gesehen ⟨→ 30v.10⟩

– Ja. Er hatte traurige Augen in

einem kühnen Gesicht!

– Wie das?

– Sein Gesicht wußte daß er

Alles haben könnte, wenn er die Hand

ausstreckte. Nur die Augen wußten

daß „Alles“ zu wenig war.

× Wir kommen von Koloman! ⟨30v.1 ←⟩

⟨30r.21 ←⟩

verhüllt waren.

Munk

Dick, bleich, Em[p]*b*ompoint, rot[t]*h*aarig: Munk.

[Schopenhauer]

1) Szene: Sonn~~n~~e. Bäume. Munk. Auflauf. Die verfolgte Unschuld. Die Feigheit der Polizei. Munk fasst zusammen und wird fortgetragen. (Er wird immer höher getrieben.) Gegnerin: Polizei. Frauen sollen frei sein!

2) Szene: Schrannenhalle. Er redet das Gleiche = noch einmal. Die Revolution in vollem Gang. Gegner: Das System. Organisation. Die Frau mit Kind. Mit vollem Atem macht er Revolution. Die Kasernen gestürmt. Glocken. Freiheit – Gleichheit – Brüderlichkeit!

3) Szene:

Das Leben ist hart, Frau Marquise.

Zweifellos.

1-14 ⟨schwarze Tinte⟩
10 noch einmal] ⟨andere Lesart:⟩ nocheinmal

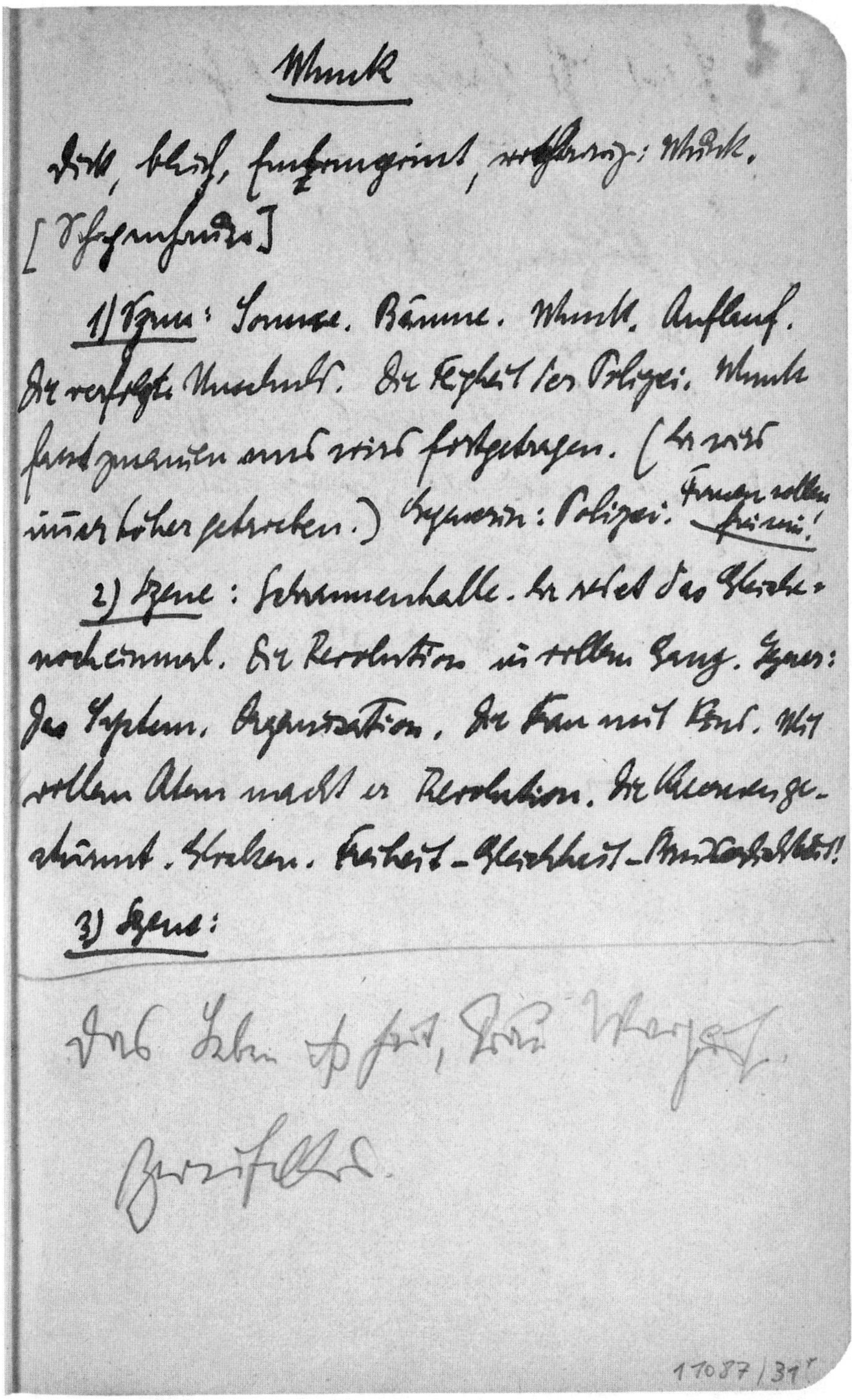
Wunck

dick, bleich, kupfergrind, weichherzig: Wunck.
[Schuhmacher]

1) Szene: Sonne. Bäume. Wunck. Auflauf. Die verfolgte Unschuld. Der Schutz der Polizei. Wunck festgenommen und wird fortgetragen. (Er wird unter Johlen getragen.) Gegenseite: Polizei: Frauen sollen frieren!

2) Szene: Gebrammenhalle. Er liest das Glaubens- noch einmal. Die Revolution in vollem Gang. Szene: Das System. Organisation. Die Frau mit Kind. Mit vollem Atem macht er Revolution. Die Kaserne gestürmt. Straßen. Freiheit – Gleichheit – Brüderlichkeit!

3) Szene:

Das Leben ist fort, dein Morgen.
Zweifelhaft.

NB 3, 31r

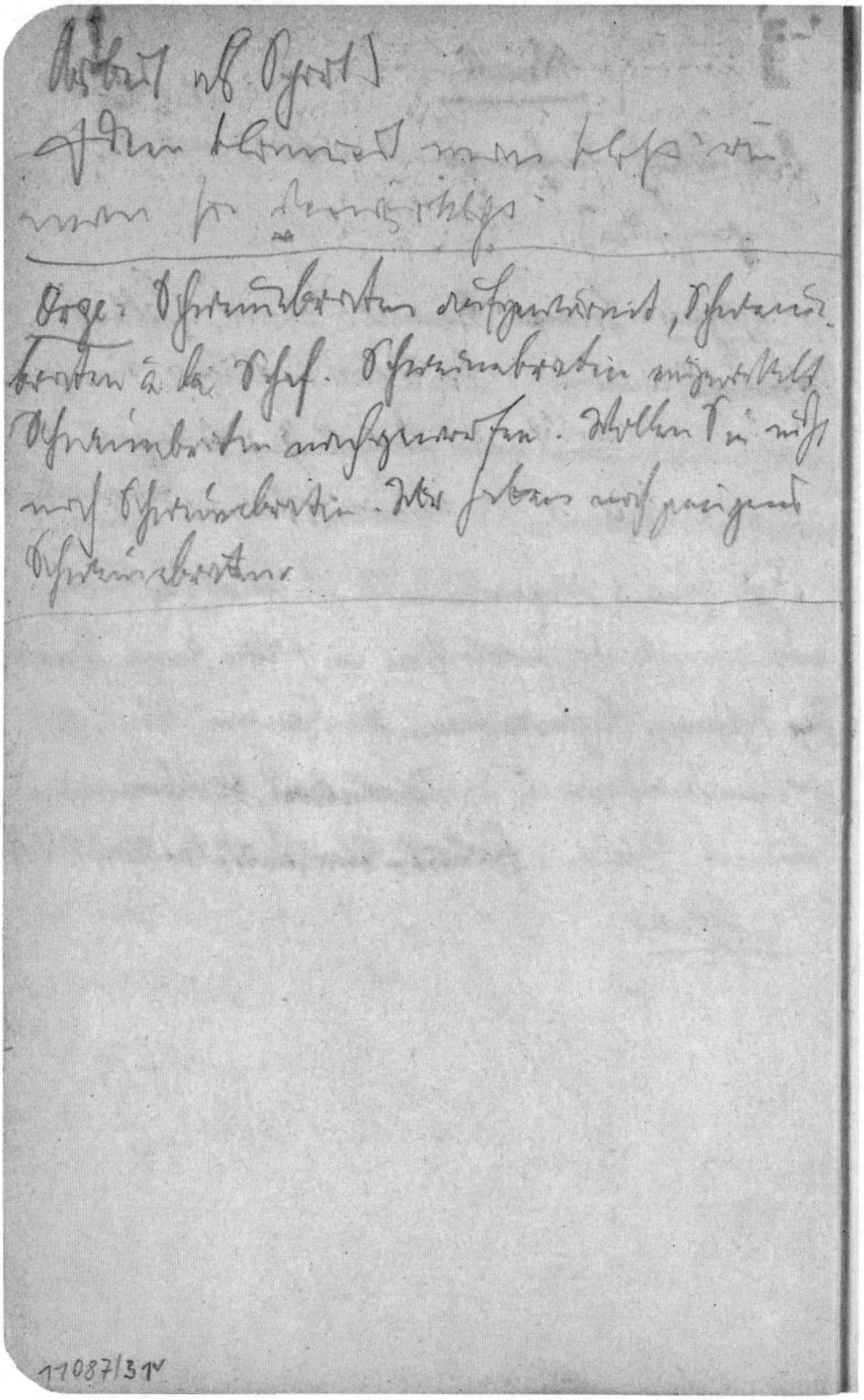

NB 3, 31^{v}

Arbeit als Sport |

Ideen blamiert man bloß, wenn man sie verwirklicht.

ż

Orge: Schweinebraten aufgewärmt, Schweinebraten à la Schaf. Schweinebraten eingewickelt. Schweinebraten nachgeworfen. Wollen Sie nicht noch Schweinebraten. Wir haben noch genügend Schweinebraten.

⟨teilweise Durchschlag der Tinte von 31r⟩
1 als] l ⟨verdeutlicht⟩

Sentimentales Lied № 1004

An jenem Tag im blauen Mond September
still unter einem jungen Pflaumenbaum
da hielt ich sie, die [b]*B*leiche [s]*S*tille Liebe
an meiner Brust wie einen Morgentraum,
und über uns, im schönen Sommerhimmel
war eine Wolke, die ich lange sah
sie war sehr weiß und ungeheuer oben
und als ich aufstand war sie nimmer da.

Seit jenem Tag sind viele viele Monde
geschwommen still hinunter und vorbei
die Pflaumenbäum sind wohl abgehauen
und fragst du mich: Was mit der Liebe sei –
So sag ich dir: Ich kann mich nicht erinnern
Und doch, gewiß, ich weiß schon was du meinst:
Doch ihr Gesicht, das weiß ich lange nimmer
〈→ 32v.1〉 ich weiß nur mehr: Ich küßte es dereinst.

1 Sentimentales Lied № 1004] 〈in zwei Phasen nachgetragen〉
5 Morgentraum,] 〈andere Lesart:〉 Wiegentraum,
7 lange] l 〈verdeutlicht; andere Lesart:〉 [l]*L*ange

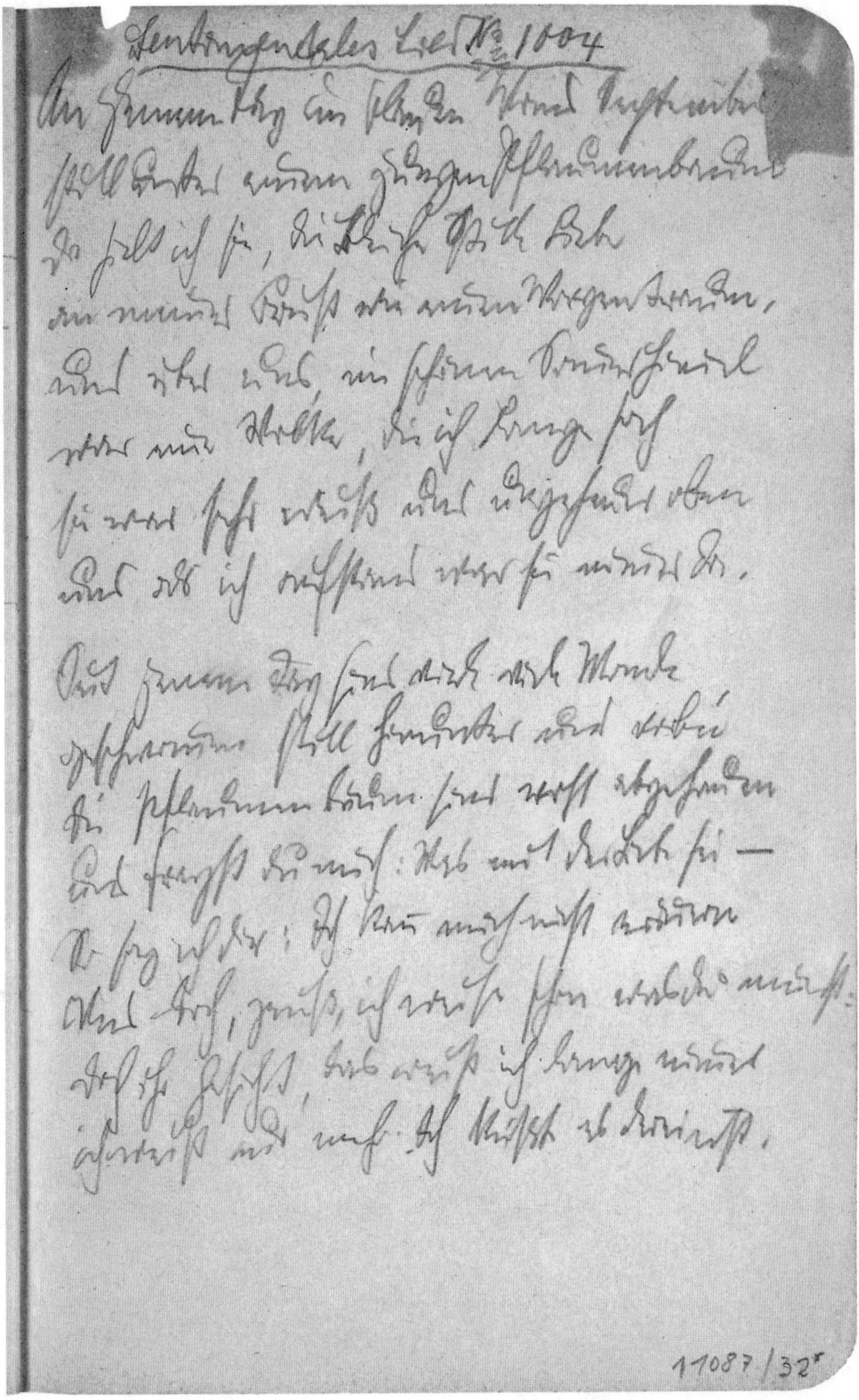

NB 3, 32r

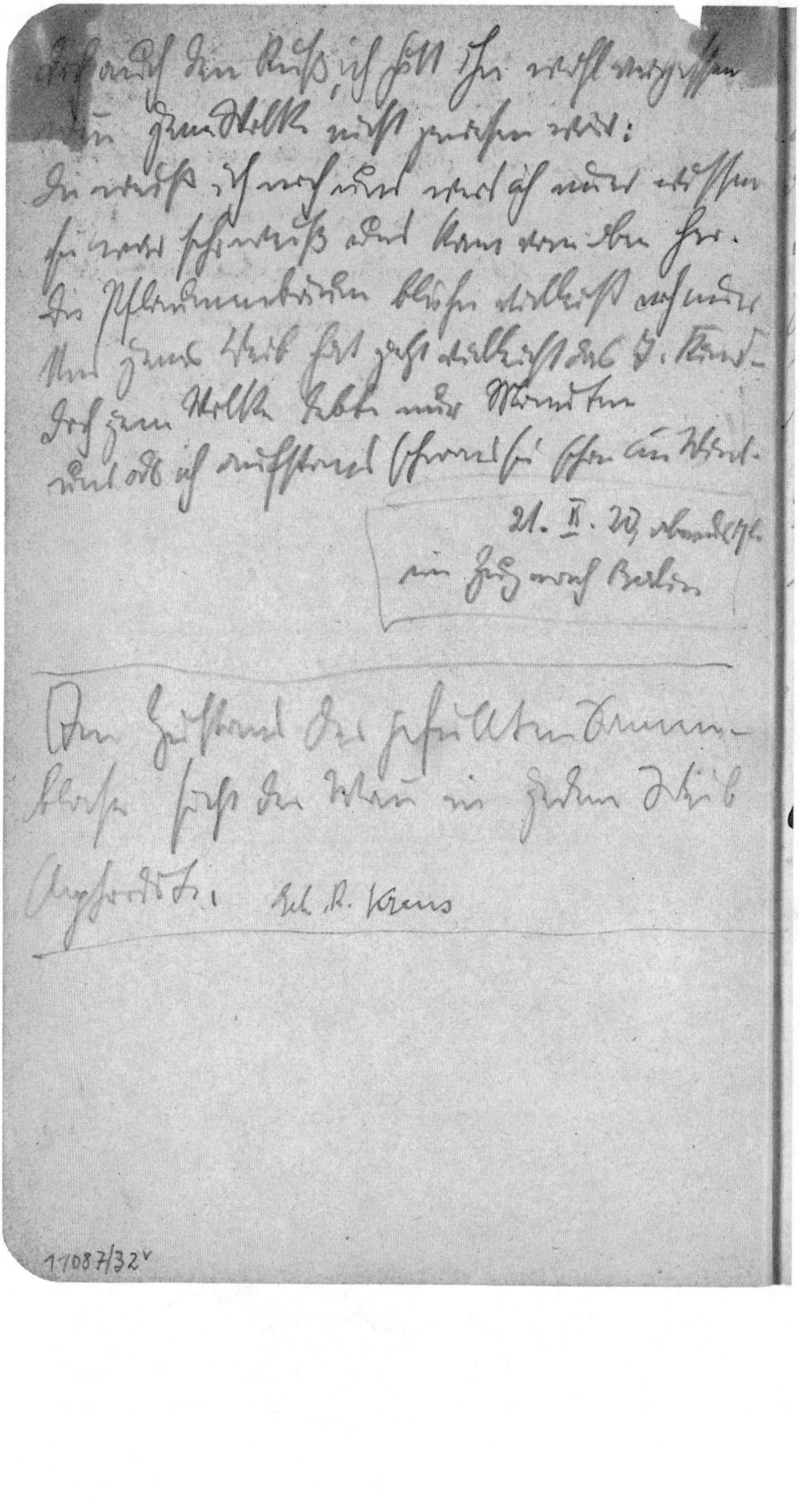

NB 3, 32v

Doch auch den Kuß, ich hätt ihn wohl vergessen ⟨32r.17 ←⟩
wenn jene Wolke nicht gewesen wär:
Die weiß ich noch und werd ich immer wissen
sie war sehr weiß und kam von oben her.
Die Pflaumenbäum blühn vielleicht noch immer
Und jenes Weib hat jetzt vielleicht das 7. Kind –
doch jene Wolke lebte nur Minuten
und als ich aufstand schwand sie schon im Wind.

21. II. 20, abends 7h
im Zug nach Berlin

Im Zustand der gefüllten Samen-
blase sieht der Mann in jedem Weib
Aphrodite.
Geh. R. Kraus

---

9 20, abends 7h] 7h ⟨wohl nachträglich, vielleicht auch⟩ abends 7h ⟨oder⟩ , abends 7h ⟨nachträglich⟩

Ich habe immer, wenn ich Leute sah, die vor Schmerz
oder Kummer die Hände rangen oder Anklagen
ausstießen, gedacht daß diese ~~die Gottverlassenen~~
den [G]*E*rnst ihrer Situation gar nicht in seiner
ganzen Tiefe erfassten. Denn sie vergaßen vollständig daß nichts half, es war ihnen noch nicht
klar, daß sie von Gott nicht nur verlassen oder
gekränkt waren sondern daß es überhaupt kei-
allein
nen Gott gab und daß ein Mann der, auf
einer Insel, Aufruhr macht, wahnsinnig sein muß.

×

<u>Kutscher</u>: Meinen Sie denn mein Gaul
hat Ihretwegen Benzin gesoffen?

×

Sie stößt sich.

Er: Entschuldigen Sie!

×

⟨Z. 14-15, 17-20 grünschwarze Tinte⟩

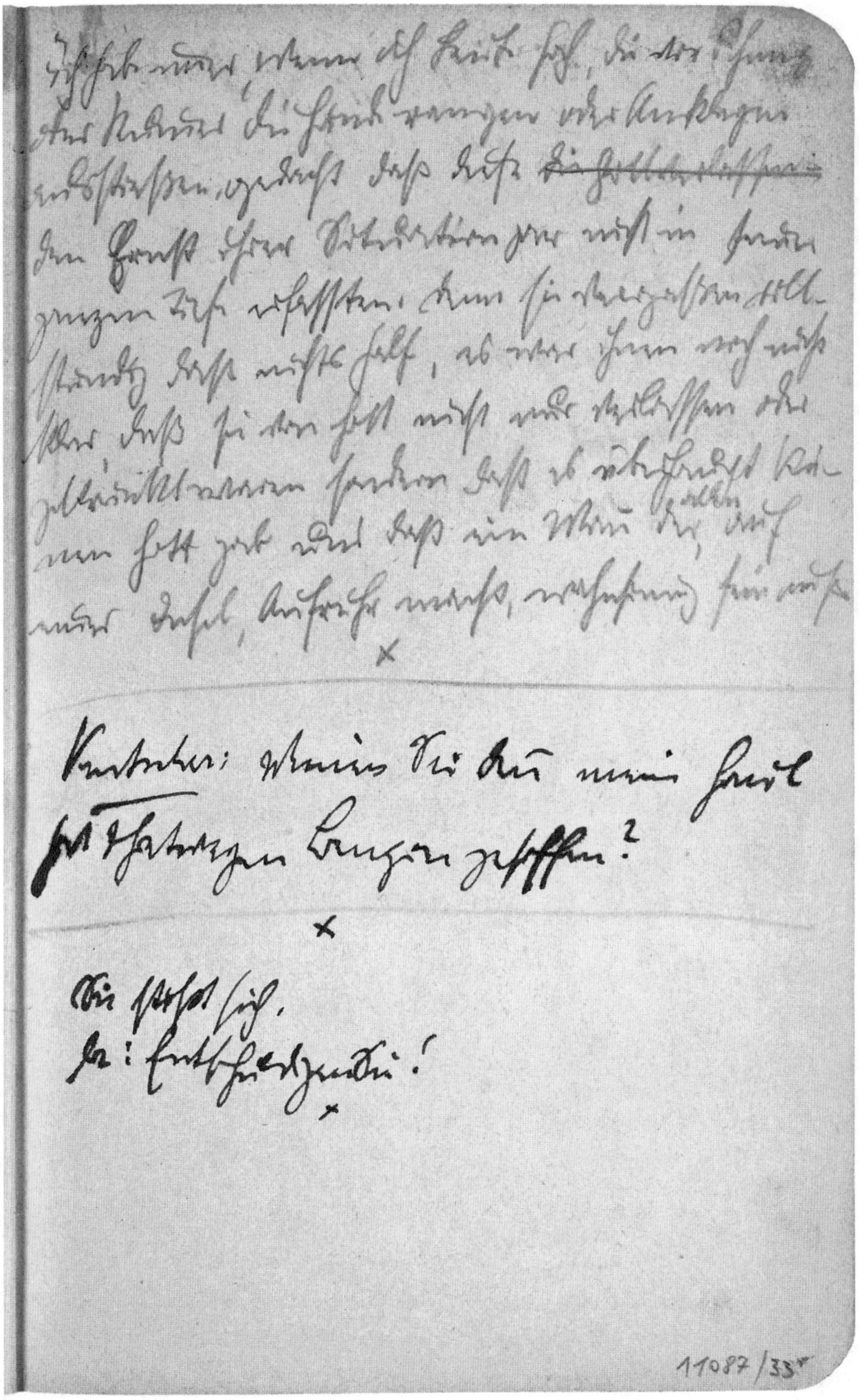

NB 3, 33r

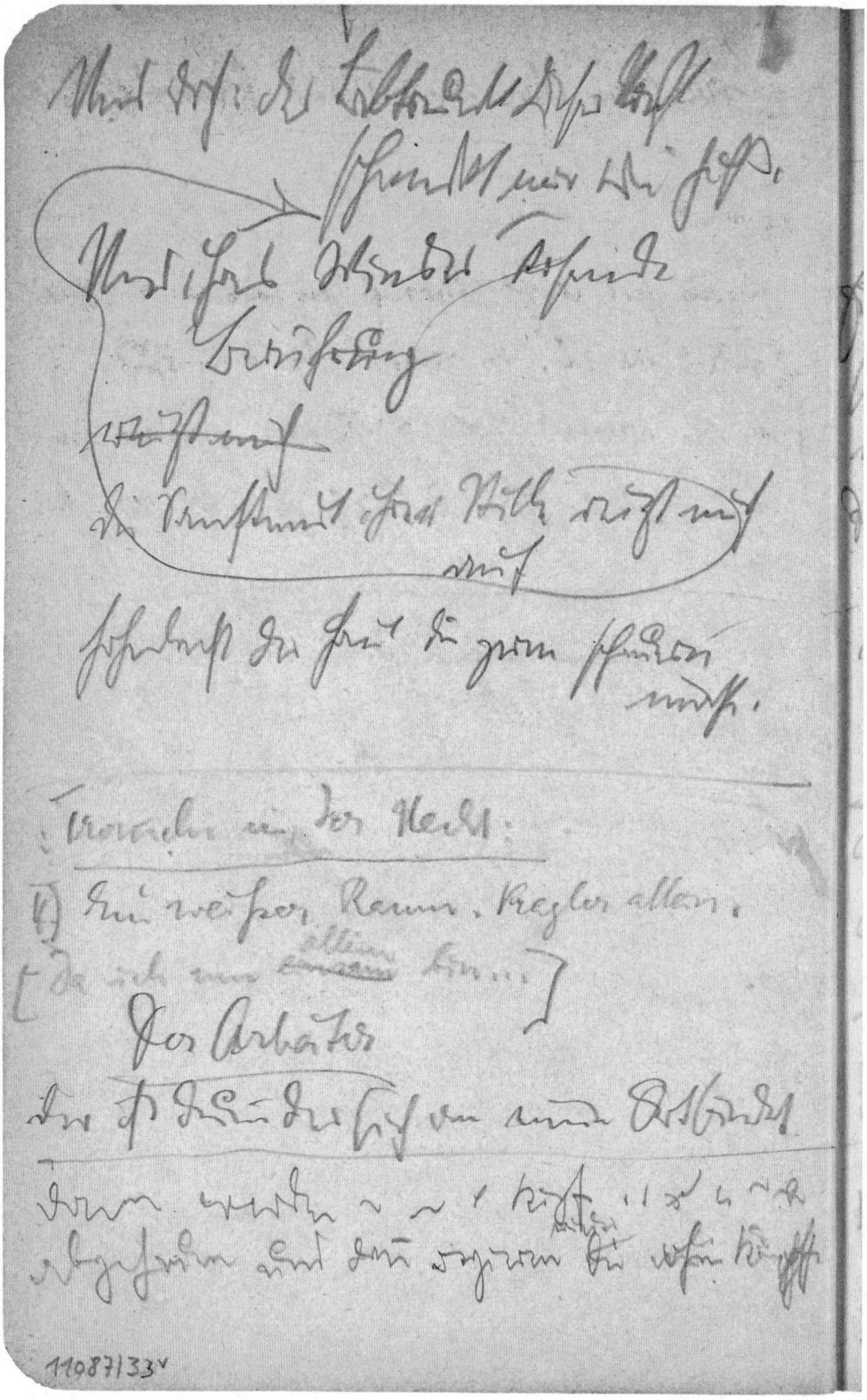
Traum in der Nacht:
1) Ein weißer Raum. Kragler allein.
Der Arbeiter
11087/33v

NB 3, 33v

Und doch: der Labtrunk dieser Nacht

schmeckt <u>mir</u> wie Gift,

Und ihres Windes kosende

Berührung

~~reizt mich~~

die Sanftmut ihrer Stille reizt mich

auf

hohnlacht der Haut die gerne schauern

möchte.

: <u>Trommeln in der Nacht</u> :

4.) Ein weißer Raum. Kragler allein.

allein

[Da ich nun ~~einsam~~ bin …]

<u>Der Arbeiter</u>

Der ist dumm der sich an einen Ort bindet

Dann werden den einen die Köpfe abgekühlt und den andern

wieder

abgehauen und dann regieren die [mi]*ohn*e K[opf]*öpfe*

1-4 ⟨Striche über⟩ Labtrunk ⟨,⟩ Berührung ⟨und nach⟩ kosende ⟨nicht signifikant⟩

10-11 ⟨Durchschlag der Tinte von 33r.14-15⟩

14 [Da *[…]* bin …] ⟨wohl nachgetragen⟩

süß wie Ananas und [sch]*Sch*meichelei.

Szene:

Ein Mann hat Abschiedsbriefe geschrieben da er
dazu
sich töten will. Er findet den Aufschwung
nicht und rennt zum Postamt, wo er den
[¿]*I*dioten bittet, ihm die Briefe zurück zu geben.

Man kann aus geknüpften Fäden die
Knöpfe nicht herausschneiden....

Menschenwürde. Aktivieren (der größte
Lärm herrscht auf den Seitenstraßen
und er verstärkt sich vor Wänden.)
Rousseau Der Mensch ist gut (guter-
zogen) oder [Wer]*Gu*t heißt: Unerzogen?
[j]*J*ung sein lernt man im Alter
2. Phase: Die andre Politik, das Nachhaken
dann Sprache die große. War richtig

12 ⟨Trennstrich wohl nachträglich⟩
19 Nachhaken] ⟨andere Lesart:⟩ Nachhaken,
20 große] ⟨andere Lesart:⟩ ganze

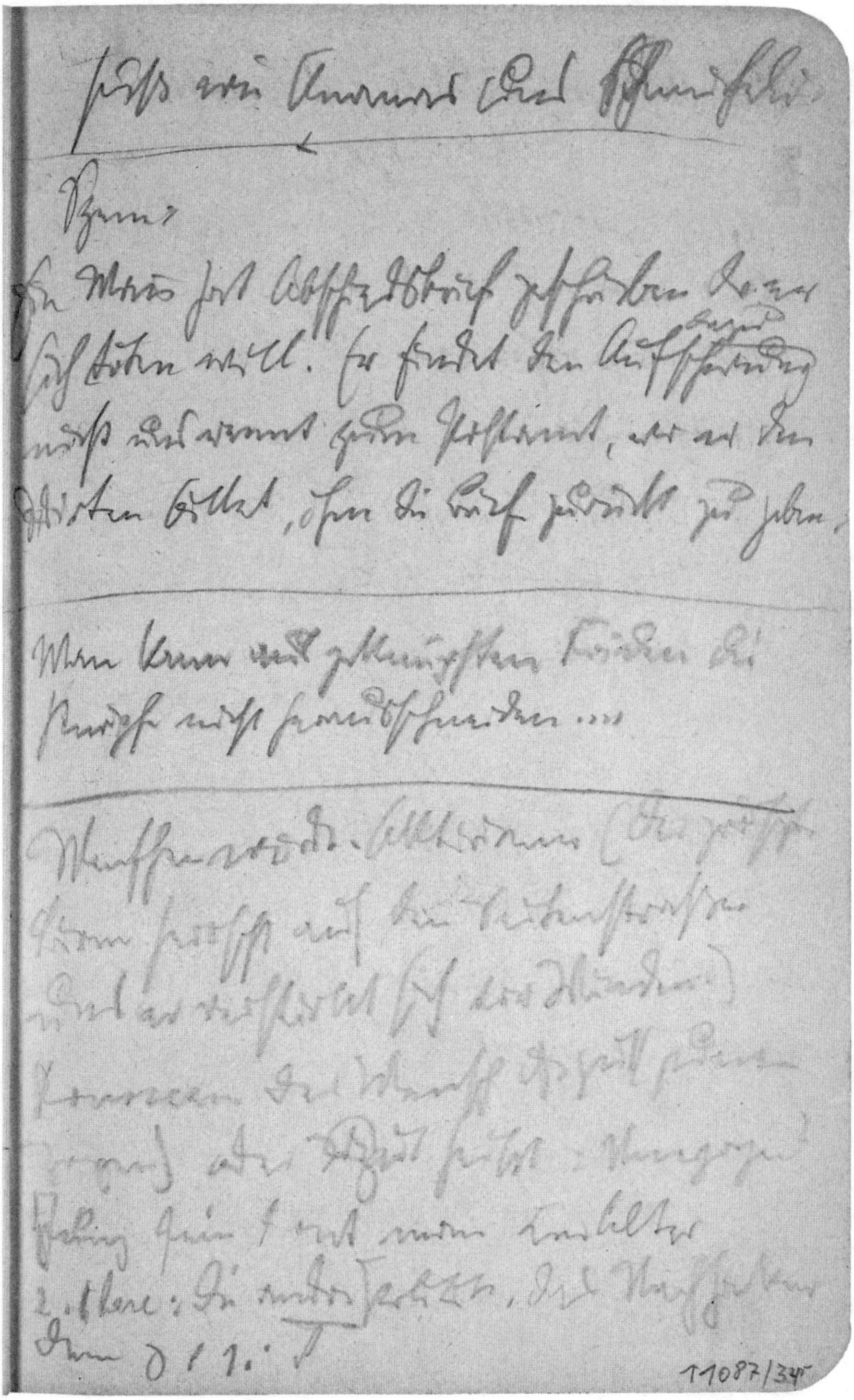

NB 3, 34r

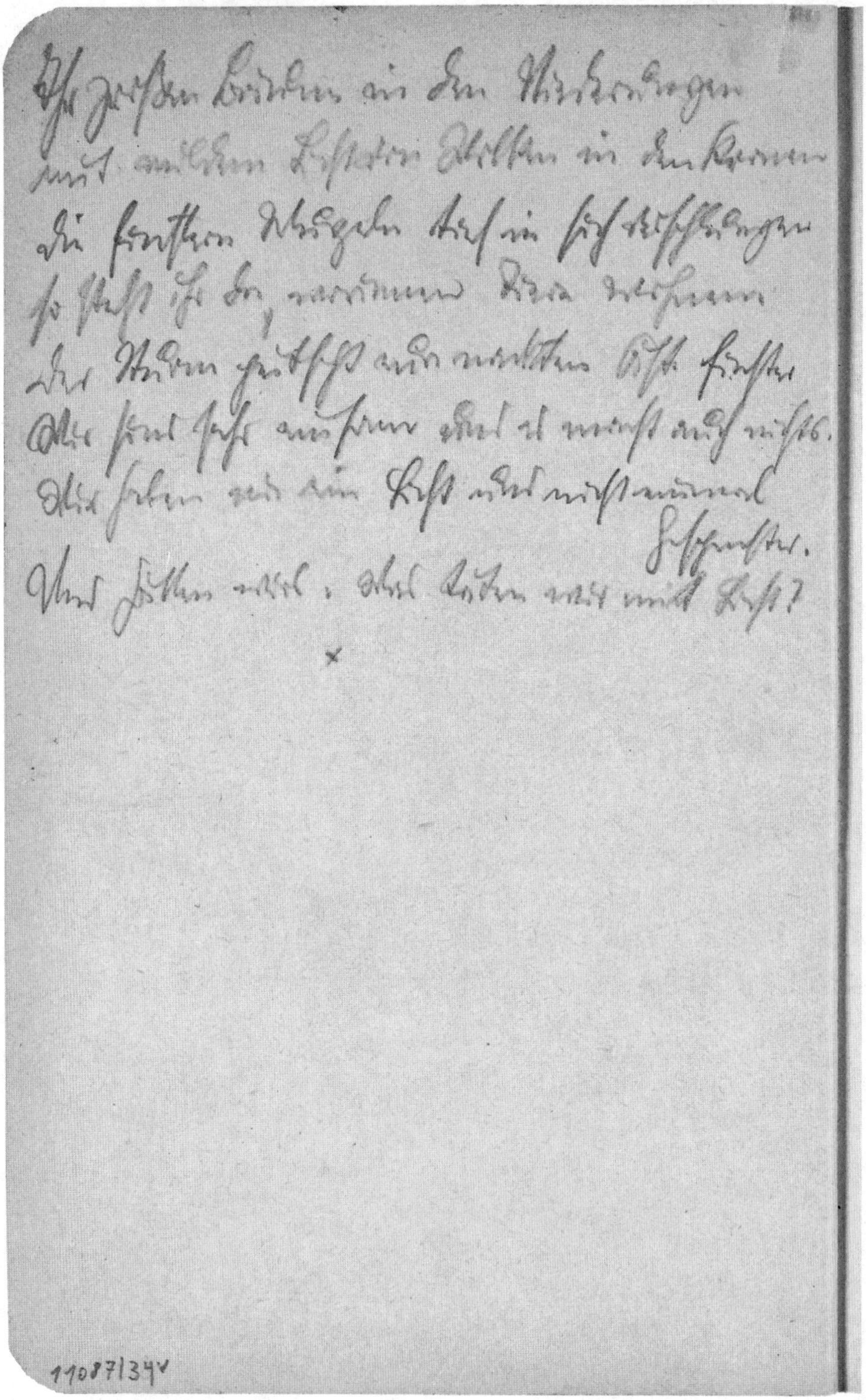

Ich [illegible] Lauben an den Wiesenwegen
mit milden Lichtern Wolken in den Kronen
die heitern Vögel tief in sich verschlingen
so steh ich da, [illegible] [illegible] [illegible]
Der Wiesen [illegible] und matten [illegible] Fenster
Wir sind jetzt umsonst und es macht auch nichts.
Wir leben nur ein Licht und nicht einmal
geschenkt.
Und fühlen wohl: und laden uns mit Licht?

×

11087/34v

NB 3, 34v

Ihr großen Bäume in den Niederungen
mit mildem Licht von Wolken in den Kronen
die finstern Wurzeln tief in sich verschlungen
so steht ihr da, worinnen Tiere wohnen.
Der Sturm peitscht eure nackten Äste finster
Wir sind sehr einsam und es macht auch nichts.
Wir haben nie ein Licht und nicht einmal
Gespenster.
Und hätten wirs: Was täten wir mi[¿]*t* Licht?

×

4 da,] , ⟨verdeutlicht⟩

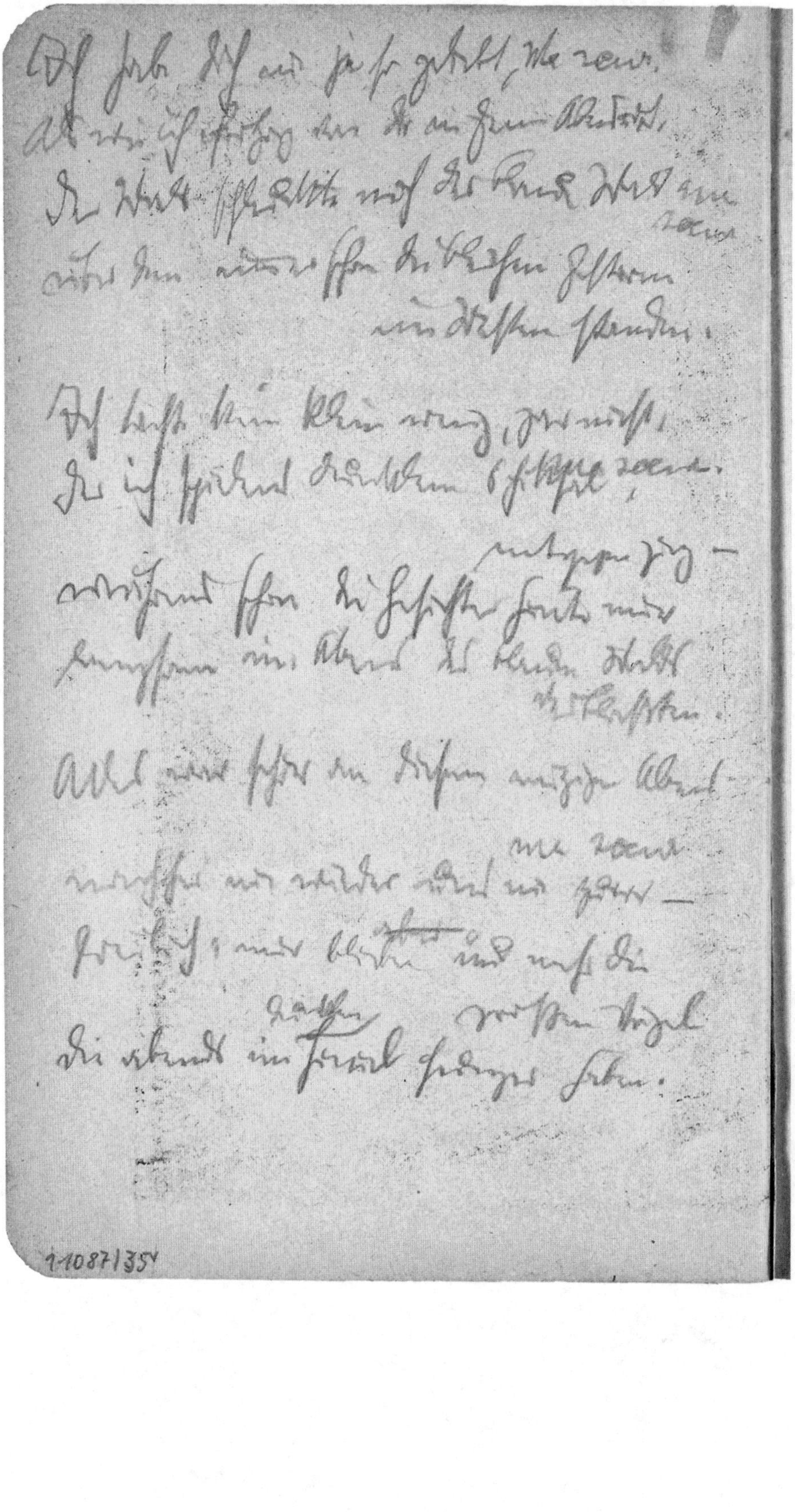

NB 3, 35ᵛ

Ich habe dich nie je so geliebt, Ma sœur.

Als wie ich [¿]*f*ortging von dir in jenem Abendrot,

der Wald schluckte mich der blaue Wald ma
sœur
über dem immer schon die bleichen Gestirne

im Westen standen.

Ich lachte kein klein wenig, gar nicht,
ma sœur.
der ich spielend dunklem Schiksal,

entgegen ging –

während schon die Gesichter hinter mir

langsam im Abend des blauen Walds

verblaßten.

Alles war schön an diesem einzigen Abend

ma sœur

nachher nie wieder und nie zuvor –

~~aber~~

Freilich: mir blieben nur mehr die

großen Vögel
dunklen
die abends im Himmel Hunger haben.

⟨ganze Seite Bleistiftabrieb von einem eingelegten oder herausgerissenen Blatt⟩
1 je] e ⟨verdeutlicht⟩
1 Ma sœur.] ⟨wohl nachträglich⟩
3-4 ma \ sœur] ⟨nachträglich⟩
8 ma sœur.] ⟨nachträglich⟩
9 Schiksal,] ⟨statt Komma vielleicht nicht signifikanter Strich⟩

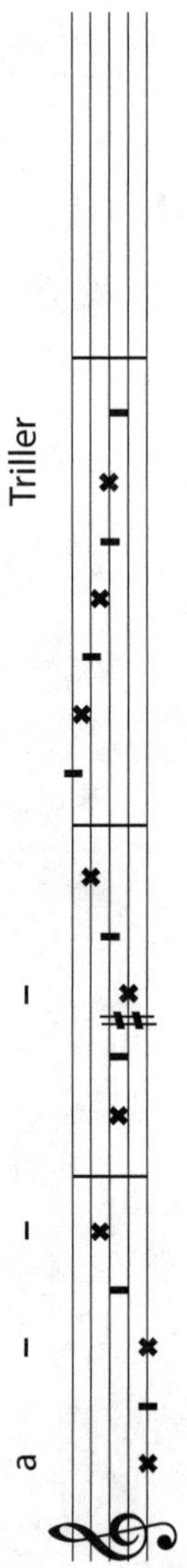

⟨zwei vorangehende Blätter herausgerissen⟩

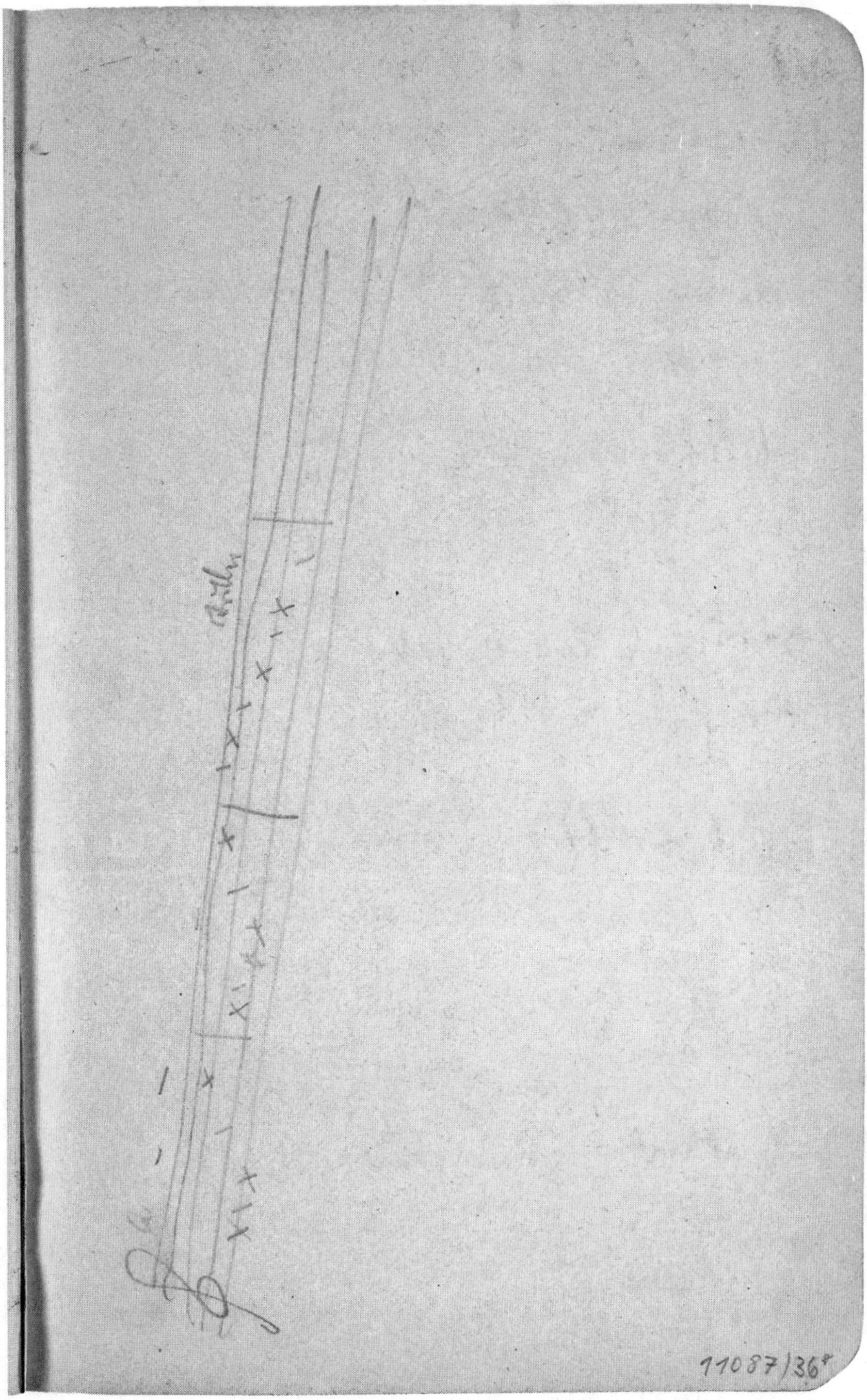

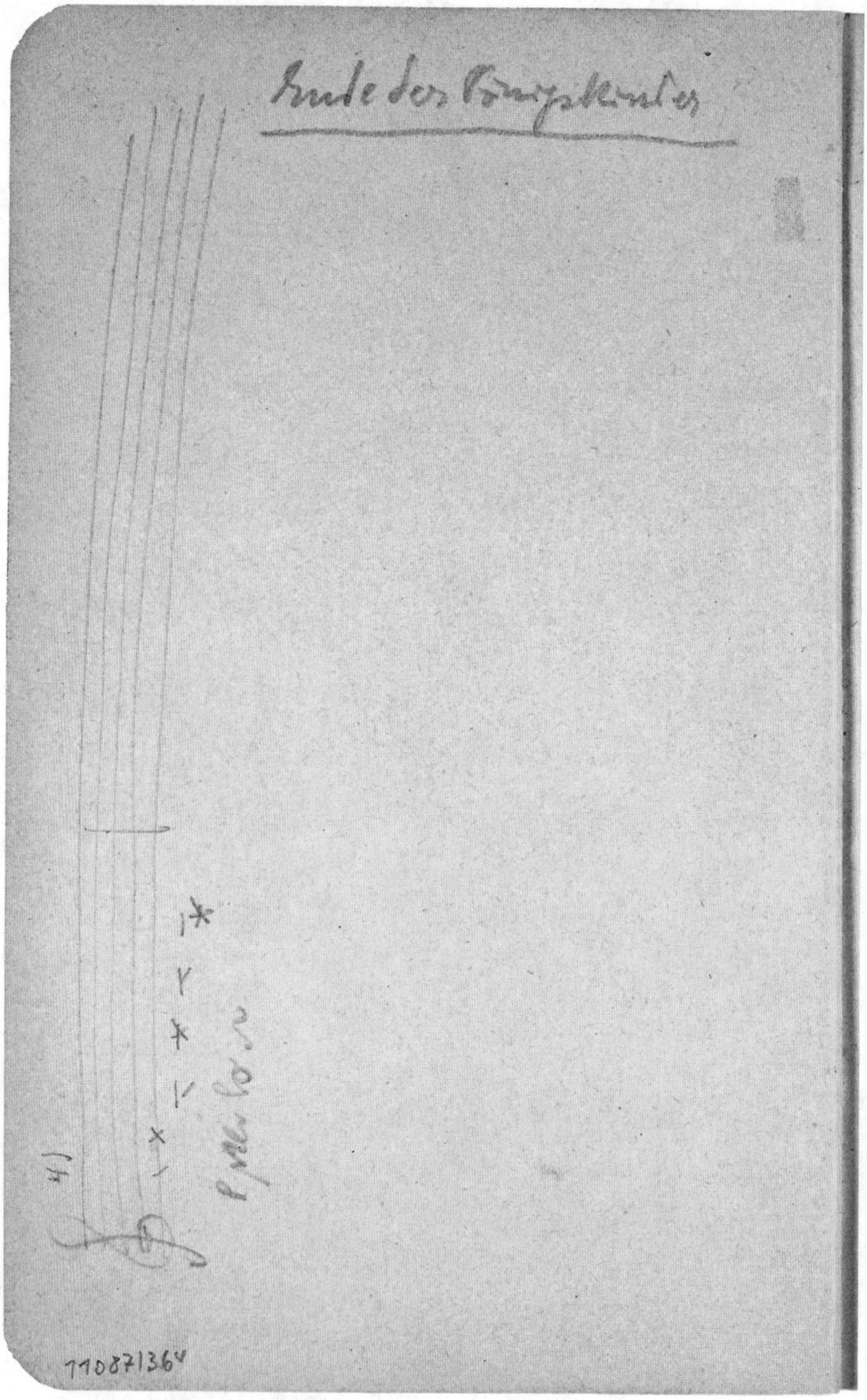

NB 3, 36v

Ende der Königskinder

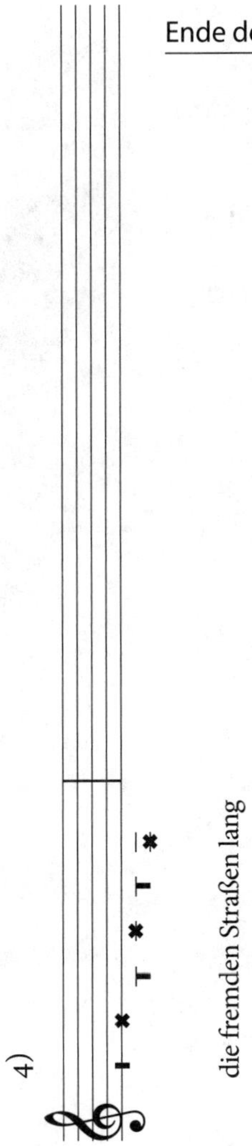

Der Rotbaum, braun, drin
hängt am Schluß Absalom, brauner
Himmel, Weiden, glitzernde Augen.
Wind.

1 Rotbaum] ⟨andere Lesart:⟩ Kotbaum

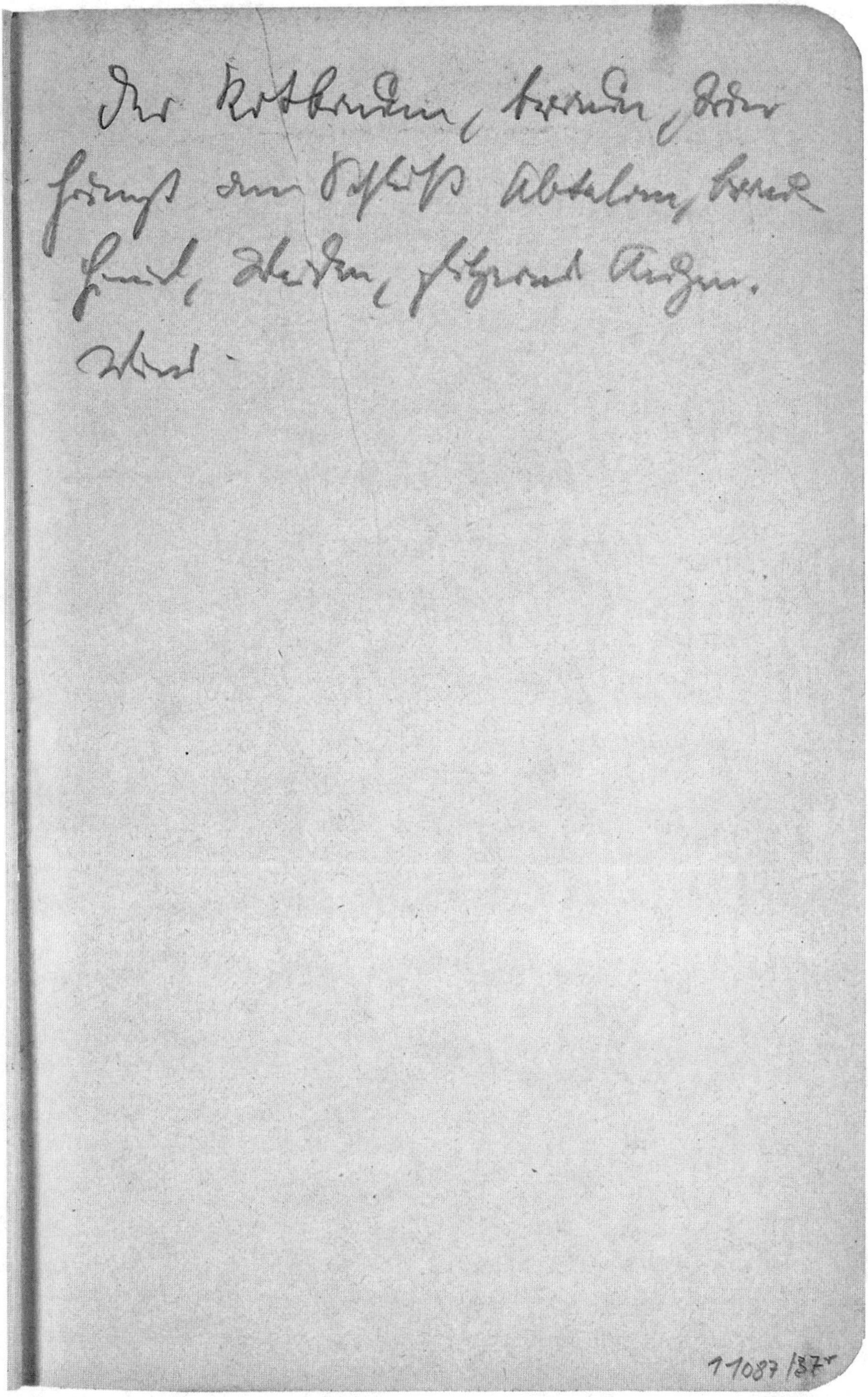

NB 3, 37r

Das Theater gefällt mir.
Ich habe an das Theater [illegible]
[illegible] gegeben und es hat Kontakt
gemacht. Ich musste bis... [illegible] zu
aber ich werde nicht [illegible]. Ich weiß
das [illegible] schon [illegible].
Wenn ein Mensch [illegible] [illegible] ~~[illegible]~~ trifft,
dann scheint das [illegible] zu [illegible] und
[illegible] die [illegible] [illegible]
das zu [illegible]. Ich finde aber auch
jetzt es noch nicht.
Ich stelle fest: Ich habe keine Lust, nicht [illegible]
[illegible] zu werden. Ich bin ein [illegible]-
[illegible]. Ich stelle das hier fest. Ich
[illegible] hat [illegible]. Ich bin nicht der
einzige vernünftige Mensch der das weiß, aber
ich bin der einzige [illegible] der es zu sagen wagt.
Ich bin [illegible] [illegible] [illegible]

NB 3, 37v

Das Theater gefällt mir.

Ich habe an das Theater mein Stück

Baal gegeben und es hat Kontrakt

gemacht. Ich mußte bis ... aufgeführt sein.

~~Aber~~ [i]*I*ch wurde nicht aufgeführt. Ich weiß

das passierte schon vielen Leuten.

trifft

Wenn ein Unrecht viele~~n~~ Leute~~n~~ ~~passiert~~,

dann scheint das manche zu trösten und

~~besonders~~ die Nichtbetroffenen verwenden

das zu Trostsprüchen. Ich finde aber: mich

hetzt es noch auf.

Ich [habe]*ste*lle fest: Ich habe keine Lust, nicht auf-

geführt zu werden. Ich bin ein sehr be-

trächtlicher Herr. Ich stelle das hier fest. Ich

verweiße hier darauf. Ich bin nicht der

einzige vernünftige Mensch der das weiß, aber

ich bin der einzige Mutige der es zu sagen wagt.

Ich bin finanziell darauf angewießen ⟨→ 38r.1⟩

4 mußte] ⟨andere Lesart:⟩ müßte

⟨37v.19←⟩ daß ich aufgeführt werde[n]. Schämt euch! [Ihr]*Sie* alle s[ei]*ind* finanziell auf irgendwas angewießen. Sie handeln in Ihrem Interesse, wenn Sie dafür sorgen daß Verträge eingehalten werden. Ich bitte Sie ¿nachdrücklich, [in]*für* Ihr~~em~~ Interesse zu handeln.

Ich bitte alle jungen Menschen die ihr Recht haben wollen, mir zum Meinen zu verhelfen, Nicht weil Sie mein Stück sehen wollen sondern weil Sie Ihr Recht haben müssen, sollen Sie am Mittwoch abend 7^{h} im Deutschen Theater erscheinen ¿. Ich lade Sie Alle ein, und Ihre Freunde, die Mediziner, die Juristen, die Kaufleute, die anständigen Menschen aller Berufe ich lade Sie alle ein am Mittwoch, Do und Frei an 3 aufeinander ⟨→38v.1⟩

11 weil] e ⟨verdeutlicht⟩

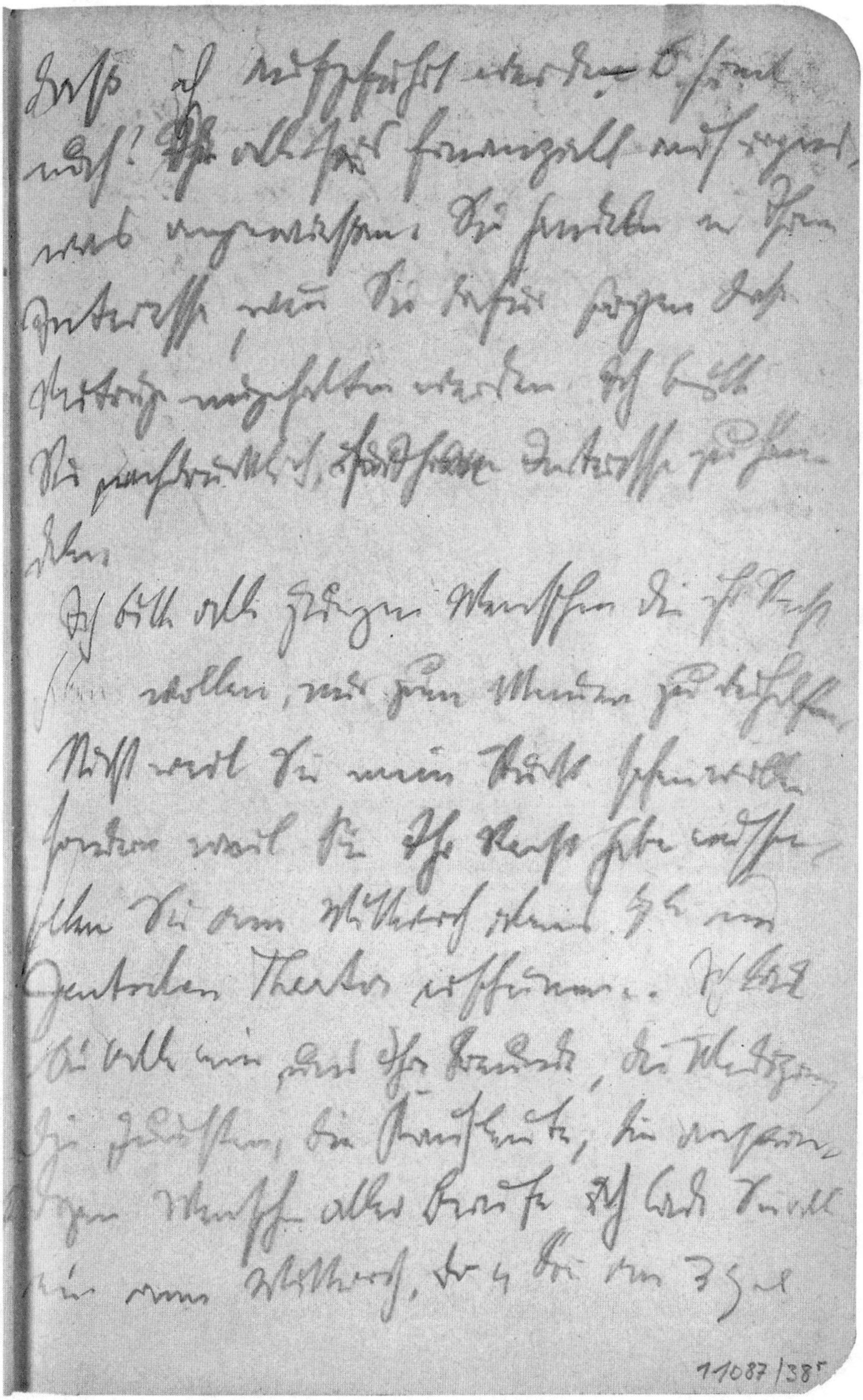

NB 3, 38r

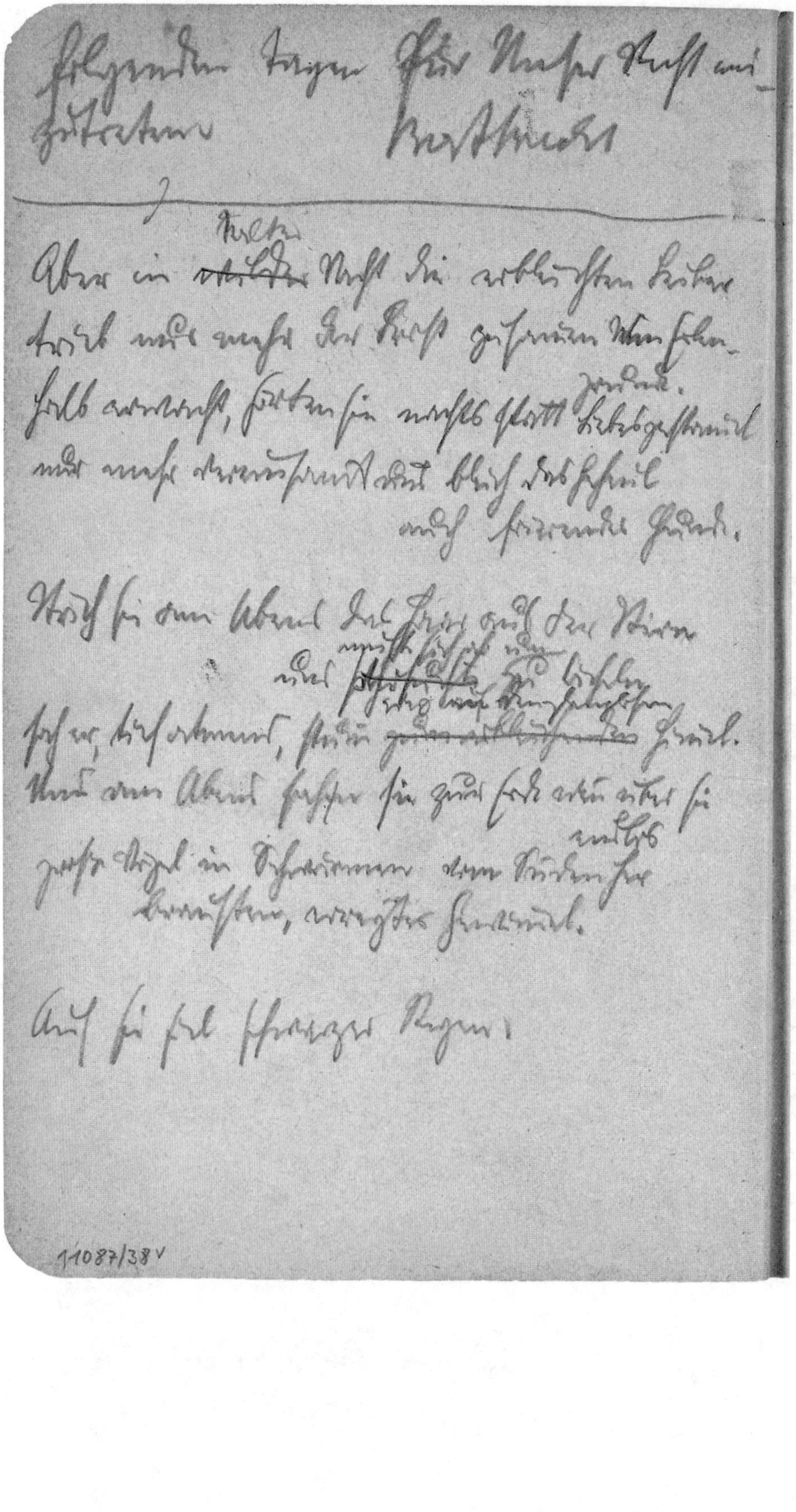

NB 3, 38[v]

⟨38r.19←⟩

folgenden Tagen [¿]*fü*r Unser Recht ein-

zutreten.

BertBrecht

¿

kalter

Aber in ~~wilder~~ Nacht die erbleichten Leiber

trieb nur mehr der Frost zusammen [W]*i*m Erlen-

grunde.

Halb erwacht, hörten sie nachts statt Liebesgestammel

nur mehr vereinsamt und bleich das Geheul

auch frierender Hunde.

Strich sie am Abend das Haar aus der Stirn

mühte sich ab um

und ~~[sah]versuchte~~ zu lächeln

weg [auf]*in* den glanzlosen

sah er, tief atmend, stumm ~~zum erbleichenden~~ Himmel.

Und am Abend sahen sie zur Erde wenn über sie

endlos

große Vögel in Schwärmen vom Süden her

[e]*b*rausten, erregtes Gewimmel.

Auf sie fiel schwarzer Regen.

4 ¿] ⟨wohl Ansatz zu nicht ausgeführten Buchstaben⟩

Von Absalom

Ausgestreckt
liegt er jetzt. Nichts hält ihn
sich hinzuliegen, in seiner ganzen Länge.
Keinen Befehl
gibt er mehr. Nimmer erhebt er sich
auf Anruf. Ausgestreckt
liegt er erschlagen der sich erhob
und vollendend den Aufstand
aus der Bedrängnis erhob er sich
stumm und verächtlich sternenwärts.
Nimmer fluchend, nimmer helfend: Er
faltet die Hände! Sie liegen im Schoos.
Nimmer greift er, nimmer wehret er
sondern die Hände leget er ab.
Sinnlos bedrängt abseits gegangen
~~ging er abseits~~ ließ er mit Achselzucken
den Sterbenden | im Gehölz einen
kleinen Leichnam, ausgestreckt –

16-17 abseits gegangen \ ~~ging er abseits~~] ⟨Sofortänderung: Streichung in Z. 17, Einfügung am Ende von Z. 16⟩
19 ausgestreckt –] ⟨andere Lesart:⟩ ausgestreckt!

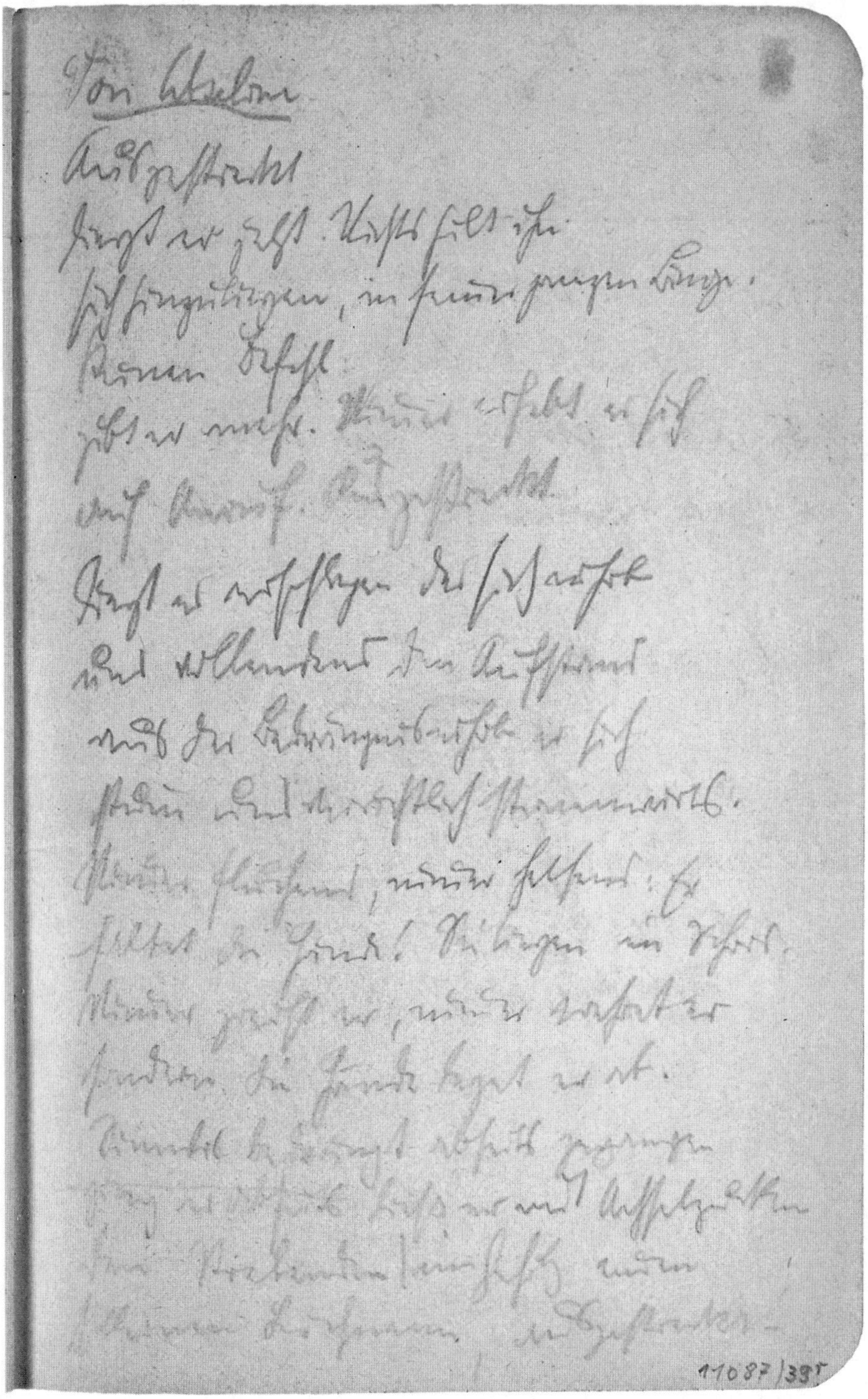

NB 3, 39r

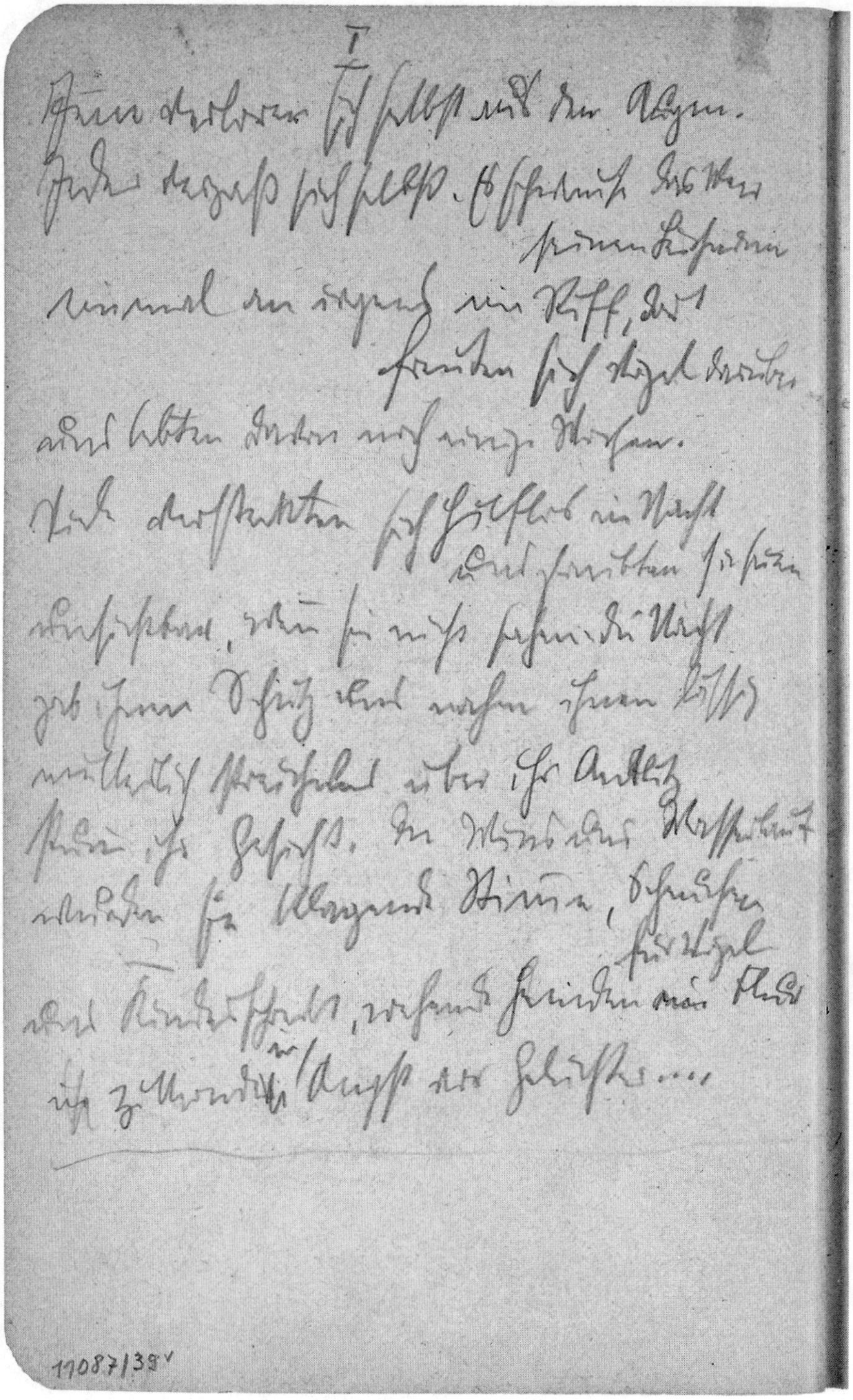

NB 3, 39v

I

Jene verloren sich selbst aus den Augen.

Jeder vergaß sich selbst. Es schwemmte das Meer

seinen Leichnam

einmal an irgend ein Riff, dort

freuten sich Vögel darüber

und lebten davon noch einige Wochen.

Viele versteckten sich hilflos in Nacht

und glaubten sie seien

unsichtbar, wenn sie nicht sahen: die Nacht

gab ihnen Schutz und nahm ihnen lässig

mütterlich streichelnd über ihr An[l]*t*litz

stumm ihr Gesicht. In Wind und Wasserlaut

wurden sie klagende Stimme, Scheuchen

für Vögel

und Kinderschreck, wehende Hemden [am]*im* Flur

in

~~in~~ zitternd~~er~~ /Angst vor Gelächter…. ⟨→40r.1⟩

---

1 I] ⟨nachträglich⟩
10 sahen: die] ⟨andere Lesart:⟩ sahen. Die
16 Kinderschreck] ⟨Balken des⟩ K ⟨verrutscht; kein Trennstrich⟩

⟨39v.18←⟩ II

Und schon erhebt sich,

lachend im Winde, an[der]*dr*es Geschlecht

[s]*Schl*[a]*äf*[end]*er* im Dunklen, Fresser der Vögel
einig mit ihrem Leib
und Herren unsäglicher Wonne.

III

Und aus den Seufzern jener

aus Lachen und Niederfall
speist sich
~~rollt~~ die Sonne und tränkt sich die Nacht.

Also erneuert sich stündlich aus

Fall und Verschlingung

die unendliche Sensation

welche bestimmt ist den Demütigen und
⟨Eisenacher Straße⟩ Eisenach 3
denen die reinen Herzens sind:
~~2568~~
Jung sein mit Überschwang und
~~Kurfürst~~
Altern mit ~~Überschwang.~~
Wollust.

Chortrilogie

⟨zunächst Z. 21-17 bei umgedrehtem Notizbuch, dann Z. 1-25 eingetragen⟩
1 II] ⟨nachträglich⟩
4 [s]*Schl*[a]*äf*[end]*er*] ⟨1.⟩ schlafend ⟨, 2.⟩ Schläfer
11-12 speist \ ~~rollt~~] ⟨senkrechter Strich nicht signifikant⟩
13 erneuert] ⟨zweites⟩ e ⟨verdeutlicht⟩
16-17 ist den D] ⟨überschreibt⟩ Eisenach 3 ⟨; aus Gründen der besseren Lesbarkeit in eigener Zeile dargestellt⟩

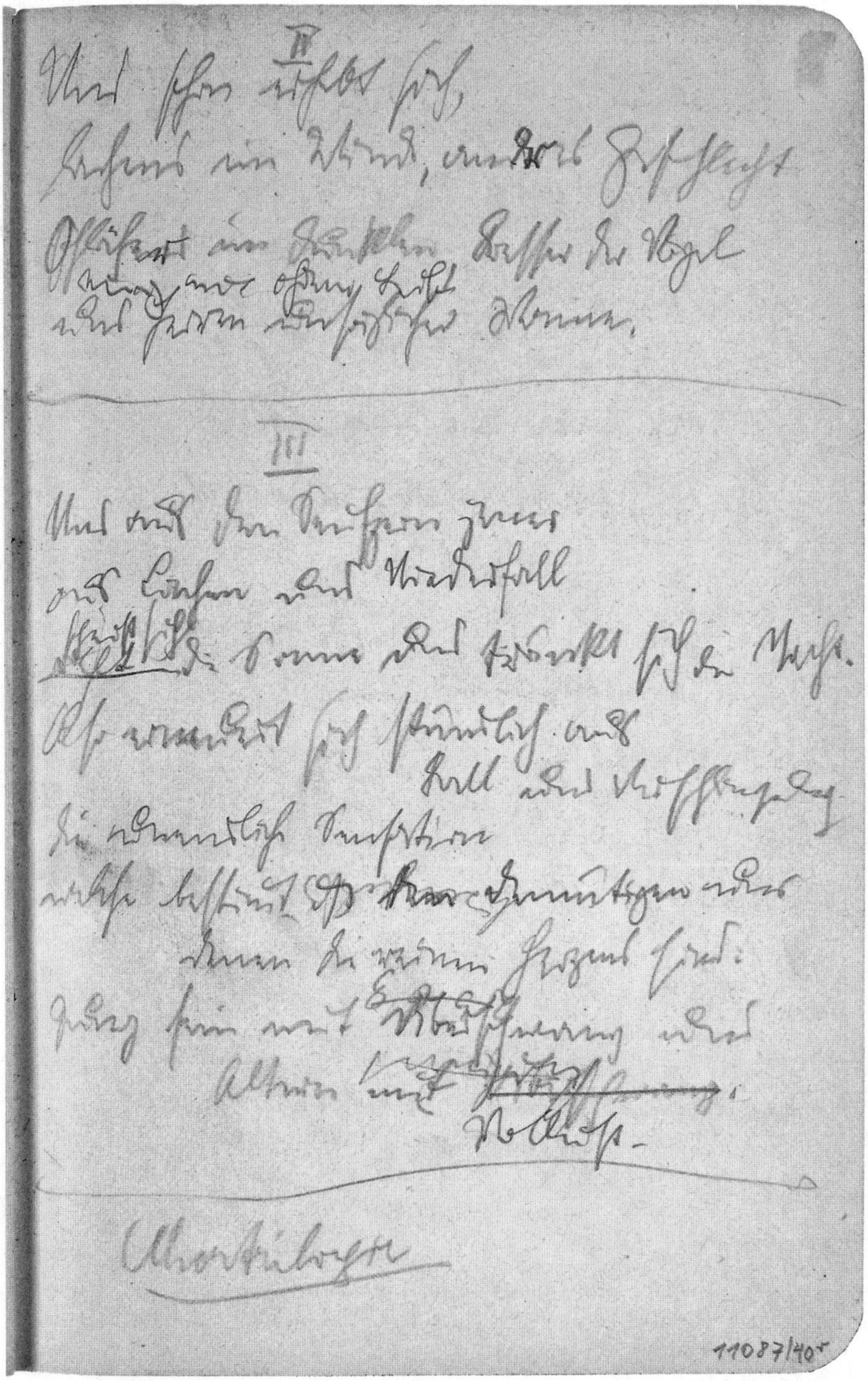
IV
III
11087/40r

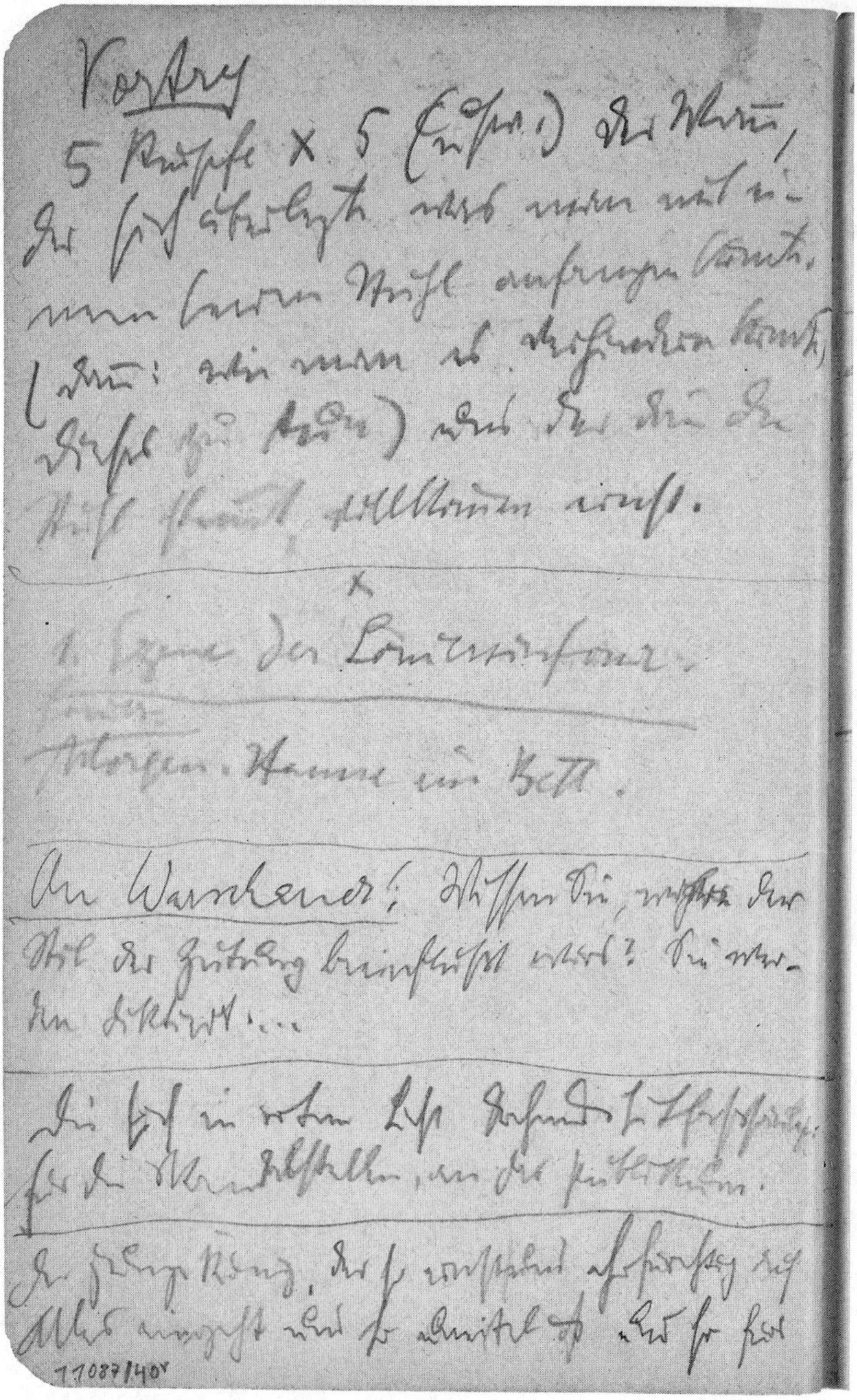
Vortrag
5 [illegible] x 5 ([illegible]) die [illegible],
die sich überlegten was man mit ei-
nem braven Menschen anfangen könnte,
(oder: wie man ihn abschrecken könnte)
[illegible] zu [illegible]) und der [illegible]
[illegible] [illegible] vollkommen [illegible].
x
1. Szene der Kindsmörderin.
Morgen. Hanne im Bett.
An Warschauer! Wissen Sie, welchen der
Stil der Zeitung beeinflusst wird? Sie werden diktiert ...
Die Kritik in ihrem Kampf [illegible] [illegible]
für die Schauspieler, an das Publikum.
Der Zeitungskönig, der [illegible] [illegible]
[illegible] [illegible] und [illegible] [illegible] [illegible]
11087/40v

NB 3, 40v

Vortrag

5 Knöpfe × 5 [¿](usw.) Der Mann,
der sich überlegte was man mit einem leeren Stuhl anfangen könnte,
(dann: wie man es verhindern könnte,
dieses zu tun) und der dann den
Stuhl stemmt, vollkommen ernst.

×

1. Szene der Sommersinfonie:
Sommer:
Morgen. Hanne im Bett.

An Warschauer[:]*!* Wissen Sie, wo[her]*von* der
Stil der Zeitung beeinflußt wird? Sie werden diktiert....

Die sich in rotem Licht drehende Litfaßsäule~~n~~:
für die Skandalstellen, an das Publikum.

Der junge König, der so ernst|und ehrfürchtig auf
Alles eingeht und so uneitel ist und so fürs ⟨→41r.1⟩

14 Warschauer[:]*!*] ⟨andere Lesart:⟩ Warschauer[!]*:*
19 Skandalstellen] ⟨erstes⟩ l ⟨verdeutlicht⟩

⟨40ᵛ.22←⟩ Sichnichtbeschmutzen und Fertig werden. [So!
Soviel Stiefel hat es gekostet?!) Der geht am
Schluß weg, wie aus Vergeßlichkeit.

Roman:
Das ist das Erste: In ein Bett liegen in dem
Platz ist und wo [ma]*de*r Leib warm wird, in
eine Stille hinein in der man ruhen kann mit
einem Dach oben daß der Regen einem nicht
auf den Ko[ff]*pf* fällt: Das ist das Erste.

---

dem
Und so seht ihr denn in ~~diesem~~
Holze da
schwarz, von Thränen zerfressen
den grünen Garraga.

12 dem] ⟨verdeutlicht⟩

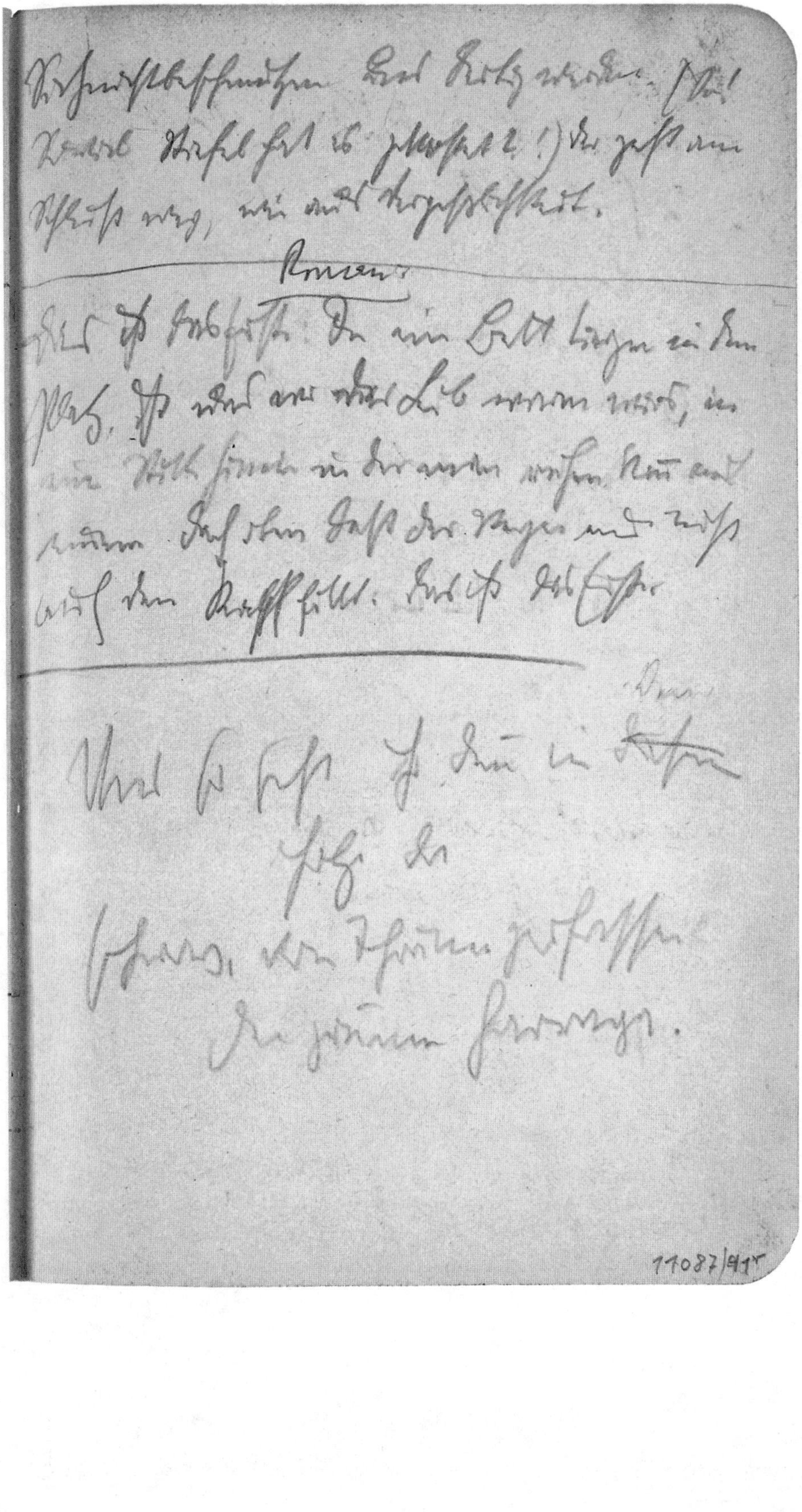

NB 3, 41r

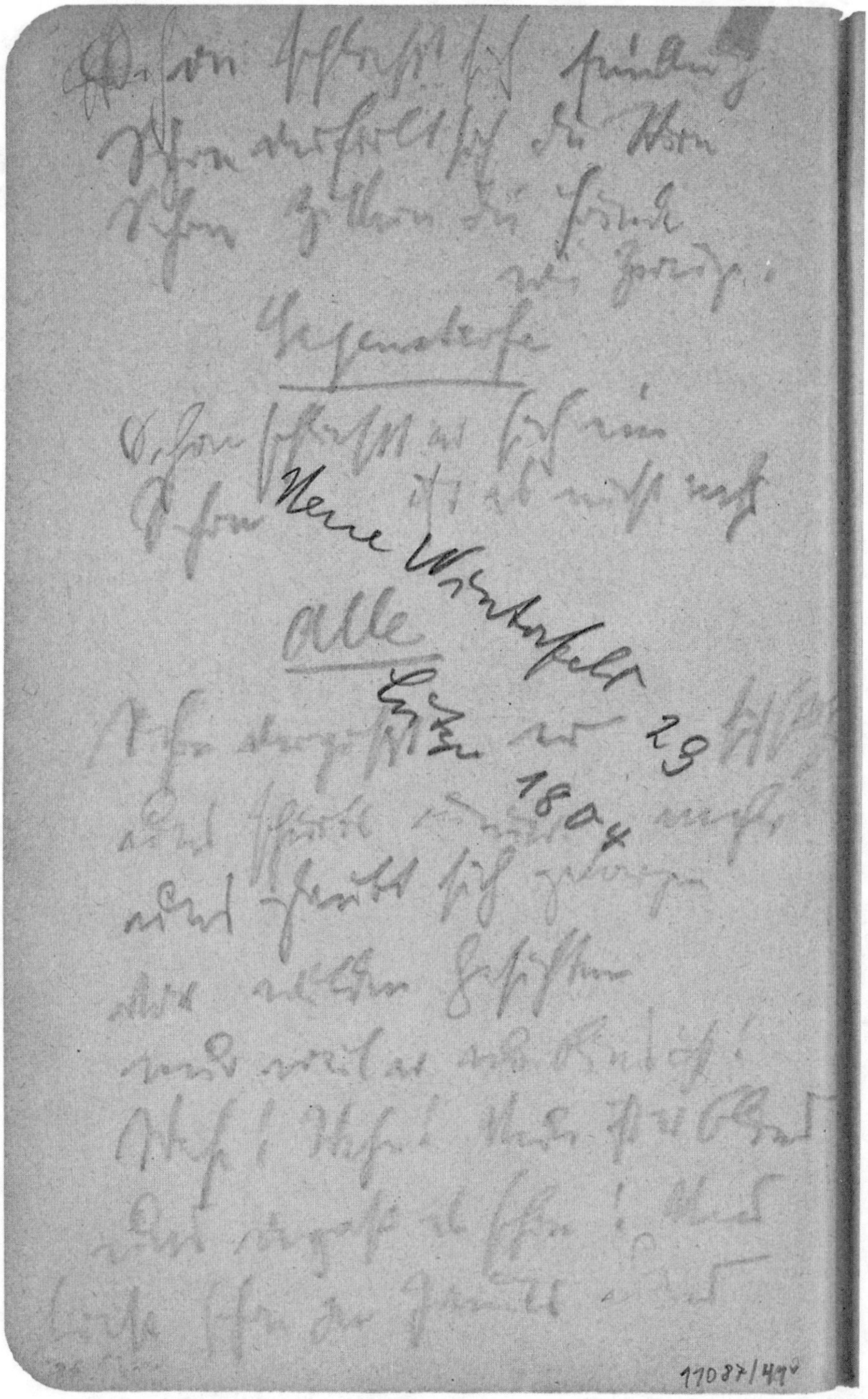

NB 3, 41v

Schon schließt sich sein Aug

Schon verfärbt sich die Stirn

Schon zittern die Hände

wie Zweige.

Gegenstrofe

Schon schließt er sich ein

Schon ist es nicht mehr

Neue Winterfeld 29

Alle

Lützow 1804

Schon vergißt er sich selbst

und spürts nimmer mehr

und glaubt sich geborgen

vor wilden Gesichten

nur weil er nun blind ist!

Wehe! Wehe! Nun ist er blind

und vergaß es schon! Und

ließ schon den Jammer und ⟨→42r.1⟩

1 Schon] S ⟨verdeutlicht⟩

⟨41v.17←⟩ half sich begraben
Schon ist er zufrieden
und schließt seine Augen
Oh der Verlassene! Eifernder
Du

Nun verließ dich der Schmerz
noch!

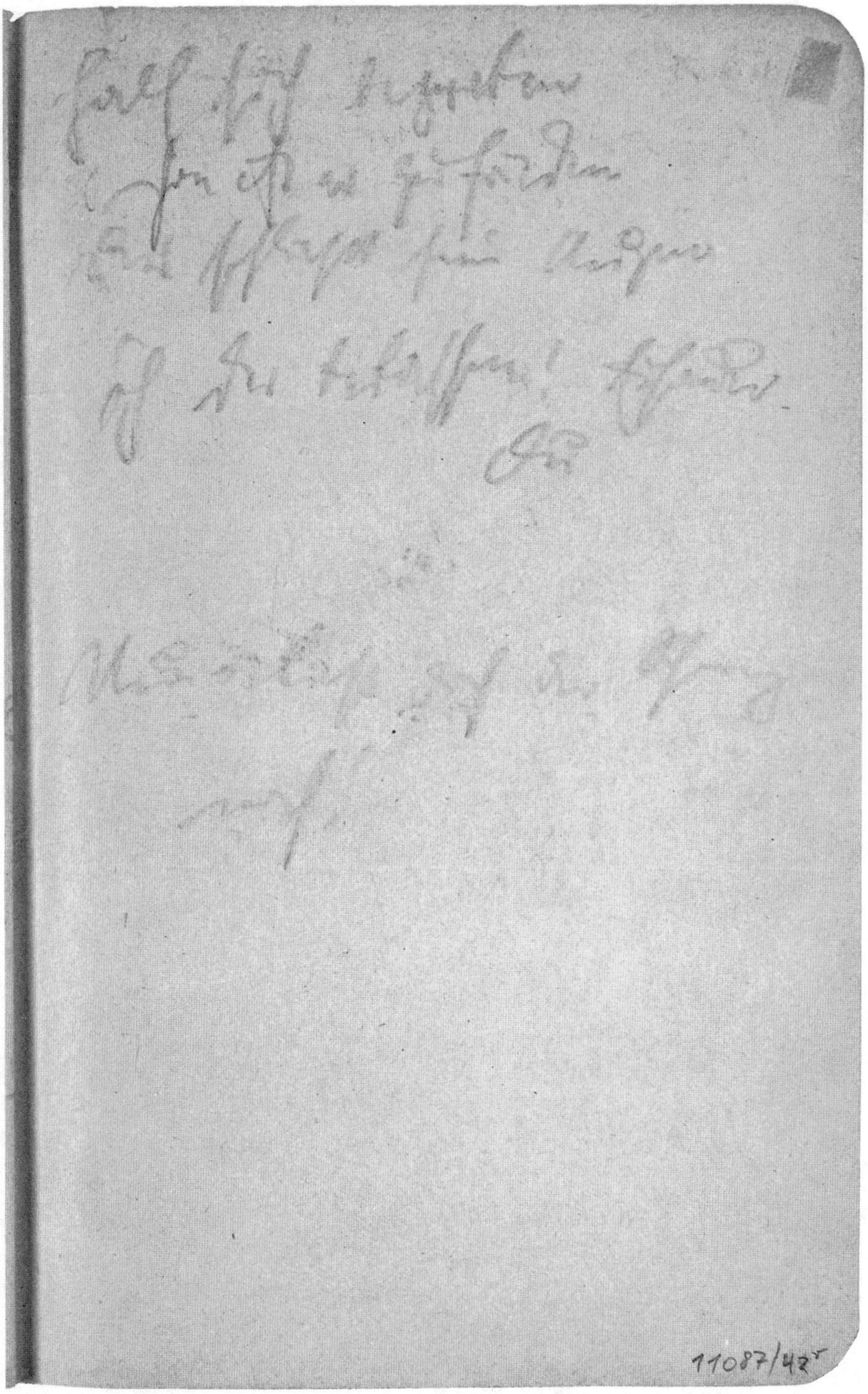

NB 3, 42r

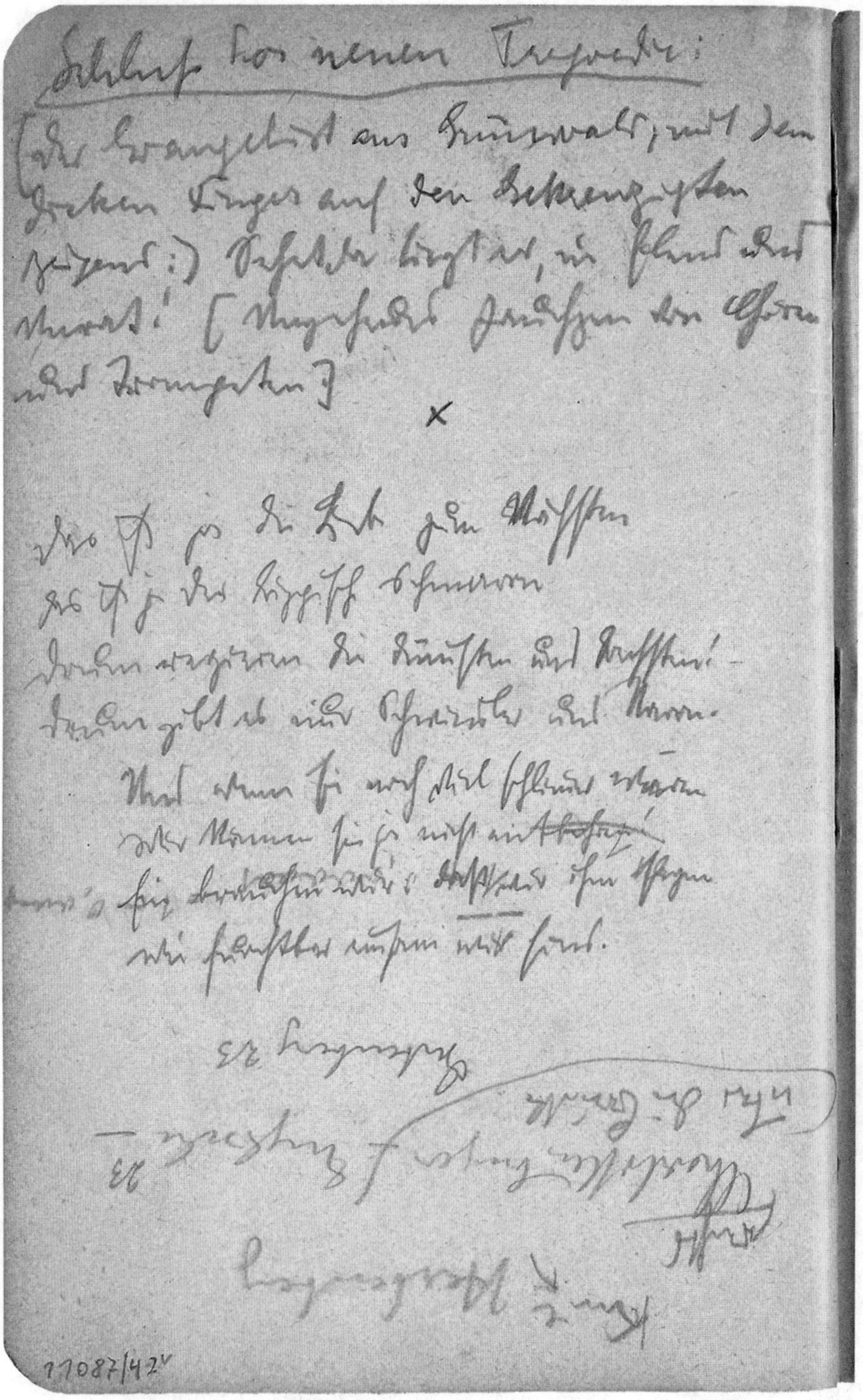
Schluß der neuen Tragödie:
(der Evangelist aus Grunewald, mit dem dicken Finger auf den Bekränzten zeigend:) Sehet, der liegt da, in Schand und Spott! [Ungeheures Jauchzen der Chöre und Trompeten]

x

[illegible]

11087/42v

NB 3, 42[v]

Schluß der neuen Tragoedie:

[Der Evangelist aus Grünewald; mit dem

dicken Finger auf den Gekreuzigten

zeigend:) Sehet da liegt er, in Elend und

Verrat! [Ungeheures Jauchzen von Chören

und Trompeten.]

×

Das ist ja die Liebe zum *N*ächsten

das ist ja der läppische Schmarrn

Drum regieren die Dümmsten und Frechsten!

Drum gibt es nur Schwindler und Narrn.

Und wenn sie noch viel schlimmer w[e]*ä*ren

1 –

Wir können sie ja nicht entbehren!

1 – 0,0001 1 – 0,000001 10

Ein brauchen wir: daß wir ihm sagen

1

wie furchtbar einsam wir sind. ⟨→43r.7⟩

Gutenberg 23

über die Brücke

Charlottenburger – Englische –

23

rechts

Hardenberg

Knie

⟨zunächst Z. 27-13 bei umgedrehtem Notizbuch, dann Z. 1-20 eingetragen⟩

2 Grünewald;] ⟨andere Lesart:⟩ Grünewald[:];

8 *N*ächsten] N ⟨verdeutlicht⟩

13-19 ⟨Ziffern teilweise durch spätere Eintragung überschrieben, aus Gründen der besseren Lesbarkeit in eigenen Zeilen dargestellt; horizontale Striche in Z. 13 und 18 zu den Ziffern gehörig⟩

⟨des Westens⟩ d. W.
Cafe 83, 89, 4

⟨Münchener Straße⟩ Münchner

links

⟨Victoria-Luise-Platz⟩ Victor Luiseplatz

⟨42v.20 ←⟩ Wir lassen uns ja Alles bieten

wollen ja nicht mehr

⟨zufrieden⟩ Wir sind ja mit allem Zufr

das ist ja schon so ordinär

Drum ist er mit uns ja so barsch

Wir lecken ihn ja am Arsch

⟨drei vorangehende Blätter herausgerissen⟩

J. W.

lese 83, 85, 4

[illegible]

[illegible]

[illegible]

[illegible]

[illegible]

[illegible]

[illegible]

[illegible]

[illegible]

11087/43r

NB 3, 43r

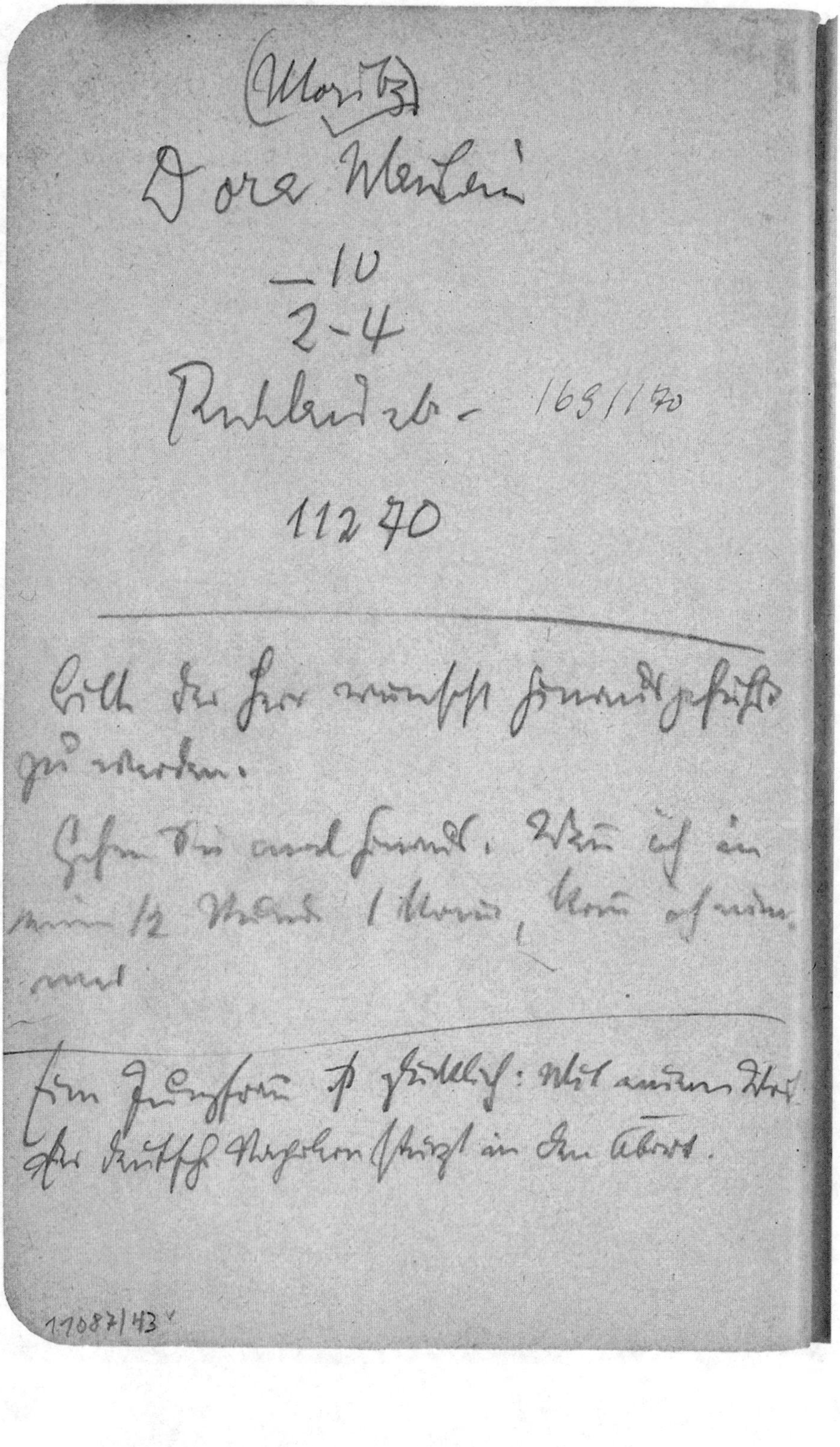

NB 3, 43v

(Moritz)

Dora Mannheim

– 10

2-4

Ruhlandstr. 169 / 170

11270

Bitte der Herr wünscht hinausgeführt zu werden.

Gehen Sie mal hinaus. Wenn ich in einer /2 Stunde nicht komme, komm ich nimmer ⟨halben Stunde⟩

Eine Jungfrau ist glücklich: Mit einem Wort: ⟨44r.14←⟩
[Ei]*De*r deutsche Napoleon stürzt in den Abort.

5 169 / 170] ⟨mit dünner braunschwarzer Tinte nachgetragen⟩

14 Wort:] ⟨Doppelpunkt im Bundsteg, in der Reproduktion nicht sichtbar⟩

Ich liebe dich so sehr daß ich erblasse

wenn du den Himmel zärtlich ansiehst, du

Wenn du mir sagst ich soll ¿¿¿¿¿¿

würgen, dann will ichs tun

An diesem Tage will ich dich

nicht sehn.

Eines Tages Geheul und Geweine

Aber Frau Rosa Palitzki bringt die

Sache ins Reine.

Eine
~~Die~~ Jungfrau ist züchtig und munter

der deutsche Shakespaer fließt den

⟨→ 43v.14⟩ Kanal hinunter.

3 ¿¿¿¿¿¿] ⟨mögliche Lesarten:⟩ das Tier ⟨,⟩ die Täter ⟨; vielleicht Überschreibung⟩

5 An] A ⟨verdeutlicht⟩

13 Shakespaer] ⟨andere Lesart:⟩ Shakespeer

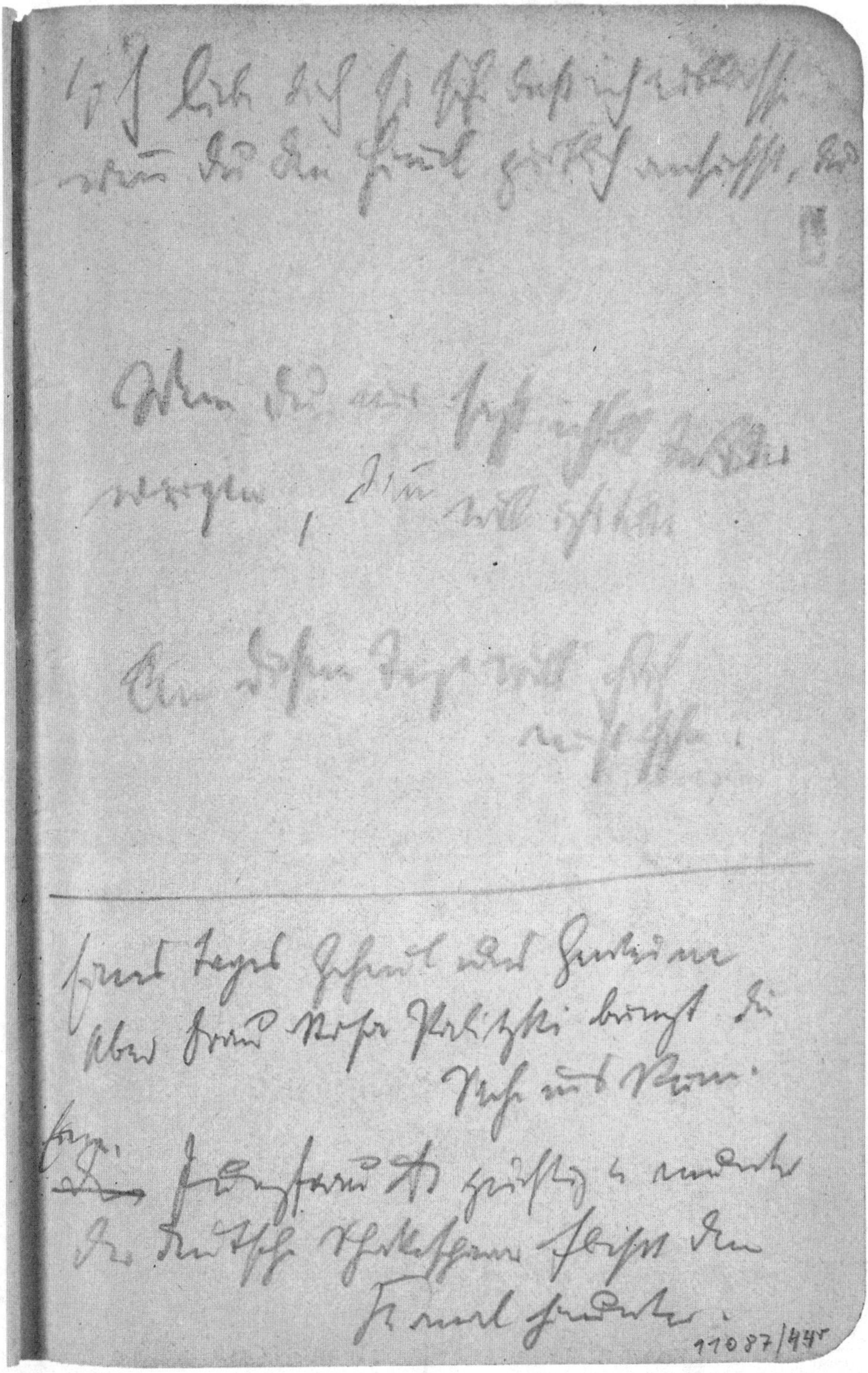

NB 3, 44r

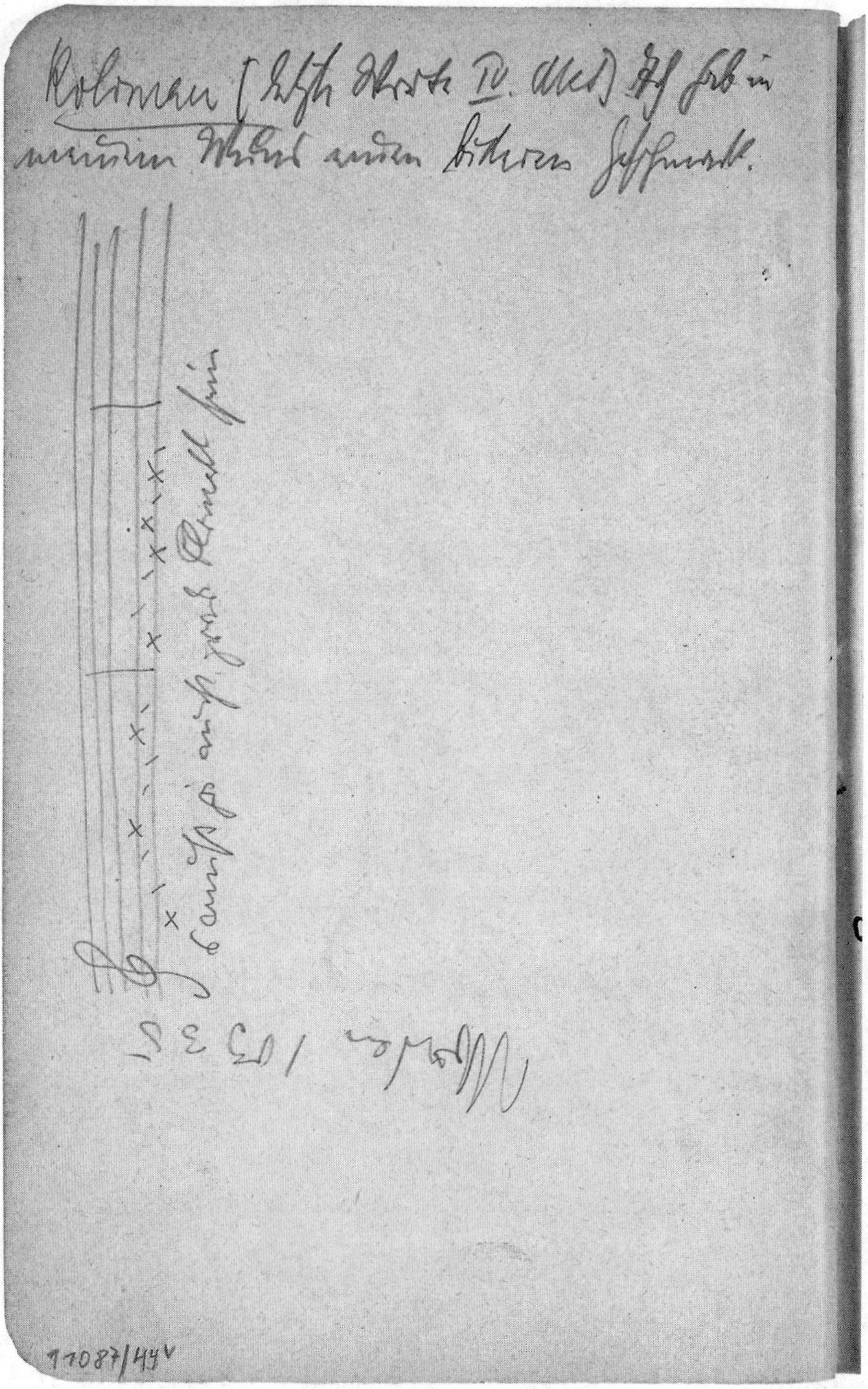

NB 3, 44v

Koloman [letzte Worte IV. Akt] Ich hab in meinem Mund einen bitteren Geschmack.

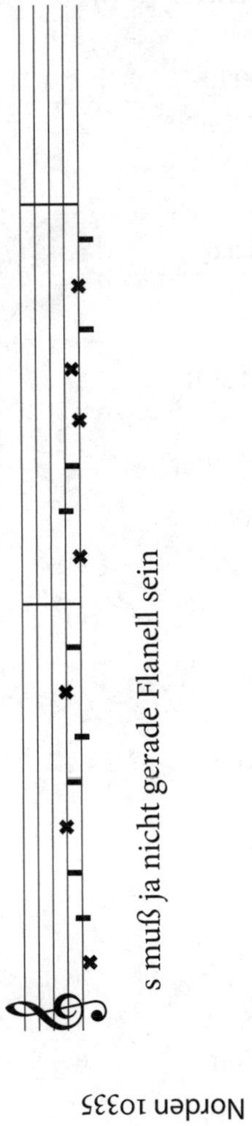

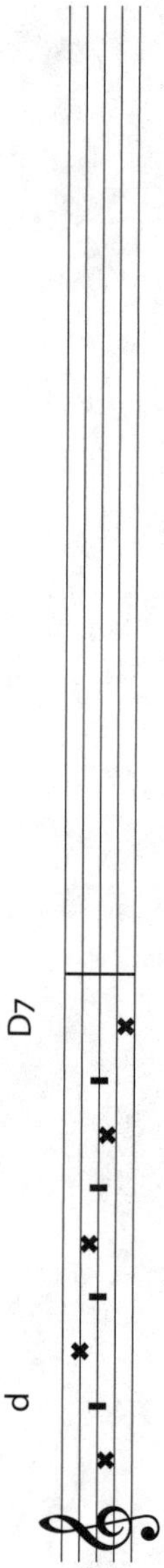

Lied der Schwestern

In den finstern Wäldern, sagt man
wächst er auf wie fremdes, sanftes Vieh.
Viele Männer kamen von den Wäldern:
Aber aus den Wäldern kam er nie.

jenen Feldern
Und man sagte uns: in ~~großen Städten~~
mit den Bäumen wächst er sanft und still.
Aber viele kamen von den Feldern. Keiner
der uns seinen Ort verraten will.

In den Städten, sagt man, leben Viele.
Und in Höfen sie[¿]*h*t man viele stehn.
Viele fragten wir die dort her kamen:
Aber keiner hatte ihn gesehn.

Seitdem denken wir: in weißen Wolken
gibt es oft ein sonderbares Licht.
Vielleicht sehen wir einst in den Wolken
weiß, vom Wind verweh[t]*e*t, sein Gesicht.

⟨ganze Seite grünschwarze Tinte, wie 45v-47v.8;
teilweise Durchschlag der Tinte von 45v⟩
11 leben] l ⟨verdeutlicht⟩

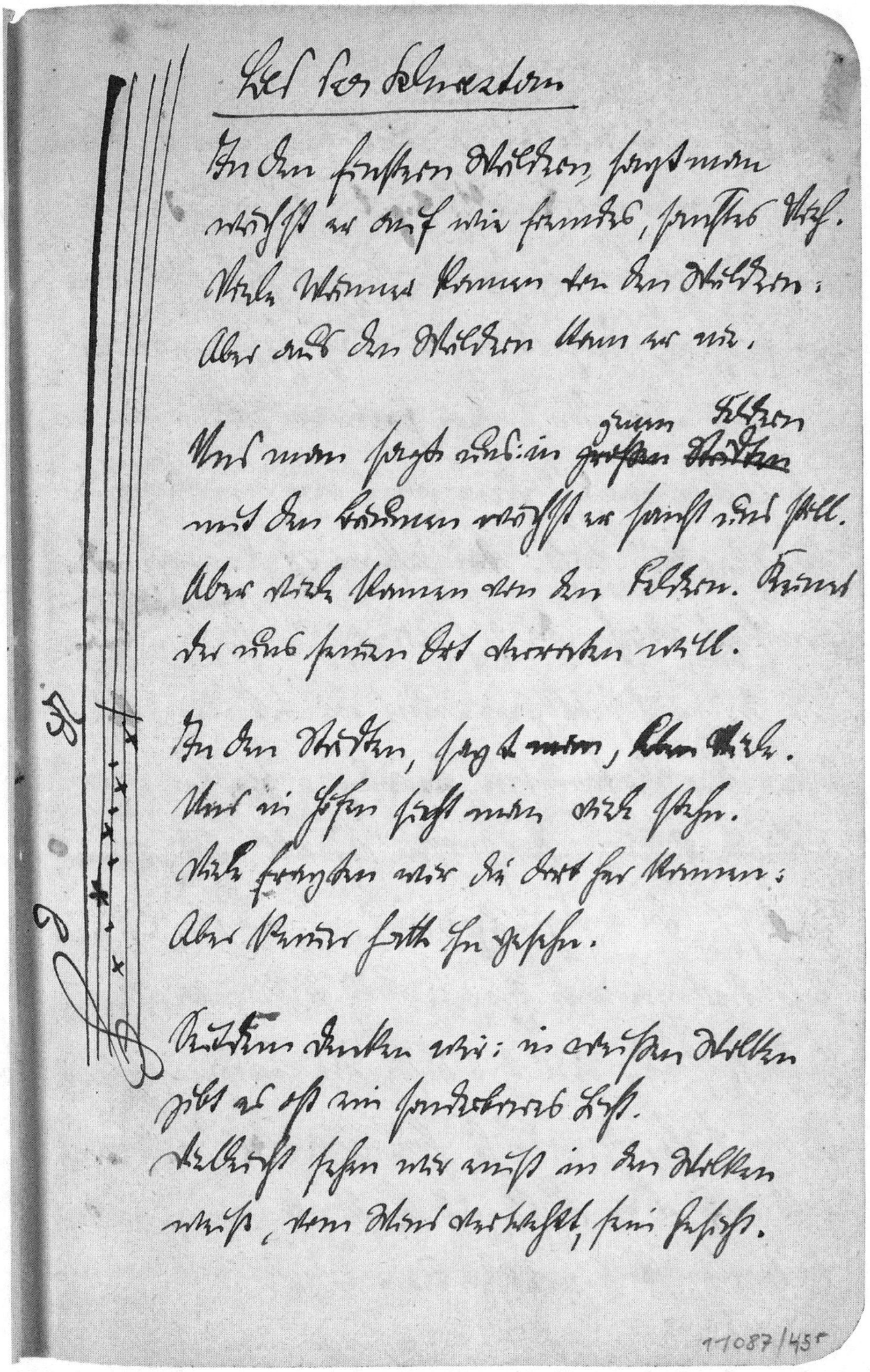

NB 3, 45r

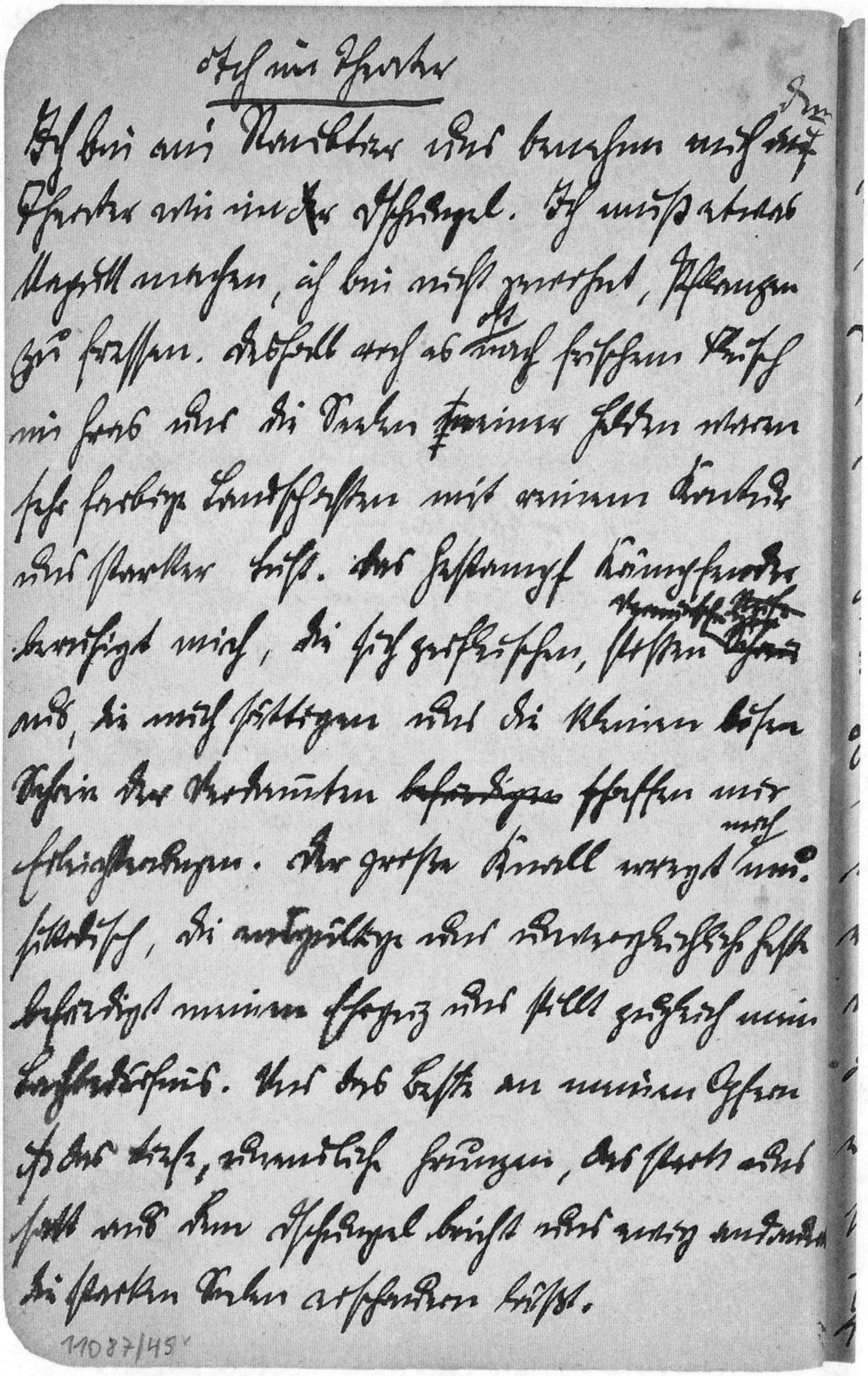

NB 3, 45v

Ich im Theater

dem
Ich bin ein Raubtier und benehme mich auf
Theater wie i[n]*m* ~~der~~ Dschungel. Ich muß etwas
kaputt machen, ich bin nicht gewohnt, Pflanzen
oft
zu fressen. Deshalb roch es nach frischem Fleisch
im Gras und die Seelen [se]*m*einer Helden waren
sehr farbige Landschaften mit reinem Kontur
und starker Luft. Das Gestampf Kämpfender
~~Rufe~~
Verwünschungen
beruhigt mich, die sich zerfleischen, stoßen ~~Schreie~~
aus, die mich sättigen und die kleinen bösen
Schreie der Verdammten ~~befriedigen~~ schaffen mir
mich
Erleichterungen. Der große Knall erregt musikalisch, die endgültige und unvergleichliche Geste
befriedigt meinen Ehrgeiz und stillt zugleich mein
Lachbedürfnis. Und das Beste an meinen Opfern
ist das tiefe, unendliche Grunzen, das stark und
satt aus dem Dschungel bricht und ewig andauernd
die starken Seelen erschauern läßt.

⟨ganze Seite grünschwarze Tinte, wie 45r, 46r-47v.8⟩
1 Ich im Theater] ⟨vielleicht nachgetragen⟩

Über die deutsche Literatur

Wir Deutschen bilden uns auf unsern [M]*Er*nst viel ein, wir haben die Auffassung daß d[ie]*as* Gegenteil von Ernst Leichtfertigkeit ist und daß Leichtfertigkeit verdammt werden muß. Andere Völker haben andere Auffassungen.

Wir finden, daß der Humor eine schlechte und bequeme Methode ist, den Dingen beizukommen. Wir setzen voraus daß die Dinge allemal zu Sorgen Anlaß geben, daß unsere Auffassung von ihnen richtig ist und wir hoffen, man nimmt uns ernster wenn wir selbst ernst sind. Wir haben ein tiefes Mißtrauen gegen Alles was leicht geht, wir vermuten sofort, daß der Leicht-Fertige den Nachdruck auf das Leicht setzt und daß nicht etwa der Mann besser ist, sondern seine Arbeit schlechter.

Es gibt nun Völker, die mit uns darin übereinstimmen daß die Dinge ~~von~~ Ernst beanspruchen kön- ⟨→ 46v.1⟩

⟨ganze Seite grünschwarze Tinte, wie 45r-45v, 46v-47v.8⟩

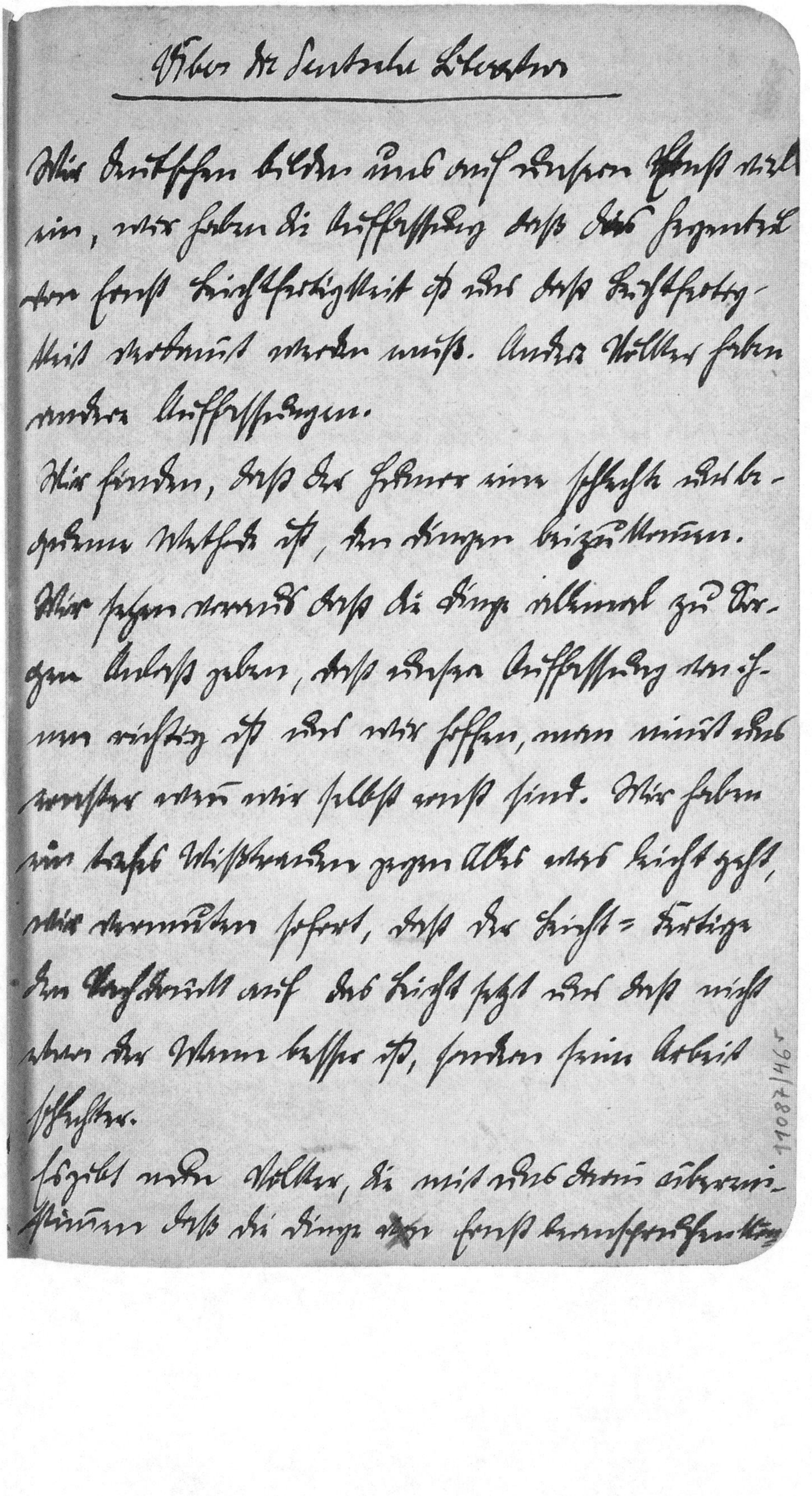

Über die deutsche Literatur

Wir Deutschen bilden uns auf unsere Kunst viel ein, wir haben die Auffassung dass der eigentliche Feind der Kunst Leichtfertigkeit ist und dass Leichtfertigkeit bekämpft werden muss. Andere Völker haben andere Auffassungen.

Wir fanden, dass der Schweiß eine schlechte und bequeme Methode ist, den Dingen beizukommen.

Wir sehen voraus dass die Dinge allemal zu [illegible] Anlass geben, dass diese Auffassung [illegible] richtig ist und wir hoffen, man wird uns [illegible] weiter [illegible] wir selbst [illegible] sind. Wir haben ein tiefes Mißtrauen gegen alles was leicht geht, wir vermuten sofort, dass der Leicht = Fertige den Nachdruck auf das Leicht legt und dass nicht etwa der Mann besser ist, sondern seine Arbeit schlechter.

Es gibt andere Völker, die mit uns darin übereinstimmen dass die Dinge der Kunst [illegible]

11087/46r

NB 3, 46r

nen, zu die es sogar für nötig halten, Dinge wegzunehmen, die wir für komisch halten (denn wir haben dicke Vorstellungen von Komik, bei uns repräsentieren die Clowns den Humor) oder ich möchte glauben, sie leiden das Wesen des Humors.

Humor ist Distanzgefühl.

Ich habe gesehen es fehlt einem Engländer nicht an, seine Ansichten prinzipiell durchzudenken, wenn es nicht zum Geschäft gehört. Wir sind es gewohnt, gewisse Gesichtswinkel sofort zu annektieren und alles dann frisch oder vielmehr: warm auf das Material zu werfen. Wir verschlingen die Wursthaut mit, wir schalten die Nase aus, wenn es sich um Geschäfte des Magens handelt. Bei den Geistererscheinungen ~~ist~~ ist Gott schuld, der die Würste und die Mägen macht.

Unsere Literatur ist überraschend standpunktlos. Wenn man Richtung hat ~~die~~ oder Gesinnung, dann ist das Material ein zu durchschreitendes, ~~und~~ ebenso nen, ja die es sogar für nötig halten, Dinge ernst zu nehmen, die wir für komisch halten (denn wir haben dicke Vorstellungen von Komik, bei uns repressentiere*n* die Clowns den Humor) und ich möchte glauben, sie tun das kraft ihres Humors. ⟨46r.19←⟩

Humor ist Distanzgefühl.

Ich habe gelesen es falle einem Engländer nicht ein, seine Ansichten prinzipiell durchzudrücken, wenn es nicht zum Geschäft gehört. Wir sind es gewohnt, gewisse Gesichtswinkel sofort zu anektieren und uns dann fröhlich oder vielmehr: ernst auf das Material zu werfen. Wir verschlingen die Wursthaut mit, wir schalten die Nase aus, wenn es sich um Geschäfte des Magens handelt. Bei Vergiftungserscheinungen ~~wo~~ ist Gott schuld, der die Würste und die Mägen macht.

Unsere Literatur ist überraschend standpunktlos. Wenn man Kipling liest ~~oder~~ und Hamsun, dann ist das Material ein grundverschiedenes, ~~enb~~ ebenso ⟨→47r.1⟩

⟨ganze Seite grünschwarze Tinte, wie 45r-46r, 47r-47v.8⟩

12 ⟨Abdruck der Tinte von 47r.13-14⟩

⟨46v.20←⟩ der Gesichtswinkel, aber hinter dem Material steht der Mann auf einem Punkt, den man genau sieht und der Mann ist die Hauptsache. Er sagt seine Ansicht, falsch oder richtig, d. h. nach unserm Geschmack oder nicht nach unserm Geschmack, es ist ein Mann, der uns erlaubt, uns über ihn zu stellen und ihn beim Schreiben zu betrachten.

Es scheint, der Mann nimmt sich nicht so ernst wie er die Dinge nimmt.

Weiß Gott: es ist nichts so komisch, als der Totenernst, den etwa der rasende Kasimir sich selbst verleiht. Auch ~~Kaum~~ die Komik jener Leser, die ihn wiederum ernst nehmen, ihn und sein bedrucktes Papier, reicht nicht ganz an seine eigene Komik heran. Dieser Spießer sitzt da und zweifelt nicht an der Göttlichkeit seiner Ins- und Transspiration und knallt jeden mit der linken Hand nieder, der es wagt, leicht zu grinsen über das was seine rechte Hand schreibt, ü-

⟨→47v.1⟩ ber die Ehrfurcht, die der tolle Schmidt vor seinem

⟨ganze Seite grünschwarze Tinte, wie 45r-46v, 47v.1-8⟩

der Gesichtswinkel, aber hinter dem Material steht
Mann auf einem Podest, den man genau sieht und
der Mann ist die Hauptsache. Er sagt seine Ansicht, falsch
oder richtig, d.h. nach unserem Geschmack oder nicht
nach unserem Geschmack, es ist ein Mann, der uns
erlaubt, uns über ihn zu stellen oder ihn beim
Schreiben zu betrachten.

Es scheint, der Mann nimmt sich nicht so ernst wie
er die Dinge nimmt.

Man sieht: es ist nichts so komisch, als der Lebens-
ernst, den der etwa arme Kasimir sich selbst erlaubt.
~~Sondern~~ Auch die Komik jener Leser, die ihn wirklich ernst
nehmen, ihn oder sein bedrucktes Papier, reicht
nicht ganz an seine eigene Komik heran. Dieser
Schreiber sitzt da und zweifelt nicht an der Göttlichkeit
seiner Lebens- und Kunstanschauung und knallt zuletzt
mit der linken Hand wieder, der es wagt, leicht zu
grinsen über das was seine rechte Hand schreibt, u.
über die Erhabenheit, die der tolle Schmiss der feinen

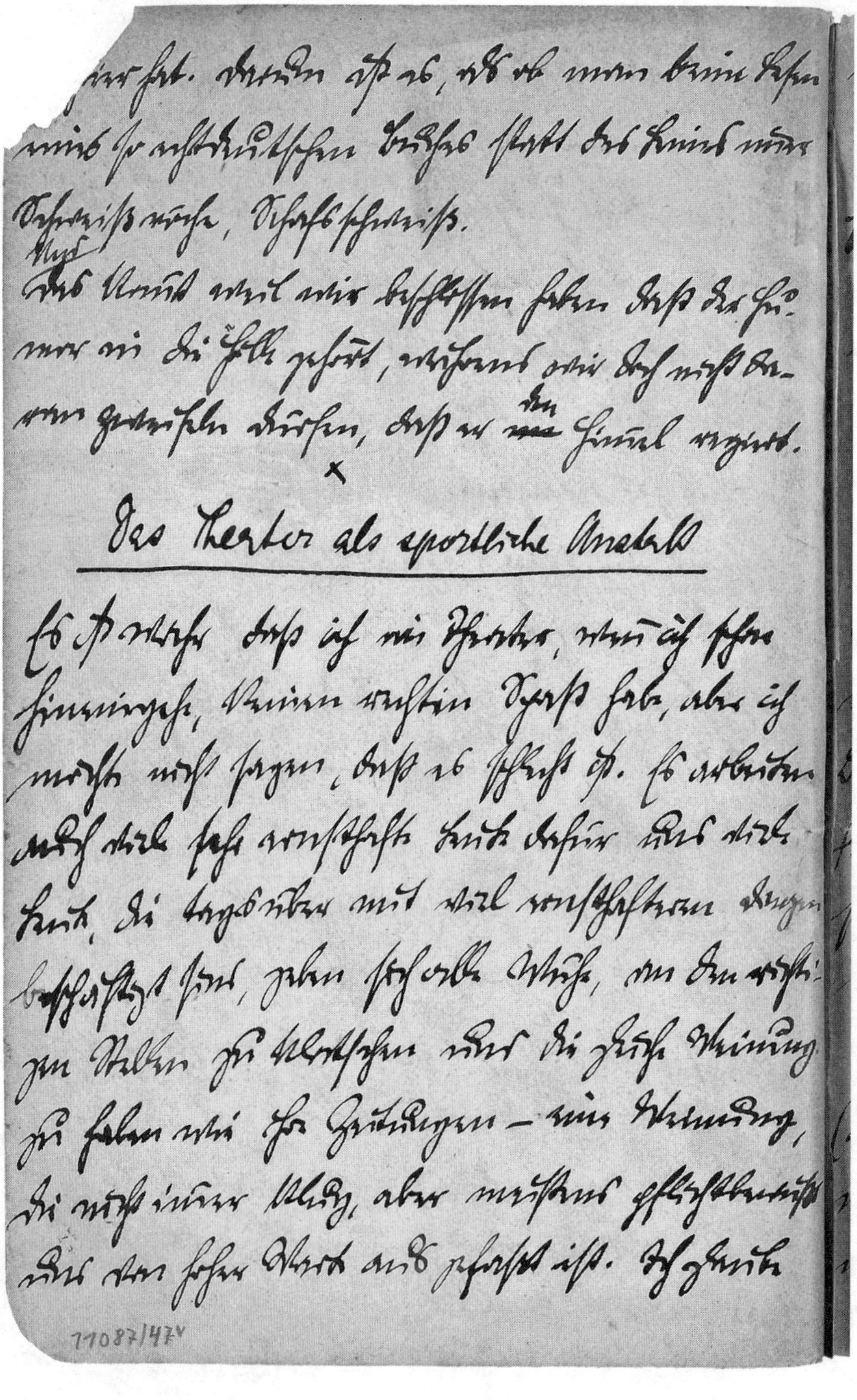

NB 3, 47v

Papier hat. Darum ist es, als ob man beim Lesen eines so echtdeutschen Buches statt des Leims immer Schweiß röche, Schafsschweiß. 〈47r.21←〉

Und Das kommt weil wir beschlossen haben daß der Humor in die Hölle gehört, während wir doch nicht daran zweifeln dürfen, daß er ~~im~~ den Himmel regiert.

×

Das Theater als sportliche Anstalt

Es ist wahr daß ich im Theater, wenn ich schon hineingehe, keinen recht[i]*e*n Spaß habe, aber ich möchte nicht sagen, daß es schlecht ist. Es arbeiten auch viele sehr ernsthafte Leute dafür und viele Leute, die tagsüber mit viel ernsthafteren Dingen beschäftigt sind, geben sich alle Mühe, an den richtigen Stellen zu klatschen und die gleiche Meinung zu haben wie ihre Zeitungen – eine Meinung, die nicht immer klug, aber meistens pflichtbewußt und von hoher Warte aus gefaßt ist. Ich glaube 〈→48r.1〉

〈Z. 1-8 grünschwarze Tinte, wie 45r-47r; Z. 9-20 schwarze Tinte, wie 48r-49v〉

⟨47v.20←⟩ nur: ich habe keinen rechten Spaß im Theater, weil diese Leute alle einen falschen Begriff vom Theater haben.

Es ist eine unserer eigentümlichsten Krankheiten, daß wir, wenn wir einmal erkannt haben daß etwas so oder so gut wäre, alle erdenklichen Torheiten begehen um es so – oder so zu machen, auch wenn etwas ganz Anderes herauskommt: Und das ganz Andere halten wir dann, nur weil es das Beste ist, was wir leisten können und weil es auch das Beste ist was wir wollen können, für das ganz Gute, was wir angestrebt haben. Das ist eine unserer eigentümlichsten Krankheiten, sie kommt überall vor bei uns.

Unsere neuen Besserer, die die Herrschaft über das (literarische) Theater in die Hände bekamen, nicht weil sie besser als die vor ihnen, sondern weil sie neu waren, haben das Theater aus einem Hör- ⟨→48v.1⟩

⟨ganze Seite schwarze Tinte, wie 47v.9-20, 48v-49v; vorangehendes Blatt herausgerissen; Z. 16-17 Abdruck der Tinte von 48v.16⟩

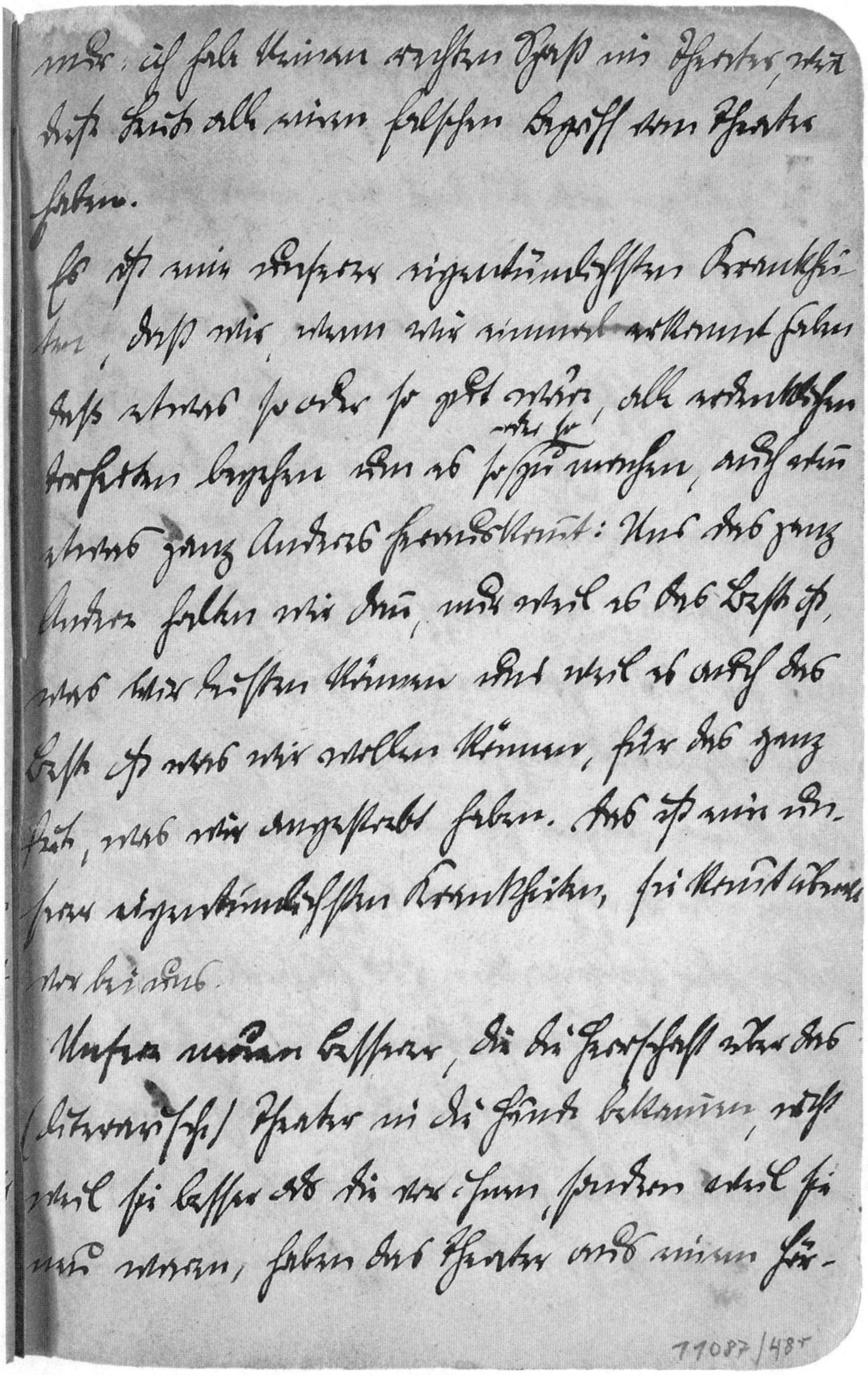
mehr: ich habe keinen rechten Spaß im Theater, weil
dies Stück alle einen falschen Begriff vom Theater
haben.
Es ist eine unserer eigentümlichsten Krankheiten, daß wir, wenn wir einmal erkannt haben
daß etwas so oder so geht [illegible], alle wesentlichen
Kräfte[n] [illegible] um es so zu machen, auch wenn
etwas ganz Anderes herauskommt: Und das ganz
Andere halten wir dann, nur weil es das Beste ist,
was wir leisten können oder weil es auch das
Beste ist was wir wollen können, für das ganz
[illegible], was wir angestrebt haben. Das ist eine unserer eigentümlichsten Krankheiten, sie kommt aber
vor bei [illegible].
Unsere neuen Besseren, die die Herrschaft über das
(literarische) Theater in die Hände bekamen, nicht
weil sie besser als die [illegible] waren, sondern weil sie
neuer waren, haben das Theater auch einen Ver-
11087/48r

NB 3, 48r

sol sie biegen oder abschalten in einem Kanzel verbinden wollen. Die beiden Kanzeln
oder schrieen aus Pilatus an, man solle in
die Kanzel kommen, sie seien aber im Dunkel.
Und dann ~~standen sie~~ kamen die guten Leute
und ihren Geschöpfen, ihren Kränzchen oder sie,
geliebt oder schön, in ihren besten Anzügen
oder dann standen sie selber auf den Kanzeln
oder schrieen, der Mensch müsse sich wenden,
und sei gut, Ihr warnt Aufpasst umzugehen,
wegen ~~abscheul~~ verabscheuungswürdig oder einige
von ihnen stachen sich mit Messern durch die
Arme oder verschluckten Frösche oder schnitten
Kinder oder bekannten 800 Scheusslichkeiten oder
zeigten ihre Vernarbungen. Und die Leute unten behielten sich ruhig oder würdig, denn sie
verstanden zum Glück wenigstens die Sprache der
Redner nicht genau oder sparten die Mäuler

sal für Biologie oder Psychologie in einem Tempel umbauen wollen. Sie bauten Kanzeln und schlugen rote Plakate an, man solle in die Tempel kommen, sie seien eben im Tempel. Und dann ~~standen sie~~ kamen die guten Leute aus ihren Geschäften, ihren Kämpfen um Eier, Geliebte und Ehren, in ihren besten Anzügen und dann standen sie selber auf den Kanzeln und schrieen, der Mensch müsse sich erneuern, gut sei gut, Tyrannei äußerst unangenehm, dazu ~~absolut~~ verabscheuungswürdig und einige von ihnen stachen sich mit Messern durch die Arme oder verschluckten Frösche oder spieen Feuer oder balanzierten 800 Elefanten oder zeigten ihre Krampfadern. Und die Leute unten verhielten sich ruhig und würdig, denn sie verstanden zum Glück wenigstens die Sprache der Neuerer nicht genau und sperrten die Mäuler

⟨48r.19←⟩ ⟨→49r.1⟩

⟨ganze Seite schwarze Tinte, wie 47v.9-48r, 49r-49v⟩
11 ~~absolut~~] ⟨kreuzweise Streichung mit Bleistift⟩

⟨48v.18←⟩ auf daß man hinabsehen konnte bis in ihre Mägen und da war nichts drinnen. Dann aber, als die Leute wußten daß Tyrannei unangenehm, dazu verabscheuungswürdig und gut gut sei, gingen sie beruhigt fort und kamen nie mehr.

Und doch befanden sie sich nur in einem Irrtum. Ganz dieselben Leute, die da Feuer spien und sich stachen, hätten sie ganz wunderbar unterhalten, wenn sie wo anders aufgetreten wären, nämlich im Zirkus.

Ganz dieselben Leute wie die, welche weggingen, hätten dort die Röcke ausgezogen und Wetten abgeschlossen und mitgepfiffen und sich ganz wundervoll gut unterhalten.

Aber das konnten sie nicht in der Kirche.

In der Kirche haben wir keinen Spaß an sowas.

Die Leute, die die Plakate entwarfen (und dabei ging schon viel zu viel Genie drauf!) hatten ⟨→49v.1⟩

⟨ganze Seite schwarze Tinte, wie 47v.9-48v, 49v; teilweise Durchschlag der Tinte von 49v⟩

auch, daß man hexenhafte Menschen hat an ihr Wesen
weil die aber nichts können. Denn aber, als die
Leute wußten, daß Hexerei ungefährlich, daß
verabscheuungswürdig oder gar gut sei, zogen sie
beleidigt fort oder kamen nie mehr.

Nur doch befanden sie sich nie in einem Zelten.
Ganz dieselben Leute, die die Kinder schlagen oder
sich streiten, sollten sie ganz wunderbar unterhalten, wenn sie ein anderes aufgehoben wären,
nämlich im Gottesdienst.

Ganz dieselben Leute wie die, welche weggingen,
sollten doch die Reihe entlangziehen oder Mütter
abgeschlossen oder eingeschlossen oder sich ganz
gut
wundervoll unterhalten.

Aber das kennten sie nicht in der Kirche.
In der Kirche haben wir keinen Spaß gemacht.

Die Leute, die die Plakate ankleben (oder dabei ganz schön viel zu viel Geld kriegen!) sollten

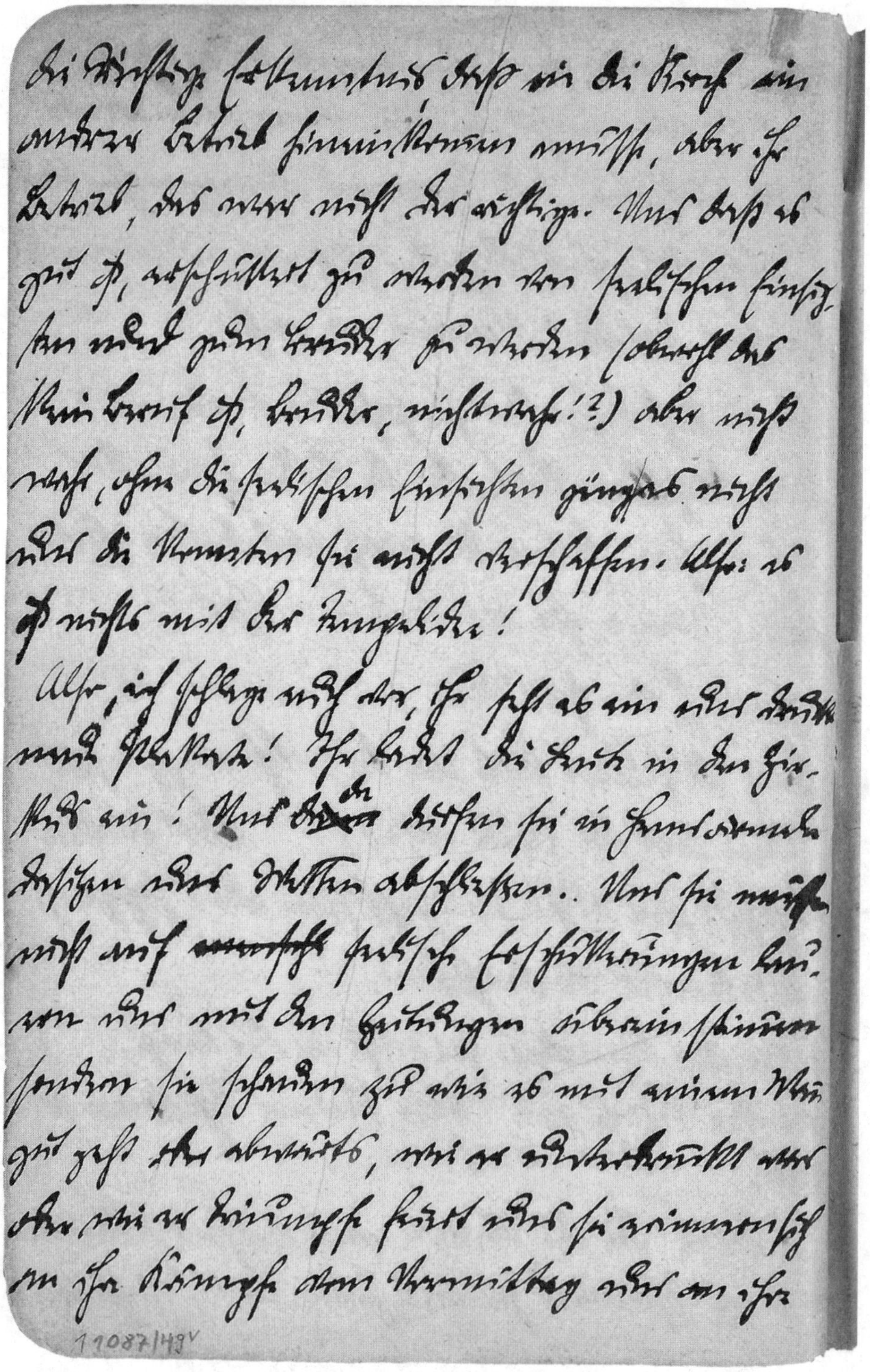

NB 3, 49v

die [R]*r*ichtige Erkenntnis, daß in die Kirche ein andrer Betrieb hineinkommen müsse, aber ihr Betrieb, das war nicht der richtige. Und daß es gut ist, erschüttert zu werden von seelischen Einsichten und zum Bruder zu werden (obwohl das kein Beruf ist, Bruder, nichtwahr!?) aber nicht wahr, ohne die seelischen Einsichten ging|es nicht und die konnten sie nicht verschaffen. Also: es ist nichts mit der Tempelidee! ⟨49r.20 ←⟩

Also, ich schlage euch vor, ihr seht es ein und druckt neue Plakate! Ihr ladet die Leute in den Zirkus ein! Und ~~dann~~ da dürfen sie in Hemdärmeln dasitzen und Wetten abschließen. Und sie müssen nicht auf ~~menschli~~ seelische Erschütterungen lauern und mit den Zeitungen überein stimmen sondern sie schauen zu wie es mit einem Mann gut geht oder abwärts, wie er unterdrückt wird oder wie er Triumpfe feiert und sie erinnern sich an ihre Kämpfe vom Vormittag und an ihre

⟨ganze Seite schwarze Tinte, wie 47v.9-49r⟩
14 abschließen.] ⟨zweiter Punkt nicht signifikant⟩
18 wird] ⟨andere Lesart:⟩ war
20 ihre] ⟨Fortsetzung auf einem anderen, nicht identifizierten Blatt⟩

⟨Fräulein⟩ Frln Dora Mannheim

Uhlandstraße 169/170

[¿¿]Steinplatz

112 70

---

24. 3. 20. Flor¿

Schauspielhaus am Gendarmen

[platz]*Markt*

Kaspar Hauser

⟨Paul Verlaine⟩ [1]3 Verlaine

Aphorismen

Nachtlied

---

die Tage des Lebens vergingen	
– / – – / – – / –	/ – / – / – / –
– / – – / – – /	/ – / – / – /
	als ich einst

[– / / – / –]*the ri*ngs on the fingers and the

/ – / – /

– / / – / / – /

9-13 ⟨und geschweifte Klammer grünschwarze Tinte⟩

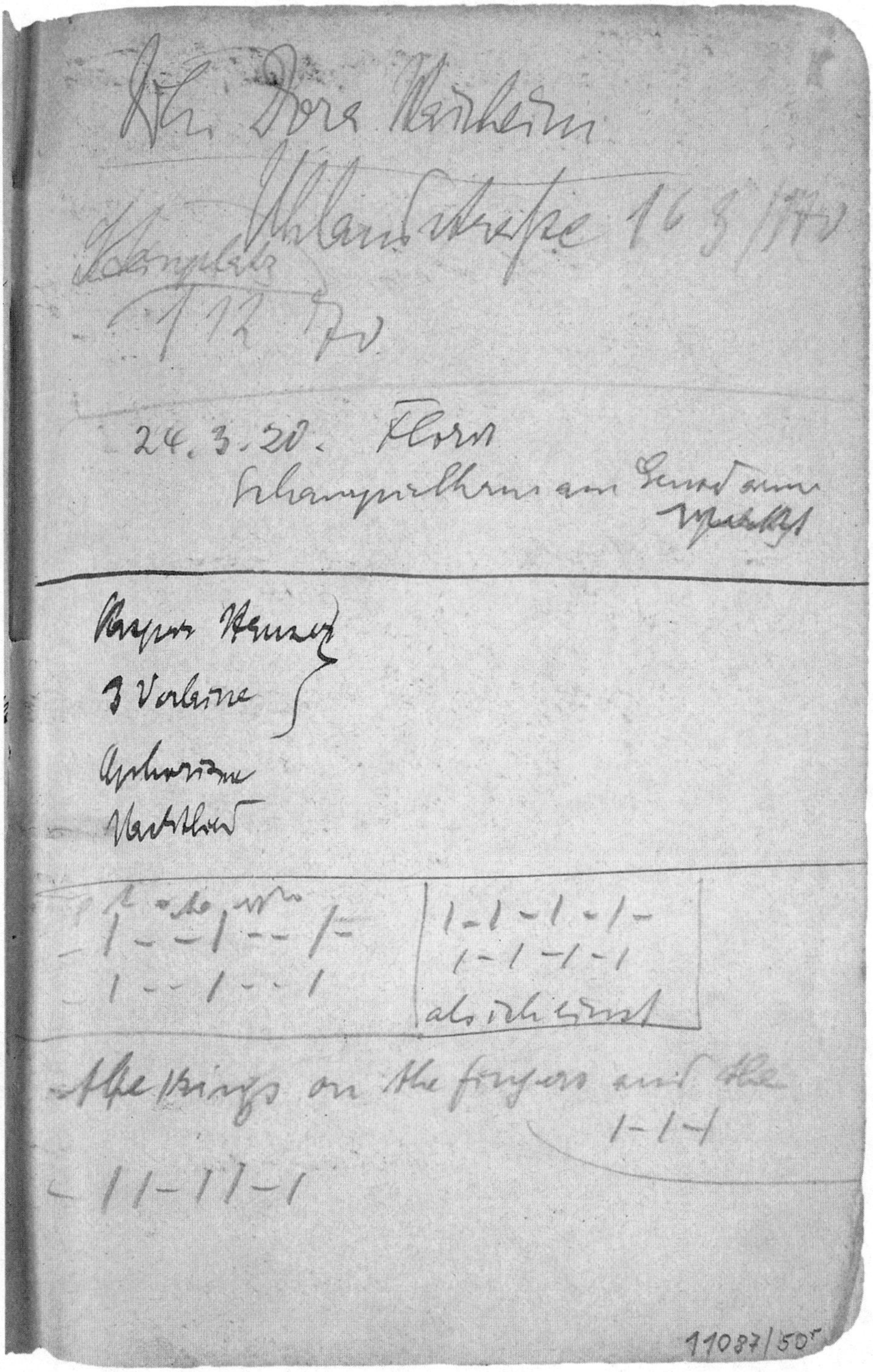
Uhlandstraße 168/III
112
24.3.20.
Kaspar Hauser
Aphorismen
Nachtlied
1 - - 1 - - 1
1-1-1-1
als ich erst
the rings on the fingers and the
1-1-1
11-11-1
11087/50r

NB 3, 50r

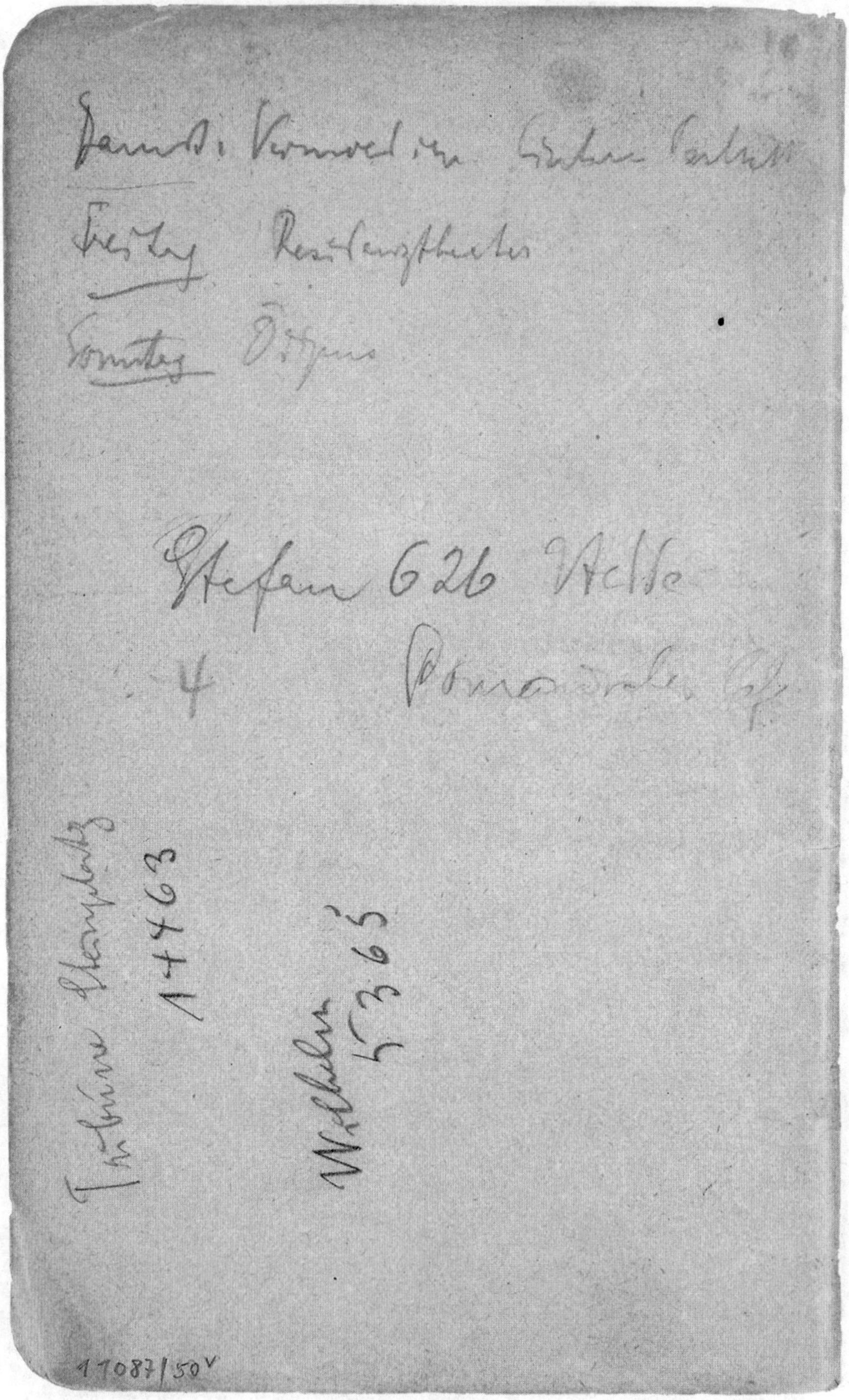
Freitag Residenztheater
Sonntag Ödipus
Stefan 626
4
11087/50v

NB 3, 50v

Donnerst. Komoedien hinten Parkett

Freitag Residenztheater

Sonntag Ödipus

[¿]Stefan 626 Hedda ⟨Hedda Kuhn⟩

4 Romanisches Café

Tribüne Steinplatz 14463

Wilhelm 5365

Anhang

Zur Edition

Kern der vorliegenden Edition ist die digitale Reproduktion der Notizbücher Bertolt Brechts. Sie ist ihr Ausgangs- und Zielpunkt. Die Aufnahmen sind im Hinblick auf Originaltreue und Lesbarkeit editorisch bearbeitet: Die Seiten werden freigestellt, ausgeschnitten, in Helligkeit und Kontrast optimiert. Das Format der Ausgabe erlaubt eine Wiedergabe der meisten Blätter in Originalgröße. Jede rechte Seite (Blattvorderseite, recto) des Originals steht auch in der Ausgabe rechts, jede linke (Blattrückseite, verso) links. Die zugehörige Transkription findet sich jeweils auf der gegenüberliegenden Seite. Bei Zitaten und Verweisen wird auf die archivische Foliierung der Dokumente verwiesen; sie ist unter jeder Reproduktion angegeben. Im Bundsteg der Transkriptionsseiten ist ein Zeilenzähler beigefügt. In dieser pragmatischen Lokalisierungshilfe sind auch nichtgraphemische Eintragungen (Trennstriche, Pfeile etc.) mitgezählt, soweit sie im horizontalen Zeilenraster erfaßt werden können. *Reproduktionen*

Die Transkription wurde anhand der Originale erstellt; alte Archivkopien und neue Scans wurden herangezogen, wo sie mehr Informationen als die Originale liefern oder die Entzifferung erleichtern; die im BBA vorhandene Arbeitstranskription von Herta Ramthun diente zur Kontrolle. Grundprinzip der Wiedergabe ist Einfachheit; Graphisches wird mimetisch, Sprachliches typographisch (in gemäßigter Differenzierung) umgesetzt. Beabsichtigt ist eine räumlich getreue Entsprechung der Umschrift zur Vorlage, wobei wechselnde Form, Größe und Abstände der handschriftlichen Zeichen nicht nachgebildet werden. Zeitliche Verhältnisse der Niederschrift (Schichten) werden nicht markiert. Auf die Unterscheidung sicherer von unsicherer Entzifferung wird verzichtet; die Transkription ist insgesamt ein Lesevorschlag, der im Kontinuum von ganz sicherer bis ganz hypothetischer Lesung bei jedem Graphen anders zu verorten ist. Grundsätzlich sollte die Umschrift das von Brecht Notierte nicht festschreiben, sondern erschließen. Der Blick des Lesers soll zur Reproduktion als der eigentlichen Referenz gehen, statt sich bei der Umschrift zu beruhigen. Ein Lese- und Zitiertext wird nicht konstituiert. *Transkription*

Eine *typographische Markierung* von Graphen bleibt erforderlich, wo Problemstellen zu bezeichnen oder zu entflechten sind. Für unlesbare Zeichen wird das in den Vorlagen nirgends vorkommende umgekehrte Fragezeichen ›¿‹ verwendet. Bei Überschreibungen wird das Schriftbild analytisch ›entzerrt‹: Das, was sich im Original überlagert, wird hintereinander wiedergegeben. Überschriebenes steht in eckigen Klammern, Überschreibendes sowie Einfügungen, die durch ihre Position nicht klar als solche erkennbar sind, kursiv: ›d[as]*ie* Werk*e* Brechts‹. Für radierte oder anders getilgte Graphen, die dennoch lesbar geblieben sind oder mit technischen Mitteln wieder lesbar gemacht werden können, steht der Tonwert Grau statt Schwarz.

Streichungen werden einheitlich mit horizontalen Strichen wiedergegeben; nur wo sie in der Vorlage auffällig von Standardstreichungen abweichen, sind sie nachgebildet. Auch gestrichene Satzzeichen werden typographisch standardisiert: ›~~.~~‹, ›~~;~~‹, ›~~!~~‹, ›~~?~~‹, ›~~„~~‹, ›~~“~~‹. Einzig die Streichung von horizontalen (z. B. Trenn- oder Gedanken-)Strichen wird der Deutlichkeit halber mimetisch wiedergegeben, z. B. ›~~/~~‹ oder ›~~\~~‹. *Nicht-konventionelle Zeichen*, die eine spezielle Funktion haben oder haben könnten, werden ebenso wie Einweisungs- und Umstellungslinien, Pfeile etc. möglichst nachgebildet.

Bei den *Schriften* der Vorlagen wird im Falle Brechts zwischen deutscher und lateinischer Schrift differenziert. Für erstere steht die ›Minion‹ (gleichzeitig Grundschrift der gesamten Edition), für letztere die serifenlose ›Myriad‹. Eintragungen fremder Hand werden durch ›Helvetica‹, stenographische Eintragungen in beiden Fällen durch eine ›englaufende, kleinere Schriftvariante‹ gekennzeichnet. Auf die weniger relevante Differenzierung lateinischer von deutscher Schrift bei fremder Hand wird verzichtet. Zur Wiedergabe von Maschinenschriftlichem wurde ›Prestige‹ gewählt, da sie den Vorlagen sehr weitgehend entspricht. Nur die dort meist einheitlich durch einen Strich mittlerer Länge wiedergegebenen Trenn- bzw. Bindestriche (›-‹) und Gedankenstriche (›–‹) werden in der Umschrift differenziert. Streichungen (oft Übertippungen mit ›/‹, ›x‹, ›m‹ etc.) werden wie bei den Handschriften mit horizontalem Strich vereinheitlicht.

Bei Einträgen mit *Tinte* ist generell eine zeitbedingte Farbveränderung anzunehmen. Ihre Spezifizierung in »grünschwarz«, »blauschwarz« etc. basiert auf dem sinnlichen Eindruck während der editorischen Arbeit und ist insofern nur relational differenzierend gemeint.

Marginalien

In den räumlich und durch kleinere Schrift vom Transkriptionstext abgegrenzten Marginalien am äußeren Seitenrand finden sich Angaben wie die Auflösung von Abkürzungen oder die Ergänzung von Namen, die das Textverständnis erleichtern, sowie Hinweise auf Schreib-Zusammenhänge, die die jeweilige Einzelseite überschreiten.

Fußnoten

Materielle Informationen zur Vorlage sowie Erläuterungen und Problematisierungen der Transkription bleiben den Fußnoten überlassen: Schreibmittel und -gerät, alternative Entzifferungen, genetische Informationen, die über das Evidente und Unumgängliche hinausgehen, und jede Art von Besonderheit. Herausgebertext steht hier und in der Marginalspalte in stumpfen Spitzklammern (›⟨‹, ›⟩‹); Auslassungen durch den Herausgeber werden durch drei Punkte in eckigen Klammern ›*[...]*‹ markiert.

Im Anhang jedes Bandes werden nach den allgemeinen editorischen Informationen die einzelnen Notizbücher philologisch beschrieben und inhaltlich erläutert.

Anhang

Zur schnellen Orientierung wird der Detailbeschreibung jedes Dokuments eine Kurzcharakteristik vorangestellt: Stellung im Produktionskontext, thematische Schwerpunkte und Besonderheiten, Verhältnis zu anderen Notizbüchern. Es folgt eine formalisierte Analyse des Dokuments: Lokalisierung, Format (Breite × Höhe), Umfang, materielle Beschreibung (Papier, Umschlag, Schreibmittel), Besonderheiten. Informationen über den aktuellen Archivkontext – grosso modo der relative Standort des Dokuments in Brechts Wohnung zum Zeitpunkt seines Todes – und, falls rekonstruierbar, auch die Kontexte, in denen das Notizbuch als Dokument zuvor stand, können Hinweise auf Überlieferungs- und Produktionskontexte geben. Aus dem Lagenschema gehen die Bindung und der ursprüngliche Ort fehlender Seiten hervor. In pragmatisch vereinfachter Typographie ist hier auch die Seitenbelegung wiedergegeben, so daß es zugleich als Inhaltsverzeichnis verwendbar ist.

Dokumentenbeschreibung

Die Stellenerläuterungen haben neben der selbstverständlichen Funktion, Verständnishilfen und Deutungshinweise zu geben, vor allem die Aufgabe, die einzelnen Notate in Brechts Produktion zu verorten und Verweise auf das Werk zu koordinieren. Ein Anspruch auf Vollständigkeit ist dabei aus bestandsimmanenten Gründen nicht zu stellen: Brechts Produktion verläuft meist nicht zielgerichtet in klar abgrenzbaren Arbeitsprojekten und Werkgrenzen, genetische Zusammenhänge sind oft nicht eindeutig rekonstruierbar. Trotz des Umfangs von Brechts Nachlaß fehlt es an absolut oder relativ exakt (genug) datierbaren Dokumenten. Der Netzstruktur von Brechts Produktion kann nur ein vernetzender, aber nicht linear festschreibender Kommentar entsprechen.

Erläuterungen

Notizbücher enthalten Notate, Aufzeichnungen, Eintragungen, Konzepte, Entwürfe, keine ›Texte‹ im eigentlichen Sinn. Viele ihrer Elemente lassen sich nicht ohne weiteres und oft auch gar nicht auf eine Druckzeile bringen und linear zitieren. Will man sich dennoch auf sie beziehen, ist ein Zitiertext zu konstituieren. Die Erläuterungen folgen hier zwei Modellen, je nachdem, ob es vordringlich um die möglichst adäquate Verschriftlichung des ›Gemeinten‹ oder um die Wiedergabe der faktisch vorfindlichen Graphen geht. Ersteres führt zu typographischer Vereinheitlichung (Verzicht auf die Unterscheidung deutscher oder lateinischer Schrift, eigener oder fremder Hand, Wiedergabe von Verschreibungen, topographische Exaktheit etc.). Diese Zitierweise findet sich bei der Integration von Zitaten in den Herausgebertext, bei denen die Vorgabe der Druckzeile nicht gesprengt und das Ziel flüssiger Lesbarkeit erreicht werden soll, sowie im Register, wo es um die Bestimmung der Zugehörigkeit einer Stelle zu einem Text oder Werk geht. In den eingerückten Zitaten der Erläuterungen dagegen, wo es um die Dokumentierung eines einmaligen Schriftbildes geht, bemüht sich die vorliegende Ausgabe um möglichst originalnahe Zitierweise. Wenn vereinfacht zitiert wird (z. B. nur die erste oder die letzte Eintragungsschicht), wird dies jeweils angegeben. Quellenangaben stehen in der Marginalspalte; auf parallele oder ergänzende Texte wird mit → (›vgl.‹, ›siehe auch‹) verwiesen; zum Zeitpunkt der Drucklegung des vorliegenden Bandes bereits in der elektronischen Edition (*EE*) abrufbare BBA-Dokumente sind an den fünfstelligen Mappen-Nummern (10000ff.) erkennbar. Zitate aus Brechts Briefen und (Arbeits-)Journalen sind nur mit ihrem Datum nachgewiesen, damit aber in jeder Brecht-Ausgabe leicht zu finden.

Zeittafel

In der Zeittafel sind neben Brechts Aufenthaltsorten und dem Beginn wichtiger Bekanntschaften vor allem seine Publikationen sowie alles genau Datierbare berücksichtigt. Das chronologische Raster bildet damit ein Komplement zu den Einzelerläuterungen. Während diese sich weitgehend auf Notizbücher, Nachlaßpapiere und Arbeitsmaterial beziehen, orientiert sich die Zeittafel an den Drucken zu Lebzeiten, Rundfunksendungen, Inszenierungen etc.: an Brechts publizierter Arbeit. Die hier mögliche Exaktheit der Datierung steht in Spannung zu den meist undatierten und nur indirekt oder ungefähr datierbaren Notizbucheintragungen. Dennoch werden, wo immer möglich, Querbezüge zu diesen oder den Erläuterungen hergestellt. Das können nur Hinweise auf Berührungspunkte, nicht implizite Datierungen der Notate sein. Die jeweiligen Quellen sind in der kumulierenden Zeittafel der *EE* nachgewiesen.

Literatur-verzeichnis

Im Literaturverzeichnis aufgenommen ist nur die in den vorangehenden Erläuterungen und in *EE F* zitierte Literatur, also keineswegs alle konsultierten oder relevanten Publikationen. Zweck des Verzeichnisses ist die Auflösung der verwendeten Kurztitel, keine Bibliographie zu Brechts Notizbüchern.

Register

Das Register erschließt die Notizbuch-Eintragungen und zugehörigen Erläuterungen. Allgemein gilt: Zahlen werden bei ihrem Platz im Alphabet (also ›2‹ bei ›zwei‹ und nicht nach ›1‹), Umlaute bei ihrer aufgelösten Form eingeordnet (›über‹ bei ›ueb-‹ und nicht bei ›ub-‹). Erläuterungen des Herausgebers stehen in stumpfen Spitzklammern, Auslassungen werden durch ›…‹ wiedergegeben.

Der erste Teil enthält Brechts Werke und Dokumente, differenziert nach Sammel- und Einzeltitel (bzw. Incipit). Unter ›Sammeltitel‹ mit aufgeführt sind auch Arbeitstitel und Vorhaben (wie *Berichtigungen* oder *Kritische Blätter*) und von Brecht verwendete Gattungsnamen (wie *Epische Dramen* oder *Lehrstücke*), unter ›Einzeltitel‹ auch Gespräche, gemeinsam mit anderen Verfaßtes oder Verantwortetes und Unsicheres. Die teilweise variierende Orthographie Brechts wurde stillschweigend vereinheitlicht, um einen Text nicht an mehreren Orten verzeichnen zu müssen. Zur leichteren Kenntlichkeit sind Titel *kursiviert*; bei Titelkorrekturen sind alle Varianten aufgeführt (z. B. *NB 24*, 11r.1: *Fatzer, Kolonne, Feld, Zug*), ansonsten – von begründeten Ausnahmen abgesehen – nur die letzte Korrekturschicht; binnenstrukturierende Numerierungen, Streichungen und Unterstreichungen werden nicht berücksichtigt. Es geht hier nicht um diplomatische Treue, sondern um die gemeinten Titel und Texte.

Im zweiten Teil des Registers werden zunächst alle Institute, Organe und Organisationen, die nicht einzelnen Individuen zuzuordnen sind, verzeichnet; auch die Namen von Vereinigungen, an denen Brecht teilnahm (z. B. *Gruppe 1925*) oder die er gemeinsam mit anderen projektierte (z. B. *Marxistischer Klub* oder *Die I. S. S. Truppe*), finden sich hier. Die Titel von Periodika sind *kursiviert*. Sodann folgen die Namen und Werke anderer Personen; auch anonyme Texte und Gemeinschaftswerke sind aufgenommen, Schriften über Brecht nur, wenn ihr Verfasser persönlich mit ihm bekannt war.

Elektronische Edition

Die elektronische Edition (*EE*) findet sich unter www.suhrkamp.de/brecht/notizbuchausgabe_elektronische_edition. Sie ist Fundament und Ergänzung der Buchausgabe. Im ersten Teil, der Notizbuch-Edition im engeren Sinn, werden alle Reproduktionen in Farbe wiedergegeben; wo immer im Original informationshaltige Seiten nebeneinanderstehen, werden sie zudem nicht nur als Einzelseite mit Transkription, sondern auch, dem aufgeschlagenen Notizbuch entsprechend, als Doppelseite gezeigt. Im Anhang zu jedem Notizbuch findet sich nach der Dokumentenbeschreibung und den Erläuterungen der Buchausgabe eine Konkordanz der alten und neuen BBA-Signaturen. Ein Forum (*EE F*) bietet Raum für Problematisierungen und philologische Detailinformationen der laufenden Forschung. Es ergänzt die Stellenerläuterungen, ist für Änderungen offen und kumulativ angelegt. Gleiches gilt für die Zeittafel-, Corrigenda- und Register-Dateien.

Zusätzlich zu den Notizbüchern werden im zweiten Teil der *EE* andere zur Kommentierung relevante Dokumente, insbesondere aus Brechts Nachlaß, erfaßt – nach gleichen Kriterien wie die Notizbücher, allerdings ohne extensive Kommentierung. Die aufgenommenen Dokumente werden nach ihrer Archiv-Signatur angeordnet (BBA 10 000 ff.). Auch nicht aus dem BBA stammende, aber als Quellen oder Erläuterungen wichtige Zusatzdokumente haben hier ihren Ort (*EE Z*). Eine Einführung in die Gesamtedition (*EE G*) begründet und erläutert die editorischen Prinzipien historisch, systematisch und exemplarisch.

Diakritische Zeichen

Transkription	Minion	Brecht, deutsche Schrift
	Myriad	Brecht, lateinische Schrift
	Minion petit	Brecht, Stenographie
	Helvetica	fremde Hand
	Helvetica petit	fremde Hand, Stenographie
	Prestige	Schreibmaschine
	¿¿¿	nicht entzifferte Graphen
	[abcde]	überschriebene Graphen
	kursiv	überschreibende oder eingefügte Graphen
	grau	getilgte und rekonstruierte Graphen
	12r.3 ←	Text anschließend an Blatt.Zeile
	→ 45v.6	Text fortgesetzt auf Blatt.Zeile
	]	Lemmaklammer
	⟨abcde⟩	Herausgebertext
	[...]	Auslassung durch Herausgeber
Anhang	*	Verweis auf Quellenangabe
	→	›vgl.‹, ›siehe auch‹
	←	Fortsetzung von (im Lagenschema)
	\	einfacher Zeilenumbruch in der Vorlage
	\\	ein- oder mehrfache Leerzeilen in der Vorlage
	|	Seitenumbruch in der Vorlage
	„ab“, "cd"	Anführungszeichen in der Vorlage
	»ab«, ›cd‹	Anführungszeichen durch Herausgeber
	kursiv	standardisierte Titel
	12345	Versalziffern für Archivdokumente und Kurztitel
	12345	Mediävalziffern für alle übrigen Zahlen

Danksagung

Die Herausgeber danken für Informationen, Mitarbeit und Unterstützung ganz herzlich Volker Busch (Berlin), Gemma Caney (Berlin), Gangolf Dachnowsky (Freiburg/Brsg.), Dr. Albrecht Dümling (Berlin), Prof. Rolf Düsterberg (Osnabrück), Werner Frisch (Schwabmünchen), Hans Gebhardt (Eckersdorf), Dr. Helmut Gier (Augsburg), PD Dr. Jürgen Hillesheim (Augsburg), Dr. Waltraud Linder-Beroud (Freiburg/Brsg.), Eva-Gabriele Jäckl (München), Ulla Marx (Berlin), Dr. Susanne de Ponte (München), Dr. Erich Ruff (München), Gesine Siedler (Berlin), Ulrike Stoll-Neher (Lindau), Dr. Christine Tretow (Marburg) und Sabine Wolf (Berlin). Besonderer Dank gebührt den Mitarbeitern des Bertolt-Brecht-Archivs (Berlin) Dorothee Aders, Dr. Gesine Bey, Uta Kohl, Helgrid Streidt und Iliane Thiemann für ihre tägliche, Dr. Karl Grob (Zürich) für seine technische Hilfe sowie den Mitarbeitern des Instituts für Textkritik (Heidelberg) Dr. Peter Staengle für vielfältige Anregungen und Adrian Braunbehrens für die notwendige Arbeit im Hintergrund. Am meisten aber verdankt die vorliegende Ausgabe dem steten Interesse und der tatkräftigen Unterstützung von Dr. Erdmut Wizisla und Prof. Dr. Roland Reuß.

Notizbuch 1

Beschreibung

Datierung

Eigenhändige Datierungen auf dem vorderen Umschlag »1918« sowie »7. VII. 18« (2ʳ), »2. 11. 18« (5ᵛ), »Januar 1[7]8.« (11ʳ).

Kurzcharakteristik

Der Titel auf dem vorderen Umschlag *Lieder zur Klampfe von Bert Brecht und seinen Freunden* weist *NB 1* als eine lockere Sammlung von zusehends flüchtiger notierten Liedern und Notenskizzen aus: *Baals Lied, Lied der müden Empörer, Kleines Lied, Ein bitteres Liebeslied, Lied an die Kavaliere der Station D, Lied von Liebe* und *Die »Keuschheitsballade« oder »Der Jüngling und die Jungfrau«* (2ʳ-7ʳ). Die frühesten Eintragungen bilden die Ausgabenliste (11ʳ) und der bei umgedrehtem Notizbuch eingetragene Gedichtentwurf *Als ich einst im Flügelkleide* (20ʳ). Bevor oder nachdem Brecht *NB 1* für *Lieder zur Klampfe* umwidmete, riß er vermutlich mindestens zwei Blätter heraus, deren Gegenstücke als lose Blätter überliefert sind. *NB 1* gleicht in Format, Blattgröße und Fadenheftung *NB 2*. 13 Blätter sind unbeschrieben. Dem Notizbuch liegt ein beidseitig beschrifteter, unregelmäßig ausgerissener Zettel mit Notenskizzen bei.

Standort, Signatur

Archiv der Akademie der Künste, Berlin; BBA 10800/1-26

Format, Umfang

Umschlag: 11,4 × 17,2 cm, Blätter: 10,5 × 16,5 cm; 25 von ursprünglich mindestens 28 Blatt (Umschlag mitgezählt); zwei lose, *NB 1* zugehörige Blätter (Bl. 24-25) und ein Blatt anderer Provenienz sind zwischen Bl. 22 und hinterem Umschlag (Bl. 23) überliefert

Umschlag

blaugrüne Pappe; Fadenheftung

Papier

festes, bräunliches Papier; leicht abgerundete Ecken

Schreibmittel

überwiegend mit schwarzer Tinte beschrieben; daneben: Bleistift

Archivkontext

- BBA 799: Korrespondenz mit der Deutschen Akademie der Künste von 1953
- BBA 10801: *NB 6* von 1920 (→ *NBA* 2)
- BBA 802: Tagebuch, 15. Juni bis 26. September 1920

Verfärbung

Auf vielen Blättern findet sich, meist am rechten oberen Rand, ein kleiner Fleck. Er stammt von einer chemischen Reaktion des Papiers mit dem Klebstoff des Klarsichtstreifens, mit dem 1956-57 die auf einen Zettel gestempelten Archivsignaturen angebracht wurden. Im Rahmen der Restaurierung 2006 wurden diese Signaturen abgelöst und das ganze Notizbuch neu foliiert (am unteren Rand außen).

Lagenschema

Die losen Bl. 24-25 lassen sich keiner Lage eindeutig zuordnen und werden wie das nicht aus *NB 1* stammende Bl. 26 am Ort ihrer Überlieferung dargestellt.

Lagenschema und Seitenbelegung

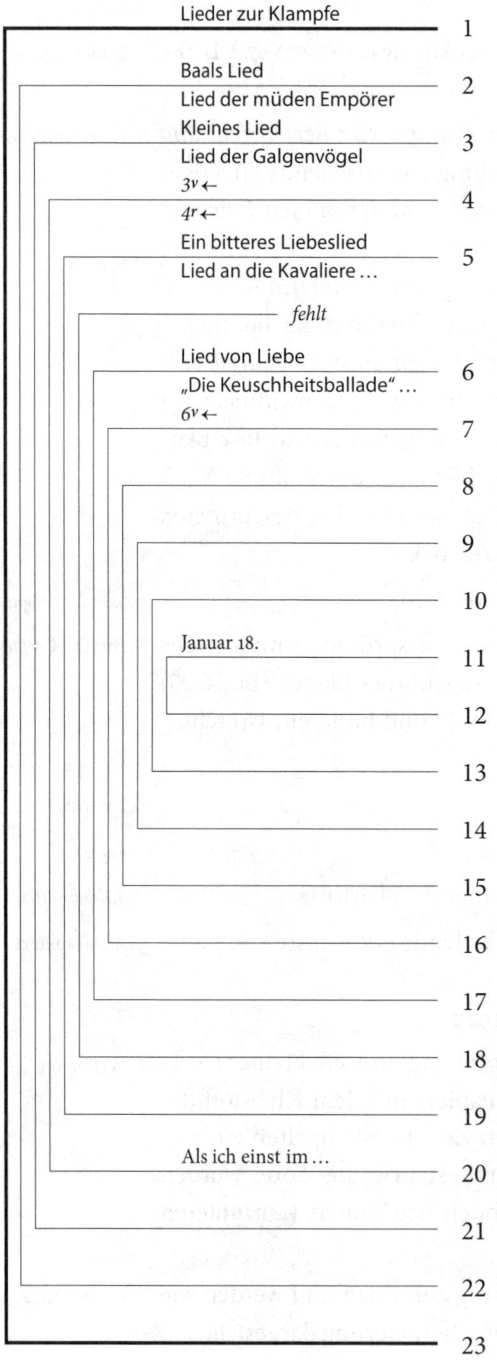

Lose Blätter

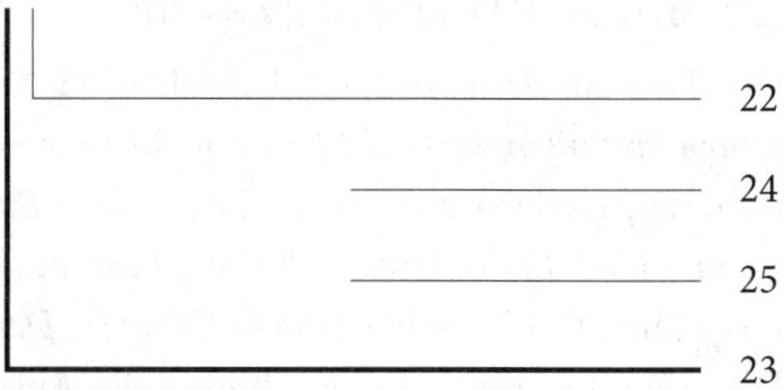

Eingelegtes Blatt

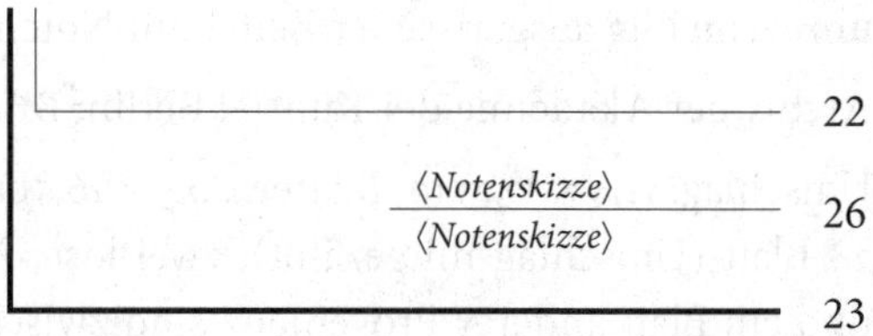

Erläuterungen

1r.1-4 **Lieder zur Klampfe** *[...]* 1918. Titel für eine lose Reihe von Liedern und Notenskizzen, die kein Ordnungsprinzip erkennen lassen und zusehends flüchtiger notiert wurden. Brecht nutzte *NB 1* zur Niederschrift für die oft außer Haus und mit Freunden skizzierten Lieder (→ auch Kurt Schwaens Arrangements in *Brecht-Liederbuch 1985,* 1-6), und es bildete einen Teil ihres ›Repertoires‹ (s. u.). Als Gelegenheitslieder gingen die *Lieder zur Klampfe* aus geselligen Anlässen hervor oder waren dafür bestimmt. Brecht berichtete Caspar Neher 1918 beinahe im Monatsrhythmus über neue Gedichte; zudem sind zahllose Anlässe für Gesangsvorträge überliefert.* Brechts Vortragsweise beschreibt Hanns Otto Münsterer so: »Brecht jedenfalls hat die Langzeilen in der Regel sehr rasch und mit deutlicher Endpause gesprochen, wodurch sie den Kurzzeilen angepaßt und in der Reimsilbe besonders betont wurden.« (*Münsterer 1966,* 65) → *EE F*

Der dem Heft nachträglich zugewiesene Titel deutet auf den Plan hin, aus den Liedern eine Sammlung mit Werkcharakter herzustellen; entsprechend entwarf Brecht in seinem Tagebuch eine »Lautenbibel« (31. August 1920):

> Es ist jetzt gerade was in mir drin. Ich bin dick voll. Vielleicht sollte ich doch die Lautenbibel hinausschmeißen, auf Zeitungspapier groß gedruckt, fett gedruckt auf Makulationspapier, das zerfällt in drei, vier Jahren, daß die Bände auf den Mist wandern, nachdem man sie sich einverleibt hat. BBA 802/51-52; → *BFA* 26, 146

Münsterer berichtet, Brecht habe Anfang 1919 damit begonnen, »die erste größere Sammlung Brechtscher Gedichte« unter dem Titel *Klampfenbibel* (so Münsterer am 19. Januar 1919)* oder *Klampfenfibel* zusammenzustellen, und Caspar Neher dafür »wochenlang glühbunte Aquarelle: den gitarrespielenden Baal, Orge mit dem Strick unterm Baum, grausige Märsche des toten Soldaten mit Trubel und Fahnen in blauem Frühlingshimmel und violette Schiffsuntergänge« entworfen (*Münsterer 1966,* 89 f.). Ferner berichtet Münsterer von einem »Volksliedbuch: Des Knaben Plunderhorn oder Schmatzkästlein des schweinischen Hausfreunds. Ein Volksliedbuch für die oberen Zehntausend. Gemeinschaftsarbeit von Brecht und Münsterer«*. Jedoch sind weder eine *Lautenbibel* noch eine *Klampfenfibel* überliefert; es muß offenbleiben, ob für diese Pläne die *Lieder zur Klampfe* als Basis hätten dienen sollen. *Tb M* BBA Z 24/55

Die Idee einer Liedersammlung rührt wohl vom durch die Wandervogel-Bewegung verbreiteten Fibelwesen her. Große Bekanntheit erlangte vor allem der *Zupfgeigenhansel* (*Breuer 1914*).

Rückblickend erinnerte sich Brecht selbstkritisch an die *Lieder zur Klampfe* (Tagebuch, 6. August 1920, vereinfacht wiedergegeben):

BBA 802/41-42; → *BFA* 26, 141

Ich fange auch an, Balladen für die Jugend zu entwerfen. „Die Schlacht bei den Baumwurzeln" und „Goger Gog, der Zinnsoldat". Auch wieder einiges in der zynischen Art der ersten Klampfenlieder, da das Repertoire so abgeleiert ist, und Strofe für Strofe so ausgelutscht, daß man am Kiefer lutscht, wenn man sie ins Maul kriegt. Ich hungre wieder nach Strolchenliedern, die kalt, plastisch und unentwegt sein müssen und wie hartschalige Früchte dem Zuhörer erst einige Zähne aushauen, wenn sie ihm ins Gebiß fallen.

1r.3 Zu Brechts »Freunden«* gehörten um 1918 neben dem namentlich genannten Lud-
2r wig Prestel (›Lud‹)* vor allem Otto Bezold (›Bez‹ oder ›Heider Hei‹), Julius Bingen, Fritz Gehweyer, Georg Geyer, Rudolf Hartmann, Otto Müller alias Otto Müllereisert (›Heilgei‹, ›Heigei‹ oder ›Buschiri‹), Hanns Otto Münsterer, Caspar Neher (›Cas‹) und Georg Pfanzelt (›Orge‹).

→ zu *NB* 3, 2r.1-7, 4r.3-4v.1; BBA 1348/32; → *EE F*

2r **Baals Lied** Den Titel fügte Brecht hier nachträglich ein. Das Lied integrierte er in sein Theaterstück *Baal* (1918)*, wo es in der Szene *Hinter den Kulissen eines Kabaretts** seinen Platz fand (→ *Brecht: Baal 1966*, 50f.). Baal leitet es dort ein mit der Persiflage auf das Kindergebet »Ich bin klein \ Mein Herz ist rein \ Daß niemand drin wohne \ Als Jesus allein« (*Kühn 1950*, 45):

BBA 1348/32

```
Baal: (mit mächtiger Stimme) Ich bin klein, mein Herz ist rein. Lu-
stig will ich immer sein. (Beifallsbrüllen)
(Baal singt):
Hat ein Weib fette Hüften
will ich sie im grünen Gras —
Rock und Hose will ich lüften
(sonnig) - denn ich liebe das. (Lärm im Saal)
Baal: (singt):
Beisst das Weib vor Extase
wisch ichs ab mit grünem Gras:
Mir den Mund. Ihr Schoss und Nase.
(Sauber) - denn ich liebe das.
(Kreischen und Sturm im Saal)
Baal: (singt:)
Treibt das Weib mir die schöne Sache
feurig, doch im Uebermass:
Geb ich ihr die Hand und lache
(freundlich) - denn ich liebe das.
(ungeheurer Tumult, Pfeifen. Trampeln. Unerhört-Rufe).
```

Baals Lied taucht auch in einer Titelliste früher Gedichte Brechts auf:

BBA 2175/23

Tanz im Wacholderbaum
Keuschheitsballade
Tod im Wald
Branntweinchoral

Caßpars Lied mit der einen Strofe.
Serenade
Baals Lied

Kompositorisch hielt sich Brecht nur partiell an die Standards der Notenschrift: bei den Notenlinien, dem Violinschlüssel, der Angabe von Tonart (h-moll) und Takt (2/4). Im übrigen verzeichnete er nur die Tonhöhe, nicht jedoch die Tonlänge. Die vertikalen Striche markieren dementsprechend musikalische Phrasengrenzen;* für jede Phrase sind zwei, vielleicht auch vier nicht markierte Takte anzunehmen. In der ersten Phrase von Strophe 1 und 2 ist das trochäische Metrum im zweiten Versfuß unvollständig (katalektisch). Es entspricht zwar sieben Noten, jedoch nicht dem anzunehmenden Rhythmus. In Strophe 3 ist zwar das trochäische Metrum in der ersten Phrase regelmäßig, jedoch stimmen hier Silben- und Notenzahl nicht überein. → zu 3v-4v, 5v

Die Buchstaben über den Notenlinien legen die Harmonik fest: »h« für h-moll, »G« für G-Dur, »D« für D-Dur, »Fis« für Fis-Dur; »D7« bezeichnet den Dominantseptakkord zum nachfolgenden D-Dur. Die Akkordschläge ordnete Brecht teilweise ungenau zu; sie sind wohl jeweils über den betonten Noten jedes ›Taktes‹ zu denken. Die beiden »/«-Striche über dem 1. ›Takt‹ sind Wiederholungszeichen für das eingangs notierte »h«-moll. Die beiden Buchstaben »a« bzw. »e« unter den Notenlinien notieren mit a-moll bzw. e-moll alternative Tonarten und sind wohl für die zweite und/oder dritte Strophe vorgesehen.

Ein zugehöriger kompositorischer Entwurf ist auf einem Einzelblatt* überliefert, auf dem Brecht den zweiten Vers der zweiten Strophe notierte: »Mund und Biß und Schoos und Nase« und zudem eine grobe Unterscheidung der Tonwerte (kurz/lang bzw. unbetont/betont) mit ›Andreaskreuzen‹ (»✖«)* vornahm. BBA 10354/112v → zu 5v

Verse wie »Hat ein Weib fette Hüften...« entsprangen laut Münsterer »der reinen Freude am Unflat« (*Münsterer 1966*, 69).

Ludwig Prestel (»Lud«) war der Sohn eines Augsburger Materialverwalters. Er gehörte zu Brechts Augsburger Freundeskreis und komponierte Melodien für einige seiner Gedichte.

Die Lechauen galten Brecht und seinen Freunden als beliebtes, auch für gemeinsamen Gesang genutztes Ausflugsziel (→ Nehers Notate vom 1., 8. März, 11. August 1919)*. Brecht selbst berichtete März 1918 von einem solchen Spaziergang: »Samstag abend bummelte Ludwig Prestel und ich am Lech herum, und weil wir die Gitarre dabei hatten, sang ich am Wehr ein paar Lieder von Wedekind.« (Brecht an Neher, Mitte März 1918)* Von einem Aufenthalt in den Lechauen berichtet auch Hanns Otto Münsterer (22. Mai 1919, *Münsterer 1966*, 106): → *TbN* BBA 2200/76

Nachts in den Lechauen. Wir saßen am Boden, Bert, Otto Müller und ich. Der Himmel ist hoch, weit und herrlich blau, langsam in Orange übergehend, schließlich violett. Unten der gläserne, weißsprühende Fluß und fern die schwarze Silhouette der Stadt mit ihren Türmen und Giebeln. Das Gras war naß vom Tau. Bert sang.

2[v] **Lied der müden Empörer** Brecht schrieb zunächst einen sechsstrophigen Entwurf, der auf »22. II. 18. Zwinger.« datiert und damit vor dem Entwurf in *NB 1* entstanden ist; »Zwinger« nannte Brecht sein Dachstubenzimmer in Augsburg:

SBA; → *EE Z* Lied der müden Empörer

Wer nie sein Leben verachten darf
den hat der Tod betört.
Wer nie sein Leben aufschnaufend weg warf
dem hat es auch nie gehört.

Wem Gott Geduld Geschick und ~~Gesch~~¿¿ Gefrett
und keinen Mut dazu gab:
Dem ward als ersten Ruhebett
ein unerwünschtes Grab.

en
Dem der ~~das~~ eign*en* Pack nie gehasst
ihn fluchend
~~und~~ nie zu Boden ~~ihn~~ warf
erlaubt Gott gnädig daß er die Last
auch der Faulen noch tragen [s]*d*arf.

Die in diesem Entwurf folgenden drei Strophen übertrug Brecht für die zwei-
→ *EE F* stimmige Komposition in *NB 1*.* Zudem fertigte er eine vollständige Abschrift
BBA 2207/98 unter dem Titel *Philosophisches Tanzlied** an. Seinen Wortlaut behielt er weitgehend bei, änderte aber vor allem die beiden Eingangsverse der dritten Strophe: »Dem der die eigene Last nie gehasst, \ nie sie fluchend zu Boden warf,«. Münsterer überliefert das Lied unter der Rubrik »Lieder der Frühzeit mit Melodien von Bert Brecht oder Georg Pfanzelt bei Serenaden zur Klampfe gesungen« unter
BBA Z 24/40 dem Titel *Tanzlied**. Beim Gesang sprach Brecht »das Wort Grazie als Grazih« aus und betonte es auf dem ›i‹ (*Münsterer 1966*, 67).

Musikalisch könnte Brecht ein »auf Wedekind zurückgehendes Tanzlied« inspiriert haben (*Dümling 1985*, 75). Anders als im vorangehenden Lied verzeichnete er hier neben den Tonhöhen auch die relativen Notenwerte. Eine Brechts Notation folgende, aber ihre Unstimmigkeiten behebende Komposition findet sich in *Brecht-Liederbuch 1985*, 2.

Unverkennbar parodiert das *Lied der müden Empörer* das Lied des Harfners aus Goethes *Wilhelm Meisters Lehrjahre* (1. Band, 2. Buch, 13. Kapitel; zitiert nach der Erstausgabe 1795; *Brecht-Bibliothek* 505, 346):

Wer nie sein Brod mit Thränen as,
Wer nie die kummervollen Nächte
Auf seinem Bette weinend sas,
Der kennt euch nicht, ihr himmlischen Mächte!

Ihr führt ins Leben uns hinein,
Ihr laßt den Armen schuldig werden,
Dann überlaßt ihr ihn der Pein;
Denn alle Schuld rächt sich auf Erden.

Brecht änderte später in einem Band mit Goethe-Liedern den Schlußvers gleichsam im Sinne der Empörer: »Denn alle Schuld rächt ~~sich~~ *ihr* auf Erden« (*Brecht-Bibliothek* 495, Bd. 1, 86).

Die Eingangsverse der dritten Strophe: »Wir tanzten nie mit mehr Grazie \ als über d Gräber noch«, entsprechen dem Sprichwort: »Wer nicht auf Gräbern tanzen will, muß gar nicht tanzen« (*Wächter 1888*, Nr. 450); die Verknüpfung von Müdigkeit, Tod und Tanz, ›memento mori‹ und ›memento vivere‹ findet sich im zeitlichen Kontext auch im *Tanzlied*:

Tanz, oh tanz – nicht lange mehr BBA E 34/21; → *BFA* 13, 130 f.
Hebst du die federnden Glieder zum Tanz.
Einst sind die Füße dir allzusehr schwer
Aus schütterm Haar fällt dir ein welker Kranz.
Tanz! Tanz! Die Brust soll dir springen!
Der Boden soll dir die Füße brennen!
Keiner weiß, wie lang die Geigen ihm klingen
Und wie lang die müden Geiger können.

und in *Mein Herz ist voller Glut…* (Standort unbekannt; zit. nach der BBA-Transkription):

Mein Herz ist voller Glut, ~~oh~~ wie ein ausgedörrter Sommer! BBA E 34/12; → *BFA* R, 738; → zu NB 3, 5v.1-6r.1
Mein Herz peitscht mich zum Tanz auf brennendem Schuh.
dumpf
Kastagnetten rasseln ~~durch~~ mir durch bleiernen Schlummer
und der Rausch verträumter Feste läßt mir keine Ruh.

In meinen Träumen floh ich vor den Bränden ungeheurer Steppen
vor
Auf zitternden Gäulen, rasend ~~wie~~ d~~ie~~er Pest

~~Am Tage [...]~~ müd daß mich meine Füße nicht schleppen
matte
Dieweil die Sonne mich frostklappern läßt.

3r **Kleines Lied** Brechts Freund Friedrich Mayer erinnert sich an das Lied unter dem Titel *Von der Unschädlichkeit des Alkohols* (*Frisch/Obermeier 1986*, 84; *Münsterer 1966*, 67); unter demselben Titel und mit vier Versen pro Strophe ist es auch in einem Typoskript* unklarer Herkunft überliefert.

BBA 2212/44; → *EE F*

Der Pfeil zwischen dem 4. und 5. Takt gilt der letzten Strophe und der für sie vorgesehenen Schlußformel (Coda, Takte 9-11). Der erste Vers »Daraus erkennt ihr wohl« setzt mit dem Auftakt bzw. ersten Takt ein; der zweite Vers beginnt auf dem letzten h von Takt 4 und springt dann in die mit »I. Str.« benannten drei Schlußtakte: »harmlos Alkohol«. Musikalisch basiert das Lied auf dem Wechsel des Dominantseptakkords und der Grundtonart D-Dur.

Das Lied parodiert die auch als Abzählreim in diversen Varianten gebräuchlichen Kinderverse *Der Mann mit dem Schwamm*. Sie beginnen meist mit der Einstiegsfloskel »Es war einmal« und werden beliebig in Kettenreimen fortgesetzt, ehe sie mit einer belustigenden Pointe enden (*Hansen 1994*, 296):

Es war einmal ein Mann,
Der hatte einen Schwamm.
Der Schwamm war ihm zu naß,
Da ging er auf die Gass'.
Die Gass' war ihm zu kalt,
Da ging er in den Wald.
Der Wald war ihm zu grün,
Da ging er nach Berlin.
Berlin war ihm zu groß,
Da wurd' er ein Franzos'
Franzos' wollt' er nicht sein,
Da ging er wieder heim
Zu seiner Frau Elise,
Die kocht' ihm grün Gemüse.
Da mußt' er dreimal niesen:
Hazzi! Hazzi! Hazzi!

Auf dieses Schema griff Brecht für sein *Was-man-hat-hat-man-Lied* (um 1934) erneut zurück, das er in das Theaterstück *Die Rundköpfe und die Spitzköpfe* einfügte:

BBA 257/63; → *BFA* 4, 201f.

```
1
Es war einmal ein Mann
Der war sehr übel dran
```

```
Da sagte man ihm: warte!
Da wartete der Mann.
Das Warten war sehr harte.
Heil Iberin! Aber
Nur
Was man hat, hat man!

2
Der Mann war schon sehr schwach
Da macht er einen Krach.
- Er war ein böser Knochen. -
Heil Iberin! Aber
Nur
Was man hat, hat man!

3
Es war einmal ein Mann
Dem schaffte man nichts ran.
Da tat ers an sich reissen.
Jetzt frisst er, was er kann
Und kann auf alles scheissen.
Heil Iberin! Aber
Nur
Was man hat, hat man
```

Für die letzte Strophe entwarf Brecht eine Variante mit drastischer Pointe:

```
< der mann bekam es dick                    BBA 432/4
  er wurd ein bolschewick
  tat alles an sich reißen
  jetzt frißt er sich ganz dick
  + kann auf auf alles scheißen
```

3v-4v **Lied der Galgenvögel** Wie das *Lied der müden Empörer** stimmt das *Lied der Galgenvögel* einen zynisch-anarchistischen Grundton an, der sich gegen den katholischen Ritus, das Sakrament der Ehe und die Moral überhaupt richtet. 2v

Mit ›Galgenvogel‹ ist zunächst ein zum Tod durch Erhängen Verurteilter* gemeint, aber auch ein streunendes, heruntergekommenes Subjekt überhaupt. Der Wunsch der Galgenvögel nach einem Gebet* wird später zu einem zentralen Motiv des Gedichts *Die Sünder**. → 4r.9-10 | 4r.9-12 | → *NB 2*, 12v.9-14r.19

›Zusammenhauen‹* steht bei Brecht in dieser Zeit auch sonst für ›Beschlafen‹, etwa in *Baal* (1918) (→ *Brecht: Baal 1966*, 41)* und im unten* zitierten Wortspiel mit ›Hauen‹ in *Baal* (1919/20). 4r.13 | BBA 1348/24; → *BFA* 1, 45 | → zu *NB 3*, 4v.4

Für das Lied erwog Brecht als Tonart zunächst B-Dur oder g-moll, notierte dann aber eine Melodie in d-moll und versah sie mit einer differenzierten Harmonik. Für die Gitarrenbegleitung sah Brecht teilweise die Barré(e)-Technik vor, also den Quergriff eines Fingers über mehrere Saiten. Für die letzte Strophe schrieb er eine eigene Schlußformel (Coda). Die vertikalen Striche markieren den → zu 2r, 5v Versen entsprechende Phrasengrenzen*. Die vergrößerten Abstände zwischen den letzten drei Noten jedes ›Taktes‹ könnten auf lange Notenwerte hinweisen.

5r **Ein bitteres Liebeslied** *Münsterer 1966*, 106 überliefert folgende Verse:

> Wie dem auch sei, einmal
> hatte ich sie sehr lieb.
> ....
> Von allen Mädchen, längst schon vergessenen,
> weiß ich, sie waren gut, als ich sie küßte,
> nur von ihr, nur von ihr, die mir die liebste war,
> weiß ich das nicht.

Brechts Melodie in a-moll hat einen rezitativ-klagenden, ›leiernden‹ Charakter. Die vier Takte der Notation (wohl ein 4/4-Takt) entsprechen für die erste Strophe weitgehend den mit Virgeln unterteilten Versen, für die zweite nur noch ungefähr. Die vergrößerten Abstände zwischen den letzten Noten jedes Taktes könnten auf lange Notenwerte hinweisen.

Das Motiv des Vergessens der Geliebten, insbesondere ihres Gesichts und *NB 3*, 32r.1-32v.10 Aussehens findet sich auch in *Sentimentales Lied № 1004**, von Brecht später als *Erinnerung an die Marie A.* publiziert.

5v **Lied an die Kavaliere der Station D** Hanns Otto Münsterer zufolge verfaßte Brecht das Lied Ende 1918 während seiner Zeit als Sanitätsgehilfe auf der Station für Geschlechtskrankheiten im Augsburger Lazarett; »D« steht hier für Dermatologie. Brecht soll das Lied »zur Erheiterung seiner Patienten« gedichtet und jede Zeile mit einem »langsam und pathetisch« gesungenen Anfang vorgetragen haben, während der »Rest jedoch mit unglaublicher Zungenfertigkeit heruntergesprudelt wurde«. Münsterer zitiert das ihm zufolge drei oder vier Strophen umfassende Lied mit dem abweichenden Titel *Lied von den Kavalieren der Station D* und ordnet ihm einen Kehrreim zu, der sich zwar nicht in Brechts Notizen findet, aber zu den zwei letzten, im Notizbuch überschüssigen Takten (»schnell«) paßt: »Oh, diese Weiber, Himmelherrgottsakrament! \ Arg schon die Liebe, aber ärger noch der Tripper brennt!« (*Münsterer 1966*, 85f.).

Brecht rhythmisierte hier erstmals in *NB 1* die Melodie, indem er lange Töne bzw. betonte Silben mit Diagonalstrichen markierte, wodurch eine Art Andreaskreuz entstand: »✖«. Die vertikalen Striche in den Notationen markieren auch → zu 2v, 3v-4v hier* Phrasengrenzen. Sie decken sich, folgt man der Noten- bzw. Silbenzahl, → 5r, 6r mit den Virgeln im Text, die offenbar Versgrenzen anzeigen*.

Heiner Hagg kolportiert eine Stellungnahme Brechts über die Situation der Geschlechtskranken (*Frisch/Obermeier 1986*, 112):

> Wir unterhielten uns auch über den Moralkodex der Gesellschaft, über die doppelte Moral der Menschen. Er sagte dazu, wenn er die Männer so im Lazarett liegen sähe, jeder Kranke erwiesenermaßen von einem galanten Abenteuer oder einem Seitensprung gezeichnet, da zeige sich ihm das Gesicht der Gesellschaft offen und ohne Verlogenheit.

6r Lied von Liebe Rudolf Prestel berichtet, sein Bruder Ludwig habe, wie schon bei *Baals Lied*, bei der Vertonung dieses Liedes mitgewirkt. Zudem überliefert er zwei weitere mutmaßliche Verse: »Tine Tippe ging in die Ehe \ Und Heider Hei nach Amerika...« (*Frisch/Obermeier 1986*, 106). Der Name ›Heider Hei‹ war in Brechts Freundeskreis für Otto Bezold gebräuchlich*; ob ›Tine Tippe‹ ebenfalls ein auch real verwendeter Spitzname war, ist nicht bekannt. → zu 1r

6v-7r Die „Keuschheitsballade" oder: „Der Jüngling und die Jungfrau." Titel und Tonart beziehen die Ballade auf das Gedicht: *Der Jüngling und die Jungfrau. \ Keuschheitsballade in Dur**, das Brecht hier vertonte. Die oder eine Keuschheitsballade wird auch im Einakter *Die Hochzeit* (1919) gesungen, und zwar vom Freund des Bräutigams zu Ehren der Braut: BBA 10354/112r

BBA 611/20-21; → *BFA* 1, 255

```
Freund:     Ja, aber jetzt singe ich.
Bräutigam:  Das musst Du nicht, wenn Du's nicht gern tust.
Freund:     (Holt die Klampfe) Ich tu es gern.
Bräutigam:  Ich meine wenn Du verstimmt bist.
[...]
Freund:     (singt die Keuchheitsballade)
Frau:       (lacht)
Bräutigam:  Ich kenne es. Eines Deiner brsten Lieder. Gefällt es
            Ihnen? (zur Frau) Aber ich will Win holen.
Freund:     Ja, es ist gut. Besonders die Moral! Gefällt es Ihnen?
            (zur Braut)
Braut:      Ich habe vielleicht nicht mehr verstanden
Frau:       Auf Sie zielt es auch nicht.
```

Der Balladentitel taucht zudem in zwei Entwürfen für das Stück *Die Bälge* auf: »3) Atelierfest: Die Vitalität, Keuschheitsballade.«* bzw. »3) Das Fest. Keuschheitsballade. Schluß: die Jünglinge stürzen sich auf die Mädchen. Dunkel.«* *Münsterer 1966*, 68 überliefert ein »in der Tendenz ähnliches Volkslied vom keuschen Jüngling und der keuschen Jungfrau, die sich vereint haben, um einander ›wohl gegen den bösen Feind‹ zu helfen, das aber in der Schlußstrophe im Gegensatz zur *Keuschheitsballade* feststellen muß: *NB* 3, 8r.3 *NB* 3, 25r.10-11

> Die Jungfrau hat geboren.
> Sie wiegt ihr keusches Kind.
> Der Jüngling ging über die Berge,
> wo Ideale sind.

In der Oberstimme im ersten und zweiten vollen Takt notierte Brecht Tenutostriche über den Achteln; offenbar sollte hier jede Note für sich betont werden. Die Diagonalstriche in diesen beiden Takten zwischen g und e bzw. fis und e sind in ihrer Bedeutung unklar.

7r Die anschließende Notenskizze* setzt die Melodie ohne Angabe der Tonart und Notenwerte fort.

11r Januar 1[7]*8. […]* Abend 2.30 Ausgabenliste, zunächst fälschlich auf 1917 datiert, vermutlich weil das Jahr 1918 erst begonnen und sich Brecht noch nicht darauf eingestellt hatte; wohl die früheste Eintragung im ganzen Notizbuch.* Walter Brecht zufolge erstellten auch die Eltern genaue Ausgabenlisten über die Haushaltsausgaben (*Brecht Walter 1984*, 65):

→ *EE F*

> Allmonatlich rechnete am Samstagabend nach dem Essen Papa mit Mama die Haushaltsausgaben durch. Sie hatte ein Notizbuch vor sich und las die einzelnen Beträge vor. Da waren die Ausgaben für Essen und Trinken vermerkt, das Geld für das Dienstmädchen, für kleinere Dinge wie Trambahn und Briefmarken. Alles war genau mit Datum aufgeschrieben *[…]*.

20r Als ich einst im Flügelkleide *[…]* ist hin. – Der erste Vers der durch Virgeln abgeteilten vierzeiligen Strophe spielt wohl auf das anonyme, um 1790 entstandene und meist zur Melodie des Menuetts aus Mozarts *Don Giovanni* gesungene Volkslied *Als ich noch im Flügelkleide…* an. Das ›Flügelkleid‹ war im 18./19. Jahrhundert ein exemplarisches Kleidungsstück kindlicher Mädchen. Die Verwendung des im Kontext ungewöhnlichen Wortes »Kuli« (in Ostasien gebräuchliches Wort für Lastenträger) könnte auf eine Beeinflussung durch Rudyard Kipling* hindeuten, einem der Lieblingsautoren Brechts in diesen Jahren.*

→ zu *NB 3*, 46v.19
→ *EE F*

Notizbuch 2

Beschreibung

Datierung

Mitte bis Ende 1919; eigenhändige Datierung: »31. 10. 19.« (16^{r})

Kurzcharakteristik

In *NB 2* finden sich neben Konzepten für die Theaterstücke *Hans im Glück*, *Der Kaufmann* und *Sommersinfonie* eine Liste alternativer Titel für *Spartakus* bzw. *Trommeln in der Nacht*, kurze Sentenzen, Mitschriften während eines Theaterbesuchs des *Jedermann* oder Reflexionen über Juden. Daneben notierte Brecht freirhythmische Gedichte wie *Und als sie wegsah …* und *Der Dichter …*, gereimte und rhythmisierte wie *Reiche mir Kind …*, *Die Sünder* oder *Soldatengesang* und die Widmungsgedichte *»Beuteltier mit Weinkrampf«* für Otto Bezold und *So halb im Schlaf …* für Paula Banholzer. *NB 2* gleicht in Format, Blattgröße und Fadenheftung *NB 1*.

Standort, Signatur

Archiv der Akademie der Künste, Berlin; BBA 10438

Format, Umfang

10,5 × 16,5 cm; 16 von ursprünglich wohl mindestens 28 Blatt (wie *NB 1*)

Umschlag

ohne Umschlag überliefert; aufgelöste Fadenheftung

Papier

festes, bräunliches Papier; leicht abgerundete Ecken

Schreibmittel

überwiegend mit Bleistift beschrieben; daneben: verschiedene Tinten, Kopierstift

Archivkontext

- BBA 10436/1-52: *NB 13* von 1922 (→ *NBA* 4)
- BBA 10436/53-64: *NB 14* von 1922 (→ *NBA* 4)
- BBA 10437: *NB 12* von 1921 (→ *NBA* 3)
- BBA 439/1-3: drei Briefentwürfe von Elisabeth Hauptmann
- BBA 439/4-17: *Wenn man etwas liebt …*; Erzählung von Elisabeth Hauptmann

Verfärbung

Auf vielen Blättern findet sich, meistens am rechten oberen Rand, ein kleiner Fleck. Er stammt von einer chemischen Reaktion des Papiers mit dem Klebstoff des Klarsichtstreifens, mit dem 1956-57 die auf einen Zettel gestempelten Archivsignaturen angebracht wurden. Im Rahmen der Restaurierung 2006 wurden diese Signaturen abgelöst und das ganze Notizbuch neu foliiert (am unteren Rand außen).

Lagenschema und Seitenbelegung

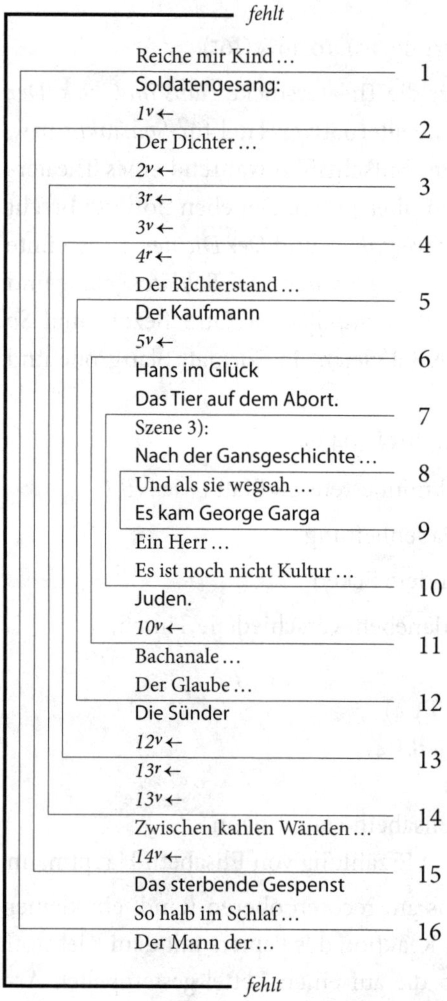

Erläuterungen

1r Reiche mir Kind das Johimbim *[...]* desgleichen, ›Johimbim‹* ist die bewußte oder unabsichtliche Verballhornung des Namens eines aus der Rinde des afrikanischen Yohimbe-Baumes (Pausinystalia yohimbe Pierre) gewonnenen Aphrodisiakums. »Yohimbin Spiegel« gehörte zu den ersten zuverlässig wirksamen Medikamenten zur Therapie erektiler Dysfunktion. Es wurde ab 1900 in der Chemischen Fabrik Güstrow hergestellt, nachdem es dem Berliner Chemiker Leopold Spiegel gelungen war, den medizinisch wirksamen Bestandteil der um 1895 von Ludwig Scholz aus Kamerun nach Deutschland gebrachten Rinde zu isolieren. Es ersetzte die bisherigen, unbefriedigenden Potenzmittel Phosphor, Strychnin oder Cocain und kam auch in der Viehzucht zum Einsatz. Auf das stark beworbene Medikament dürfte Brecht spätestens als Student der Medizin in München gestoßen sein. 1r.1, 5

Die Lesart »Johimbim« (statt ›Yohimbin‹) legt der Reim nahe (»Johimbim«, »nimm«), aber auch die Wiederkehr des Namens in gut entzifferbarer Schrift*. Der Reim läßt zudem auf eine (bewußt?) falsche Betonung schließen, die bei ›Yohimbin‹ auf der letzten (→ *Meyer 1909*, Bd. 20, 818) und nicht, wie hier, auf der vorletzten Silbe liegt. *NB 3*, 8r.2

»Semori«* hieß ein in Tablettenform verabreichtes »Desinfiziens für vorwiegend prophylaktische Zwecke« (*Klinische Wochenschrift*, 9. Jg., 1930, Nr. 44). Hedda Kuhn berichtet, Brecht habe in München Vorlesungen über Geschlechtskrankheiten gehört, weil er vor ihnen »eine panische Angst« gehabt habe (*Frisch/Obermeier 1986*, 128). Eine mögliche andere Quelle für Brechts Kenntnis dieses Medikaments bot eine Ausstellung in Augsburg, welche die *Deutsche Gesellschaft zur Bekämpfung der Geschlechtskrankheiten* vom 5. bis 21. September 1919 veranstaltete. Diesen ärztlichen Aufklärungsversuch verarbeitete Brecht wenig später im Einakter *Lux in tenebris*. 1r.4, 8 BBA 218/20-79; → *BFA* 1, 290-308

1v.1-2r.4 Soldatengesang: Die Protagonisten des Gedichts erinnern weniger an die Weltkriegssoldaten, mit denen Brecht im Augsburger Lazarett Ende 1918 in Berührung kam, als vielmehr an die Kämpfer der bayerischen Revolution 1918/19.* Das in Ton und Haltung von François Villon und Rudyard Kipling beeinflußte Gedicht steht in einer Reihe ironischer oder zynischer Soldatenlieder wie *Soldatengrab* (1916), *Legende vom toten Soldaten* (1917/18), *Gesang des Soldaten der roten Armee* (1919), *Die Ballade von dem Soldaten* (1921/22), *Lied der drei Soldaten* (1925), *Ach Jimmi, kümmre dich nicht um den Hut...* (1924/25), *Der tote Kolonialsoldat* (1925) und das ›Kinderbuch‹ *Die drei Soldaten* (1930). → zu 15v

2r.5-11 Kerr der Nüanzerich *[...]* Liebhaber anbieten. Gemeint ist der Theaterkritiker Alfred Kerr; Heinrich Scheuffelhut berichtet: »Etwa bis zum Jahr

1914 wollte Brecht Kunst- und Theaterkritiker werden. Damals eiferte er dem bekannten Alfred Kerr nach« (*Frisch/Obermeier 1986*, 43). Kerr kultivierte in seinen Kritiken einen Stil, der durch regen Gebrauch von Adjektiven, eine mit Leerzeilen und römischen Ziffern hervorgehobene Absatzgliederung u. a. um differenziert-effektvolle Originalität bemüht war. Brecht nahm erstmals im Sommer 1918 mit ihm Kontakt auf, als er ihm das Manuskript von *Baal* schickte (*Kerr 1923*). Später schrieb Kerr einige Verrisse über Aufführungen von Brechts Theaterstücken und warf ihm Plagiate vor.*

→ zu *NB 24*, 72r.5-73r.7

Der Zusammenhang der Notate untereinander ist unklar.

2v-4v Der Dichter *[…]* unter Gottes Wind. Entwurf eines unregelmäßig kreuz- und paargereimten Gedichts ohne Strophengliederung in freiem, jambisch geprägtem Rhythmus. Es handelt sich um eine Art Hymnus auf einen ›Er‹, der Anklänge an den expressionistischen ›Neuen Menschen‹ und zugleich charakteristische Wesenszüge der Neuen Sachlichkeit zeigt: Er ist nüchtern, zynisch, autonom, materialistisch, technokratisch, kapitalistisch, amoralisch, agnostisch und teilt damit wesentliche Merkmale mit dem unten als Kaufmann* und Jude* gezeichneten Typus. Viele Elemente tauchen auch an anderen Stellen in den Notizbüchern der Zeit auf, so der Wind (in den Segeln)*, Schiffe*, Messer*, Branntwein* und individuelle Freiheit*.

5r.11-13, 5v.1-6r.4 | 10v-11r
→ zu *NB 3*, 14v.8 | 5v.2-9 | → zu 2r.2 | 5r.11-13, 5v.1-6r.4 | → zu *NB 1*, 3v-4v

5r.1-4 Der Richterstand *[…]* Schullehrer. Brecht hatte erstmals am 1. Oktober 1919 im Kontext seiner unehelichen Vaterschaft von Frank Banholzer mit Gerichten zu tun;* ob ein Zusammenhang mit vorliegender Eintragung besteht, ist fraglich. Der Form nach erinnert das Notat an die auf das Volk gemünzte Formulierung in *Aufruf zum Streik*: »ein Verein verrückt gewordener Schieber«*. Anstelle von »stattlich« könnte auch »staatlich« gemeint sein.

→ zu *NB 3*, 8r.13-14
NB 3, 8v.18

5r.6-13 Das Lazarettschiff: *[…]* fällt alles umsonst zu. Szenenentwurf für ein Theaterstück, an den der folgende Entwurf *Der Kaufmann** anknüpft.

→ 5v.1-6v.16; *EE F*

5v.1-7r.18 Der Kaufmann *[…]* mit ihrem Hut anfangen? Konzepte für ein unausgeführt gebliebenes Theaterstück. Auf den Stoff griff Brecht mehrfach zurück. Ende Mai 1921 taucht es im Tagebuch unter dem Stichwort »Pläne« mit neuem Titel auf: »1) den ›Pestkaufmann‹ für Granach schreiben!«*, also für den Schauspieler Alexander Granach, der u. a. den Kragler aus *Trommeln in der Nacht* bei dessen Berliner Premiere am Deutschen Theater spielte (20. Dezember 1922). Um 1941 notierte Brecht den Titel erneut in ein Notizbuch*. Etwa aus derselben Zeit dürfte *Der Pestkaufmann** stammen. 1949 entwickelte Brecht den Stoff unter nunmehr drei alternativen Titeln weiter: *Der Tod von Basel*, *Die Basler Fastnacht* und *Der Pestkaufmann**. Obgleich er dafür schon eine Besetzungsliste* entwarf, stellte er das Stück nicht fertig, integrierte es aber als »zweite Handlung«* (Brecht an Gottfried von Einem, 7. Januar 1951) in *Der Salzburger*

BBA E 21/221
NB 41, 52r
BBA 529/62
BBA 500/3
BBA 603/20
BBA 921/1

Totentanz, einem für die Salzburger Festspiele konzipierten Theaterstück. Dabei gab er der Handlung eine neue Wendung. Anders als in *NB 2* spielt das Stück nun nicht mehr im Pestgebiet selbst. Vielmehr reist der Bruder bzw. Neffe der Kaufmannsfamilie Frühwirt nach Florenz, um dort infolge der Pest verbilligte Waren gewinnbringend einzukaufen. Mit seiner Rückkehr schleppt er die Pest nach Basel ein.* Auch vom *Salzburger Totentanz* sind nur einzelne Konzepte *NB 51*, 24^{v}-25^{r}
und Entwürfe überliefert.* → *EE F*

6^{v}.1-4 Vorspiel *[...]* anderes gibt als leben. Szenischer Entwurf für das vorangehende *Der Kaufmann-* oder das nachfolgende *Hans im Glück*-Projekt.

6^{v}.6-8^{r}.9 Hans im Glück: *[...]* Rührung. Vermutliche Eintragungsfolge: Auf der Doppelseite notierte Brecht als erstes mit blauer Tinte »Das Tier auf dem Abort *[...]*«*, wohl ohne Bezug auf *Hans im Glück*. Danach folgten die Notate 7^{r}.1-3
»Vorspiel«* und »Hans im Glück«*, wobei hier auch eine umgekehrte Eintra- 6^{v}.1-4 | 6^{v}.6-11
gungsfolge denkbar ist. Anschließend setzte Brecht die Eintragung »Der Komis *[...]*«* fort, beginnend mit »Seine kleine Welle«* und endend mit »seine ganze 6^{r}.9-17 | 6^{r}.17
Leere sah.«* Nun folgte das Konzept »Hans im Glück«*, das Brecht jedoch auch 6^{v}.14-16 | 7^{r}.4-14
schon vor der Fortsetzung von »Der Komis *[...]*« eingetragen haben könnte. An diese knüpfte er direkt an mit »Taylor *[...]* anfangen?«*. Das gestrichene 7^{r}.16-18
Notat »Mit [Die]*der* Gans *[...]*«* könnte vor, zwischen oder nach den Notaten 7^{v}.1-3
auf Bl. 6^{v}-7^{r} eingetragen worden sein.

Als Vorlage für das Ende 1919 bis Mitte 1920 entstandene, unvollendet gebliebene Theaterstück *Hans im Glück** diente das gleichnamige Märchen Nr. 83 aus BBA 213;
den *Kinder- und Hausmärchen* von Jacob und Wilhelm Grimm. Von ihm über- → *BFA* 10, 75-119
nahm Brecht die reigenartige Struktur, die Hans von einem Tausch zum andern führt. Von den Tauschobjekten behielt er nur die Gans bei, die er zunächst wie im Märchen an die fünfte Stelle plazierte, ehe er sie zum Gegenstand der sechsten Szene machte.* Die Tauschpaare bei Grimm – Gold gegen Pferd, Pferd gegen BBA 213/27
Kuh, Kuh gegen Schwein, Schwein gegen Gans, Gans gegen Wetz- bzw. Feldstein, Wetz- bzw. Feldstein gegen einen Schluck Wasser aus dem Feldbrunnen – ersetzte er durch andere; Hans' abschließendes Loblied auf das immaterielle Glück – ›So glücklich wie ich gibt es keinen Menschen unter der Sonne!‹ – ließ er weg.

Das umfangreiche, wohl nach den Eintragungen in *NB 2* entstandene Manuskript von *Hans im Glück* ist in einem braunen, bereits anders und teilweise von fremder Hand betitelten Heftumschlag überliefert: »Das sterbende Gespenst \ oder \ ~~Spartakus.~~ \ Ein Stück für's Theater \ 1919«*. → zu 15^{v}, → *EE F*

Brecht brachte *Hans im Glück* nicht in eine endgültige Form und Szenenfolge. Daher liegen nun zwei gleichrangige 9. Szenen vor; die 10. fehlt gänzlich, zwei weitere sind numerisch nicht zugeordnet. Vom anschließenden Handlungsgang existiert eine unvollständige Skizze, zu der eine von *NB 2* abweichende Gliede-

→ zu 7r.4-14; BBA 213/49 rung gehört.* Die folgende Übersicht dokumentiert die überlieferte Ordnung; es werden nur die Nummer und auszugsweise die Beschreibung der Szenen angegeben. Beim letzten Eintrag »Hans bei der alten Frau…« handelt es sich um unausgearbeitete Szenenskizzen.

→ 6v.9-11, 7r.5 1 \ Kleine geweißnete Stube. Morgensonne.
→ 7r.6 2 \ Die gleiche Stube grau. Abend.
3 \ Hügel. Goldener Morgen.
→ 7r.7 [3]*4* \ Karusell auf grüner Wiese. Bäume im Hintergrund.
4 *5)* \ Der gleiche Schauplatz. Es ist Nacht. Die Bäume sind schwarz.
[5]*6* \ Weißes Gemäuer am Abend. Violetter Himmel.
[6]*7* \ Landstraße mit Bäumen im Herbst.
~~[7]*10* \ Ein Keller in der Stadt~~
8 \ Schafweide.
Kellerkneipe in der Stadt.
[8]*11* \ Niederung eines Flußes mit Bäumen. *[…]* Gestrichen!
9 \ Eine kleine Kammer
9 \ Wiese. Sternennacht. Nebelschleier.
Landstraße. Abend.
Hans bei der alten Frau, die alle Kinder verloren hat *[…]*

Im Rückblick übte Brecht an *Hans im Glück* scharfe Selbstkritik: »Hansimglück BBA 802/92 mißlungen, ein Ei, das halb stinkt.« (Tagebuch, 14. September 1920)* Zu den Eintragungen im einzelnen siehe die anschließenden Erläuterungen.

6v.8 etwas dumm Im Manuskript wird Hans von seiner Frau Hanne charak- BBA 213/1 terisiert: »Er ist etwas dumm. Aber er tut Alles.«*

6v.6-11 Hans im Glück: *[…]* Schluß mit der Gans. Im Manuskript änderte BBA 213/1 Brecht die Szenerie ins Winterliche: »Vor den Fenstern schneebedeckte Bäume.«* Eine Reminiszenz an die zunächst geplante Herbststimmung taucht in Hans' Monolog auf. Brecht schrieb zunächst: »Heute muß ~~das~~ der Weizen geschnitten werden«, dann änderte er die Aussage in: »Heute muß das Holz gehackt wer- BBA 213/5 den«*. Eine Gans taucht in der ersten Szene ebensowenig auf wie ein ›berauschter, ekstatischer Seliger‹. Hans legt sich am Ende der ersten Szene auf der Stuben- BBA 213/9 | BBA 213/27-28; → 7r.9-10 bank zur Ruhe.* Die Gans kommt im Manuskript erst in Szene »[5]*6*«* ins Spiel.

7r.4-14 Hans im Glück \ 1) Frau gegen Hans *[…]* 9 Brecht notierte später auf separatem Blatt noch eine zweite Gliederung, die statt der zunächst geplanten neun nur sieben Szenen und andere Kampf-/Tauschpaare aufweist:

BBA 213/49

1) Frau gegen Hof	Frau gegen Himmel
2) Hof gegen Fuhrwerk	Heimat gegen Abenteuer, das wilde Leben.
3) Fuhrwerk gegen Orgel	– Abenteuer gegen die Musik davon, die Romantik.

4) Orgel gegen Frau – Romantik gegen die Frau, die nackte Wirklichkeit
5) Frau gegen Gans
6) Schenke. Freund gegen nacktes Leben gegen Tod
7) Tod

7v.4-10 Szene 3) *[...]* fort ist. Diesen Entwurf griff Brecht für die zunächst nicht numerierte, dann als dritte gezählte Szene auf: »3 Hügel. Goldener Morgen. Ein Planwagen. Hans und der Freund, etwas zerlumpt.«* Von dem Diebstahl des Planwagens berichtet ein Mädchen: BBA 213/16

> Hans: Habt Ihr keinen Mann auf einem Planwagen gesehen mit zwei Rappen? BBA 213/19
> Mädchen: Ja, das habe ich. Er bog am Steinbruch ab!
> Hans: Aber da liegt ja das Dorf nicht!
> Mädchen: Er fuhr auf die Landstraße!
> Hans: Das begreife ich nicht!
> Mädchen: Er ist Euch wohl auch fortgefahren!

7v.12-13 Jetzt hab ich immer noch das nackte Leben! Auf diesen Ausruf griff Brecht in der Szene »[8]*11* \ Niederung eines Flußes mit Bäumen.« zurück, wo Hans sagt: »Ich habe ja immer noch das nackte Leben«.* BBA 213/38, 40

7v.15-16 Für den Freund gibt er den Sternenhimmel. Dann umgekehrt. Diesem Notat entspricht im erhalten gebliebenen Manuskript keine Szene.

8r.1-5 Nach der Gansgeschichte *[...]* stiehlt Stiere. Diese Idee führte Brecht aus in der Szene »9 \ Wiese. Sternennacht. Nebelschleier«*. Dort stiftet der Freund Hans zum gemeinsamen Diebstahl der Stierherde an: BBA 213/42-45

> Freund [treibt die Stiere weg) Hüh! Was ist ein Stier gegen einen Freund? Hüh! Und was sind, drei, fünf, sieben, alle da, sieben Stiere gegen ein Freundesherz? Hüh, vorwärts! Es kommt auf das Menschliche an! BBA 213/45
> Hans [geht hintendrein)

8r.7-9 In der Kellerszene *[...]* Rührung. Dieser Notiz lassen sich zwei Szenen zuordnen: zunächst »~~[7]~~*10* \ ~~Ein Keller in der Stadt~~«*. In dem Entwurf: »Kellerkneipe in der Stadt.«* nimmt die Szene, bei vergleichbarem Beginn, einen markant anderen Verlauf. BBA 213/31 BBA 213/35-37

8r.11-16 Früher schlangen sie beim Leichenmahl *[...]* Tischtücher. Eine ähnliche Motivik findet sich im künstlich radebrechenden *Civilis-Song,* den Brecht auf ein Doppel- und ein Einzelblatt notierte und der archivisch vor *NB 7* (1920) überliefert ist:

BBA 11504/1 *[...]*
Unsere Nabel ~~tr[of]*äufen*~~ träuften
~~uns~~ von die Fett einmal. / aoh!
And because bei uns
Es grün [a]*und* trocken war /
kam one day das Schnapsverkäufer
Und das Missionar. / oah oah! [t¿]*!*
[...]

Der *Civilis-Song* könnte im Kontext der ›Negermanie‹ entstanden sein, die Hanns Otto Münsterer 1919 bei Brecht konstatierte (*Münsterer 1966*, 132).

8^{v} Und als sie wegsah *[...]* auf kalten Steinen Dreistrophiger, vermutlich unvollständiger Entwurf eines unregelmäßig kreuz- und paargereimten Gedichts in freiem, jambisch geprägtem Rhythmus. Formal entspricht er dem Entwurf
2^{v}-4^{v} *Der Dichter...**; bildlich erinnert er an *Baal* (1919/20). ›Violett‹ charakterisiert
BBA 213/9 dort leitmotivisch den Abend- oder Nachthimmel, so auch in *Hans im Glück**,
5^{v}.13 | → zu *NB* 3, 4^{r}.3-4^{v}.1 | *Der Kaufmann** oder im Kontext von Rauschzuständen.* Die ›durchgeschnitte-
→ zu *NB* 3, 30^{r}.14 | nen Knie‹ finden sich auch in der *Baal*-Szene *Nachtcafé zur »Wolke der Nacht«**.
BBA 2134/41; → *BFA* 1, 131 Der Nachthimmel wird auch dort* mit Milch verglichen. Das Motiv des Sterbens auf kalten Steinen findet sich in zeitlicher Nähe im Gedichtentwurf *Meines*
NB 4, 35^{r} *Bruders Tod**.

9^{r} Es kam George Garga *[...]* keine Thräne da. Entwurf zweier Strophen, die
→ zu 13^{r}.1-8 später im Gedicht *Die Sünder* leicht modifiziert wieder auftauchen.*

9^{v}.1-7 Ein Herr *[...]* peinliches Schauspiel. Anspielung auf Caspar Neher, mit dem Brecht zu dieser Zeit für *Baal* und andere Stücke eng zusammenarbeitete; Neher, der in München Kunst studierte, mußte im Rahmen seines Studiums viel kopieren. Im persönlichen Umgang kritisierte Brecht ihn oft derb, wie es seine
→ *TbN* Briefe an Neher und dessen Tagebücher* zeigen.

9^{v}.9-10^{r}.7 Das Mädchen: *[...]* auch gleich Entwurf für ein nicht ausgeführtes Theaterstück, vielleicht mit dem Titel *Gasverdichtung*, in dem wohl neben einem Unfall oder Selbstmord(versuch) mit Gas auch einer mit dem Schlafmittel Ada-
9^{v}.17 lin* vorkommen sollte. Die tödliche Dosis liegt bei 150 Tabletten.

10^{r}.9-10 Es ist noch nicht [Zi]*Kultur* *[...]* (außer den Ärzten) 60 Millionen war die ungefähre Einwohnerzahl Deutschlands zu Beginn des 20. Jahrhunderts. Kulturphilosophie und -kritik, z. B. in Abgrenzung zur Zivilisation, war ein Modethema der Zeit und die schlechte Handschrift von Ärzten ein gängiges Klischee.

10^{r}.12-17 Der Jude der im Kouppee *[...]* Abortivmitteln. Entwurf einer Szene
NB 3, 2^{r}.9-4^{r}.1 im Zug; → auch die Erzählung *Die Fahrt im Abteil** im folgenden Notizbuch. Das Thema ›Abtreibung‹ beschäftigte Brecht auch sonst in diesen Monaten pri-

vat und literarisch.* Um den 17. September 1933 notierte Brecht eine fast wort- → zu *NB 3*, 26^{r}.1-29^{v}.5
gleich beginnende Szene: »der jude der im cupee sagt: ich bin bayer. ich staunte: die bayern sind doch [t]*türken*, dachte ich.«* *NB 39*, 22^{r}.1-3

10^{v}-11^{r} Juden. Bis 1933 taucht der Jude in Brechts Schriften als ambivalente, zwischen antisemitischen Stereotypen und eigenwilliger Stärke schwankende Figur auf. 1920 hielt Brecht ironisch in einem Notizbuch fest: »2 Herren gehen durch die Ludwigstraße, in Zylindern bis an die Zähne bewaffnet[:]. Mit Plakaten: Wer ist schuld daß wir irrsinnig geworden sind? Die Juden!«* Am 26. *NB 8*, 29^{v}.1-6
Februar 1921 schrieb er in sein Tagebuch:

> Warum kann man mit den Juden nicht fertig werden? Weil man sie vierteilt, rädert, BBA E 21/123-124
> foltert, anspeit seit tausend Jahren. Aber der Speichel geht aus, vor der Jude ausgeht. Traurig, von durchschüttelnder Bitterkeit sind die gewaltsamen Geschehnisse, gegen die wir, lügnerischerweise, das Tragische erfunden haben.

Am 16. April 1921 charakterisierte er Oskar Camillus Recht, mit dem er Anfang 1921 um Marianne Zoff rivalisierte, als »klug wie nur ein Jude und charakterlos wie ein Viehhändler«* (→ das Konzept einer »Schilderung der Marianne- BBA E 21/184-185
geschichte«* vom 21. Mai 1921). In *Der Vizewachtmeister** heißt es um 1921 vom BBA E 21/218 | BBA 52/40-45, 458/37-53, 1351/1-41
Juden Bernauer aus einem Artillerie-Regiment:

> Auch Bernauer gehörte in die Batterie, der Jude mit dem schwer- BBA 458/43; → *BFA* 19, 152
> mäuligen Jdealismus, der, wenn er getrunken hatte, immer für Kaiser und Reich ins Feld zog und der noch auf dem Abort " Jch bin ein Preusse, kennt ihr meine Farben " sang, vorzüglich nachts, dass niemand schlafen konnte, bis er fertig war.

Einem Juden-Pogrom und seiner filmischen Realisierung widmete sich Brecht
1928 in der Erzählung *Die Bestie**. Die vorliegende Charakteristik erinnert an BBA 52/20-24, 458/2-6; → *BFA* 19, 294-299
den Typus des ›Er‹ in *Der Dichter der ihn manchmal göttlich liebt …** 2^{v}-4^{v}; → *BFA* 13, 137 f.

11^{v}-12^{r} Bachanale. *[…]* die störend liegen Notizen über eine Aufführung des *Jedermann* von Hugo v. Hofmannsthal im Augsburger Stadttheater (Regie: Hermann Merz; Premiere am 24. Oktober 1919). Die Notate, die Brecht wohl während der Aufführung niederschrieb, lassen sich einzelnen Handlungssequenzen zuordnen: ›Bacchanal‹* benennt das Trink- und Singgelage Jedermanns mit der 11^{v}.1
Buhlschaft, den Spielleuten und einigen Gästen (*Hofmannsthal 1921*, 38-56); in das Gelage hinein platzt der »Tod«* (*Hofmannsthal 1921*, 56), angekündigt mit 11^{v}.4
›Schreien: Jedermann‹* (*Hofmannsthal 1921*, 54): 11^{v}.1

> *(Indes sie singen kommt Jedermanns guter Gesell und nimmt den leeren Platz am Tische ein. Indem der Gesang leiser wird, hört man viele Stimmen rufen):*

STIMMEN:
Jedermann! Jedermann! Jedermann!
(Jedermann springt angstvoll auf.)

Der Tod schlägt durch sein Erscheinen zunächst einen Teil der Gäste in die
11v.3 »Flucht«*: »*(Es flüchten viele.)*« (*Hofmannsthal 1921*, 57); die übrigen vertreibt
Jedermann: »*(Etliche, die dort noch saßen und tranken, werden ihn gewahr, springen auf und flüchten. Der Tisch versinkt.)*« (*Hofmannsthal 1921*, 75) Die Lesart
11v.5 »Kino statt Mysterium«* könnte sich auf die Inszenierung beziehen, die Lesart
»Stund« läßt der Tod im Stück anklingen: »Bist du dahin erbts einen andern
\ Und über eine Weil schlägt dem seine Stund \ Und er muß alles hier lassen
und wandern.« (*Hofmannsthal 1921*, 59) Die »Stund« selbst wird an vielen Stellen
11v.6 mit charakteristischer ›e‹-Ellipse wiederholt. Hermann Merz* spielte den Mam-
11v.4 mon, der in der Augsburger Aufführung vielleicht wie ein »Geheimrat«* wirkte.
Sein erster Auftritt erfolgt bei Hofmannsthal aus einer Geldtruhe heraus (*Hof-
11v.7-8 mannsthal 1921*, 79); das Notat »nackt \ mit Gold behangen«* beschreibt wohl
den dazugehörigen Regieeinfall.

12r.2 Die allegorische Figur der »Werke«*, ihre »Schwester, Glaube genannt« (*Hof-
11v.5 | 11v.3 mannsthal 1921*, 90), das »Mysterium«* und die »Flucht«* erwähnt auch eine
anonym erschienene Kritik, die von Brecht selbst, aber auch von »Jean Baptist«
bzw. »J. B.« oder einem anderen Schreiber stammen könnte (»*Volkswille*«, Jg. 1,
→ *EE F* Nr. 49, 27. Oktober 1919)*:

Theater und Musik.
Jedermann.

Hugo von Hoffmannsthal schuf in diesem Theaterstück ein Mysterium mit stark katholisch-religiösem Einschlag. So erlebte man wenigstens auf der Bühne. Der Held, Jedermann, führt das Leben seiner Klasse, das Geld erlaubt ihm alles, bis der Tod eines Tages hinter ihm steht und ihn auffordert, Rechenschaft abzulegen für sein Erdenleben. Gelegentlich eines Trinkgelages im Kreise seiner Zechgenossen, im Arm seine Buhle erscheint der Sensenmann und wie er seinen Namen nennt, und Jedermann in tiefe Bedrängnis bringt, flüchtet alles, was sich bisher sein Freund nannte, die Buhle, die Zechgenossen, der Gsell, der ihm am nächsten stand, die Vettern, kurzum, Freunde in der Not, gehen fünfzehn auf ein Lot. Aber da erinnert sich Jedermann schnell an seinen besten Verbündeten, seinen Mammon, mit dem er sich wohl loskaufen möchte. Aber der Mammon grinst ihm höhnisch ins Gesicht und macht ihm klar, daß er nicht sein, Jedermanns Diener, sondern sein Leben lang sein Herr gewesen sei. Zuletzt ersteht ihm eine Verbündete: seine »guten Werke«. Aber sie sind gichtbrüchig, und nicht fähig, ihn auf seiner Reise zu begleiten und zu stützen. Sie rufen deshalb ihre Schwestern, den Glauben an und dieser kommt und stärkt den Todeskandidaten. Er wird gläubig und diese seine Kraft erlöst auch die »guten Werke« von ihrer Lähmung und sie begleiten ihn auf dem Weg in die ewige Seligkeit.

Aus dem Inhalt ist schon zu entnehmen, daß das Stück stark dualistisch gefärbt ist, und dann wurde das religiös-zeremonielle noch so herausgehoben und durch die Musik so stark unterstützt, daß man sich in eine Kirche versetzt glaubte. Kirche und Theater vertragen sich anscheinend sehr gut nebeneinander.
Die Sprache hat dialektischen Kolorit, wodurch ihr das Gespreizte genommen wird. Gespielt wurde durchweg gut, Herr ⟨*Friedrich*⟩ Geffers Gesell war allerdings ein bischen schwach. ⟨*Rudolf*⟩ Aicher als Jedermann bewältigte seine gewiß nicht leichte Rolle ausgezeichnet, auch mimisch. Herr ⟨*Kurt*⟩ Hartl als Teufel hätte zuerst sicherer auftreten müssen, da nach seiner eigenen Aussage ihm der Höllenbraten doch gewiß war, warum also so nervös? Nachher wars angebracht. Durchaus lobenswert waren Magdalena Stoff als Jedermanns Mutter, Erika von Draag als Jedermanns gute Werke, auch ⟨*Georg*⟩ Stetten, ⟨*Willy*⟩ Rösner, Passy-Cornet und Rauft spielten gut. Unter den übrigen, die dem Stück zum Gelingen verhalfen, sei noch Herr ⟨*Hermann*⟩ Merz als Mammon lobend erwähnt, er müßte nur mehr das dämonische seiner Rolle herausgekehrt haben. Die von Einar Rilson geschriebene Musik im Verein mit der Szenerie vollendeten das Geheimnisvolle.

Brecht kannte Hofmannsthal spätestens als 15jähriger. Bereits unter den ersten von ihm erhalten gebliebenen literarischen Texten (*Brecht: Tagebuch № 10*, 7. Juli 1913) findet sich eine ›Fortschreibung‹ (*Krabiel 2006*, 67-69) von Hofmannsthals Sonett *Die Beiden*. Während er sich von den meisten anderen in seiner Jugend geschätzten Autoren wie Dehmel, Hebbel, George, Rilke, Werfel und Thomas Mann bald distanzierte, findet sich über Hofmannsthal keine negative Äußerung. Das mag einerseits damit zusammenhängen, daß er sich Hofmannsthal für dessen Prolog zur ersten *Baal*-Inszenierung in Wien (Uraufführung: 21. März 1926) *Das Theater der Neuen. Eine Ankündigung* zu Dank verpflichtet sah. Andererseits übte insbesondere der *Jedermann* eine lebenslange Faszination auf ihn aus; das belegt noch sein Stückprojekt *Der Salzburger Totentanz** von 1949/50, das er als Fortschreibung oder Gegenentwurf zu Hofmannsthal konzipierte (→ *Krabiel 2006*). BBA 921; → *BFA* 10, 958-970

12v.1-7 Zwischenspiel: *[...]* gefällt mir. Szenischer Entwurf mit unklarem Bezug.

12v.9-14r.19 Die Sünder *[...]* Abendmahl. Brecht hatte bereits oben* zwei Strophen notiert, die er nun in umgekehrter Folge und mit einigen Änderungen als 3. und 4. Strophe* in *Die Sünder* integrierte. Dessen Schluß bilden die beiden Strophen* über Bertolt Brecht und den Hundestein; die nach der Notenskizze notierten Verse dienten als ergänzendes Material, das vor den beiden Schlußstrophen eingefügt werden sollte.* 9r 13r.1-8 13v.1-9 → *EE F*

Von dem Gedicht ist auch ein Typoskript *Von den Sündern in der Hölle* überliefert, das in der Strophenfolge und in einigen Wortbildungen von *Die Sünder* abweicht:

BBA E 21/49-50

Von den Sündern in der Hölle

Die Sünder in der Hölle
Hants heisser als man glaubt.
Doch fliesst, wenn einer weint um sie
→12v.10-14 Die Trän mild auf ihr Haupt.

Doch die am ärgsten brennen,
Hant keinen, der drum weint.
Die müssen an ihrem Feiertag
→12v.15-18 Drum betteln, dass einer greint.

Doch keiner hört ihr Greinen
Durch die die Wände wehn
Durch die die Sonne scheint hindurch,
→14r.1-5 Die kann man nicht mehr sehn.

Da kommt Dynysos Heigei
Der starb in Amerika
Das wusste seine Braut noch nicht.
→9r.5-8, 13r.1-4 Drum war kein Wasser da.

Es kommt die schöne Rosa,
Mit ihrem toten Kind,
Die hatte ihre Reu' ersäuft
→13v.12-15 im Wasser und im Wind.

Es kommt George Garga,
Sobald die Sonne scheint,
Dem hatten sie, Gott weisswarum,
→9r.1-4, 13r.5-8 Keine Träne nachgeweint.

Und Liselotte Arka
Steht mitten in der Sonn'.
Die hatte so geliebt, dass man
→13r.9-13 Einst nicht smehr hatte davon.

Dann kommt der
Ein unglückseliger Mann,
Der hatte die Idee gehabt,
→13r.14-17 Es käm nicht auf ihn an.

Und dort die liebe Marie,
Gestorben im Spital.
Ach, Gott vergass die Absolution
→14r.16-19 Beim letzten Abendmahl.

```
Und dort im Lichte steht Bart Brecht
An einem Hundestein,
Der kriegt kein wasser, weil man glaubt,
Der müsst im Himmel sein.
```
→13v.1-4

```
Jetzt brennt er in der Höllen,
O, weint ihr Brüder mein !
Sonst steht er am Sonntag nachmittag
immer wieder dort an seinem Hundestein.
```
→13v.5-9

In der Reihenfolge und unter dem Titel dieses Typoskripts, jedoch abermals verändert, nahm Brecht das Gedicht 1926 bzw. 1927 in die *Taschen-* bzw. *Hauspostille* auf und plazierte es jeweils an anderer Stelle.* Auffällig sind die dabei vorgenommenen Namensänderungen. Zudem sind die dialektal eingefärbten Verben »hants«* und »hant«* in die hochdeutschen Formen ›haben's‹ und ›haben‹ umgewandelt und die Strophen über Liselotte Barger*, Rosa* und Otto Zarek* weggelassen worden.

→*EE F*; *BFA* 11, 118f. | 12v.11 | 12v.16 | 13r.9-13 | 13v.12-15 | 14r.6-14

Die Sünder steht dem Gedicht *Der Himmel der Enttäuschten* nahe, in dem das Motiv von Trauer und Weinen wiederkehrt:

```
Immer Stille über grossen Steinen
Wenig Helle, aber immer Schein
Trübe Seelen satt sogar von Greinen
Sitzen tränenlos, stumm und sehr allein.
```
BBA 454/18; →*BFA* 13, 100f., →BBA 353/7

Das Gedicht ist eine Parodie auf das katholische Ablaß- und Fürbitten-Wesen und auf den volkstümlichen Aberglauben, unerlöste Seelen (Wiedergänger) müßten durch die Welt spuken, bis sich jemand ihrer erbarmt.

›Heigei‹* oder ›Heilgei‹ waren neben ›Buschiri‹ Brechts Spitznamen für seinen Jugendfreund Otto Müllereisert, den Paten seines ersten Sohnes Frank und Trauzeugen bei seiner Hochzeit mit Marianne Zoff. Im Notizbuch verknüpfte Brecht den Spitznamen mit dem griechischen Gott des Weines, der Fruchtbarkeit und der Ekstase Dionysos, verzichtete darauf jedoch bei der Drucklegung, wo er schlicht »Müllereisert« setzte (*Brecht: Taschenpostille 1926*, 34; →*Brecht: Hauspostille 1927*, 139). 13r.1

Den Namen ›George Garga‹* gab Brecht 1921/22 auch der Hauptfigur seines Stücks *Im Dickicht*, für das er u.a. den Titel *George Garga* (Tagebuch, 16. bzw. 19. September 1921)* und *George Garga oder das Dickicht* (Brecht an Marianne Zoff, 18. September 1921)* erwog; auch hier setzte er im Druck einen realen Namen: »Kasper« bzw. »Kaspar Neher« (*Brecht: Taschenpostille 1926*, 34; →*Brecht: Hauspostille 1927*, 139). Der Name ›Liselotte Barger‹* erinnert an die Figur der ›Sophie Barger‹ aus dem *Baal*. Das oben zitierte Typoskript *Von den Sündern*

13r.5 | BBA 803/50-51 | BBA 803/52 | 13r.9

in der Hölle nennt abweichend ›Liselotte Arka‹. Ob diese Namen auf eine oder mehrere Personen aus Brechts Umkreis anspielen, ist nicht bekannt.

13r.14 ›Geörge Pfanzelt‹* ist eine Modifikation des Namens von Brechts Jugend-
NB 4, 42v.20 freund Georg Pfanzelt, von ihm auch ›Orge‹ oder ›That's all‹* genannt. Brecht widmete Pfanzelt u. a. den *Baal* und den *Anhang* zur *Taschen-* bzw. *Hauspostille*; auch betitelte er einige Gedichte nach ihm, so *Orges Gesang, Orges Wunschliste* und *Orges Antwort, als ihm ein geseifter Strick geschickt wurde*; er sprach so-
BBA E 21/128 gar von ein »paar Balladen im alten Stil, von den Orgeliedern!«* (Tagebuch,
→ zu 6v.6 1. März 1921) Auch in *Hans im Glück** brachte Brecht Pfanzelt mit der Hölle in Verbindung, benennt dort aber den Magistrat (Pfanzelt arbeitete in der Augsburger Stadtverwaltung) als Ort der härteren Strafen:

BBA 213/32; → *BFA* 10, 104

> Zweiter: Dafür mußt du einmal in die Hölle, Freund!
> Dritter: Ja, die Hölle, das ist der Platz, wo es ungerecht zugeht. Da ist wirklich die Hölle. Aber Orge Pfanzelt war noch schlimmer als ich.
> Zweiter: Darum kam er auch auf den Magistrat und du bist ein armer Teufel!

Zur Strophe paßt auch die Charakterisierung durch Hanns Otto Münsterer, Pfanzelt sei »klein, leicht hinkend und hintergründig, der Merck und Mephistopheles dieses Kreises« gewesen, »dessen süffisanten Einwänden Brecht zeitlebens großes Gewicht beimaß« (*Münsterer 1966*, 25 f.).

Hanns Otto Münsterer gibt an, daß Brecht ihn, wenn er aus der Schule kam,
13v.2 an einem ›Hundestein‹* – wohl ein alter Eck- und Prellstein, an dem die Hunde ihre Markierung abschlugen – bei der Augsburger Kirche St. Stephan erwartet habe (*Münsterer 1966*, 100). Eine ähnliche Situation wie in den beiden Brecht-
13v.1-9 | *NB 12*, 32v-33v; → *BFA* 13, 229 f. Strophen* beschreibt das wohl 1921 entstandene Gedicht *Hier steht Bertold Brecht auf einem weissen Stein**.

13v.4 Die Vorstellung, der tote Brecht ›*müsse* im Himmel sein‹*, macht sich im 1918 entstandenen Gedicht *Kuplet* das lyrische Ich zu eigen; die Herkunft dieses
→ *EE F*: zu *NB 1*, 3r Typoskripts ist allerdings unklar:*

BBA 2212/27; → *BFA* 13, 127

```
Wenn ich einst in Gottes Himmel komme
und ich komm hinein, laßt euch nur Zeit
sagen alle, Heilige und Fromme
der hat uns gefehlt zur Seligkeit
```

13v.12-14r.4 Die Figur der Kinds- bzw. Selbstmörderin* findet sich im zeitlichen Kontext häufig, so in *Baal*, wo sich Johanna nach ihrer Entjungferung umbringt, oder in
NB 3, 5v.1-6r.1 dem Gedicht *Dunkel im Weidengrund**.

14r.6 ›Otto Zarek‹* hatte Brecht im Wintersemester 1918/19 in Artur Kutschers

Seminar* über das moderne Drama kennengelernt. Zarek veröffentlichte 1918 sein erstes Drama und wurde 1919 bei der Verleihung des Kleist-Preises lobend hervorgehoben; 1920-22 war er Dramaturg an den Münchner Kammerspielen. Die Otto-Zarek-Strophe fehlt in den späteren Drucken.

→ zu *NB 3*, 6^{v}.14-17, 19^{v}.10-21^{r}.9

Eine reale oder fiktive Bezugsperson für die ›liebe Marie‹* läßt sich nicht eindeutig bestimmen; Brecht bediente sich dieses Frauennamens vielfach literarisch.*

14^{r}.15
→ zu *NB 3*, 5^{r}

14^{v}-15^{r} Zwischen kahlen Wänden, *[...]* an Bez Otto Bezold gewidmetes Gedicht. ›Heigei‹* war der Spitzname von Otto Müller bzw. Müllereisert. »Eier«* und »Knie«* gebrauchte Brecht um 1920 häufig in sexuellem Kontext. »das Mensch«* steht in Süddeutschland umgangssprachlich für ›lockeres, freches Mädchen‹ (→ das Erzählkonzept *Mentscher*)*. Der Bildkomplex »abgestanden«, »Teich«, »Kloake« taucht wieder auf in dem Entwurf *Fatzer (spürt an sich selber)**.

14^{v}.3 | 14^{v}.6;
→ zu *NB 3*, 8^{r}.1-11
14^{v}.7; → zu *NB 3*, 30^{r}.14
14^{v}.11
NB 24, 69^{r}.2-7
NB 24, 22^{r}

15^{v} Das sterbende Gespenst *[...]* Per aspera ad astra Titelliste für das schließlich *Trommeln in der Nacht* genannte Theaterstück. Der erstgenannte Titel* findet auch auf dem vorderen Umschlag eines Schulheftes, in dem *Hans im Glück** überliefert ist:

15^{v}.1; → 15^{r}.4
→ zu NB 2, 6^{v}.6-8^{r}.9

Das sterbende Gespenst
oder
~~Spartakus.~~
Ein Stück für's Theater.
1919

BBA 10213/50;
→ zu 6^{v}.6

Brecht hatte das Stück Lion Feuchtwanger im März 1919 unter dem Titel *Spartakus* zur Begutachtung vorgelegt, ihn später aber wegen seiner politischen Brisanz abgeändert (→ *Feuchtwanger 1928*). Der neue Titel *Trommeln in der Nacht* ging auf einen Vorschlag Marta Feuchtwangers zurück (*Feuchtwanger 1983*, 110)* und taucht erstmals in Brechts Tagebuch unter dem Datum ›19.-25. Juli 1920‹* auf. Die vorliegende Liste spiegelt wohl eine frühere Phase der Titelsuche wider. Vielleicht handelt es sich aber auch um eine Liste mit Schlagzeilen, wie sie Kragler in seinem Schlußmonolog gebraucht (die Passage strich Brecht bei der Drucklegung):

→ *EE F*
BBA 802/19

`Der verfaulte Liebhaber oder die Macht der Liebe, das Blutbat im Zeitungsviertel oder der Pfahl im Fleisch.`

EHA 1896, 44^{r}

Die Arbeit an *Spartakus* hatte Brecht Mitte Januar 1919 begonnen (Brecht an Banholzer, 22./23. Januar 1919)*, und er konnte bereits nach zwei Wochen von

BBA Z 41/28

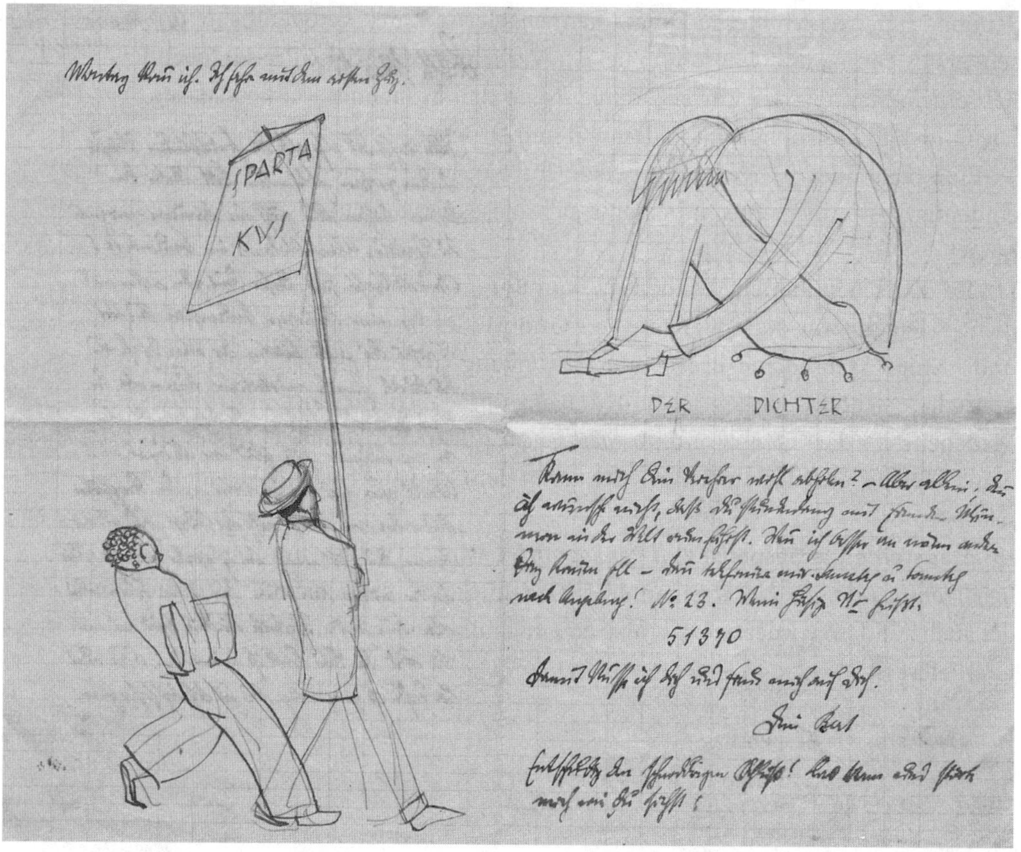

Abb. 1 Bertolt Brecht an Paula Banholzer, 13. Februar 1919 (*SBA*; → zu *NB 2*, 15ᵛ)

guten Fortschritten berichten: »Der ›Spartakus‹ wächst und reift seiner ruhm-
BBA Z 41/35-37 vollen Laufbahn entgegen.« (Brecht an Banholzer, 11. Februar 1919)* Am 13. Fe-
→ *TbN* bruar vermerkte Caspar Neher in seinem Tagebuch den Abschluß des Stücks*
und zeichnete einen Spartakus und einen Dichter in Brechts Brief an Paula Ban-
BBA Z 41/41-42; holzer (13. Februar 1919)*.
→ *Abb. 1* Schon bald arbeitete er das Stück wieder um, was Neher am 27., 28. Februar,
26. März, 23. April 1919 und Münsterer am 26. Februar, 8. April 1919 festhiel-
→ *TbN, TbM* ten,* und noch am 14. September 1920 hielt Brecht es für unfertig: »Trommeln
in d. Nacht immer am Rand der ~~Voll~~ Beendung, weit ab von irgend welcher
BBA 802/92 Vollendung.« (Tagebuch, 14. September 1920)* Seine Selbstkritik betraf die Sze-
nen- und Akt-Gliederung und den Schluß. Lion Feuchtwanger erinnerte sich
später, es in verschiedenen Fassungen erhalten zu haben (*Feuchtwanger 1928*,
372). Dem Stück lag zunächst eine dreiaktige, in Szenen unterteilte Gliede-

rung* zugrunde, ehe sich Brecht für eine vieraktige entschied: »Gegen Mitte der Woche die Ballade auf vielen Schiffen gemacht, dann einen Vierten Akt zu den ›Trommeln in der Nacht‹, einen abschließenden.« (Tagebuch, 19.-24. Juli 1920)* Brecht scheiterte jedoch lange mit dem Versuch, diesen Schlußakt fertigzustellen (Tagebuch, 15. Juni, 3. und 23. August, 2., 8. und 10. September 1920)*, selbst als er ihn schließlich am 3. September 1920 im Tagebuch neu konzipierte:

BBA E 10068/24-25
BBA 802/19
BBA 802/3, 23, 37, 62, 79, 84

> Ich suche eine Geste für all dies, sichtbar bis auf die Gallerie, zu riechen und hinreißend: für Trommeln IV. Akt. Wo einer was macht, dann aber andres macht. (– aber: macht). Eine ganze Stadt tumultiert, Betrogene in die Zeitungen hetzt, mit Waffen spickt: dann heimgeht. Sie, sie sollen in die Zeitungen! Er ist nimmer betrogen, nimmer armselig. Die Hauptsache: die Geste, mit der er heimgeht, den Rock auszieht, sich die Halsbinde herabreißt, mit den Händen am Hals aufschnauft; es ist ein Krampf, sagt und mit der Frau ins Bett abgeht.

BBA 802/64-65

Diese ›Geste‹ fand Brecht am 13. September 1920 »Nachts, mit Cas am Lech, [un]*zw*ischen Sternen«: »Am Schluß geht der Mensch heim mit der Frau, stark, ruhig, ernst«*. Dieses Ende behielt Brecht für die Druckfassung bei, fügte aber einen neuen dritten Akt* ein und gab dem Stück so eine fünfaktige Gliederung. Eine Skizze für den fünften Akt notierte Brecht später in ein Notizbuch: »V. akt: Soldatenratssitzung *[...]*«*.

BBA 802/91
EHA 1896, 22r-24r
NB 5, 48r.1-7

Entwürfe zu *Spartakus* haben sich nicht erhalten, abgesehen von einem mit »Zweiter Akt« überschriebenen Doppelblatt*, das aus der Zeit vor 1920 stammen dürfte. Es zeigt das Stück in Akte und Szenen unterteilt; die Figuren tragen noch ihre anfänglichen Namen: Murk heißt noch Merk, Anna noch Inge. Diese Namen änderte Brecht beim Redigieren eines (zuvor diktierten)* Typoskripts, das er anschließend wieder zum Abtippen ins väterliche Büro gab. Für die Schreibkraft – es könnte Pauline Israng gewesen sein (*Frisch/Obermeier 1986*, 102) – notierte er auf die Rückseite des ersten Blatts entsprechende Anweisungen:

BBA E 10068/24-25
→ *EE F*

> für das Tippen!
> viel Platz zum Korrigieren und Hinzufügen
> Je ein leeres Blatt zwischen den einzelnen
> Akten.
> Statt Inge heißt es immer:
> Anna
> Statt Merk " " "
> Murk
> Statt: der Bauer
> Laar
> Über jeden Akt die Überschrift
> und zwar:

EHA 1896, 2v

NB 2, 14-15

1. Akt	:	Afrika
2. Akt	:	Pfeffer
3. Akt		Walkürenritt
4. Akt		Der Schnapstanz
5. Akt		Das Bett

Die Namen über der Rede und die Rede so eingerückt,
daß die Namen untereinander stehen.

Das Typoskript trägt bereits den Titel *Trommeln in der Nacht* und die von Brecht
EHA 1896, 2r handschriftlich ergänzte Gattungsbezeichnung: »Komoedie«* (→ *Brecht: Trommeln 1990*, 8). Auf die frühere szenische Untergliederung verzichtete Brecht hier zugunsten einer Einteilung in Akte, die er mit Titeln versah.

Als *Trommeln in der Nacht* wurde das Stück am 29. September 1922 an den Münchener Kammerspielen in der Regie von Otto Falckenberg uraufgeführt.

Den Impuls für *Spartakus* hatten die revolutionären Unruhen in Berlin und München im Januar 1919 gegeben. Aus Protest gegen die Abberufung des Berliner Polizeipräsidenten Emil Eichhorn (USPD) war es in Berlin zu spontanen Streiks und Barrikadenkämpfen gekommen. Reichspräsident Friedrich Ebert (SPD) nahm zunächst mit Vertretern der USPD Verhandlungen auf. Diese scheiterten jedoch, und Ebert ließ den Aufstand durch die Reichswehr niederschlagen. Die bürgerkriegsähnlichen Unruhen gipfelten in der Ermordung von Rosa Luxemburg und Karl Liebknecht durch konterrevolutionäre Freicorps am 15. Januar. In der Folge sprangen die Unruhen auf das gesamte Deutsche Reich über, dauerten bis Mai 1919 und gelangten auch nach Augsburg und München
→ *TbN, TbM* (*Münsterer 1966*, 89)*:

> Der Anfang des neuen Jahres steht im Zeichen der Revolution. Auf den Straßen Augsburgs werden Flugblätter verbrannt, am 10. Januar hat sich eine Matrosenabteilung formiert, der Name Spartakus klingt auf. Natürlich ist die Unruhe der Zeit auch über uns gekommen; am 16. Januar ist Brecht bei mir, am Abend sind wir wieder beisammen und besuchen Wahlveranstaltungen aller möglichen Parteien und landen endlich, in später Nacht, bei Fechenbach, dem Sekretär Kurt Eisners. Es geht nicht gerade gesittet zu in den Sälen, man reißt sich um die Logen- und Galerieplätze ganz vorn, um den Rednern in hohem Bogen auf die Glatze zu spucken. Vierundzwanzig Stunden später sickert die Nachricht von der Ermordung Karl Liebknechts und Rosa Luxemburgs durch.

›Spartakus‹ nannte sich die der USPD eingegliederte revolutionäre Gruppe, aus der heraus sich zum Jahreswechsel 1918/19 u. a. die KPD gebildet hatte. Namensgeber der Gruppe war der Anführer eines römischen Sklavenaufstandes Spartacus (um 73 v. Chr.).

Die revolutionäre Situation relativierte Brecht rückblickend als »milieu«:

1918 die revolution der kragler BBA 348/36

als das stück erfolg hatte war es der erfolg der liebesgeschichte und der verwendung von trommeln hinter der scene (wobei ich gern zugeben will dass auch eine gewisse persönliche frische und eine ziemlic hemmungslose vorliebe dafür die sachen poetisch aufzuziehen für mich sprachen)die revolution die als milieu dienen musste interessierte mich nicht mehr als der versuv einen mann interessiert der daruf seine suppentopf stellen will übrigens erschien mir mein suppentopf im vergleich zum vesuv sehr umfangreich [e]*ich* konnte wirklich nichts dafür dass am end doch so etwas wie ein abbild der ersten deur[*t*]*s*chen revolution herauskam und vor allem ein abbild dieses revolutionärs

Der Kriegsheimkehrer Kragler wird im Stück leitmotivisch als »Gespenst«* bezeichnet und im ersten und im letzten Akt zudem ausdrücklich mit dem Sterben in Verbindung gebracht (→ *Brecht: Trommeln 1990*, 22 bzw. 70): 15v.1

Kragler: Na, was schauen Sie denn so überirdisch? Auch Geld für Kränze hinausgeschmissen? Schade drum! Jch hab mich in Algier als Gespenst etabliert. Aber jetzt hat der Leichnam mörderisch Appetit. Jch könnte Würmer fressen! EHA 1896, 10r, 42r

[...]

Kragler: Fort mit euch, ich bin das Gespenst. Tot bin ich, man hat mich begraben. Dreck! Leben will ich, ich bin da, der Wind geht an meinen Arm, das ist meine Frau, sehe sie an, so ist sie, aber sie ist es doch! Ich bin dicker als Ihr. Ich habe sonst nichts. Ich will Luft, ich will Fleisch, ich bleibe nicht allein, also fort mit Euch! (er hebt Erdklumpen auf, er schmeisst sie nach ihnen, aber in diesem Moment ticken in einiger Weite Maschinengewehre los. Fernes Geschrei. >

Zum ›Liebhaber auf der Barrikade‹* siehe den Kommentar des Kellners zu Kragler und Murk (→ *Brecht: Trommeln 1990*, 36): 15v.3

Kellner: Der krokodilhäuterne Liebhaber aus Afrika hat vier Jahre gewartet und die Braut hat jetzt noch [J]*ihre* Lilie in der Hand. Aber der andere Liebhaber, ein Mensch mit Knopfstiefeln, gibt sie nicht frei und die Braut, welche noch ihre Lilie in der Hand hat, weiss nicht, an welcher Seite sie weggehen soll. EHA 1896, 19r

Zum Handlungsgang paßt dieser Titelentwurf wörtlich und metaphorisch: Kragler wird für kurze Zeit Barrikadenkämpfer, und er kämpft gegen die Untreue seiner Verlobten mit dem Kriegsgewinnler Murk.

15v.7 Der Titelentwurf ›Von der Barrikade ins Ehebett‹* spielt auf Kraglers Gesinnungswandel am Schluß des Stückes an. Im entscheidenden Moment der Revolution verläßt er die Barrikaden (→ *Brecht: Trommeln 1990*, 73):

EHA 1896, 44r

```
Leckt mich jetzt am Arsch ! Ich bin der Liebhaber. Jetzt kommt
das Bett, das grosse, weisse, breite Bett, komm !
```

16r So halb im Schlaf *[...]* An Bittersweet, 31.10.19. Bereits am 15. April 1919 hatte Brecht brieflich Verse an Paula Banholzer geschickt (Brecht an Banholzer, 15. April 1919):

BBA Z 41/67-68

Ich habe ein Gedicht gemacht, dieser Tage, im Zug, das ist an Dich.

Als sie unschuldsvoll in Kissen
weißen Kissen schuldlos lag
war sie so zum Schluchzen herrlich
daß ich nicht dran denken mag.
~~Und sie zitterte, ich glaube~~
~~schon war Wiegen mir im Knie~~
Über uns war weiße Decke
Aber Himmel über der –
Wilder Himmel, blasser Himmel
und erlöste die Begehr.
Und sie zitterte, ich glaube
schon war Wiegen mir im Knie
Aber lang seh ich den Himmel
und ich sah: ich darf es nie. –
Dies war Himmel. Aber Wolken
weiße in der wilden Nacht
die der Sturm trieb, die sich bangten
sah ich sie
~~waren es~~ – als halb erwacht
halb im Schlaf die schwachen Arme
hilflos lächelnd um mich schlank
und mit ihr das milde warme
Leben selig an mich drang.

Das ist nicht sehr gut, aber vielleicht siehst Du, daß ich Dich liebhabe, auch wenn ich nicht bei Dir bin.

Das »Antlitz«, das mit Wind und Wolken verschwimmt, findet sich als Motiv
→ zu *NB 3*, 32r.7 1919/20 häufiger, so in *Sentimentales Lied № 1004**.

»Bittersweet«* war neben ›Bi‹ oder ›Bie‹ Brechts bevorzugter Kosename für Paula Banholzer, angeregt vielleicht durch die Gift- und Arzneipflanze Bittersüß aus der Familie der Nachtschattengewächse (*solanum dulcamara*) oder Paul

Claudels Drama *Der Tausch* (*Claudel 1910*, 18-20, 48 bzw. 60):

> LOUIS LAINE: Bittersüß, du bist einfach und gutmütig. Du bist beständig und immer eins, und man erschrickt dich nicht mit übertriebenen Worten. So warst du und so bist du noch. Du bist wie eine angezündete Kerze: wo du bist, da ist es hell. Davon kommt es, daß ich mich fürchte und mich vor dir verstecken will. *[...]* O Martha, mein Weib! O Schmerz! O Bittersüße! Ja, ich nannte dich bitter, denn es ist bitter von dir zu scheiden!

Paula Banholzer erinnerte sich später: Brecht »hat mich verglichen und sagte, ich sei eigentlich bittersüß; das kürzte er dann ab, Bi ist die Abkürzung von bittersüß. ›bittersweet‹ hat er damals eigentlich gesagt.«* BBA Z 3/28;→ 16r.7

Brecht lernte Paula Banholzer im Frühling 1916 kennen und begann im Juni/Juli 1918 mit ihr eine intime Beziehung. Am 30. Juli 1919 kam ihr Sohn Frank unehelich zur Welt. In ihren Erinnerungen zitiert sie (ohne Beleg) eine Aussage Helene Weigels: »Brecht hat viele Frauen gehabt, aber geliebt hat er nur die Bi.« (*Banholzer 1981*, 101)* → *NB 3*, 26r.3

16v.11-13 SoSi \ Das Klatschen in den Buden wenn Hanne fällt. Notat für das Theaterstück *Sommersinfonie*; die Abkürzung verwendete Brecht auch an anderer Stelle* sowie in Abwandlungen wie »So Si«, »Som Sinf« oder »SS«*. *NB 9*, 20r | *NB 9*, 29r.1; *NB 9*, 32r.1; *NB 13*, 4r
Den vollen Titel erwähnte Brecht bereits 1917: »Von mir wirst Du die ganze Sommersinfonie bekommen, wenn sie fertig ist, gegen das Versprechen, sie unter allen Umständen zurückgeben zu können« (Brecht an Max Hohenester, 8. Juni 1917)*. BBA E 12/211
Ob sich Brecht hier schon auf das Stück bezieht, läßt sich nicht entscheiden, denn offenbar existierte auch ein Gedicht mit diesem Titel (*Münsterer 1966*, 65):

> Eine weitere Gruppe früherer Dichtungen scheint eine Art Naturlyrik gewesen zu sein. Hohenester berichtet über eine Reihe von jahreszeitlichen Elegien, von denen eine den späteren Dramentitel *Sommersinfonie* führte, und hebt sie als besonders gelungen hervor. Auch mir hat Brecht eine Probe daraus vorgelesen; wir konnten uns damals aber beide nicht mehr für diese etwas pathetische Diktion erwärmen.

Die letzten Notizen zum Stück finden sich in *NB 13* bald nach der Datierung: »27. 2. 22«*; ein abgeschlossenes Manuskript ist nicht überliefert. *NB 13*, 1v.7
Die Stückkonzepte und Szenenskizzen lassen auf ein exotisch-wildes Drama schließen, wofür auch die von Brecht notierten Schlagworte sprechen: »Lynchjustiz *[...]* die besoffene Jagd am stillen-toten wasser hin, der zottige walkürenritt unter den peitschenden rostroten Kiefern«* oder das »Ächzen der vergewaltigten Frau«*, *NB 13*, 2r | *NB 9*, 21r.1
der »Kampf zwischen Teif und dem Mammut«*, Hannes Schwimmen »in vielen *NB 13*, 3r.8-9
Hölzern, Schlamm, Tierleichen«*. *NB 12*, 6r.8-9
Über die mutmaßliche Gestalt des Stücks gibt Hanns Otto Münsterer einen ausführlichen Bericht (*Münsterer 1966*, 128f.):

Weit komplizierter im Aufbau war die *Sommersinfonie*, bei der sich dauernd Änderungen ergaben und verschiedene Arbeitsschichten übereinander lagerten. Als Mittelpunkt des mit Jahresende ⟨*1919*⟩ »beinahe abgeschlossenen« Werkes erscheint die aus Petron bekannte Geschichte der Witwe von Ephesus, die in der Gruft ihres verstorbenen Mannes verhungern will, dann aber vom Galgenwächter getröstet wird und schließlich, als Kadaver des Gerichteten gestohlen worden ist, die Leiche des Gatten dafür aufhängen läßt. Doch wurde das Ganze in eine unbestimmte Vergangenheit, etwa ins vorreformatorische Deutschland oder in die Zeit der Bauernkriege, übertragen. Eine Schauspielertruppe bringt Leben und Verwirrung in die bürgerliche Kleinstadtwelt, böse Gesänge – »Über den Wipfeln der Bäume reitet der Teufel« – forderten zur Sinnenlust auf, inmitten einer dämmernden Wiese singt ein vorweggenommener Paule Ackermann *Luzifers Abendlied*, jenen Choral *Gegen Verführung*, der später in der *Hauspostille* wie in der Oper *Mahagonny* eine ähnliche Rolle übernimmt. Zu dieser Oper scheinen sich überhaupt enge Beziehungen zu ergeben; das Milieu ist dort zwar völlig anders geworden, im Ausbrechen aus jeder Ordnung unter dem Eindruck äußerster Bedrohung aber besteht zwischen beiden Stücken eine unverkennbare Übereinstimmung. Aufführbar wäre die *Sommersinfonie* natürlich nie gewesen; fast jede einzelne Szene hätte genügt, den schönsten Theaterskandal herauszufordern, den damals schon vergleichsweise so harmlose Stücke wie Wedekinds *Wetterstein* oder gar Lautensacks *Gelübde* auslösten. Brecht wagte es offenbar nicht einmal, den Text einer Sekretärin zu diktieren; schon bei der Urfassung des *Baal* hatte dies heikele Geschäft ein Freund für ihn übernehmen müssen. Möglicherweise liegt darin einer der Gründe, warum die *Sommersinfonie* über den Zustand des rohen Manuskripts niemals hinauskam.

Daß die *Satyrica* von Petronius als Stoff- und Ideengeber fungierten, bestätigt
BBA 10460/8 die undatierte Liste »Andere Pläne und Entwürfe«*: Die Eintragung »2) Bearbeitung der Fabel von der Witwe von Ephesus < in großen Umrissen fertig >« – läßt sich auf die *Sommersinfonie* beziehen.

16v.13 ›Hanne‹* ist die weibliche Hauptfigur des Stückes und taucht regelmäßig in
NB 3, 40v; *NB 9*, 20v | *NB 12*, 4v-6r; 13v-14r | *NB 12*, 14v-15r den Entwürfen auf*; für sie entwarf Brecht fünf Szenen* sowie eine Konfrontation mit ihrem männlichen Widerpart Teif*.

Notizbuch 3

Beschreibung

Januar bis April 1920; eigenhändige Datierungen auf »21.1.20« (4v, 5r), »9.I.20.« (18r; irrtümlich statt 9. Februar), »21.II.20« (32v); das Datum »24.3.20.« (50r) wurde wohl im voraus notiert. *Datierung*

NB 3 ist unvollständig überliefert: Neben dem Umschlag fehlen am Anfang und Ende sowie in der Mitte jeweils mindestens ein Doppelblatt; weitere Blätter wurden an verschiedenen Stellen herausgerissen. Das Notizbuch begleitete die letzte Überarbeitung des *Baal* vor der Abgabe an den Georg Müller Verlag Mitte Februar 1920 und Brechts erste Reise nach Berlin im Februar/März. Einzelne Texte dürften noch Anfang April hinzugekommen sein. In die *Baal*-Drucke übernommen wurden zwei hier entworfene Szenen und das Gedicht *Durch die Kammer ging der Wind…* Im Zug nach Berlin entstand *Sentimentales Lied № 1004* (später *Erinnerung an die Marie A.*). Nur in *NB 3* dokumentiert sind die beiden Stückprojekte *Der Sieger und der Befreite* (*Absalom*) und *Die Bälge / Eier*. Den größten Raum nehmen theater-, literatur- und zeitkritische Aufsätze ein: *Aufruf zum Streik, Über den Stil, Über das Unterhaltungsdrama, Über den Expressionismus, Über das Rhetorische, Folgen der Kritik, Über das Schreiben, Über den Dadaismus, Das Theater gefällt mir…, Ich im Theater, Über die deutsche Literatur* und *Das Theater als sportliche Anstalt*. Schließlich enthält *NB 3* neben der Erzählung *Die Fahrt im Abteil* viele Kurznotate zu Prosa- und Dramenprojekten, Aphorismen mit teilweise biographischem Hintergrund, Adressen und Theaternotizen. *Kurzcharakteristik*

Archiv der Akademie der Künste, Berlin; BBA 11087/1-50 *Standort, Signatur*

12,2 × 19,1 cm; 50 von ursprünglich mindestens 60 Blatt *Format, Umfang*

kein Umschlag überliefert; Klammerheftung *Umschlag*

festes, bräunliches Papier mit abgerundeten Ecken; Rotschnitt *Papier*

überwiegend mit Bleistift beschrieben; daneben: verschiedene Tinten *Schreibmittel*

- BBA 11086: *NB 15* von 1922/23 (→ *NBA* 4) *Archivkontext*
- BBA 1088: Programmhefte von Theateraufführungen

Auf vielen Blättern findet sich, meistens am rechten oberen Rand, ein kleiner Fleck. Er stammt von einer chemischen Reaktion des Papiers mit dem Klebstoff des Klarsichtstreifens, mit dem 1956-57 die auf einen Zettel gestempelten Archivsignaturen angebracht wurden. Im Rahmen der Restaurierung 2006 wurden diese Signaturen abgelöst und das ganze Notizbuch neu foliiert (am unteren Rand außen). *Verfärbung*

Lagenschema und Seitenbelegung

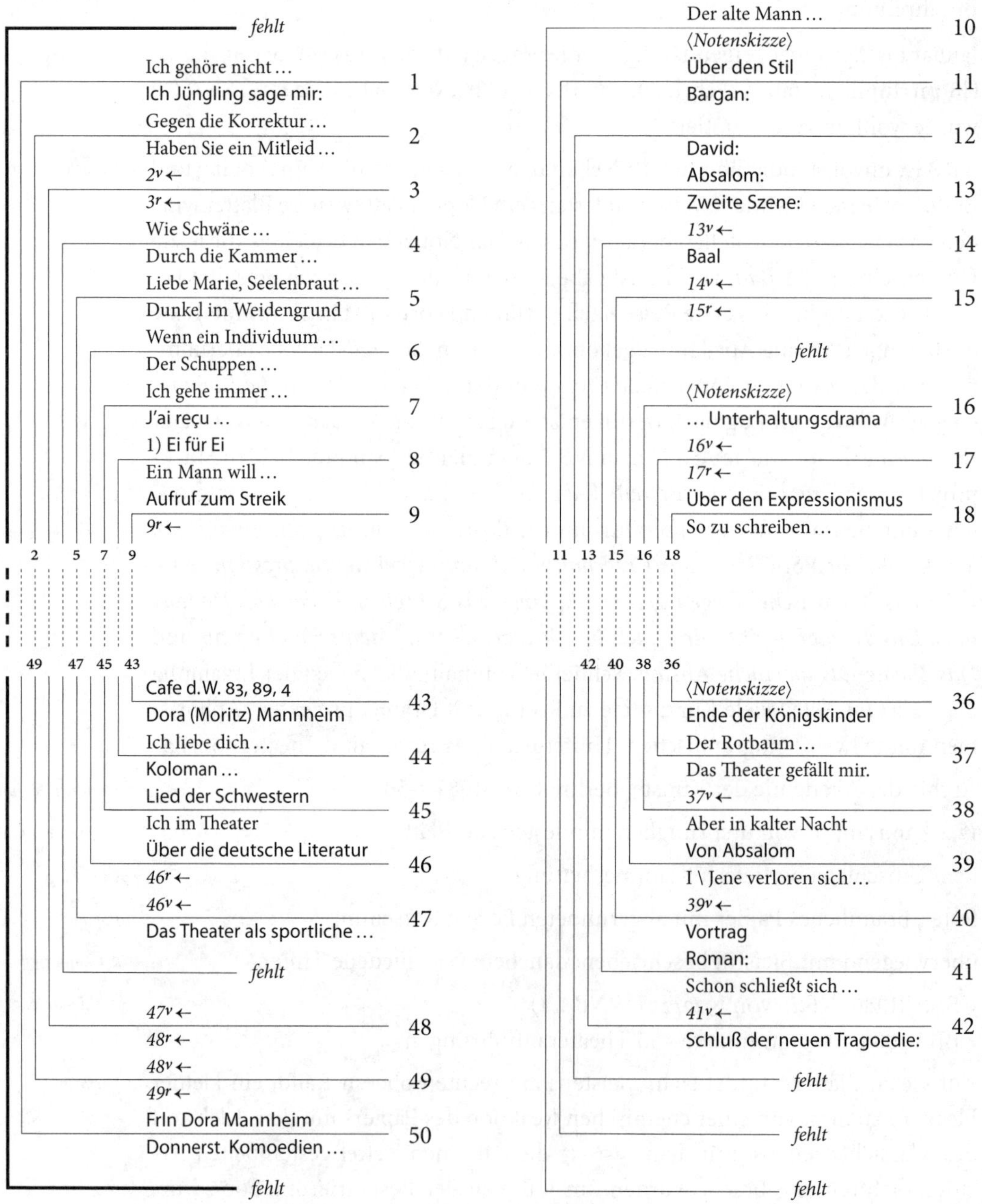
fehlt
Ich gehöre nicht …
1
Ich Jüngling sage mir:
Gegen die Korrektur …
2
Haben Sie ein Mitleid …
2v ←
3
3r ←
Wie Schwäne …
4
Durch die Kammer …
Liebe Marie, Seelenbraut …
5
Dunkel im Weidengrund
Wenn ein Individuum …
6
Der Schuppen …
Ich gehe immer …
7
J'ai reçu …
1) Ei für Ei
8
Ein Mann will …
Aufruf zum Streik
9
9r ←
2 5 7 9
49 47 45 43
Cafe d.W. 83, 89, 4
43
Dora (Moritz) Mannheim
Ich liebe dich …
44
Koloman …
Lied der Schwestern
45
Ich im Theater
Über die deutsche Literatur
46
46r ←
46v ←
47
Das Theater als sportliche …
fehlt
47v ←
48
48r ←
48v ←
49
49r ←
Frln Dora Mannheim
50
Donnerst. Komoedien …
fehlt
Der alte Mann …
10
(Notenskizze)
Über den Stil
11
Bargan:
12
David:
Absalom:
13
Zweite Szene:
13v ←
14
Baal
14v ←
15
15r ←
fehlt
(Notenskizze)
16
… Unterhaltungsdrama
16v ←
17
17r ←
Über den Expressionismus
18
So zu schreiben …
11 13 15 16 18
42 40 38 36
(Notenskizze)
36
Ende der Königskinder
Der Rotbaum …
37
Das Theater gefällt mir.
37v ←
38
Aber in kalter Nacht
Von Absalom
39
I \ Jene verloren sich …
39v ←
40
Vortrag
Roman:
41
Schon schließt sich …
41v ←
42
Schluß der neuen Tragoedie:
fehlt
fehlt
fehlt

Über das Rhetorische 19
Folgen der Kritik
Über das Schreiben. 20
19^{v} ←
Über den Dadaismus. 21
21^{r} ←
21^{v} ← 22
Die Bälge
22^{v} ← 23
23^{r} ←
23^{v} ← 24
24^{r} ←
Erste Szene: Atelier. 25
25^{r} ←
„Eier" 26
3 [Fortsetzung]
26^{v} ← 27
27^{r} ←

fehlt

fehlt

fehlt

27^{v} ← 28
28^{r} ←
4) \ Inqui: 29
Der Sieger und der Befreite.
In der Elektrischen … 30
V. – Habt ihr Koloman …
Munk 31
Arbeit als Sport
Sentimentales Lied № 1004 32
Im Zustand …
Ich habe immer … 33
Und doch: der Labtrunk …
süß wie Ananas … 34
Ihr großen Bäume …
35
Ich habe dich nie je …

fehlt

fehlt

Erläuterungen

1r.1-2 zu werden. Ich verbitte mir ~~die andern~~ Brüder! Neben dem Notizbuch-Umschlag ist zumindest *ein* vorausgehendes Doppelblatt verloren; zu welcher Eintragung der vorliegende Schluß gehört, ist nicht bekannt.* → *EE F*

1r.4-10 Ich gehöre nicht zu den nützlichen Gliedern *[…]* abschneiden. Vielleicht – wie die folgende Eintragung – Entwurf für einen *Psalm**; die hier noch negativ bewertete (gesellschaftliche) Nützlichkeit entwickelte Brecht später zu einem Zentralbegriff seiner theatertheoretischen Reflexionen. → *NB 4*, 16v-62r

1r.12-13 Ich habe den Becher geleert *[…]* verführt worden. Das Motiv der Verführung ist in den Jahren um 1920 auch in Stücken wie *Baal*, *Der Sieger und der Befreite*, *Die Bälge* und in zahlreichen Gedichten zentral. In *Gesang aus dem Aquarium*, nachträglich als 5. *Psalm* gezählt, werden die beiden vorliegenden Zeilen wörtlich als Eingangsvers* verwendet. *NB 4*, 19r.3-4

1r.15-16 Der freie Wille – das ist eine kapitalistische Erfindung! Eine erste Auseinandersetzung Brechts mit dem Kapitalismus findet sich im Einakter *Lux in Tenebris*, der Ende 1919 und damit kurz vor dieser Eintragung (Januar 1920) entstand. Theoretisch reflektierte Brecht ihn erst ab Mitte der 1920er Jahre in Stücken wie *Jae Fleischhacker*, *Dan Drew* usw. Das philosophische Problem der Willensfreiheit beschäftigte Brecht sonst kaum, es taucht aber im Zusammenhang mit dem Projekt *Me-Ti / Buch der Wendungen* in den 30er Jahren wieder auf, nämlich in dem Text *Die Unberechenbarkeit der kleinsten Körper**, der einen grundsätzlichen Determinismus vertritt. BBA 134/41; → *BFA* 18, 98

1v Ich Jüngling sage mir: *[…]* gewaltsam gail gemacht! Die Zusammengehörigkeit der sechs durch »x« getrennten Abschnitte ist unsicher, die Trennung der ersten drei Abschnitte* erfolgte nachträglich. Ihr Inhalt, aber auch die durch Unterstreichung und lateinische Schrift wie ein Titel hervorgehobene erste Zeile deuten auf einen die Abschnitte übergreifenden Zusammenhang hin, vielleicht auf ein Gedicht in der Art der *Psalmen*. 1v.1-10

Das Thema Sexualität/Geilheit beschäftigte Brecht in diesen Jahren stark; so sprach er kurz zuvor am 22. November 1919 mit Oscar Lettner über »Seksualprobleme« (Tagebuch Lettner*), und auch Nehers Tagebuch dokumentiert diesbezügliche Gespräche im Freundeskreis, so am 23. Februar 1919: »Er liebt Bi: er hat Angst um die Hetäre Bi«*. BBA Z 4/90; *TbN*

In zeitlicher Nähe zu dieser Eintragung* kann der Weiher (Teich, See, Kloake, Tümpel) auch als Bild des weiblichen Geschlechts*, des weiblichen Körpers überhaupt*, als Ort von Lust und Tod (*Von den verführten Mädchen*) oder des Bettes (*Der Schweinigel / Ein gemeiner Kerl* in: *Der Feuerreiter* 4/5 [1922], entstanden wohl Ende 1919, *Baal**) fungieren. 1v.8; *NB 2*, 14v.13-15r.2; → *NB 24*, 22r.3 | BBA 459/13; → zu 5r; → BBA 199/11, → zu 4r.3-4v.1

1v.15-19 Zur Selbstbefriedigung im Bett* siehe auch *Die Bekenntnisse eines Erstkom-*
BBA 4/13; → *BFA* 13, 266 *munikanten** (wohl von 1922/23).

2r.1-7 Gegen die Korrektur eines Stückes *[...]* **Hochzeitsnacht!** Biographi-
→ zu *NB 2*, 15v scher Hintergrund dieses Wortwechsels dürfte Brechts Arbeit an *Spartakus** im Vorjahr, vor allem aber seine Überarbeitung des *Baal* sein (Neher berichtet da-
→ *TbN* rüber im Tagebuch vom 1.-21. Januar 1920)*. Ende 1919 hatte Brecht Kontakt mit dem Münchner Verlag Georg Müller geknüpft und begonnen, für ihn das bereits mehrfach veränderte Stück erneut umzuarbeiten. Am 13. Januar 1920 schrieb er
→ 26r.3, zu *NB 2*, 16r.11 | BBA Z 41/108 | BBA 2217/58 an Paula Banholzer*, die er in dieser Zeit heiraten wollte: »Ich arbeite gerade viel an den letzten Korrekturen zu Baal, der in die Druckerei muß.«* Etwa Ende Januar meldete er Hanns Johst: »Inzwischen habe ich mein Stück überarbeitet«*.
→ *EE F*: 4r.3-4v.1; zu 37v.1-38v.3 Die erhalten gebliebenen Typoskripte dieser Zeit weisen tatsächlich verschiedene Bearbeitungsspuren auf.*

2r.2, 4-5 Mit ›Staatskonkurs‹* ist wohl kein Staatsbankrott gemeint, sondern die bis ins 20. Jahrhundert hinein so genannte staatliche Studienabschlußprüfung (zweites Staatsexamen in Bayern). Sie war besonders in Jura gefürchtet und bestand aus einer komplexen schriftlichen Aufgabe, die unter Aufsicht von Prüfern mit Hilfe einer Handbibliothek in zwei Wochen zu lösen war. Aber auch in Medizin – das Fach, in dem Brecht vom Sommersemester 1918 bis 1921 in München eingeschrieben war – wurde das Staatsexamen ›Staatskonkurs‹ genannt.

2r.9-4r.1 Die Leute mit dicken Kindern *[...]* **die Scharlach hatten.** Die Kurzgeschichte entstand in vier oder fünf Etappen; hypothetische Rekonstruktion: (1) Zuerst notierte Brecht in charakteristischem Ineinander von konkretem De-
2r.9-17 tail und allgemeinem Konzept den Handlungsverlauf;* (2) sodann setzte er die
2r.16-17 Erzähl-Idee – »Der Kampf für des Mannes Rettung gegen den Mann.«* – ver-
2v.1-4 suchsweise in einer kleinen Szene um (bis »Es sind auch Kinder dabei«*); (3)
2v.5-4r.1 | 2v.1-4 danach formulierte er die Geschichte aus* und fügte die Szene* an passender
3v.2 | 2v.4 Stelle* ein; (4) darauf setzte er den Titel: »Die Fahrt im Abteil.«*; (5) die Position des Titels und des »x« könnte darauf hindeuten, daß Brecht erst zuletzt den
2v.2-4 Schluß der kleinen Szene », die gewiegt werden müssen!«* ergänzte; vielleicht strich er auch erst dann die Erläuterung »(ein Brauer)«.

Den biographischen Hintergrund bilden Brechts häufige Bahnfahrten in den Jahren seines Studiums. Zudem kannte er als Medizinstudent wohl die Infektionswege und -risiken von Scharlach, auch wenn er sein Studium nicht eifrig betrieb. Die durch Streptokokken verursachte und für Erwachsene besonders gefährliche Kinderkrankheit kann unbehandelt zu rheumatischem Fieber und in der Folge zum Tod führen. Brecht litt *Parker 2010* zufolge an dieser Erkrankung. Brechts Bruder Walter erinnert sich dagegen (*Brecht Walter 1984*, 82f.):

Kinderkrankheiten gab es viele, von Ausschlägen angefangen, über Mumps, Halsentzündung, Keuchhusten. Mit oft hartnäckigen Wiederholungen brachten Eugen und ich die meisten dieser Krankheiten hinter uns, von Scharlach und Diphterie blieben wir verschont *[...]*.

4r.3-4v.1 Wie Schwäne flattern sie mir ins Holz. *[...]* **Herr Baal?** Entwurf einer Szene für *Baal**, die im Typoskript von 1919/20 nachträglich zwischen zwei abweichenden Szenenentwürfen mit demselben Titel *Baals Dachkammer* eingefügt wurde: → zu 2r.1-7, *EE F*

BBA 2134/14-16; → *BFA* 1, 98-101

Baals Dachkammer.
Baal liegt auf dem Bett. → 4r.13
Baal:(summt) → 4r.14
Den Abendhimmel macht das Saufen
[Für]*Sehr* Dunkel,manchmal violett*:*
Dazu Dein Leib im Hemd zum Raufen → 4r.15
Die beiden Schwestern: (treten umschlungen ein) → 4r.16
Die ältere Schwester:
Sie haben uns ~~geschrieben~~ gesagt, wir sollen sie wieder besuchen. → 4r.16-17
Baal: (summt weiter)
In einem breiten weissen Bett. → 4r.18
Die ältere:
Wir sind gekommen, Herr Baal.
Baal:× Zieht euch aus! ×Jetzt flattern sie mir ~~die Wachteln~~ gleich zu zweit in den Schlag!
[...]
Die Hausfrau: (dick. Tritt ein.) I, da schau, ich hab mirs doch gedacht[.]*!* Gleich zwei aufeinmal[-]*!* Ja, schämt ihr euch denn gar nicht? Zu zweit dem in seinem Teich liegen[.]*?* Vom Morgen bis zum Abend und wieder bis zum Morgen~~,~~ wird dem das Bett nicht kalt! Aber jetzt meld ich mich. Mein Dachboden ist kein Bordell! → 4r.9
Baal: (wendet sich zur Wand).
Die Hausfrau: Sie haben wohl Schlaf? Ja, werden denn Sie von dem Fleisch nie satt. Durch Sie scheint ja die Sonne schon durch. Sie schauen ja ganz durchgeistigt aus. Sie haben ja bloss me[i]*hr* /ne Haut über die Beine. → 4r.9-10 → 4r.11
Baal: (mit Armbewegung) Wie Schwäne flattern sie mir ins Holz! → 4r.3-4
Hausfrau: (schlägt die Hände zusammen) Schöne Schwäne! Was Sie für ne Sprache haben! Sie könnten Dichter werden, Sie! Wenn Ihnen nur nicht bald die Kniee abfaulen,Ihnen! → 4r.5
Baal: Ich schwelge in weissen Leibern! → 4r.6
Hausfrau: Weissen Leibern! Sie sind n' Dichter! *[...]*
Die Hausfrau: (nimmt sie beir Hand) Regnet es jetzt? So ein Volk! Na, ihr seid hier auch nicht die einzigen. Der tut dick in Schwänen! *[...]* (schiebt sie zur Tür Und Sie: Ihnen k[ü]*i*ndige ich. Sie können → 4r.3-4

Ihren Schwanenstall woanders einrichten! (Schiebt die beiden hinaus, ab). Kanallje mit Herz! –

Baal: (steht auf, streckt sich) Ich bin heut sowieso schon
→ 4r.20 verflucht faul, ~~Kanaille mit Herz!~~ (er wirft Papier auf den Tisch, setzt sich davor.)Ich mache einen neuen Adam. *1)* Ich versuche es mit dem inneren Menschen. Ich bin ganz ausgehöhlt, aber ich habe Hunger.[w]*W*ie ein Raubtier. Ich habe nur mehr Haut über den Kno-
→ 4r.1 chen. *2)* Jetzt mache ich den Sommer. Rot. Scharlachen. Gefrässig. (er summt wieder):

(dunkel).

1 [entwirft große Initialen auf dem Papier]

2 Kanallje! [lehnt sich zurück, streckt alle Viere von sich emphatisch]

BBA 1423/19-22 Diese Szene lag dem ersten, nicht ausgelieferten Druck *Brecht: Baal 1920** zugrunde; sie ging zudem modifiziert ein in den ersten publizierten Druck *Brecht:*
→ *BFA* 1, 98-101 | BBA 2120/13; → *BFA* 1, 150 *Baal 1922*, 29-34*, in das Bühnenmanuskript *Lebenslauf des Mannes Baal** und in die Ausgabe der *Stücke* von 1955 (*Brecht: Baal 1955*, 46-51).

Caspar Neher notierte am 20. Januar 1920 über »die Sache von 2 Schwestern, die zu Baal kommen«, Brecht habe den vorliegenden Text »zur Bindung ~~ei~~ zweier
→ *TbN* Akte« entworfen: »Zwischen hinein« in die »Johanna Episode und Dechant«*, wie es dann im Druck *Brecht: Baal 1920* auch ausgeführt wurde. Mit ›Akten‹
BBA 2134/13, 17-21; → *BFA* 1, 97f., 101-104 meint Neher hier die Dachkammer-Szenen mit Johanna und Sophie*. Sophie Dechant benannte Brecht in der Druckvorlage nachträglich in Barger um (Ty-
BBA 2134 | 45r poskript *Baal* [1919/20])*. Auch das *Lied der Schwestern**, das Brecht etwa zwei Monate später schrieb, könnte in diesem Zusammenhang für *Baal* gedacht gewesen sein.

Rhythmus und Änderungen lassen in Z. 3-7 einen lyrischen Entwurf vermu-
4r.5; → zu 30r.14 ten; den Einwurf der Hausfrau: »Knie?«* fügte Brecht nachträglich ein. Für das Typoskript formulierte er die prosaischen Repliken der Hausfrau aus und thematisierte explizit das dichterische Sprechen: »Was Sie für ne Sprache haben! Sie könnten Dichter werden, Sie!« und »Sie sind n' Dichter!«. Analog konstruierte Brecht auch in Z. 14-18 einen Wechsel von dichterischer und alltäglicher Sprache
→ *EE F* zwischen Baal und den Schwestern.*

4r.3-4; → 29r.9, 15 Eine Anregung für die Eingangszeile »Wie Schwäne ...«* dürfte die Aussicht von Brechts Dachkammer in der Augsburger Bleichstraße gegeben haben, die durch Kastanienbäume hindurch auf den Stadtgraben reichte. Brecht erinnerte sich daran noch im November 1953 in *Stoff und Formung*:

BBA 83/2-3; → *BFA* 23, 243f. die einflüsse meiner näheren umgebeung, der Augsburger vorstadt, müssen wohl auch erwähnt werden. *[...]* vorbei an meinem väterlichen haus führte eine kastanienallee entlang dem alten stadtgraben;

auf der anderen seite lief der wall mit resten der einsigen stadtmauer. schwäne schwammen in dem teichartigen wasser. die kastanien warfen ihr gelbes laub ab. das papier, auf das ich schrieb, war dünnes schreibmaschinenpapier, viermal gefaltet, dass es in mein ledernes notatbuch passte.

Modifiziert und erweitert erschien dieser Text unter dem Titel *Bei Durchsicht meiner ersten Stücke* als Einleitung zu *Brecht: Baal 1955*, 12f.

Die in Z. 14-19 zitierten Verse stammen aus der Szene *Nacht. Baal und Sophie Dechant* in *Baal* (1918)* (→ *Brecht: Baal 1966*, 48) bzw. aus der dritten Strophe des folgenden Nachlaßgedichts: BBA 1348/30

Liebeslied. BBA 2175/12

Man muss schon Schnaps getrunken haben
eh' mann vor Deinem Leibe stand
sonst schwankt man ob der trunknen Gaben
von schwachen Knien übermannt.

Oh Du, wenn im Gesträuche kreisend
der Wind die Röcke flattern lässt
und man das weiche Tuch zerreissend
die Kniee zwischen Deine presst.

Den Abendhimmel macht das Saufen
sehr dunkel, manchmal violett.
Dazu Dein Leib im Hemd zu[¿]*m* Raufen
in einem breiten weissen Bett.

Die Wiese schwankt nicht nur vom Trinken
wenn man in Deinen Knieen liegt.
Der dunkle Himmel will versinken
indem er sanft sich schneller wiegt.

Und Deine weichen Kniee schaukeln
mein ⌐wildes Herz in Deine Ruh
und zwischen Erd und Himmel schaukeln
wir leichtgeschwellt der Hölle zu.

Brechts erstes gedrucktes Theaterstück *Baal* wurde angeregt von Hanns Johsts expressionistischem Stationendrama *Der Einsame. Ein Menschenuntergang* über das Leben und Sterben des Dichters Christian Dietrich Grabbe. Brecht setzte sich im theaterwissenschaftlichen Seminar Kutschers* kritisch mit Johst* auseinander und entwarf seinen *Baal* vermutlich sofort nach dem Besuch einer Aufführung in München als »Antithese« zu dessen Stück;* die Uraufführung von *Der* → zu 6v.14-17 | → zu 8r.16-19 → zu 9v.1

Einsame war am 30. März 1918. Nach einem Manuskript Brechts diktierte Otto Bezold Mitte Mai 1918 das erste Typoskript. Mitte Juni wurde ein zweites Typoskript erstellt, an dem Brecht sofort weiterarbeitete; so entstand Ende Juli 1918 das
BBA 1348 erste erhalten gebliebene Typoskript *Baal* (1918)*. Etwa ab Mitte April 1919 nahm Brecht die Arbeit wieder auf und reichte Mitte Mai ein neues Typoskript beim Musarion Verlag und gleichzeitig oder später auch beim Drei Masken Verlag in
→ BBA 2121 München ein: *Baal* (1919)*. Ende September 1919 dürfte Brecht ein weiteres, nicht erhalten gebliebenes Typoskript an die Münchener Kammerspiele und an Hanns Johst verschickt haben. Ab Ende Dezember 1919 überarbeitete er es für den Drei Masken Verlag; die im vorliegenden Notizbuch enthaltenen Eintragungen bezie-
BBA 199; → BBA 2134 hen sich auf diese Arbeitsphase. Der so entstandene *Baal* (1919/20)* wurde Mitte Februar dem Georg Müller Verlag übergeben, der das Stück bis Ende September
BBA 1423 1920 setzte und druckte (*Brecht: Baal 1920*)*, dann aber – vermutlich aus Angst vor der Zensur – nicht auslieferte. In veränderter Form wurde *Baal* dann zwei Jahre später im Potsdamer Kiepenheuer-Verlag publiziert (*Brecht: Baal 1922*). Die Uraufführung fand am 8. Dezember 1923 in Leipzig statt.

4^{v}.3-17 Durch die Kammer ging der Wind *[...]* **21. 1. 20** Die Datierung dieses motivisch (›weiße Leiber‹) an die vorangehenden Eintragungen anschließenden
→ *EE F* | 5^{r}.18 Gedichts* ist zusammen mit derjenigen auf der nächsten Seite* die früheste in *NB 3* und gibt einen wichtigen Hinweis auf den Zeitraum seiner Verwendung: ab Mitte Januar 1920.

Auf einem Einzelblatt findet sich eine bereits mit Szenenangaben versehene Version des Gedichts:

EHA 1890; → *EE Z*

Durch die Kammer ging der Wind
blaue Pflaumen fraß das Kind
dann ließ es den weißen Leib
still und sanft dem Zeitvertreib.
[Beifall im Café. Ohorufe.)
sie
Doch zuvor bewieß ~~es~~ Takt[:] –
denn sie wollte es nur nackt:
einen Leib wie Aprikosen
vögelt man nicht in den Hosen.
[Starker Tumult im Café.)
Bei dem wilden Liebesspiel
war ihr wahrlich nichts zu viel.
Doch darauf – mit einem Wort:
Sie ging still auf den Abort.
[Ungeheurer Tumult im [c]Café!)

Im Erstdruck *Brecht: Baal 1920* erscheint das Gedicht in dieser Form:

BAAL (hinter dem Vorhang) BBA 1423/29-30

Ich bin klein, mein Herz ist rein, lustig will ich immer sein. (Klatschen, Baal fährt fort, zur Klampfe) |

Durch die Kammer ging der Wind
Blaue Pflaumen fraß das Kind
doch den sanften weißen Leib
Ließ es still dem Zeitvertreib.

(Beifall im Café, mit Ohorufen. Baal singt weiter und die Unruhe wird immer größer, da das Lied immer schamloser wird. Zuletzt ungeheurer Tumult im Café.

Die Pflaume* findet sich häufig bei Brecht, meist als Anspielung auf Sexualität bzw. das weibliche Geschlecht und fast immer in Gedichtform, so in *Der gute Mensch von Sezuan*, in *Pflaumenlied* aus *Herr Puntila und sein Knecht Matti* und in *Lied vom kleinen Wind* in *Schwejk*, in *Sentimentales Lied № 1004** und – mit anderer Konnotation – in *Der Pflaumenbaum* (→ *Meier-Lenz 1996*). 4v.4 32r-32v

Im Typoskript *Baal* (1919/20) führte Brecht die Pflaume als Leitmotiv ein, so in die Szene *Branntweinschenke*, die er in *Brecht: Baal 1922*, 18-26* übernahm: → *BFA* 1, 91-96

Hintern BBA 2134/9-12

Fuhrleute: Der gehört der ~~Arsch~~ verschlagen. – [g]Geil sind sie~~,~~ wie die Stuten, aber dümmer.× Ich hau die meine immer blau, vor ich sie ~~zusammenhauen~~ tu. – ×Pflaumen soll sie fressen!
befriedigen⌟

[...]

Baal: *[...]* (umfasst sie) Du bist verflucht weich heute, wie eine Pflaume.

[...] Wir sind über dem Berg!

Zweiter Fuhrmann: Nur weiter, sagt die D[o]irn[.]: ~~Es wird nimmer enger.~~ (Gelächter) Pflaumen soll sie fressen!

[...]

Fuhrleute: Bravo! Was läuft sie in Schenken– So soll ein Mannsbild sein! – Dieses ist eine Ehebrecherin– So gehört ihrs! (Brechen auf) Pflaumen soll sie fressen!

In der erst mit *Landstraße, Sonne, Felder* (*Baal* [1918])*, dann mit *Grüne Felder, blaue Pflaumenbäume** überschriebenen Szene ruft Ekart Baal nach: »Warum läuftst du wie ein Elefant von den Pflaumenbäumen fort?« und verkündet: »Mein Leib ist leicht wie eine kleine Pflaume im Wind.« In den Zusammenhang dieser Ergänzungen für *Baal* (1919/20) gehört das vorliegende Gedicht. BBA 2121/41 BBA 2134/26; → *BFA* 1, 109

5r Liebe Marie, Seelenbraut: *[...]* **21.1.20** ›Marie‹ bzw. ›Maria‹ ist ein bei Brecht und um 1920 in Deutschland überhaupt sehr häufig auftauchender Name. Bei Brecht erscheint er besonders im Zusammenhang von Jungfernschaft und Schwangerschaft, so in den Gedichten *Erinnerung an die Marie A.**, *Von der* → zu 32r-32v

Kindesmörderin Marie Farrar, Ballade von der Judenhure Marie Sanders, Lied der Marie, Maria, Fürsprecherin der Frauen, Maria saß auf einem Stein u. a.

In diesen Kontext gehört auch das folgende Prosafragment, dessen Anfang sich nicht erhalten hat (vereinfacht dargestellt):

BBA 459/13; → *BFA* 26, 113

über / hin

völlig leisem Wind *einen* Weiher leicht*es* [z]Zitter[t]*n* läuft, zu wiederholten malen und ganz oben. Sie schnaufte ganz leicht und hastig bei ihrer zweihundertsten Befreiung und das Letzte, was er deutlich sah, war die D[i]*ecke*, die wie ein blasser feuchter Fleck aussah, wie ein Gesicht, etwas bedrückend, aber kaum, fast schimmernd, wie von [B]*Schweiß*, etwas konkav.

Natürlich verlief sein Leben nicht immer gleich, obwohl er ein Pedant war. *[...]* Ebenso hieß das Mädchen nicht andauernd Marie, es wechselte im Gegenteil andauernd seinen Namen, was albern und störend genug war. Welch ein Unfug jedem Mädchen einen andern Namen aufzuhängen! *[...]* Tagsüber studierte er Medizin und abends belehrte er Marie und so weiter.

sowie die Eintragung in *NB 12* von 1921:

NB 12, 4r

Komm Mädchen laß dich stopfen
das ist für dich gesund
die Dutten werden größer
der Bauch wird kugelrund.

×

Am 15. II. 19 habe ich ihn in die Marie gelegt.

5r.1, 9 »Seelenbraut«* ist ein früher in kirchlichen Kreisen verbreiteter Ausdruck für eine durch ihr Ordens- und Keuschheitsgelübde dem Seelenbräutigam Christus angetraute Nonne.* → *EE F*

5v.1-6r.1 Dunkel im Weidengrund *[...]* Jungfrau und Kind. Die Szenerie des Gedichts paßt zur Szene *Landstraße. Weiden* aus *Baal* (1919/20), die Brecht etwa zur selben Zeit bearbeitete. Baal trägt Ekart dort das folgende Gedicht vor; es ersetzt *Das Lied von der Wolke in der Nacht**, das Brecht zunächst in der – anfangs *Landstraße am Getreidefeld* betitelten – Szene vorgesehen hatte:

BBA 2121/44; → BBA 1348/42

BBA 2134/39

```
Als sie ertrunken war und hinunterschwamm
von den Bächen in die größeren Flüsse
schien der Azur des Himmels sehr wundersam
als ob er die Leiche begütigen müsse.
[...]
(Wind)
Ekart: [...] Nur der Schlaf ist beim Teufel und der Wind orgelt
wieder in den Weidenstrunken. [...] Sie hat einen weichen, weissen
```

```
Leib und kommt mittags damit in die Weiden. Die haben hängende
Zweige wie Haare und darinnen v[ögeln]..... wir wie die Eichkat-
zen.
  Baal: ist sie schöner als ich?
( [d]Dunkel, der Wind orgelt [weiter]wieder)
```

Brecht behielt die Szene mit dem Gedicht auch in den späteren Bearbeitungen des *Baal* bei* (→ *Brecht: Baal 1922*, 73-75; *Brecht: Baal 1955*, 94-96). Seine Korrekturanweisung im Brief an Caspar Neher von Ende Februar 1920, den dieser in sein Tagebuch einklebte*, wurde weder hier noch in der direkt anschließenden Szene *Junge Weiden* ausgeführt: »Weiden« sollte durch »Haselnußsträucher« ersetzt werden.* Das Gedicht *Als sie ertrunken war…* fügte er 1926/27 leicht modifiziert unter dem Titel *Vom ertrunkenen Mädchen* in die *Taschen-* und die *Hauspostille* ein; inhaltlich ist es die direkte Fortsetzung des hier im Notizbuch notierten.

BBA 1423/45-47, → *BFA* 1, 126f.

→ *TbN*

BBA 2134/40

An die *Baal*-Szene und das vorliegenden Gedicht erinnert auch der Szenenentwurf zu *Der Sieger und der Befreite** und die dritte Strophe des wohl um 1920 entstandenen Gedichts *Mein Herz ist voller Glut…* (unbekannter Privatbesitz, zit. nach teilweise unsicherer Archiv-Transkription):

37r

Nachts funkeln böse Sterne zwischen den Weidenstümpfen
darin mein Haar im Fliehen sich verfängt.
Nachts ersticke ich in schwarzen Sümpfen
Wenn mich nicht ein Weidenstrom henkt.

BBA E 34/12; → *BFA* R, 738

6r.4-14 Wenn ein Individuum soweit ist, *[…]* **tot sticht.** – Die beiden Aphorismen sind durch »×«, Schriftduktus, Inhalt und Stil deutlich voneinander und vom Umfeld abgegrenzt. Die vier Eintragungen dieser Seite wurden zu vier verschiedenen Zeitpunkten notiert.* → *EE F*

6r.17-20 Der Seiltänzer: *[…]* **übers Seil** Eine Anregung für die Eintragung könnten neben Lektüre-Reminiszenzen die Zirkus-Vorführungen auf den regelmäßig wiederkehrenden Augsburger bzw. Münchener Jahrmärkten (Plärrer, Lechhausen, Jakober Kirchweih / Auer Dult, Oktoberfest) gewesen sein, wo auch Seiltänzer auftraten, wie es Neher am 2./3. September 1919 im Tagebuch festhält*. → *TbN*; *EE F*

6v.1-5 Der Schuppen. Die Gefangenen *[…]* **(dunkel)** Vermutlich Konzept und abgebrochener Dialog für ein nicht ausgeführtes Theaterstück.

6v.7-12 Für Krankenzimmer: *[…]* **Einfluß!** Entwurf mit unklarem Bezug. Biographischer Hintergrund könnten Brechts Dienst als Krankenwärter im Augsburger Reservelazarett (Oktober 1918 bis Anfang Januar 1919), sein Medizinstudium in München (1918 bis 1921) oder eigene Krankenhausaufenthalte bzw. -besuche gewesen sein.

6v.14-17 Doktorarbeit: *[...]* **über die Klassiker!** Plan für eine germanistische Doktorarbeit. Brecht war in München zwar in Medizin eingeschrieben, besuchte aber auch viele geisteswissenschaftliche Veranstaltungen. Seine Münchner Kommilitonin Hedda Kuhn erinnert sich (*Frisch/Obermeier 1986*, 128f.):

> Ab und zu besuchte er natürlich Vorlesungen, wenn ihn etwas besonders interessierte. Auch wollte er bei Prof. Muncker oder Geiger seinen Dr. phil. machen, seinem Vater zum Trost, sagte er. Er erfuhr aber, daß dafür Prüfungen in drei Fächern nötig waren, das lehnte er ab.

Brechts germanistische Interessenschwerpunkte lagen eindeutig in der Literaturgeschichte der Klassik und der Literaturkritik der Gegenwart. Neben Artur Kutschers verschiedenen Übungen in literarischer Kritik zur Literatur der Gegenwart belegte er bei Christian Janetzky *Geschichte der deutschen Literatur im Sturm und Drang* und bei Friedrich von der Leyen *Ibsen, Björnson, Strindberg* (WS 1917/18), bei Fritz Strich *Geschichte der deutschen Lyrik im 19. Jahrhundert* (SS 1918) und *Übungen zu stilgeschichtlichen Problemen* (SS 1919) sowie bei Franz Muncker *Geschichte der deutschen Literatur im 18. Jahrhundert vom Auftreten Klopstocks bis zum Tod Lessings; Dichtung vor Klopstock, Goethes Faust* (WS 1919/20), *Geschichte der deutschen Literatur* (SS 1920) und *Geschichte der deutschen Literatur zur Zeit ihrer höchsten Blüte (seit 1780)* (WS 1920/21). Ob Brecht diese Veranstaltungen alle besucht hat, ist fraglich; Seminare bei Moritz Geiger lassen sich nicht nachweisen (→ *Adler 1966*, 120-122, *Frisch/Obermeier 1986*, 93f., 101f., 119f., 142f., 151f., 162)*.

BBA E 14/45-48; → *EE F*

7r Ich gehe immer ganz langsam. *[...]* **haben!)** Eintragung mit unklarem Bezug, vielleicht ein Entwurf im Stil der *Psalmen**.

→ *NB 4*, 16v-62r; → zu 1r.12-13, 1v.1-24

7v.1-16 J'ai reçu la nouvelle *[...]* **sœur de Hans xxx** Entwurf eines Briefes an eine französische Verwaltungs-, Militär- oder Justiz-Behörde für Berta Schmidt (›Schmidtle‹), eine Augsburger Freundin und zugleich Münchener Kommilitonin Caspar Nehers. In seinem Tagebuch notierte Neher am 19. Januar 1920, »daß sie sich mit ihrem Bruder der gefallen sei, unterhalten habe mit Hilfe von Okkultismus und zwar erzählte sie, daß ~~sie~~ ihr Bruder bestimmt lebe und in Gefangenschaft blind geworden sei. Es ist dies eine merkwürdige Begebenheit, und ich will versuchen was dabei herauskommt. ich schreibe an das Kriegsministerium in Paris.« Tags darauf trifft Neher sie erneut: »sie möchte näheres über ihren Bruder erfahren. Ich hab ihr angeboten meinen Hausherren zu fragen.«* Offensichtlich fragte Neher auch Brecht.

TbN

Der Text lautet übersetzt: ›Ich habe die Nachricht erhalten, daß mein lieber Bruder, den ich tot glaubte, in einem Gefängnis in ... lebt. Sein Name ist ... Er war ... Man hat mir gesagt, daß er blind ist; er kann ~~mir~~ nicht schreiben *an mich*.

Ich ~~lebe also in großer Sorge~~ *bin also sehr bekümmert* und ich bitte Sie inständig, ~~mich zu unterstützen~~ *mir zu helfen*. Haben Sie, in Gottes Namen, die Güte, mir ~~in dieser Angelegenheit~~ zu schreiben, ob mein lieber Bruder noch lebt. ×× Schwester von Hans. ×××‹

Zu Brechts Französischkenntnissen → *EE F.*

7v.18-25 **Patriotismus.** *[...]* **nicht so notwendig.** Brechts Patriotismus, den er 1914/15 im Kontext der allgemeinen Kriegsbegeisterung in seinen ersten Publikationen in Augsburger Zeitungen geäußert hatte,* war ab 1916 verflogen, wie sein kritischer Aufsatz über den Horaz-Vers »dulce et decorum est pro patria mori« beweist (→ *Frisch/Obermeier 1986*, 71-74). Aus der Zeit des vorliegenden Notats stammen auch die Ausführungen *Über den Gewohnheitspatriotismus** und der *Aufruf zum Streik**, in dem auch der Ausdruck »Tempel«* wiederkehrt. → *BFA* 21, 7-33 BBA 84/1-4; → *BFA* 21, 92-94 9r.1-8v.9-21 | 10r.2

Die beiden Eintragungen erinnern in Semantik und Syntax an eine Einlassung des ›besoffenen Menschen‹ in *Trommeln in der Nacht*, 4. Akt: *Schnapstanz*, (Typoskript von 1920): »Der Bürger ist ebenso notwendig wie – das Pissoir. Wie unsittlich wäre das öffentliche Leben ohne diese beiden öffentlichen Einrichtungen.« (*Brecht: Trommeln 1990*, 47)

8r.1-11 1) **Ei für Ei** \ 2) **Atelier** *[...]* 8) \ 9) Erste Eintragung für das Stückprojekt *Die Bälge oder Die Sonne bringt es an den Tag* bzw. *Eier*, das nur in *NB 3* überliefert ist.* Die durch den Querstrich* zu einer Einheit zusammengefaßten Notate 1 bis 3 führte Brecht unten* näher aus. »6) Der Arzt« läßt sich auf die geplante 3. Szene* beziehen. 8v.6-8, 22v.1-29v.9; → *EE F* | 8r.4 25r.1-11 25v.1-4; → 27r.10

Eier galten in dieser Zeit und offenbar auch für Brecht als potenzfördernd,* worauf auch der mit biographischen Reminiszenzen durchsetzte vierte Zettel Ziffels in den *Flüchtlingsgesprächen* (1940) hindeutet: → *NB 4*, 17r.15

> Es tut wohl, aber die Folgen. Die Periode. Marichen sass am Rosenhügel und pflückte Heidelbeerchen. Kalte Bauern. Sie lässt sich. Erwischt werden. Die Eier. Unter sechzehn ist es strafbar. BBA 2011/43; → BBA 104/45, *BFA* 18, 221

Das »Atelier« bzw. »Atelierfest«* als Szenerie dürften einen biographischen Hintergrund haben und sich auf die Atelierfeste beziehen, die Brecht insbesondere mit Caspar Neher* während dessen Kunststudium in München besuchte (→ Nehers Tagebuch, 21. März, 17. Mai, 5. Juli 1919, 28. Januar, 10. Februar 1920)*. 8r.2-3 → zu 26r.6 *TbN*

»Johimbim«* bzw. Johimbin war ein 1900 eingeführtes Potenzmittel. »Vitalität«* ist ein Zentralbegriff und »überhaupt das große Schlagwort« (*Münsterer 1966*, 95) vor allem des frühen Brecht, das er auch gleichbedeutend mit sexueller Potenz verwendete, wie es das folgende, in zeitlicher Nähe entstandene Lied belegt: 8r.2; → zu *NB* 2, 1r.1 8r.3

BBA 1004/58; → BBA 100006/9, *BFA* 13, 150

```
ÜBER DIE VITALITÄT.

                   1
Die Hauptsache ist die Vitalität
Die habt ihr nach Branntweingenuss
Ein gesundes junges Weib,das geht
auf die Vitalität,weil es muss.
[...]
                   6
Der Vitalität sind die Folgen egal
Die Vitalität macht sich alles bequem.
Es gibt keine Hemmung. Z.B.Baal
War als Mensch nicht angenehm.
                              (Darum bitt ich Gott früh u. spät
                              um Vitalität.
                              Auf den Ton h)

Januar 20
```

8r.3 Das Stichwort »Keuschheitsballade«* verweist auf ein 1918 entstandenes und in Brechts Freundeskreis oft vorgetragenes Lied (*Münsterer 1966*, 68), zu dem Brecht unter dem Titel *»Die Keuschheitsballade« oder »Der Jüngling und die Jungfrau«** Melodie, Begleitstimme und Harmonisierung skizzierte. Der Wortlaut der Ballade ist unter dem Titel *Der Jüngling und die Jungfrau \ Keuschheitsballade in Dur** überliefert. [*NB 1*, 6v-7r; BBA 10354/112-113]

8r.13-14 ~~72 Amtsrichter Guttmann~~ \ Vormundschaft Die Eintragung bezieht sich auf einen Gerichtstermin zur Regelung der Vormundschaft für Brechts unehelichen Sohn Frank Banholzer, geboren am 30. Juli 1919 in Kimratshofen. Brecht erkannte seine Vaterschaft am 19. Februar 1920 offiziell an.* [→ *EE F*]

8r.16-19 Johsts Mutter läßt sich im Hauskittel *[...]* begraben ließ. Die Eintragung könnte sich auf Hanns Johst beziehen, dem Brecht häufig in Artur Kutschers Theaterseminar* begegnet war und zu dessen Stück *Der Einsame* er den *Baal** als »Antithese« konzipiert hatte (Brecht an Jacob Geis, 28. April 1919*). Brecht stand Anfang 1920 noch in persönlichem Kontakt mit Johst und hatte ihn auch in dessen Haus am Starnberger See (Allmannshausen) besucht, nachweislich im September 1919 (→ Brecht an Johst, September 1919*), am 9. Juli 1920 laut Tagebuch* und vielleicht auch am 30. Januar 1920 (→ Brecht an Paula Banholzer, 28. Januar 1920*). Auch dürfte Johst bei Brecht in Augsburg zu Besuch gewesen sein. Im Januar 1920 schrieb ihm Brecht mit Blick auf *Baal*: »Inzwischen habe ich mein Stück überarbeitet und z. B. alle Szenen mit der Mutter herausgeschmissen.«* In Johsts Werk spielen Mutterfiguren zwar eine Schlüsselrolle; eine Mutter, die sich im Kittel begraben läßt, kommt jedoch nicht vor. Seine eigene Mutter starb erst 1930. [→ zu 6v.14-17; → 2r.1-7, 4r.3-4v.16 | BBA Z 13/3; → zu 19v.1; BBA Z 13/248; BBA 802/15; BBA Z 41/112; BBA 2217/58]

8v.3-4 Zum Gent: Wie schmeckt – Hummermayonaise? »Gent« ist hier vermutlich die auch sonst verwendete Kurzform von ›Gentleman‹. Als Typus beschrieb er ihn in seinem Tagebuch (30. September 1921):

> nur dadurch auf, daß er fällt
> Nachts mit Orge über den Gent. Der Gent fällt nicht auf. Es gelingt ihm, anonym und inkognito zu bleiben. Er profaniert nichts. Er ist farblos, etwa Wasser-|farbe, mit einem Taschentuch ausgewischt. Er sagt kluge Worte, vielleicht, wenn es ohne Gefahr ist, an die man sich erinnert; an deren Sager man sich nicht erinnert. Er ist sachlich: er behandelt nicht den Gegenstand der Unterhaltung als Sache sondern die Unterhaltung. Der Gent ist nie ironisch, immer ernsthaft und beir Sache. Er schenkt den Leuten genau das Interesse, das die Unterhaltung verdient. Der Gent verteidigt alle Dinge, der Unterhaltung zu liebe und nie hartnäckig und nur wenn es ohne Aufsehen geht. Wenn er schon etwas pervers ist, verteidigt er sogar die Dinge, die ihm am Herzen liegen. Mit ihm kann man vielleicht nicht gut reden, aber vorzüglich wohnen. BBA 1327/8-9

Im Gedicht *Vom armen B. B.* nimmt Brecht auf den ›Gentleman‹ Bezug: »Gegen abends versammle ich um mich Männer \ Wir reden uns da mit Gentleman an« (*Brecht: Taschenpostille 1926*, 34; *Brecht: Hauspostille 1927*, 141).

8v.6-8 Die Bälge oder Die Sonne bringt es an den Tag. \ Die 2 Männer Titelentwurf und Szenennotiz für das zuvor* konzipierte Stück, an dem Brecht unter 8r.1-11
dem Titel *Die Bälge** und *Eier** weiterarbeitete. Die Szenennotiz »Die 2 Männer« 22v.1 | 26r.1
griff er in der ersten ausgeführten Szene* und im folgenden Entwurf der Ein- 24r.13-24v.16
gangsszene* auf. 25r.2-3

9r.1-8v.21 Aufruf zum Streik *[...]* jene zu „retten"! Der erste einer Reihe von Aufsatzentwürfen, wie sie in dieser Form nur in *NB 3* vorkommen. Abgesehen von zwei Ausnahmen (*Folgen der Kritik* und *Über den Dadaismus**) schrieb 19v.10-22r
Brecht sie mit Tinte nieder: *Über den Stil**, *Über das Unterhaltungsdrama**, *Über* 11r | 16v-18r
*den Expressionismus, Über das Rhetorische, Über das Schreiben**, *Über die deut-* 18r-20r
sche Literatur und *Das Theater als sportliche Anstalt**; ansonsten verwendete 46r-48v
er in *NB 3* weitgehend den Bleistift. Während die übrigen Entwürfe spezifisch literaturkritisch gehalten sind, zielt der *Aufruf zum Streik* als einziger auf die Gesamtkultur; ähnlich gesellschaftskritisch sind nur die Ausführungen Inquis in *Die Bälge**, denen Brecht zudem einen an die Frauen gerichteten Aufruf zum 22v.3-11; → 10r.6
Streik* folgen ließ. Der Aufsatz liefert eine polemische Situationsbeschreibung 23r.4-9
Deutschlands nach dem Ersten Weltkrieg und der gescheiterten Revolution von 1918/19*. Dem im Titel angekündigten »Aufruf« entspricht er jedoch allenfalls im → 9v.2-17
ersten und am Ende des letzten Satzes.

Die Prophezeiung, daß von dieser Zeit fast nichts übrigbleiben werde,* findet 9r.4-8
sich abgewandelt im Gedicht *Vom armen B. B.* wieder: »Von diesen Städten wird

bleiben: der durch sie hindurchging, der Wind!« (*Brecht: Taschenpostille 1926*,
→ *BFA* 11, 120 34; → *Brecht: Hauspostille 1927*, 142)*

9r.9, 14 Die ironische Thematisierung der »Romantik« beim Untergang eines Volkes* könnte eine implizite Auseinandersetzung mit Oswald Spenglers *Untergang des Abendlandes* sein, dessen erster Band *Gestalt und Wirklichkeit* 1918 erschienen war und seitdem heftig diskutiert wurde. Die Frage des Romantischen thematisierte Brecht auch im etwa zeitgleich entstandenen Entwurf *Gott* (vereinfacht wiedergegeben):

> BBA 459/129; → *BFA* 21, 43 Gott, das war das hohe C der Romantik. Der Abendhimmel über dem Schlachtfeld, die Gemeinsamkeit der Leichen, ferne Militärmärsche, der Alkohol der Geschichte, das war die Romantik der Schlachtfelder, die Zuflucht der Sterbenden und der Mörder. *[...]* Alle Menschen, in jeder Lage, unter allen Himmeln und mit allen Philosophien bemühten sich zäh und dringend, sich zu täuschen.

Auch im Brief an seinen Bruder Walter, in dem er über seine Tätigkeit als Schreiber im Augsburger Soldatenlazarett, Abteilung Geschlechtskrankheiten, berichtete, sprach Brecht von einer Romantik des Untergangs: »ich meine, daß mein Los fürchterlich zu werden verspricht: diese ewige, sinnlose und geisttötende Schreiberei, der noch dazu völlig die Romantik der Größe, des Untergangs, der
SBA; → zu 45v.18 Idee abgeht.« (Brecht an Walter Brecht, 21. Oktober 1918)* Brechts Kenntnis vom
9r.10-11 »Schicksal eines Hiob«* ist bereits in einer Tagebucheintragung vom 20. Okto-
BBA Z 24/89; → zu 13v.5 ber 1916* dokumentiert.

9r.15-17 Ein papierenes Hemd* erhielten gefallene Soldaten im Ersten Weltkrieg, aber auch Tote bei Massenbegräbnissen oder zur Einäscherung; vgl. zur Thematik
8r.16-19 auch die Eintragung auf dem vorangehenden Blatt*.

9v.20-10r.6 Den Gedanken einer Völkerpsychologie im Hinblick auf Deutschland* setzte
46v.1-47v.8 Brecht im Entwurf *Über die deutsche Literatur** fort; das Bild des Geschlechts-
17r.17-21 verkehrs mit Ideen wandelte er später* in Bezug auf Georg Kaiser ab.

8v.18; → 18v.4-5 Der Sozialtypus des Schiebers* war in der deutschen Schwarzmarktwirtschaft nach dem Ersten Weltkrieg weit verbreitet. Insbesondere den Winter 1919/20 kennzeichneten Preistreiberei, Versorgungsengpässe, Verschiebungen von Lebensmitteln und heftige Diskussionen darüber. So brachte die Dada-Zeitschrift *Der blutige Ernst* (Jg. 1, H. 4) im Dezember 1919 eine Sondernummer unter dem
→ *EE F* Titel *Der Schieber* heraus.*

10r.11-17 Der alte Mann *[...]* Wie wenn Geier schnäbeln.... Diese Notizen einer sentimentalen Szene und einer satirischen Metapher verwendete Brecht in keinem erhalten gebliebenen Werk. Brecht trennte sie wohl erst nachträglich durch den Trennstrich voneinander ab. »Geier« finden sich öfters in Brechts frühen Stücken und Gedichten.

10v Die Notenskizze hält einen jambischen Rhythmus mit wenigen Harmonisierungen und einförmiger, fast psalmodierender Melodie fest. Der Text, für den sie gedacht war, läßt sich nicht bestimmen.

11r **Über den Stil** Die raum-zeitliche Angabe zu Beginn* läßt sich als Selbstverortung Brechts lesen, wenn man einen Zahlendreher annimmt: Die geographische Lage Augsburgs ist 48° 22' nördliche Breite und 10° 53' östliche Länge. Brecht schrieb vielleicht fälschlich ›35‹ statt ›53‹. Eine ähnliche geographische Verortung nahm Brecht auch in einer Kurzszene in *Baal* (1919/20) vor: »[5]*10*° ö. L. v. Greenwich.«*

11r.2-5
BBA 2134/44; → *BFA* 1, 134

Der Expressionist, Sozialist und Pazifist Kurt Hiller* gründete 1909 mit Jakob van Hoddis und Georg Heym die Literatenvereinigung *Der neue Club*, 1911 mit Ernst Blass das literarische Cabaret *GNU*, im gleichen Jahr mit Franz Pfemfert und Ludwig Rubiner die Zeitschrift *Die Aktion*, 1915 das expressionistische Jahrbuch *Das Ziel* und schrieb regelmäßig für Herwart Waldens Zeitschrift *Der Sturm*. Während der Novemberrevolution 1918 rief er den *Politischen Rat geistiger Arbeiter* ins Leben, der seinem Logokratie genannten Staatsmodell zum Durchbruch verhelfen sollte. Es sah eine zwischen gewähltem Parlament und Ausschuß der Intellektuellen geteilte Herrschaft vor. 1919 gründete Hiller zusammen mit Helene Stücker und Armin Wegner den *Bund der Kriegsdienstgegner*. Mit den »vielen kleinen windigen Heiländchen« sind wohl die Mitglieder dieser Kreise gemeint, welche die Erneuerung des Menschen* in allgemeiner Brüderlichkeit* proklamierten. Über direkte Kontakte Brechts mit Kurt Hiller ist nichts bekannt.

11r.6
→ 48v.9 | → 49v.5

11v **Bargan: Manchmal spüre ich die Lust** *[…]* **sie ihnen[u].** Die beiden Eintragungen gehören nach Stil, Schriftmittel und Duktus zusammen, sind aber durch das »×«, den Inhalt und die Sprechhaltung voneinander abgegrenzt.

Der Name »Bargan« kommt hier zum ersten Mal vor und findet sich von nun an häufiger bei Brecht. Seine »Flibustiergeschichte« *Bargan läßt es sein** erschien im September 1921 in *Der neue Merkur**, entstand aber Münsterer zufolge wohl schon vorher: »Am 2. Dezember ⟨*1919*⟩ liest mir Brecht große Teile einer packenden Flibustiergeschichte vor; er hat also bereits in diesen Tagen am Bargan gearbeitet.« (*Münsterer 1966*, 134) Caspar Neher entwickelte Ende November/Anfang Dezember 1919 bereits konkrete Bildideen* zur Illustration der schon endgültig betitelten Erzählung. Ein inhaltlicher oder konzeptioneller Zusammenhang der vorliegenden Eintragung mit dieser Geschichte oder den 1922 entstandenen *Geschichten von St. Patriks Weihnachtskrippe* und *Bargans Jugend** besteht ebensowenig wie mit dem Stückprojekt *Der Sieger und der Befreite*, in dessen Zusammenhang der Name weiter unten* wieder auftaucht.

BBA 298/1-11, 51/39-48
→ *BFA* 19, 24-37
→ *TbN; Abb. 5*
NB 13, 24v; *NB 15*, 8v; BBA 10424/102, 125; 10457/105-106; →*EE F*; *BFA* 19, 174-179| 16v.1, 29v.15

Das Nebeneinander von ›Lilie‹* als Allegorie der Unschuld und »Strick«* als Metonymie des Selbstmords im Kontext von Liebe und Sexualität taucht auch

11v.7 | 11v.9

im 3. Akt von *Trommeln in der Nacht* wieder auf (→ *Brecht: Trommeln 1922*,
→ *BFA* 1, 208f.; → zu *NB 2*, 15^{v} 43)*.

12^{v}-13^{r} David: \ Was ist gefahren [...] dem Schamlosen! Der Wortwechsel zwischen David und Absalom gehört zu dem von Brecht selbst nur einmal
29^{v}.11 betitelten Stückprojekt *Der Sieger und der Befreite**. Die Arbeit daran setzte er
13^{v}, 16^{v}, 29^{v}.11-30^{v}, 37^{r}, 39^{r}, 44^{v} | BBA 10459/75-93, 460/3, 462/68 an mehreren Stellen im vorliegenden Notizbuch* und auf Einzelblättern* fort, führte sie aber zu keinem Abschluß.

Der dem Stück zugrunde liegende biblische Stoff beschäftigte Brecht über mindestens 30 Jahre. Schon am 20. Oktober 1916 hatte er im Tagebuch notiert:

BBA Z 24/89; → *BFA* 26, 107

> Ich lese die Bibel. Ich lese sie laut, kapitelweise, aber ohne auszusetzen, Hiob und die Könige. Sie ist unvergleichlich schön, stark; aber ein böses Buch. Sie ist so böse daß man selber böse und hart wird und weiß daß das Leben nicht ungerecht sondern gerecht ist und daß das nicht angenehm ist, sondern fürchterlich. Ich glaube David hat den Sohn der Bathseba selber getötet, von dem es heißt daß Gott ihn getötet hat (der doch für die Sünde Davids nichts konnte), weil David Gott fürchtete und das Volk beruhigen wollte. Es ist böse, das zu glauben; aber die Bibel glaubt es vielleicht auch, sie ist voller Hinterlist, so wahr sie ist.

Den ersten Hinweis auf Brechts Arbeit am Stoffkomplex gibt Caspar Neher. Er notierte am 4. März 1919: »Brecht will ein neues Drama schreiben: David und
TbN Bath-Seba: Absalom«*. Hanns Otto Münsterer hielt am 10. März fest: »Ich war bei Bert Brecht. Er schreibt gerade am Absalon oder der Beauftragte Gottes. Es
TbM wird ein sehr wuchtiges Drama werden.«* Am 13. März beginnt Neher sich auf
TbN Zeichnungen zu »Der König David« vorzubereiten.* Im Rückblick erinnerte sich Münsterer (*Münsterer 1966*, 52f., 95, 127f.):

> Auf eine Umfrage nach dem stärksten Eindruck hat Brecht bekanntlich auf echt berlinerisch geantwortet: »Sie wern lachen: die Bibel.« Natürlich könnte das ein Witz sein, und manche haben es offenbar auch so aufgefaßt. Aber selbst wer nie jene wunderbaren Eintragungen zu hören bekam, in denen sich Brecht mit dem Alten und Neuen Testament auseinandersetzt – am unvergeßlichsten sind seine Notizen zu den wilden, barbarischen Büchern Samuels, die sich in seinen Tagebüchern finden werden –, kann schon von den häufigen Anspielungen auf Bibelstellen und von der Sprache her nicht übersehen, daß der Dichter über den lutherischen Text sehr gut Bescheid wußte. *[...]*
> Schon am 10. März ⟨1919⟩ liegen Teile eines neuen Stückes vor, des Absalom *[...]*.
> Anders verhält es sich dagegen mit dem Verlust zweier weiterer großer Theaterstücke, an denen der Dichter beinahe das ganze Jahr gearbeitet hat, und von denen wenigstens eines im Dezember 1919 eine nahezu endgültige Gestalt erreichte. Das eine dieser Dramen
> → zu *NB 2*, 16^{v}.11-13 ⟨*das zweite ist »Sommersinfonie«**⟩ führte anfangs den Titel David – vielleicht auch Absalom – oder Der Beauftragte Gottes, der später in Absalom und Bathseba abgewandelt wurde. Der Stoff ist der Bibel entnommen; David ist bei aller auch in der Heiligen Schrift ersichtlichen Immoralität der ›Mann nach dem Herzen Gottes‹, wenn auch die eigentli-

chen Sympathien bei Absalom liegen. Die Eingangsszene zeigt Absalom im Burghof, den Soldaten der Leibwache zuhörend, die sich über die Schliche des alternden Königs recht anrüchige Histörchen erzählen. Da erscheint oben auf der Mauer, eine riesige Silhouette, David. ›Ich will Abrechnung halten mit meinem Sohne Absalom!‹ Beklemmende Stille, Vorhang – eine Exposition also, wie sie Brecht in seinen Meisterjahren kaum wirkungsvoller hätte geben können. Dichterische Höhepunkte waren ein Gespräch Absaloms mit den Bäumen und eine wunderzarte Liebesszene, die sich abspielt, als Bathseba vor David zu dem von ihr geliebten Absalom ins Feldlager flüchtet. Bei der zentralen Stellung des Verhältnisses zwischen Absalom und Bathseba bereitete es natürlich erhebliche Schwierigkeiten, die aus Samuel bekannten Listen Davids in das Stück einzubauen, mit denen er versucht, seine Vaterschaft für das von Bathseba erwartete Kind auf Uria abzuwälzen, und ich weiß heute nicht mehr, wie diese Aufgabe gelöst werden konnte. Sicher ist nur, daß ich noch Jahre später überzeugt war, daß gerade dieses Stück nach seiner Vollendung zum Größten gezählt hätte, was die deutsche Dramenliteratur überhaupt aufzuweisen hat.

Demzufolge dürfte es sich bei dem vorliegenden Entwurf um eine teilweise Ausführung der im folgenden skizzierten Eingangsszene* handeln. 13v.7-10

Anregungen für das Stückprojekt erhielt Brecht von den biblischen Erzählungen über den Dichter-König David (1 Sam 16 bis 1 Kön 2) und seinen dritten Sohn Absalom, wörtlich: ›Vater des Friedens‹ (2 Sam 13-19). Das vorliegende Notat bezieht sich auf die Episode nach Absaloms Auftragsmord an seinem Bruder Amnon, Davids Erstgeborenem, der ihrer beider Schwester Tamar vergewaltigt hatte. Absalom mußte daraufhin vor dem Zorn des Vaters ins Exil nach Geschur fliehen. Nach drei Jahren erwirkte Joab bei David Gnade, und Absalom kehrte an den Hof des Vaters zurück, allerdings ohne ihn sehen zu dürfen. Erst nach zwei Jahren am Königshof in Jerusalem kam es durch Joabs Vermittlung zu einem Gespräch von Absalom und David (2 Sam 14,32-33):

> Absalom sprach zu Joab: Siehe, ich sandte nach dir, und liess dir sagen: Komm her, dass ich dich zum Könige sende, und sagen lasse: Warum bin ich von Gessur kommen? Es wäre mir besser, dass ich noch da wäre. So laß mich nun das Angesicht des Königs sehen; ist aber eine Missethat auf mir, so töte mich.
> Und Joab ging hinein zum Könige, und sagte es ihm an. Und er rief dem Absalom, dass er hinein zum Könige kam; und er fiel nieder vor dem Könige auf sein Antlitz zur Erde; und der König küsste Absalom.

Bei seiner langjährigen Beschäftigung mit dem Stoffkomplex rückte Brecht abwechselnd eine der beteiligten Personen ins Zentrum: David, Absalom, Bathseba, Uria oder Goliath. Unterscheiden lassen sich folgende Phasen:

(1) Brecht begann mit dem von Münsterer beschriebenen Entwurf *David* bzw. *Absalom oder Der Beauftragte Gottes* im März 1919.* Von dem Stück, das → *TbN*

im Dezember 1919 nahezu fertig gewesen sein soll, haben sich keine direkten Spuren erhalten.

(2) Die im Januar bis März 1920 im vorliegenden Notizbuch festgehaltenen Konzeptionen und Entwürfe zu *Der Sieger und der Befreite* – so der einzige von
29r.11 Brecht selbst notierte Titel* – weichen in Titel und Szenerie deutlich von dem von Münsterer Beschriebenen ab und bedeuten einen Neuansatz (→ Nehers Ta-
→ *TbN* gebucheinträge vom 8. Januar, 23. März 1920)*; teilweise ersetzte Brecht hier die
16v.1-4; → 30v, 44v biblischen durch Phantasienamen.*

(3) Ab Juli 1920 ist ein benachbartes, aber von *Der Sieger und der Befreite* wiederum deutlich unterschiedenes Stückprojekt mit dem Titel *David / Saul und*
BBA 10459/14-21, 73-93, 460/3; *NB 4*, 21r.9, 21v, *NB 5*, 44v-45r; → *EE F* *David** nachweisbar.

(4) Ab September 1920 plante Brecht vermutlich, die bis dahin eigenständigen Konzepte *Der Sieger und der Befreite* und *David* zu einem dreiteiligen Stück mit dem Titel *David* zusammenzufügen (→ Brechts Tagebucheinträge vom 13. Sep-
BBA 802/88-90, BBA E 21/146-148, 188 tember 1920, 10. März und 19. April 1921*). Auf dieses Konzept dürfte sich der von Münsterer überlieferte Titel *Absalom und Bathseba* beziehen.

(5) Unabhängig von den Entwürfen der Jahre 1919-21 konzipierte Brecht An-
→ *BFA* 10, 753-789 fang 1937 gemeinsam mit Hanns Eisler die Oper *Goliath**. Die Arbeit an diesem aus derselben biblischen Quelle schöpfenden Projekt zog sich bis Ende November 1944 hin.

(6) In den 1940er Jahren notierte Brecht verschiedene kleine Entwürfe, in
→ zu *NB 25*, 57r denen ein Urias auftaucht;* ihr Zusammenhang untereinander oder mit dem Goliath-Projekt ist unsicher.

Abweichend von der biblischen Vorlage nahm Brecht eine moderne Psychologisierung vor. Absaloms Charakterzug eines prinzipiellen Ungenügens an der
13r.6-10 | 30v.5-8 Welt* griff er unten* ebenso wieder auf wie die Verwischung der Grenze zwi-
13r.12-14; → 39r schen Mord und Selbstmord*.

13r.14-15 Die Verknüpfung von Himmel und Schamlosigkeit* findet sich zwischen 1919 und 1922 auch in Brechts Notiz zum Tod seiner Mutter am 1. Mai 1920:
NB 4, 36v.6-8 | BBA 2121/29, 46; → BBA 2134/33; → *BFA* 1, 48, 125 »Schamlos grinste der Himmel!«* und im *Baal*: »man sieht in den Himmel hinein, schamlos.«, oder: »Ekart: Hast du die Wolken vorhin gesehen? Baal: Ja. Sie sind schamlos.«* (→ *Brecht: Baal 1966*, 111, 133; *Brecht: Baal 1955*, 93f.); vgl. auch
→ zu 37r die unten* zitierte Passage aus *Absalom reitet durch den Wald*.

13v.1-14v.1 [Erste]*Zweite* Szene: \ Absalom am Fluß *[...]* Tod Absaloms. Erstes und einzig vollständiges Konzept des hier noch titellosen, später *Der Sieger und*
29v.11 *der Befreite** überschriebenen Stücks, zu dem auch der vorangehende Entwurf
→ zu 12v-13r gehört. Die von Münsterer beschriebene Eingangsszene* von 1919 scheint in
13v.1-10 etwa den ersten beiden Szenen* zu entsprechen. Die Umstellung der ersten bei-
13v.1, 7 | 13v.4-6 den Szenen* resultiert aus einer Modifikation des Handlungsplans* während

der Niederschrift. Auch die für Ergänzungen gelassenen Freiräume zwischen den Szenen und die Einfügungen* lassen auf eine frühe, noch offene Konzeptionsphase schließen. Die Szenerie weicht ab von den Entwürfen von 1919 – »Burghof« (*Münsterer 1966*, 127f.) – und zwischen Juli 1920 und April 1921 – Stadt, Platz, Mauer, Aquarium oder Kammern.* 13v.13 → zu 12v-13r

»Fischer« am »Fluß«* könnte es in Israel nur am Jordan geben; die biblischen Ereignisse fanden jedoch in Jerusalem und im Wald Ephraim statt. Auch andere Elemente des Konzepts werden in der biblischen Vorlage nicht erwähnt: Taverne, Huren, Holzbauten und ein Weinberg.* Ebenso frei ausgestaltet sind das Erwürgen des Kindes* sowie der Charakter und die Rolle Urias*. 13v.2 13v.2-14v.1 14r.11-12 | 14r.4-15

Die Geschichte von David und Bathseba* findet sich in 2 Sam 11,2-6: 13v.3-6

> Und es begab sich, dass David um den Abend aufstund von seinem Lager, und ging auf dem Dach des Königshauses, und er sah vom Dach ein Weib sich waschen; und das Weib war sehr schöner Gestalt.
> Und David sandte hin, und liess nach dem Weibe fragen, und man sagte: Ist das nicht Bath-Seba, die Tochter Eliams, das Weib Urias, des Hethiters?
> Und David sandte Boten hin, und liess sie holen. Und als sie zu ihm hinein kam, schlief er bei ihr. Sie aber reinigte sich von ihrer Unreinigkeit, und kehrte wieder zu ihrem Hause.
> Und das Weib ward schwanger, und sandte hin und liess David verkündigen und sagen: Ich bin schwanger worden.
> David aber sandte zu Joab: Sende zu mir Uria, den Hethiter. Und Joab sandte Uria zu David.

Die auffällige Syntax im nachgestellten Relativsatz »die ist schwanger«* läßt die Sprache der Luther-Bibel anklingen (→ Luk 2,4-5: »Joseph aus Galiläa *[...]* mit Maria, seinem vertrauten Weibe, die war schwanger.«) Ob Brecht bereits das »Dramatische Gedicht in drei Monologen« *Bethsabé* von André Gide (1908 übersetzt von Franz Blei für die Zeitschrift *Hyperion*) kannte, das er am 14. Dezember 1920 in »*Volkswille*«* lobend besprach, muß offenbleiben. 13v.16 → *BFA* 21, 89

Die »Fünfte Szene«* spielt auf Davids Versuch an, seine Schuld an Bathsebas Schwangerschaft zu vertuschen. Als sein Vorhaben mißlingt, Uria seiner Frau Bathseba gleich nach ihrem Ehebruch beiwohnen zu lassen, um ihm das Kind anlasten zu können, denkt er sich eine neue List aus (2 Sam 11,13-15): 14r.9-11

> Aber des Abends ging er ⟨*Uria*⟩ aus, dass er sich schlafen legte auf sein Lager mit seines Herrn ⟨*David*⟩ Knechten, und ging nicht hinab in sein Haus ⟨*zu Bathseba*⟩.
> Des Morgen schrieb David einen Brief an Joab, und sandte ihn durch Uria.
> Er schrieb aber also in dem Brief: Stellt Uria an den Streit, da er am härtesten ist, und wendet euch hinter ihm ab, dass er erschlagen werde, und sterbe.

14r.11-12 Auch für den in der gleichen Szene notierten Kindsmord* griff Brecht frei auf die biblische Vorlage zurück (2 Sam 12,13-24):

> Da sprach David zu Nathan: Ich habe gesündigt wider den Herrn. Nathan sprach zu David: So hat auch der Herr deine Sünde weggenommen; du wirst nicht sterben.
> Aber weil du die Feinde des Herrn hast durch diese Geschichte lästern gemacht, wird der Sohn, der dir geboren ist, des Todes sterben.
> Und Nathan ging heim. Und der Herr schlug das Kind, das Urias Weib David geboren hatte, daß es todkrank ward.
> *[...]* Am siebenten Tage aber starb das Kind.
> *[...]* Und da David seine Frau Bath-Seba getröstet hatte, ging er zu ihr hinein und schlief bei ihr. Und sie gebar einen Sohn, den hiess er Salomo. Und der Herr liebte ihn.

Die Änderung der biblischen Handlung geht auf eine textkritische Deutung zu-
→ zu 12v-13r rück, die Brecht schon am 20. Oktober 1916 in sein Tagebuch notiert hatte.*
14v.1 Der »Tod Absaloms«* ereignet sich in der biblischen Geschichte erst an späterer Stelle. Absalom, der durch besonders üppiges Haupthaar ausgezeichnete schönste Mann Israels (2 Sam 14,25-26), hatte sich gegen seinen Vater erhoben und gegen ihn Krieg geführt. Während der Entscheidungsschlacht im Wald Ephraim mußte er fliehen (2 Sam 18,9-15):

> Und Absalom begegnete den Knechten Davids, und ritt auf einem Maultier. Und da das Maultier unter eine grosse Eiche mit dichten Zweigen kam, blieb sein Haupt an der Eiche hangen, und er schwebte zwischen Himmel und Erde; aber sein Maultier lief unter ihm weg.
> *[...]* Da nahm Joab drei Spiesse in seine Hand, und stiess sie Absalom ins Herz, da er noch lebte an der Eiche.
> Und zehn Knaben, Joabs Waffenträger, machten sich umher, und schlugen ihn zu Tod.

Das Bild des an seinen eigenen Haaren sich aufhängenden Flüchtlings findet
zu 5v.1-6r.1 | 37r sich auch in dem Gedicht *Mein Herz ist voller Glut...** und unten*.

14v.4-15v.22 <u>Baal</u> \ Branntweinschenke *[...]* Kellnerin bringt Schnaps) Vermutliche Eintragungsfolge: (1) Zunächst notierte Brecht den Stück- und Szenen-
14v.4-13, 17-19 | 14v.11, 14 titel sowie die ersten Repliken.* Die Sprechernamen »Ekart« und »[E]«* folgten wohl erst später. (2) Danach schob er die Zeile »Er tut nur was er muß weil er
14v.14-16 so faul ist.“« ein und grenzte sie mit Querstrich und »x« vom Kontext ab,* zur Verdeutlichung mit mehr Druck auf dem Bleistift. (3) Dann trug er die Ord-
14v.7-17 nungszahlen »1)« bis »5)«* nach und notierte (4) mit leicht vergrößertem Zeilenabstand, von Anfang an als »6)« gezählt und Ekart als Sprecher zugeordnet,
14v.20-15r.4 dessen längere Rede*. (5) Anschließend hielt Brecht den Beginn der gesamten
15r.6-15v.9 Szene in neuer Reihenfolge fest und ergänzte dabei weitere Repliken.* Watz-
15r.17 manns abfällige Äußerung über Baal* fügte er dabei erst nachträglich ein, viel-

leicht auch seine Adressierung an Baal am Schluß der Szene*. (6) Ekarts lyrische 15v.8-9
Apostrophe seines Sehnsuchtsziels* notierte Brecht von vornherein als separate, 15v.10-17
durch Querstriche abgegrenzte Äußerung. Er nahm sie aus der Gesprächsfolge heraus und ließ ihren genauen Ort in der Szene offen. (7) Schließlich knüpfte
er an Watzmanns Äußerung: »Bist du das, Baal?«* an und setzte die Szene mit 15v.8-9
Ekarts Replik fort: »Was willst du schon wieder *[...]*«*, brach sie aber auf dem 15v.18-22
folgenden, später herausgerissenen Blatt gleich wieder ab. Dieses findet sich heute eingelegt in *NB 12*:

Watzmann: Hier hat sich nichts verändert. *NB 12*, 62r.1-5

Du bist wohl feiner geworden!

Baal: Bist das du /noch/ Luise? (Stille)

Johannes:

Das Blatt riß Brecht aus *NB 3* vielleicht wegen des anschließenden *Lieds gegen die Ansprüche!* heraus, um dieses einem neuen Zusammenhang zuordnen zu können.

Die hier entworfene Szene erwähnt Neher am 17. Januar 1920 in seinem Tagebuch.* Sie findet sich ausformuliert in *Baal* (1919/20): *TbN*

```
                Branntweinschenke.                         BBA 2134/41;
Abend.  Die Kellnerin.  Watzmann.  Johannes.               → BFA 1, 130-131; 14v.5
Johannes, abgerissen, in schäbigem Rock mit hochgeschlagenem Kra-
gen, hoffnungslos verkommen.
Die Kellnerin hat die Züge Sophiens.                       → 14v.6
~~E~~  Ekart:  Jetzt sind es acht Jahre ( sie trinken, Wind geht.)  → 15r.6
Johannes:  Mit fünfundzwanzig ginge das Leben erst an. Da werden  → 15r.7-9
sie breiter und haben Kinder.( Stille)
    Watzmann:  Seine Mutter ist gestern gestorben. Er läuft he-  → 14v.17-19
rum, Geld zu leihen für die Beerdigung.Damit kommt er hierher.
Dann können wir die Schnäpse bezahlen. Der Wirt ist anständig; Er
gibt Kredit auf eine Leiche, die eine Mutter war.(trinkt)
    Johannes: Baal÷ Der Wind geht nimmer in sein Segel.    → 14v.8
    Watzmann:  ( zu Ekart) Du hast wohl viel mit ihm auszuhal-  → 15r.12-13
ten?
    Ekart:  Man kann ihn nicht ins Gesicht spucken: Er geht un-  → 14v.10-11
ter.
    Watzmann:( zu Johannes) Tut dir das weh? Beschäftigt es Dich?  → 15r.15
    Johannes: Es ist schade um ihn, sage ich euch( trinkt. Stille)  → 15r.16
    Watzmann: Er wird immer ekelhafter.                    → 15r.17
    Ekart:  Sage das nicht. Ich will das nicht hören: Ich liebe  → 14v.12-13
```

ihn. Ich nehme ihm nie irgendwas übel. Weil ich ihn liebe. Er ist ein Kind.

→14v.15 Watzmann: Er tut immer nur, was er muss. Weil er so faul ist.

→14v.20-15r.4 Ekart: (tritt in die Tür) Es ist eine ganz milde Nacht. Der Wind warm. Wie Milch. Ich liebe das Alles. Man sollte nie trinken. Oder nicht so viel! (zum Tisch zurück) Die Nacht ist ganz mild. Jetzt und noch drei Wochen in den Herbst hinein kann man gut auf den Strassen leben.(setzt sich)

→15v.2-4 Watzmann: Willst du heut Nacht fort? Du willst ihn wohl loshab n? Er liegt dir am Hals?

→15v.5 Johannes: Du musst obacht geben!

→15v.6 Baal: (tritt langsam in die Tür) ~~Bist du das, Baal?~~

→15v.8-9 Watzmann: Bist Du das, Baal?

→15v.18-19 Ekart: (hart) Was willst Du schon wieder?

→15v.20-22 Baal: (herein). Setzt sich) was ist das für ein armseliges Loch geworden! (Die Kellnerin bringt Schnaps)

NB 12, 62r Watzmann: Hier hat sich nichts verändert. Nur du bist, scheints, feiner geworfen.

Baal: Bist Du das noch, Luise? (Stille)

Johannes: Ja. Hier ist es gemütlich.– *[...]*

14v.8 Das Bild des in die Segel gehenden Windes* findet sich auch im Gedicht *Der dicke Cas ist gestorben...* (Tagebuch, 5. September 1920)*, in Brechts Brief an Marianne Zoff von Ende August 1921*, in einem Entwurf für das Stück *Hannibal* (1922)*, im Artikel *Mehr guten Sport* im *Berliner Börsen-Courier* vom 6. Februar 1926* und im 1927 entstandenen fünften Gedicht *Aus dem Lesebuch für Städtebewohner: Ich bin ein Dreck...**

BBA 802/69 | BBA E 20/100 | BBA 520/32; → *BFA* 10, 265 | zu 47v.10-49v.20 | → *BFA* 11, 160

14v.10 Das Motiv des Ins-Gesicht-Spuckens* verwendete Brecht figürlich im Sinne von ›jemandem seine Verachtung zeigen‹ auch in *Coriolanus** (1951/52), buchstäblich in den Stücken *Baal* (1918)* (*Brecht: Baal 1966*, 74) und *Im Dickicht* (1921-23)* sowie in der Anekdote *Im Sommer 1933 sprach ich mit einigen Bekannten über Hitler** (ca. 1934).

BBA 173/29; → *BFA* 9, 21 | BBA 1348/52 | BBA 2123/24; → *BFA* 1, 364 | BBA 245/82; → *BFA* 22, 29 |

14v.16 Die Äußerung »Seine Mutter ist gestern gestorben«* findet sich ähnlich im autobiographischen *Lied von meiner Mutter*, das Brecht wenige Wochen nach dieser Eintragung festhielt: »Jetzt ist meine Mutter gestorben, gestern, auf den Abend, am 1. Mai«*.

NB 4, 38r.6-7; → zu 28r.18-19, *NB 4*, 36v.6-8

15r.6 Ekarts Hinweis »Jetzt sind es acht Jahre«* bezieht sich auf den Selbstmord der 17jährigen Johanna, der Freundin von Johannes, nach ihrer Entjungferung durch Baal.

15v.11-16 Die Wälder* sind beim jungen Brecht der mythische Ort der Herkunft und der wilden Ursprünglichkeit, so in den Gedichten *Lied der Schwestern**, *Die schwarzen Wälder aufwärts...** und *Ich, Bertolt Brecht, bin aus den schwarzen*

45r | *NB 8*, 23v-24r

*Wäldern ...** oder im Erzählungsentwurf *Niemand weiß, wo der Bargan eigentlich hergekommen ist ...** NB 13, 12v.2-3 | NB 13, 24v; → BBA 10448/1

Das ›zitronenfarbene Frühlicht‹* findet sich bereits in der ersten Zeile des wohl nicht von Brecht selbst betitelten Gedichts *Der Großmutter zum 80. Geburtstag** (seine aus Achern in Baden stammende Großmutter väterlicherseits feierte ihn am 17. September 1919) und in der zweiten Zeile der wohl kurz darauf entstandenen *Ode an meinen Vater*: »Aufgewachsen im zitronenfarbenen Lichte der Frühe *[...]*«*. 15v.14 | BBA 2218/10, E 14/53; → *BFA* 13, 132 | BBA E 14/56; → *BFA* 13, 134

16v.1-4 Bargan für David *[...]* **Ur für Uria** Liste der vier Hauptpersonen des Stückprojekts *Der Sieger und der Befreite**. Sie ist der erste Hinweis auf die nur im vorliegenden Notizbuch dokumentierte vorübergehende Ersetzung* der alttestamentarischen* durch andere Namen. Dafür übernahm Brecht den Namen des Titelhelden aus seinen *Bargan*-Erzählungen*, während »Koloman« und »Hete« wohl aus Heiligenlegenden stammen. Koloman (gälisch für ›Einsiedler‹) war katholischer Überlieferung zufolge ein irischer Märtyrer, der 1012 in Österreich auf seiner Pilgerfahrt nach Jerusalem an einem Holunderbaum erhängt, später heiliggesprochen und als Patron Österreichs, der heiratswilligen jungen Frauen, der Pilger und der Erhängten verehrt wurde.* ›Hete‹ ist eine Kurzform von ›Hedwig‹. Die heilige Hedwig von Andechs wurde in Bayern als Patronin der Heimatvertriebenen und Brautleute verehrt. Vielleicht gab auch die Medizinstudentin Hedwig (Hedda, He) Kuhn, die Brecht Ende 1917 im Seminar Artur Kutschers kennenlernte,* einen Anstoß zur Wahl des Namens. Die Namen ›Hete‹ und ›Ur‹ kommen bei Brecht nur an vorliegender Stelle vor.* 29v.11-19 | → 30v, 44v | → zu 12v-13r | → zu 11v.1, 15v.11-16 | → zu 30v, 37r, 44v.1-2 | → zu 6v.14-17, zu *NB 4*, 43v.4-6 | → *EE F*

16v.6-22r.3 Über das Unterhaltungsdrama *[...]* **Anstrengungen** Sechs inhaltlich zusammengehörige Aufsatzentwürfe, die nicht in einem Schreibzusammenhang notiert wurden. Zuerst trug Brecht mit Tinte *Über das Unterhaltungsdrama, Über den Expressionismus, Über das Rhetorische* und *Über das Schreiben* ein, danach mit Bleistift *Folgen der Kritik* und *Über den Dadaismus.* Zu den Eintragungen im einzelnen siehe die anschließenden Erläuterungen.

16v.6-18r.3 Über das Unterhaltungsdrama *[...]* **9. I. 20.** Datum vermutlich falsch: Die eingetragenen Datierungen entsprechen ansonsten der für *NB 3* grundsätzlich anzunehmenden Eintragungsfolge von vorne nach hinten; nur die vorliegende weicht davon ab (21. Januar*, 21. Januar*, 9. *Januar**, 21. Februar*, 24. März 1920*). Brecht verschrieb sich hier wohl und verwendete noch die Zahl des Vormonats ›I‹ statt ›II‹. Demnach würde die Eintragung vom 9. Februar stammen. Das erscheint auch aufgrund der Erscheinungsdaten der im Text thematisierten Kaiserschen Werke (s. u.) plausibel. 4v.17 | 5r.18 | 18r.3 | 32v.9 | 50r.6

Die Notizen *Über das Unterhaltungsdrama* sind der früheste Beleg für Brechts Kenntnis Georg Kaisers,* der nach den ersten Aufführungen seiner Stücke 1917 → 18r.8, 18v.16, 19r.7

schnell zum meistgespielten Dramatiker der Nachkriegsjahre aufgestiegen war. → zu 6v.14-17 Am 16. Juni 1919 hatte Caspar Neher in Artur Kutschers* Seminar *Einleitung zum Expressionismus* Kaisers gerade erschienenes ›Nachtstück‹ *Brand im Opernhaus* besprochen (»ein vollendeter Kitsch«*). *TbN* | → 18r.8 Den *Geretteten Alkibiades**, später die zentrale Anregung für die Erzählung *Der verwundete Sokrates**, → zu *NB 24*, 48r hatte Brecht am 3. Februar 1920, also wenige Tage vor dem vorliegenden Entwurf, gesehen.

Am 26. März besprach er dann die erste Augsburger Kaiser-Inszenierung, *Gas I*, in »*Volkswille*«. Ganz im Sinne der vorliegenden Notizbuch-Eintragungen wertete er dort Kaisers Text ironisch ab:

→ *BFA* 21, 59

> Das Stück ist sehr interessant. Merz inszenierte es für Augsburg. Es war eine sehr gute Leistung, die geistiges Format hatte, die beste Arbeit des Winters, im ganzen ziemlich hoch über der des Münchner Schauspielhauses stehend. Kritisch wurde die Situation nur, wo sie sich von Kaiser zu sehr beeinflussen ließ, etwa im dritten Akt. (Völlig verfehlt der letzte Akt, der ganz unklar blieb, noch unklarer als im Buch!)

Neben den Inszenierungen von *Gas* und *Der gerettete Alkibiades* konnte Brecht zum Zeitpunkt der Eintragung in München bereits *Von morgens bis mitternachts*, *Konstantin Strobel* (= *Der Zentaur*), *Die Sorina*, *Die Koralle*, *Hölle Weg Erde* und *Die Versuchung* gesehen haben. Anregungen für den vorliegenden Entwurf dürften auch Kaisers in den Münchener Theaterzeitungen erschienene Aufsätze *Das Drama Platons* (April/Mai 1917), *Vision und Figur* (Januar 1920) und *Mythos* (Januar 1920) gegeben haben (→ *Kaiser 1917, 1918, 1920*).

16v.8 Daß Kaiser ein »Unterhaltungsdrama«* anstrebte, ist eine ironische Unterstellung Brechts. Tatsächlich wandte Kaiser sich entschieden gegen eine »Erniedrigung des Theaters zur Unterhaltungs- und Vergnügungsstätte« (in: *Zukunft der deutschen Bühne 1917*, 106f.). Grundlage für die Zuordnung Kaisers zu den ›Unterhaltungsdramen‹ ist Brechts eigenwillige Definition derselben als »Stücke, 17r.6-9 die irgendwelche Ideen verleiblichen«*. Kaiser verwendet den Begriff ›Idee‹ in *Vision und Figur*, *Mythos* und *Das Drama Platons* zwar nicht und spricht statt dessen von Erkenntnissen, Erschütterungen, Gedanken und Visionen. Kaisers Berufung auf Platon dürfte ihn Brecht aber nahegelegt haben.

In *Das Drama Platons* gab Kaiser auf die Leitfrage, wie der Dramatiker seine Erkenntnisse forme und verkörpere, die Antwort (*Kaiser Werke* 4, 544):

> Erkenntnis wird Erscheinung – und von der Erscheinung getragen überhöht sich seine Erkenntnis. Das Drama schenkt ihm die letzte Anschauung. An Figuren schießt der Gedanke zu größter Möglichkeit auf.

16v.16-17r.4 In Brechts Version dieser Antwort Kaisers* klingen deutlich Formulierungen

Nietzsches* an: »Die *Kraft* der Erkenntnisse liegt *[...]* in ihrer Einverleibtheit« (*Nietzsche KSA* 3, 469) oder »Ich rede von *Instinkt*, wenn irgend ein *Urtheil [...]* einverleibt ist« (*Nietzsche KSA* 9, 505). → zu 23r.18-24r.10, zu 46r.1-47v.8, zu *NB 4*, 12r.1

Brechts Definition der Kaiserschen »Unterhaltungsstücke« als »Allegorieen«* könnten durch dessen Formulierungen in *Mythos* angeregt sein: »Bloß mit Begreifbarem wird das Unbegreifliche deutlich *[...]*. Mächtig schafft Mythos im Sinnbild« (*Kaiser Werke* 4, 555f.). 17r.8; → 18r.7

Die den Entwurf strukturierende Opposition von Unterhaltungs- und Bedarfsstück (»Luxusstücke«* und das ›nützlichere Genre‹*) griff Brecht 1930 wieder auf: Im Konzept einer Gesamtausgabe seiner Schriften* unterschied er ›Luxusdinge, Ästhetisches‹ von ›Wichtigem‹. Auch die ›Uninteressiertheit‹ des Denkens* taucht im dortigen Kontext wieder auf.* 17r.8-9 | 17v.20 *NB 25*, 51r 17r.16 | *NB 25*, 33r

Analog zu ›Ideen‹ gilt auch für den anderen platonischen Zentralbegriff der Dialektik*: Kaiser verwendet ihn nicht, doch er beschreibt das dialektische Wesen des sokratischen Dialogs sehr genau; Platon dränge »These und Widerthese in unvergleichliche Ballung. *[...]* kluftloser Zusammenschluß beider schafft Einheit *[...]*. Das wird Ziel von Kunst, die formt: Einheit zu wölben über Zerstreutem – Zerrissenem.« (*Mythos*, in: *Kaiser Werke* 4, 554)* Die vorliegende Eintragung ist wohl der früheste Beleg für Brechts Verwendung dieses späteren Zentralbegriffs. 17r.16 → zu 19r.9, 19v.3

Die Vorstellung der ›Unzucht‹ bzw. des ›Kinder-Zeugens mit Ideen‹* verwendete Brecht bereits in *Aufruf zum Streik**, dort allerdings mit Bezug auf das ganze deutsche Volk. Auch bei Kaiser selbst klingt sie an: In dem undatierten Manuskript *Dichter und Regisseur* verlangt er, »daß der Dichter vom geschriebenen Werk seine Hände ziehen soll und mit jeder Scham dies Kind einer unerlaubten Liebe verleugnen muß.« (*Kaiser Werke* 4, 554) Ob Brecht diese Formulierung Kaisers kannte, ist zweifelhaft.* 17r.19-21; → 18r.1-2 10r.4-6 → *EE F*

18r.5-18v.11 <u>Über den Expressionismus</u> *[...]* **Verlag Wolf verkracht.** Der Entwurf greift Gedanken des vorangehenden auf, etwa die Freude an den Ideen, ihren Gegensatz zum Körper und ihre Ausformung in Allegorien, und führt mit »Geist« und »Seele«* ein weiteres für die Expressionisten wichtiges Begriffspaar ein. 18r.18-21

Brechts Bewertung des Expressionismus war zunächst grundsätzlich ablehnend (Brecht an Neher, Anfang/Mitte Juni 1918):

> Dieser Expressionismus ist furchtbar. Alles Gefühl für den schönen runden, oder prächtig ungeschlachten ¿¿¿ Leib welkt dahin wie die Hoffnung auf Frieden. Der Geist siegt auf der ganzen Linie über das Vitale. Das Mystische, Geistreiche, Schwindsüchtige, Geschwollene, Ekstatische bläht sich und alles stinkt nach Knoblauch. Man wird mich aus- BBA E 2/96

stoßen aus dem Himmel dieser Edlen und Idealen und Geistigen, aus diesen ~~We~~ Strindhügeln und Wedebabies *[...]*.

BBA 802/13 | → zu *NB 4*, 2v.8-3r.19 | → zu *NB 2*, 16v.11-13 | → *EE F*

Selbstkritisch bezeichnete Brecht in einer Tagebucheintragung vom 7. Juli 1920* seine Stückprojekte *Galgei** und *Sommersinfonie** als expressionistische ›Ausdrucks‹-Kunst. Den *Baal* legte er von vornherein als metaexpressionistisches Stück an, in dem sich, wie auch im *Makrok*-Projekt von 1919, zahlreiche Hinweise und Reflexionen auf die Literaturströmung finden. Die in den vorliegenden Notizen formulierte Perspektive blieb bis zum Schluß maßgeblich, Brechts Haltung zum Expressionismus differenzierte sich jedoch später.*

Die letzte ausführliche Äußerung, zugleich eine der wenigen autorisiert publizierten, findet sich in dem am 4. Mai 1939 in der Stockholmer Studentenbühne gehaltenen Vortrag *Über experimentelles Theater*, gedruckt 1948 in der Zürcher Studentenzeitschrift *Bewußtsein und Sein*:

BBA 2018/26-27; → *BFA* 22, 546; → zu 31r.3

> Der Expressionismus der Nachkriegsepoche hatte die Welt als Wille und Vorstellung dargestellt und einen eigentümlichen Solipsismus gebracht. Er war die Antwort des Theaters auf die grosse gesellschaftliche Krise, wie der philosophische Machismus die Antwort der Philosophie auf sie war. Er war eine Revolte der Kunst gegen das Leben, und die Welt existierte bei ihm nur als Vision, seltsam zerstört, eine Ausgeburt geängsteter Gemüter. Der Expressionismus, der die Ausdrucksmittel des Theaters sehr bereicherte und eine bisher unausgenutzte aesthetische Ausbeute brachte, zeigte sich ganz ausserstande, die Welt als Objekt menschlicher Praxis zu erklären. Der Lehrwert des Theaters schrumpfte zusammen.

18r.8; → zu 16v.6-18r.3 | 18r.8; → zu 19r.7 | 18v.3-11

Als Beispiele expressionistischer Literatur nennt Brecht im vorliegenden Entwurf neben den 1919/20 in München gespielten Stücken Georg Kaisers *Der gerettete Alkibiades* und *Gas** auch Walter Hasenclevers *Der Sohn* (1914)*.

Der Kurt Wolff Verlag* wurde 1913 gegründet und galt bis Mitte der 1920er Jahre als der Inbegriff des expressionistischen Verlages (*Göbel 1977*, 646):

> Ein Verlag, der so kometenhaft aufstieg, ohne daß in seiner Produktion ein gewinnträchtiger Bestseller gefunden werden konnte, mußte ja wohl einen reichen Inhaber haben. So erklärt Kurt Pinthus ⟨*neben Walter Hasenclever Verlagslektor*⟩, warum die Autoren zu Wolff strömten. »Weil jeder wußte, die tun was, und die haben Geld.« Es bildeten sich um Wolffs Vermögen Legenden, in denen er als reicher junger Erbe gesehen wurde.

Nach dem Ersten Weltkrieg machte eine neue Werbestrategie den Verlag zum führenden im Bereich zeitgenössischer Literatur; er erzielte »ullsteinhafte Auflagen von literarisch einwandfreien Büchern« (Kurt Wolff an René Schickele,

17. November 1921; zit. nach *Göbel 1977*, 726). Die Schlüsselbegriffe waren dabei ›jung‹ und ›neu‹, die sich in den Reihen *Der Jüngste Tag*, *Der Neue Roman*, *Das neue Bild* oder *Neue Geschichtenbücher* und dem Verlag *Der Neue Geist*, einer Gründung Kurt Wolffs 1917 für philosophische Texte, niederschlug. Ein Anlaß für Brechts Bezugnahme auf Wolff könnte die Verlagerung des Verlagssitzes von Leipzig nach München Ende 1919 gewesen sein.

Brechts These zum Verhältnis von Geist und Kurt Wolff Verlag könnte etwa so zu verstehen sein: Der Verlag repräsentiert den Expressionismus insgesamt. Als solcher hält er den Geist aus (alimentiert ihn), der zuvor frei war. Dieser Geist macht sich dadurch mit typisch expressionistischen Figuren wie Schiebern* und Huren* gemein und wird korrumpiert. → 8v.18 | → 13r.3
Solange der Verlag nicht verkracht (Bankrott geht), finden auch Jünglinge, die um bloßer Annehmlichkeit willen philosophieren, bei ihm ihr Auskommen.

18v.13-17 So zu schreiben daß *[...]* Kaiser studiert hat. Die Passage wurde wohl nachträglich im freigebliebenen unteren Drittel der Seite eingetragen.

Der sozialkritische Dramatiker Carl Sternheim wurde neben Kaiser* häufig → zu 16v.6-18r.3
als führender Repräsentant des Expressionismus gesehen, feierte um 1920 große Bühnenerfolge und war einer der wichtigsten Autoren des Kurt Wolff Verlags. Über einen Kontakt Brechts mit ihm ist nichts bekannt; er besuchte aber am 14. Februar 1920 die Premiere von dessen Stück *1913* im Münchener Residenz-Theater*. *TbN*
Er äußerte sich selten über ihn, so 1938 beiläufig in *Über den formalistischen Charakter der Realismustheorie** BBA 515/4; → *BFA* 22, 443
und in einem Brief an Albert Bussmann Januar/Februar 1952. Darin forderte Brecht Sternheim-Inszenierungen, »damit der Kleinbürger- und Großbürgermief endlich hinausgelacht wird. *[...]* Sternheim muss in grossen Zügen, mit all seinen satirischen Ubertreibungen inszeniert werden.«* BBA 210/16; → *EE F*

Den Vorwurf der Unverständlichkeit griff Brecht in *Das Theater als sportliche Anstalt** wieder auf; 48v.17-18
dagegen stellte er das Prinzip ›pour tout le monde‹, wie Neher am 26. Juni 1919* notierte. → *TbN*

19r.1-19v.7 Über das Rhetorische *[...]* beschäftigt ist.] 19r.3
Das ›Gute‹* ist einer der Leitbegriffe des Expressionismus*, des Aktivismus* und anderer Strömungen der Zeit; → zu 18r.5-18v.11 | → zu 11r.6 | 19r.4
das ›Diabolische‹* weist auf die schwarze Romantik der Jahrhundertwende hin. In der Eingangsszene des *Baal* (1918 und 1919) charakterisiert ein Literat Baals Gedichte entsprechend: »Einiges könnte geradezu von Verlaine oder Wedekind sein. Ich meine das Diabolische!«* BBA 1348/4, 2121/8; → *BFA* 1, 22

Walter Hasenclever* schrieb insgesamt über 300, 19r.7; → 18r.8
in den Monaten und Jahren vor dieser Eintragung jedoch nur sehr wenige Zeitungsartikel und Reden. Sollte sich Brechts Polemik nicht auf Hasenclevers Werk insgesamt, sondern auf einzelne Schriften beziehen, so kämen dessen *Predigt im Dom zu Köln* (in *Ha-*

senclever 1919, 35f.), die Rede *Tod und Reichstag* (in *Hasenclever 1919*, 28-34) und der Aufsatz *Kunst und Definition* (*Hasenclever 1918*) in Frage.

19r.9 Kaiser Wilhelm II.*, der seit dem Ende des Ersten Weltkriegs (November 1918) im Exil in den Niederlanden lebte, wurde zuvor wegen seines von öffentlichen Reden und Predigten geprägten Regierungsstils auch als ›Redekaiser‹ bezeichnet.

19r.9, 19v.3 Daß Georg Kaiser von Platon öffentlich das Reden lerne*, weist auf seinen
→ zu 16v.6-18r.3 Aufsatz *Das Drama Platons** hin: »Rede stachelt Widerrede – neue Funde reizt jeder Satz – das Ja überspringt sein Nein zu vollerem Ja – die Steigerung ist von maßlosem Schwung – und auf den Schlüssen bläht sich geformter Geist wie die Hände Gottes über seiner Weltschöpfung«; und: »Für die Würde seines Ausdrucksmittels sucht der Dramatiker in strenger Prüfung nach wichtiger Bestätigung. Jetzt entdeckte er sich die Notwendigkeit der Dramaform. Mit festem Finger zeigt er auf Platon.« (*Kaiser Werke* 4, 544f.) Brechts Hinweis, Kaiser sage
19r.19 alles zwei- und dreimal,* benennt ein Charakteristikum von dessen Stil.

19r.17 Auch der historische Demosthenes* soll das Reden bei Platon gelernt haben. Seine Atem- bzw. Stimmschwäche und seinen Sprachfehler, wohl ein Lispeln, Stottern und ›r‹-Fehler, soll er dadurch ausgeglichen haben, daß er laut deklamierend bergan ging, mit Kieselsteinen im Mund gegen die Meeresbrandung anredete oder das Reden in einem eigens angelegten unterirdischen Zimmer vor einem Spiegel übte.

19v.1 | → zu 20r.5 »Theater (der Einsamen)«* spielt an auf Gerhart Hauptmanns* Drama *Einsame Menschen* (1891) oder auf Hanns Johsts Stück über den Dramatiker Christian Dietrich Grabbe *Der Einsame. Ein Menschheitsuntergang* (1917). Ein unbekannter Kommilitone Brechts aus Artur Kutschers theaterwissenschaftlichem
→ zu 6v.14-17, 19v.11-12 Seminar* berichtete in seiner Kritik *Monteur Baal und sein Stiefvater Bert Brecht* von der Berliner *Baal*-Aufführung (Februar 1926; Erscheinungsort nicht nachgewiesen):

BBA 474/120; → zu 8r.16-19

> Bert Brecht äußerte ein andermal als Vortragender im Seminar der Universität *München*, daß er zu Hanns Johsts Grabbe-Drama »Der Einsame« *eine Antithese schreiben wolle*. Ihm gefalle Johsts Dichtung nicht. (Der Vortrag behandelte das Werk Hanns Johsts, selbstverständlich in kritisch-mißbilligender Weise.) Brecht sprach damals ganz offen von dem Plan. Johsts »Einsamer, ein Menschenuntergang« sollte durch »Baal eine dramatische Biographie« übertrumpft werden.

19v.11-12 **19v.10-21r.9 Folgen der Kritik** *[...]* **Kritiker.** Die Theaterwissenschaft* entstand als eigenständige akademische Disziplin erst Anfang des 20. Jahrhunderts. Einer ihrer Gründer war Artur Kutscher, der ab 1909 in München theaterwissenschaftliche Veranstaltungen anbot. Brecht hatte 1917-19 mehrere Seminare

bei Kutscher besucht,* obwohl dieser den *Baal* ebenso wie Brechts Ansichten → zu 6v.14-17, 19v.1
und sein Auftreten im Seminar mißbilligte. Brecht selbst sah Kutscher zumindest zeitweilig als »de⟨n⟩ flachste⟨n⟩ Kumpan, der mir je vorgekommen ist«, an
(Brecht an Münsterer, August 1918)*. BBA Z 24/83

Friedrich Hebbel* war einer der frühesten Anreger Brechts überhaupt, und 20r.1-4
er blieb für ihn lebenslang ein wichtiger Bezugspunkt (→ *Weber 1973*)*. Brecht → zu 45v.18
hatte 1913, wohl aus Anlaß der Feiern zu Hebbels Geburtstag, von seinen Eltern die Ausgabe *Hebbels Werke in zehn Teilen* (1908) geschenkt bekommen (*Brecht-Bibliothek* 551-555) und, davon angeregt, noch im selben Jahr sein erstes Stück *Die Bibel* geschrieben. Auch im *Baal* lassen sich Hebbelsche Anregungen
finden, so schon im Namen der Titelfigur*. Kutscher selbst bezog sich vielfach → zu 4r.12
auf Hebbel, so in seinen frühen Monographien *Hebbel als Kritiker des Dramas* (1907) und *Hebbel und Grabbe* (1913). Ähnlich wie Brecht betonte auch Kutscher
bei Hebbel die Diskrepanz von Theorie und Praxis oder Wollen und Können*, 21v.1-4
führte dies aber nicht auf die falsche Erwartungshaltung der Kritiker, sondern auf das Unvermögen Hebbels zurück (*Kutscher 1907*, 188f.):

> Bemüht er sich nicht krampfhaft, immer wieder das Verkörpern, Versinnlichen der Ideen zu betonen, sagt er nicht, Ideen im Kunstwerk hätten überhaupt nur Zweck, soweit sie verleiblicht hervortreten? *[…]* eifert er nicht gegen alles Gezwungene, Schachspielmäßige? Will er nicht selbst die Notwendigkeit gehüllt sehen in das Gewand des Zufalls? Gewiß, seine Angreifer haben alle die wunden Punkte gefunden: der *Dichter hatte nicht Kraft genug, den großen Plänen des Ästhetikers zu folgen.*

Mehr noch als Hebbel war Gerhart Hauptmann* für Brechts dramatische Re- 20v.5
flexion und Produktion eine maßgebliche Referenz (→ *Tschörtner 1986*). Schon
im Tagebuch von Ende Juli 1913 findet sich ein Hinweis auf ihn,* und an Caspar BBA E 23/93
Neher schrieb Brecht am 10. November 1914:

> Naturwahrheit und Idealismus zu verschmelzen ist, Kunst. „Wirklichkeit ist das Lager BBA E 2/34
> des großen Dichters auf dem er seine Träume träumt." (Diese Kunst, alltägliche Begebenheiten in die Höhe des Geistes emporzuheben, hat G. Hauptmann! Man lese „Michael Kramer" letzter Akt, den Schönsten, was je einem Naturalisten (Shakespeare ausgenommen) glückte!)

1920 nannte Brecht ihn noch den »repräsentativen deutschen Dramatiker«
(*»Rose Bernd« von Gerhart Hauptmann*, in: *Volkswille*, 23. Oktober 1920*), → *BFA* 21, 79
wurde aber bald kritischer ihm selbst und der »Aera Hauptmann« (Tagebucheintragung vom 6. Oktober 1921)* gegenüber. Dennoch lud er ihn brieflich am BBA 1327/21
27. Juli 1929 zur Premiere von *Lehrstück* in Baden Baden ein,* und Hauptmann BBA E 12/219
nahm die Einladung an. 1950/51 bearbeitete Brecht die Stücke *Biberpelz* und *Ro-*

ter Hahn für das Berliner Ensemble und schlug Hauptmann zur Aufnahme in
BBA 875/5 den Lehrplan für die Grundschule vor (Brecht an Rudolf Engel, 3. Januar 1952)*.
20^{v}.9 | 20^{v}.5 Der Aspekt des »Einseitigen«* im Gegensatz zu den »Ideen«* findet sich nur an
vorliegender Stelle.

20^{r} Über das Schreiben. *[…]* **nicht schreiben können.** Den Entwurf notierte
19^{v}.10-21^{r}.9 Brecht zeitlich vor *Folgen der Kritik**. Zu diesem Zeitpunkt sah er *Über das Rhe-
19^{r}-19^{v}.7 torische** vielleicht noch als unabgeschlossen an, wofür der zunächst freigeblie-
20^{r}.2 bene Raum auf Bl. 19^{v} spricht. Der Eingangssatz »Ich schreibe das an *[…]*«* kann
mit »das« auf die drei zuvor eingetragenen Aufsatzentwürfe *Über das Unterhaltungsdrama*, *Über den Expressionismus* und *Über das Rhetorische* zurück- oder
auf den folgenden Text vorausweisen.

21^{r}.11-22^{r}.3 Über den Dadaismus. *[…]* **Anstrengungen** Dieser Entwurf einer
Rezeptionsästhetik im Spannungsfeld von Erschütterung oder Festigung des
21^{v}.1-3 seelischen Gleichgewichts der Kunstgenießer* und erster oder weiterer Wirkung
21^{v}.9-19 eines Kunstwerks* bricht ab, bevor er zur im Titel genannten künstlerischen
Bewegung kommt. Brechts Kritik am Dadaismus ist jedoch klar: Er strebe mit
21^{v}.11-12 »Triks« Erschütterung und Überfall (»Invasion neuer Ideen«) an,* was ihm mit
jeder Wiederholung weniger gelinge. Daher bliebe er besser bei Improvisation,
Aktionskunst und Formsprengung, statt seine Werke drucken zu lassen und sie
damit wiederholbar zu machen.

Brecht äußerte sich nur selten zum Dadaismus, meist um seine eigene Position zu profilieren, so um 1937 im Entwurf *Den Verfremdungseffekt benutzte
BBA 447/49; → *BFA* 22, 223f. *Joyce im OLLYSSES…**: »der dadaismus und der syrrealismus benutzen ver-
fremdungseffekte exstremster art. ihre gegenstände kehren ~~allerdings~~ aus der
verfremdung nicht wieder zurück.« Etwa zur gleichen Zeit setzte Brecht in dem
NB 44, 63^{r} Notat *Die Avantgarde** den Dadaismus an die Spitze der Avantgarde-Strömun-
gen, gefolgt von Expressionismus und Neuer Sachlichkeit, ehe er resümiert: »wir
kritisierten die zeit und die zeit kritisierte uns«. Zu Lebzeiten wurde nur eine
Äußerung Brechts zum Dadaismus publiziert, nämlich in *Kurze Beschreibung
einer neuen Technik der Schauspielkunst, die einen Verfremdungseffekt hervor-
bringt* (1940): »Gewissen Tendenzen in den Künsten wie die Provokationen der
Futuristen und Dadaisten und die Verfrostung der Musik weisen auf eine Krise
der Emotionen hin.« (*Versuch* 26, in: *Versuche*, Heft 11 [1951], 104)

22^{v}.1-29^{v}.9 Die Bälge \ Letzte Phase. *[…]* **gestärktes Hemd!** Konzepte und
Entwürfe für das Stückprojekt *Die Bälge / Eier*; zu den Eintragungen im einzelnen siehe die anschließenden Erläuterungen.

22^{v}.1-23^{r}.12 Die Bälge \ Letzte Phase. *[…]* **macht einen gail!“** Nach den kon-
8^{r}.1-11, 8^{v}.6-8 zeptionellen Stichworten oben* setzte Brecht die Arbeit am Stück mit einem
22^{v}.2 Konzept für den Schluß (»Letzte Phase.«*) fort, der in einen Szenen-Entwurf

übergeht. Er dürfte der vorletzten Szene »6«* im nachfolgenden Konzept entsprechen. Der Ausruf »Revolutionäre Schwätzereien!«, die anschließende Gesellschaftskritik* und der Hinweis »Krieg«* legen eine Zeit der Handlung nach dem Ersten Weltkrieg und der Revolution von 1918/19 nahe. 25v.18 22v.3-11; → 9r.1-8v.21 | 24v.12-13

Der Aufruf »jetzt solltet ihr streiken.«* ist eine Abwandlung des klassischen Motivs des Liebesstreiks aus der Komödie *Lysistrata* von Aristophanes (411 v. Chr.). Während bei Aristophanes die Frauen durch sexuelle Verweigerung die Männer zum staatlichen Friedensschluß zwingen, sollen bei Brecht Männer und Frauen gemeinsam, durch gesellschaftliche Mißstände gezwungen und so gesehen einem staatlichen Gebot folgend,* gegen ihre eigene Natur streiken. Inquis Gedanke einer gegenwärtig nicht möglichen Kinderernährung und -erziehung* griff Brecht im Material zum *Messingkauf* (um 1945) wieder auf: als »eventuellen menschlichen rat ›du sollst dein kind nicht einer tötenden umwelt aussetzen‹.«* Die Vorschläge Inquis: »Ihr sollt euch allein vergnügen! *[...]* beherrscht euch, Leute"!«*, sollten wohl das Ende der Szene bilden, das anschließende Schlußbild mit Schnaps und Tanz* die Unmöglichkeit dieser Lösung vorführen. 23r.4 23r.8-9 23r.5-7 BBA 126/11; → *BFA* 22, 793 23r.4-9 23r.10-12

In Brechts späterem Projekt *Lysistrata* (ca. 1927) streiken wie bei Aristophanes die Frauen gegen die Männer, aber nicht, um einen äußeren Krieg zu beenden, sondern, wie in *Die Bälge* gefordert, aus wirtschaftlichen Gründen. Am Schluß von *Lysistrata* »beginnt der klassenkampf und endet der krieg.«* BBA 464/57

23r.15-24v.16 Vorher: \ Inqui: Jetzt kommt *[...]* Krieg machen. Entwurf zur gleichen Szene, deren Schluß Brecht in der vorangehenden Eintragung notierte.* 22v.1-23r.12

Das Requisit »Orchestrion«*, das auch in den Stücken *Trommeln in der Nacht** und *Im Dickicht* sowie im Gedicht *Oh ihr Zeiten meiner Jugend ...** vorkommt, entstammt Brechts Augsburger Lebenswelt. Caspar Neher notierte am 18. Januar 1919 über den Besuch eines Lokals: 23r.17 → zu *NB 2*, 15v | *NB 12*, 24v.6

> Waren in Karpfen mit Bert und Otto | Dort wurde getanzt. *[...]* Auch war dort ein sehr schönes Orchestrion das man ein Bild hatte und ~~immer~~ wieder erleuchtet wurde und auf dem es blitzte und ~~die~~ dunkle Wolken zogen immer zu seiner Zeit. *TbN*

Hanns Otto Münsterer erinnert sich (*Münsterer 1966*, 100 f.):

> Unterhalb des Walls, nahe der Jakobervorstadt, gab es ein unscheinbares altes Wirtshaus mit einem Orchestrion; beim Einwurf eines Zehnpfennigstückes leuchtete zu den Klängen rührseliger Musik oben das Transparent mit einer Landschaft auf, ein Wasserfall schäumte, und über alles hinweg zogen Wolken langsam hin und her. Es machte auf Brecht großen Eindruck. Nicht nur das Gedicht vom *Himmel der Enttäuschten* wurde, wie Brecht selbst zugab, dadurch angeregt, auch die musikalische Untermalung seiner Stücke, bei der ein eigenartig mechanischer Anschlag und die Weglassung bestimmter Töne wie bei einer Spieldose mit ausgebrochenen Zähnen gefordert werden, geht meiner Überzeugung nach auf diese Jugenderinnerung zurück.

Zum Einsatz des Orchestrions im Drama postulierte Brecht bald darauf: »In einer lieblich-bleichen Szene ein Orchestrion spielen zu lassen, ist ein Fehler wenn
NB 4, 59v.7-9 es kein Clou ist.«*

23r.18-24r.10 | → zu 16v.16-17r.4, zu 46r.1-47v.8, zu *NB 4*, 12r.1 Die von Inqui erzählte Geschichte vom Aufbruch zum besseren Leben* könnte auf Jesus und die ihm folgenden Jünger (→ z. B. Joh 14,6, Mt 4,25) oder auf Nietzsches* Zarathustra und die letzten Menschen (*Nietzsche KSA* 4, 19f.) anspielen.
24r.15-18 Die Ankunft bei Schnaps, Kindern und Liedern* erinnert an die sprichwörtliche Trias ›Wein, Weib, Gesang‹ oder die zweite Strophe des ›Deutschlandliedes‹: »Deutsche Frauen, deutsche Treue, deutscher Wein und deutscher Sang *[...]*«.

Die Antithetik im Wortwechsel der beiden Frauen: »Wir kriegen nichts. Nur
24v.10-11 Kinder.« – »Damit machen sie Krieg!«* verwendete Brecht auch später wieder, so in seinem Beitrag *So wie der Staat...* für einen Aufruf zur Abschaffung des
→ *BFA* 21, 373 Abtreibungsparagraphen 218 in *Blätter der Piscatorbühne* 8 (April 1930, 5)* oder in dem Gedicht *Ballade zu Paragraph 218* aus der gleichen Zeit; hier die erste Strophe nach dem titellosen Typoskript:

BBA 346/15; → BBA 352/26-27, 1363/8; *BFA* 14, 40f.

herr doktor die periode..
na freun sie sich doch man
dass die bevölkerungsquote
mal n bischen wachsen kann
herr doktor ohne wohnung
na n bett wern sie wohl noch ham̃
da gönn`n sie sich n bischen schonung
und halten sich n bischen stramm
da sind sie mal ne nette kleine mutter
und schaffen mal n stück kanonenfutter
dazu ham sie n bauch und das müssen sie auch
und das wissen sie auch
und jetzt keinen stuss
und jetzt werden sie mutter und schluss

Beim Nahkampf in den Schützengräben wurden im Ersten Weltkrieg auch
24v.13-14 (Klapp-)Spaten und Schaufeln* als Waffe eingesetzt.

25r.1-26r.14 Erste Szene: Atelier. *[...]* **Darf ich dableiben?** Konzept für *Die*
8r.1-11 *Bälge/Eier*, das Brecht gegenüber dem früheren Konzept* nur erweiterte, nicht wesentlich veränderte. Zwei Schreibphasen lassen sich unterscheiden:

25r.1-11 *Erste Phase* (Bleistift): Die drei Teile der ersten Szene hier* entsprechen recht genau den im früheren Entwurf mit »1)« bis »3)« gezählten und durch den anschließenden Diagonalstrich zusammengefaßten Stichworten. Dort endet der
8r.7 konkret geplante Handlungsverlauf mit dem Auftritt des Arztes*, der hier in der
25v.1 | 8r.11 dritten Szene* erscheint. Wie dort bis ›9)‹*, so reicht Brechts Zählung hier bis
25v.20 ›7)‹*. Die Szenen »›4)« und »5)« ließ er zunächst ohne Bestimmung, hielt aber

bereits für »›6)« die Stichworte »Schnapskneipe« und »Choral«* und für »7)« den 25v.18
Gesprächs- und Handlungshintergrund fest: »Die Mädchen nähen Wäsche«*. 25v.20

Zweite Phase (Tinte): Brecht notierte wohl zunächst die nicht zum vorliegenden Eintragungszusammenhang gehörige Modelliste *Eier**, bevor er die Arbeit 26r.1-8
am Stückkonzept fortsetzte. Vielleicht ergänzte er aber auch erst die Punkte »4)«,
»5)«, »7)«* und wohl die doppelten Trennungsstriche*, legte erst danach die Mo- 25v.6-12, 20-23 | 25v.5, 10, 17, 19 |
delliste an und trug schließlich unter »3)« »Das Blut.«* nach und hielt unter »5)« 25v.4
eine Variante fest, die er als »5, b« auf dem nächsten Blatt fortsetzte.* 25v.12-16, 26r.9-15

Die »3 Männer im feurigen Ofen«* sind eine Anspielung auf das alttestamen- 25r.2-3
tarische Buch *Daniel* (Dan 3,8-27). Dort läßt König Nebukadnezar drei jüdische Männer, die einem Götzen nicht huldigen wollen, zur Strafe in einen glühenden Ofen werfen. Im Vertrauen auf ihre Rettung durch Gott gehen sie hinein. Der König beobachtet sie und fragt seine Räte (24-25):

> Haben wir nicht drei Männer gebunden in das Feuer lassen werfen? Sie antworteten und sprachen zum König: Ja, Herr König. Er antwortete und sprach: Sehe ich doch vier Männer frei im Feuer gehen, und sie sind unversehrt; und der vierte ist gleich, als wäre er ein Sohn der Götter.

Die ›Eier‹ als Gesprächsgegenstand der Männer sah Brecht bereits oben* vor; → zu 8r.1
später* setzte er *Eier* sogar als alternativen Titel für das gesamte Stück. Wie schon 26r.1
beim Atelierfest des ersten Konzepts,* wird auch beim Fest hier die *Keuschheits-* 8r.3
ballade gesungen.* Offenbar plante Brecht das Stück anfangs nur mit zwei Paa- 25r.10
ren; das dritte kam erst hier hinzu. Dafür spricht, daß im ersten Konzept nur von
zwei Männern die Rede war* und die dritte männliche Hauptperson, Klabauter, 8v.8
auch nach der vorliegenden Eintragung noch als einzige ohne reales Vorbild
blieb.* 26r.8

Die ausbleibende Regelblutung* war um 1920 das erste einigermaßen ver- → 25r.14
läßliche Zeichen einer Schwangerschaft. Im Gedicht *Herr Doktor die Periode …** BBA 346/15; zu 23r.15-24v.16 |
gilt das Vorzeigen von blutigen Binden* als Beweis, nicht schwanger zu sein. 6v.4-16; → 25v.4
Auch Brecht selbst beschäftigten ausbleibende Blutungen bei Paula Banholzer
(Brecht an Neher, 22. Juli 1918)* und bei Marianne Zoff (Tagebuch, 11., 16., 27. → zu 26r.3
März 1921)*. BBA E 21/148-159, 154-155, 170-172 |

Mit der »weißen Frau«* ist sicher eine ›weise Frau‹ gemeint; dieses Synonym 25v.7
für Hebamme war Anfang des 20. Jahrhunderts lokal noch gebräuchlich. Einzelne Hebammen nahmen auch Schwangerschaftsabbrüche vor.* → zu 27v.11-20

Um was für einen »Choral«* es sich hier handelt, läßt sich nicht entscheiden. 25v.18
In Frage kämen Choräle nach Art von Brechts *Taschenpostille* (1926) bzw. *Haus-* → BBA 2123/23;
postille (1927), ein gängiger Kirchenchoral, wie er in *Im Dickicht** gesungen wird, → *BFA* 1, 363 | BBA 1348/39-40;
oder der *Choral vom großen Baal**, den Münsterer »in jenen Tagen das am häu- → *BFA* 1, 19-21

figsten vorgetragene Lied« nannte und »die Quintessenz von Brechts damaliger Philosophie« (*Münsterer 1966*, 74).

26r.1-9 „Eier" \ Modelle: *[…]* **Klabauter** Die Liste von realen Vorbildern für das Stückprojekt *Die Bälge* bzw. *Eier* ist einmalig in Brechts Gesamtwerk. Allerdings lassen sich alle drei Paare nur teilweise auf reale Personen beziehen. Möglicherweise machte Brecht bewußt einige seiner Modelle wieder unkenntlich, damit sie für unberufene Leser des Notizbuchs nicht sofort zu entschlüsseln waren. So ließen sich auch die Fragezeichen hinter »Maja« und »Liese« erklären: Brecht könnte sich die Namen als problematisch markiert haben, weil sie noch zu deutlich auf ihre Vorbilder hinwiesen.

26r.3; → *NB 2*, 16r.11 Brechts intime Beziehung zu Paula Banholzer* (geb. 1901) begann im Sommer 1918. An Caspar Neher schrieb er Anfang Juli 1918 brieflich über »Bittersweet! (Die ich jetzt ganz habe. Du, was soll ich tun, wenn ›es‹ Folgen hat? Sackerm.
BBA 2200/89-90 Schreib darüber. Sag mir was drüber! Komm!)«*. Schon wenig später stellte sich die Frage nach einem Kind (Brecht an Caspar Neher, 22. Juli 1918):

BBA 2200/91-92

> Sie war eine Herzogin auf drei Tage und dann kam die verfluchte Angst, weil die Periode ausblieb! Sie ist noch nicht da, seit drei Tagen, ich warte auf das Telegramm und ich hoffe, Du liest das nicht grinsend. Ich werde mir vom lieben Gott das Wunder nicht versauen lassen, das wir ihm stehlen mußten. *[…]* Ich hoffe, Du betest für mich; denn einem Kind stünde ich fassungslos gegenüber …

Im Herbst 1918 wurde Paula Banholzer dann tatsächlich schwanger und brachte
→ zu 8r.14-15 kurz vor ihrem 18. Geburtstag am 30. Juli 1919 den gemeinsamen Sohn Frank* zur Welt – unehelich und heimlich außerhalb Augsburgs in Kimratshofen, da ihre Eltern Brecht ablehnend gegenüberstanden. Am 7. November 1921, also lange nach den vorliegenden Eintragungen, als Brecht schon parallel eine Beziehung zu Marianne Zoff unterhielt, notierte er im Tagebuch offenbar einen Schwangerschaftsabbruch Banholzers: »ein Brief der Bi: sie ist schwanger, seit mindestens 2 Monaten. *[…]* Dann kommt, von der Bi, ein Brief, es sei alles allright, sie habe
BBA 1327/43 sich selbst helfen können.«* Eine der Schwestern Paula Banholzers hieß Maja.

26r.4 Eine »Liesel Mann«* konnte in Brechts Bekanntenkreis nicht nachgewiesen werden. Die Freundin Caspar Nehers (Nil) war ab August 1919 Elisabeth Geyer (›Lisbeth‹, ›Lis‹, ›Lisl‹, ›Lise‹), die Schwester von Brechts Augsburger Freund Georg Geyer. Am 6. Februar notierte Neher offenbar die Vorbereitung einer Abtreibung: »Es klappt alles. *[…]* Wir kennen die Ärztin. Hoffentlich um alles
TbN in der Welt hoffentlich klappt das mit L.«*; das Geld für den Eingriff dürfte von Georg Pfanzelt gekommen sein, wie aus Nehers Tagebucheintrag vom 12. Fe-
TbN bruar 1920* hervorgeht. Möglicherweise schrieb Brecht hier bewußt ›Mann‹ statt ›Geyer‹, um unbefugte Leser seiner Modelliste irrezuführen.

Gleiches gilt wohl auch für den Klarnamen von »Inqui«*. Als Partner Majas (Paula Banholzers) wäre hier eigentlich ›Bertolt Brecht‹ zu erwarten. Der nachträglich unleserlich gemachte Name ist aber mit Sicherheit ein anderer (Gerhard Gerlacher, Harlacher o. ä.). 26r.5

Caspar Neher* (geb. 1897), mit Brecht ab 1911 bekannt, kann in diesen Jahren als Brechts wichtigster Freund in Augsburg gelten. Er war 1919 Taufpate von Brechts erstem Sohn Frank und studierte von 1919 bis 1922 wie Brecht in München. 26r.6

Marietta Neher* (geb. 1899) ist die Schwester Caspar Nehers. »Seiner schönen und zurückhaltenden Schwester, die Brecht eine Zeitlang verehrte, wurden nächtliche Serenaden dargebracht.« (*Münsterer 1966*, 27) Brechts mit gemeinsamen Jahrmarktsbesuchen im Frühling 1919 beginnende Kontakte zu ihr wurden von ihren Eltern offensichtlich als ungehörig empfunden: als »Bombe«, die aber noch rechtzeitig entschärft werden konnte (→ Nehers Tagebucheinträge vom 22. Juni 1919, 10., 11., 18., 19. Mai)*. Nach *Frisch/Obermeier 1986*, 59 soll sich das wohl Mitte der 1920er Jahre entstandene Nachlaß-Gedicht *Erinnerung an eine M. N.** auf sie beziehen. 26r.7; *TbN*; BBA 451/104; → BBA 451/58, *BFA* 13, 325 f.

Zu Rosa (Maria) Amann* (geb. 1901), in der Forschung häufig fälschlich ›Marie Rose Aman‹ genannt, scheint Brecht 1920 schon längere Zeit keinen Kontakt mehr gehabt zu haben, wie sein distanzierter Blick auf sie zeigt (Tagebuch, 22. August 1920): 26r.7

> Vorhin bin ich mit der Rosmarie gespaziert, sie ist aufgegangen und verblüht, ich verlasse sie ganz, Gott behüte sie! Sie ist noch immer | kindisch, infantil, lacht viel und auf bestürzende Art, ihr Lachen ist nicht weniger beunruhigender als ein Blutbrechen. BBA 802/36-37; → *EE F*

Brecht hatte sie 1916 kennengelernt, bis Ende 1917 umworben und ihr mindestens ein Gedicht gewidmet: *Bonny Mac Sorel freite**. Die Beziehung zu Rosa, Rosa Maria, Rosa Marie, Rosmarie bzw. Rosl, wie er sie abwechselnd nannte, ging aber über Küsse und einzelne Besuche von ihr in Brechts Mansarde nicht hinaus (→ *Frisch/Obermeier 1986*, 74-76). Das belegt auch Brechts Brief an Caspar Neher von Anfang April 1918: SBA; → *BFA* 13, 89 f.

> Sieht die Rosa Maria nicht lieblich aus auf dem Fotobildchen?Aber die geht auf Verführung aus wie eine läufige Hündin.Sie lag einem im Arm wie Scheladin(flüssig);sie floß in die Falten.Ex.Schade daß ich sie nicht genommen habe,als ich noch nicht daran dachte. Hättest Du?Auf einer Kinderbank in den Anlagen? "Ich liebe Dich so!Rockhoch!Bumsdich!"Brrr! BBA 2200/77

Zwischen 1917 und 1920 hielt Brecht mit Rosa Amann freundschaftlichen, aber
→ *EE F* losen Kontakt (→ *Frisch/Obermeier 1986*, 132)*. Küsse waren allerdings selbst dann noch möglich, wie Brechts Tagebuchnotiz vom 26. August 1920 zeigt:

BBA 802/41 Ich küsse ihr weiches Visägelchen ab und zerdrücke sie etwas. Im Übrigen sieht sie auf guten Ton in allen Lebenslagen und muß ⟨*um*⟩ 9 daheim sein. Aber es ist viel Anmut in ihr drin, und sie ist nimmer so spuckselig; gottseidank immer noch ein Kindskopf!

26r.8 Über mögliche Modelle für Klabauter* ließ sich nichts in Erfahrung bringen. Daß Brecht für ihn keinen realen Namen setzte, könnte mit der späten Auf-
→ zu 25r.2-3 nahme des dritten Paares in den Stückplan zusammenhängen.*

26v.1-29r.3 3 [Fortsetzung] \ Klabauter: *[...]* **(dunkel)** Die Zählung »3«, Ort (Atelier), Gesprächsthemen (Arzt, Blut) und Schlußsatz (›Mein lieber Freund, jetzt wird es Sommer!‹) legen nahe, daß es sich um einen Szenenentwurf als
25v.1-5 Ausführung des vorangehenden Konzepts* handelt. Allerdings war dort das Kommen des Arztes noch vorgesehen, und die Schlußformel sollte von Nil an-
26v.1 statt Inqui gesprochen werden. Worauf sich die Überschrift »Fortsetzung«* konkret zurückbezieht, ist unklar.

1918 hatte Brecht sich selbst – wie Goethe und Beethoven – eine Lebendmaske
27r.1 (→ »Totenmaske«*) abnehmen lassen: »Jemand hat mir die Totenmaske abgenom-
BBA 2200/77 | BBA FA 1/67 men. Das war sehr unangenehm, man kann dabei ersticken denkt man.« (Brecht an Neher, Mitte März*; → Abbildung auf dem Umschlag von *Wizisla 2009**).

27v.4-6 ›Exitus Letalis‹* ist der medizinische Fachterminus für Tod bzw. den ›tödlichen Ausgang‹ einer Krankheit. Der Heiligen-Kalender diente vor allem in katholischen Gegenden zur Festlegung der Namenstage und als Reservoir möglicher Namen für Kinder.

27v.11-28r.3; → 25v.7 Nicht nur Ärzte, sondern auch Hebammen* nahmen gelegentlich Abtreibungen vor, meist als Curettage (Abschabung). Dabei bestand die Gefahr einer Durchstoßung der Gebärmutter mit anschließenden tödlichen Blutungen oder
27v.19 Infektionen. Die ›Sicherheit‹* der Hebamme ist eine unfreiwillige Ironie Klabauters. Die Redensart »sicher wie in Abrahams Schoos« bezieht sich nämlich auf die Toten (→ Luk 16,22). Brecht selbst hatte wenige Monate zuvor Kontakt mit einer Hebamme aufgenommen, allerdings nicht für eine Abtreibung: Walburga Frick entband am 20. Juli 1919 im Haus ihrer Eltern in Kimratshofen seinen ersten Sohn Frank.

28r.18-19 Ein biographischer Hintergrund des Satzes »Bei Krebs operiert man.«* ist die langjährige Erkrankung von Brechts Mutter an Brustkrebs, die mehrere Ope-
→ zu 14v.16, *NB 4*, 36v.6-8, 38r.6-7 rationen zur Folge hatte. Zum Zeitpunkt der Eintragung war ihr baldiger Tod schon vorauszusehen; sie starb am 1. Mai.*

29^{r}.5-29^{v}.9 4) \ **<u>Inqui:</u> Gestern** *[...]* **gestärktes Hemd!** Der Entwurf läßt sich
keiner bestimmten Szene des früheren Konzepts* zuordnen; ebensowenig ist 25^{r}-25^{v}
eine Identifizierung von Inquis Gesprächspartners möglich.
29^{v}.11-30^{r}.4 Der Sieger und der Befreite. *[...]* **Sternbahnen!** Die vorliegende
Eintragung ist die einzige Stelle, an der Brecht das Stückprojekt über David und
Absalom* betitelte. Die oben* geplante Ersetzung der biblischen Namen durch → zu 12^{v}-13^{r} | 16^{v}.1-4
erfundene ist hier erstmals teilweise ausgeführt: Statt David tritt Bargan auf,
während Absalom seinen Namen behält und noch nicht durch Koloman* ersetzt → 30^{v}.1-10
wird. Der Name ›Bargan‹ tauchte bereits oben* in einem anderen Schreib- oder 11^{v}
Stückkontext auf. Eine Zuordnung der ›Akte‹ zu den im obigen Konzept* aufge- 13^{v}.1-14^{v}.1
führten ›Szenen‹ ist nicht möglich.

Das szenische Element der Sonne, die »an einem Strick über den Himmel
gezogen«* wird, griff Brecht 1930 modifiziert in seinem »Kinderbuch« *Die drei* 29^{v}.13-14
Soldaten wieder auf. Dort ziehen Soldaten eine Giftgaswolke »an ihrem Strick
[...] hoch am Himmel hinter sich her« (*Versuche* 6, Heft 6, Dezember 1932)*. → *BFA* 14, 84
30^{r}.6-30^{v}.12 / – / – / – / *[...]* **In der Elektrischen** *[...]* **verhüllt waren.** Die an
ein metrisches Schema erinnernde Strichfolge* läßt sich nicht zuordnen. Nach 30^{r}.6-7
dieser Eintragung setze Brecht wohl zunächst die Arbeit an *Der Sieger und der*
Befreite auf der Blattrückseite* fort, bevor er die Straßenbahn-Szene *In der Elek-* 30^{v}.1-10
trischen ... notierte. Sie paßte nicht ganz in den dann noch freien Raum der Seite
und mußte auf der Rückseite fortgesetzt werden.

Das Knie* findet sich häufig beim jungen Brecht als erotischer Körperteil oder 30^{r}.14
Metonymie weiblicher Sinnlichkeit, so im oben* zitierten *Liebeslied*, in der Szene zu 4^{r}.3-4^{v}.1
Baals Dachkammer in *Baal* (1918): »Fühlst Du~~r~~ Ihre Kniee manchmal, die sicher
sehr dünn sind und graziös und dazu eigen zun taumeln und einzuknicken? Das
ist alles genug und der dünne Stoff vermehrt den Genuss.«* (→ *Brecht: Baal 1966*, BBA 1348/08
18) oder in der Szene *Baals Kammer* in *Baal* (1919): »Du bist ein Weib wie jedes
andere. Der Kopf ist verschieden. Die Knie sind alle schwach.«* In *Baal* (1919/20) BBA 2121/26; → *BFA* 1, 45
entgegnet Baal, als sich eine junge Frau gegen seinen Zugriff wehrt: »Mit Ihren
schwachen Knieen? Sie fallen ja um. Sie wollen ja zwischen die Weiden gelegt
werden? Mann ist Mann, darin gleichen sich die meisten.«* Im *Galgei*-Projekt BBA 2134/40; → *BFA* 1, 128 |
dieser Zeit* sind die Knie von Ma Col sogar ein Leitmotiv. → zu *NB 4*, 2^{v}.8-3^{r}.19
30^{v}.1-10 V. ≚ Habt ihr Koloman gesehen *[...]* **Koloman!** Der mit der Ord-
nungszahl »V.« dem 5. Akt von *Der Sieger und der Befreite** zugeordnete Entwurf → 30^{r}.1-4
verwendet erstmals den früher* eingeführten Namen ›Koloman‹ statt ›Absalom‹, 16^{v}.2
der noch im Entwurf zuvor* erscheint. Doch auch danach bleibt die Namensge- → 29^{v}.19
bung schwankend.* Der Bericht über Kolomans melancholische Stimmung und → 37^{v}.2, 39^{r}.1, 44^{v}.1
die Wortwahl – das Mit-der-Hand-Fassen und Haben, das Alles-zu-Wenig –
erinnern an die oben* festgehaltene Rede Absaloms. 13^{r}.6-9

→ 31^r.12-13
→ 31^r.7-8
31^r.9
→ *TbN*

31^r.1-14 Munk \ Dick, bleich, Embompoint, *[…]* **3) Szene:** Entwurf für ein während der November-Revolution und der Räterepublik in München (7. November 1918 bis 2. Mai 1919) spielendes Stück. Der entscheidende Schritt zum Erfolg der Revolution war die Besetzung der Kasernen* durch Arbeiter- und Soldatenräte am 7. November 1918. Dabei wurde u. a. das Frauenwahlrecht* gefordert, das am 30. November 1918 auch eingeführt wurde. In der Maximilians-Getreidehalle oder Schrannenhalle* am Münchener Viktualienmarkt wurde ursprünglich der Getreidegroßhandel abgewickelt; 1918 war das Gebäude bereits teilweise abgerissen. Nach der Ermordung Kurt Eisners, des ersten Ministerpräsidenten des Freistaats Bayern, kam es in München zu Unruhen (21. Februar 1919). Brecht erlebte vor Ort, wie Gebäude gestürmt, Glocken geläutet und revolutionäre Reden gehalten wurden.*

BBA 218/69-79; → *BFA* 1, 309-327 | → 41^r.12-16
BBA 346/7 | → *NB 4*, 11^v,40^r, *NB 6*, 2^r-10^v | → *NB 4*, 57^v-61^r, *NB 7*, 38^r | 31^r.3

Trotz des konkreten geschichtlichen Kontexts läßt sich die Hauptfigur Munk keiner historischen Person zuordnen. Der Name wanderte um 1920 durch verschiedene Projekte Brechts, so »Munken«, die Hauptfigur im Einakter *Der Fischzug**, »Munken« im Stückprojekt *Der grüne Garraga**, »Munker« in der *Ballade von zwei Freunden**, »Frau Munk« im *Buch Gasgarott** oder »Munk« bzw. »Munkmann« in einem unbetitelten Stückprojekt*. Ein direkter Zusammenhang mit der vorliegenden Eintragung besteht nicht.

BBA 2200/64-85
BBA 2200/74
BBA E 35/314
BBA E 2/91
NB 6, 4^r.3-12
→ zu 18^r.5-18^v.11 | BBA 2018/26; → BBA 84/11, *BFA* 22, 546

Der Bezug von »Schopenhauer«* zur Person Munk und zum geplanten Stück ist unklar. Brecht kannte den pessimistischen Willensphilosophen Arthur Schopenhauer spätestens seit Anfang September 1917, wie aus einem Brief an Caspar Neher* hervorgeht; zu dieser Zeit war er als Hauslehrer am Tegernsee tätig und »lief meistens mit seinem Schopenhauer unterm Arm herum«, wie sich sein Schüler Conrad Kopp erinnert (*Frisch/Obermeier 1986*, 92). Vielleicht noch im Zusammenhang mit der Lektüre teilte er Neher am 30. Dezember 1917 mit: »Solang wir Freundschaft halten, können wir uns einen krassesten Pessimismus leisten.«* An Paula Banholzer schrieb er am 15. Januar 1918 aus München: »7 Stunden hockte ich heut im Kolleg, verschlang dann 2 Pfannenkuchen und nun werde ich noch 5 Stunden [¿¿]*an* Schopenhauer und Dich denken können.«* Bereits Mitte/Ende Mai 1918 distanzierte er sich gegenüber Neher wieder vom Pessimismus: »Ich lege die Maske ab: Ich bin kein Pessimist. Es ist eine Viecherei für mich. Es geht mir gut und ich bin kein Poseur.«* In *Aus dem Buch Gasgarott* legt der vom Keifen der Frau Munk in eine Schenke geflohene Jüngling Hanns Gorner »die Bedeutung Schopenhauers«* dar. In dem am 4. Mai 1939 gehaltenen Vortrag *Über experimentelles Theater* brachte Brecht den expressionistischen Zeitgeist nach 1918* mit Schopenhauers Hauptwerk in Verbindung: »Der Expressionismus *der Nachkriegsepoche* hatte die Welt als Wille und Vorstellung dargestellt und einen eigentümlichen Solipsismus gebracht.«*

31r.16-17 Das Leben ist hart, Frau Marquise. \ Zweifellos. Zitat aus Carl Sternheims* Stück *Die Marquise von Arcis.* Dort berichtet Frau Duquenoy der Marquise von Pommeraye, wie sie ihre 18jährige Tochter Henriette einem Schwager zur Entjungferung gab (I, 5; *Sternheim: Marquise 1919,* 24f.): →zu 18v.13-17

> MARQUISE: Sie war gut angezogen, ließ einen hübschen Busen sehen. Die Mutter drängte, und endlich brachte auf Zureden das Fräulein das Kindesopfer.
> DUQUENOY: Man bedenke, welche Erniedrigungen zuvor, was wir guterzogenen Frauen durchgemacht hatten!
> MARQUISE: Ich habe keine Vorurteile, mische mich nicht in Privatsachen. Sie fanden es ihren Dingen dienlich, waren es Erziehung schuldig.
> DUQUENOY: Das Leben ist hart.
> MARQUISE: Zweifellos. Die junge Dame hat aber erste Strapazen glänzend und ohne Einbuße der Erscheinung überstanden.
> DUQUENOY: Gnädige Frau dürfen nicht glauben, jedermann – und übrigens erst seit Wochen.

31v.1-3 Arbeit als Sport *[...]* **verwirklicht.** Zwei Aphorismen, die zentrale Themen Brechts anschlagen:

(1) Der Sport spielte als Paradigma und Metaphern-Komplex vor allem in den 1920er Jahren eine große Rolle bei Brecht, insbesondere in dem Aufsatz *Das Theater als als sportliche Anstalt**, der das Verhalten des Sportpublikums als Modell für die Kunstrezeption ansieht. Die Verknüpfung von Arbeit und Sport findet sich sonst bei Brecht nur einmal als ironische Gleichsetzung von Diebstahl und Arbeit: »Arbeitskraft oder Leben. Man muß legal arbeiten. Es ist ebenso guter Sport.« (*Brecht: DGR 1934,* 305)* In seinem Romanprojekt *Das Renommee** beschäftigte Brecht die Umkehrung: Sport als Arbeit. → zu 47v.10-49v.20 → *BFA* 16, 244 | → *BFA* 17, 423-439

(2) Mit der Pointe über das Verhältnis der Ideen zur Wirklichkeit zog Brecht ein Resümee aus seinen vorangegangenen Überlegungen zum Umgang der Völker mit Ideen* (Mythenpolitik) und zur Verwirklichung von Ideen im Theater* und in der Kunst überhaupt* (Ästhetik). Ab Ende der 1920er Jahre faßte er das Problem der Verwirklichung dann nicht mehr ironisch, sondern pragmatisch. Dabei rückte politisch der Marxismus in den Blick, etwa in *Der Kommunismus ist das Mittlere, Die große Ordnung verwirklichen* oder *Ka-Meh über die Verwirklichung der großen Ordnung,* und künstlerisch die Bühnenarbeit, etwa in *Haltung des Probenleiters (bei induktivem Vorgehen)**. 9r.9-9v.1, 19v.17-10v.8 | 17r.6-18r.2 | 18r.7-18v.10, 20v.5-21r.5, 21v.11-14; → 49v.8-9 → *EE F*

31v.6-10 Orge: Schweinebraten *[...]* **Schweinebraten.** Vermutlich wegen ihrer Sprachgestik und humoristischen Qualität notierte Aussprüche Georg Pfanzelts, der in Brechts Freundeskreis meist Orge* genannt wurde. Brecht widmete dem fünf Jahre Älteren 1922 den Erstdruck von *Baal* und blieb lebenslang mit ihm freundschaftlich verbunden. Brechts Bruder Walter charakterisierte ihn so: »Er → zu *NB 2,* 13r.14

war sarkastisch, besaß bissigen Humor und mag der einzige unter den Freunden gewesen sein, dem das Vulgäre lag.« (*Brecht Walter 1984*, 238)

32r.1-32v.10 Sentimentales Lied №1004 *[...]* **im Zug nach Berlin** Gedichtentwurf, modifiziert unter dem neuen Titel *Erinnerung an die Marie A.* am 2. Au-
→ *EE F* gust 1924 erstveröffentlicht, von Brecht verschiedentlich zur Gitarre vorgetragen* und 1926 in die *Taschenpostille* und 1927 in die *Hauspostille* aufgenommen.

32r.1 Der Nachtrag »№1004«* zum selbst schon nachträglich eingefügten Titel spielt überbietend auf Mozarts Oper *Don Giovanni* an (Erster Aufzug, Fünfter Auftritt Nr. 4: Arie des Leporello; *Mozart: Don Giovanni*, 24):

> Schöne Donna, dies genaue Register,
> Es enthält seine Liebesaffären;
> Der Verfasser des Werks steht vor Ihnen,
> Wenn's gefällig, so gehn wir es durch.
> In Italien sechshundertundvierzig,
> Hier in Deutschland zweihundertunddreißig,
> Hundert in Frankreich und neunzig in Persien,
> Aber in Spanien, ja, in Spanien
> Schon tausend und drei.

32r.7, 32v.2, 7 Wolken* verwendete Brecht als lyrisches Bild ausschließlich und häufig in der
→ *EE F* Zeit um 1919/20, vor allem im Kontext des *Baal**. Die Liebesszene *Grünes Laub-*
BBA 2121/46; → *BFA* 1, 68 | *dickicht* (*Baal* [1919])* bietet eine ähnliche Kulisse wie das vorliegende Gedicht;
BBA 1348/24; »weisse Wolke« ist Baals Kosename für Sophie Dechant (*Baal* [1918])*. In der
→ *BFA* 1, 46 Szene *Baals Kammer* findet sich wie in vorliegendem Gedicht gehäuft die Homo-
NB 2, 16r.6-7 nymie von ›weiß‹ und ›wissen‹ (›ich weiß nicht‹ etc.); → *So halb im Schlaf...**

32r.3, 12, 32v.5 | Pflaumen bzw. Pflaumenbäume* finden sich oft bei Brecht (→ *Meier-Lenz*
→ zu 4v.4 *1996*)*. Inhaltlich und atmosphärisch erinnert das vorliegende Gedicht an *Ich*
35v *habe dich nie je so geliebt, ma sœur...**

32v.9 Am Samstag, den 21. Februar 1920* reiste Brecht erstmals nach Berlin. Caspar Neher fuhr eigens im 7.30 Uhr-D-Zug von München nach Augsburg, um Brecht
BBA 2200/96; → *TbN* einen Sitzplatz zu sichern (→ Brecht an Neher, Mitte Februar 1920)*. Brecht stieg in Augsburg zu und übernahm den Platz. Paula Banholzer kam dort zum Bahn-
BBA Z 41/118-121 hof, um ihn zu verabschieden (Brecht an Banholzer, 25. Februar 1920)*. Das Gedicht wurde wenige Stunden vor der Ankunft in Berlin fertiggestellt.

32v.12-15 Im Zustand der gefüllten Samenblase *[...]* **Kraus** Die Annahme, daß sich in der Samenblase (Bläschendrüse, Vesicula seminalis) Spermien ansammeln und aufstauen, ist heute wissenschaftlich überholt. Möglicherweise handelt es sich um eine Anspielung auf den Schluß der Szene *Hexenküche* in Goethes *Faust* 1:

FAUST. Laß mich nur schnell noch in den Spiegel schauen!
Das Frauenbild war gar zu schön!
MEPHISTOPHELES. Nein! nein! Du sollst das Muster aller Frauen
Nun bald leibhaftig vor dir sehn.
Leise.
Du siehst mit diesem Trank im Leibe
Bald Helenen in jedem Weibe.

Trennstrich, Strichstärke, Schriftgröße und -duktus weisen darauf hin, daß die Eintragung in gewissem zeitlichem Abstand zum voranstehenden *Lied* erfolgte – vielleicht als ironischer Kommentar zu diesem. Über einen ›Geheimen Rat Kraus‹ in Brechts Lektüre oder Bekanntenkreis ist nichts bekannt, eine Anspielung auf Karl Kraus nicht belegbar; die Signatur ist vermutlich fiktiv.

33r Ich habe immer, wenn *[...]* **Er: Entschuldigen Sie! \ ×** Zusammengehörige Eintragungen, die Brecht nicht in *einem* Schreibzusammenhang notierte. Das »×«* am Ende der ersten deutet darauf hin, daß Brecht von Anfang an mehrere eigenständige Notate plante. Danach folgten die beiden Eintragungen mit Tinte*, die vielleicht nur vorläufig mit dem letzten »×«* abgeschlossen wurden. Schließlich trug Brecht die Trennungsstriche mit Bleistift ein, vielleicht auch erst jetzt die auf dem vorangehenden Blatt*, um den Aphorismus *Im Zustand der gefüllten Samenblase...* den Notaten auf Bl. 33r zuzuordnen. Sie bilden eine Folge von kritisch-ironischen Aperçus zu positiven (Liebe, Glaube, Höflichkeit) und negativen (Klage, Anklage, Streit) bürgerlichen Verhaltensweisen.

33r.12 | 33r.14-20 | 33r.20 | 32v.11, 16

Der Einwurf des Kutschers* weist voraus auf die Ende der 1920er Jahre geplante Komödie *Der Moabiter Pferdehandel*, in der der Wechsel vom pferdegezogenen zum benzingetriebenen Wagen den dramatischen Knoten bildet.*

33r.14-15 | *NB 25*, 10r

33v.1-9 Und doch: der Labtrunk *[...]* **schauern möchte.** Die flüchtig geschriebenen jambischen Verse scheinen zu einem unbekannten, größeren Gedicht zu gehören, wie es der zu Beginn hergestellte adversative Bezug nahelegt. Konstituierter Text:

Und doch: der Labtrunk dieser Nacht schmeckt mir wie Gift,
die Sanftmut ihrer Stille reizt mich auf
Und ihres Windes kosende Berührung
hohnlacht der Haut die gerne schauern möchte.

Das Motiv des ersten Verses erinnert an Johann Wolfgang von Goethes *Harzreise im Winter* (V. 35/36): »Ach, wer heilet die Schmerzen \ Des, dem Balsam zu Gift ward?«

33v.11-20 : Trommeln in der Nacht : *[...]* **ohne Köpfe** Frühestes Auftauchen des endgültigen Titels für das zunächst *Spartakus* betitelte Theaterstück.* Die

→ zu *NB 2*, 15v

vorliegende Stelle ist der erste sichere Hinweis für Brechts Beginn mit der Umarbeitung. Schriftduktus und die Verwendung von zwei verschiedenen Bleistif-
33^{v}.11-14, 15-16 ten weisen auf eine Niederschrift der Notate in zwei Phasen* hin. Vielleicht sah Brecht sie sogar für zwei verschiedene Szenen vor. Einer bestimmten Stelle in
→*EE F* zu *NB 2*, 15^{v} den erhalten gebliebenen Dokumenten* lassen sie sich nicht zuordnen. Ob die
33^{v}.18-20 mit horizontalem Strich abgetrennte Eintragung* in den Kontext von *Trommeln in der Nacht* gehört, ist ungewiß.

34^{r}.1-20 süß wie Ananas *[...]* **War richtig** Notate von Sentenzen, Szenen oder Ideen, die in keinem engeren Zusammenhang miteinander stehen. Wie die un-
34^{r}.2 terschiedliche Art der Abgrenzungsmarkierung*, der ungleiche Duktus und der
34^{r}.12-13 Bleistiftwechsel* nahelegen, trug sie Brecht unabhängig voneinander ein; die
34^{r}.2-11 beiden mittleren* könnten jedoch in einem Schreibzusammenhang entstanden sein.

34^{r}.11 »Knöpfe«* bedeuten hier ›Knoten‹ – in diesem Sinn ist der Ausdruck in Süddeutschland gebräuchlich. Ein Zusammenhang mit dem »Vortrag \ 5 Knöpfe ×
40^{v}.1-2 5«* besteht nicht.

34^{r}.16 Der Hinweis auf »Rousseau«* bringt dessen Unterscheidung von guter Natur des Menschen und ihrer Deformation durch Kultur und Erziehung ins Spiel: »Die Menschen sind böse; eine traurige und fortdauernde Erfahrung erübrigt den Beweis; jedoch, der Mensch ist von Natur aus gut, ich glaube, es nachgewiesen zu haben.« (*Rousseau 1984, Anm. IX*)

34^{v} Ihr großen Bäume *[...]* **mit Licht?** Die im Vergleich zum Kontext gleichmäßige Schrift könnte auf eine Abschrift hindeuten. Offenbar plante Brecht zum Zeitpunkt der Eintragung eine (längere) Fortsetzung, worauf die folgenden anderthalb Leerseiten hindeuten. Die Bildlichkeit (Bäume, Wolken, Sturm, Licht)
→ zu 23^{r}.17, zu 32^{r}.7; →*EE F* ist typisch für Brechts Gedichte um 1919/20 (→ *Lyon 2006*).*

35^{v} Ich habe dich nie je so geliebt, *[...]* **Hunger haben.** Das Gedicht schließt
32^{r}-32^{v} inhaltlich und atmosphärisch an *Sentimentales Lied № 1004** an; → *Aber in kalter*
38^{v}.5-21 *Nacht...**

36^{r}-36^{v} 𝄞 *[...]* **die fremden Straßen lang** Auf Bl. 36^{r} notierte Brecht einen mit dem Grundton schließenden Melodiebogen in a-Moll, auf der Rückseite die dazugehörige Coda, wohl für die vierte – »4)« – und letzte Strophe – »Ende der Königskinder« – einer Bearbeitung des Volkslieds *Es waren zwei Königskinder.*
→ 45^{r} Vermutlich ließ Brecht auf beiden Seiten Platz für den Liedtext*, mit ›die fremden Straßen lang‹ als letztem Vers. Der Text des Volkslieds lautet (nach *Lobsien 1906*, 143-145):

⟨*1*⟩ Es waren zwei Königskinder,
Die hatten einander so lieb,

sie konnten zusammen nicht kommen,
das Wasser war viel zu tief.
[...]
⟨*18*⟩ Sie schloß ihn an ihr Herze
Und sprang mit ihm ins Meer:
»Gute Nacht, mein Vater und Mutter,
Ihr seht mich nimmermehr!«

⟨*19*⟩ Da hörte man Glöcklein läuten,
Da hört man Jammer und Not.
Hier liegen zwei Königskinder,
die sind alle beide tot.

Denkbar ist ein Bezug auf einen Filmplan Brechts, der auf einem in *NB 4* (1920) eingelegten Einzelblatt überliefert ist: »Film: Die Königskinder für die Tschechof + Abel«* (die Schauspieler Olga Tschechowa und Alfred Abel). *NB 4, 66v*

37r Der Rotbaum, braun, *[...]* **Wind.** Szenenentwurf zu *Der Sieger und der Befreite**. Der im Mittelmeerraum weit verbreitete, in Deutschland nur in Parks oder Gärten vorkommende Rotbaum (Cercis Siliquastrum) verknüpft den Tod Absaloms mit der Passion Jesu Christi. Nach der biblischen Erzählung verfing sich Absalom auf der Flucht vor den Soldaten seines Vaters mit seinen üppigen Haaren in einer Eiche (2 Sam 18,9-7)*. Judas Ischariot soll sich nach dem Verrat an Jesu an einem Rotbaum erhängt haben, der daher auch ›Judasbaum‹ heißt (Mt 27,3-5 bzw. apokryphe Überlieferung). Weiden und Wind rücken die Szenerie in die Nähe der im zeitlichen Kontext entstandenen Gedichte *Dunkel im Weidengrund** und *Mein Herz ist voller Glut ...** sowie des Erzählungsentwurfs *»Absalom reitet durch den Wald« oder »Der öffentliche Mann« aus den »Gesichten des Berthold Brecht«*:

→ 12v.1-14v.1, 29v.11-19
→ zu 12v.1-14v.1
5v.1-6r.1
→ zu 5v.1-6r.1

> Der Himmel, unter dem Absalom ritt, war erzern: Jetzt gab es kein Entweichen mehr. Die Bäume, durch die Absalom ritt, sind aus Zinnober, sie schämen sich nicht. Die Sonne ist ein Kupferschild, rumpfbreit über der gewölbten Erdkugel, der Wald schläft unter Staub, das Pferd zittert.
> Er ist allein, er sah blasse Gesichter und ritt fort, sie sahen ihm nach, und sahen ihm ins Gesicht, schamlos, obgleich er noch nicht tot war.

BBA 459/135; → *BFA* 19, 48f.

37v.1-38v.3 Das Theater gefällt mir. *[...]* **BertBrecht** Zweiteiliger Entwurf, bestehend aus einem Appell an Theaterverantwortliche, Verträge einzuhalten,* und einem Aufruf an junge Menschen, öffentlich für ihr Recht zu demonstrieren.*

37v.1-38r.7
38r.8-38v.3

Über einen Aufführungsvertrag Brechts für *Baal** 1919 oder Anfang 1920 ist nichts bekannt, Kontakte mit Münchener Theatern sind dagegen belegt. Das hier* offengelassene Datum für die versprochenene Aufführung könnte darauf hindeuten, daß kein verbindlicher Kontrakt abgeschlossen worden war.

37v.2-3; → *EE F*: zu 4r.3-4v.1
37v.4

Jacob Geis, den Brecht aus dem Kutscher-Seminar kannte, arbeitete zwar erst ab 1920 als Artisten-Sekretär in der Dramaturgie des Münchener National-Theaters, doch über seinen Vater, den Sänger und Regisseur Josef Geis, dürfte er gute Kontakte zur Münchener Theaterlandschaft besessen haben. Jacob hatte
BBA 1348 *Baal* (1918)*, von Brecht *Urbaal* genannt, vor dem April 1919 gelesen und an den Schauspieler Albert Steinrück gegeben, der bis Anfang 1920 als Schauspieldirektor am National-Theater tätig war; zusammen mit dem dortigen Intendaten Viktor Schwanneke war er auch für den Spielplan zuständig. Vielleicht las
BBA 2121 Steinrück aber auch einen Durchschlag des Typoskripts *Baal* (1919)*, den Brecht sofort nach Fertigstellung im April/Mai 1919 an Geis geschickt hatte (→ Brecht
BBA Z 13/3 an Geis, 28. April 1919*). Mitte Mai 1919 dürften Steinrück oder Schwanneke die Zusage einer Privataufführung oder Sondervorstellung gegeben haben (→ Ne-
TbN hers Notat vom 19. Mai 1919)*, wohl für die Versuchsbühne für Autoren der jüngeren und jüngsten dramatischen Literatur, die er zusammen mit Schwanneke begründen wollte.

Ende September 1919 schickte Brecht vermutlich eine weitere (nicht erhalten gebliebene) Typoskipt-Fassung an Friedrich Märker und Rudolf Frank, die an den Münchener Kammerspielen als Dramaturgen tätig waren (→ Brecht an
BBA Z 13/3 Johst, September 1919*).

Zwischen dem 7. und 13. März 1920 begegnete Brecht Steinrück vermutlich
BBA 2134 in Berlin, als bereits *Baal* (1919/20)* vorlag. An Paula Banholzer schrieb er am
BBA Z 41/130 7. März 1920: »Erstens ist Steinrück hier und ich will ihn bearbeiten für mich.«* Vielleicht ist der vorliegende Text im Zusammenhang damit zu sehen. Am 18. Februar 1920 kündigte die *Münchner Abendzeitung* eine Aufführung im National-Theater an. Da sich Schwanneke und Steinrück nur bis Ende Februar 1920 am National-Theater halten konnten und danach durch bürgerlichere Kräfte ersetzt wurden, kann man vermuten, daß »die scheidende Theaterleitung diese Meldung lanciert hatte, um dem jungen Dramatiker beizustehen« (*Frisch/Obermeier 1986*, 155).

38r.13 Ein Deutsches Theater* gab es sowohl in München (Schwanthalerstraße 13) als auch in Berlin (Schumannstraße 13). Brecht strebte eine Aufführung des *Baal* in München an; über Kontakte mit Berliner Theatern in den drei Wochen seines Aufenthalts (bis 13. Februar 1920) ist nichts bekannt. Da das Münchener Deutsche Theater für *Baal* als Varieté- und Operettenbühne kaum in Frage kam, könnte es auch als bloßer Versammlungsort für die Münchener Kommilitonen
→ 38r.14-15 gemeint sein, an die sich Brechts Aufruf zu richten scheint.* Auch die Arbeiter- und Soldatenräte der Münchener Räterepublik hatten 1918 hier getagt.

Am 9. Juni 1920 hielt Caspar Neher in seinem Tagebuch die endgültige Entscheidung gegen eine Aufführung des *Baal* in München fest: »Baal wird nicht

aufgeführt es soll der Teufel holen.«* Das Stück wurde erst Ende 1923, inzwi- *TbN*
schen erneut überarbeitet, in Leipzig uraufgeführt.

38v.5-21 Aber in kalter Nacht *[...]* schwarzer Regen. Freirhythmischer Gedichtentwurf. Konstituierter Text:

> Aber in kalter Nacht die erbleichten Leiber
> trieb nur mehr der Frost zusammen im Erlengrunde.
> Halb erwacht, hörten sie nachts statt Liebesgestammel
> nur mehr vereinsamt und bleich das Geheul auch frierender Hunde.
>
> Strich sie am Abend das Haar aus der Stirn und mühte sich ab um zu lächeln
> sah er, tief atmend, stumm weg in den glanzlosen Himmel.
> Und am Abend sah sie zur Erde wenn über sie endlos
> große Vögel in Schwärmen vom Süden her brausten, erregtes Gewimmel.
>
> Auf sie fiel schwarzer Regen.

Erlen wachsen bevorzugt in feucht-sumpfigen, oft kühlen und nebligen Bach-
und Flußtälern; spätestens seit Goethes Ballade *Der Erlkönig* stehen sie auch
literarisch für eine unheimliche Atmosphäre. Im zeitlichen Umfeld finden sich
dafür bei Brecht sonst eher Weiden(gründe)*; ›Erlengründe‹ kommen bei ihm → zu 5v.1-6r.1
nur zweimal in später entstandenen, positiver konnotierten Gedichten vor: in BBA 99/45;
*Finnische Landschaft** und einem Entwurf von *Schlechte Zeit für Lyrik**. → *BFA* 12, 110 | BBA 353/1;

39r <u>**Von Absalom**</u> ***[...]* ausgestreckt** – Die Verse schließen inhaltlich an die → *BFA* 14, 675
vorangehende Beschreibung der Schlußszene von *Der Sieger und der Besiegte*
an.* Die oben* geplante und später teilweise ausgeführte* Ersetzung des Na- 37r; *EE F* | 16v.1-4 |
mens ›Absalom‹ durch ›Koloman‹ nahm Brecht hier nicht vor. Die ›Anrufbar- 30r, 44v
keit‹* als Zeichen für ›Lebendig-Sein‹ verwendete Brecht auch später noch.* 39r.7 | → zu *NB 25*, 80r.7

39v-40r I \ Jene verloren sich *[...]* <u>**Chortrilogie**</u> Dreiteiliger Gedichtentwurf,
der in Thema (Klage, Angst, Schmerz) und Situierung (Meer, Insel) an die Pro-
sanotiz *Ich habe immer...**, in der Bildlichkeit (Nacht, Vögel, Stummsein, Übers- 33r.1-11
Gesicht-Streichen) an die Verse *Aber in kalter Nacht...** anschließt. Während 38v.5-21
Brecht um 1920 häufiger gereimte, metrisch gebundene ›Choräle‹ wie den *Choral vom großen Baal* dichtete oder sie in seinen Theaterstücken (z. B. *Galgei**) → *NB 4*, 46v.6
vorsah, ist die vorliegende freirhythmische Chor-Lyrik um diese Zeit einmalig.
Ein Bezug zur Notiz *Der Chor: \ Jener sagte etwas...** läßt sich nicht belegen. Erst *NB 7*, 40r
ab 1927/28 arbeitete Brecht wieder mit ähnlichen chorischen Formen.* → *EE F*

Die Eintragung entstand in mindestens zwei Phasen: Zunächst hielt Brecht
die ersten beiden Versblöcke* fest. Sie waren, wie der unten auf Bl. 39v gelassene 39v.2-17, 40r.2-6
Freiraum zeigt, von Beginn an nicht als *eine* Strophe gedacht. Später, nach der
Adreßnotiz, notierte Brecht das übrige: Zählung, Trennstriche und den Nach-

trag am Schluß. Letzterer könnte als Gattungsbestimmung oder Zuordnungsvermerk für ein anderes Gedicht gemeint gewesen sein; wahrscheinlich benennt er aber den Titel des vorliegenden Gedichts. Wann Brecht die Zeile »einig mit
40r.5 ihrem Leib«* einfügte, ist unklar. Dabei dürfte es sich um einen eigenen Vers handeln, nicht um eine Erweiterung des folgenden.

Das Gedicht nimmt eine vitalistische Umdeutung der Bergpredigt vor (Mt 5,4-12):

> Selig sind, die da Leid tragen; denn sie sollen getröstet werden. *[...]*
> Selig sind, die reinen Herzens sind; denn sie werden Gott schauen. *[...]*
> Seid fröhlich und getrost; es wird euch im Himmel reichlich belohnet werden.

An Stelle des jenseitigen Himmelreichs, das Jesus den Demütigen verheißt, wird
40r.6, 15 ihnen hier ganz diesseitig ›unsägliche Wonne‹ und ›unendliche Sensation‹* versprochen.

40r.21-17 **Kurfürst \ 2568 \ Eisenach 3** Berliner Telefonnummer und Adresse, die Brecht bei umgekehrtem Notizbuch zeitlich vor dem dritten Teil oder der gesamten *Chortrilogie* eintrug.

40v.1-7 **Vortrag \ 5 Knöpfe × 5 *[...]* vollkommen ernst.** Über Vorträge Brechts zu dieser Zeit ist, abgesehen von Seminarvorträgen an der Universität, nichts bekannt. Ebensowenig läßt sich klären, ob die an Karl Valentin erinnernde Szene für ein Stück gedacht war oder einen anderen Bezug hat.

40v.10-12 **1. Szene der Sommersinfonie: *[...]* Hanne im Bett.** Zu dem längere
zu *NB 2*, 16v.1 Zeit verfolgten, unvollendet gebliebenen Stückprojekt *Sommersinfonie* → oben*.

40v.14-16 **An Warschauer! Wissen Sie, *[...]* diktiert....** Der Kulturkritiker, Journalist und Medientheoretiker Franz oder, wie er sich später nannte, Frank Warschauer war ein Münchener Studienfreund Brechts, den er spätestens im
→ *EE F* April 1919 kennengelernt hatte.* Brecht logierte während seines ersten Berliner Aufenthalts vom 21. Februar bis 14. März 1920 bei ihm bzw. seiner Mutter, der Rentière Hermine Warschauer, in der Eislebener Straße 13 (Berlin-Charlottenburg). 1920 besuchte er ihn in Baden-Baden, wie es die Tagebucheinträge vom 14.
BBA 802/91-99 bis 21. September* belegen. Auch bei seinem zweiten Berlin-Aufenthalt 1921/22 stand Brecht in engem Kontakt mit Warschauer. Er widmete ihm ein Exemplar des nicht ausgelieferten Drucks von *Baal* (1920): »Frank Warschauer \ dem Mo-
BBA 1423/4 ralisten \ 1922«* und seiner Frau und ihm gemeinsam eine Abschrift der *Ballade*
NB 9, 26v-28v *von der Hanna Cash**, vielleicht im Zusammenhang mit ihrer Hochzeit: »Esther
BBA 2216/33-42 und Frank \ März 22«*. Im Juli 1930 kritisierte Warschauer Brechts *Jasager* scharf (*Nein dem Jasager!*, in: *Die Weltbühne* 28 [1930], 70f.), was das Verhältnis beider allerdings kaum belastete. Warschauer beging im Mai 1940 Selbstmord, eine

Woche nach dem Überfall Deutschlands auf die Niederlande, wohin er ins Exil gegangen war. Brechts Entwurf *Wo ist Benjamin, der Kritiker?* (1941) erinnert daran: »wo ist warschauer, der radiomann? *[...]* warschauer <der Radiomann> ist in holland begraben.«* BBA 9/73; → *BFA* 15, 339

40^{v}.18-19 Die sich in rotem Licht *[...]* an das Publikum. Es dürfte sich bei Brechts Notiz* wohl um den Entwurf eines Bühnenbildes handeln – für welches Stück, ist unklar. In Frage kommt am ehesten die Komödie *Klamauk* bzw. *Galgei**, in der es heißt: → *EE F* → zu *NB 4*, 2^{v}.8-3^{r}.19

> Schlußszene: *NB 4*, 3^{r}
> Im Grünen. In der Sonne. Plärrermusik.
> [Pi]*Ga*lgei(=Pick). Matthi. Ligarg. Sie sonnen sich.
> Legen die Hände breit, wie Froschfinger auf die Knie.
> Alles in Ordnung: Ligark: Sie dreht Jetzt sich nimmer.
> Matthi: ~~Ja. Ja.~~ Nein, nein. Jetzt steht sie. L.: Wer?
> Matthi: Die Litfaßsäule.

40^{v}.21-41^{r}.3 Der junge König, *[...]* aus Vergeßlichkeit. Szenenskizze, vermutlich für ein nicht ausgeführtes Stück. Die Formulierung »... wie aus Vergeßlichkeit« verwendete Brecht auch in der Erzählung *Der Vizewachtmeister**. BBA 458/51; → *BFA* 19, 154

41^{r}.5-10 Roman: \ Das ist das Erste: *[...]* Das ist das Erste. Brecht ordnete die Eintragung – eher eine Figurenrede als eine Anfangsszene – erst nachträglich der Gattung »Roman« zu. Ob es sich um die erste Idee für ein noch titelloses Vorhaben oder um das zu dieser Zeit verfolgte Romanprojekt *Das Buch Gasgarott** handelt, läßt sich nicht entscheiden. → *NB 4*, 11^{v},40^{r}, *NB 6*, 2^{r}-10^{v}; → *EE F*

41^{r}.12-16 Und so seht ihr denn *[...]* den grünen Garraga. Hanns Otto Münsterer erinnert sich (*Münsterer 1966*, 154f.):

> um die Jahreswende ⟨*1920/21 war*⟩ die Arbeit an der schon früher begonnenen Komödie *Geigei* oder *Galigay* wieder intensiv aufgenommen worden. Das Stück, das ursprünglich *Der grüne Garraga* heißen sollte, vielleicht als Reminiszenz an Tirso de Molinas damals gespielten *Don Gil von den grünen Hosen* ⟨*→ Tb N, 25. März 1920*⟩, und nach Jahren unter dem Titel *Mann ist Mann* auf die Bühne kam, hat bekanntlich vielerlei Auslegungen erfahren *[...]*. Ein Prolog warnte vor den Gefahren der Gutmütigkeit, man solle an die möglichen Folgen denken, auf daß es einem nicht ergehe,
>
> ... wie es geschah
> gestern dem grünen Garraga.

Die vorliegenden Verse könnten wie die von Münsterer zitierten für den von ihm erwähnten Prolog vorgesehen gewesen sein. Münsterers Angabe, aus dem Plan sei später *Mann ist Mann* hervorgegangen, ist ungesichert. Von dem Stück

BBA 10455/26-29; → *BFA* 10, 151-156 | *NB* 9, 1^{v}.1-5 | BBA 10005/23 sind zudem ein Entwurf zweier Szenen des ersten Aktes* sowie eine kurze Notiz* erhalten; auch der Entwurf *Damals ist der Branntwein uns im November ausgegangen ...** gehört wohl zu dem Projekt. Am 22. Mai 1921 notierte Brecht als letzten seiner Arbeitspläne: »5) den Grünen Gárraga für die ⟨*Münchener*⟩ BBA E 21/22; → *EE F* Kammerspiele«*.

41^{v}-42^{r} Schon schließt sich sein Aug *[...]* **der Schmerz noch!** Die Kurzverse 39^{r} schließen inhaltlich an *Von Absalom** an und sind möglicherweise als Fortsetzung davon gedacht. Die Dreiteilung in Strophe, »<u>Gegenstrofe</u>« und »<u>Alle</u>«, die Überblendung der Innen- und Außenperspektive sowie einige verwandte Formulierungen erinnern an die *Chortrilogie**. 39^{v}-40^{r}; → *EE F*

41^{v}.7-9 Neue Winterfeld 29 \ Lützow 1804 Adresse und Telefonnummer von Walter Großmann (→ *Adreßbuch: Berlin 1920*), einem Berliner Kommilitonen von Brechts Freundin Hedda Kuhn, zeitlich vor den umgebenden Versen eingetragen. Auf dem Dachboden des Hauses, dessen Eigentümer Walters Vater Eugen Großmann war, traf sich der Studentenclub *Liga*. Brecht begegnete hier Ende Februar/Anfang März 1920 erstmals Klabund; beide trugen eigene Lieder und Gedichte vor (→ *Frisch/Obermeier 1986*, 160; Lieder von Klabund hatte Brecht schon zuvor im Repertoire, wie es Nehers Tagebucheintrag vom 16. Ja- *TbN* nuar 1919* belegt). Die frühere ›Neue Winterfeldstraße‹ in Berlin-Schöneberg ist seit 1962 der westliche Teil der Winterfeldstraße.

42^{v}.1-6 <u>Schluß der neuen Tragoedie:</u> *[...]* **Trompeten.]** Ob sich die Notiz auf → 29^{v}.11-19, 12^{v}.1-14^{v}.1, 39^{r} *Der Sieger und der Befreite* bzw. das *Absalom*-Projekt* bezieht, ob sie zu den 39^{v}-40^{r}, 41^{v}-42^{r} freien (Chor-)Versen* gehört oder als Szene für ein anderes Theaterstück vor- 42^{v}.2; → *EE Z* gesehen war, ist nicht klar. Der »Evangelist«* ist eine zentrale Figur der Kreuzigungsszene auf Matthias Grünewalds Isenheimer Altar, der von November 1918 bis September 1919 in der Alten Pinakothek in München ausgestellt wurde und → *TbN* | → *TbM* auch Neher (24. Januar, 19. Februar 1919*) und Münsterer (28. Februar 1919*) beeindruckte. Hanns Otto Münsterer berichtet von Brechts Museumsbesuchen in München (*Münsterer 1966*, 39):

> Auch bei dem revolutionärsten Werk aus der Übergangszeit vom Mittelalter zur Neuzeit, dem Isenheimer Altar, der damals in der Alten Pinakothek gezeigt wurde, hatte es dem künftigen Theatermann vorzüglich die Haltung des Johannes angetan, der mit seinem überlangen gekrümmten Finger auf das weltgeschichtliche Ereignis von Golgatha deutet.

Noch gut 15 Jahre später erinnerte sich Brecht im Rahmen seiner Überlegungen zum Verfremdungseffekt an Grünewalds Altarbild:

BBA 55/22; → *BFA* 22, 221f.

`der betonte, im spiel zum ausdruck kommende gegensatz des schauspielers zur figur ist die grundhaltung für die anwendung des V-effekts, zugleich selber die allgemeinste, schwächste, unbe-`

```
s[y]timmteste form der verfremdung der figur. wenn in grünewalds
altarbild der evangelist selber ins bild gestellt ist, wird die
kreuzigung verfremdet.
```

42ᵛ.8-43ʳ.12 Das ist ja die Liebe zum Nächsten *[...]* **am Arsch** Strophengliederung (achtzeilig, zweiteilig), Reimschema (abwechselnd weiblich und männlich), kreuz- und paargereimt, Sprechsituation (›Wir‹ – ›sie, er‹), Lexik (›Das ist ja‹, ›drum‹, ›ja‹) und Stilhaltung belegen, daß es sich um einen unvollständigen, aber zusammengehörigen Gedicht-Entwurf handelt.* Brecht trug die beiden (Doppel-)Strophen zeitlich nach den Adreßnotizen auf diesen Seiten* ein, dem Schriftduktus zufolge aber nicht in einem Schreibzusammenhang. Den Raum für das vorletzte Verspaar* ließ er offen; konstituierter Text:

→ *EE F*
42ᵛ.27-14, 43ʳ.1-5
→ 43ʳ.10-11

Das ist ja die Liebe zum Nächsten
das ist ja der läppische Schmarrn
Drum regieren die Dümmsten und Frechsten!
Drum gibt es nur Schwindler und Narrn.
    Und wenn sie noch viel schlimmer wären
    Wir können sie ja nicht entbehren!
    Ein brauchen wir: daß wir ihm sagen
    wie furchtbar einsam wir sind.

Wir lassen uns ja Alles bieten
⟨*Wir*⟩ wollen ja nicht mehr
Wir sind ja mit allem Zufr⟨*ieden*⟩
das ist ja schon so ordinär

    Drum ist er mit uns ja so barsch
    Wir lecken ihn ja am Arsch

Der Entwurf ist eine provokative Antwort auf das alttestamentarische, von Jesus bekräftigte Gebot der Nächstenliebe: »Und der Herr redete mit Mose und sprach: *[...]* Du sollst deinen Nächsten lieben wie dich selbst; denn Ich bin der Herr.« (3 Mose 19,1/18; → Mt 22,39)

42ᵛ.27-14 Knie \ Hardenberg *[...]* 1 – Wegbeschreibung, vermutlich von Brechts Wohnadresse in der Eislebener Straße* zu einer Adresse in Berlin-Tiergarten: über die Hardenbergstraße zum »Knie« (heute: Ernst-Reuter-Platz), dort rechts über die Charlottenburger Chaussee (heute: Straße des 17. Juni) und die Charlottenburger Brücke über die Spree, links zum Salzufer, von dort nach rechts über die Englische Straße, dann links in die Gutenbergstraße. Die Zahlen* stehen wohl in keinem Zusammenhang mit Weg und Adresse.

→ zu 40ᵛ.14-16
42ᵛ.14-18

43r.1-5 Cafe d.W. 83, 89, 4 *[...]* **Victor Luiseplatz** Das Café des Westens, auch ›Café Größenwahn‹ genannt, war einer der berühmtesten Berliner Literaten-Treffpunkte insbesondere der Expressionisten. Es befand sich bis Oktober 1915 am Kurfürstendamm 18/19 in Berlin-Charlottenburg. Nach seiner Neueröffnung als luxuriöses Konzert-Café am Kurfüstendamm 26 blieben allerdings die Lite- →50v.5 raten aus, die sich fortan eher im Romanischen Café* trafen. Die Bedeutung der notierten Zahlen läßt sich nicht bestimmen. Die Münchener Straße liegt weitab vom Kurfürstendamm und führt von Süden her auf den Victoria-Luise-Platz in →zu 43v.1-6 Berlin-Schöneberg; hier hatte Dora Mannheim* ihre eigene Wohnung; vielleicht wollte sie sich an dieser Ecke mit Brecht treffen. Ende April 1920 schrieb Brecht aus Augsburg an sie:

BBA 1125/04

> Es geschieht mir Recht, ich beklage mich nicht, aber ich erinnere mich an drei Minuten, in denen Sie mir besser gefielen als je zuvor. Wir kauften ein Billett im C. d. W., ich kannte mich nicht aus, stand wie ein Mammut im Weg und Sie nahmen die Sache in die Hand und ich fühlte mich aufgehoben.

43v.1-6 Dora (Moritz) Mannheim *[...]* **11270** Brecht lernte Doris (Dora) Hasenfratz geb. Mannheim Ende Februar 1920 in Berlin auf einem Maskenball des Staatlichen Kunstgewerbemuseums kennen, das damals im Martin-Gropius-Bau in der Kreuzberger Prinz-Albrecht-Straße (heute: Niederkirchner Straße) und einigen Nebengebäuden in der Wilhelmstraße untergebracht war. Mannheim trat als Afrikanerin, Brecht als Mönch verkleidet auf. Nach dem Ball begleitete Brecht sie zu Fuß bis zu ihrer ca. 4 km entfernt gelegenen Wohnung und folgte am nächsten Nachmittag ihrer Einladung zu einem Treffen (→ *Hasenfratz 1966*). Die hier notierte Adresse in Berlin-Charlottenburg ist ungenau (›Ruhland-‹ statt korrekt ›Uhlandstraße‹), weshalb Brecht sie später noch einmal richtig und 50r.1-4 mit vollständiger Telefonnummer* festhielt. Es handelt sich um die Anschrift von Doras Eltern: »Mannheim, Moritz, Kaufm., W 15, Uhlandstr. 169.170 II. T. Steinpl. ⟨*Telefon: Steinplatz*⟩ 11270. 3–4, s. Mannheim & Oppenheimer«; Doras Vater war Mitinhaber dieses Baumwollwaren-Engros-Geschäfts. Seine Tochter →43r.3 hatte aber auch eine eigene Wohnung: »Mannheim, Dora, Frl., W 30, Münchener Str.* 7 T. Lzw. ⟨*Telefon: Lützow*⟩ 5313« (*Adreßbuch: Berlin 1919*).

Bis zu seiner Rückkehr nach Augsburg am 13. März traf Brecht sie noch einige Male. Für die 15stündige Bahnfahrt schenkte sie ihm Friedrich Theodor Vischers Roman *Auch Einer* mit einer Widmung (→ Brecht an Mannheim, Mitte BBA 1125/6 März 1920*; *Brecht-Bibliothek*, Nr. 963). Von Mitte März bis Mai 1920 wechselte BBA 1125/2-9 Brecht in dichter Folge Briefe* mit ihr, die in charakteristischer Weise und teils im selben Satz zwischen Du- und Sie-Anrede schwanken. Der letzte Brief folgte im Dezember 1920.* Mitte April legte Brecht seinem Brief einen als Bibelparodie verfremdeten Rückblick auf ihr Verhältnis bei: *Und es geschah daß ein Mann hinabging gen Babel…** Im Juli 1922 sahen sich beide in München wieder, wo sie in Brechts »Atelier« wohnte und er ihr »Balladen aus dem *Baal*« vorsang (*Mannheim 1966*). 1922 traf Mannheim ihn während der Proben von *Trommeln in der Nacht** am Berliner Deutschen Theater wieder und sah ihn fortan öfter. Im November 1924 machte sie ihn mit Elisabeth Hauptmann bekannt. 1933 begegnete sie Brecht zum letzten Mal in Paris, ehe sie im Folgejahr nach Ascona in die Schweiz emigrierte. Dort heiratete sie den Maler Walter Hasenfratz und war bis zu ihrem Tod 1974 u.a. als Journalistin für die *Basler Nachrichten* und den Berner *Bund* tätig.

BBA 1125/1
BBA 1125/9-8; → BFA 19, 47f.
→ zu *NB 2*, 15v

44r.8-43v.15 Eines Tages Geheul *[…]* in den Abort. Die drei zusammengehörigen Paarreime wurden erst nach den Notaten »Bitte der Herr wünscht hinausgeführt zu werden *[…]*«* und »Ich liebe dich so sehr *[…]*«*, wohl auch erst nach den folgenden (»Koloman *[…]*«*) eingetragen. Brecht notierte sie von hinten nach vorn auf dem unten freigebliebenen Raum.* Auf wen »Frau Rosa Palitzki«, die »Jungfrau«, »der deutsche Shakespaer« und »der deutsche Napoleon« anspielen, ist unklar. Konstituierter Text:

43v.8-12 | 44r.1-6
44v.1-2
→ *EE F*

Eines Tages Geheul und Geweine
Aber Frau Rosa Palitzki bringt die Sache ins Reine.

Eine Jungfrau ist züchtig und munter
der deutsche Shakespaer fließt den Kanal hinunter.

Eine Jungfrau ist glücklich: Mit einem Wort:
Der deutsche Napoleon stürzt in den Abort.

44v.1-2 Koloman: [letzte Worte IV. Akt] *[…]* bitteren Geschmack. Formulierung für den oben* entworfenen Stückplan *Der Sieger und der Befreite*. Das Voraus-Schmecken des eigenen Todes findet sich als Motiv mehrfach bei Brecht: als ›bitterer Geschmack auf der Zunge‹ im *Gesang von der Frau / 11. Psalm** (Mai 1920), als ›Geschmack des Todes im Mund‹ im Stück *Im Dickicht** (1923), als ›fauliger Atem‹ im *Sonett über schlechtes Leben** (1925) und in den *Fatzer*-Aufzeichnungen *1 \ Nacht gegen Morgen** (1927). Das Motiv geht wohl auf eine frühe Erfahrung Brechts zurück: 1915/16 hatte er in einen Band mit Mozart-Klaviersonaten, aus denen ihm sein Freund Georg Geyer vorgespielt hatte, stenographisch mit Bleistift eingetragen (Klaviersonate in F-Dur, KV 280, Brechts Notiz über den Takten 46f. und 51f.;* in: *Mozart: Sonaten*, 177; Transkription von Geyer):

29v.11-30r.4
NB 4, 54v.1-4
BBA 2125/103, 111; → *BFA* 1, 424, 430 | BBA 6/21, 152/16 | BBA 110/13; → *BFA* 10, 394
BBA E 11/1

BBA 2194/42 und er hauchte in seine Hand und roch
an seinem Atem und er roch faulig
da dachte er bei sich: ich sterbe bald

44v.3 s muß ja nicht gerade Flanell sein Ob Text und Melodie von Brecht stammen oder z. B. nach einer zeitgenössischen Operette notiert wurden, ist ungeklärt.

44v.4 Norden 10335 Berliner Telefonnummer.

45r Lied der Schwestern *[...]* **sein Gesicht.** Ob das vermutlich bald nach Brechts Rückkehr aus Berlin Mitte März 1920 notierte Lied für *Baal* vorgesehen
→ zu 32r.1-32v.10 | → zu 15r.11-16 | → zu 34v | → zu 4r.3-4v.1
war, ist nicht belegbar, aber plausibel: Auch im *Baal* spielen Wolken*, Wälder* und Bäume* (→ *Lyon 2006*) als Motive eine bedeutende Rolle; Mitte Januar 1920 hatte Brecht dort eine Szene mit zwei Schwestern ergänzt.* Die früher als der Liedtext eingetragene Melodie am linken Seitenrand ist für das *Lied der Schwestern* gedacht: Die fünfhebigen Trochäen (nur der erste Vers ist unvollständig) und die katalektische Form (die männlichen Endungen der geraden Verse) entsprechen genau dem hier notierten Rhythmus.

45v.4
45v Ich im Theater *[...]* **erschauern läßt.** Den Dschungel* als literarischen
→ zu 46v.19
Schauplatz kannte Brecht durch seine frühe Lektüre Rudyard Kiplings* und andere in exotischen Gegenden spielende Geschichten wie die *Tarzan*-Storys von Edgar Rice Burroughs, die ab 1914 in Buchform erschienen und ab 1918 im Kino
→ zu *NB 2*, 16v.1
zu sehen waren. Auch in der bereits begonnenen *Sommersinfonie**, in Gedichten
NB 7, 1r.8 | *NB 4*, 55r.6-9
aus dem zeitlichen Umfeld wie dem *Civilis-Song** oder dem *12. Psalm** und in
→ *TbN*
den ab Ende 1919* sicher nachweisbaren Flibustier-Geschichten um die Figur
→ zu 11v.1, 15v.11-16
Bargan* verwendete Brecht den Dschungel als Handlungskulisse. Eine wichtige Anregung gab Upton Sinclairs Roman *Der Sumpf* (*The Jungle*), den Brecht bald nach seiner Rückkehr aus Berlin im März/April 1920 las. Sinclairs Beschreibung der Chikagoer Schlachthöfe als Dschungel floß in seine Besprechung von Schil-
→ *BFA* 21, 59
lers »*Don Carlos*« (»*Volkswille*«, 15. April 1920)* ein. Im bald darauf begonnenen Stücke-Komplex *Im Dickicht / Dickicht / Im Dickicht der Städte* ist der Dschungel Metapher für die moderne Großstadt (→ den Plan einer ganzen Trilogie un-
BBA 1327/51
ter dem Titel *Asphaltdschungel*; Tagebuch, 3. Dezember 1921* und 11. Septem-
BBA 803/46
ber 1921*). In der nachgelassenen Erzählung *Der Tiger / Ein Brief* ist das Raubtier – wie hier – das Rollenmodell für das Ich:

BBA 457/ 9; → *BFA* 19, 182f.

seit meinen frühesten tagen habe ich mich für jeden exzess frisch gehalten und~~d~~, ohne allzu grossen schweissverlust ein zu setzen, habe ich mir immer vor augen gehalten, dass das laster den weichling flieht.
von der beute, die mir zufiel, habe ich nichts unzerfleischt aus

> den klauen gelassen. durch meine unerbittlichen forderungen habe ich gottes natur allzeit als mackellos anerkannt.
> *[...]* meine unerschöpfliche gier nach passion reinster, ja geradezu tragischer essenz bei allen menschen mit denen ich in berührung kam, passion also, die einem schiksal gleichkam und sich selbst genug und auf jeden fall unbeeinflussbar war, machte mich fest gegen das entnervende mitleid mit [e]Erschöpften.

Brecht schwankte in den 1920er Jahren zwischen der weiblichen, männlichen und sächlichen* Form, erst später setzte sich bei ihm die heute gebräuchliche Form ›der Dschungel‹ durch. *NB 12*, 13v.14

Die vorliegende Eintragung ist der früheste Beleg für die Bedeutung, die Brecht der Geste* zumaß, obgleich er bald darauf die ›große Geste‹ nicht mehr als Inbegriff guten Theaters ansah (Tagebuch, 21. August 1920): 45v.18

> Immer mehr scheint mir jener Weg, den Hebbel einschlug, eine [s]Sackgasse. Nicht die Großartigkeit der Geste, mit der das Schicksal den großen Menschen zerschmettert, ergreift uns, sondern allein der Mensch, dessen Schicksal ihn nur zeigt. BBA 802/35

Die Konsequenz zog er um 1922 für das Stückprojekt *Gösta Berling*:

> Der Untergang der Romantik: die pathetische Geste, das Starre, Verzweifelte, Unbeugsame cediert dem Lebendigen, Realen, dem positiven Kompromiß, dem Gleitenden. *NB 13*, 22v.5-10

Die Geste behielt jedoch für Brecht seine zentrale poetologische und theaterkritische Bedeutung; er berief sich auf sie in Aufzeichnungen wie »Dann erfindet er selbst Situationen und Worte, sowie Gesten.«* und »Ich *[...]* stehle den braunen Trikotarabern vor den Leinwandbuden ihre wirksamsten Gesten.«*, aber auch in öffentlichen Äußerungen wie dem Lob des Augsburger Schauspielers Kurt Hoffmann, er habe »etwas Einmaliges in der Geste: Anmut der Wildheit.« (*Schillers »Räuber« im Stadttheater*, in: *Volkswille*, 23. Oktober 1920*) Spätestens ab 1926 wurde der Terminus auch theoretisch für Brechts Theaterarbeit zentral.* *NB 4*, 25r.7 *NB 4*, 46v.19-21 →*BFA* 21, 78 →zu *NB 25*, 11r-14r

46r.1-47v.8 **<u>Über die deutsche Literatur</u>** *[...]* **den Himmel regiert.** Entwurf einer wohl von Kasimir Edschmid (s. u.) ausgelösten Kritik und Charakteristik der deutschen Literatur insgesamt. Eine völkertypologische, das Deutsche kritisierende Perspektive hatte Brecht schon oben* eingenommen. Den dortigen Aspekt des Mißbrauchs von romantischen Idealen ergänzte er hier – im Hinblick auf die Literatur – durch den der Humorlosigkeit, des Ernstes, der Schwere und, vom herkömmlichen Deutschen-Klischee abweichend, der Standpunktlosigkeit. 9r.1-8v.21

→ zu 16v.16-17r.4, 23r.18-24r.10, *NB 4*, 12r.1, *EE F*

Ein Einfluß Nietzsches* ist auch hier anzunehmen, so dessen Verdikt gegen »die Schwere und dialektische Unlustigkeit der Deutschen« (*Nietzsche KSA* 1, 14). Auch Brechts Andeutung einer ästhetischen Erkenntnistheorie: »falsch oder richtig, d. h. nach unserm Geschmack oder nicht«*, dürfte maßgeblich von Nietzsche geprägt sein.

47r.3-5

→ *EE F* | → 46v.6

Die vorliegende Eintragung ist der früheste Beleg für Brechts Bemühungen um eine von Karl Valentin* beeinflußte Theorie der Komik und des Humors*, die er später vor allem im Kontext der *Flüchtlingsgespräche* weiterentwickelte, so um 1940 in *Dänemark oder Der Humor**. Die völkerpsychologische Verbindung stellte Brecht auch 1926 in *Weniger Gips!!!* her: »Wir Deutschen sind im Ertragen von Langeweile ungemein stark und äusserst abgehärtet gegen Humorlosigkeit.«*

BBA 104/105-115, 2011/103-112; → *BFA* 18, 259-265 | BBA 156/68; → *BFA* 21, 184 | 46v.19

Die Erwähnung Rudyard Kiplings* ist der erste Beleg für Brechts Hochschätzung des britischen Lyrikers und Romanciers. Wie *Münsterer 1966*, 43, 45 berichtet und es Brechts Nachlaßbibliothek zeigt (*Brecht-Bibliothek* 1206-1211), kannte er zahlreiche Ausgaben Kiplingscher Werke. Aus der in der Sammlung *Mylord der Elefant* (*Kipling: Mylord der Elefant 1913*) enthaltenen Erzählung *Moti Guj – Meuterer* entlehnte er 1921 den Namen des Titelhelden für sein Stück *Im Dickicht*. Hedda Kuhn erinnert sich (*Frisch/Obermeier 1986*, 127): »Sein Lieblingsroman war von Kipling *Das Licht erlosch*« (*Kipling: Das Licht erlosch 1900*); aus ihm entnahm er einige Verse fast wörtlich für *Im Dickicht**. Die *Balladen aus dem Biwak* (*Kipling: Balladen aus dem Biwak 1911*) und die *Soldaten-Geschichten* (*Kipling: Soldaten-Geschichten 1900*) verwendete Brecht für viele seiner Stücke (neben *Im Dickicht / Dickicht / Im Dickicht der Städte* auch *Hannibal*, *Mann ist Mann*, *Mahagonny*, *Dreigroschenoper*, *Fatzer*, *Die Ausnahme und die Regel*, *Der gute Mensch von Sezuan*, *Mutter Courage*). Kiplings Einfluß auf Brecht war so offensichtlich, daß Kurt Tucholsky ihn 1930 als ›Rudyard Brecht‹ parodierte (→ *Lied der Cowgoys*, in: *Die Weltbühne*, 1. Oktober 1930).

BBA 2123/58; → *BFA* 1, 398

Auch später noch besorgte Brecht sich deutsche und englische Kipling-Ausgaben (Erscheinungsjahr in Klammern): *Debits and Credits* (1926), *Puck of Pook's Hill*, *Rudyard Kipling's Verse* (1936) und *Die schönste Geschichte der Welt* (1948) befanden sich in seiner Nachlaßbibliothek (→ *Brecht-Bibliothek* 1206-1211). Im Oktober 1942 zählte er ihn in einem Brief an Gerhard Nellhaus* zu den wenigen Vorbildern der eigenen Lyrik (→ *Lyon 1975*).

BBA Z 30/135

46v.19 | BBA E 22/2-5 | BBA E 12/210-212 | BBA 2200/64-6

Spätestens ab Juli 1916 zählte Brecht auch Knut Hamsun* zu seinen Lieblingsautoren, wie aus einem Brief an Therese Ostheimer* hervorgeht. Am 8. Juni 1917 schickte er Max Hohenester* drei Geschichten von Hamsun; Anfang September 1917 schrieb er Caspar Neher* über seine Vorfreude auf Hamsuns nächstes Buch – wohl *Vom Teufel geholt*, das er am 25. September 1917 las (→ Lektürevermerk in *Brecht-Bibliothek* 1511). Am 3. Oktober 1919 beendet er die Kurzoper *Prärie. Oper* *nach Hamsun** nach dessen Novelle *Zachäus* (*Hamsun 1914*). Am 26. Juli 1920 resümierte Brecht in seinem Tagebuch* nach der Lektüre des Romans *Königin Tamara*: »Von dem Hamsun kann man viel lernen, momentan das Entscheidende.« In seiner Nachlaßbibliothek finden sich (*Brecht-Bibliothek* 1505-1512; Erscheinungsjahr in Klammern) Hamsuns Stücke *An des Reiches Pforten* (1895) und *Vom Teufel geholt* (1911) sowie seine Romane *Hunger* (1944), *Das letzte Kapitel* (1928), *Redakteur Lynge* (1911), *Segen der Erde* (1928) *Victoria* (1911) und die Romantrilogie *Der Wanderer* (1933). BBA 455; → *BFA* 1, 329-341 | BBA 802/21

Paula Banholzer erinnert sich, sie habe Brecht »eines Tages gefragt, welches Buch er denn für das wichtigste halte, von denen, die er mir laufend empfahl, und Brecht meinte, daß er mir Knut Hamsuns Buch Hunger besonders ans Herz legen wolle.« (*Banholzer 1981*, 112) Um 1940 brachte Brecht Hamsuns Literatur, insbesondere *Hunger*, auf die Schlagworte Vitalismus, Zynismus, Romantik und Verismus (→ *Der »Realismus« der jüngeren amerikanischen Literatur**). BBA 40/32; → *BFA* 22, 538; → *NB* 9, 23v.1-24r.6

Hauptgegner Brechts in vorliegender Aufzeichnung ist Kasimir Edschmid*, vor allem wohl dessen Essayband *Die doppelköpfige Nymphe* (*Edschmid 1920*). Eine Tagebuchnotiz vom 22. August 1920* läßt vermuten, daß Brecht bereits Novellen Edschmids kannte. Der »rasende Kasimir«* ist eine Anspielung auf dessen bei Kurt Wolff* erschienenes Novellenbuch *Das rasende Leben* (*Edschmid 1915*). Im »Vorspruch« heißt es dort: 47r.12-47v.3 BBA 802/36 47r.12 → zu 18v.3-11

> Diese Novellen reden im hauptsächlichen Sinn nicht (wie das vorausgegangene Buch) vom Tod als einer letzten Station, nicht von Trauer und vom Verzichte. Sie sagen auch nicht: leben. Sie sagen: rasend leben. — —

Die »Göttlichkeit seiner Ins- und Transpiration«* spielt an auf Edschmids Reden *Über den Expressionismus in der Literatur und die neue Dichtung* (*Edschmid 1919*) und die dort vorangestellten Verse aus Hölderlins Gedicht *Menschenbeifall*: 47r.17-18

> Ach der Menge gefällt, was auf dem Marktplatz taugt,
> Und es ehret der Knecht nur den Gewaltsamen;
> An das Göttliche glauben
> Die allein, die es selber sind.

Der Apostrophierung »der tolle Schmidt«* zufolge war Brecht Edschmids bürgerlicher Name Eduard Schmid bekannt. Auch später spielte er noch mit dem Namen und verdrehte ihn zu »Edsimir Kasschnitt« (*Der »Realismus« der jüngeren amerikanischen Literatur**). 47r.21 BBA 40/32; → *BFA* 22, 539

47v.10-49v.20 Das Theater als sportliche Anstalt *[...]* **an ihre** Kritik am alten und Vorschläge für Text, Aufführung und Publikum eines neuen Theaters. Der

Schluß des Entwurfs befand sich auf der oder den zwischen Bl. 49 und 50 herausgerissenen Seite(n). Die drei von Brecht unterschiedenen Phasen der aktuellen Theaterpraxis sind (1) das Theater als Hörsaal für Biologie oder Psycho-
48r.19-48v.1 | 48v.1-4, 49r.19-49v.9 | 49r.7-15, 49v.10-20 | 47v.10
logie* oder Bildungsanstalt, (2) das Theater als Tempel* oder religiöse Anstalt und (3) das Theater als Zirkus* oder sportliche Anstalt*. Letztere Formulierung weist auf die vorangehende, von Friedrich Schiller geprägte Epoche des Theaters als moralische Anstalt zurück. Phase 1 faßt den Naturalismus im weitesten
zu 20v.5
Sinne: Ibsen, Strindberg, Tschechow, Hauptmann*, Otto Brahm etc. grob zusammen, der um 1920 kaum noch eine Rolle spielt. Der eigentliche Gegenpol von Brechts Theater der Zukunft (Phase 3) ist der die Spielstätten in Deutsch-
→ zu 18r.3-18v.11
land beherrschende Expressionismus* (Phase 2). Ihn repräsentieren in Theorie und Praxis: Hanns Johst, Kurt Hiller, Georg Kaiser, Walter Hasenclever, Carl
→ zu 8r.16, 11r.6, 16v.8, 18v.16, 19r.7, 47r.12
Sternheim, Kasimir Edschmid, die er bereits oben* angegriffen hatte. Eine der vorliegenden analoge dreistufige Rekonstruktion der Theatergeschichte findet sich im zeitlichen Umfeld auch in *1 Vielen Leuten ist es schwarz vor den Augen geworden …*:

BBA 459/34; → *BFA* 21, 72f.

> Erst hatte man ein Museum, oder eine Schule, dann verkrachte es und man machte einen Tempel daraus, dann verkrachte er und es gibt einen Zirkus, vielleicht. Der Zirkus ist nicht ~~das~~ die Beste von den Verwandlungen, darüber kann man streiten. Aber das Haus ist besser geworden.

47v.16-20, 49v.14-16
Die Bemühung von Theaterpublikum und -kritik*, möglichst eine gleiche Mei-
NB 25, 72r.9-73r.5; → zu *NB 2*, 2r.5-8 |
nung zu haben, kritisierte Brecht auch sonst, z. B. bei Alfred Kerr*.

Die Unverständlichkeit der »Sprache der Neuerer« hatte Brecht schon bei
48v.16-18; → 18v.13-17
Kaiser und Sternheim bemängelt.*

Den Gedanken, das Theater habe sich an Zirkus und Sportveranstaltungen zu orientieren, um dem Publikum wieder Spaß zu verschaffen, führte Brecht um 1920 auch in *Das Theater als Sport* aus:

BBA Z 13/4; → *BFA* 21, 56-58

> Wenn man ins Theater geht wie in die Kirche oder in den Gerichtssaal, oder in die Schule, das ist schon falsch. Man muß ins Theater gehen wie zu einem Sportsfest.

Später ging Brecht mit diesem Konzept auch an die Öffentlichkeit, so in *An den Herrn im Parkett* (*Berliner Börsen-Courier*, 25. Dezember 1925)*:

→ *BFA* 21, 117f., zu *NB 25*, 90r-93r

> natürlich wollen Sie auch guten Sport haben. *[…]* Sie wollen ruhig unten sitzen und Ihr Urteil über die Welt abgeben sowie Ihre Menschenkenntnis dadurch kontrollieren, daß Sie auf diesen oder jenen der Leute oben setzten.

Ein Anlaß für den vorliegenden Entwurf bzw. seinen Titel könnte das Augsburger *Original-Sport-Theater* gewesen sein, auf das der »*Volkswille*« am 15. April 1920 direkt vor Brechts Besprechung »*Don Carlos*« hinwies.* → *EE F*

50r.1-4 Frln Dora Mannheim *[...]* **11270** → zu 43v.1-6.

50r.6-8 24.3.20 Flori \ Schauspielhaus am Gendarmen \ Markt Von Brecht vor seiner Abreise aus Berlin am 13. März festgehaltener Hinweis auf eine Veranstaltung im Berliner Schauspielhaus am Gendarmenmarkt.

50r.10-13 Kaspar Hauser *[...]* **Nachtlied** »Kaspar Hauser« ist hier vermutlich weder der von Wedekind (bis 1918) und Tucholsky (ab 1919) als Pseudonym verwendete Name noch ein Hinweis auf den seinerzeit vielgelesenen Roman Jakob Wassermanns, *Kaspar Hauser oder Die Trägheit des Herzens* (1908), sondern ein Hinweis auf Paul Verlaines Gedicht *Gaspard Hauser chante:* (*Verlaine 1881*), dessen erste Strophe lautet:

> Je suis venu, calme orphelin
> Riche de mes seuls yeux tranquilles,
> Vers les hommes des grandes villes:
> Ils ne m'ont pas trouvé malin.

50r.15-22 die Tage des Lebens vergingen *[...]* **– / / – / / – /** Das Satzfragment »als ich einst« sowie die Betonungszeichen darüber sind ein Hinweis auf die Verse *Als ich einst im Flügelkleide ...** *NB 1*, 20r

50v.1-3 Donnerst. Komoedien *[...]* **Ödipus** Im Voraus notierte Termine für Theaterveranstaltungen in München.

50v.4-5 Stefan 626 Hedda \ 4 Romanisches Café Berliner Telefonnummer, vielleicht zur Verabredung mit Hedda Kuhn um 16 Uhr im Romanischen Café Berlin-Charlottenburg, Kurfürstendamm 238 (heute Budapester Straße 43), das 1916 eröffnet worden war und schnell die Nachfolge des Cafés des Westens* als wichtigste Literatentreffpunkt Berlins angetreten hatte. → zu 43v.1-5

50v.6-9 Tribüne Steinplatz \ 14463 \ Wilhelm \ 5365 Zwei Berliner Telefonnummern mit unbekanntem Bezug.

Zeittafel

1911

22. **März** Erster Theaterbesuch: Schillers *Wallenstein* im Augsburger Stadttheater

September Beginn der Bekanntschaft mit Caspar Neher

1913

10. **Februar** Geburtstagsgeschenk: Teile 3 bis 6 von *Hebbel, Werke in zehn Teilen* (Teile 7 und 8 am 4. Juni) (→ *NB 3*, 4^{r}.12, 20^{r}.1-4, 45^{v}.18)

15. **Mai bis 25. Dezember** Erstes erhalten gebliebenes Tagebuch; darin früheste Belege der Bekanntschaft mit Heinrich Albrecht, Julius Bingen, Ernst Bohlig, Georg Eberle, Emil Enderlin, Fritz Gehweyer, Georg Geyer, Walter Groos, Rudolf Hartmann, Heinrich Hofmann, Max Hohenester, Max Kern, Wilhelm Kölbig, Georg Pfanzelt, Rudolf und Ludwig Prestel, Friedrich und Richard Reitter, Heinrich Scheuffelhut, Joseph Schipfel, Max Schneider und Oskar Sternbacher (→ *NB 1*, 1^{r}.3)
19. **Mai** Erstes erhalten gebliebenes Gedicht *Sommer*
27. **und 29. Mai** Erste Dramenprojekte *Die Kindsmörderin* und *Simson!*

Mai/Juni Erste bekannte Prosatexte *Der Bingen. Eine Biographiesatire* und *»Der Geyer«. Satirische Biographie*

5. **Juni** Erster Beleg einer Kenntnis August Strindbergs (→ *NB 3*, 6^{r}.17-20)
29. **Juni** Erster Beleg einer Kenntnis Gerhart Hauptmanns (→ *NB 3*, 20^{v}.5)

August Mitarbeit an der Schülerzeitschrift *Die Ernte* (bis Februar 1914; Auflage: 40 Ex.)

Mitte August Erster (erfolgloser) Publikationsversuch: Gedicht *Feiertag* in der Münchener Zeitschrift *Jugend*

Oktober Gedicht *Professor Sil Maria*; erste Hinweise auf Kenntnis Friedrich Nietzsches (→ *NB 3*, 16^{v}.16-17^{r}.4, 23^{r}.18-24^{r}.10, 46^{r}-47^{v}.8)

1914

Januar Das erste abgeschlossene Stück *Die Bibel* erscheint in der Schülerzeitschrift *Die Ernte*

1. **August** Beginn des Ersten Weltkriegs
8. **August** Erste Zeitungspublikation: *Augsburger Kriegsbriefe* (bis 28. September), Nr. 1: *Turmwacht* in *Augsburger Neueste Nachrichten*
24. **August** Erste Gedichtpublikationen: *Der heilige Gewinn* in *Augsburger Neueste Nachrichten* und *Dankgottesdienst* in *München-Augsburger Abendzeitung*

14. **September** Erste Rezension: *Ein Volksbuch* zu Karl Lieblichs Gedichtsammlung *Trautelse* in *Augsburger Neueste Nachrichten*

1915

20. **September** Erster Beleg einer Kenntnis Frank Wedekinds (→ *NB 1*, 2^{r}; *NB 3*, 19^{r}.1-19^{v}.7; → Oktober/November 1917)

1916

Mai Bekanntschaft mit Rosa Maria Amann (→ *Bonnie Mac Sorel freite*; → *NB 3*, 26^{r}.7)

Juni Schulaufsatz über das Horaz-Zitat *dulce et decorum est pro patria mori*; Abkehr von anfänglicher Kriegsbegeisterung, beinahe Schulverweis

Juli Erste Erwähnung von Knut Hamsun (→ *NB 3*, 46^{v}.19)

13. **Juli** Erste mit »Bert Brecht« gezeichnete Publikation: *Das Lied von der Eisenbahntruppe von Fort Donald* in *Augsburger Neueste Nachrichten*

20. **Oktober** Intensive Bibellektüre, eigene Theorie über David und Bathseba (→ *NB 3*, 12ᵛ-13ʳ)

1917

April Bekanntschaft mit Paula Banholzer (→ *NB 1*, 16ʳ)
8. **Mai** Musterung und Zurückstellung (→ *NB 2*, 5ʳ.1-4; → 14. Januar 1918)

Anfang Juni Neher skizziert Figuren zu *Bert Brechts Sommersinfonie*
8. **Juni** Erste Erwähnung von *Sommersinfonie* (→ 23. April 1919; *NB 2*, 16ᵛ.11-13) und *Das Lied vom Geierbaum* (→ *NB 3*, 10ʳ.11-17)

Anfang September Erste Erwähnung Schopenhauers (→ *NB 3*, 31ʳ.3) und Kiplings (→ *NB 3*, 46ᵛ.19); Bekanntschaft mit Otto Bezold

2. **Oktober** Beginn des Studiums der Naturwissenschaften, Philosophie und Literatur (Exmatrikulation am 29. November 1921); belegt: Karl Adam, *Leben-Jesu-Forschung* (1 Stunde), Erich Becher, *Übungen: Zur Geschichte der Philosophie* (1), Walter Brasch, *Volkskrankheiten u. ihre Bekämpfung* (1), Ferdinand Broili, *Entfaltung von Tier- und Pflanzenreich im Laufe der geolog. Perioden* (4), Christian Janentzky, *Übungen: Fragen aus dem Zusammenhang von Literatur und Philosophie (Sturm und Drang)* (1), Artur Kutscher, *Stilkunde und Theaterkritik* (2), Friedrich von der Leyen, *Ibsen, Björnson, Strindberg* (1), Heinrich Mayer, *Religionspsychologie als Grundlage der religiösen Entwicklung und Erziehung* (1), Ferdinand Birkner, *Allgemeine Anthropologie I. Teil Rassen und Völker der Vergangenheit und Gegenwart* (4), Richard Willstädter, *Anorg. Experimental-Chemie* (5) (→ *NB 3*, 6ᵛ.14-17)
Oktober/November Bekanntschaft mit Hanns Otto Münsterer, Frank Wedekind (→ 20. September 1915), Otto Zarek (→ *NB 2*, 14ʳ.6-14), Hanns Johst (→ *NB* 3, 8ʳ.16-18, 19ᵛ.1) und Hedda Kuhn (→ *NB 3*, 16ᵛ.1-4) im theaterwissenschaftlichen Seminar Artur Kutschers (→ *NB 3*, 19ᵛ.10-21ʳ.9; → 29. Januar 1919)

November/Dezember Verriß von Johsts Roman *Der Anfang* in Kutschers Seminar, Zerwürfnis mit Kutscher; dennoch weiter Besuch seiner Seminare

1918

14. **Januar** Erneute Musterung und Zurückstellung (→ 8. Mai 1917, 1. Mai 1918)
29. **Januar** Semesterabschlußfeier des Kutscher-Seminars (→ Oktober/November 1918), hier Aufführung des ›ekstatischen Szenariums‹ *Der junge Mensch* von Hanns Johst; letzte Begegnung mit Frank Wedekind, der Lieder zur Laute vorträgt (→ 9., 12. März 1918)

2. **Februar** Ende des ersten Semesters
22. **Februar** *Lied der müden Empörer* (→ *NB 1*, 2ᵛ)
24. **Februar** *Ballade von François Villon*

März Plan eines Stücks über François Villon; zentrale Motive davon später in *Baal* (→ 18./19. Mai 1918)
9. **März** Wedekind (→ 29. Januar 1918, 12. März) stirbt; ohne Wissen davon singt Brecht mit Ludwig Prestel abends am Lech Wedekind-Lieder (→ *NB 1*, 2ʳ)
12. **März** Teilnahme an Wedekinds Begräbnis; Nekrolog *Frank Wedekind* und Gedicht *Tod im Walde* in *Augsburger Neueste Nachrichten*
Mitte März Abnahme einer Lebendmaske (→ *NB 3*, 26ᵛ.19)
30. **März** Besuch von Hanns Johsts *Der Einsame*, Diskussion mit Freunden darüber, Plan des *Baal* als Gegenentwurf (→ 1. Mai; *NB 3*, 8ʳ.16-19, 19ᵛ.1)
31. **März** Beginn des Plärrers (bis 14. April)

15. **April** Beginn des 2. Semesters (bis 28. Juli); belegt: Leo Graetz, *Experimentalphysik II, Mech., Akustik Optik* (5 Stunden), Artur Kutscher, *Praktische Übungen in literarischer*

Kritik über die Literatur der Gegenwart (2), Rudolf Martin, *Systematische Anthropologie, Morphol. der menschlichen Rasse* (2), Johann Rückert, *Deskriptive Anatomie* (7), Fritz Strich, *Geschichte der deutschen Lyrik im 19. Jahrhundert* (1), Richard Willstätter, *Organische Experimental-Chemie* (5) (→ *NB* 3, 6^{v}.14-17)

Mitte April Besuch des Plärrers; *Plärrerlied* in der *München-Augsburger Abendzeitung*; Besprechung eines Auftritts der Tänzerin Gertrud Leistikow von den *Augsburger Neuesten Nachrichten* abgelehnt; Verwendung des Vorgangs in der Szene ›Redaktionsstube‹ in *Baal* (1918)

21. **April** erstes Auftauchen des Titels »Baal frißt! Baal tanzt!! Baal verklärt sich!!!«

1. **Mai** Musterung: tauglich; Gesuch auf Zurückstellung (→ 14. Januar, 14. Mai); *Baal* im Manuskript halb fertig (→ 30. März, 18./19. Mai)

6. **Mai** Besuch von Wedekinds *Simson oder Scham und Eifersucht*

14. **Mai** Zurückstellung vom Militärdienst bis 15. August (→ 1. Mai, 21. Juli)

18. / **19. Mai** Otto Bezold diktiert *Baal* einer Sekretärin der Haindlschen Papierfabrik; Typoskript wohl an Feuchtwanger, nicht erhalten (→ 1. Mai, Mitte Juni, Mitte/Ende Juli)

20. **Mai** Durchsicht des *Baal*-Typoskripts; Manuskript als Geschenk an Bezold

27. **Mai** Teilnahme an »Vorträgen über Ehekonsens, Säuglingssterblichkeit, Tuberkulose, Musik, Chemie usw.« an der Universität; Arbeit an *Baal* (Brief an Banholzer)

28. **Mai** Vortrag über Bodenreform, »vier Stunden Kolleg, dazwischen Lesesaal, Billettenholen, Aufsatzschreiben« (Brief an Banholzer); Ummatrikulierung auf Medizin; Besuch von Hans Pfitzners Oper *Palestrina*

30. **Mai** Arbeit an *Baal*; »Wir baden im Lech, in den Strudeln und auf dem Rücken dahinschießend (*[...]* es ist ein unendlicher Eindruck), sieht man nackten Himmel, offen, hungrig, ewigstill, tagsüber mit metallischer Strahlung, abends violett. Dann kann man auf die Bäume der Wolfzahnau klettern und man wiegt sich nackt in den grünen Wipfeln, die der Mittagswind wiegt. Dann schneidet der Wind durch einen; das ist unbeschreiblich.« (Brief an Neher; → *NB* 3, 4^{r}, 5^{v}, 13^{r}.14-15, 32^{r}-34^{v}, 45^{r})

Mitte Juni Zweites *Baal*-Typoskript (24 Szenen): Manuskript-Abschrift durch Haindl-Sekretärin (→ 18./19. Mai, Mitte/Ende Juli)

7. **Juli** Entstehung von »Hat ein Weib fette Hüften ...«, späterer Titel *Baals Lied* (→ *NB 1*, 2^{r})

Mitte/Ende Juli Brecht legt Jacob Geis, Alfred Kerr und Artur Kutscher Durchschläge von *Baal* (1918) vor (→ 18./19. Mai, Mitte Juni 1918, Mitte April 1919); erster Beischlaf mit Paula Banholzer; dreitägige Reise mit ihr (Alpen, Starnberger See); Angst vor ungewollter Schwangerschaft (→ *NB* 3, 8^{r}.1-8^{v}.8, 22^{v}-29^{v})

21. **Juli** Erneutes Gesuch auf Zurückstellung vom Militärdienst (→ 1. Mai, 14. Mai, 15. August)

28. **Juli** Ende des 2. Semesters

August Besuch des Plärrers, häufiges Schiffschaukeln; Stückplan *Der dicke Mann auf der Schiffschaukel*

10. **bis 13. August** Wanderungen im Bayerischen Wald mit Fritz Gehweyer (→ *NB* 3, 15^{v}.11-16)

15. **August** Gesuch um Zurückstellung vom Militärdienst abgelehnt; Einberufung zum Sanitäter (→ 21. Juli, 1. Oktober)

August/September Sendung des Psalms *Eine kleine Weile wartet...* an Rudolf Prestel

3. **September** *Ballade an meinen Totenschädel* für Otto Bezold

8. **September** Widmung des Gedicht *Der Geschwisterbaum* an Mutter und Bruder

23. **September** *Lucifers Abendlied/Gegen Verführung*

1. **Oktober** Dienstantritt als Militärkrankenwärter im Reservelazarett Augsburg, Station D, Abteilung für Geschlechtskrankheiten (bis 9. Januar 1919), Tätigkeit als Schreiber; Abmeldung vom Vorlesungsbetrieb in München

2. **November** *Lied an die Kavaliere der Station D* (→ *NB 1*, 5^{v}, *NB* 3, 6^{v}.7-12, 9^{r}.9-14)

7. **November** Revolution in München

9. **November** Kurt Eisner Ministerpräsident der Bayerischen Volksrepublik

11. **November** Ende des Ersten Weltkriegs; Gründung des Spartakusbundes

25. **November** Teilnahme an Syphilisuntersuchungen im Lazarett (→ *NB 1*, 5ᵛ)

28. **November** Konstitution eines Lararettrats als Teil der Augsburger Räteregierung; zeitweilig Mitarbeit als Soldatenrat

1919

Januar politische Diskussionen mit Lilly und Georg Prem

5. **bis 12. Januar** Spartakus-Aufstand in Berlin (→ *NB 2*, 15ᵛ, *NB 3*, 33ᵛ.10-19)

9. **Januar** Ende des Krankenwärter-Dienstes (→ 1. Oktober 1918)

15. **Januar** Beginn des ›Kriegsnotsemesters‹ (bis 15. April); belegt: Gustav Freitag, *Bau, Verrichtungen und Gesundheitspflege des menschlichen Auges* (1 Stunde) (→ 15. und 25. Juni)

16. **Januar** Besuch von Wahlveranstaltungen der DDP (Redner: Pius Dirr), des Zentrums und der Unabhängigen (Redner: Felix Fechenbach, Sekretär Kurt Eisners)

18. **Januar** Besuch der Augsburger Gaststätte *Zum Karpfen*; Faszination durch das dortige Orchestrion (→ *NB 3*, 23ʳ.17)

19. **Januar** Feier der Entlassung vom Militärdienst in der *Treutweinschen Gastwirtschaft* (›Gablers Taverne‹); Neher malt Bilder zu Brechts »Klampfenbibel« (*NB 1*, 1ʳ.1-4)

22. / 23. **Januar** Beginn eines neuen Stücks, wohl *Spartakus / Trommeln in der Nacht* (→ *NB 2*, 15ᵛ, *NB 3*, 33ᵛ.10-19; 29. Januar)

26. **Januar** Vortrag neuer eigener Gedichte und Balladen von Wedekind (→ 9., 12. März 1918)

27. **Januar** Augsburg: Besuch einer Protestversammlung gegen die Ermordung Rosa Luxemburgs und Karl Liebknechts; im Zug: Konzeption eines Romans als Einnahmequelle; München: Bemühungen, Walzer tanzen zu lernen

28. **Januar** Wohl Besuch von Schnitzlers *Der grüne Kakadu*

29. **Januar** Wohl Besuch von Ibsens *Frau am Meer*; über *Spartakus*: »das Stück, das 10 000 Mark einbringt und das halb fertig ist« (Brief an Banholzer; → 22. / 23. Januar, 13. Februar)

Ende Januar Zusage an Emmi Lauermann, in einem von Spartakus regierten Augsburg das Amt des Kulturbeauftragten zu übernehmen

Anfang Februar Besuch von Wedekinds *Tod und Teufel*; Teilnahme am Kostümfest ›1001 Nacht‹ im Steinickesaal in München

3. **Februar** Teilnahme am Semesterabschluß-Abend des Kutscher-Seminars

6. **Februar** Teilnahme an der USPD-Gedenkfeier für Rosa Luxemburg und Karl Liebknecht; um diese Zeit kurzzeitige USPD-Mitgliedschaft

13. **Februar** Vorläufiger Abschluß des *Spartakus* (→ 22., 29. Januar)

14. **Februar** Ablehnung des Gedichts *Der Himmel der Enttäuschten* durch den *Simplicissimus*

15. **Februar** »Am 15. II. 19 habe ich ihn in die Marie gelegt« (*NB 12*, 4ʳ); Gespräche über Spartakismus

16. **Februar** Vortrag eigener Lieder und eines Lieds von Klabund in ›Gablers Taverne‹

16. **bis 19. Februar** Begleitung Paula Banholzers nach Kimratshofen (→ *NB 2*, 16ʳ.11, *NB 3*, 26ʳ.3)

20. **Februar** Besuch von Machiavellis *Mandragola* und Schnitzlers *Der tapfere Cassian*

21. **Februar** Ermordung Kurt Eisners; Beobachtung der dadurch ausgelösten Krawalle in München

22. **Februar** Augsburg: Teilnahme am Trauerzug für Eisner

26. **Februar** München: Teilnahme am Trauerzug für Eisner

28. **Februar** Besuch von Strindbergs *Totentanz I*

März *Spartakus*-Typoskript an Lion Feuchtwanger; Beginn der persönlichen Bekanntschaft mit ihm (→ Anfang April)

1. **März** »Duell singen« nachts am Lech (*Tb N*; → 8. März)

4. **März** Dramenpläne: »David und Bath-Seba: Absalom« (→ 10. März; *NB 3*, 12ᵛ-13ʳ) und über Dschingis Khan; wohl Besuch der ersten Hälfte von Maxim Gorkis *Nachtasyl* (*Tb N*)

6. **März** Besuch des Botanischen Gartens in München

7. März Besuch von Franz Grillparzers *Medea*
10. März Arbeit an »Absalon oder der Beauftragte Gottes« (*Tb M*; → 23. März 1920; *NB 3*, 12v-13r)
11. März Wohl Besuch von Wedekinds *Der Marquis von Keith*
12. März Begegnung mit dem Schauspieler Arnold Marlé in München
18. März Rezitationsabend von Ernst von Possart im Augsburger Ludwigsbau; Possart lehnt den Vortrag von *Der Geierbaum* ab (→ *NB 3*, 12v-13r)
21. März München: Teilnahme an einem Atelierfest
22. März Besprechung *Vortragsabend von Hans Karl Müller* in *Augsburger Neueste Nachrichten*
Ende März München: Teilnahme an einem Atelierfest

Anfang April Feuchtwanger (→ März) verspricht, sich für Druck und Aufführung von *Spartakus* einzusetzen
14. April Besuch beim Rätekommandanten von Augsburg Georg Prem
15. April Gedicht *Als sie unschuldsvoll in Kissen …* an Paula Banholzer (→ *NB 1*, 16r); Münchener National-Theater bittet um *Baal*-Typoskript; erster Beleg der Bekanntschaft mit Frank Warschauer (→ *NB 3*, 40v.14-16)
Mitte April Beginn der Umarbeitung des *Baal* (→ Mitte/Ende Juli 1918, 19. Mai 1919)
18. April Teilnahme an der Gedächtnisfeier für die Gefallenen des Turnvereins Augsburg, gestaltet mit Texten von Brecht (*Vorspruch*, *Karfreitag*: *Prolog/Epilog*, *Ausklang*: *Von den Geschlagenen und dem Meere*); Bekenntnis zur Räterepublik
19. April Vortrag der *Ballade vom Wäscher*
20. April Sturz der Augsburger Räte-Regierung; Brecht versteckt Georg Prem bei sich
22. April Neue Szene für *Baal* (1919)
23. April Gespräch über *Spartakus*, *Baal* und *Sommersinfonie* (→ Juni 1917, Ende Dezember 1919)
25. April Sturz vom Pferd, Verletzung; Arbeit am »Urbaal« (→ Mitte April), »Säuberung« des Stücks von Verlaine und Johst (Brief an Geis); verspäteter Beginn des Plärrers (statt 20. April)

Mai Georg Kaiser verlegt seinen Wohnsitz von Weimar nach München (→ *NB 3*, 16v.6-18r.3)
2. Mai Vorlesung einer im ersten Teil v. a. um die Redaktionsszenen gekürzten Fassung des *Baal* vor Freunden (→ 20. Mai, *NB 3*, 4r.3-4v.1)
4. Mai Arbeit an *Baal*: Streichung der »Johannes-Episode mit dem liegengebliebenen Regenschirm«, von »Raub der Dechant« und der »ersten Landstraßenszenen«, Ersetzung der »Hotel-Kontinental-Szene« durch die »Fuhrmannskneipe«, vorübergehende Einführung eines »geschäftstüchtigen Niggers« (*Münsterer 1966*, 97f.)
6. Mai Lesung und Diskussion der neuen »Stierszene« (ebd.) mit Freunden
7. Mai Besuch eines Literarischen Abends im Stadttheater Augsburg: Strindberg, Schnitzler, Wedekinds *Der Kammersänger*
8. Mai Korrekturen am *Baal*; Besuch des Bruders Walter bei den Münchener Freicorps
9. Mai Auf dem Plärrer: Schiffschaukeln mit Mädchen um die Wette
10. und 11. Mai Mit Marietta und Caspar Neher auf dem Plärrer zum Schiffschaukeln
12. Mai Streichung einiger *Baal*-Szenen, darunter die »Liebesszene«; abends Besuch eines Konzerts (u. a. Beethovens dritte *Leonoren*-Ouvertüre); danach Vortrag neuer Lieder, u. a. *Larrys Ballade von der Mama Armee* und vom »Mann, der der Sonne nachläuft«; auf dem Heimweg »Gesang und Gebrüll zu viert in den Straßen und Gaßen Augsburgs« (*Tb N*)
14. bis 16. Mai Vermutlich Treffen mit Paula Banholzer in Kempten
17. Mai Besuch eines Chor-Konzerts zum Gedächtnis der Kriegsgefallenen im Augsburger Ludwigsbau: *Schicksalsgesang* von Seyffardt, *Ein deutsches Requiem* von Brahms
19. Mai Übergabe des *Baal* zur Prüfung an den Münchener Musarion Verlag (→ Mitte April bis 12. Mai, 7. Juli), Zusage einer Privataufführung; abends Besuch von Anton Wildgans' *Armut*
20. Mai *Baal* (1919) mit dem Motto »Cacatum est. Punkt. Non pictum« an Münsterer (*Münsterer 1966*, 98; → 2.-6. Mai, *NB 3*, 4r.3-4v.1); *Oratorium* (entstanden wohl Sommer/Herbst 1917) zur Komposition an Armin Kroder
22. Mai Nachts Treffen mit Müllereisert und Münsterer in den Lechauen, Gesang

24. **Mai** Reise nach Ulm, Treffen mit Hedda Kuhn
26. **Mai** Besuch der ersten Hälfte des Vortrags von Rudolf Steiner *Die Kernpunkte der sozialen Frage* in Ulm
27. **Mai** Treffen mit Münsterer auf der Lechbrücke
29. **Mai** Angebot des ›Du‹ an Münsterer
Ende Mai Tragödie *Condel* (nicht erhalten) ist bereits weit gediehen

Juni Mit Geis Arbeit an dem auf kommerziellen Erfolg zielenden Lustspiel *Herr Meier und sein Sohn* (nicht erhalten)
8. **Juni** Lechauen: Brecht hält vor Freunden grotesk-komische ›Grabreden und Maiandachten‹
9. **Juni** Philosophische Gespräche über Materialismus, Zufall, Sinn und Erkenntnisgrenzen; Vorlesung von Verlaine und Rilke vor Freunden
11. **Juni** Vorlesung eines der *Evangelien* vor Münsterer in der Wolfszahnau am Lech
16. **Juni** Beginn des 3. Semesters (bis 28. August; → 15. Januar, 25. Juni); belegt: Otto Frank, *Experimental-Physiologie: Nerven, Muskeln, Kreislauf, Sinnesorgane* (6 Stunden), Artur Kutscher, *Die deutsche Literatur der letzten 40 Jahre des XIX. Jahrhunderts (Impress., Express.)* (4), Siegfr. Mollier, *Entwicklungsgeschichte der Wirbeltiere und des Menschen* (6), Fritz Strich, *Übungen zu stilgeschichtlichen Problemen* (1) (→ *NB 3*, 6v.14-17), nur sporadische Teilnahme an den Veranstaltungen; Vortrag der *Roten Armee* (wohl *Gesang des Soldaten der Roten Armee*) vor Münsterer
17. **Juni** München: Treffen mit Freunden im Ungererbad; Bericht über Feuchtwangers Stück *Thomas Brecht* (= *Thomas Wendt*), das ihn zum Vorbild habe
22. **Juni** Augsburg: Besuch eines Konzerts des Städtischen Orchesters im Stadtgarten
25. **Juni** Dem Antrag auf Nichtanrechnung des vorangehenden Semesters (→ 15. Januar) wird stattgegeben; Besuch der graphischen Sammlung in München
26. **Juni** Treffen mit Neher und Feuchtwanger im Münchener Café Orlando, danach Knieuntersuchung (→ 25. April) in der Klinik; abends im Zirkus
29. **Juni** Besuch von Ibsens *Nordische Heerfahrt*

1. **Juli** Atelierfest bei Neher
6. **Juli** Ablehung des *Baal* durch den Musarion Verlag (→ 19./20. Mai, Ende Juli)
10. **Juli** Neher malt Brecht
12. **Juli** Wohl Teilnahme am Hochverratsprozeß gegen Erich Mühsam (Standgericht München)
Mitte Juli Arbeit an mehreren Dramen
22. **Juli** Bei Münsterer in Pasing Entwurf eines Szenariums zu *Herr Makrot* (wohl das titellose Stückprojekt um die Figur *Makrok*)
30. **Juli** Geburt des Sohnes Frank Banholzer in Kimratshofen; er wird für drei Jahre dem Distriktwegmacher Xaver Stark zur Pflege gegeben (→ 19. Februar 1920; *NB 3*, 8r.13-14)
Ende Juli Druckzusage des Münchener Drei Masken Verlags für *Baal*; wenig später Widerruf der Zusage (→ 6. Juli, Ende September)

2. **August** Katholische Taufe des Sohnes in Kimratshofen
August Häufig auf dem Plärrer, Schiffschaukeln
5. **August** Vortrag der *Moritat vom Neger* (wohl »Lied von der *glückseligen Frau*«) vor Münsterer (*Münsterer 1966*, 132)
11. **bis 13. August** Neher malt Brecht
16. **/ 17. August** Bei Paula Banholzer; Vortrag von *Lucifers Abendlied* (= *Gegen Verführung*) und *Baals Choral*
28. **August** Ende des 3. Semesters

2. **September** *Apfelböck oder Die Lilie auf dem Felde* und andere Gedichte, »darunter ein ganz ›unanständiges‹«, entstehen; in Lechhausen bei den Seiltänzern (*TbN*; → *NB 3*, 6r.17-20)
3. **September** Beichte der Beziehung mit Paula Banholzer und seiner Vaterschaft vor den Eltern; Konzept des Einakters *August Strindbergs Hochzeit*, Projekt eines Einakters über Wedekind und sich selbst (→ 12. September), Plan einer Ausstellung mit Neher im Kunstverein; in Lechhausen bei den Seiltänzern
5. **September** Beginn der Ausstellung der *Deutschen Gesellschaft zur Bekämpfung von Geschlechtskrankheiten* (bis 21. September) in Augsburg, Anregung für den Einakter *Lux in tenebris* (→ 12. September)
8. **September** Gedicht *Die Mutter* zu Sofie Brechts 48. Geburtstag (→ 17. September, 6. November)

12. September Vier Einakter fertig (wohl *Lux in tenebris, Die Hochzeit, Der tote Hund* und *Er treibt einen Teufel aus*) (→3., 5. September, 28. November)

15. / 16. September Wohl Besuch bei Hanns Johst in Oberallmannshausen am Starnberger See (→30. Januar 1920)

17. September Gedicht *Aufgewachsen in dem zitronenfarbenen Lichte der Frühe...* zum 80. Geburtstag der Großmutter Karoline Brecht (→8. September, 6. und 19. November; *NB 3*, 15^{v}.14)

Ende September Wohl neues *Baal*-Typoskript (nicht erhalten), Versendung an Hanns Johst und die Dramaturgen Friedrich Märker und Rudolf Frank (→Ende Juli, Ende Dezember)

28. September Erster Auftritt von Marianne Zoff in Augsburg

Herbst Die Haindl-Sekretärin Babette Daigl (→18./19. Mai, Mitte Juni und Mitte/Ende Juli 1918) weist das zum Abtippen übergebene Manuskript des Einakters *Der Schweinigel* wegen seiner Unsittlichkeit zurück (→*NB 3*, 1^{v})

1. Oktober Anerkennung der Vaterschaft für Frank Banholzer vor dem Amtsgericht Augsburg (→30. Juli 1919, 19. Februar 1920; *NB 3*, 8^{r}.13-14)

3. Oktober Fertigstellung von *Prärie. Oper nach Hamsun* (→*NB 3*, 46^{v}.19)

13. Oktober Kritik *›Jugend‹ von Halbe und ›Über unsere Kraft‹ von Björnson* anonym in *»Volkswille«*; Beginn des 4. Semesters (bis 31. Januar 1920); belegt: Franz Muncker, *Geschichte der deutschen Literatur im 18. Jahrhundert vom Auftreten Klopstocks bis zum Tode Lessings* (4 Stunden) und Otto Frank, *Experimentalphysiologie: Verdauung, Atmung, Stoffwechsel, Wärme* (5)

21. Oktober Kritik *›Gespenster‹ von Ibsen* in *»Volkswille«*

22. Oktober Arbeit an mehreren Stücken; Druckvereinbarung mit dem Drei Masken Verlag (→Ende Juli) für ein Stück (vielleicht *Baal*)

24. Oktober Premiere von Hofmannsthals *Jedermann* (Stadttheater Augsburg); Vorbereitung einer Kritik (→*NB 2*, 11^{v}-12^{r})

31. Oktober Gedicht *So halb im Schlaf...* (→*NB 2*, 16^{r})

3. November Besuch eines Vortragsabends von Albert Steinrück

5. November Wohl Gespräch mit Steinrück über *Baal*

6. November *Ode an meinen Vater* zu dessen 50. Geburtstag (→8. September, 17. September; *NB 3*, 15^{v}.14)

7. November Artikel *Aus dem Theaterleben* in *»Volkswille«*

22. November Gespräch mit Oscar Lettner über Sexualprobleme (→27. Dezember; *NB 3*, 1^{v})

28. November Typoskripte *Der tote Hund, Die Hochzeit, Er treibt einen Teufel aus* und *Lux in tenebris* (→12. September) zur Durchsicht an Münsterer

Dezember Umzug des Kurt Wolff Verlags von Leipzig nach München (→*NB 3*, 18^{v}.3-11); erste Begegnung mit Peter Suhrkamp

2. Dezember Vortrag der *Ballade vom lieben Gott* vor Münsterer; wohl erste Niederschrift des Gedichts *Bericht vom Zeck* und Teilen der Flibustiergeschichte *Bargan läßt es sein* (→*NB 3*, 11^{v})

6. Dezember Besuch von Wedekinds *Schloß Wetterstein*

19. Dezember Tod der Großmutter Karoline Brecht (→17. September)

27. Dezember Augsburg: Treffen mit Oscar Lettner (→22. November)

Ende Dezember *Sommersinfonie* weitgehend fertig (→23. April 1919, 1. Januar 1920; *NB 2*, 16^{v}.11-13); Beginn einer weiteren Überarbeitung des *Baal* (→Ende September 1919, 11.-16. Januar 1920)

1920

Januar Gedicht *Über die Vitalität* (→*NB 3*, 8^{r}.3)

1. Januar Absicht, in *Baal* die Anklänge an Johst und Bruckner zu streichen (→Ende Dezember 1919; *NB 2*, 16^{v}.11-13); Plan eines Balletts

3. Januar Mit Paula Banholzer und Neher im neuen Augsburger Kino Pali

6. Januar Kritik *Schmidtbonns ›Graf von Gleichen‹ im Stadttheater* in *»Volkswille«*

9. Januar Gedicht *Lobgesang nach: Befiehl du deine Wege*

10. Januar Mit Paula Banholzer und Neher im Kino

11. Januar Bestellung eines Bildes von Neher für die Prozessionsszene in *Baal*

13. Januar Durchsicht des *Baal*, Plan baldigen Drucks im Georg Müller Verlag; abends mit Freunden bei Hedda Kuhn

15. Januar Intensive Arbeit an *Baal*: Abschluß der Prozessionsszene, Projekt einer neuen Anfangsszene (→ 20. Januar)

16. Januar Arbeit an *Baal*

Mitte/Ende Januar Kürzung des *Baal*, Streichung aller Szenen mit der Mutter; Hanns Johst reagiert positiv auf *Baal* (→ Ende September, Ende Dezember 1919, 21. Februar 1920)

19. / 20. Januar Telepathische Kontakte Berta Schmidts mit ihrem Bruder, der angeblich noch in französischer Kriegsgefangenschaft ist; Neher bittet Brecht um einen französischen Briefentwurf für sie (→ *NB 3*, 7ᵛ.1-16)

20. Januar Arbeit an *Baal*, Entstehung der Szene mit den beiden Schwestern (→ *NB 3*, 4ʳ.3-4ᵛ.1)

21. Januar Gedichte *Durch die Kammer…* und *Liebe Marie, Seelenbraut…* (*NB 3*, 4ᵛ-5ʳ)

22. Januar München: Treffen mit Hedda Kuhn, Münsterer und Neher im Hoftheater-Restaurant

25. Januar Brecht läßt sich mit Paula Banholzer und Caspar Neher fotografieren

26. Januar München: Treffen mit Hedda Kuhn, Lisbeth Geyer und Neher im Café Glasl

28. Januar Besuch mit Neher bei der Kommilitonin Anni Eibel, Einladung zu einem Atelierfest

30. Januar Geplanter Besuch bei Hanns Johst kommt wohl nicht zustande

31. Januar Ende des 4. Semesters

3. Februar Besuch von Georg Kaisers *Der gerettete Alkibiades* (→ *NB 3*, 16ᵛ.6-18ʳ.3)

6. Februar Mit Neher Besuch bei einer Ärztin, wohl zur Vorbereitung einer Abtreibung bei dessen Freundin Lisbeth Geyer (→ *NB 3*, 26ʳ.4)

8. Februar Augsburg: mit Banholzer und Neher zum Tanzen im Lokal ›Drei Mohren‹

9. Februar Aufsatz *Über das Unterhaltungsdrama* (*NB 3*, 16ᵛ.6-18ʳ.3)

10. Februar Besuch von Hermann Bahrs Stück *Der Unmensch*

11. Februar Im Georg Müller Verlag, vielleicht zur Abgabe von *Baal* (1919/20); Brecht setzt sich bei Feuchtwanger für Neher ein (→ 21.-24. Februar)

14. Februar Besuch der Premiere von Carl Sternheims *1913* (Residenz-Theater München)

15. Februar München: mit Paula Banholzer im Restaurant ›Vier Jahreszeiten‹, danach mit ihr und Neher im ›Athos‹ zum Essen

18. Februar Ankündigung des *Baal* am Münchener National-Theater in der *Münchner Zeitung* für Mitte April

19. Februar Erneute Anerkennung der Vaterschaft für Frank Banholzer vor dem Amtsgericht Augsburg (→ 30. Juli, 1. Oktober 1919; *NB 3*, 8ʳ.13-14; Übertragung ins Geburtsregister in Kimratshofen am 8. April 1920)

21. Februar Erste Fahrt nach Berlin (→ 14. März); am Bahnhof in Augsburg Treffen mit Neher und Banholzer; im Zug entsteht *Sentimentales Lied № 1004* (*NB 3*, 32ʳ-32ᵛ); abends Ankunft in Berlin, Unterkunft bis 14. März bei Frank Warschauer; briefliche Bitte an Hanns Johst um Rücksendung der *Baal*-Typoskripte, um sie in Berlin einsetzen zu können (→ Ende September 1919, Mitte Januar, 8. März 1920)

23. / 24. Februar Briefliche Bitte an Neher um Änderungen im *Baal* und Überwachung des Drucks (→ 11. Februar, Ende Februar/Anfang März; *NB 3*, 5ᵛ)

26. Februar Neher will ein Brecht-Porträt (→ 11.-13. August 1919, 22. März 1920) im Münchener Glaspalast ausstellen

Ende Februar Bekanntschaft mit Dora Mannheim auf einem Maskenball des Kunstgewerbemuseums in Berlin (→ *NB 3*, 43ᵛ.1-6; 14. März); erster Beleg des Titels *Trommeln in der Nacht* (*NB 3*, 33ᵛ.10-19)

Ende Februar/Anfang März Bekanntschaft mit Hermann Kasack; Brecht bietet *Baal* dem Kiepenheuer Verlag Potsdam an (→ 23./24. Februar, 8. März; *NB 3*, 16ᵛ.6-18ʳ.3); erste Begegnung mit Klabund im Studentenclub *Liga* (→ *NB 3*, 41ᵛ.7-9); Porträtskizze von Hedda Kuhn

8. März Wohl Erhalt von *Baal*-Abschriften vom Georg Müller Verlag zur Weitergabe in Berlin (→ Ende Februar/Anfang März)

13. März ›Kapp-Putsch‹ in Berlin
14. März Rückkehr nach München; Dora Mannheim (→ Ende Februar) schenkt ihm Friedrich Theodor Vischers *Auch Einer* (Brecht liest den Roman nicht); abends in München Besuch des Kabaretts von Karl Valentin (erster nachweisbarer Kontakt)
15. März Weiterfahrt nach Augsburg, dort Treffen mit Neher
18. März Neher wird Volontär an den Münchener Kammerspielen
22. März Neher stellt ein Brecht-Porträt fertig (→ 26. Februar)
23. März Neher zeichnet einen Absalom (→ 4. und 10. März 1919; *NB 3*, 12^{v}-13^{r})
24. März Notat »Flor¿ / Gendarmenmarkt« (*NB 3*, 50^{r}.6)
25. März Vielleicht Besuch von Tirso de Molinas *Don Gil von den grünen Hosen* (→ *NB 3*, 41^{r}.12-16)
26. März Kritik *Georg Kaisers ›Gas‹ im Stadttheater* in »*Volkswille*« (→ *NB 3*, 16^{v}.6-18^{r}.3)
30. März Treffen mit Neher

Ende März/Anfang April Lektüre von Upton Sinclairs Roman *Der Sumpf*, einer der Anregungen für das Stück *Im Dickicht* (→ *NB 3*, 45^{v}.4)

2. April Treffen und Spaziergang mit Neher
4. April Beginn des Plärrers (bis 18. April), dort Treffen mit Neher
5. April Treffen mit Neher, dem Brecht eine Bild-Serie zu *Karl der Kühne* empfiehlt
7. April Plärrer, Neher schiffschaukelt mit Paula Banholzer
8. April Treffen mit Geyer und Neher
9. April Treffen mit Neher
10. April Treffen mit Geyer und Neher, Gespräch über *Baal*; Besuch der Premiere von Schillers *Don Carlos* (Stadttheater Augsburg)
13. April Treffen mit Neher
15. April Kritik »*Don Carlos*« in »*Volkswille*«

Caspar Neher
Tagebücher 1917-1920

Auswahl aus 14 in der Staats- und Stadtbibliothek Augsburg archivierten Notiz- und Tagebüchern, zusammen ca. 1200 Seiten. Die eigenwillige Grammatik, Orthographie und Interpunktion Nehers wird unverändert wiedergegeben, die Darstellung von Änderungen pragmatisch vereinfacht: Ein Absatz ist mit »\«, ein Abschnitt mit »\\« markiert; Einfügungen und Überschreibungen sind kursiviert. Die Handschrift Nehers ist, was schon Brecht bemängelte, schwer lesbar, weshalb einzelne Verlesungen anzunehmen sind. Einige Eintragungen wurden mit Kugelschreiber nach 1945 unkenntlich gemacht. Einige Seiten wurden herausgeschnitten.

1917

Anfang Juni ⟨*vor 4. Juni*⟩ Habe gestern eine Studie von Brecht gemacht. technisch einverstanden Auch skizzierte ich die Figuren zu Bert Brechts Sommersifonie ⟨*→ 23. April 1919; NB 2, 16^{v}.11-13*⟩. *[...]* Brecht übergebe ich eine Skizze »Tänzer« und eine Ölstudie »am Wall«

12. **Juni** Gestern war ich bei Brecht Eugen Skizzen machen zu seinen Erzählungen ungefähr 3 Stück bis Samstag ⟨*16. Juni*⟩.

15. **Juli** ⟨*Datum unsicher*⟩ Sonntag: Vormittag Kirche \ 10^{h} zum Brecht. \ Nachmittag Concert. Stadtgarten. \ Nachmittag bei ~~G~~ ⟨*Georg*⟩ Geyer und Brecht

18. **Juli** Heute sah der Brecht im Kunstverein um meine Sachen anzubringen \ Er hat folgende Skizzen: \ 1) »Trudi« \ 2) »Ernst« \ 3) »Kurt« \ 4. »B Brecht« \ und seine eigenen B Brechtstudien. Will sehen was er damit bezweckt – wahrscheinlich nichts.

26. **bis 28. Juli** Brecht Ludwigsbau ⟨*1914 eröffnete Fest- und Konzerthalle mit großer Orgel im Augsburger Stadtgarten*⟩. \ ⟨*Ludwig*⟩ Prestel Orgel im Ludwigsbau vor Brecht \ *[...]* \ Heute abend treffe ich B Brecht im Stadtgarten. \ *[...]* \ soll B Brecht um ½ 7 Uhr im Eisladen treffen.

28. **Juli** Ich werde eine Geschichte schreiben und ein großes Bild malen und es wird heißen ... 3 Jahre Gefängnis und es soll Englisch und Französisch gehört und gesehen werden und handeln von – meiner Militärzeit. *[...]* ich als Militärische Kuh die man molk und sofort geronnene Milch gab, Sa- ⟨*hier folgt ein Leerraum von 3 cm*⟩ hne würde Brecht sagen.

Ende Juli / Anfang August ⟨*Bildidee:*⟩ Totentanz: Wo der Tod das Kind hält. Es steht drunter: \ Soll ich schon tanzen und kann noch nit gan. \\ Das Fleisch willig – der Geist schwach. B B. \\ B B. \ Bezeichnend für die unpolitische ~~Bedeutung~~ *Sendung* des Christentums die Interesselosigkeit gegenüber der Sklaverei In dieser trunkenen Schar von Schwärmern die um ganz anderes träumten als um körperliche Freiheit – Es gab nur eine Hoffnung, die auf die Wiederkunft Kristi, Morgen kam das Himmelreich, ist es denn nötig frei zu sein. ⟨*die vorangehenden, Brecht zugeordneten Notate kopierte Neher sich mit geringen Abweichungen und neben drei anderen, nicht zugeordneten Passagen wenig später unter der Überschrift* »Aus meinem Notizbuch:« *in ein anderes Tagebuch*⟩ \\ *[...]* \ B. B \ »Wenn es keine Unsterblichkeit gäbe« – *[...]* Auf der Fahrt an die Front zum 3tenmal \ August 17 \ traurig – dreimal traurig. \ hier es es ganz hundsgemein \ O Bert Brecht \ Ich glaub' Amerika ist doch anders. – \ *[...]* \ Mutter Mutter glaubst du – daheim ist es besser.

August Schreibe an Brecht \ *[...]* \ ⟨*Briefentwurf:*⟩ Lieber Bert, \ Deinen Brief vom \ habe \ tanze tanze unendlich.

November/Dezember Skizzen: an B. Bert Brecht \ der Ewige Kuss. Dem Bildhauer Cas Rud Neher steht hinten drauf vielleicht hat Bert recht \ Ist nicht eine gute Träne in seinem Gesicht; ~~de~~ ¿¿¿ Brecht wenn man ihn so darstellen würde.

1918

August Bert Brecht schreibt nimmer Geyer schreibt auch nimmer, ich schreibe auch nimmer. \ *[…]* \ Bilder erwecken manchmal Erinnerungen, z B erweckte heute ein Kastanienbaum *bei Nacht* ⟨*→ NB 3, 4r.3-4*⟩ meine vorigjährige Bert Brecht Periode ich erinnere mich sogar noch des Sonnenflecks im Stadtgarten mit seiner auftrumpfenden Betrachtung über Weise und Kluge.

Anfang September ⟨*Briefentwurf an eine frühere Bekannte, der Neher auf Heimaturlaub in Augsburg begegnet war:*⟩ Sehr geehrtes Fräulein! \ Ich sah sie Sonntag zum letztenmal. Samstag *er*wartete ich Sie und Sie kamen nicht \ B Brecht wird Ihnen hoffentlich den Grund [s]*m*eines Schweigens auch schon mitgeteilt haben. \ Ich erlaubte es mir nicht, Sie wertes Fräulein auf der Hauptstraße anzusprechen. *[…]* Sie entschuldigen mein Schreiben, aber ich glaube, [s]*S*ie werden [die]*den* Brief~~e~~ von dem, der [s]*S*ie gerne *noch* einmal gesprochen hätte lesen. \ Ich bitte Sie, schreiben Sie. \ *[…]* \ Entschuldigen Sie meine Aufrichtigkeit ~~und seien [s]Sie meines~~ \ I \ Ich danke Ihnen für die Zusammenkunft. \ Ihr Casp RNeh.

30. **Oktober** Urteil ⟨*einer ungenannten Person; am Rand ergänzt:* St. E.⟩ über Berts: Ballade zu den Seeräubern. *[…]* Man muß in einer Schnapsstimmung sein um ~~d~~ an dem Lied gefallen zu finden. *[…]* Es sei so als hab er nur den Sherlock Holmes und andere Schundromane gehört und gelesen. Der ganze Aufbau weise darauf. Im übrigen sei es eine Unverschämtheit, das eine Ballade zu nennen; ~~wenn~~ man könne ~~es~~ doch bei weitem nicht mit einer solchen Bürgers oder Herders vergleichen. Nicht dran zu denken, es ist gut daß der Mann Medizin studiert, mit seiner Kunst käme er nicht weiter.

29. **November** ⟨*auf dem Rückmarsch von der französischen Front Einquartierung in*⟩ Beuren am Ried. \ Ich bin wieder in ein Haus geraten wo es dick und voll zu fressen gibt. Fressen sag ich Euch Man wird förmlich heraus gemästet, man stopft was hinein geht. Gräulich. Man trinkt und ißt es gibt Äpfel, Wein und gutes ausgezeichnetes Weißbrot Man wird zum Baal.

1919

16. **Januar** In der ⟨*Münchener Kunst-*⟩Akademie aufgenommen bei ⟨*Angelo*⟩ Jank. Ich soll in die Kopfklasse gehen. Erwartete umsonst Brecht ⟨*zum Besuch von Ferenc Molnárs Stück ›Liliom‹ in München*⟩. Kam nicht. \ *[…]* ein sehr gutes Stück bei dem Bert ~~Br~~ fehlte.

18. **Januar** kam um 9h von München um 2 Tage daheim zu sein. Waren im Karpfen ⟨*andere Lesart:* in Kneipen⟩ mit Bert und Otto Dort wurde getanzt. Menschen tanzten mit Menschen. Auch war dort ein sehr schönes Orchestrion ⟨*→ NB 3, 23r.17*⟩ das ~~imme~~ ein Bild hatte und immer wieder erleuchtet wurde und auf dem es blitzte und ~~die~~ dunkle Wolken zogen immer zu seiner Zeit. Wir kamen auf die Idee von den »Wolken, die alle tausend Jahre wiederkehren« ein roter Himmel mit dunklen Wolken, und roter Erde. Dann wenn die Sonne so weit abgekühlt ist daß sie nur mehr rot erscheint nur mehr rot den ganzen Tag von früh bis abends und wo Bäume und Erde nimmer grün sind sondern braun und violett. Ohne Menschen und Tiere nur Vegetation, Vegetation in ihrer Wiederholung von tausenden von Jahren mit Wolken, die alle Tausend Jahre, ~~di~~ jedes tausendste Jahr wiederkehren. Sonne wie Planeten, hart wie das Gesetz sie kommen und gehen – jedes tausendste Jahr, zeitlos und doch Zeit.

19. **Januar** Abend bei Gabler ⟨*Treutweinsche Gastwirtschaft, Am Vorderen Lech 4*⟩ \ Sofie Renner und die beiden Beiacker kamen. Es war schön sie waren in Männer kleider und in Uniformen und beinahe betrunken. Ich küßte Sofie und es war schön. Sie sprach von Semiramis und ich werde Ihr ein Bild von den hängenden ⟨*nicht fortgesetzt*⟩

20. **Januar** Bert ~~B~~ fuhr mit Schnellzug ⟨*nach München*⟩ herüber, ich traf i⟨*h*⟩n abends, vielmehr suchte er mich beim *Abend*Akt ⟨*Zeichenunterricht bei Max Mayrshofer an der Münchener*

Kunstakademie⟩ auf. Suchte Semiramis und fand sie zeichnete sie und schicke sie heute der Sofie

24. Januar Versuchte in die ⟨*Münchener*⟩ Kammerspiele beim Tanz einzudringen – \ Isenheimer Altar. Grünwald ⟨*der »Isenheimer Altar« von Matthias Grünewald in der Münchener Alten Pinakothek; → 19. und 28. Februar; NB 3, 42ᵛ.1-6*⟩

25. Januar Augsburg. War heute Vormittag bei Bert. Bert sang seine Lieder und erzählte ~~von~~ seine Erlebnisse mit Bu[k]*gro*. Sie waren schön. Aber behagen mir nicht \ Nachmittags mit Bugro zusammen habe sie gezeichnet. Bert erzählte viel und sie hörten zu. Es war schön, ganz dunkel trotzdem ereignete sich nichts

26. Januar Hatte die Idee zu einem Christophorus, traf Bert. \ Nachmittags nichts – gar nichts

27. Januar Mit Bert im Schnellzug nach München, schön. Bert faßte im Zug die Idee zu einem Roman, der ihm 10 000 M eintragen solle. Er brauche das Geld notwendig sogar, sehr sehr notwendig \ Abends sprachen wir von Heda Kuhn ⟨*Hedda Kuhn, Medizinstudentin*⟩, Bugro, Bi ⟨*Paula Banholzer*⟩ und von seinem Roman, wir stolperten bei Schnee dem Stachus ⟨*Karlsplatz*⟩ zu und sahen, sahen sahen; suchten Tanzlokale auf und wollten Walzer lernen. Denn bis Montag ⟨*für den Semesterabschlußball bei Artur Kutscher, Theaterwissenschaftliches Seminar der Universität München; → zu NB 3, 6ᵛ.14-17, 19ᵛ.1, 19ᵛ.10-21ʳ.9*⟩ müssen wir es beide können

28. Januar Mit Bert zusammen in Kutscher 2 × gegessen – man denke sich 2 × zu Mittag »gespeist« mit vollen Bäuchen zogen wir in die Holzstraße und suchten Hedda \ Es war nichts los – rein gar nichts nachmittags ging ich in die Schule und abends war ich im Physikum und im Theater es war ein Strindberg Abend: Paria und darauf folgend der Gläubiger ⟨*August Strindbergs Einakter »Paria« und »Gläubiger. Tragikomödie«*⟩ Einiges gefiel mir. Der Stil die Mechanik ~~de~~ aber vieles gefiel mir auch nicht. Wir suchen tanzen zu lernen. Alles konzentriert sich auf den Kutscher abend. Am Montag. Bert kann bereits tanzen.

29. Januar bin den ganzen Tag beschäftigt auf der Akademie und in der Bibliothek sonst komme ich mit Bert zusammen essen zusammen und gehen abends ins Theater. Gestern wurde im Residenztheater ein grüner Ka[d]*k*adu von Schnitzler gegeben, eine ganz famose Groteske ⟨*Arthur Schnitzler, »Der grüne Kakadu. Groteske in einem Akt«*⟩. Bert tanzt.

1. Februar Abends bei Otto ⟨*wohl Müllereisert*⟩. \ Otto beichtet. \ Nachmittags war zu Hause und arbeitete, arbeitete – für mich + Bert. ich bin heraußen – Gott sei dank.

10. Februar Eine Woche wieder und ich habe mein ⟨*Tage-*⟩Buch nicht gehabt. \ Kam auf verschiedene Ideen. Machte das »rote Tuch« und den verlorenen Sohn fertig, Baals Stück ist ~~ganz~~ halb beendet. \ – Nichts – Nirvana \ Lichter: Linien, dichte Streifen von Bäumen durch die Lichter scheinen und dann Mann und eine Frau das Weib. Adam und Eva. malen. \ der Laternen anzünder: \ Baal groß

13. Februar Die halbe Woche vorüber. Es hat sich viel ereignet. Der verlorene Sohn ist fertig geworden ich fange mit Baal an der mir mißlingen will. Bert hat seinen Spartakus fertig ⟨*→ zu NB 2, 15ᵛ*⟩ wir umarmten uns und ich gratulierte ihm. wir rauchten auf unsern Ruf eine Zigarette. Zeichnete in den Brief ⟨*Brechts*⟩ an Bi einige Skizzen ⟨*→ Abb. 1, zu NB 2, 15ᵛ*⟩ *[...]* Bert und ich sind oft zusammen, immer wenn wir Zeit haben; es ist ganz wunderbar schön so allein zusammen zu sein. ~~ich ma~~ er erzählt seine Ästhetik und ich opponiere. \ Es wird wärmer jetzt die Kälte hat nach gelassen und man ist körperlich frischer unternehmungslustiger. Morgen wollen wir in den Simplizissimus ⟨*Redaktion des »Simplicissimus. Illustrierte Wochenschrift«*⟩ gehen und »das Volk« u. die rote Standarte ⟨*Bilder Nehers*⟩ hinbringen. Will sehen was daraus wird. Auch will Bert seinen »Himmel der Verlorenen« ⟨*wohl das Gedicht »Der Himmel der Enttäuschten«, → zu NB 2, 12ᵛ.9-14ʳ.19, NB 3, 23ʳ.17*⟩ mit einer Zeichnung von mir unterbringen.

14. Februar Tagesordnung. *[...]* \ ½ 6 zu Bert *[...]*

15. Februar Bert und ich trafen uns bei dem kranken Otto ⟨*wohl Müllereisert*⟩, der beinahe im Sterben gelegen wäre, wären wir nicht gekommen, denn er stand Sonntag schon wieder auf. Bert erläuterte seine Theorien, sprach von unserm »berühmten« Klubhaus und war wiedereinmal Ministerpräsident. Er sprach von Sozialismus (Spartakismus) sagte folgenden guten Satz: Der Sozialismus wolle nicht die Füße der Leute auf ein gleiches Niveau bringen, sondern ~~nur die~~ immer die Köpfe der Leute, so daß es dann Unbedingt nötig wäre die ~~Köpfe~~ *Füße* derselben einzuscharren. –

16. **Februar** Frühstück bei Gablers George ⟨*Georg Pfanzelt*⟩, der neue Lieder komponiert hatte, selbige aber absolut nicht vorsang, Bert sang seine Lieder und eines von Klabund ⟨→ *zu NB 3, 41ᵛ.7-9*⟩. Wir tranken Schnaps es war schwül, die Sonne schien und wir gingen auf die Hauptstraße trafen Bukro mit Papa. \ Gingen nachher in die Wohnung und bestellten sie für Samstag 3ʰ vergesse es nicht, mein lieber, zu Bert. \ Nachmittags mit Georg Geyer im Biberpelz ⟨*Gerhart Hauptmann, »Der Biberpelz. Eine Diebskomödie«*⟩, an und für sich ein sehr gutes Stück, aber eine mittelmäßige Nachmittags-Vorstellung. \ Im übrigen Bugro, Bugro. Sie wird fahler, b*l*aßer lauter verwischter ihr an und für sich hübsches Gesichtchen wird fahl sie wird zur Dirne schade schade, besser viel besser wir machten sie zur Hetäre ⟨*in der Schwabinger Boheme verbreitetes Weiblichkeitsideal; → Franziska Gräfin zu Reventlow, »Viragines oder Hetären«, in: Zürcher Diskußion 2, Nr. 22 (1899): »Die Hetären des Altertums waren freie, hochgebildete und geachtete Frauen, denen niemand es übel nahm, wenn sie ihre Liebe und ihren Körper verschenkten, an wen sie wollten und so oft sie wollten und die gleichzeitig am geistigen Leben der Männer mit teilnahmen. Das Christentum hat statt dessen die Einehe und – die Prostitution geschaffen.«; → 23. Februar, 2. April*⟩.

17. **Februar** Mutter ⟨*die Neher in München besuchte*⟩ war enttäuscht von meiner Kunst; von meiner so überaus häßlichen Kunst sprach ihr unbedingtes Mißfallen aus drüber sagte unter anderem wenn man etwas gebe, müße man etwas veredelndes geben, ~~w~~ etwas woran man seine Freude habe und nicht seinen Verdruß, etw nicht woran man sich ärgere, wenn man es ansehe. Vielleicht hat sie recht, ich glaube aber immer noch, daß ich auch mit meiner Kunst etwas veredelndes gebe. \ *[...]* Dann aßen wir, ich dachte an Baal und machte mir aus Umgang nichts und fraß wie Baal; da sahen wir im Salon der Tante eine kleine feiste Buddha ~~Artige~~ figur, die lachend ihren Bauch hielt übrigens ein ganz ausgezeichnetes Werk »Da«, rief mir Mutter zu, da hast du ja schon wieder »deinen Baal« ja, sprach ich siehst du überall trifft man etwas von Baal.

19. **Februar** Isenheimer Altar ⟨→ *Tb N, 24. Januar, Tb M, 28. Februar; NB 3, 42ᵛ.1-6*⟩, der scheints mich sehr großen Eindruck auf Mutter machte. Am besten gefiel ihr das Samt[g]*k*leid in der Verkündigung \\ Abends die Mutter zur Bahn. \ Es waren schon viele Leute versammelt vor dem Fernsprech~~pala~~ und Telegrafenburau am Bahnhof.\ Spartakus besetzte das Gebäude wurde von dem Leibregiment ⟨*Königlich Bayerisches Infanterie-Leib-Regiment*⟩ aber wieder vertrieben. Es fielen mehrere Schüsse. Einer soll getötet worden sein. Schöne Bilder, wie die Zurückweichenden vor den ersten Schüssen in Aufregung und Hast ums Leben. alles dringt nach allen Seiten die sonst kompakte Masse scheint auseinander zu stippen sie kann schwer, man sucht Deckung alles bietet Deckung und beklagt sich über die Gemeinheiten eines niederträchtigen Volkes Es ist alles ganz ungeheuer schön. Dummheit ist schön \\ Abends traf ich Bert: er erzählt von einer langen Reise ⟨*mit Paula Banholzer, die er für mehrere Monate nach Kimratshofen brachte, denn ihre Eltern wollten vermeiden, daß ihre Schwangerschaft in Augsburg bekannt würde*⟩ von Müdigkeit nach 3 schlaflosen Nächten. Alles ginge gut. Bi sei fröhlich und vergnügt und alles sei schön. ~~und~~

20. **Februar** Besuchte nach dem Essen Bert, der mich zu gleicher Zeit für den Abend eingeladen hat. Bi hat mir nämlich Würste geschickt, die ich mit Bert zu Abend aß. Ich schrieb einen Brief an Bi und mußte von Bert manches dazu schreiben: Bert selbst ist herunten in den Nerven. Er lernte mir das Guitarrespielen und sang seine Lieder und Lieder von Wedekind. Es war sehr schön den ganzen Tag mit Bert zusammen. Bert ist aber oft auch sehr sehr aufgeregt. Und hastend. Abends gingen wir zusammen ins Theater. \ Es war in den Kammerspielen. Es wurden 2 ganz ausgezeichnete Stücke gegeben Machiavelli,

Mandragola ⟨*Niccolò Machiavelli, »Mandragola«, Komödie in fünf Akten*⟩ *[…]* ebenso ~~das~~ ein neues vom Schnitzler der tapfere Kassian ⟨*Arthur Schnitzler, »Der tapfere Cassian«, Puppenspiel in einem Akt*⟩.

21. Februar Eisner ermordet. \ Wo und was Kurt Eisner war sieht man jetzt, so wurde seit Menschen gedenken noch kein König begraben, solche Ehre wurde seit Jahrzehnten keinem zugewiesen. Der ganze Tage ist mit Eisner aufgefüllt \ *[…]* \ Eisner ermordet. Tot, ließt man. – Das Vermächtnis Eisners – Rache für Eisner nieder die Bourgeoisie. – \ Eine ungeheure Menge Menschen zusammengeballt eine Masse die ~~Zun~~ zunimmt ein ganz gewaltiger Stro~~mm~~ der ~~s¿¿~~ Wasser, immer mehr Wasser aufnimmt \ Eisner tot. Mit dem Revolver ~~in der Hand~~ wurde der Pfarrer in der Paulskirche gezwungen die Glocken zu läuten. Eisner tot. Welcher gewaltige Spalt bildet sich zwischen: Reich + Arm zwischen Kapitalismus und Spartakus wo jetzt die Kopula das Bindeglied fehlt. \\ Wir waren d. h. Bert und ich am Bahnhof sahen zu, wie sie einen Waffenladen stürmten eine Menge, die Blut sehen wollte Blut – Blut – Blut \ die noch nicht genug Blut getrunken hatte Blut. \ Scheiben, große schöne teure Scheiben wurden mit den Füßen eingetreten und Waffen herausgeholt: Waffen – Nieder – Waffen – Bürgerkrieg \ Am deutschen Theater war Versammlung der Bauern- und Soldatenräte: Reden wurden gehalten. Wir – Macht – zusammengeballt – Bürgertum – wir – unterdrückt – geknechtet – Kapitalismus – Vorräte – Essen – Essen – Essen – hungern – Kapitalismus ⟨*→ NB 3, 31^r.1-14*⟩\ 7^h Polizeistunde ich ging heim

22. Februar 6^h auf. Warum? Ja, ich mußte früh auf, weil ich Fräulein Geyer ⟨*Georg Geyers Schwester Lisbeth, die ebenfalls in München studierte*⟩ abholen mußte, die mit mir nach Augsburg fahren wollte. *[…]* \ Es war Gott sei Dank ein Schnellzug und aus Zufall trafen wir Bert. Er entwickelte seine Politik und unterhielt uns ausgezeichnet. Wir lachten – trotz der ernsten Lage – in einem fort und die Stunde war bald ~~for~~ vorüber. \ Dann kamen wir hier an – es war kein anderes Bild wie in München höchstens schlimmer – ärger – und harmloser. Raudis hatte in der Nacht vorher sämtliche Läden in der Bürgermeisterfischerstr und Bahnhofstr erbrochen und beraubt – es war geschossen worden – sonst war nichts los. Eine Menge Leute, die sich die Revolution ansahen mit dumben Gesichtern. \ *[…]* \ Nachmittags noch ~~im~~ in der Stadt suchend – nichts findend. ich traf Bert mit seinen Freunden und schloß mich seinem Gefolge an \\ Großer, unendlich langer Zug – ~~un~~ Trauerzug für Eisner und »gegen die Reaktion. Tafeln mit Worten bemalt trugen die Leute, die sie selber nicht verstanden. \ *[…]* \\ ½ 4^h bei Bert. Ich malte Bilder zu seinen Liedern ~~m~~ Moritatenbilder zum Singsang in den Kabaretts und Kneipen \\ Wir gingen fort. Besuchten Otto und gingen spazieren auf der Hauptstraße ~~und~~ Es gingen viele Leute, die sich die Revolution ansehen wollten *[…]* viele, alle, jeder ging um des Mordes willen auf die Straße. *[…]* \\ Dann aufs Rathaus. Automobile sausten herum und luden Soldaten mit Gewehren aus es war ein ungeheures Leben und Treiben. ~~All~~ Wir suchten einen Ausweis, um nach der Polizeistunde ausbleiben zu können, unmöglich, rein unmöglich.

23. Februar Revolutionssonntag. \ Ich ging nicht in die Kirche. \\ *[…]* \ Er ⟨*Georg Geyer*⟩ ging mit mir spazieren bis ich ihn um 11^h verließ um zu Gablers zu gehen. Dort traf ich Bert und Herrn Hack ⟨*Heiner Hagg*⟩. \ Bert erzählte von seiner Selbstbeherrschung, von Selbstbeherrschung und Nerven überhaupt. Es jammert seiner um Bie; Er liebt Bi: er hat Angst um die Hetäre ⟨*→ 16. Februar*⟩ Bi. Hoffentlich hoffentlich kämpft er den Kampf durch und ich will ihm helfen wo ich kann; bald darauf gingen wir. er ging zu Herrn Dr Banholzer und Hack und ich gingen heim. \\ Nachmittags ging ich sehr bald zu Georg *[…]* \ Wir fanden u. a. ein Adagio ⟨*von Johann Sebastian Bach*⟩ das zu einem Vorspiel sich sehr gut eignen würde. – nämlich zu Baal. \\ *[…]* ich ging heim telefonierte Bert, der sehr kurz angebunden war am Telefon und sprach i⟨*h*⟩m von meiner Abfahrt.

26. Februar Früh auf, besuchte Bert um 9^h morgens und war mit ihm fast den ganzen Tag beisammen. \ Es war sehr schön. \ Wind ging leichter Wind aus Süden, der die dicken Wolkenballen über uns wegtrieb. schon in aller

Frühe ging es hinaus auf die Teresienwiese, die voll von Menschen war, um sich dem Zug, Kurt Eisners zu Ehren anzuschließen. Alles war vertreten, alles alle, die, die große Idee Eisner sahen und erkannten *[...]* \ Bert entwickelte groß den Unterschied zwischen Kunst und mir zwischen mir als Mensch und meiner Kunst er behauptete ich müsse stärker vitaler kantiger und tiefer werden, ich muß auch wieder anfangen an mich selbst zu denken. man verausgabt sich man ist in kurzer Zeit Wrack. und nimmer leistungsfähig. \ Dann gingen wir heim d. h. zu ihm hinauf, Glocken läuteten und Karabiner wurden abgefeuert. Es wurde in der ganzen Stadt wie wahnsinnig geschossen. *[...]* \ Dann zeichnete ich Baal *[...]* \ Baal mißlang. \ ~~Baal ged~~ Dann zu Elise Geyer wo Bert seine Lieder vorsang es war sehr schön, sie wallte auf und sie war innerlich gerührt und zeigte Reue über ihr Leben vielleicht man konnte nicht wissen, über das was sie alles versäumt.   das da. \ Dann ging ich heim \ Zeichnete und zeichnete Baal Groß der ebenfalls mißlang Morgen versuche ich es von neuem und solange von neuem bis er gelingt.

27. **Februar** Bald auf. ich arbeitete an Baal Baal gelingt vielleicht jetzt; ich mach den Kopf schon mindestens zum 10ten mal und immer noch nicht ganz Baal. \\ *[...]* \ am Baal gearbeitet. immer beschäftigt es kommt nichs dabei heraus. \\ Dann zu Bert bei Bert Tee getrunken Bi, schenkt aus es war sehr schön hier ~~mit~~ zu dritt, *am* Abend begann die Sonne zu scheinen und wir gingen zu dritt spazieren. \\ *[...]* Plakatentwurf für Spartakus und zu gleich Buchentwurf \ Spartakus ist sehr gut, ausgezeichnete Objektivität die ganz enorm ist ⟨→ *zu NB 2,* 15^v⟩.

28. **Februar** Neue Ideen, neues Erlebtes. Kein Weib, O Bi, Bert – Bert – Bert, wie beneide ich dich um Bi. \ *[...]* \ Wir gingen in Theresienstraße in die Volkskneipe so voll von Kraut und Grütze, daß es einem bald ekelt. Schön ist das leben, auch bei Kraut und gelben Rüben. \ Nachmittags Karten in den Totentanz ⟨*August Strindberg, »Totentanz«, Teil I; am 17. März besucht Neher Teil II*⟩ geholt und dann zu Bert und Bi er war ruhig und wir sprachen von der Zukunft und Spartakus ⟨→ *zu NB 2,* 15^v⟩. \ Abends heim. \ ¿¿Sehe Aufforderung gegen spartakistische Bewegung, ein großes gelbes Plakaat. \ Dann in Totentanz. \ Strindberg. \ *[...]* \ heim – allein. Bert und Bi gingen auch heim – allein.

1. **März** Wir gingen spazieren Bert und ich, nachdem Bi fortgefahren war an der Isar entlang. Bert hielt Vorträge über meine Kunst und gestaltete unsere Zukunft. Wir dachten uns sofort weit weg und sprachen von Ruhm und Geld und ~~wir~~ Bert sagte von meiner Kunst, Ich müsse mehr Psychologie machen, wenn ich die Farbenperiode hinter mir hätte und er leitete alles her scharf, wie es kommen müsse. Dann ging er auf einen Sprung zu mir und ich zeigte ihm meinen neuen Baal, der ihm sehr gut gefiel sonst ist alles so sagte er nur der Raum. \ *[...]* traf Bert um 5^h beim Otto. *[...]* \ Abends am Lech. \ Spät. schöne Sterne glitzerten durch das Dunkel hohe Bäume ringsum und immer der ~~R~~rauschende Lech. Es wurde geschrien aus voller Brust geschrien ganz unglaublich geschrien. man nannte – Bert nannte es Duell singen – es löste Stimmung aus ohne Zweifel und tat wohl einmal mit der Natur zu händeln sie zu meistern ja es war schön. um ½ 10^h war Polizeistunde man mußte leider schon früh daheim sein.

2. **März** Bummel mit Bert. Machten ~~abends aus z~~ einen Teenachmittag aus bei Gabler. \\ *[...]* \\ Tee. \ Es waren verschiedene Damen da *[...]* \\ abends daheim \ las Vater Berts Lieder vor dem sie ~~al~~ meistens gefielen.

3. **März** Nachmittags Jagd nach dem Ruhm ⟨*vielleicht Anspielung auf das gleichnamige Theaterstück von Eugen Tschirikow*⟩, der aus Angst vor uns beiden gewaltigen überall zurückwich.

4. **März** Traf um 12^h Bert und ging mit ihm zum Mittagessen \ Dann heim. Bert will ein neues Drama schreiben: David und Bath-Seba: Absalom ⟨→ *13. März, NB 3,* 12^v-13^r⟩. \ und eines von Tchingischan. *[...]* \\ Baal ist gelungen. \\ Abends Maxim Gorki's Nachtasyl, das ein ganz gewaltiger Schmarrn ist eigentlich eine unverschämtheit in doppelter Beziehung 1. Menschen von Geist solche Phrasen und leere Sätze vorzuplaudern (man könnte sofort das Gegenteil von ihnen beweisen) \ 2. Menschen ohne Geist so anzulügen. \ Ein Musterbeispiel von ganz schlechter Volkserziehung ein Beispiel,

Abb. 2 Caspar Neher, *Baal stehend mit Gitarre*; Feder, Bleistift, 28,8 × 21,3 cm (Deutsches Theatermuseum, München, III 8250/51)

wie man durch Kunst Schaden anrichten kann. Eine Behauptung wie die: Alle Menschen sind gleich ist gerade so unwahr ⟨*andere Lesart:* unrecht⟩ wie 2 Ochsen oder 2 Kühe nicht gleich sind, se[l]*e*lisch wie physisch. beides. leider sind die Menschen eben nicht gleich deswegen ist ja der Kampf. Wären die Menschen gleich zu was bräuchte man den Sozialismus. Zu was – dann wäre Sozialismus Spielerei Zeitvertreib. gleichberechtigt und gleich sind Unterschiede. \ Wir gingen nach dem 2. Akt. es verdirbt einem den guten Geschmack.

5. März 10^{h} zu Pirchan ⟨*Emil Pirchan, Bühnenbildner am Münchener Residenz-Theater; → 21. Juni 1919, 31. Januar 1920*⟩, den ich auch persönlich gesprochen habe wegen Theater ~~Zufuhr~~ maler u. sw. ich bat ihn mich als Volontär in den Sommermonaten aufzunehmen. Es ist unbedingte Notwendigkeit um selbst einmal Entwürfe machen zu können. \ *[...]* dann heim und zu Bert der seine Lieder seine seltensten Lieder, die ich noch nie gehört habe vorgesungen hat. Sie waren sehr schön und es war ein ru[g]*h*iger schöner Abend. \ Jetzt daheim. Ich warte auf Ereignisse. Es muß sich etwas ereignen. \ Hoffentlich.

6. März Nachmittag mit Bert in den botanischen ⟨*Garten in München*⟩. Blauer Himmel über uns und Wolken, die zerfetzt vom Wind getrieben in¿¿ wilder Eile vor uns flohen \ Wir sahen Tropenpflanzen, Palmen und Orchideen Sumpfpflanzen und Fruchtbäume Bambus gräser und Farne \ und am schönsten, wenigstens für mich die Kakteen. ~~Der~~ Die Oase in der Wüste. Wunderbar. Bert brachte mich auf den Einfall: das zum Hintergrund meines »Adam und Eva« zu machen, was ich nun auch tun werde. *[...]* \ Bert sprach über mich: \ In mir sind zwei richtungen: die eine Gefahr werden können 1. in der Kunst: Architektur und Psychionomik. \ als Mensch schadet mir nur mein Pflichteifer, mein Eifer jeden Tag etwas zu machen ich sei Spießbürger noch sehr Spießbürger ja ich gebe es zu ich bin zu sehr Spießbürger \ Ich habe eine sehr große Portion von Neid. Das habe ich von meiner Mutter, ja ich muß den Neid bekämpfen warum Neid haben. Man muß sich freuen, freuen objektiv, sich wegen der Sache willen freuen. Der Gegenstand an sich. Nicht Neidig sein weil der Gegenstand mich nicht persönlich berührt, ja ich erkenne es. \ Zum andern. \ ein Zeichen von Feigheit \ Ich frage sehr viel. ich frage oft Sachen, die mich eigentlich gar nichts angehen und die mich bei Menschen verhaßt. machen. Ich bin neugierig ohne eigentlich an der Neugier etwas Gescheites zu bekommen. \ Feigheit ist es weil ich Angst habe nicht ~~da~~ in ~~das~~ die Person des betreffenden eingeweiht zu zu werden. \ Zum andern: Hochmut das jetzt setze ich selbst hinzu Bert sprach nicht darüber: \ Hochmut oft grenzenlosen Hochmut, warum? Ja fragt mich nicht ich bin sehr hochmütig manchmal grundlos und ohne überhaupt zu wissen warum Hochmut aber grenzt an Dummheit. \ Ich bin dumm \ Schmeichel \ Ich höre gerne Schmeichl⟨*e*⟩r du mußt wissen: \ Jeder, kein Mensch spricht zu dir die Wahrheit. ~~Die~~

Alle Denken ihren, den wichtigeren Teil. Wer mich lobt und viel spricht von meinen scheinbar guten Sachen schmeichelt mir. Ich frage mich: hörst du sie gerne. \ Zorn und Jähzorn \ Eigensinn das alles alles muß ausgemeißelt ausgeglättet werden. Arbeite arbeite. Gib auf jede Regung deines innersten acht. \ und seh zu: \ Beherrsche dich: sei ganz deiner selbst Herr in jeder Situation und dann kannst du als Künstler etwas leisten und dann ~~leb~~ kannst du den Weg zur Kunst betreten. \ Sei objektiv. Betrachte die Sache immer um der Sache willen. \ Lese aus oft. Und: \ kämpfe. \\ Ich habe schon Mut \ aber nicht den Mut, der proportional der Geschwindigkeit wächst über die Gefahr: – dein Mut ist immer da wo Gefahr ist, wo keine Gefahr da kein Mut – Immer ⟨*muß*⟩ der Mut größer sein als das zu bekämpfende Objekt \ der Mut muß sein wie eine Feder, die sich ~~dehnt~~, *umso mehr* Kraft entwickelt, je mehr sie belastet wird.

7. **März** Zeichne und bringe nichts zusammen. Arbeite an Baal Baals Entwurf ist fertig und entwerfe Adam und Eva. \ Ich habe große Lust in Öl zu malen. \ *[…]* \ Abends holte ich Bert von Medea ab dem diese ausnehmend gefiel und für den ich Grillparzer rettete. \\ Heim ⟨*im Zug nach Augsburg*⟩ im gepolsterten Wagen – heim. \ wir saßen gut und ein origineller Mensch sprach und geißelte Poitik. sprach über jetzt früher und über die Zukunft.

8. **März** ~~Abe~~ Nachts [i]*a*n den ~~he~~ Ufern des Lechs mit Orge ⟨*Georg Pfanzelt*⟩ und Bert. Bert sang sein Lied von R. Neher Cas. ⟨*wohl »Caspars Lied mit der einen Strophe«*⟩ vor und dann improvisierten wir Arien. \ Wir sangen und schrieen daß uns die Ohren gellten

10. **März** In aller früh nach München. Es war sehr schön – Schnellzug nein Personenzug – \ Im übrigen meine ich: \ Hüte dich vor Aphorismus cave canem! \ Hüte dich. \ Hüte – dich \ vor \ Aphorismus \ Aphorismus ist Barock \ Aphorismus ist Schnörkelwerk \ Aphorismus spaltet \ spaltet den Künstler in 2 Teile in den Künstler an sich und den Menschen an sich \ Cave!!! \\ *[…]* \\ Abends wurde »wie es Euch gefällt gegeben.« Es war sehr ¿¿¿ sehr gut Sheakspire bleibt lebend seine Vitalität ist so gesund, daß sie einen heute noch ergreifen kann die Personen haben Lust ⟨*andere Lesart:* Luft⟩ und die Sprache ist schön. man kann sie hören

11. **März** Bert kam nach München es war schön. \ Nachmittags Akademie Abends im alten: guten \ Marquis von Keith ⟨*Stück von Frank Wedekind*⟩

12. **März** Abends traf ich Bert, er arbeitet arbeitet in einem fort. und ich schäme mich – schäme mich sehr. \ denn ich tue nichts. ¿¿ \\ Gang mit Marle ⟨*Arnold Marlé, Schauspieler an den Münchener Kammerspielen*⟩ \ Bert ging mit Marle und ich stolperte hinterdrein \ sie gingen rasch und es war schön. Marle ging ~~rechts~~ *links* Bert rechts. Es war wieder ein Ereignis in unserer Kunst.

13. **März** Abend zusammen: \ Wir wollen heute noch nach Holzhausen und wollen fröhlich sein – \ aber es regnet. \ *[…]* \\ Baal ist fertig \\ Er wurde sehr gut. Die Hand die Hand eines intelligenten Menschen, kantig, kräftig und doch zart, sein Stiernacken und sein gescheites Raubtiergesicht. Baal ist bös Baal ist stark wie ein Zuchtstier. \\ Das nächste Bild wird Meine alte Komposition: »Der Sturz« \\ Dann bereitet man sich auf die Figuren ¿ in »Der König David« ⟨→ *4. März, NB 3, 12ᵛ-13ʳ*⟩ vor. \\ *[…]* \\ Abends zusammen. im Kafé Wien, wir sahen Demi monde. und sehr schlechte Demi monde. \ Wir sprachen von unsern Bedienten und träumten von der Zukunft von der großen schönen Zukunft

14. **März** Mit Bert zu Mittag gegessen Wir aßen unsere Omeletts die so sehr geliebten \\ Bert fand Baal gut. ~~S~~ Er gefiel ihm sehr gut. \ Dann nahm ich ihn mit ~~ich~~ ins Atelier und zeichnete ihn. \ es mißlang sagte er und war ärgerlich. ~~er~~ sprach von Akademie-Technik u. sw. ich fand es nicht schlecht obwohl – – – – –

16. **März** Abends bei Bert, der die Rahmen bestellt hatte. Georg begleitete mich ich holte die Rahmen.

17. **März** Abends in Toten[z]*t*anz II ⟨→ *28. Februar*⟩ Ganz wunderbar. \ Ganz ungeheuer wunderbar Steinrück und Durieux ⟨*Albert Steinrück und Tilla Durieux, Schauspieler am Münchener Residenz-Theater*⟩ Steinrück schreit schreit, sein Geschrei aber tut wohl.

18. **März** Bert da: ⟨*nicht fortgesetzt*⟩

19. **März** Abends zusammen ins Kaffee – Hotel

Stadt Wien \ ha! – ha – ha! \ Doch hinterher – hats! 20 M gekostet. Jupiter mit seinen 4 Monden – Man denke sich der Kerl hat 4 Monde. \ Wieviel Monde werde ich haben. Ha! du du sag es mir bitte?

20. März Heim und gezeichnet. Am Bild XXX. Unbenennbar »Paisus« nenne ich es. \\ Bert kommt ihm gefällt es. – schöne Leiber – Leiber – Leiber \ Oh ich liebe die Leiber über Alles. – Bert Bert gelt du auch? – \\ *[…]* \\ Bert meint: \ Er habe Angst, wenn er mir beim Malen zusehe dann glaube er immer ich kann mit meinem nächsten Pinselstrich das ganze Bild verbatzen – der Pessimist \ Er hat Recht. \ Schon meine Mutter hat mir als kleiner Knirps immer Einhalt geboten, immer hat sie sagen müssen, halt, halt es reicht, nichts mehr, sonst ists rein sonst ists verbatzt. ~~ja~~ es scheint, daß ich diesen Fehler noch nicht ganz los habe und es scheint, daß ich als empfundene primär hingesetzte Eindrücke nicht ins detail kenne. Schade um mich und meine Kunst. \\ *[…]* \\ Abendhimmel \ Sterne – drunter Jupiter mit seinen Planeten – der uns 20 M gekostet hat das vergeß ich ihm nie mehr – Bert und ich lachen.

21. März ⟨*in der Galerie*⟩ *Kaspari: Bert über Ernst* \ Bert sprach über den Ernst in der Kunst. – nebenbei ich verdanke Bert alles – alles \ Er macht mich auf das Große in der Kunst aufmerksam und ist nicht zufrieden mit mir schade \ ich arbeit an dem »Sommer« Er gefällt mir nicht mehr obwohl er noch nicht fertig ist. Schade aber es ist so – \ Abends Atelier Fest ⟨*→ NB 3, 8ʳ.3*⟩ bei Hanne Wenz und H. Eglseder \ Es war schön und es gefiel mir hoffentlich kommen bald – bald ebenso schöne Tage. \ Bert sang gut und amüsierte sich gut. schön Tanz. ~~ge~~ es wurde nicht getanzt. gesungen und vorgetragen.

26. März Mit Karl ⟨*Hartmann*⟩. \ *[…]* Schade, daß Karl gar keinen Sinn für tiefere Bildung hat, das habe ich vom Vater und mein Gemüt von Mutter, ¿ war heute mit Bert zusammen und war froh. Es ist sehr schön gewesen. \ wir stellten fest, daß Bert unbedingt ein Genie wäre und ich auch. wir glauben an unser Genie. wie an den Strohhalm des versinkenden. \\ Abends bei Marlé \ der sich eben abschminkte und abgipste. Ich wollte das Manuskript von Spartakus ⟨*→ zu NB 2, 15ᵛ*⟩ haben ¿¿¿ er hatte es aber nicht da. – Ich solle einmal hinschauen.

2. April Eine Woche dazwischen \ Es hat sich viel ereignet – sehr viel[.] – \ Unterdessen bin ich von meiner Hausfrau ⟨*Frau Pellok, Vermieterin*⟩ hinausgeschmissen worden ⟨*wohl wegen Damenbesuch auf seinem Zimmer; → 15. und 19. Mai*⟩. \ Trudl Dechant ¿ein Weib. Jedes Weib ist Dirne Stumpfe Weiber zu Hetären ⟨*→ 16. Februar*⟩ Nur Sinnlichkeit – einzig und allein Sinnlichkeit. Sie sagte sie könne ohne mich nicht leben aber – ha! ha! \ Bert ist im Zorn, ich weiß nicht warum, wahrscheinlich hat er Angst um mich, wie ich mein 1. Mensch hat um den 2. Angst. \ Herr bring mich durch.

12. April Samstag: In Augsburg. Umgezogen \ 14 Tage sind seit meinen letzten Aufschreibungen vorüber und es war viel zu viel um dies alles aufzuschreiben. Bert ist mir feind: »So ist es« sprach er heute: ⟨»⟩all seine ~~St~~ vermeintliche Stärke ist Schwäche und alles was Kraft an ihm schien ~~w~~ ist Schwachheit. Er kann nicht zu mir gehören und man kann nur mit ihm geschäftlich verkehren. Seine Freunde erkennt man nicht nur im Unglück sondern auch im Glück.⟨«⟩ Ich aber prägte den selben Satz unter ~~den~~ ähnlichen voraussetzungen und e[s]*r* war falsch, weil meine Voraussetzungen falsch waren, denn Bert handelte nicht aus Egoismus, sondern, wie er sagt aus Freundschaft. ~~ist~~ handelt er aber aus Egoismus, so habe ich recht: Wir gingen aus einander, wie wir zusammengekommen waren.

13. April Heute wird mein Geburtstag gefeiert mir geht es gut. \ in ~~fr~~ der frühe arbeite ich an Köpfen versuchte 2 × Vater zu machen und mißlang ¿ dann arbeitete ich an Berts Baal. Und zwar der Tod Baals, der auch mißlang, ich will ihn morgen nochmal machen, hoffentlich gelingt er.

14. April Bei Bert nachmittags. *[…]* \ Abends bei Otto und Bert. Zeigte die Bilder, die gefielen und gut ¿aufgenommen wurden.

15. April Zeichnete »Baal in seiner Kammer« nach Holzschnittart ⟨*→ Abb. 3*⟩ will das ganze in Holzschnittart herausgeben will sehen ob es gelingt. Hoffentlich.

Abb. 3 Caspar Neher, *Baal sitzend mit Gitarre*; Linolschnitt, 12,7 × 10,6 cm (Deutsches Theatermuseum, München, III 8226)

16. April Baal wächst jetzt in mir. Baal gedeiht Hoch Baal Baal muß gut werden ich habe die Holzschnittart gewählt um mich ganz an objektive Ruhe zu gewöhnen \ ganz und gar Ruhig und klar zu bleiben

17. April Ich male[.], es tut gut. lerne viel dabei \\ Baal wächst. \ Otto Müller brachte mir die Skizzen von Baal zurück \\ Ich glaube nicht, daß es mit Bert zu einer Einigung kommt. Hoffentlich hoffentlich. gebe es bald sehr bald. \ Ich will und muß etwas vollbringen Zeichne ohne Unterlaß.

18. April Vormittag in die Stadt und nachmittags zu Bert zum Zeichnen. \ Baal gedeiht wunderbar, er liegt mir ich zeichne eines meiner Hauptwerke »Baal« »Baal« \ Ich bin überzeugt, wenn Baal nicht angenommen wird vom Verleger, was mir vollkommen gleichgültig ist, so würden die Bilder doch noch gesucht werden, einmal irgend einmal. \ Abends daheim. Ich zeichne Baal

19. April Geyer gefällt Baal

20. April Kanonendonner weckte mich auf. \ Ostern! \ Man glaubte kaum das es Ostern sei weiße Garde gegen rote Garde \ Kampf. Bruderkrieg \ Es melden sich viele Auch Otto ist dabei.

21. April Spartakus kämpft noch in ⟨*den Augsburger Vororten*⟩ Oberhausen und Lechhausen und hält sich. \ Es ist schön – schön, unendlich schön \ Bert besuchte ich, ~~de~~ ich konnte mich einige Zeit mit ihm unterhalten und wir sprachen von Kunst und über Politik. Baal wird fertig und gedeiht. Er ist schön. \ Baal tanzt Baal frißt Baal \ verklärt sich \ Es wird hin und her geschossen. Granaten explodieren an Häusern und Vater meint ich sollte mich freiwillig zur weißen Garde melden. Das geht nicht, weil ich nicht kann. \ ~~Man~~ Ich will nicht alles aufschreiben was ich heute an Roheit der Regierungstruppen gesehen habe. Alles fürs Wohl der Bürger Gemeinheit Dummheit und Roheit. \ Ich hasse diese Art von Militarismus auch, wie ich schon die erste Art von Militarismus ⟨*im Ersten Weltkrieg*⟩ hassen gelernt hatte. – \ Man sah *sonst* nichts als Dummheit \ ⟨*Der Spartakistenführer Georg*⟩ Prem kleidete sich heute um bei Bert und entkam. \ Ich liebe die Reibung / Reibung muß da sein um Wärme zu erzielen. \ Sonntag abend daheim \ Ostern 1919 geht zu Ende. \ Truppen kamen heute viele an und wurden unter militärischen Kommandos ausgekarrt und in Marsch gesetzt / Stramm und in militärischer Ordnung und in einer dem Bürger so angenehmen Pünktlichkeit und Zucht. Halleluja.

22. April Arbeite an Baal weiter. Baal gedeiht 14 Bilder sind fertig. \ Georg sprach: die Bilder sind gut doch ich sollte noch ein halbes Jahr warten mit der Herausgabe dann erst ~~se~~ könne ich einen ganz reinen reifen naiven Baal schaffen, einen Baal voll und ganz seiner Stärke angemessen. Einen Baal, der ohne Theater ohne Bühne wirke. Er meint dem ganzen fehle noch die große Linie. \ Ich war gestern mit Bert zusammen dem die Bilder sehr gut gefallen, der sich sehr dafür interessiert, d~~em~~*er* jetzt, wie es scheint Feuer und Flamme für seinen und meinen Baal ist. \ *[…]* \ Komme spät heim. \ Otto Müller besuchte mich als Volkswehrmann todmüde und einen Streifschuß am Oberschenkel der Arme ihm geht es schlecht, weil ihn Bert beleidigt hat. : daß er – Bert nämlich, nicht an seinem Leichenbegängnis dabei sein will.

23. **April** Es geht gut. \ Arbeit: Körperliches \ Dann kamen Bert und Georg und besuchten mich. \ Bert sprach von Spartakus ⟨→ *zu NB 2, 15^{v}*⟩ und Baal ⟨→ *zu NB 3, 4^{r}.3-4^{v}.1*⟩ von seiner Bibel ⟨→ *zu NB 3, 20^{r}.1-4*⟩ und Sommersifonie ⟨→ *Anfang Juni 1917, 1. Januar 1920; NB 2, 16^{v}.11-13*⟩ und war gut gelaunt. Im Eisladen: er zeigte meine Bilder de~~m~~*r* Badnerin de~~m~~*r* sie sehr gut gefielen nur meinte sie bei Baals Choral: Er sehe aus wie der Tod: Das muß noch geändert werden. Hier wird Baal zu gewagt, zu sehr grotesk um noch für Ernst genommen zu werden. Auch meinte Georg heute ob es gut wäre, wenn Baal so aussehe wie ich ihn zeichne. Hat dieser Baal etwas anziehendes auf ein Weib er glaube nicht genug. Auf jeden Fa[h]*l*l würde ich meinen Baal auf einer niesonst gewagten Linie bewegen zwischen grotesk und ernst, fast zu sehr grotesk manchmal um noch ernst zu bleiben. Besonders der Schnurrbart. Es käme noch eine ganz einfache Frage und das wäre der Stand des Bildes die Größe u. sw. \ Dann auf dem Plärrer mit Bert. ~~wo~~ [es]*Es* dauert Bert zu lange er möchte unbedingt zum Schiffschaukeln \ *[…]* \ Dann nach Hause zeichne an Baal

24. **April** Heute Vormittag bei Bert und die Skizzen (Baal) gezeigt, mit Bert ins Theater zu Häusler ⟨*Carl Häusler, Intendant des Stadttheaters Augsburg*⟩, der unsere Bitte nicht erhörte: nämlich in ~~unse~~ die Hauptprobe gehen zu können. Dann auf den Plärrer und bei Betzold der immer noch im Bett liegt und leidet. Ich werde heute mit Baal glaube ich soweit fertig um erscheinen zu können. \ Nachmittags daheim, arbeite an Baal

26. **April** Bert ritt spazieren und der Gaul stürzte und Bert wurde verwundet, erhielt Schrammen hatte aber Glück. Ich muß ihn heute besuchen.

29. **April** Es ereignet sich nichts \ Bert ist ziemlich krank. \ Pessimismus \ kolossalen Pessimismus \ Ich zeichne den Pessimisten \ Abends mit Georg im Zirkus.

1. **Mai** zu Georg der daheim war. Ich ging mit ihm auf den Plärrer es war schön Schiffschaukeln sind schön \ Wir waren in einem Zelt. \ Georg sieht Seiltänzer gern ~~die~~ das andere war Kitsch. Überall frägt eben der Mensch nach Können, Können Dort waren Kullissen (nebenbei), die die Truppe wahrscheinlich selber gemalt hatte sie erinnerten an den Expressionismus der Kammerspiele. Hier wirkliche Naivität. dort von schreibern gezwungene Naivität. Nichts besseres wollen. Hier der Ernst der Sache, dort das Lächerliche Und beides ist Kunst.

4. **Mai** bei Bert: Bert ist immer gegen mich der, der er war. \ Ich werde ihm einmal meine Sachen zeigen müssen »das Leben eines Junggesellen u. s. w. der Neger. \ *[…]* Abend: Plärrer. Lichter. schön. \ Ich sah einen Baalstyp. mit weiten Hosen. schwarze Streifen. Steifer Hut und feiner runder Bewegung.

6. **Mai** bei Bert: \ Baal ist groß. Ganz gewaltig groß. Die Szenen sind so ungeheuer fruchtbar; daß sie einen vollsaugen vollpumpen mit Natur: Es ist ungeheuerer Erdgeruch drinnen, der einem wohl tut und erfrischt wie ein Bad im Waldsee nach langem Marsch. Man liebt diesen Baal diesen Bur⟨*s*⟩chen, obwohl man ihn eigentlich verabscheuen müßte – obwohl er zu verwerfen wäre und ist vom Standpunkt der allgemeinheit des werdens aus. \ Ich will zeichnungen dazu liefern hoffentlich werden sie dem ge~~schauten~~*hörten* gleichwertig. Sie müssen besser weitaus besser werden als die letzten ich will etwas unerreichtes schaffen. \ »pour tout le monde« ⟨→ *26. Juni, 10. Juli*⟩ \ leider leide ich am Größenwahn

7. **Mai** Vormittag in der Gallerie. Es geht weiter. Ich werde Baal zeichnen. Baal ist fertig und ganz ausgezeichnet geworden. \ Morgen geht es mit ihm nach München *[…]* \ Nachmittag bei Bert malte eine Baalskizze, die aber mißlungen war.

8. **Mai** In aller frühe nach München Bert war dabei und Bischof; Gespräch: Gitarre ihre Geschichte Laute an sich Ihr Wert einst und Jetzt ihre Technik und ihr *spielen*Können wenige Virtuosen – u. sw. \ *[…]* \ Dann: *bei* Bert – der seinen Baal korrigierte und seinen Bruder besucht hatte der sich an den Kämpfen ⟨*an Ostern auf Seiten der Weißen; → 20./21. April*⟩ beteiligt hatte. Es geht ihm gut nur scheint er auf gefahrvollen Posten zu stehen.

9. **Mai** Um ½ 7^{h} Morgens besuchte ich Bert Bert

war schon auf und hatte seinen Bruder aufgesucht d~~em~~*r* gerade schlief. Er hatte die Sache gut hinter sich. \ Wir fuhren mit dem Schnellzug heim es war schön, in einen hellen Sonnentag hineinzufahren mit seinen erwachenden Feldern und seinen jubilierenden Vögelein *[…]* \ Mit Bert fuhr ich heim. Berts Baal wurde von der Münchener Künstler Welt sehr gut aufgenommen. \ Bert legte mir seine Ansicht über Kunst klar: Der Maler könne, sagt er, nur Körper malen, den Körper eines Mannes. Den Körper eines Baumes das Gesicht u. s. w. nie psychologisch Es ist nicht Aufgabe des Malers Seelen zu malen lediglich Körper man muß nie wollen was man nicht kann und was nicht im Bereich des jeweiligen Stil's seiner Kunst liegt. Man muß *Körper* Arbeiten und diese Körper müssen Ernst haben. Das ist es und mit dem [S]stimme ich mit Bert überein. \ *[…]* \ Abends: \ Plärrer mit Schiffschaukeln. Die Mädchen in der Schaukel mit Bert um die Wette fahren wer kommt höher hinauf? Wer? Es wird geschaukelt Alles ringsum schaukelt und es ist unglaublich schön und voll Körper. Warm und geschmeidig und voll Kraft. Die glitzernden Stangen und die schauenden Gesichter unten die zu einem herauf sehen und das Mädchen in der Schaukel, die errötet und einen fragend ansieht. \ Wir gingen in der wunderbaren Sternennacht spazieren ~~und~~ Es war schön, ganz unglaublich schön Bäume und Sterne und tiefer Himmel. Wir begleiteten Bert heim und Bert erzählte Geschichten von seiner Hochzeit und von seinen Freunden. Es war eine der selten schönen Nächte mit Bert zusammen. \ Eine Nacht in der auch in den Körpern Sonne lag. \ Eine Nacht in der man keinem etwas unrecht tun konnte.

10. **Mai** Ich ging zu Bert in den Eisladen. Dort war es schön. Man spricht über Zukunft und ist froh, daß man in der Jetztzeit lebt. \\ Dann zu Bugro, die absagt; wir wollten sie für Samstag abend und Sonntag auf den Plärrer. \ Um 3^h sollte ich mit meiner Schwester Mar. ⟨*Marietta*⟩ dahin kommen. Es regnete aber und die ganze Geschichte fiel ins Wasser. \ Bert war unwillig \ Ich ging zu ⟨*Hanns Otto*⟩ Münsterer und sprach da über meine Entwürfe die gedruckt worden waren und die mir mißfielen. \ Drucke mißfallen einem immer \ Abends mit Marietta + Bert beim Schiffschaukeln ⟨→ *zu NB 3, 26ʳ.7*⟩.

11. **Mai** Georg urteilt über Baal: \ Er meint der erste Baal hätte ihm besser gefallen. Es wäre mehr Kraft dahinter. \ Bert geht mit meiner Schwester und mir zum Schiffschaukeln. ~~beson~~ Es gefällt ihm, besonders *aber* Ma, die sich schon auf den nächsten Plärrer freut. \ *[…]* \ Abends traf ich Bert bei Otto dem es gut geht[,] – Bert geht nach Kempten und Otto freut sich am Soldatentum.

12. **Mai** Ich arbeite bis 12^h ⟨*in der Münchener Gemäldegalerie*⟩ dann gehe ich treffe Bert und suche Otto auf, der aber schon mit seinem Militärtransport fort ist auch er fährt nach Kempten. \ Bert will auch hmorgen oder übermorgen Nachmittags bei Münsterer, dieser gab mir die Angabe, wie ich meine Rechnung stellen sollte. Dann zu Georg. Georg urteilt über Baal und Bert ändert ihn um. Es fallen wieder einige Szenen. Darunter die Liebesszene. \ – weiter, es geht, es rollt mehr jetzt im Baal. Georg meinte das Publikum wäre müde, wenn die Hauptsache erst anginge. \ Abends mit Bert, Orge und Münsterer im Konzert. Die ersten beiden Teile mißfielen mir. Die letzte Ouverture Leonore III Beethoven war gut. *[…]* \ ~~Au~~ Dann auf dem Heimweg zu Gabler – dort sang Bert seine neuesten Lieder. »Leary's Lied an die Mutter Armee« ⟨*Larrys Ballade von der Mama Armee*⟩ und das eine: der Mann, der der Sonne nachläuft. \ Gesang und Gebrüll zu viert in den Straßen und Gaßen \ Augsburgs.

14. **Mai** Ich ging zu Bert. Bert war fort ~~und~~ schade, sehr schade, daß er nicht da war. *[…]* \ Nachmittag arbeite ich ~~für~~ *an* Baal Baal wird anders, ich versuche das alles anders zu machen alles auf einen neuen Standpunkt zu verschieben alles weiter hinauszuziehen, hinauszuschieben verwirrter wilder sinnlicher und rassiger zu machen, mehr Kraft mehr Leben hineinzubringen. Ich versuche solange bis es mir gelingt

15. **Mai** Ich zeichne und es schellt. Es kamen Liese ⟨*Lisbeth Geyer*⟩ von Frau Pellok und Menz ⟨→ *2. April und 19. Mai*⟩. ~~Sie ist~~ Es ist alles im reinen, sie ist so froh, daß alles so vorüber gegangen sei. \ *[…]* Ich arbeite an Baal, lege einen Ton unter um die Figuren besser heraus treten zu lassen. Es gelingt bei einigen.

17. Mai Brachte zum Bert die neuen Entwürfe von Baal, Baal gefällt mir noch nicht ich muß muß noch einige Zeit warten. \ – Bert war fort \ *[…]* \\ Nachmittag kam Georg dem ich das Bild zeigte, dem es gefiel. und der einiges auszusetzen hatten, was mir ~~mir~~ auch schon aufgefallen war, nämlich das unruhige Gewand und die zu große Ruhe des Körpers Ich werde es ändern sobald es trocken ist \\ Dann kam Bert, mit seinem Hund der jetzt trächtig zu sein scheint. Bert war da wegen den Bildern und sie gefielen ihm besser; als die vorigen, vor allem meint er sie seien nicht so doktrinär als diese – \ Dann spielte Georg sein Praeludium von Bach auswendig, wir weihten das Bild damit ein und ~~ich~~ g Haydn Sonate~~n~~ II Adagio Finale. Wir begleiteten Bert, der Orge im Eisladen treffen wollte Er sprach von Politik u. sw. ärgerte sich insbesondere darüber, daß die Unversität so spät ⟨*wegen der politischen Unruhen statt am 15. Mai erst am 15. Juni*⟩ angehe \ Ich werde von Karl eingeladen zum Abendessen in seinem Haus, man sprach von Atelierfesten ⟨→ *NB 3, 8^{r}.3*⟩ und andern schönen Dingen \\ *[…]* \\ Dann mit Orge + Bert im Ludwigsbau. Wir sprachen über Müller Otto und über die liebe schöne Bie.

18. Mai Ich arbeite nichts. Bert will einen Ausflug machen. Wohin? Mit wem? Meine Schwester geht mit und deren Freundin *[…]* \ Abends hatte ich mit dem Vater einen Krach: Der Grund war sein Mißtrauen mir gegenüber.

19. Mai Ich konnte nicht schlafen um 2^{h} stand ich auf und wartete bis um 4^{h} der Zug nach München ging unaufhaltsam, gepeinigt und gemartert von den Ereignissen des Vortags \ Im Zug traf ich Bert und seinen Bruder, der bei der Volkswehr *ist*, ~~alle~~ mehrere seiner Kameraden ~~wahr~~ waren auch im Koupée. \ Einem wunderbaren Morgen fuhren wir entgegen Walter Brecht erzählte Geschichten die sehr nett waren ~~u~~ Er seine Erlebnisse im Kampf mit Spartakus und ich flocht einige Erinnerungen aus dem Feld ein. Am meisten wurde vom Schnaps und vom Betrinken gesprochen, und …. \ *[…]* Mit Frau Pellok hatte ich eine längere Unterredung der bewußte Punkt aber wurde von ihr sofort vermieden ⟨→ *2. April, 15. Mai*⟩. Schade. \ Dann traf ich Bert, der neues von Baal mit brachte. Baal wird auf geführt wenn nicht öffentlich, so doch sicher in einer Sondervorstellung ⟨→ *zu NB 3, 37^{v}.2-3*⟩. gedruckt wird er er ist dem ⟨*Musarion*⟩ Verlag übergeben und bekommt in nächster Zeit bescheid ⟨→ *7. Juli*⟩. Ich will sehen ob die Bilder auch genommen werden. \ Ich zeichne dazu. \ nachmittags wollte ich mit Bert zum schiffschaukeln. Ich traf ihn nicht schade; ging aber dafür in die Tierschau d. h. Zirkus. Die Elefanten Löwen Tiger und Pferde. Kamele u. sw. Man sah Tiere, die ich so sehr liebe und *man beschäftigte* ⟨*zuerst:* beschäftigte man; *mit Umstellbogen umgestellt*⟩ sich im Stillen mit ihnen \ Abends ~~woll~~ ging ich mit Bert ins Theater. eine freie Bühne nennt sich sie. Theater mit schlechten Schauspielern und schlechtem Stück von Wildganz »Armut« ⟨*Anton Wildgans, »Armut. Trauerspiel in fünf Akten«*⟩. Es ist eine Gemeinheit solche Stücke aufzuführen. und man wird angeekelt von ~~de~~ diesem gemeinen Zynismus der *da*hinter steckt. Beim 3. Akt gingen wir hinaus und setzten uns ins Kafee Stadt Wien. \ Bert sprach von meiner Schwester die ihm im Karakter auch sehr gut gefiel ⟨→ *NB 3, 26^{r}.7*⟩. Dann sprach er von Baal. Er will mir einmal Baal vorlesen. und dann ~~g~~ kurz und knapp danach urteilen. \ Dann gehe ich heim. nahm Abschied von Bert und freute mich über ihn. \ gehe heim und bin froh.

21. Mai Abends zeichne die Szene Baal und Ekart unter dem Ahornbaum

25. Mai Daheim. Bert ist verreist ⟨*nach Ulm, um Hedda Kuhn zu treffen*⟩ schade –

27. Mai Abends in Wintermärchen Sheakspeare \ ~~Kein~~ Ganz wunderbar wurde es gegeben. Sh. ist und bleibt groß. \ Das ist Kunst überall die große Linie Ein ganz gewaltiger Pantheismus

28. Mai Baal gedeiht. Ich freue mich über ihn. Baal wird immer besser. Der Pantheismus ist mehr drinnen als im vorigen Baal als im Baal vor einer Woche. \ Ich habe eine Komposition vor »Baal im Himmel« \ »Baal + die Menschen« \ 1. Korinther 13. \ ⟨*folgendes Zitat, der erste Vers des genannten Paulus-Briefes in der Luther-Übersetzung, ist mit Klammer und Pfeil ›Baal im Himmel‹ zugewiesen:*⟩ 1 »Wenn ich mit Menschen und mit Engelszungen redete und hätte der Liebe nicht so wäre ich ein tönendes Erz oder eine klingende Schelle«.... \ Brahms 4. Gesang. \ Ich will das zum Grundakkord wählen Baal selbst auch Baals Choral: Bert

29. Mai Himmelfahrt. Apost. ~~Vers~~*Kap:* 1.0.9 ⟨*wohl Verweis auf die Lesung in der Messe aus dem Bericht der Himmelfahrt Christi in Apg. 1,9: »Und da er solches gesagt, ward er aufgehoben zusehends, und eine Wolke nahm ihn auf vor ihren Augen weg.«*⟩. Es war ungeheuer schön. Am Morgen arbeitete ich an Baal. Baal gedeiht.

15. Juni Dienstag nachmittag malte ich ein Bild: Die Heilige. Aquarell meiner Schwester gezeichnet. \ Es gefällt mir und Bert sehr gut. \ Weiter gehts ein Tag schöner wie der andere. \ Ich liebe die Erna. Ich habe sie unendlich lieb. ⟨*dazu die spätere Ergänzung:* ? ? haha! \ Sept. 1919⟩ \ Immer aber und immerwieder kommt mir dann meine erstgeliebte entgegen. Es ist wie ein Gespenst immer gerade noch rechtzeitig. Sie sieht mich nicht sie hört mich nicht sie sieht über mich weg und will mich nicht; denn sie kann mich nicht lieben und dennoch liebe ich sie. ⟨*dazu die spätere Ergänzung:* ? ? Weil sie mich nicht kennt! haha!⟩ Die »Lisbeth.« Ich werde aber Jetzt meinen Plan voll und ganz ohne Rücksicht und hart wie das Gesetz durchsetzen ⟨*dazu die spätere Ergänzung:* haha⟩ ich werde alles machen um mein Ziel zu erreichen mir Fesseln anlegen und zahlen sehr sehr viel bezahlen um nur sie sie lieben zu können Sonntag wars und ich sollte sie besuchen. ⟨*Satz ab »mir Fesseln anlegen« durch Randstrich und mit zwei Buchstaben – vielleicht »Lg« – markiert*⟩ \ Ich brachte ihr meine Skizze vom Tanz mit Onkel Julius ich glaube, es freute sie weiß allerdings nicht ob sie sie auch *richtig ein*schätzen kann. \ O könnte ich ihr nur zeigen daß ich sie liebe. wie? Ich will alles alles versuchen. \ Ich versuchte sie mit in den Stadtgarten zu locken aber es ging nicht zu schade allzu schade. \ Vielleicht gelingt es an irgend einem Mittwoch. \\ Abends behandelte ich eine Freundin meiner Schwester Leuert Berger in der ausgesucht fröhlichsten Art ungemein unverschämt ich zertrampelte ihr Niveau mit einer selten ausgesuchten Rücksichtslosigkeit. \ Bert lachte sehr, meine Schwester freute sich.

16. Juni Um 10 Uhr fuhren wir d h. \ Bert \ Ottomüller \ Georg \ Ich \ nach München im vollgestopften Personenzug nach München \ Das Studium beginnt wieder man will das h. alle, ausgenommen ich, wollen wieder arbeiten. \ Ungeheuer blauer Himmel spannt sich über uns. Azurblau, würde Bert singen Kobaltblau schreie ich. \ Um 12^{h} kamen wir hier her *[...]* \ bei Kutscher Einleitung zum Expressionismus wählte ich ⟨*Georg Kaisers »Nachtstück in drei Aufzügen«*⟩ Brand im Opernhaus, den ich natürlich anti beurteile und beschimpfen werde. wären es nicht so großartige Schauspieler so könnte man beinahe sagen es ist ein vollendeter Kitsch. Man sieht was gute Schauspieler aus einem schlechten Stück machen können. Im Sinne der Kunst ist das Stück nichts wert gar nichts nicht eine Linie die wohltut alles Fieberkurven eines Geisteskranken.

17. Juni Prachtvoller Tag. A[t]zurblau strahlt der Himmel *[...]* \ Nachmittags waren wir beim Baden. Es war sehr schön. Im Ungererbad ⟨*Münchener Freibad*⟩ ungeheuer heiß ist es. Dort traf ich Bert. Georg + Otto waren auch dabei. \ Bert berichtet mir von Feuchtwangers neuem Stück: Thomas Brecht. Es soll Bert Brecht sein der als Grundlage dient. Alles gestohlen und Bert nach gemacht – ganz scheußlich. \ Abends ins Theater: Othello Prinzregenten-Th. Es ist ein wunderbares Stück ich sah es zum erstenmal. Jener Sheakspeare hatte unglaublich viel los. Man staunt und wundert sich, daß es bis heute nicht erreicht ist Jene Füllung des Raumes mit Lust ⟨*andere Lesart:* Luft⟩ mit kompromierter Lust ⟨*andere Lesart:* Luft⟩: Alles explodiert und ~~klat~~ patscht aufeinander. Es steigert sich und eine ganz gewaltige Linie wird aus ihr. Man lacht und weint zu gleicher Zeit.

19. Juni Dann aber kam die Hauptsache des ganzen Tages nämlich der Zirkus. Er war ganz aus gezeichnet. Man sah ganz ungeheuer viel. Er gibt mir mehr als jede Wagneroper *[...]*. Es ist jene gesunde kernige Vitalität dahinter nichts von Schöngeist – nichts von Ästhetentum – rein Mensch als Mensch – aber schön ich sah ein Mädchen und das liebe ich. Ich will zu Ihr sprechen und sie zu mir bitten. Vielleicht kommt sie und hilft mir. ich will sie anbeten und schön mit ihr sprechen und sie streicheln und – sie¿ nach Hause schicken.

21. Juni Mein Baal gedeiht jetzt immer mehr um 2 Bilder ist er reicher geworden um die Holzfällerszene: Darin habe ich gerade noch ~~den~~*die* Grenze eingehalten zwischen Groteske und ernst. Hier ist Baal grotesk es ist das einzige Mal und dieses mal erlaube ich es mir einen Grotesken Baal darzustellen: \ »Armer Theddy« die zwei Wörter haben den Grundbewand zur Sache. Er gefällt mir sehr gut vorläufig auf Jeden Fall hat er Gewicht und ~~nieman~~ niemand kann ihm Kunst absprechen. \ Ich glaube etwas gemacht zu haben. \ Die 2. Sache war Baal und Ekart gehen über Feld sie gefällt mir ~~gut doch die Son~~ *weniger die Sonne* muß mehr leuchten \ – mehr Sommer – \ – mehr Kraft – \\ Dann ging ich zu Pirchan ⟨→ *5. März 1919, 31. Januar 1920*⟩ der daheim war d. h. im Hoftheater. er sprach sobald es Platz gebe werde er mich als Volontär einstellen Zumal kein Nachwuchs im theater ¿¿¿ ~~sei.~~ malern sei. \ meine Idee ist es mich endgültig auf dieses fach zu verlege~~gen~~ mindestens ~~mind~~ ein Jahrzent dort tätig zu sein Geld auf die Seite zu bringen und dann später einmal als selbständiger Mann meine lang ersehnte Kunst weiter treiben zu können. \ Meine Kunst, worin ich kein Geld verdiene.

22. Juni Was ich vorausgeahnt hatte, hat sich bestätigt. Es ist jene Bombe Bert + ~~Marietta~~ + Ich explodiert und zwar – Gott sei dank – ~~nicht unter unseren Füßen – zwischen den Eltern + Uns~~. ⟨*vorangehende Streichungen mit Kugelschreiber; → 10., 11., 18., 19. Mai, NB 3, 26ʳ.7*⟩ \ Doch ist Gott sei Dank alles geschlichtet. *[...]* Abends waren wir zusammen im Stadtgarten. \ Orge \ Bert \ Otto \ Betz. \ Ich \ ⟨*Namen mit Klammer zusammengezogen, die zuläuft auf:*⟩ in ¿¿¿. \ Es war sehr schön es gefiel mir gut Sonnenschein und dicke rote Bäume ringsum. Bläser und Musik Geigen + Flöten schlechte Musik, aber Musik.

24. Juni Abends ist das altbekannte Fest bei Fräulein Geyer und das Conzert. Musikalischer Abend nennt sich das ganze und man muß sagen, daß entweder ich sehr wenig von Musik verstehe oder ~~ich~~ das alles sehr wenig – mit einigen Ausnahmen – Musik. ist. \ Immerhin hat sich der Abend rentiert immerhin bin ich froh dort gewesen zu sein Georg gefiel es auch einigermaßen mir gefiel es nur ~~ihr~~ *einer* zu liebe ich weiß nicht. \ Ich kenne ein fräulein. ⟨*Berta*⟩ Schmidt. heißt sie sie gefiel mir und hat etwas von einem Weib das mir sehr gut ~~zu ist~~ gefällt ich interessiere mich für sie. / für beides / sie ist ein ganz wunderbares Wesen. Georg und ich begleiteten sie heim. \ Doch man muß die Dame aus dem Zirkus nicht vergessen ⟨→ *19. Juni*⟩. \ Ich will ~~Samstag~~ Freitag zu ihr gehen und mit ihr einmal sprechen hoffentlich kommt sie. \ *[...]* \ Ich lebe um zu lieben.

25. Juni Bert ist da: Ich freue mich will sehen was er neues bringt. \ Wir sahen in der graphischen Sammlung die Sachen von ⟨*Anselm*⟩ Feuerbach er ist, der ~~einzige~~ der ein weißes Zeichenpapier benutzt alles mit seine Landschaften mit Kreide und Kohle zeichnet und den Himmel weiß heraus holt. \ man kann sehr viel lernen. \ *[...]* \ Begleitete nach dem ⟨*Hermann*⟩ Zilcher Konzert, die 2 Damen heim Schmidt und Bertod ⟨*Gustl Bertold*⟩, die ich am Tage zuvor kennen gelernt hatte.

26. Juni Nach dem Essen ging ich zu Bert, der nicht daheim war. ich wartete nicht lange und er kam bald dann ging ich mit ihm zu Lion Feuchtwanger der uns im Orlando Café erwartete – wie er sagte – aber noch nicht da war, als wir kamen. Man merkt er hat Baal nicht verstanden und man fühlt er weiß nicht was wir wollen ~~und~~ resp. was Bert will. pour tout le monde ⟨→ *6. Mai, 10. Juli*⟩ für die ganze Welt, die Kunst muß – es ist halt einmal so – für alle sein nicht für einen kleinen Kreis von Leuten, die das besonders verstehen wollen. es muß eine Kraft drinnen sein, die alle erfaßt und alle einigt. Das erst wird schön und man hat einen beweis von Kunst. Es ist sicher verfeh⟨*l*⟩t nur für Literaten circles und Tee Klubs zu schaffen Das Volk will keine Philosophie es will Kraft und eine ganz ungeheuere Sättigung. und das ist sicher im Baal in hohem Maße erreicht \ Dann ging ich mit Bert in die Klinik wo er seinen Fuß d. h. sein Knie untersuchen ließ ⟨→ *26. April*⟩, man muß ihn durchleuchten was Montag Abend geschieht. sonst ist nichts los. \ Abends gingen wir in den Zirkus bei strömendem Regen. \ Ich zeigte Bert das Mädchen ⟨→ *19. Juni*⟩. es gefiel ihm auch und vielleicht bestellen wir es ins Atelier.

27. **Juni** kam um 2^h ⟨*nachmittags*⟩ heim wo ich ein neues Bild für Baal entworfen hatte. Es wurde ganz gut und hebt den Zyklus mit einmal ganz kolossal ins farbige. Es ist das einzige das fertig sein kann im Zyklus.

28. **Juni** Wir ⟨*Neher und Georg Geyer*⟩ gingen darauf zu seiner Schwester die uns zum Tee eingeladen hat, und *bei* der es mir sehr gut gefiel. Es war ein ganz reizender Abend.

5. **Juli** Die Affaire mit Erta ⟨*Berta Schmidt*⟩ ist im Begriff die unglaublichsten Sachen passierten und mußten wieder gut gemacht werden so z. B. am Dienstag ⟨*1. Juli*⟩ abend: Ich lud sie alle darunter fräulein Geyer und Erta zu mir im Atelier ⟨→ *NB 3, 8^r.3*⟩. Dort wurde Schnaps getrunken und es kam zu wüsten Szenen besonders war ich sehr ausgelassen und wußte oft nicht was ich noch machen sollte. Bert sang zum Schluß wie toll und das Licht wurde ausgedreht und man benahm sich der Frau gegenüber wie man sich benehmen muß, wenn das Licht aus gedreht ist, d. h wenn es dunkel ist. \ *[...]*. Es war zu viel, und alles war zu toll \ Ich hatte es mit Erta vollkommen verdorben. ich fühlte es in meinem Inneren und wartete auf Besserung. Diese Besserung brachte Georg der mir ungeheuer viel half mich zu seiner Schwester schleppte und alles sagte was ich zu sagen hatte. \ Am Freitag morgen war endlich eine Unterredung möglich. Dank der Hilfe von Fräulein Geyer. Ich mußte nun eine lange ~~zi~~ fein ziselierte Rede halten. \ *[...]* \ Montag ⟨*am 7. Juli*⟩ versprach sie mir sie wieder sehen zu dürfen ich will mein möglichstes Tun sie auf meine Seite zu bringen \ *[...]* muß ~~sie~~ *ihr* unbedingt lernen etwas von unserer Linie Kosmos wie Bert sagt von unserem Stand den Andern Dingen gegenüber

7. **Juli** Eine sehr kurze Nacht war hinter mir Bert und ich mußten schon um 4^h an der Bahn sein und wir hatten doch zuvor eine so lange Nacht in der Caro Delle hinter uns wo wir nichts sagten als ungeheuren Kitsch. Herr Dir. Brecht hatte auch eingeladen und wir tranken Wein Da war eine ganz nette Stimmung viel kam nicht dabei heraus Ich dachte die ganze Zeit an Ert und wir sagten uns gute Nacht und sagten uns guten Morgen und küßten uns in Gedanken und ich ging mit ihr zum Zug und sie saß neben mir obwohl ein ganz fremder Mensch neben mir saß und ich schlief schlief bis nach Pasing wo mich Bert weckte und wo wir uns ein wenig unterhielten Bert ließ mir seinen Brief vom Musarion Verlag lesen ⟨*mit der Absage, »Baal« zu drucken; → 19. Mai; zu NB 3, 37^v.2-3*⟩. Sehr erbaulich sagte ich zu ihm und dachte nach über diese Unverschämtheit einer solchen Absage, die wirklich an Ironie grenzte. Man muß das feststellen. \ Ich kam mit ihr ⟨*Berta Schmidt*⟩ 2 × zusammen deux fois. ich war überglücklich und sprach mit ihr lange standen wir an der Isarbrücke und blickten in den Strudel des Wassers, das ganz ungeheuer auftobte und der aussah als bereitete er uns ein Fest

8. **Juli** treffe Bert 2 × der es sehr gut geht der aber auch sehr pessimistisch veranlagt ist und nicht gerade rosiger Laune. \ Er war heute ~~mit~~ mit Münsterer zusammen.

9. **Juli** Es war ein Tag voll von Erleben. Morgens arbeitete ich im Atelier. *[...]* Bert war auch da er brachte einen kolossal in Stimmung und es war gut. Wir gingen zusammen zum Essen. und dann fuhren wir hinaus nach Pasing, Herrn Münster⟨*er*⟩ zu besuchen dem es scheints sehr gut geht da draußen ein Fräulein war auch da ich weiß den Namen nicht mehr und es war g schön Es gab ausgezeichneten Kuchen und Thee und Cigaretten und Bert sang seine schönsten Lieder. \ Münsterer sang auch seine Lieder vor, die mir aber nicht so sehr gefielen da es alle Nachdichtungen nach Berts Liedern sind und denen der weite Wurf allen fehlt. \ Abends traf ich meinen Liebling meine kleine süße Berta. \ Sie spielte im musikalischen Abend, ein Konzert in Adur von Bach leider ist es mehr der Menge ein Bravourstück aber doch man sieht in ihr eine ganz ungeheure Kraft eine Kraft die mir außerordentlich zustatten kommt und die eigentlich doch zurückhältet wo es nötig ist. \ Ich war wie Stier, den man auf den Kopf geschlagen hatte, so mußte ein Erdbeben auf einen wirken. *[...]* Ich habe sie ganz ungeheuer lieb gewonnen. Ich liebe sie wie mich selbst.

10. **Juli** Es war ein ganz außerordentlicher Tag voll

Abb. 4 Caspar Neher, *Branntweinschenke*; Feder, 11,8 × 17,9 cm
(Deutsches Theatermuseum, München, IV 6755)

von Erlebnissen: Ich malte Bert Brecht der mir sehr gut gelang und eine Branntweinschenke ⟨→ *17. Januar 1920; Abb. 4*⟩, die von Gablers bei der wir zwei öfters beisammengesessen sind. Dann ging ich heim zeichnete und trug Fetzen zusammen zu Lisl Geyer, die wir in den Zirkus bestellten, und die sehr froh war. Sie brachte abends noch jemand mit und nun ratet ratet ihr alle um mich herum. ~~m~~ wer mit kam. Das kleine liebe holde schöne Fräulein Schmidt. Ich malte ihr ein Bild das ihr sehr gut gefallen hat und mir auch. Und wir wollten in den Zirkus und es gab keine Billeten. Wir mußten deshalb in Lokale gehen, die un[d]*s* ~~g~~ sehr gut gefielen oder nicht gefielen, da war z. B. eine holländische Teestube mit sehr teurem Tee und wenig Leuten Eine sehr kleine Nische ~~vollge~~ packten wir voll mit unsern Körpern und sprachen uns an als wenn wir nicht bis 2 zählen konnten. \ Es war wunderbar, die ganze Nacht zogen wir von Wirtshaus zu Wirtshaus allerdings mußten wir um 1[2]*1*^{h} schon zu Hause sein und man konnte froh sein \ Bertel benahm sich ganz außerordentlich schön ich liebe sie wie ich keine andere noch je geliebt habe \ Ihre Hand und ihre Gesten freien Gesten alles egal alles pour toute le monde ⟨→ *6. Mai, 26. Juni*⟩ alles für mich?

11. Juli 10^{h} war ich im Atelier und ~~holte~~ *besuchte* Bert und George Pfanzelt und Münsterer. Dann gingen wir hinunter und Bert und George gingen in meine Wohnung ~~fort~~ um das Schnellzug billet zu holen. Münsterer und ich gingen zusammen bis an die Türkenstr., *von* dort ging ich allein ganz allein für mich zu meiner kleinen Berta. *[…]* \ Abends durfte ich sie abholen Es war ganz ungeheuer schön *[…]* Ich bat sie ~~zu~~ Du sagen zu dürfen und sie willigte ein. \\ Abends als ich heim kam stand ein Brief und ein Strauß auf meinem Tisch von Trudl ⟨*Dechant*⟩ \ Welche Ironie! –

14. Juli Ich traf Bert der mir eine kolossal lange Predigt hielt von mir meiner Kunst Affaire Dechant und Affaire Schmidtle ~~ich be~~ er sei voll und ganz überzeugt daß diese Affaire ebenso zu Null würde wie die Affaire Dechant und daß ich absolut nicht Herr der Situation sei. Mich würden die Affairen verschludern. Ich gebe obacht und fühle jetzt, daß ich wieder vollkommen oben schwimme und daß es mir Hoch oben eb[s]*e*nso gut wie es mir unten ergangen. \ Dann gehe ich zu ihr und hole sie ab. *[…]* Sie sagt, ~~daß~~ warum ich nicht andere lieber hätte, wie die Gustl Bertold ⟨→ 25. *Juni*⟩ oder das Schwesterle ⟨*wohl Georg Geyers Schwester Lisbeth*⟩ und noch viele andere, warum man gerade an ihr so viel fände. Ich sagte nichts und küßte sie. \ Es war wunderbar in dem englischen Garten.

20. Juli ~~Bald~~ *Jetzt* kommt die Zeit meiner Einsamkeit Bert und George gehen und niemand ist da mit dem ich sprechen kann.

Ende Juli Berts Theorie vom ptolemäischen + Galileischen Menschen. \ 1 ptolemäische Mensch, ist der er glaubt die ~~Sonne~~ ~~*Welt*~~ *Erde* drehe sich um ihn und das sind die meisten. – fast alle und die Kunst auch. \ 2) ~~Galileische~~ *koperni¿sche* Mensch ist der der glaubt und weiß die Erde drehe sich um die Sonne die Sonne mit ihrem System um weitere Sonnen, Systeme sausen, ~~Sy~~ drehen sich und er der kleine Mensch verlangt daß man ihn beachtet, Und sie bewegt sich doch.

11. August Lange Zeit ist nun vergangen und man hat viel erlebt, sehr viel. – \ Ich bin in letzten Tagen immer mit Bert zusammen abends am Lech und drunten bei den Schiffschaukeln auf dem Plärrer. \ tagsüber mache ich das Zimmer für mein kleines Bä[s]*s*chen Martha und nachmittags arbeite ich an einem Bild von Bert. Es wird gut und gefällt mir will sehen, wie es Orge gefällt. Hoffentlich. \ Zu tun gibt es immer nur nicht das richtige es wird absolut nicht das richtige geleistet. Drob bin ich sehr traurig ~~mu~~ zu mute es muß mehr gekonnt viel viel mehr geleistet werden. Noch 10 Jahre und dann bin ich fertig und Jetzt jetzt habe ich nicht rein gar nicht. Bert ist 21 Jahre und hat seinen Baal, ich bin 22 Jahre und habe nichts Hoffentlich kommt bald die Zeit, die einem ~~d~~ Berechtigung gibt in der Welt zu sein.

13. August Habe das Bild von Bert fertig Orge gefällt es noch nicht so ganz Ich habe jetzt auf sein Anraten einiges verbessert. Besonders die Lippen, und die linke (resp. rechte) Gesichtshälfte, habe die Schatten nachgedunkelt und versucht eine Kurvung herauszubekommen \\ *[…]* \\ Beim Baden, Ich denke an Walt Withmann und höre ihn erzählen vom Schwimmen in Flüssen und liegen im heißen Sand. \\ Zeichne Körper. \\ Abends mit Otto + Orge im Stadtgarten.

14. August Bert soll da sein. \\ Mit Otto zu seinem Vater. Dann heim. \\ Nachmittag entwerfe ich das Plakat. treffe Bert beim Baden. \\ Abends auf dem Plärrer. bringe Bert sein Porträt. Dann heim.

20. August War Samstag + Sonntag ⟨*16./17. August*⟩ fort mit Orge + Otto + Bert. \ bei \ ¿¿ P|a B. ⟨*Paula Banholzer in Kimratshofen;* → *NB 1, 11ʳ*⟩ Es war sehr schön und wir waren d. h. Orge und ich in ganz ausgezeichneter Stimmung. Niemand war da der uns ein Leid tat. jeder war selig und glücklich von uns beiden, jeder hatte genug am Leben und jeder freute sich wir wollen alle glücklich sein \ Orge spielte Orgel: \ Ganz unheimlich schön ich wurde an Michelangelo erinnert und wollte in Stein hauen. Man muß unbedingt Bildhauer werden. \\ Orge Gesang war großartig, ~~wenn~~ Orge singt, so meine ich sein Orgelspiel. \\ Bert sang Luzifers Abendlied und Baals Choral zur Orgel.

28. August Ich schaukle ¿¿¿ Schiff mit Bert und freue mich. \ Georg hat es auch probiert ist ihm aber nicht gut bekommen. \\ Gestern ging ich mit Lisl ~~Geyer~~ ⟨*mit Kugelschreiber gestrichen*⟩ spazieren und bin froh. *[…]* \ Sie will mit mir spazieren gehen und mir ist es sehr recht ich bin mit allem einverstanden und vollkommen zufrieden. Niemand ist da, der mir meine Zufriedenheit nehmen könnte. \ Hela. \ Ich bin voll Pan und die Sonne scheint.

29. August Nachmittags gehe ich mit der Lisl spazieren und bin froh, daß es schönes Wetter ist. \ Wir gehen rasch um hinaus zu kommen. und ich bin froh Weit oben am Lech lagern wir uns. ich sah ins Wasser und spreche eine Stunde kein Wort Dann kommen wir auf einiges zum Schluß fange ich sie. sie muß springen und dann gehe ich rasch und fange sie und hebe sie auf, starre sie ⟨*an*⟩ und sie hat Angst. und will etwas – etwas bekämpfen in ihrem Innern schüttelt es ab und nun hat sie ein ganz anderes Gesicht wie vorhin und starrt mich ~~gro~~ weit an und ich muß die Zähne auf einander pressen und mein lachen unterdrücken, denn mir war es noch nicht Ernst und ich glaubte es sei nicht erlaubt. Dann führe ich sie an eine Landzunge, wo das Wasser von 3 Seiten her kommt, wo es sehr tief ist und man keinen Menschen sieht weit und breit, nichts als Wasser fläche und wir 2. Dann neige ich sie hintüber ~~ab~~ und sie küßt. Sie hat Falten im Gesicht und sieht sehr alt aus aus, aber sie ist jung und es gefällt mir, wie sie so aussieht. eines im andern vereinigt, vereint und sie sieht mich an und ich sehe sie an und es hat den Anschein als ob es Ihr Ernst sei mir ~~abe~~ war es Ernst. Deshalb tat ich es und ~~¿¿~~ bereue es nicht. Niemand ist da, dem ich es erzählen möchte.

2. **September** Gestern abend war ich wieder mit ihr zusammen. \ Es war ein ganz wunderbarer Abend ~~und~~ leider konnten wir nur eine Stunde zusammen sein. \ Sie war eingeladen abends zum Essen, und ich mußte die Eltern abholen. Leider ereignete ~~es~~ sich nichts. Ich sprach mit ihr über einiges und sie sprach einiges hauptsächlich kreiste sie, ⟨*um*⟩ das sexuelle Thema, worauf ich nicht weiter eingehen wollte. Doch vergaß ich einige Bedingungen daran zu knüpfen. die immerhin *hätten* wertvoll für sie ~~gewesen sein~~ *werden* können. \\ *[...]* \\ Bert hat einiges ganz wunderbares gemacht. \ so die Ballade von Jakob Apfelböck und noch einiges andere ein ganz »unanständiges« wie er sagt, die Überschrift hat er mir nicht erzählt. \\ *[...]* \\ Abends mit Georg auf dem Plärrer d. h. bei den Seiltänzern in Lechhausen ⟨→ *zu NB 3, 6*[r]*.17-20*⟩, seine Schwester ging nicht mit. sie wollte durfte aber nicht. Dann gingen wir allein pfiffen bei Bert und kamen über den Lech nach Lechhausen. Dort war es sehr schön und wir mußten viel dran denken an unsre Jugend. \ Wir lachten und waren vergnügt. Dann gingen wir heim langsam betrachteten die Sterne und waren wie Kinder bei Otto Müller pfiff ich und kam zufällig recht, Georg Geyer ging auch hinauf und oben waren: Eine Dame. – Otto Bert mit der Gitarre und Orge mit dem Hund Ina. Wir sollten alle beisammen bleiben und fröhlich sein ~~und~~ – die ganze Nacht. \ Daraus wurde es aber nichts weil aus der Dame nichts wurde

3. **September** Abends mit Bert und Orge zusammen, sein Vater weiß jetzt alles über Bi und wir alle sind froh. \ Bert erzählt uns auf dem Weg zu den Seiltänzern ⟨→ *zu NB 3, 6*[r]*.17-20*⟩ einen Einakter, der ganz außerordentlich im Wurf ist und mir sehr gut gefällt: Er betitelt es ⟨*vielleicht in Anspielung auf Karl Valentins ersten Film »Karl Valentins Hochzeit« (1913)*⟩ »August Strindbergs Hochzeit.« Dann will er nochmal einen über Wedekind und sich machen.

7. **September** Vormittag Bert angerufen ~~un~~ dann zu ⟨*Pfarrer Thomas*⟩ Breit in die Kirche ⟨*Basilika St. Ulrich und Afra*⟩ *[...]* \\ Danach treffe ich Bert in der Hauptstraße und gehe lange mit ihm, Wir kommen auf einiges Neue. und sind sehr zufrieden ich erzähle ihm, daß ich Geld brauchte und er meint, daß wir schon einiges bekommen. werden. \\ Wir wollen im Kunstverein aus stellen, hoffentlich glückt es.

8. **September** Bei Lisl. Abends ~~bei Lisl Geyer~~ *kommt*

19. **September** Ich habe sie ungeheuer lieb und bin zufrieden voll und ganz mit Ihr zufrieden meine Zufriedenheit beschränkt sich lediglich auf sie ich habe sie sehr lieb gewonnen Ihre Vernunft und ihre klare Politik gefällt mir alles ist an Ihr schön man kann zufrieden sein wie ein »Mann, der in das Greisenalter einschreitet *[...]* \\ Ich habe schöne Tage mit Ihr verlebt und bins zufrieden. \\ Ich arbeite an einem Sündenfall da mich das jetzt lebhaft interessiert und will in die Grundaffekte dringen.

24. **September** Sie war bei mir hat mit mir geschlafen. Es war herrlich Noch nie habe ich solche Nächte. erlebt. Noch nie habe ich so herrlich gelebt wie hier. \ Man muß leben können Sie kann leben und es ist eine Freude mit Ihr zusammen zu sein. \ Hoffentlich kann es öfters geschehen. Ich brauche Geld sehr viel Geld. Meine kleine liebe ist anspruchsvoll. Ich weiß nicht wo ich das Geld hernehmen soll. Doch drauf los. Hopp! Hui! \ Knall mit der Peitsche daß ~~Blutspuren~~ Fleischbatzen auf Ihren zarten Körper fallen. Zeige die Zähne Hopp – heiß heissa.

3. **Oktober** Ich habe sie ganz ungeheuer gern und bin bei ihr alle Tage. \ Es ist anders geworden und man muß sich mit Vernunft ¿¿¿. ~~I~~ Doch ich dringe darauf, daß ich mit ihr nach Lindau fahre um eine Nacht mit ihr zusammen zu sein. Hoffentlich geht es ich will alle meine Energie zusammen nehmen. ich brauche es notwendig. *[…]* \\ Neulich sprach sie, wenn sie ein Kind bekäme, würde sie sich vor ihren Leuten erstaunt stellen und sagen: der heilige Geist ist über mich gekommen. ⟨*danach folgen 6 unbeschriebene Seiten und die undatierte, umgekehrt beschriebene letzte Seite des Notizbuchs mit zwei kleinen Ausgabenlisten und einem Zitat:*⟩ Bleistifte 1,90 \ Kaffee ~~25~~ 50 \\ *[…]* \\ Bert: Zirkus 2,40 \ Theater 1,60 \\ Sie müssen nicht glauben, wenn ich mich so benehme, ¿¿ *daß ich* auch ~~Wie ich~~ so bin, sondern das ist alles Ironie. \ Lisl Geyer.

Mitte November Plan der Woche \ ⟨*folgt ein Stundenplan zum Studium an der Kunstakademie von Montag bis Samstag; danach:*⟩ an Onkel Julius telef. \ Einen Abend für Bert / Donnerstag. \ Arnold schreiben \ Abend für L. G. bestimmen \ ebenso für H. H. ⟨*wohl Hanne bzw. Heinz Heimen, → Ende 1919/Anfang 1920; vielleicht auch Helen Hoffmann, → 13. Januar 1920*⟩ und G. Geyer

Ende November / Anfang Dezember ⟨*Bildkonzepte für Projekte Brechts; → Abb. 5.1 und 5.2; Die ›Flibustiergeschichte‹*⟩ Bargan lässt es sein. \ Zwieback und gedörte Datteln: \ Bargan Steinrück ⟨*→ 17. März 1919*⟩ \ Stadt im milden Licht \ Morgen \ Weib mit durchschnittener Seele \ Wasser. [F]*Meer.* Flut. Vor dem »Hahnenschrei \ Zwischen Bäumen harpfte der Klumpfuss von St. Marie \ Bargan im Sternenlicht ⟨*→ NB 3, 11^v*⟩ \ ⟨*2. ›Der Vizewachtmeister‹; → NB 2, 10^v-11^r:*⟩ Granattrichter. Borg \ Grauen Morgen am ~~grauen~~ Trichter besoffen. \ ⟨*3.*⟩ Häuser im Herbst. \ ⟨*4. ›Die Erleuchtung‹, Schlußsatz:*⟩ Erleuchtung \ Er lief laut psalmodierend durch die Straßen und wußte von nichts \ Weiden – Sterne \ ⟨*5. wohl das in späterer Bearbeitung als Erzählung ›Ein gemeiner Kerl‹ benannte Stück (→ Zeittafel, Herbst 1919):*⟩ Schweinigel \ Isabelle im Seuchenhaus im Hof \ ⟨*6. Bericht vom Zeck:*⟩

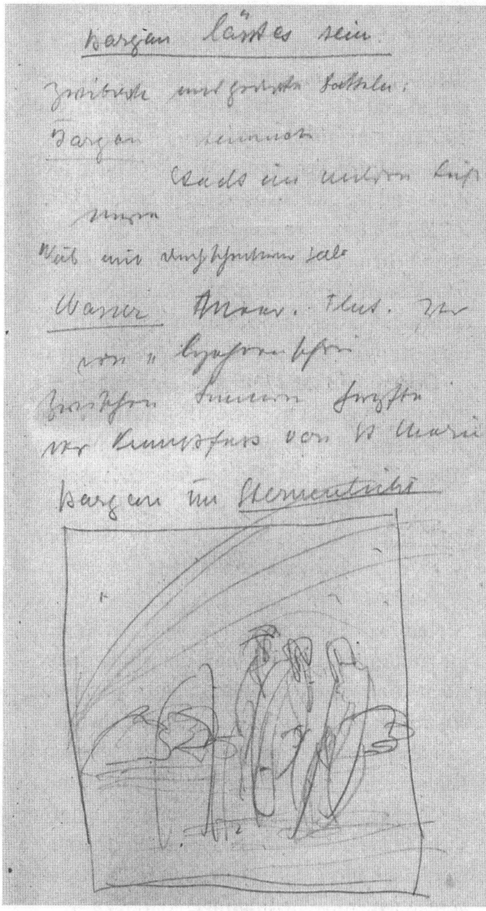

Abb. 5.1 Caspar Neher, Tagebuch, Ende November / Anfang Dezember 1919 (*SBA*)

Der Kerl in viollett. \ Format zur Lautenbibel ⟨*→ zu NB 1, 1^r*⟩, nur ~~M~~ Geschichten 20 × 20 im Ausmaß.

20. **Dezember** Bert: sprach: Wir haben, damit meint er Georg und sich) beschlossen, dich fahren zu lassen. — Es ist nichts mehr los mit Dir u. sw. \ Ein Mensch der nur 5 Sätze sagen kann taugt nichts \ ~~M~~ mit meiner Kunst sei an Aufschwung gar nicht mehr zu denken ich könne mich ruhig nach einer Zeichenlehrerstelle umsehen u. sw. \ Georg meint: Er habe es jetzt satt Bert meine es auch ¿¿ man sieht daraus die Beeinflußung von Bert s Seite her – worin keine

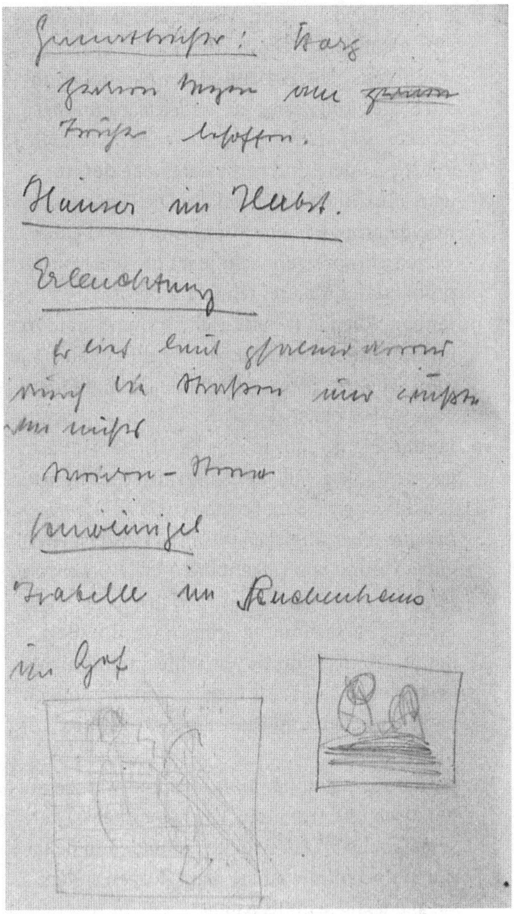

Abb. 5.2 Caspar Neher, Tagebuch, Ende November / Anfang Dezember 1919 (*SBA*)

~~Sa~~ Verbrechen vorliegt und ich auch zugebe das eine gebe ich nicht zu \ Bert hat mir Georg weggefressen. Georg ist jetzt fast in allem derselben Meinung, wie Bert. gut – Ich trete zurück.

Ende 1919 / Anfang 1920 ⟨*vielleicht Vorbereitungen für ein Treffen mit der in Hannover weilenden Lisbeth Geyer in Frankfurt:*⟩ ~~Hanne~~ *Heinz* Heimen, ~~Gies~~*Kies*str. ~~32~~ / Frankf. \ Komme Montag 5^h – Zimmer bestellen \ ~~L.~~ Geyer \ Kiesstr. ~~103~~/II \ ⟨*hier zwei Zeilen mit Kugelschreiber unleserlich gemacht*⟩ \ Komme Dienstag abend 8^h Geyer ⟨→ *Zugnotizen auf dem letzten Blatt des Notizbuchs:* Hannover 7^{25} abend / ½ 9 Berlin \ – 12^{20} 5^h nach H. \ 7^{40} \ Frankfurt übernachten ½ 9^h⟩

1920

1. **Januar** Man gratuliert sich, und ich mir. Von Hannover ist noch keine Nachricht da überhaupt nichts – allmählich werde ich gezwungen mich danach einzurichten ~~a~~ obwohl es mir sehr sehr schwer fällt und ich es kaum glauben kann. L. ⟨*Lisbeth Geyer*⟩ scheint sich mit allem abgefunden zu haben und ich warte auf eine Nachricht von ihr. Man denkt und kommt besonders, wenn man allein ist auf absurde Ideen. *[…]* Komme mit Bert oft zusammen über vergangenes wird nicht gesprochen auch in meiner Gegenwart über keine Frau. Seine Sommersymphonie ist sehr gut ⟨→ *Anfang Juni 1917, 23. April 1919; NB 2, 16^v.11-13*⟩. L. und ich kommen auch vor. Heute sprach er seinen Baal zu kürzen und zwar die Stellen zu streichen, die an Jost und Bruckner erinnern ⟨→ *zu NB 3, 2^r.1-7*⟩. Ich rate ihm ab. ¿¿¿ verfaßt er wahrscheinlich ein~~e~~ Ballett dieses Mädchen ist eine verhältnismäßig gute Tänzerin, mit ziemlich viel (ausnahmsweise) ~~vi~~ Verstand. Er will sie mir glaube ich vorstellen habe aber keine Lust sie kennen zu lernen bis jetzt denke ich jede Minute an L. Sollte das allgemeine Volk recht haben \ war heute bei Georg – er war nicht da unterhielt mich mit Georgs Großmutter und erfuhr, daß sie geschrieben hatte, hätte Sie mir nur ein leeres Blatt geschickt und ich wäre zufrieden gewesen. Entweder glaubt Sie mich strafen zu müssen, darum weil ich ihr zu viel zugefügt hätte, damit fügt sie sich aber den meisten Schaden zu. Oder ~~g~~ Sie glaubt ich sei keine Minute ihrer kostbaren Zeit wert, und damit fügt sie mir sehr sehr viel zu.
2. **Januar** Heute kam ein knapper Brief aus Hannover. Sie grüßt mich und leidet wie sie sagt. Ich bin über einiges geradezu paff! So schreibt sie ich müsse wieder gut machen. ich frage mich was ich kaput gemacht habe ohne ihre Erlaubnis von einer Heirat kann nicht die Rede sein auf den Brief hin. – Heute war ich bei Bert, Bert ändert seinen Baal um und ich arbeite auch

Bilder für den Baal, hoffentlich werden diese Bilder alle fertig bis Januar; sie müssen fertig werden. \ – Die heute gemacht sind, sind alle in einem Guß und alle dem Primäraffekt unterworfen, sinnlich und Religion An den Bildern kann man den Primäraffekt geradezu beweisen ⟨→ *Ende 1919:* Primäraffekt ist der erste Zustand eines Gegenstandes in dem Augenblick, in dem das Auge des Malers den Gegenstand trifft und geistig aufnimmt⟩. Sie sind alle gekonnt und die Essenz der früheren ausgeführten Skizzen. *[...]* \ Bert hat in seinem Baal wieder den Primäraffekt erreicht und ich versuche es mit den Bildern hoffentlich gelingen sie mir.

3. **Januar** Heute vormittag habe ich einen Eilbrief abgegeben nach Hannover. Ich gestehe ihr alles zu – gut. Dann ging ich zu Bert; Bert erzählte ich alles, der darüber sehr erstaunt war. Ich bin über Li nicht im Klaren; ich verstehe sie nicht und verstehe sie nur, wenn ich an Sappho denke und die Gestalt kennt man zu wenig; aber es ist eine der wenigen womit ich das erklären ⟨*kann*⟩. \ Ich mache Bilder zu Baal und ich bin erstaunt wie rasch sie mir eigentlich gelingen und wie ich das Format fühle. \\ *[...]* \\ Dann ging ich mit Bie und Bert in den Kino und zwar PALI, ein neu eröffnetes und sehr gut ausgestattetes. Mir gefällt es gut in Aufmachung u. s. w. Auch der Film gefiel mir.

5. **Januar** Ich habe heute ~~nachm~~ eine Karte erhalten und bin froh darüber gewesen. \ Natürlich kann Sie erst am 9. *Januar* Freitag kommen. Voraussichtlich. \ Dann arbeite ich am Baal und stelle im großen Bogen die Kurve fest, ich erreiche~~n~~ einiges. Einiges mache ich neu~~.~~ und alles wird neu diese Woche mache ich die Entwürfe ganz fertig. ich hoffe, daß sie mir gelingen. \ *[...]* Dann ging ich zum Rahmenmacher und dann zu Bert, dem die Bilder fast alle mit nur wenigen Ausnahmen gefielen. *[...]* \ Heute fährt Bert nach München.

6. **Januar** Ich arbeite den ganzen Tag an Baal habe die meisten Szenen schon fertig

7. **Januar** Habe Baal fertig. Muß ihn morgen nochmals ansehen. Allem Anschein nach ist jetzt die Kurve drinnen Unbedingt allein schon durch ~~die~~ das größer werden des Formates.

8. **Januar** Ich erhielt heute von Hannover den Eilbrief. Sie dankt mir. Also ist sie mit allem einverstanden. \\ Dann arbeite ich, ich arbeite was heraus geht. Arbeite an der Aja und dann am Sieger und besiegten ⟨*vielleicht zu Brechts Stückprojekt »Der Sieger und der Befreite«, NB 3,* 29^{v}*.11*⟩. Ändere und verbessere Baal, der mir jetzt allmählich schon gefällt. Die Hauptsache ist eine großgesehene Komposition und einen weiten Himmel sehr sehr viel Luft; das Hauptproblem der Malerei sehr stark betonen.

9. **Januar** Abends verfehlte ich Otto und traf Orge im Kino in Lechhausen. Sonst geht es gut. \ Man muß arbeiten. In Anbetracht der kommenden Tage. \ »Halleluja!«

10. **Januar** Heute habe ich die Baal bilder zu Bert gebracht. Sie gefallen Feuchtwanger sehr gut. Feuchtwanger kennt Kaspari ⟨*Georg Caspari, Inhaber einer Münchener Galerie*⟩ und ist ein guter Freund von Falkenberg ⟨*Otto Falckenberg, Intendant der Münchener Kammerspiele; → 23. Februar*⟩. \ Nachmittags gingen wir d. h. Bert, Bi und ich ins Kino Es war schlecht und nichts besonderes. *[...]* \\ Montag ⟨*12. Januar*⟩ soll ich nach München und Dienstag zum Verlag Georg Müller

11. **Januar** Samstag ⟨*10. Januar*⟩ abend war ich auf der Bahn und traf ihren Vater. ~~De~~ Er erwartete seine Tochter. \ ~~Ge~~ Arbeite die Bilder zu Baal durch und mache einige neu. Morgen sollen sie alle fertig sein. Es ist gut. *[...]* Um 11^{h} ging ⟨*ich*⟩ zu Geyers und sprach mit L G. sie sah sehr schlecht aus und ich habe Mitleid und konnte mich doch nicht bewegen von meiner Härte abzulassen. Man muß einfach gegen sie hart sein. Von dem Moment ab, wo man nicht mehr hart gegen eine Frau ist, sollte sie merken, daß sie einem gleichgültig ist. Es scheint das paradox aber es ist wahr. Warum sollte das einer Frau absolut nicht einleuchten wo es eigentlich doch so sehr einfach ist die ganze Sache und ganz angenehm ihr dabei alles gemacht wird. \ Morgen abend fahre ich nach München wahrscheinlich fährt L. mit. Es kann eine sehr schöne Fahrt werden. *[...]* \ Nachmittags ging ich mit ihr zu Gabler und besorgte das Billet für die Fahrt es scheint ihr in Hannover gefallen zu haben, und ich werde aus ihr absolut nicht klar. Sie behauptet, daß sie Jemand braucht, der ganz für sie

Abb. 6 Caspar Neher, *Johanna auf dem Bett sitzend*; Feder, aquarelliert, 9,8 × 8 cm (Deutsches Theatermuseum, München, III 8227)

aufgehe, ~~der~~ *ihr* Mann also, der sozusagen nur für sie lebt. Ich sage daß ebendarin der Unterschied zwischen Mann und Frau bestehe, daß eben die Frau ganz für den Mann lebt, der Mann aber fast ganz für ~~di~~ seine Arbeit und dann erst für die Frau, das ist das Princip der Schöpfunggeschichte. und seit ~~ur~~ Urzeiten bewiesen. \ ~~b~~ Ich kam spät heim und als ich heim kam lag ein Brief von Bert, durch fräulein B ⟨*mit Kugelschreiber gestrichen:*⟩ ~~Banholzer~~ gebracht, daß ich ihr heute abend ½ 9 Uhr, die Szene von der Procession ⟨*Bild zu »Baal« (1919/20): »Gekalkte Häuser mit braunen Baumstämmen«*⟩ bringen soll. Ich bin absolut dagegen gegen diese ~~se~~ Einschiebung einer absolut Antibaalischen Szene. Eine Szene die das Niveau des Baals verschlechtern würde. und auf eine weniger gute Höhe brächte.

12. **Januar** Arbeite Baal noch fertig. Ich glaube daß er jetzt gut ist. fast ein ganzes Jahr habe ich daran gearbeitet.

13. **Januar** Morgens war ich bei Bert und machte mit ihm am Baal herum. Baal wird sehr gut in Farbe und Form. auch Format. *[...]* \\ Abends bin ich mit Georg und seiner Schwester zusammen und diese hat sich von mir losgesagt. \ Er stellt mir bis heute eine Frist ob ich das Ultimatum annehme oder nicht Ich nehme es an, ziehe die Konsequenz und eines von den zweien muß fort in dem Fall Lisl. \\ Ich habe die neue Idee zu einem Bild d. h. die »Sintflut.«

14. **Januar** Das Leben ist so einfach, daß man es satt bekommt. \ Heute früh war ich ganz kaput. ich ging zu Georg und sagte ihm zu. Dann zu Lisl und übergab ihr den Hausschlüssel und dann zu Bert. ~~mit ihm~~ *wir sehen* ⟨*zuerst:* sehen wir, *durch Bezifferung umgestellt*⟩ ~~die~~ Baal nochmals ganz durch. Bert will ihn jetzt der Druckerei übergeben wegen den Schwierigkeiten zum Drucken. Hoffentlich können meine Bilder auch hinein kommen. \ Nachmittags war ich Daheim \ Dann besorgte ich mir Papier und dann ging ich zu Lisl und Georg. ~~Ge~~ Beide waren sehr nett zu mir. Ich bin beiden großen Dank schuldig. Ich habe Lisl noch sehr lieb. ab morgen Freitag treffe ich sie nur einige Male in der Woche nicht zu oft. Wir gehen vielleicht ab und zu ins Theater und Konzerte. \ Abends ~~be~~ mit Bert bei Hedda Kuhn und ~~He~~ Helen Hoffmann und ein Herr Wegert war auch da. Will sehen was daraus wird. Aus dieser Kombination ~~He~~ Morgen fange ich mein Bild an: »die »Sintflut.« will sehen. \ »Habeat sibi« ⟨*lat.: er habe seinen Willen, meinetwegen*⟩

15. **Januar** zu L. G und dann zu Bert. Mit ihm arbeite ich den ganzen Tag ~~und~~ bis abends 7^h noch am Baal und es kommt die Processionsscene heraus, die sehr gut geworden ist Bert will noch eine Szene an den Anfang setzen. \ Ich treffe abends Georg und Georg meint daß Baal jetzt die Gefahr hätte zu lang zu sein. Ich sehe es ein und will Bert davon abhalten. Vielleicht läßt sich etwas anders machen. Abends bei Lisl und Georg es wird musiziert.

16. **Januar** Arbeite in der früh an meiner Sintflut und dann gehe ich zu Bert. Bert muß mir einiges noch ansehen. \ Wir arbeiten zusammen an Baal und Baal wird ganz ungeheuer schön. Jede Figur ist jetzt ausbalanciert und gleich. Und jede

Gestalt hat jetzt Möglichkeit erhalten sich zu bewegen. Man arbeitet und es gelingt Heute muß ich Baals bilder fertig machen unbedingt und dann gehen sie an den Verlag. Wir haben uns nach *einem Buch* Claudel*s* geeinigt das ~~in~~ *bei* Georg Müller erschien. \ Weiter: Nachmittags wird noch die Szene Ebene, Himmel, Abend fertig gemacht. \ Dann wollte ich L. G. abholen, die noch nicht fertig ~~ist~~ war und deshalb mußte ich allein heimgehen. \ Abends bin ich bei L. Sie ist gegen mich so wie sonst und ~~h~~ tut so als ob sie mich lieb hat. Mit ganz ungeheuer feinen Mitteln arbeitet sie um mich von Schmidtle los zu bekommen. Und ~~ich~~ versucht es auf jede Art. Und ich glaube an Schmidtle. Sie ist leider noch nicht da.

17. **Januar** Man muß arbeiten und ich arbeite arbeite nochmals Baal um und mache das Titelblatt. Das Titelblatt ist gut. Es fallen mir besonders die Szenen mit Dechant sehr schwer aber sie müssen bewältigt werden ⟨→ *Abb. 6*⟩. Dann gehe ich zum Essen. L. G. ist auch da. Wir sprechen über Baal. \ Nachmittags arbeite ich weiter und Baal ist bis auf die Maiennacht und Branntweinschenke ⟨→ *10. Juli 1919; NB 3,* 14^{v}*.4-*15^{v}*.22*⟩ fertig brachte bei letzerem die Emmilie, die weinend sich zu einem Fuhrmann hinüber neigt. Dann geht es weiter in einem fort. \ Ich hole L. G ab und gehe mit ihr heim. \ Dann weiter: Es überraschen uns Schmidle und Westermayer, ich ~~war~~ *bin* froh, daß sie da ist. ich hatte sehr Sehnsucht, leider teilt sie mir mit, daß ~~ich~~ sie schon in ein paar Tagen wieder fort fährt.

18. **Januar** Habe mit Baal nochmals begonnen ich glaube Jetzt aber, daß er endgültig fertig ist. \\ *[…]* ich treffe \ Schmidtle und einige mich mit ihr, wir wollen Freundschaft bewahren. so sagen wir und sie ist froh am Dienstag will ich mit ihr ins Theater. Abends mit Lisl zusammen. Sie weint und zählt mir den ganzen Abend eine Kette von Vorwürfen auf.

19. **Januar** Brief an Ls. *[…]* \ Brief an Berta Schmidt auch. \ *[…]* \\ ~~Na~~ Vormittags bin ich in der Akademie und zeige meine baalbilder den andern. Diese gefallen sehr gut und alle sind damit einverstanden. nur, und dann ging zu Georg, meint Georg voll und ganz seien Sie noch nicht sie müßten eine weitere höhere Art sein. Sie seien jetzt vielleicht auf der Höhe von Baals II Fassung dann war ich bei Caspari und ~~es~~ habe viel gelernt. \ Abends bin ich mit Schmidtle zusammen gewesen. Schmidtle ist mit mir einverstanden und erzählt, daß sie sich mit ihrem Bruder der gefallen sei, unterhalten habe mit Hilfe von Okkultismus und zwar erzählte sie, daß ~~sie~~ ihr Bruder bestimmt lebe~~n~~ und in Gefangenschaft blind geworden sei. Es ist dies eine merkwürdige Begebenheit. und ich will versuchen was dabei herauskommt. ich schreibe an das Kriegsministerium in Paris. ⟨→ *NB 3,* 7^{v}*.1-16*⟩ \\ Dann ging ich zu Lisl und diese erzählt daß sie stark sei und ihre Kunst sie auf d~~em~~*er* Höhe behalte, ich bin froh und habe mit ihr ganz und gar Schluß gemacht. ~~Heut~~ Morgen schreibe ich einen Brief. \\ Georg war bis 11^{h} bei mir und ich spreche mit ihm über verschiedenes wir behandeln die Baalbilder eingehend und kommen zu mäßigen Resultaten. Ich muß arbeiten und brauche Geld sehr viel Geld. Lise hungert und ich kann ihr nicht helfen. Um 11^{h} geht Georg.

20. **Januar** Ein Tag sagt dem anderen, was not tut. \ Ich arbeite heute mit Bert zusammen. Bert meint ich solle Ekart auch groß machen um ihn ganz in mir aufzunehmen Er hat recht. Es ist das beste verfahren. Ich muß mich in Zukunft überhaupt darauf einstellen alle Hauptfiguren groß zu machen damit ~~Ekart~~ sie gelingen in den Illustrationen denn ich finde es für unmöglich in kleinem Format groß zu arbeiten. \ Heute nachmittag treffe ich Bert wieder bei Georg und wir machen weiter eine Lösung zur Bindung ~~ei~~ zweier Akte ~~muß~~ kann in seinem Zimmer (Baal) sich abspielen. \ Es ist dies Johanna Episode und Dechant. Zwischen hinein stellt er nun die Sache von 2 Schwestern, die zu Baal kommen ⟨→ *NB 3,* 4^{r}*.3-*4^{v}*.1*⟩. \ Dann treffe ich Schmidtle, sie ist sehr erfreut und zugleich betrübt; denn sie möchte näheres über ihren Bruder erfahren. Ich hab ihr angeboten meinen Hausherren zu fragen.

22. **Januar** Nachmittags arbeite ich an Ekkart, der mir nicht gelungen ist. Überhaupt heute gelingt mir nichts ich bin nicht vollständig bei der Sache. \ Dann hole ich Schmidtle ab, sie ist vollständig drunten. Schade. Ich muß sehen daß sie wieder hochkommt. *[…]* \\ Dann treffe ich Bert,

Hedda Kuhn und Münsterer im ~~Ka~~ Hoftheater ⟨*Residenz-Theater München*⟩ Restaurant es kommt nicht vieles heraus. Es ist dort teuer für unsere Verhältnisse.

24. Januar Ich gehe mit L. zum Essen. Vormittag arbeite ich zu Hause und dann gehe ich zum Essen. Baal ist bald fertig und gedeiht.

25. Januar Vormittags war ich bei ~~Georg~~ *Bert* und wurde mit Bie und Bert fotografiert.

26. Januar Abends mit Bert + Hedda zusammen + Lis im Kaffee Glasl. Auch muß endlich mal wieder etwas gearbeitet werden. Dann gehe ich mit Lis heim und es ist ein schöner Abend.

28. Januar Dann holt mich Bert ab, der mit mir zu Anni Eibel geht. [S] *Wir* werden für ein Atelierfest ⟨→ *NB 3, 8ʳ.3*⟩ eingeladen. Dann zum Essen. Die Eibel ist immer noch die gleiche schmutzige Person. Auch soll da Fräulein Trudl Dechant wieder erscheinen. *[...]* Dann gehe ich zu Bert, Bert singt seine Lieder die einem immer wieder wohl tun Kraft, Kraft ganz ungeheure Kraft. und ohne jede Romantik nur ~~durch~~ mit einer großen Stimmung.

30. Januar ⟨*vorangehende Seite herausgeschnitten*⟩ verstanden habe. Dann werde ich von ihr ⟨*Lisbeth Geyer*⟩ zum Essen eingeladen. Abends bin ich auch bei ihr. wir gehen zusammen ins Konzert und dann heim sie ist sehr krank. Von jetzt ab haben wir uns getrennt. besonders Abends auf ihrer Bude zu sein.

31. Januar Ich arbeite nichts. \ Bin zu Pirchan ⟨→ *5. März, 21. Juni 1919, 23. Februar 1920*⟩ gegangen ans Hoftheater und habe mit ihm wegen Anstellung gesprochen. Er sagt Er werde mich nach der Indentantenkrisis ⟨→ *zu NB 3, 37ᵛ.1-38ᵛ.3*⟩ benachrichtigen.

3. Februar Man kommt zu gar nichts. Die Lis ist krank. Hoffentlich wird sie gesund. *[...]* Dann zu Bert. Bert gefallen die Bilder im Kunstverein ⟨*wo Nehers ›Der verlorene Sohn‹ und ›Ein Mann geht durch den Wald‹ ausgestellt sind*⟩ gut. Mit Bert abends in den »geretteten« Alkibiades von Kayser ⟨*Georg Kaiser*⟩. Es ist ein sehr schlechtes Stück der Stoff glänzend. Aber schlecht behandelt. Pirchan soll sich heimgeigen lassen.

6. Februar Nachmittag mit Bert zusammen. Es klappt alles. Und ~~man~~ *es* ist schön. Wir kennen die Ärztin hoffentlich um alles in der Welt hoffentlich klappt das mit L. ⟨→ *zu NB 3, 26ʳ.4*⟩

7. Februar Ich bin sehr herunten in den Nerven und arbeite. *[...]* Ich bin vormittags bevor ich heimfahre schnell bei Lisl gewesen.

8. Februar Abends bin ich mit Bert + Bi im ⟨*Augsburger Hotel*⟩ 3 Mohren zum Tanzen.

9. Februar Heute abend bin ich bei Lis.

10. Februar Die Kunst muß einfach sein. \ Ich zeige heute meinen ~~Baalzyklus~~ ~~er~~ Paradieszyklus und er gefällt sonderbarer Weise vielen Herrn. Am meisten gefällt mir einer der Literaten, Gerhart Hauptmann bis jetzt, wegen der ungeheuren Spannung und dem genialen Biegen einer Kurve. Es muß alles Kosmos sein auch in der Kunst, besonders und gerade in der Kunst. \ *[...]* \ Nachmittags arbeite ich bei Bert Wir stellen Cyklen zusammen meiner Bilder. Für die Gefangenenausgabe *der Jugend* ⟨*»Münchner illustrierte Wochenschrift für Kunst und Leben«*⟩ will ich etwas versuchen Dann möchte ich es mit einem größeren Bild wieder versuchen und zwar der Baum der Erkenntnis Alles in nassen trüben Farben Heute abend wollen wie ein Atelierfest ⟨→ *NB 3, 8ʳ.3*⟩ veranstalten. es frägt sich aber nur wo? und es handelt sich um wen? Abends war ich mit Bert im Unmensch ⟨*Hermann Bahr, »Der Unmensch. Lustspiel in drei Aufzügen«, 1919*⟩, ein ganz blödes und dummes Stück. Wenn Bahr Hermann aber verlangt sein Stück nur auf 2 geistreiche Einfälle hin als gut zu bezeichnen, so kann man es gut nennen.

11. Februar Es kommt um 10ʰ Bert. Wir gehen zusammen in den Verlag. Bert zeigt Feuchtwanger den Zyklus aus dem Paradies. So viel Bert sagt gefällt ihm dieser. Er will Propaganda machen. Nun jetzt sind schon 2 Eisen im Feuer, und man arbeitet auf 2 Fronten. Es müssen Siege erfochten werden. Es wird um keinen Preis der Welt nachgelassen. Niemand kann nachlassen, wenn ihm das Wasser an den Hals geht. Bert schrieb Orge. Hoffentlich schickt mir Orge das Geld. Ich brauche Geld..... Eine Einladung für Samstag abend ist da und ich möchte heim. Hoffentlich fährt Bert auch heim. \ *[...]* \ Abends in ⟨*Friedrich Hebbels Tragödie*⟩ Herodes und Mariamne Man lernt Spannung von Kurve. Und eine schöne Sprache. Ich komme totmüde heim. \

Und schlafe zitternd wie ein gehetztes Tier und erwache ebenso \ denn ich muß jetzt und will durchhalten. Es hängt die ganze Geschichte an einem Faden.

12. **Februar** Orge schickt mir das Geld \ Dank Tausend Dank. Orge hat mir geholfen. \ Morgen will ich es L. G geben. ⟨→ *zu NB 3, 26ʳ.4*⟩. \ *[...]* Nachmittag arbeite ich an meinem Cyklus »Volk«. Ich glaube daß es gut wird. Man muß nur Affairen auf Affairen häufen um zum Ziel zu kommen. Bei S ~~i~~ Hiob kam nie ein Unglück allein. Ich war mit Schmidtle zusammen

13. **Februar** Unglückstag und Glückstag \ Es ist schön und es ist Friede auf Erden mit Lisl geht es wieder gut und man hat genug. \ Lisl spielt mir wieder Bach vor und es ist gut.

14. **Februar** Ich war diese Nacht bei Ihr und es war sehr schön. Wir einigten uns wieder und sind nun zufrieden. Ich glaube daß ich mit Schmidtle schon meinen Kopf durchsetze. Es muß sein. und ist der beste Weg. Auf alle Fälle der eleganteste. Man muß die Leute mit ihren eigenen Waffen schlagen. Das was ich will ist folgendes. Mit L. muß Freundschaft bestehen bleiben, weil ich sie sehr hoch schätze und Schmidtle habe ich gern also muß da auch etwas da sein der gerade Weg ist der beste. \ Nachmittag treffe ich Bert + Bi wir sind abends zusammen im Theater und zwar in der Primär von 1913 ⟨*Premiere von Carl Sternheim, »1913. Schauspiel in drei Aufzügen« im Münchener Residenz-Theater;* → *zu NB 3, 18ᵛ.13-17*⟩. Es ist ein ganz ausgezeichnetes Stück. Sternheim leistet darin ganz unglaubliches. Ich hoffe bei Bert einen ebenso großen Erfolg und ja nicht nachlassen. Man muß die Bühnenbilder mit entwerfen.

15. **Februar** Es ist ein prachtvoller Sonntag und ich habe Heimweh. Ich treffe Bert und Bi in den 4 Jahreszeiten ⟨*Hotel »Vier Jahreszeiten«, München*⟩, ~~und~~ gehe aber nicht mit weil es zu teuer ist. Wir treffen uns beim Essen im Athos. Man muß alles auf sich und anderes rückbeziehen wenn man überhaupt etwas will und können will. Abends gehe ich mit Lis ins Theater »Rosenkavalier« ⟨*Oper von Richard Strauß, Libretto von Hugo von Hofmannsthal*⟩ Musik glänzend und sonst alles sehr schlecht. ⟨*mit Kugelschreiber gestrichen:*⟩ ~~Ich schlafe bei Lis und es ist sehr schön.~~

16. **Februar** Georg meint die Baalbilder groß zu machen.

18. **Februar** Baalbilder gelingen mir nicht sonderlich. Man kommt schwer in die Art hinein. Es ist unglaublich man staunt und wundert sich halbtot bleibt man liegen. Auf alte Schindmähre.

20. **Februar** Ich fahre morgen weg. *[...]* Habe heute eine Radierung gemacht und bin mir klar über die Bühnenbilder ⟨*andere Lesart:* Fahnenbilder⟩ zu Baal. Ich arbeite. frage in der Bibliothek nach ob irgend etwas in der Art da wäre. Abends hole ich L. ab bei Jank und gehe zum Bahnh. und besorge Karten. Ich habe gesagt, sie soll trotzdem fahren. \ begegne Schm. mit Mutter grüße sie dankt abweisend. Es genügt mir.

21. **Februar** Samstag zu Hause. Ich fuhr mit Lis fort. Scheusslich. Ihr Vater hatte sie in Nürnberg getroffen. \ Bert treffe ich und er steigt [s]ein ⟨*in Augsburg in den Zug nach Berlin;* → *NB 3, 32ᵛ.9*⟩. Ich soll zum Feuchtwanger gehen.

22. **Februar** Diese Woche muß erledigt werden: \ 1. Baal Bühnenbilder \ 2. Vom Fangen \ 3) Das Volk.

23. **Februar** Dann gehe ich heim und arbeite an den Baalbildern das erste Szenenbild mißlingt aber die anderen gefallen mir ganz gut; sicher sind sie im Sinne Baals ~~Auf~~ Jedenfall etwas neues ~~im~~ *auf* Bühnentechnischen Wege. *[...]* Ich esse und telefoniere Schmidtle an und Dr. Feuchtwanger. Dr F. sagt ich könne als Volontär bei Passeti ⟨*Leo Pasetti, Bühnenbildner;* → *10. und 31. Januar, 18. März*⟩ lernen in den Kammerspielen.

24. **Februar** Man arbeitet wenig. Herterich ⟨*Ludwig von Herterich, Professor an der Münchener Kunstakademie*⟩ kommt heute nicht. Man malt so drauf los ohne alle Gedanken. Auch bewegt das Schicksal von Lis. Heute kam ein Eilbrief. Es liegt eine ganz gewaltige Unruhe in der Luft. Strenge dich mehr an und arbeite mehr man muß mehr bekommen Peitsche deine Pferde bis sie umfallen. Das unglaubliche geschieht nicht, eines teils bin ich froh. andernteils ihretwegen und ihrer Eltern wegen bin ich nicht froh. O, man weiß nicht. Wozu hat der liebe Gott einem die Zähne gegeben, daß man sie aufeinanderbeißen kann bis die Kiefer~~n~~ krachen. Ich esse jeden Abend im vegetarischen und denke an

sie. Ich habe sie doch sehr sehr lieb und so mußte alles kommen. Arbeite, Arbeite dich drüber hinweg.

25. Februar Bert schreibt einen bißigen Brief aus Berlin ihm gefä[¿]llt es allem Anschein nach sehr gut. ⟨*nach Empfang dieses Briefs (→ zu NB 3* 5^{v}*.1-*6^{r}*.1), den Neher zwischen den Eintragungen vom 24. und 25. Februar einklebte, übertrug Neher Brechts darin geäußerte Bitte um Korrektur in sein Tagebuch (später gestrichen): An Baal umändern* \ In der Szene: Nacht, Wind, Weiden \ (das ertrunkene Mädchen \ Wir liegen in den Haßelnußsträuchern in der nächsten Szene *Überschrift* statt Weiden: Haßelnußsträucher.⟩

26. Februar Heuer stelle ich Bert Brecht im Glaspalast ⟨*Münchener Ausstellungsgebäude*⟩ aus, warum nicht? Warum sollte ich meinen Freund nicht ausstellen. Ich male ihn. Nachmittags besorge ich die Sachen für meine Freunde ⟨*in*⟩ Berlin. Georg Müller Verlag. und für Georg. *[...]* \ Abends schreibe ich Briefe an Bert, Orge und Max Lambert alles heterogene Elemente würde Bert sagen. \ Es wird alles verflucht teuer ich weiß nicht wo das noch hin soll. Kaufe heute so eine Scheißmargarine kostet die 3 M; ~~ich~~ ja da hört sich doch alles auf.

1. März Arbeit für die Woche. \ Baal Bilder: fertig so weit es mir möglich ist. \ Dann Schöpfung. \ »Das Fangen« wird umgetauft in »Keuschheitsballade« ⟨*→ NB 1,* 6^{v}*, NB 3,* 8^{r}*.3,* 25^{r}*.10*⟩ \ Es ist Schluss mit solchen Sachen.

2. März ⟨*Albert*⟩ Weissgerber \ ⟨*Albin*⟩ Egger Lienz \ van Gogh \ Delacroix \ Das sind die 4 Evangelisten meiner Malerei, wer sie kennt. kennt mich. Man muß auf ¿diesen aufbauen um zum neuen Expressionismus zu kommen. *[...]* \ Ich arbeite an den Baalbildern. Hoffentlich werden sie angenommen. \ Abends treffe Herr Dir. Otto..... \ Von Bert keine Nachricht.

3. März Ich habe die Baalbilder (bühnenbilder) fertig \ Von Lis kommt keine Nachricht ich bin verzweifelt und bis zum Tode betrübt. \ Lis. Lis warum schreibst du nicht. Bert auch nicht. Ich weiß nicht was mit mir los ist. Herrgott du bist ein gemeiner Mensch, ein Aufschneider. Herrgott prahl doch nicht mit deinen kleinen stinkenden Erlebnissen so, halt dein Maul – du.

5. März Mein Cyklus ist nicht fertig. Die Baalbilder sind auch nicht fertig. Es hemmt alles.

8. März Lis ist gesund zurückgekehrt \\ Man muß arbeiten, auch wenn man krank ist. \\ Lis will mich erst am Freitag sehen. \\ Bert schreibt nicht. \\ Von Schmidtle keine Nachricht

9. März Lis schreibt ich solle kommen. ~~viel~~ \\ Von Schmidle keine Nachricht ich habe diese sehr lieb. \\ *[...]* von Bert keine Nachricht.

10. März ⟨*mit Kugelschreiber gestrichen:*⟩ ~~Ich schlafe wieder bei ihr. ¿ Man hat keine Moral~~ \\ Es könnte einem schier schlecht werden. Alles umsonst Es soll einen der Teufel holen Einmal ist keinmal, sagt man und hopp.

14. März In Berlin geht es wieder los, man hat keine Ruhe. Ganz rechts kommt jetzt ans Ruder. Ich kümmere mich nicht um Politik. \ Nachmittags höre ich die Matthäus Passion. Es ist ein ganz außerordentliches Werk. Ganz unglaublich

15. März Treffe Bert. Bert läßt mir sagen ich solle noch in A. bleiben. Er kommt aus Berlin. Ich arbeite nichts und bin unglücklich. Es wird nichts. Man müßte viel mehr arbeiten. Ich bin mit mir nicht zufrieden. Bert erzählt wunderbare Sachen aus Berlin. Abends fahre ich nach München Ich übernachte bei L. L. ist sehr sehr lieb zu mir.

16. März Den ganzen Tag mit L. zusammen Man arbeitet. Bin in den Kammerspielen und rede mit Falkenberg. Falkenberg schickt mich zu Pasetti. Ich hoffe unterzukommen. *[...]* \ Abends bei Lis. Mir fällt Adam und Eva ein.

18. März Vormittag: Arbeite ich an meinem Adam und Eva: Es wird gut. sinnlich = kosmisch muß es werden eine ganz neue Form etwas von Grund auf schöpferisches und neues. Es muß in den Glaspalast oder in die neue Secession. *[...]* \ Dann gehe ich zu Pasetti. Es ist ein wunderbar feiner Herr. Er ~~ver~~ erlaubt mir ~~z~~ bei ihm zu arbeiten ⟨*→ 23. Februar*⟩.

19. März Ostern bedeutet für mich eine Reincarnation. Man verwandelt sich tatsächlich und man hat etwas höheres oder tieferes in sich. Christus hat in Ostern den Menschen etwas gegeben. Man legt den alten Adam ab um neu zu werden. Immer gleich schön und gleich erhaben.

21. März Abends waren wir ⟨*Caspar Neher und Lisbeth Geyer*⟩ zusammen ~~In~~ in Sheakspeare's Kaufmann von Venedig. Ein herrliches Stück

O, dieser Sheakspeare. Ich weiß daß Bert auch soweit kommt.

22. **März** Man muß arbeiten daß einem die Finger krachen. Ich male Bert fertig und ändere ein altes Bild von Lis das mir sehr gut gefällt jetzt. Ich gebe es nicht aus der Hand. man muß besser malen. Immer mehr immer mehr zur Kunst. Kraft, ha. ha. Muß morgen unbedingt Bert schreiben. Heute abend arbeite ich mit Pasetti zusammen \\ Abends bei Lis zum Essen. \ Lis ~~hab~~ u. ich sind sehr vernarrt in ein~~an~~ander. \\ ~~Abe~~ Nachts in den Kammerspielen. Man arbeitet an den Kulissen. Es ist schön nachts dort zu arbeiten. Man wird ein anderer Mensch, und bekommt ein anderes Gesicht. Ich komme heim und schlafe.

23. **März** Ein prachtvoller Tag. Ich arbeite morgens treffe ich Pasetti dann zeichne ich für Bert Absalom ⟨→ *NB 3, 12ᵛ-13ʳ*⟩. Nachmittags bin ich in den Ottowerken beschäftigt. \ Abends treffe bei einer Todmüdigkeit meine Lis. und gehe bald heim zum Schlafen.

24. **März** Komme Donnerstag früh um 7^{h} heim und da liegt von Bert etwas. \ ~~Lis ist sehr lieb zu mir.~~ ⟨*mit Kugelschreiber gestrichen, Fortsetzung bis auf den Satz* ~~wir hatten unsere Geschlechtsteile aneinander gepreßt~~ *nicht entziffert*⟩

25. **März** ⟨*mit Kugelschreiber gestrichen:*⟩ ~~Ich war heute nacht bei ihr.~~ Jetzt bin ich so ausgefroren, daß ich kaum mehr stehen kann. Was weiter folgt weiß ich nicht. Hoffentlich geht Alles zum guten. Heute nacht muß gearbeitet werden. Ich komme nicht ins Bett. Bert ist auch da. Es gibt arbeitet »Don Gil mit den grünen Hosen.« ⟨*von Tirso de Molina; Premiere am 27. März*⟩ ~~Abends schlief ich bei meiner Lies.~~ ⟨*mit Kugelschreiber gestrichen*⟩

29. **März** Nachts – eine wunderbare Nacht ~~schlief ich bei Lis~~ ⟨*mit Kugelschreiber gestrichen*⟩ Es war ganz herrlich So war noch nie eine Nacht. Es war auch nicht die Letzte.

30. **März** Ich bin bei Bert. Berts Sachen gefallen mir sehr gut; und ich bin sehr froh.

2. **April** Ich bin ganz im Osterevangelium gestern abend war ich noch mit Bert zusammen. Ich freute mich ihn zu sehen; dann gingen wir lange zusammen spazieren und es fing an zu regen. Man sollte alles aufzeichnen was man gesehen hat – sei es jetzt schriftlich oder mündlich oder mit dem Bleistift am besten natürlich mit dem Stift aber Papier ist jetzt maßlos teuer – Doch. Dies ist einem letzten Endes noch das einzige Vergnügen.

4. **April** Gearbeitet wird wenig ich bekomme wieder Lust zum spazierengehen und gehe mit Trudl fort auf den Plärrer Bert ist auch drunten.

5. **April** Ich bin mit Bert zusammengewesen. Er rät mir einen »Karl den Kühnen« zu malen Er hat recht. Man muß etwas Neues schaffen. 3 Tafeln in einem Rahmen \ 1. Tafel. Karl d. K. für die reifere Jugend bunt und voll Gewitter. Ein~~e~~ trüber Himmel deckt das ganze zu. Bäume u[nd]*m* das bunte Gefolge das ihm [p]*d*ann prachtliebend nachzieht. so wie es sich die reifere Jugend vorstellt. \ 2. Bild: Karl d. Kühne in den Augen von ¿¿¿ sehr gescheiten der Psycholog. der prunktliebende Kühne – auch suchte er rassereine Rappen Sein Gaul hatte einen bestimmten Namen. ~~3. Bild~~ *Der Himmel so wie immer er ist. Es ist* keine besondere Affaire die Niederlage Karls. \ 3. Bild Karl – wie ihn der liebe Gott sieht. Die Leiche K.' der jetzt einfach zu Boden sinkt und tot wird. Die großen Hände dieses Menschen die krampfhaft in die Zügel greifen das Gesicht das durchsichtig wird. \ ~~so~~ \\ Ich werde Bert hinter Lis hetzen und werde ihr zeigen, was sie ~~h~~ an mir gehabt hat. Mir fällt um keinen Preis ein, um ihre Seeligkeit zu ringen. \ Es dauert Georg sowieso schon sehr lange. \ Morgen werde ich mich mit Bert sofort ins Benehmen setzen und zwar diese Woche noch …

6. **April** Ich fange mit dem Porträt der Lis an und bin sehr zufrieden. Ich bin überzeugt es gedeiht. *[…]* \ Abends gehe ich mit Lis ins Kino Es ist schwankhaft. Samstag Abend wird Don Carlos gegeben.

7. **April** Ich werde mit Lis schon fertig *[…]* \\ Abends schaukle ich mit Bie im [s]*S*chiff Es ist ganz wunderschön so allein mit ihr hoch ~~ohn~~ oben zu schaukeln und man gleicht einem Gott. \\ Abends hole ich Lis ab. Sie ist sehr lieb zu mir und küßt mich und ~~will~~ wir sitzen auf einer Bank in den Anlagen. Man lernt aber gar nichts rein gar höchstens sieht man daraus wiesehr eine Frau Stimmungen unterworfen ist und

man ist erstaunt diese Beweise am eigenen Körper wahrnehmen zu können.

8. **April** Man ist stinkfaul und tut nichts rein gar nichts man hat nichts zu tun man legt sich auf die faule Haut und klotzt aus seinen Schweinsaugen. Man predigt Piétät und den Katholizismus und stinkt nach Weihrauch. Nachmittags bin ich mit Bert und Georg zusammen. \ Baal muß durch; es ist scheußlich Ich bin dafür. Keine Konzessionen ~~sonst~~ *absolut* nichts.

9. **April** Ich arbeite nicht. Lis ist voll und ganz herunten. Sie weint, und ihre Tränen tun mir sehr weh. Sie möchte zu Bert. Ich [k]glaube an beide. \\ Nachmittag mit Bert zusammen. Bert erzählt viel und ich arbeite an Karl dem Kühnen. Es muß etwas neues geschaffen werden unter der Sonne.

10. **April** Ich habe mit meinen Eltern Krach. Lis kommt. Mutter gefällt Lis sehr gut und sie ihr. Man freut sich mein Portrait wird sprechend ähnlich, ich sage es. Ich freue mich auf viele Arbeit. Ich muß verdienen. \\ Nachmittag mit Georg bei Bert. Bert spricht von meinem Karl d. Kühnen. \\ Abends mit Lis in Don Carlos. Die Inscenierung von Bert ist gut.

13. **April** Nachmittag bin ich mit Bert zusammen. Es ist sehr fein. Ich bin froh und man hat seine Ruhe. Es muß aber jetzt Schwung hinein kommen.

Hanns Otto Münsterer
Aufzeichnungen 1917-1919

Auswahl; gebundenes Konvolut, aus nicht erhalten gebliebenen früheren Notizen redigiert; auf vier Vorsatzblättern nachträglich maschinenschriftlich betitelt: »H. O. Münsterer / Aufzeichnungen.«, »Hanns Otto Münsterer. Die ersten Aufzeichnungen. Tagebuch bis 27. 4. 19«, »Geschrieben am 13. 4. 1921.« und »Bericht der Kindheit. Bekanntschaft mit Brecht. Handschrift 1921«; die Tagebücher bzw. Tagebuchabschriften vom 29. April 1919 bis 15. März 1921 sind nicht erhalten. Standort: Nachlaß Münsterer, Bayerische Staatsbibliothek München

1917

Sommer Wandlungen \ Den größten Fortschritt in meiner inneren Entwicklung bildet die Bekanntschaft mit Bert Eugen Brecht. Der Boden für den Einfluß dieses hochbedeutenden Menschen war geebnet. Ich war noch sehr schüchtern und spießbürgerlich und von der Erziehungsmethode meiner Mutter kleingedrückt. Dennoch waren mir alle Bücher erlaubt, hier gab es keine Kontrolle und so kam es bereits damals zu offener Auflehnung gegen die angebeteten Götzen des Alltags. Ich wurde ein »gefährlicher Bursche« indem ich bei vielem nicht mitmachte, was von einem guten Bürgersmenschen verlangt wurde. Ich schrieb damals Moritaten. Frank Wedekind trat faszinierend in mein Leben, ebenso August Strindberg, und sie eröffneten ganz neue, ungeahnte Wege. Darwin und Häckel, zum Teil auch Goethe und Spinoza hatten einen relativistischen Monismus hervorgerufen. Es ist allerdings nicht so, daß ich von all diesen schlankweg übernahm, [ich]*es* wurde vielmehr nur eine schon vorhandene Saite angerührt u zum Mitklingen gebracht. Durch eine meiner Moritaten lernte ich unter Vermittlung Bezolds, Brecht kennen. Er lud mich ein, es war an einem Sommerabend unten am Graben zwischen den Alleebäumen, u am nächsten Tage besuchte ich ihn. Er hatte Paula Banholzer bei sich und ich mußte einige meiner schlechten Gedichte vorlesen. Aus jener Epoche ist nur noch Sonetts an ⟨*andere Lesart:* Sonattson⟩ und Lisa (für L. Daser u Heinrich Reissinger) erhalten und dies ist vor allem dem Rat Bert Brechts zu danken, der diese beiden Stücke sehr lobte. Die »fünf Mordgesellen« – im Geiste Wedekinds konzipiert – schrieb er eigenhändig ab u. ließ sie von Orge Pfanselt in Musik setzen. \ Die fünf Mordgesellen. Es zogen fünf Mordgesellen, durch einen stockfinsteren Tann, mit schwarzen Bärten u. hellen, blutroten Krawatten an. Der erste hatte erstochen, seinen Vatern den Millionär, die Kassaschränke erbrochen, von Geld u. Dukaten schwer. Der Lilie gleich war der dritte, die auf dem Felde erblüht, Aufschlitzer mit Anstand und Sitte, und grenzenlosem Gemüt. Als vierter kam im Vereine, ein Mann, der in einer Nacht, zwei Kaiser, drei Päpste und eine, Frau Huter hätt' umgebracht. Der fünfte war höher als alle, er trug ein vergüldetes Schwert, an einer vergüldeten Schnalle, hoch wie ein König geehrt. Er war der große Vernichter, des ganzen Menschengeschlechts, ihm huldigte alles Gelichter. Er war ja – Doktor des Rechts. \ Bald wurde ich in den Bann dieser machtvollen Persönlichkeit gezwungen und es entwickelte sich zum mindesten meinerseits eine intime Freundschaft. Ich wäre für Bert ins Feuer wie ins Zuchthaus gegangen. Meine Liebe war anfangs zweifellos Perversität und erst später wandte sie sich von dem Menschen auf den Künstler. Damals sang er mir oft zur Gitarre vor und wenn ich Zeit und Gelegenheit hatte eilte ich zu ihm hinunter in die Dachstube der Bleichstraße. \ *[...]* \ Bert Brecht habe ich sowohl in geistiger als auch körperlicher Beziehung unendlich viel zu danken. Er hat mir alle eitle Kraft genommen u mich zu einem völligen Neuaufbau veranlaßt. Ich mußte nun alles u jedes aus meiner älteren Zeit revidieren

u. allmählich hatte ich mich völlig gewandelt. Ob Bert Brecht immer ehrlich gegen mich handelte, weiß ich nicht. Gleich in den ersten Tagen spielte eine Sache mit Mädchen die wir verfolgten u. während des Kriegszuges verloren wir uns. Brecht behauptete auf mich gewartet zu haben. Ich bezweifele es. Jedenfalls habe ich ihm später wahrscheinlich in meiner Eifersucht unrecht getan – aber es war nur der Ausfluß meiner starken Liebe. \ Mit der Zeit lernte ich alles verstehen und alles verzeihen. Männer von seinem Schlag darf man nicht wie Durchschnittsmenschen beurteilen. \ Ein Dialog. \ Ort: Kaffee Größenwahn ⟨*Café Stefanie, München*⟩. Personen: Bert Brecht und Hanns Münsterer Bier trinkend. \ B. Aber sagen Sie mal Herr Münsterer, wollen Sie sich den gar nicht verlieben? M.: Darüber wollte ich Sie etwas fragen. B. Ja? M: Wissen Sie, wenn man um halb zwölf Uhr zusammen auf dem Bett sitzt – – B. Ja freilich, dann müssen Sie es tun. M. Hm. B Sonst verachtet sie Sie. Natürlich vorausgesetzt, daß sie es können. M. Wieso. B. Das ist nämlich gar nicht so einfach, habe ich mir sagen lassen, das muß gelernt sein. M. Oh, deswegen habe ich keine Angst. B. Aber es soll schwer sein im Anfang. Viele haben mir erzählt daß es beim ersten Mal garnicht gegangen ist. So etwas steht in keinem Lexikon. Übrigens, glauben Sie daß es bei ihr das erste Mal ist. M. zuckt die Achseln. B. Wenn sie Sie liebt hilft sie ihnen oder – sie lacht Sie aus. Wenn sie noch unberührt ist, merkt sie den Unterschied nicht. M. Aber Sie meinen doch ich solls tun? B. Ich kann Ihnen weder dazu raten noch zu besonderer Abkehr. Aber eines vergibt sie Ihnen nie. Wenn Sie sich anbietet u sie nehmen sie nicht. \ *[...]* \ Bert Brecht erzählte mir einmal folgende lustige Geschichte aus seinem Privatleben: »Wie ich einmal nachts um zwölf Uhr heimkomme, begegnet mir mein alter Studienrat. »Wo kommen denn Sie her Brecht zu dieser so späten Stunde?« »Ich war bei meinem Onkel!« »So. – Und was haben Sie denn da in ihrem Sacke?« »Meine Gitarre, Herr Studienrat, Ich habe meinem Onkel vorspielen müssen!« »Soo – Aber ich habe Sie doch da gerade aus dieser Kneipe herausgehen sehen, Brecht!« »Ja da habe ich meine Notdurft verrichten müssen« »Soo – da haben sie mit Ihrer Gitarre ihre Notdurft verrichten müssen. Soo, jetzt gehen Sie aber heim!« »Ja jetzt muß ich schnell noch zu meinem Großvater u ihm vorspielen Herr Studienrat!« – \ Ganz eigenartig war in Augsburg die Prozession, der auch eine Szene in der Urfassung des Baal gewidmet ist. Wir arme Katholiken mußten zu unserm nicht geringen Verdruß – wir waren bewacht u wer aussprang wurde angezeigt – den ganzen Vormittag über den dafür aufgelegten Bohlen herumstolpern. Viele Tage vorher liegen diese Bretter schon in Stößen an den Straßenwänden und die darauf hopsenden Gassenkinder machten einen Lärm, der Ohren u Nerven berauschte. An den Häusern waren junge Birkenbäume angebunden, die das Volk am Ende des Vorgangs plünderte, die Fenster waren mit Tüchern und Teppichen belegt, auf denen Kerzen, Heilige, Herzen Jesu und Kruzifixe standen, der ganze Götzenvorrat der Bürger. Außerdem flegelten sich aus den solchermaßen geschmückten Öffnungen die Frommen. Da einer meiner Freunde den Hut aufbehielt, wurde er verprügelt. Die Prozession ging durch die ganze Stadt, überall waren Altäre aufgerichtet. Es steckt eine enorme Anmaßung in diesen Demonstrationszügen der Kirche.

1918

Die meiste Freude gewährte mir das Zusammensein mit Bert Brecht. Wir trafen uns in der Wohnung, im Tripperlazarett, in Zanantonis Eisladen, beim Gabler ⟨*Treutweinsche Gastwirtschaft, Am Vorderen Lech 4*⟩ u. auf den Schiffsschaukeln. Davon erzählen meine folgenden Tageblätter. \ *[...]* \ Die alten Aufzeichnungen habe ich im Winter 1918 verbrannt.

8. November In der Nacht ist gemeutert worden. Alle Kokarden sind von den Mützen gerissen. Sturmtage. Ich bin meist auf der Gasse. Zu Eintragungen habe ich keine Zeit.

25. November Ich war bei Bert Brecht in Station

D. Ecker machte gerade sehr interessante Syphilisuntersuchungen. Wir sprachen vom Schub Stadien u Brechts Seeräuberballade. Er ist Regisseur, der Wind macht u Wolken vorzieht u das Schiff mit mächtiger Gebärde versenkt.

31. **Dezember** Mit dem Jahreswechsel habe ich alle meine Papiere verbrannt. Es hat nicht einmal ein warmes Zimmer gegeben.

1919

4. **Januar** Eine hervorragende Aufführung von Wedekinds Marquis Keith. Stieler gab den Scholz verblüffend, ebenso Steinrück den Marquis. Auch die Nebenfiguren waren ausgezeichnet. Grabbes Hannibal, eine verdienstvolle, von Kurt Eisner besorgte Aufführung, zersplittert leider etwas auf der Bühne. Dennoch ist dieser Versuch das einzige, was die Nationalbühnen seit Jahrzehnten aufzuweisen haben. Die Ernennung Steinrücks zum Schauspieldirektor war ein Geniestreich Eisners.

9. **Januar** Abends auf den Märkten und Plätzen Augsburgs werden Flugschriften der Volkspartei verbrannt. Es sieht sehr nett aus aber – die Revolution wird zum Karnevall. Die Neue Zeitung ist gestürmt. Eine Versammlung von drei bis fünf Tausend Bürgerlichen wurde von zwanzig Störern gesprengt. Im Ludwigssaal schmeißt man Krüge u Stühle. Die Leute drängen sich ans Gatter der Logen um dem Redner auf die Glatze zu spucken.

10. **Januar** Es wird eine Matrosenabteilung gebildet. Nachmittag war Krach am Rathaus und vor dem Polizeigebäude. Nachts sollen die Kasernen gestürmt werden. Von München sind Spartakisten zur Leitung des Aufstandes gekommen.

12. **Januar** Die Wahlen sind ruhig verlaufen. Nur Nachts hört man einzelne Handgranaten bellen.

16. **Januar** Brecht war bei mir. Abends sind wir in politische Versammlungen gegangen. Erst zur Dr. Dirr 〈*Pius Dirr, Deutsche Demokratische Partei*〉. Das Zentrum hat Heiligenbildchen ausgegeben, darauf steht: Eure Ahnen die ersten Christen haben ihr Blut für ihren Glauben hingegeben. Ihr müßt nur euren Stimmzettel zur Urne tragen. Als es langweilig wurde gingen wir ins Herrle 〈*Saalbau im Besitz der Brauerei Herrle, Vergnügungs-Etablissement*〉 zu den Unabhängigen. Es war interessant und schön. Fechenbach, der Privatsekräter Eisners sprach. Es klang wie ein letzter Liebesruf eines sterbenden Erlösers: Bruder Mensch. Eine wunderbare Parabel habe ich mir gemerkt. Zwei streiten sich um die Unsterblichkeit der Seele. Da kommt ein dritter u meint: Ihr habt alle beide nicht ganz recht. Die Wahrheit liegt immer in der Mitte.

17. **Januar** Liebknecht und Rosa Luxemburg sind ermordet. Sie werden Märtyrer der Internationale werden. Gemein war, wie sich die Bürger darüber freuten u jubelten, daß man das Mensch ersäuft habe.

19. **Januar** Ich hatte einen großen Krach zu Hause. Man ließ mich abends nicht zu Gabler, wo es ein Fest gibt 〈*Feier zu Brechts Entlassung aus dem Militärdienst*〉. Jede Veröffentlichung ist mir verboten. Walter Brecht sang mir das Lied vom alten König, der nichts mehr tun konnte, der Refrain ist immer: »S'war eben ein alter König, u konnte nichts anders mehr tun.« Er springt mit einem Mädchen ins Meer. Ich habe Cassens 〈*Caspar Nehers*〉 Bilder zur Klampfenbibel 〈*Publikationsvorhaben Brechts; → zu NB 1, 1r*〉 gesehen. Sie sind enorm. \ Ich bin ein armer gestutzter Vogel in einem sehr engen Käfig. Warum soll ich nicht gleich Schluß machen. Ich war schon früher einmal ganz nahe am Selbstmord. Ich stand am offenen Fenster. Aber es schien Sonne und da konnte ich es nicht tun.

26. **Januar** Nachmittag bei Bert Brecht. Er las verschiedene neue Gedichte vor. Bert und Walter sangen mir zweistimmig Wedekindballaden.

27. **Januar** Protestversammlung für Liebknecht und Rosa Luxemburg. Es waren etwa dreißig Redner. Frau Bezold trug eine Hymne vor u behauptete keine Dichterin von Gottes Gnaden zu sein da sie nicht an Gott glaube. Auch Frau Brehm 〈*Lilly Prem*〉 sprach. Ich wollte ebenfalls reden, ließ es aber zum Glück sein.

29. **Januar** Im Theater. 〈*Henrik Ibsen:*〉 Die Frau vom Meere. Ibsen ist kein Genie. Er sagt immer das Gleiche. Jedesmal wird eine Ehe durch das

Dazwischentreten eines Dritten saniert. Die Wildente ist geradezu die Satire darauf. Nachts mit Otto Müller. Man kann mit ihm von nichts reden als von Dirnen und Embryonen. Er ist ein sehr großes Schaf.

10. Februar Ich besuchte Frau Wedekind und brachte ihr Blumen. Gelbe Tulpen, denn mehr hat meine Kasse nicht vertragen. Sie war nicht zu Hause. Dann ging ich zu Arthur Kutscher. Seine Frau war sehr nett mit mir und ich mußte gleich nachmittags wiederkommen. Er riet mir vom freien Literaten ab. Ob die Kunst den Einsatz des Lebens wert sei? Er meint ich soll in in einen großen Verlag eintreten. Die Gedichte die ich ihm hatte bringen wollen hatte ich verloren.

15. Februar Ich liege in schwerer Krankheit. Ich glaube das ist das Ende.

23. Februar Eisners Ermordung. Um elf Uhr war es am Königsplatz angeschlagen. Einige Geier brachten jauchzend das Telegramm. Die Gesichter der Professoren leuchteten in verklärtem Schimmer. Der Konrektor, der seit dem 8. November voll Dreck und Schmutz war, putzte sich zum ersten Mal den Bart wieder und strahlte. Auf der Treppe rannte ich mit Henseld zusammen. Gott sei dank, daß er hin ist, der Hund. Ich sagte: Es scheint mir nicht sehr praktisch. Sonst sagte ich nichts Sie hätten mich hinausgeschmissen. Ich würgte meinen Ärger hinunter. Der ganze Schulhof schwirrte und jubelte. Der Pedell machte die Pause um dreieinhalb Minuten länger als gewöhnlich. \ *[...]* Mein Vater sagte: Erschießen sei viel zu gut gewesen für den Stinker, man hätte ihn mit Knüppeln totschlagen sollen.

24. Februar Nachmittag war ich bei Bert Brecht.

25. Februar Nachm. w⟨*ar*⟩ ich in München bei Bert.

26. Februar Ich kam zu Eisners Beisetzung und sah einen Teil des Trauerzuges. Es war sehr würdig und ernst. Es waren unzählige Menschen. Alles hatte Kränze. Die Russen trugen an einer Stange Eisners Bildnis. Flieger schwebten langsam und feierlich im Gleitflug gegen den östlichen Friedhof. Salven kündeten den Beginn des Begräbnisses. Die Glocken läuteten. An allen Straßenecken gab es Bilder mit der »Mordstätte des Eisners.« \ Nachmittg bei Bert Brecht. Dieser Mann versteht es wunderbar einen aufzurichten. Wir sprachen über Spartakus ⟨→ *8. April, zu NB 1, 15ᵛ*⟩.

28. Februar Vom Isenheimer Alter. \ 1. Die Kreuzigung. Die Tafel ist das Hohelied des Schmerzes. *[...]* Den rechten Grund nimmt Johannes, des Täufers prophetische Figur ein. Er weist hin auf dem Gekreuzigten: Ich werde abnehmen, er aber wird wachsen ⟨*Joh 3,30*⟩. Prachtvoll ist die Linie des hindeutenden Zeigefingers ⟨→ *NB 3, 42ᵛ.1-6*⟩.

10. März Ich habe wieder viel Angst vor Syphilis. Ich habe einen kleinen Ausschlag an der Schulter, der sehr verdächtig ist. Wie sollte ich dazu gekommen sein? \ Ich war bei Bert Brecht. Er schreibt gerade am Absalon oder der Beauftragte Gottes ⟨→ *NB 3, 12ᵛ-13ʳ*⟩. Es wird ein sehr wuchtiges Drama werden.

16. März Ich las Kalidasas Urvasi. Diese indischen Dramen sind sehr gut. Nachm. war Bert Brecht bei mir. Wir hatten uns viel zu sagen.

24. März Ich war bei Bert Brecht.

8. April München. Ich fuhr mit Bert Brecht hinüber. Der Spartakus scheint jetzt ins Rollen zu kommen ⟨→ *26. Februar*⟩. Feuchtwanger ist stark interessiert. \ Nachmittag zog ich aus um einen Totenschädel zu stehlen. In Freiham waren zwei, aber in einem Fegefeuer eingegittert. Es liegt noch tief Schnee im Holz und regnet unaufhörlich. Ich zog Schuhe und Stümpfe aus und trabte barfuß durch den Schnee. Es ist ein sehr seltsames, fast perverses Gefühl. In Steinkirchen ⟨*im Westen von München, ebenso Freiham*⟩ hatte ich einen kleinen Erfolg. Dort lagen die Köpfe, fest in Eisen gegipst, aber die Totengräberin, eine habgierige Alte, versprach mir einen Schäden aufzuheben. Man findet auch Schenkelknochen auf den alten Friedhöfen im Schutt liegen. Ich hatte furchtbar Hunger. Ich hungere immer. \ In München ist eine kolossale Judenhetze, an der sich mein Onkel redlich beteiligt. »Wer einen Juden erschlägt soll ihn beerben.«

9. April Es wird zum Bürgerkrieg kommen. Die Reaktion wird schließlich siegen. Die Fetten siegen immer. Wir werden geknechtet und geknebelt werden, denn blutige Rache ist der letzte Trost des feigen Bürgertums. *[...]* \ Abends in meinen Kammerspielen Machiavellis Mandragola. Dieses Stück ist einfach großartig, wie die Aufführung. Steigernd machen sich die Zwischenakte, in denen die Nonnen die in dieser Situation furchtbar obszönen Choräle singen. Es ist eine ganz enorme Sache. Dann d. tapfere Cassian Schnitzlers ⟨→ *Tb N, 20. Februar 1919*⟩.

14. **April** Ich war mit Brecht. Wir gingen zu Brehm ⟨*Georg Prem*⟩, dem Rätekommandanten v. A. ⟨*von Augsburg*⟩, dann in Zanantonis Eisladen am Kreuz. Für eine Feier zu Ehren der gefallenen Mitglieder des Turnvereins hat Brecht einen Prolog ⟨*BBA E 10014/50*⟩ und Epilog gedichtet, die Fräulein Eberle vorträgt. Bert sagt, das sei eine einseitige Bevorzugung der Männer man sollte auch für die gefallenen weiblichen Vereinsglieder eine solche Feier veranstalten.

15. **April** Von den Heloten sagt man, daß sie die Spartaner am liebsten noch auffräßen. Das könnte man auch von den Bürgern und den Soldatenräten sagen. \ Therese Ostheimer ist Bert Brechts erste Liebe. Er ging ihr lang nach und erst an der Gartenpforte redete er sie an: Gn. Fräulein entschuldigen, ich habe ihnen was zu sagen.« »Und ich habe ihnen nichts zu sagen« erwiderte sie u. verschwand. Dann schrieb er ihr einen Brief, der von den Eltern abgefangen und gelesen wurde ⟨*Sommer 1916*⟩. Torquemada erzählte mir Brecht habe darin seine Vermögensverhältnisse, Wohnung u. s. f dargetan. Bert selber erklärte, in dem Brief habe lauter Unsinn gestanden. An Th. O. ist auch jenes Gedicht ⟨*»Romantik«, August 1917*⟩ von dem fremden Schiff gerichtet, das an den Strand kommt, ganz blau, und das im Frühjahr seinem Sterne folgend unbetreten und unbeachtet verschwindet.

18. **April** Mit Brecht ging ich in die Gedächtnisfeier des Turnvereins Augsburg. Zwei enorme Fackeln schwelten in dem düsteren Saal. Die Totenklage eines geschlagenen Volkes. Die bleichen Strindberggestalten wirken unheimlich in dem magischen Licht u den Klagen des Harmoniums. Es erinnert ein wenig an eine Einäscherung. Die Eberle las Brechts Prolog recht schlecht. Schön war der Choral von den Seelen der Gerechten (Rheinberger). Der Ausklang Brechts von den Geschlagenen u dem Meere war gut rezitiert, obwohl er stärker, biblischer geboten werden muß. Dann waren wir bei Bez ⟨*Otto Bezold*⟩. Er sieht furchtbar schlecht aus. Es ist wie Schwindsucht. Er hat sein Leben ganz ausgelebt u ist in seinem Denken fast schon Greis. Ich glaube daß er kaum noch emporkommt. Brecht setzte uns viel über den Vorteil einer Räterepublik auseinander. Er kann überhaupt sehr gut überzeugen. Einmal sagte er: »Der Bolschewismus ist eine Krankheit, die überwunden werden wird nur gehen wir vorher zu Grunde.«

19. **April** Nachm. war Bert Brecht bei mir. Er sang mir die Ballade vom Wäscher vor u teilte mir gar interessante Ansichten über Kindererziehung mit. Er wird anfangs alle mit Nummern versehen u erst auf gute Antworten hin den Namen nennen. Dann wird er nachmittags besondere Stunden einführen an denen nur die Besten und Regsamsten teilnehmen dürften. Von den kindlichen Anschauungen z. B dem Indianerspiel ausgehend, wird er ihnen dann Moral u Notwendigkeit des Lernens klarmachen. Lügner und mit anderen Fehlern behaftete würde er durch Ironie und Beleidigungen ändern. Die Schüler höherer Klassen dürften zur besonderen Belohnung des Fleißes zu einem Mädchen.

20. **April** Ich liege im Bett und lese die Bibel, das zweite Buch Moshen. Dann das dritte. Schuß auf Schuß platzt hernieder. Wir werden bombardiert. Ich habe schon gestern Späher an den Straßen gesehen. Seit vier Uhr kracht es und donnert über uns u neben uns. Die Hölle ist los. \ Die Schüsse verstummen. Augsburg ist über. Edelmann ⟨*Hans Edelmann, Schriftsetzer, Vorsitzender der Augsburger Druck-Gewerkschaften (›Graphisches Kartell‹)*⟩ wurde verhaftet. Man besetzt die Stadt. \ Wieder geht die Kannonade weiter. Die Straßen hallen von den Gewehrschüssen. Ich streife durch die Straßen. Auf der einen Seite stehen [¿]*Reihen* von Maschinengewehren, auf d andern ein Roter. Von Zeit zu Zeit schreien die Eisenmänner oder der einsame Gardist: Weg Leute! Wir schließen. Dann rattern die Maschinengewehre und Minen platzen tosend. Die Straßen sind aufgerissen, kleine

Holzbarrikaden errichtet. Edelmann hat verraten und ist von den republikanischen Truppen interniert. Standredner von allen Parteien halten unmögliche Reden. Immerfort knacken die Schüsse. Vor unsrem Haus rennen sie sich mit Waffen nach, ein Maschinengewehr bafft. Die Roten halten das Rathaus. \ Mittag. Augsburg hat sich ergeben. Wir haben den Belagerungszustand. Es wird kein Plärrer sein. Alles ist abgesperrt. In Oberhausen toben noch Kämpfe. Die Spartakisten haben Regierungstruppen überrumpelt und ihnen Geschütze genommen. Sie halten die Brücke ⟨*über die Wertach*⟩. Ich war dort, die Stellung ist sehr ungünstig. Von der Kappe ⟨*Bastei »Blaue Kappe« der alten Stadtbefestigung*⟩ kann man alles bestreichen. \ Nacht. Wieder donnern schwere Geschütze auf die Stadt. Das Gas brennt noch. Ich habe das dritte Buch Moshe gelesen. Die Juden scheinen große Schweine gewesen sein, weil sie Jahwe so genau hygienisieren mußte. Immer Schüsse. In Oberhausen soll Waffenstillstand sein. Man lechzt nach Blut. Ich lese Sindbads Weiberlist ⟨*aus ›1001 Nacht‹*⟩, das ist sehr schön und pikant.

21. **April** Spartakus. Die Leute verlumpt und verkommen in den Kellern eines Warenhauses eingepfercht. Sie lehnen fahl an den Wänden. In ewigem Gestank. Da flammt noch einmal ihr großer Gedanke auf, Leuchten geht über ihr Antlitz »Bruder Mensch« u sie fliegen hinauf in Sonne und Bajonette. *[…]* Dann war ich bei Hartmann. Er hat Bez im Verdacht sexueller Verirrung. *[…]* Torquemada liegt in der Regierung u ich besuchte ihn. Die Gefangenen werden scheußlich behandelt. Militär und Zivil schlugen ihnen ins Gesicht und spien sie an. Sie wollen alle erschießen.

22. **April** Nachmittag war ich bei Bert Brecht. Er hatte in den Nächten Brehm ⟨*Georg Prem*⟩ bei sich. Die Leute der Nachbarschaft behaupteten aus dem Fenster sei geschossen worden. Wir sprachen über den Baal zu dem er eine neue Szene schrieb. Dann holten wir Caß ⟨*Caspar Neher*⟩ und er brachte wunderbare Bilder und Szenenentwürfe zu Baal.

23. **April** Ich traf Bert Brecht. Dann war ich bei dem kranken Bez. Er erzählte mir glänzend Geschichten von Arndt, der zu einem Mädchen höchstens eine Stunde brauchte. Arndt u. sein Freund losten immer aus, wenn sie nur ein Weib hatten u der, den es traf, haute sie zusammen. Sie gaben immer vor, den Hotelzimmerschlüssel vergessen zu haben u da machten sie die schöne Sache ⟨→ *»Baals Lied«, NB 1, 2r*⟩ auf den Bänken. Das soll sehr gut gehen, weil man da die Beine schön spreizen kann u da liegt man dann wie auf einem Folterbett. Wenn sie fertig waren, schickten sie sie einfach fort. »So jetzt kannst gehen!« Arndts Mutter habe in Beziehung auf das vielgevögelte Dienstmädchen immer gesagt: »Geh, das ist ja schier grad so wie in den Gschpenschter von Ibsen.« Eine Geschichte spielte übrigens auch in der Schule. Ein Mädel fing zu heulen an, die Sache kam vor das Rektorat. Der Oberstudienrat fand das »unglaublich, ein fremdes Mädle auf der Straße anzuschprechen« Arndt sollte zwei Stunden Karzer bekommen. Aber er sagte: »Das nehme ich nicht an« Schließlich einigte man sich auf eine Stunde. \ Wir haben übrigens auch oft ganz lustige Streiche gemacht. In der goldenen Gerste ⟨*Augsburger Brauerei*⟩ war einmal eine riesige »Hatz« um eine Kellnerin, die Otto damals durchziehen wollte. Es gab wunderbare Szenen, das Licht wurde ausgelöscht u. nur das Erscheinen eines ihrer anderen Galans rettete die Dirne vor einer Niederlage. *[…]* \ Balladenstoff: Als Satan, der Herrscher gestorben war, kamen alle Ärzte ihn ins Leben zurückzurufen. Die kuriosesten Mittel: Lauch, Casanova, Boccaccio. Alles hilft nichts. Schließlich bringt einer Brechts Gedichte. Mt durchgreifendem Erfolg.

24. **April** Nachmittag war Bert Brecht da. Er erklärte mir sehr viel theoretisches, Fehler und Unoriginalität meiner Gedichte. Er hat leider nur zu recht. \ Ich werde zu den Mädchen gehen müssen. Eine neue Zeit meines Lebens eröffnen, praktisch völlig unfruchtbar, aber reich an Erlebnis, an Körper und Fleisch. Wogende Saatfelder, breite Himmel bietet des Weibes Schooß. Fort aus der schwülen Atmosphäre des Hasses, der Gefangenschaft und Onanie. Mein Zimmer ist sehr ungesund. Ich sollte fort auf die Landstraße unter freien, unendlichen Himmel. – – – – – \ Im Eisladen. Bert tanzte mit der Eismamsell. Zur Gitarre. \ Nachts war ich aus.

Küsse und wildes Chaos. Aber es ist nicht der tiefe Genuß, nicht die Erfüllung in dem Fleisch.

– – – – – – –

25. **April** Bert Brecht las mir viel aus seiner Jugend vor, von Bittersuit und von der kleinen Ostheimer. Der Plärrer ist noch nicht und das ist traurig. Wir gingen in Zanantonis Eisbude und aßen sehr viel Gefrorenes. Bert setzte dabei der Dame auseinander, daß man nun bald mit der Kommunisierung der Weiber beginnen werde. \ Ich lese das erste Buch Samuelis. Es ist ganz wunderbar, sehr bös und tückisch wie die Wüste der Tropen. *[...]* Nachts war ich bei – – – – – Sie hat prachtvolle breite Hüften in die man sich hängen kann, und straffe weiche Schenkel. Ihre Brüste sind wie Äpfel oder wie Wellen eines Stromes. Es ist aber nicht richtig, daß alle Weiber gleich sind. Man muß Mosaik machen. Da nimmt man die Schenkel, Knie die zucken gebende Brüste, hier Wildheit des Panthers, dort engelduldende Güte. Aber der Leib des Weibes ist das Wichtigste. Es muß etwas daran sein, daß die alten die Wörter lip und wiß so wenig unterscheiden. Die Bibel sagt Gefäß und das ist sehr richtig. Geben kann das Weib kaum. Nur empfangen und anfachen. Neues hervorbringen kann das Weib nie, nur Ausbauen u. entwickeln. Ich meine das geistig, es ist aber auch körperlich so.

26. **April** Nun lese ich das zweite Buch Samuels. Es ist schwer u wild. David macht dem Weibe Bathseba ein Kind und dann soll der Mann Urias bei ihr schlafen, daß es niemand merkt. Er mag nicht denn er ist voll Pflichteifer. Da[f]*v*id macht ihn betrunken, aber Urias denkt immer noch an seine Soldaten die im Feld darben u an seinen Krieg. Er läßt das Weib unberührt. Da läßt ihn David töten und nimmt die Witwe in seinen Schutz. Das Kind bringt er um Er dankte Gott als der Kleine tot ist heißt es in der Bibel ⟨→ *zu NB 3, 12ᵛ-13ʳ*⟩. Auch die Sage von Absalom und Thamar ist sehr groß. Wie die altgriechischen Sagen von denen wir nur sehr kleine Bruchstücke mehr kennen. \ Ich stelle Gehirnerweichung fest. Manchmal weiß ich nimmer, was ein Baum ist. Ich stelle mich davor, bin ratlos und kratze die Rinde. Plötzlich kommt mir die Erleuchtung. Ja das ist ein Baum. Meine Füße sind müd und wund vom Gehen. \ Auf dem Plärrer und in der Eisbude Ich habe eine Gitarre gekauft um dreißig Mark. Ich weiß nicht recht ob ich sie behalten soll. Leider ist der Hals stark aufgegangen, was ihre Spielbarkeit hindert. – Nachts bin ich wieder am Plärrer. Ich traf die Steinekemädchen und wir gingen ins Variété, in dem unter anderem ein Schlangenmensch auftrat, ein Matrose, der aus der englischen Gefangenschaft heimgekehrt sei. Außerdem war eine Seiltänzerin da im Trikot, die einen sehr fetten Hintern hatte u damit viel Applaus erzeugte. Eigentlich ist es ein entsetzliches Leben unten am Plärrer. Man ist ausgestoßen, zertreten, verachtet. Man muß seinen Leib hinhalten, immer, auch wenn man ganz müd ist. Ich liebe die Menschen sehr, denn sie sind meine Brüder. Herrlich ist die Musik u das Schwimmen im Blau der nächtlichen Buden. Ich werde trunken u voll von der wirren, verkommenen Musik, die geil macht.

27. **April** Plärrer am Morgen. Eine wunderbare Musik. Die Drehorgeln, Karuselle, Schiffsschaukeln und Variétés erzeugen ein ganz eigenartiges Schwirren und Schwingen der Luft. Auch Jonathan ist wieder da, der alte Landstreicher, der jetzt einen erotischen Guckkasten hat. Drei Tage im Himmel, drei Tage auf der Erde, drei Tage in der Unterwelt. Alles zusammen 10 Pfennig, mit Beschreibung 15 Pfennig.

28. **April** Nachmittag war ich bei Caß, dem ich den Auftrag für ein Gedenkblatt übermittelte. Dann war er bei mir und ich zeigte ihm Bilder und Bücher. Nachts auf dem Plärrer. Wundervoll sind die Lichteffekte, der Sonnenuntergang, das allmähliche Beleuchten u der Schatten des Rauches zusammen mit dem Blitzen der Schiffsschaukeln und Karuselle. Ich saß auf einem Zigeunerwagen und starrte halb blind u betrunken in die lärmende Luft. Matrosen und Dirnen die sie kneifen u die aufkreischen, schrill und gierig, feine Gentlemens, die blasiert auf die Freude des niederen Volkes herunterschauen, Taschendiebe Gamins voll Dreck, Schandarmen, Köchinnen und Militär alles bunt durcheinander in höllischem Strudel. Ein buntes Gewirr. Ich versuchte zu schiffschaukeln. Es war das erste Mal u ich konnte es nicht.

Siglen und Abkürzungen

Abb. Abbildung

AB Adreßbuch

BBA Bertolt-Brecht-Archiv, Akademie der Künste, Berlin

BFA Bertolt Brecht, *Werke. Große kommentierte Berliner und Frankfurter Ausgabe*, Frankfurt/Main 1988-2000

Bl. Blatt/Blätter

BV Bertolt-Brecht-Archiv. *Bestandsverzeichnis des literarischen Nachlasses*, Berlin und Weimar 1969-73

EE Elektronische Edition (www.suhrkamp.de/brecht/notizbuch ausgabe_elektronische_edition)

EE F Elektronische Edition, Forum

EE G Elektronische Edition, Einführung in die Gesamtedition

EE Z Elektronische Edition, Zusatzdokumente

EHA Elisabeth-Hauptmann-Archiv, Akademie der Künste, Berlin

GW Bertolt Brecht, *Gesammelte Werke. Werkausgabe Edition Suhrkamp*, Frankfurt/Main 1967-69

HWA Helene-Weigel-Archiv, Akademie der Künste, Berlin

NB Notizbuch

NBA Bertolt Brecht, *Notizbücher*, Berlin 2010 ff.

r recto

RBA Ruth-Berlau-Archiv, Akademie der Künste, Berlin

SBA Staats- und Stadtbibliothek, Augsburg

Tb M Hanns Otto Münsterer, Aufzeichnungen, Bayerische Staatsbibliothek, München

Tb N Caspar Neher, Tagebücher, Staats- und Stadtbibliothek, Augsburg

v verso

WBA Walter Benjamin Archiv, Akademie der Künste, Berlin

Z. Zeile

Literaturverzeichnis

Adler 1966
Meinhard Adler, *Untersuchungen zum Studium Bert Brechts*, in: *Neue Deutsche Hefte* 13 (1966), Heft 111, 118-124

Adreßbuch Berlin 19..
Berliner Adreßbuch. Adreßbuch für Berlin und seine Vororte. 1919-1932. Vollständige Mikrofiche-Ausgabe, hg. von Konrad Umlauf, München u. a.: K. G. Saur 1983

Banholzer 1981
Paula Banholzer, *So viel wie eine Liebe. Der unbekannte Brecht. Erinnerungen und Gespräche*, hg. von Axel Poldner und Willibald Eser, München: Universitas ⟨später unter dem Titel *Meine Zeit mit Bert Brecht. Erinnerungen und Gespräche*, München: Goldmann 1984⟩

Barth 1981
Achim Barth, *Noch ein Baal. Ein vergessenes Pendant zu Brechts Stück*, in: *Theater heute* (1981), Heft 4, 4

BFA
Bertolt Brecht, *Werke. Große kommentierte Berliner und Frankfurter Ausgabe*, hg. von Werner Hecht, Jan Knopf, Werner Mittenzwei, Klaus-Detlef Müller, 30 Bde. und Registerbd., Berlin, Weimar: Aufbau, Frankfurt/Main: Suhrkamp 1988-2000

Bibel 1924
Die Bibel oder die ganze Heilige Schrift des Alten und Neuen Testaments nach der deutschen Übersetzung D. Martin Luthers, durchgesehene Ausgabe, mit dem von der deutschen evangelischen Kirchenkonferenz genehmigten Text, Berlin: Deutsche und Ausländische Bibelgesellschaft ⟨*Brecht-Bibliothek* 2321; alle Zitate in den Erläuterungen nach dieser Ausgabe⟩

Brecht: Baal 1920
Bertolt Brecht, *Baal*, München: Georg Müller ⟨nicht ausgelieferter Druck; Kopie: BBA 1423⟩

Brecht: Baal 1922
Bertolt Brecht, *Baal*, Potsdam: Kiepenheuer ⟨Erstpublikation; → *BFA* 1, 83-137⟩

Brecht: Baal 1926
Bertolt Brecht, *Lebenslauf des Mannes Baal. Dramatische Biografie (Bühnenbearbeitung des ›Baal‹)*, Potsdam: Kiepenheuer ⟨Bühnenmanuskript, auch in *Brecht: Baal 1966*⟩

Brecht: Baal 1953
Bertolt Brecht, *Baal*, in: *Erste Stücke* 1, 3-99, Frankfurt/Main: Suhrkamp

Brecht: Baal 1955
Bertolt Brecht, *Baal*, in: *Stücke* 1, 17-115, Berlin: Aufbau ⟨Fassung letzter Hand; auch in *Brecht: Baal 1968*⟩

Brecht: Baal 1966
Bertolt Brecht, *Baal. Drei Fassungen*, kritisch ediert und kommentiert von Dieter Schmidt, Frankfurt/Main: Suhrkamp

Brecht: Baal 1968
Bertolt Brecht, *Baal. Der böse Baal der asoziale. Texte, Varianten, Materialien*, kritisch ediert und kommentiert von Dieter Schmidt, Frankfurt/Main: Suhrkamp

Brecht: DGR 1934
Bertolt Brecht, *Dreigroschenroman*. Amsterdam: Allert de Lange

Brecht: Gedichte
Bertolt Brecht, *Gedichte*, 10 Bde., Frankfurt/Main: Suhrkamp 1960-1976
- Band 1: *1918-1929*, hg. von Elisabeth Hauptmann und Rosemarie Hill, 1960

Brecht: Hauspostille 1927
Bertolt Brechts Hauspostille. Mit Anleitungen, Gesangsnoten und einem Anhange, Berlin: Propyläen

Brecht: Hauspostille 1966
Bertolt Brecht, *Die Hauspostille / Manual of Piety. A bilingual edition*, Übersetzung von Eric Bentley, Anmerkungen von Hugo Schmidt, New York: Grove Press

Brecht: Poems 1975
Bertolt Brecht, *Poems*, hg. von John Willett und Ralph Manheim unter Mitarbeit von Erich Fried, London: Eyre Methuen

Brecht: Tagebuch № 10
Bertolt Brecht, *Tagebuch № 10. 1913*, hg. von Siegfried Unseld, Transkription der Handschrift und Anmerkungen von Günter Berg und Wolfgang Jeske, Frankfurt/Main: Suhrkamp 1989
Brecht: Taschenpostille 1926
Bertolt Brechts Taschenpostille. Mit Anleitungen, Gesangsnoten und einem Anhange, Potsdam: Gustav Kiepenheuer ⟨Privatdruck⟩
Brecht: Trommeln 1922
Bertolt Brecht, *Trommeln in der Nacht. Drama*, Berlin, München: Drei Masken ⟨Bühnenmanuskript⟩
Brecht: Trommeln 1990
Brechts ›Trommeln in der Nacht‹, hg. von Wolfgang M. Schwiedrzik, Frankfurt/Main: Suhrkamp
Brecht-Bibliothek
Die Bibliothek Bertolt Brechts. Ein kommentiertes Verzeichnis, hg. vom Bertolt-Brecht-Archiv, Akademie der Künste, bearbeitet von Erdmut Wizisla, Helgrid Streidt und Heidrun Loeper, Frankfurt/Main: Suhrkamp 2007 ⟨zitiert wird die laufende Nummer, nicht die Seite⟩
Brecht-Chronik 1997
Werner Hecht, *Brecht-Chronik. 1898-1956*, Frankfurt/Main: Suhrkamp
Brecht-Handbuch
Brecht-Handbuch in fünf Bänden, hg. von Jan Knopf, Stuttgart, Weimar: Metzler
- Band 1: *Stücke*, 2001
- Band 2: *Gedichte*, 2001

Brecht-Liederbuch 1985
Brecht-Liederbuch, hg. und kommentiert von Fritz Hennenberg, Frankfurt/Main: Suhrkamp
Brecht Walter 1984
Walter Brecht, *Unser Leben in Augsburg, damals. Erinnerungen*, Frankfurt/Main: Suhrkamp
Breuer 1914
Der Zupfgeigenhansel, hg. von Hans Breuer unter Mitwirkung vieler Wandervögel, 149.-153. Tausend, Leipzig: Friederich Hofmeister ⟨*Brecht-Bibliothek* 997⟩
Bronnen 1960
Arnolt Bronnen, *Tage mit Bertolt Brecht. Geschichte einer unvollendeten Freundschaft*, Wien, München, Basel: Desch
Claudel 1910
Paul Claudel, *Der Tausch*, Deutsch von Franz Blei, München: Hyperion-Verlag Hans von Weber
Damm 2005
Steffen Damm, *Ernst Litfaß und sein Erbe. Eine Kulturgeschichte der Litfaßsäule*, Berlin: Borstelmann & Siebenhaar
Dümling 1985
Albrecht Dümling, *Laßt euch nicht verführen. Brecht und die Musik*, München: Kindler
Edschmid 1915
Kasimir Edschmid, *Das rasende Leben. Zwei Novellen*, Leipzig: Kurt Wolff (Reihe *Der Jüngste Tag* 20)
Edschmid 1919
Kasimir Edschmid, *Über den Expressionismus in der Literatur und die neue Dichtung*, Berlin: Reiß (Reihe *Tribüne der Kunst und Zeit. Eine Schriftensammlung*, hg. von Kasimir Edschmid, 1)
Edschmid 1920
Kasimir Edschmid, *Die doppelköpfige Nymphe. Aufsätze über die Literatur und die Gegenwart*, Berlin: Paul Cassirer
Feuchtwanger 1928
Lion Feuchtwanger, *Bertolt Brecht, dargestellt für Engländer*, in: *Die Weltbühne* 36 (1928), 4. September, 372-376 ⟨auch in: *Witt 1964*, 11-16⟩
Feuchtwanger 1983
Zeugen des Jahrhunderts: Marta Feuchtwanger im Gespräch mit Reinhart Hoffmeister. Original Broadcast 1/14 and 1/20/1980 Zweites Deutsches Fernsehen, in: *Brecht Jahrbuch* | *Brecht Yearbook* 12 (1983), 107-116
Frisch/Obermeier 1986
Werner Frisch, Karl W. Obermeier, *Brecht in Augsburg. Erinnerungen, Dokumente, Texte, Fotos*, Berlin, Weimar: Aufbau ⟨2., durchgesehene Auflage⟩
Göbel 1977
Wolfram Göbel, *Der Kurt Wolff Verlag 1913-1930. Expressionismus als verlegerische Aufgabe. Mit einer Bibliographie des Kurt Wolff Verlages und der ihm angeschlossenen Unternehmen 1910-1930*, Frankfurt/Main: Buchhändler-Vereinigung
Goethe: Faust
Goethes Faust. Gesamtausgabe, hg. von Anton Kippenberg, Hans-J. Weitz und Walther Ziesemer, 211.-220. Tausend, Leipzig: Insel ⟨1951; *Brecht-Bibliothek* 498⟩

Halbe 1911
Max Halbe, *Jugend. Ein Liebesdrama in drei Aufzügen*, Berlin: Georg Bondi
Hamsun 1914
Knut Hamsun, *Abenteurer. Ausgewählte Erzählungen*, München: Albert Langen (*Langens Mark-Bücher. Eine Sammlung moderner Literatur* 3)
- 71-93: *Zachäus*
Hansen 1994
Deutsche Volkspoesie – Die schönsten Reime, Lieder und Balladen, gesammelt von Walter Hansen, Genf: Lechner
Hasenclever 1918
Walter Hasenclever, *Kunst und Definition*, in: *Neue Blätter für Kunst und Dichtung* 1, Heft 2 (1918), 40 ⟨auch in: *Menschen* 1, Nr. 7 (15. Oktober 1918), 11f.⟩
Hasenclever 1919
Walter Hasenclever, *Der politische Dichter*, Berlin: Rowohlt 1919 (= *Umsturz und Aufbau, Zweite Flugschrift*)
- 28-34: *Tod und Reichstag* ⟨auch in: *Das junge Deutschland* 2, Nr. 6 (1919), 139-141⟩
- 35f.: *Predigt im Dom zu Köln*
Hasenfratz 1966
Doris Hasenfratz ⟨= Dora Mannheim⟩, *Aus dem Alltag eines Genies*, in: *Die Zeit*, 19. August 1966 ⟨auch in *Wizisla 2009*, 29-36⟩
Hebbel 1908
Friedrich Hebbel, *Werke in zehn Teilen*, hg. von Theodor Poppe, Berlin u. a.: Deutsches Verlagshaus Bong & Co.
- Zweiter Teil: *Judith, Genoveva, Der Diamant* ⟨*Brecht-Bibliothek* 551⟩
Hennenberg 1990
Fritz Hennenberg, *Bruinier und Brecht: Nachrichten über den ersten Brecht-Komponisten, in: Brecht Jahrbuch | Brecht Yearbook* 15 (1990), 1-43
Hesterberg 1971
Trude Hesterberg, *Was ich noch sagen wollte. Autobiografische Aufzeichnungen*, Berlin: Henschel
Hillesheim 2000
Jürgen Hillesheim, *Augsburger Brecht-Lexikon. Personen – Institutionen – Schauplätze*, Würzburg: Königshausen & Neumann
Hillesheim 2005
Jürgen Hillesheim, *»Ich muß immer dichten«. Zur Ästhetik des jungen Brecht*, Würzburg: Königshausen & Neumann
Högel 1962
Max Högel, *Bertolt Brecht. Ein Porträt*, Augsburg: Verlag der Schwäbischen Forschungsgemeinschaft (⟨korrigierter und ergänzter⟩ Sonderdruck der »Lebensbilder aus dem Bayerischen Schwaben« 8, München 1961)
Högel 1973
Max Högel, *Caspar Neher (1897-1962)*, in: Schwäbische Forschungsgemeinschaft bei der Kommission für Bayerische Landesgeschichte (Hg.), *Lebensbilder aus dem Bayerischen Schwaben* 10, Weißenhorn: Anton H. Konrad, 397-467
Hofmannsthal 1921
Jedermann. Das Spiel vom Sterben des reichen Mannes, erneuert von Hugo von Hofmannsthal, Berlin: S. Fischer ⟨*Brecht-Bibliothek* 628⟩
Kaiser 1917
Georg Kaiser, *Das Drama Platons*, in: *Das Programm. Blätter der Münchener Kammerspiele* 3, Nr. 14 (April/Mai 1917), 6f. ⟨unter dem Titel *Der gerettete Alkibiades* auch in: *Das junge Deutschland* 1, Nr. 2 (Februar 1918), 51f.⟩
Kaiser 1918
Georg Kaiser, *Vision und Figur*, in: *Das junge Deutschland* 1, Nr. 10 (Oktober 1918), 314f. ⟨auch in: *Theaterzeitung der Staatlichen Bühnen Münchens* 1, Nr. 1 (Januar 1920)⟩
Kaiser 1920
Georg Kaiser, *Mythos*, in: *Theaterzeitung der Staatlichen Bühnen Münchens* 1, Nr. 4 (Januar 1920), 8f.
Kaiser Werke
Georg Kaiser, *Werke*, hg. von Walther Huder, 6 Bde., Frankfurt/Main: Propyläen 1970-72
- Band 4: *Filme, Romane, Erzählungen, Aufsätze, Gedichte*
Kasack 1956
Hermann Kasack, *Mosaiksteine. Beiträge zu Literatur und Kunst*, Frankfurt/Main: Suhrkamp
Kerr 1923
Alfred Kerr, *Toller und Brecht in Leipzig*, in: *Berliner Tageblatt*, 11. Dezember 1923

Kipling: Soldaten-Geschichten 1900
Rudyard Kipling, *Soldaten-Geschichten*, übersetzt von General von Sichart, Berlin: Vita Neues Verlagshaus
Kipling: Das Licht erlosch 1900
Rudyard Kipling, *Das Licht erlosch*, übersetzt von Leopold Rosenzweig, Stuttgart, Leipzig: Deutsche Verlags-Anstalt
Kipling: Balladen aus dem Biwak 1911
Rudyard Kipling, *Die Balladen aus dem Biwak*, übersetzt von Marx Möller, Berlin: Vita Neues Verlagshaus
Kipling: Mylord der Elefant 1913
Rudyard Kipling, *Mylord der Elefant. Mancherlei neue Geschichten*, übersetzt von Leopold Lindau, Berlin: Fleischel
Krabiel 2006
Klaus-Dieter Krabiel, *»Die Beiden«: Ein Sonett Hugo von Hofmannsthals, fortgeschrieben von Eugen Berthold Brecht (mit der Bilanz einer Beziehung)*, in: *Brecht Jahrbuch | Brecht Yearbook* 31 (2006), 63-81
Kuhlmann 1999
Heide Kuhlmann, *Yohimbin. Potenzkraft vom Äquator*, in: *Pharmazeutische Zeitung* 47 (1999), http://www.pharmazeutische-zeitung.de
Kühn 1950
Macht auf das Tor! Alte Deutsche Kinderlieder, Scherze und Singspiele, zum Teil mit Melodien, ausgewählt von Maria Kühn, Königstein im Taunus: Karl Robert Langewiesche
Kutscher 1907
Artur Kutscher, *Hebbel als Kritiker des Dramas: Seine Kritik und ihre Bedeutung*, Berlin: Behr
Kutscher 1960
Artur Kutscher, *Der Theaterprofessor. Ein Leben für die Wissenschaft vom Theater*, München: Ehrenwirth
Lobsien 1906
Nun singet und seid froh! Deutsche Volkslieder, gesammelt von Wilhelm Lobsien, Bremen: Niedersachsen-Verlag Carl Schünemann, 2. Auflage ⟨*Brecht-Bibliothek* 2018⟩
Lucchesi/Shull 1988
Joachim Lucchesi, Ronald K. Shull, *Musik bei Brecht*, Frankfurt/Main: Suhrkamp
Lyon 1975
James K. Lyon, *Bertolt Brecht and Rudyard Kipling. A Marxist's Imperialist Mentor*, The Hague, Paris: Mouton
Lyon 2006
James K. Lyon, *»Auch der Baum hat mehrere Theorien«: Brecht, Trees, and Humans*, in: *Brecht Jahrbuch | Brecht Yearbook* 31 (2006), 155-169
Meier-Lenz 1996
Dieter P. Meier-Lenz, *Brecht und der Pflaumenbaum*, in: *Dreigroschenheft* 1 (1996), 31-37
Meyer 1909
Meyers Großes Konversations-Lexikon, Leipzig: Meyer
Moser/Tegeler 1995
Dietz-Rüdiger Moser, Stefanie Tegeler, *»Nichts stellte er dar als die Wahrheit«. Karl Valentin in seiner Beziehung zu Bertolt Brecht*, in: *Literatur in Bayern* 40 (Juni 1995), 18-25
Mozart: Sonaten
Wolfgang Amadeus Mozart, *Sonaten für Pianoforte Solo*, hg. von Louis Koehler und Richard Schmidt, neu revidierte Ausgabe, Leipzig: C. F. Peters o. J.
Mozart: Don Giovanni
Wolfgang Amadeus Mozart, *Don Giovanni. Oper in zwei Aufzügen von Lorenzo da Ponte*, deutsche Übertragung nach der Überlieferung und dem Urtext von Georg Schünemann, Leipzig: Reclam ⟨1950; *Brecht-Bibliothek* 2014⟩
Münsterer 1966
Hanns Otto Münsterer, *Bert Brecht. Erinnerungen aus den Jahren 1917-1922. Mit Photos, Briefen und Faksimiles*, Berlin, Weimar: Aufbau ⟨durchgesehene Auflage⟩
Nietzsche KSA
Friedrich Nietzsche, *Kritische Studienausgabe der Werke*, hg. von Giorgio Colli und Mazzino Montinari, 15 Bde., 2., durchgesehene Auflage, München: Deutscher Taschenbuch Verlag 1988
- Band 1, 9-156: *Die Geburt der Tragödie*
- Band 3, 343-650: *Die fröhliche Wissenschaft*
- Band 4: *Also sprach Zarathustra*
- Band 6, 9-53: *Der Fall Wagner*
- Band 7, 441-572: *Nachgelassene Fragmente Frühjahr-Herbst 1881*

Parker 2010
Stephen Parker, *What was the Cause of Brecht's Death? Towards a Medical History*, in: *Brecht Jahrbuch | Brecht Yearbook* 35 (2010), 291-307
Petersen 1981
Klaus Petersen, *Die »Gruppe 1925«. Geschichte und Soziologie einer Schriftstellervereinigung*, Heidelberg: Carl Winter Universitätsverlag
Reichwein 1980
Sabine Reichwein, *Die Litfaßsäule. Die 125jährige Geschichte eines Straßenmöbels aus Berlin*, Berlin: Presse- und Informationsamt (*Berliner Forum*, Jg. 1980, Heft 5)
Reimann 1952
Hans Reimann, *Literazzia. Ein Streifzug durchs Dickicht der Bücher*, München: Pohl
Rousseau 1984
Jean-Jacques Rousseau, *Diskurs über die Ungleichheit. Kritische Ausgabe des integralen Textes*, hg. von Heinrich Meier, Paderborn: Schöningh
Schmidt 1966
Dieter Schmidt, *»Baal« und der junge Brecht. Eine textkritische Untersuchung zur Entwicklung des Frühwerks*, Stuttgart: Metzler
Schöne 1956
Albrecht Schöne, *Bertolt Brecht: Erinnerung an die Marie A.*, in: *Die deutsche Lyrik. Form und Geschichte. Interpretationen*, hg. von Benno von Wiese, Bd. 2: *Von der Spätromantik bis zur Gegenwart*, Düsseldorf: August Bagel, 485-494
Schürer 1971
Ernst Schürer, *Georg Kaiser und Bertolt Brecht. Über Leben und Werk*, Frankfurt/Main: Athenäum
Sternheim: Marquise 1919
Carl Sternheim, *Die Marquise von Arcis. Schauspiel in fünf Aufzügen nach Diderot*, Leipzig: Kurt Wolff
Thom 1918
Andreas Thom, *Ambros Maria Baal. Ein Roman der Lüge*, Berlin: Die Wende
Tschörtner 1986
Heinz-Dieter Tschörtner, *Bertolt Brecht und Hauptmann*, in: *Weimarer Beiträge*, Jg. 32 (1986), Nr. 3, 386-403
Valentin 1978
Alles von Karl Valentin, hg. von Michael Schulte, München und Zürich: Piper
Verlaine 1881
Paul Verlaine, *Sagesse*, Paris: Librairie Catholique
Wächter 1988
Oskar Wächter, *Sprichwörter und Sinnsprüche der Deutschen in neuer Auswahl*, Gütersloh: Bertelsmann
Weber 1973
Betty Nance Weber, *Bertolt Brecht and Friedrich Hebbel. A Study in Literary Influence and Vandalism*, Diss. University of Wisconsin
Witt 1964
Hubert Witt (Hg.), *Erinnerungen an Brecht*, Leipzig: Reclam
Wizisla 2009
Erdmut Wizisla (Hg.), *Begegnungen mit Brecht*, Leipzig: Lehmstedt
Zech 1913
Paul Zech, *Das Baalsopfer*, in: *Der Sturm*, Jg. 4 (1913/14), 160f.
Zech 1917
Paul Zech, *Der schwarze Baal. Novellen*, Leipzig: Verlag der Weißen Bücher ⟨2., umgestellte Auflage Leipzig: Kurt Wolff 1919⟩
Zuckmayer 1966
Carl Zuckmayer, *Als wär's ein Stück von mir. Horen der Freundschaft*, Frankfurt/Main: Fischer
Zukunft der deutschen Bühne 1917
Die Zukunft der deutschen Bühne, hg. vom Schutzverband deutscher Schriftsteller, Berlin: Oesterheld
- 106f.: Georg Kaiser ⟨Anwort auf eine Umfrage zur *Resolution des Schutzverbandes deutscher Schriftsteller vom 10. Mai 1917*⟩

Register

Brecht: Sammeltitel

Brecht: Einzeltitel

Institutionen

Personen und Werke

Heym, Georg (1887-1912) *NB 3*: 11^{r}
Hiller, Kurt (1885-1972) *NB 3*: 11^{r}, 47^{v}.10-49^{v}.20
Hoddis, Jakob van ⟨Pseudonym von Hans Davidsohn⟩ (1887-1942) *NB 3*: 11^{r}
Hoffmann, Kurt (1910-2001) *NB 3*: 45^{v}
Hofmannsthal, Hugo von (1874-1929)
Das Theater der Neuen *NB 2*: 11^{v}-12^{r}
Die Beiden *NB 2*: 11^{v}-12^{r}
Jedermann *NB 2*: 11^{v}-12^{r}
Hohenester, Max (1897-1956) *NB 2*: 16^{v}.11-13 *NB 3*: 46^{r}-47^{v}.8
Hölderlin, Friedrich (1770-1843)
Menschenbeifall *NB 3*: 47^{r}.17-18
Horaz ⟨Quintus Horatius Flaccus⟩ (65-8 v.Chr.) *NB 3*: 7^{v}.18-25
Ibsen, Henrik (1828-1906) *NB 3*: 47^{v}.10-49^{v}.20
Israng, Pauline *NB 2*: 15^{v}
Janetzky, Christian *NB 3*: 6^{v}.14-17
Jesus Christus (ca. 7-4 v.Chr. – ca. 30-33 n.Chr.) *NB 3*: 23^{r}.15-24^{v}.16, 37^{r}
Johst, Hanns (1890-1978) *NB 3*: 2^{r}.1-7, 8^{r}.16-19, 37^{v}-38^{v}.3, 47^{v}.10-49^{v}.20
Der Einsame *NB 3*: 4^{r}.3-4^{v}.1, 8^{r}.16-19, 19^{v}.1
Kaiser, Georg (1878-1945) *NB 3*: 9^{r}-8^{v}.21, 18^{v}.13-17, 47^{v}.10-49^{v}.20
Brand im Opernhaus *NB 3*: 16^{v}.6-18^{r}.3
Das Drama Platons *NB 3*: 16^{v}.6-18^{r}.3, 19^{r}-19^{v}.7
Der gerettete Alkibiades *NB 3*: 16^{v}.6-18^{r}.3, 18^{r}.5-18^{v}.11
Der verwundete Sokrates *NB 3*: 16^{v}.6-18^{r}.3
Dichter und Regisseur *NB 3*: 16^{v}.6-18^{r}.3
Die Koralle *NB 3*: 16^{v}.6-18^{r}.3
Die Sorina *NB 3*: 16^{v}.6-18^{r}.3
Die Versuchung *NB 3*: 16^{v}.6-18^{r}.3
Gas I *NB 3*: 16^{v}.6-18^{r}.3, 18^{r}.5-18^{v}.11
Hölle Weg Erde *NB 3*: 16^{v}.6-18^{r}.3
Konstantin Strobel *NB 3*: 16^{v}.6-18^{r}.3
Mythos *NB 3*: 16^{v}.6-18^{r}.3
Vision und Figur *NB 3*: 16^{v}.6-18^{r}.3
Von morgens bis mitternachts *NB 3*: 16^{v}.6-18^{r}.3
Kaiser Wilhelm II. ⟨→ Wilhelm II.⟩
Kipling, Rudyard (1865-1936) *NB 1*: 20^{r} *NB 2*: 1^{v}-2^{r}.4 *NB 3*: 45^{v}
Balladen aus dem Biwak *NB 3*: 46^{v}.19
Das Licht erlosch *NB 3*: 46^{v}.19
Debits and Credits *NB 3*: 46^{v}.19
Die schönste Geschichte der Welt *NB 3*: 46^{v}.19
Moti Guj *NB 3*: 46^{v}.19
Mylord der Elefant *NB 3*: 46^{v}.19
Puck of Pook's Hill *NB 3*: 46^{v}.19
Soldaten-Geschichten *NB 3*: 46^{v}.19
Kempner, Alfred ⟨→ Kerr, Alfred⟩
Kerr, Alfred ⟨Pseudonym von Alfred Kempner⟩ (1867-1948) *NB 2*: 2^{r}.5-11 *NB 3*: 47^{v}.10-49^{v}.20
Klabund ⟨Pseudonym von Alfred Henschke⟩ (1890-1928) *NB 3*: 41^{v}.7-9
Koloman ⟨Heiliger⟩ (gest. 1012) *NB 3*: 16^{v}.1-4
Kopp, Conrad (geb. 1903) *NB 3*: 31^{r}.1-14
Kuhn, Hedwig ⟨oder: Hedda, He⟩ (1898-1976) *NB 2*: 1^{r} *NB 3*: 6^{v}.14-17, 16^{v}.1-4, 41^{v}.7-9, 46^{r}-47^{v}.8, 50^{v}.4-5
Kutscher, Artur ⟨oder: Arthur⟩ (1878-1960) *NB 2*: 14^{r}.19 *NB 3*: 4^{r}.3-4^{v}.1, 6^{v}.14-16, 8^{r}.16-19, 16^{v}.1-4, 16^{v}.6-18^{r}.3, 19^{r}-19^{v}.7, 19^{v}.10-21^{r}.9
Hebbel als Kritiker des Dramas *NB 3*: 19^{v}.10-21^{r}.9
Hebbel und Grabbe *NB 3*: 19^{v}.10-21^{r}.9
Lettner, Oscar *NB 2*: 1^{v}
Levin, Georg ⟨→ Walden, Herwarth⟩
Leyen, Friedrich von der (1873-1966) *NB 3*: 6^{v}.14-17
Liebknecht, Karl (1871-1919) *NB 2*: 15^{v}
Löffler, Marta ⟨→ Feuchtwanger, Marta⟩
Lud ⟨→ Prestel, Ludwig⟩
Luxemburg, Rosa (1871-1919) *NB 2*: 15^{v}
Mann, Thomas (1875-1955) *NB 2*: 11^{v}-12^{r}
Mannheim, Doris ⟨oder: Dora, Doris Hasenfratz⟩ (1896-1974) *NB 3*: 43^{r}.1-5
⟨Adresse:⟩ *NB 3*: 43^{v}.1-5, 50^{r}.1-4
Märker, Friedrich (1893-1985) *NB 3*: 37^{v}-38^{v}.3
Mayer, Friedrich *NB 1*: 3^{r}
Merz, Hermann (1875-1944) *NB 2*: 11^{v}-12^{r}
Mozart, Wolfgang Amadeus (1756-1791)
Don Giovanni *NB 1*: 20^{r} *NB 3*: 32^{r}-32^{v}.10
Klaviersonate in F-Dur *NB 3*: 44^{v}.1-2
Müllereisert, Otto ⟨oder: Buschiri, Heigei, Heilgei, Otto Müllereisert⟩ (1900-1967) *NB 1*: 1^{r}, 2^{r} *NB 2*: 12^{v}.9-14^{r}.19
Müller, Otto ⟨→ Müllereisert, Otto⟩
Muncker, Franz (1855-1926) *NB 3*: 6^{v}.14-17
Münsterer, Hanns Otto (1900-1974) *NB 1*: 1^{r} *NB 2*: 8^{r}.11-16 *NB 3*: 19^{v}.10-21^{r}.9
Bert Brecht *NB 1*: 1^{r}, 2^{r}, 2^{v}, 5^{r}, 5^{v}, 6^{v}-7^{r} *NB 2*: 12^{v}.9-14^{r}.19, 16^{v}.11-13 *NB 3*: 8^{r}-11, 11^{v}, 12^{v}-13^{r}, 13^{v}-14^{v}.1, 23^{r}.15-24^{v}.16, 25^{r}-26^{r}.14, 41^{r}.12-16, 42^{v}.1-6, 46^{r}-47^{v}.8

Neher, Caspar ⟨oder: Cas⟩ (1897-1962) *NB 1*: 1r, 2r *NB 2*: 9v.1-7, 12v.9-14r.19, 15v *NB 3*: 1v, 4r.3-4v.1, 5v-6r.1, 6r.17-20, 7v.1-16, 8r.1-11, 11v, 12v-13r, 16v.6-18r.3, 19v.10-21r.9, 23r.15-24v.16, 26r.1-9, 31r.1-14, 32r-32v.10, 37v-38v.3, 41v.7-9, 42v.1-6, 46r-47v.8
Neher, Marietta *NB 3*: 26r.7
Nellhaus, Gerhard *NB 3*: 46r-47v.8
Nietzsche, Friedrich (1844-1900) *NB 3*: 16v.6-18r.3, 23r.15-24v.16, 46r-47v.8
Nithart, Mathis ⟨→ Grünewald, Matthias⟩
Orge ⟨→ Pfanzelt, Georg⟩
Ostheimer, Therese (1898-1977) *NB 3*: 46v.19
Passy-Cornet ⟨Schauspieler⟩ *NB 2*: 11v-12r
Pedersen, Knut ⟨→ Hamsun, Knut⟩
Petronius, Gajus ⟨oder: Arbiter⟩ (um 14-66)
Satyricon *NB 2*: 16v.11-13
Pfanzelt, Georg ⟨oder: George, Geörge, Orge, That's all⟩ (1893-1963) *NB 1*: 1r *NB 2*: 12v.9-14r.19 *NB 3*: 26r.1-9, 31v.1-3
Pfemfert, Franz (1879-1954) *NB 3*: 11r
Platon (427-347 v. Chr.) *NB 3*: 16v.6-18r.3, 19r-19v.7
Prestel, Ludwig ⟨oder: Lud⟩ (geb. 1900) *NB 1*: 1r, 2r, 6r
Prestel, Rudolf (geb. 1898) *NB 1*: 6r
Rauft ⟨Schauspieler⟩ *NB 2*: 11v-12r
Recht, Oskar Camillus *NB 2*: 10v-11r
Rilke, Rainer Maria (1875-1926) *NB 2*: 11v-12r
Rilson, Einar *NB 2*: 11v-12r
Rösner, Willy ⟨oder: Willi⟩ (1893-1966) *NB 2*: 11v-12r
Rousseau, Jean-Jacques (1712-1778)
Diskurs über die Ungleichheit *NB 3*: 34r.1-20
Rubiner, Ludwig (1882-1920) *NB 3*: 11r
Scheuffelhut, Heinrich (geb. 1898) *NB 2*: 2r.5-11
Schickele, René (1883-1940) *NB 3*: 18r.5-18v.11
Schiller, Friedrich (1759-1805) *NB 3*: 47v.10-49v.20
Die Räuber *NB 3*: 45v
Don Carlos *NB 3*: 45v, 47v.10-49v.20
Schmid, Eduard ⟨→ Edschmid, Kasimir⟩
Schmidt, Berta *NB 3*: 7v.1-16
Schopenhauer, Arthur (1788-1860) *NB 3*: 31r.1-14
Scholz, Ludwig *NB 2*: 1r
Schwanneke, Viktor (1880-1931) *NB 3*: 37v-38v.3
Shakespeare, William (1564-1616) *NB 3*: 19v.10-21r.9
Sinclair, Upton (1878-1968)
Der Sumpf *NB 3*: 45v
Spartacus (gest. 71 v. Chr.) *NB 2*: 15v
Spengler, Oswald (1880-1936)
Der Untergang des Abendlandes *NB 3*: 9r-8v.21
Spiegel, Leopold *NB 2*: 1r
Steinrück, Albert (1872-1929) *NB 3*: 37v-38v.3
Sternheim, Carl (1878-1942) *NB 3*: 18v.13-17, 47v.10-49v.20
1913 *NB 3*: 18v.13-17
Die Marquise von Arcis *NB 3*: 31r.16-17
Stetten, Georg (1866-1925) *NB 2*: 11v-12r
Stoff, Magdalena *NB 2*: 11v-12r
Strich, Fritz (1882-1963) *NB 3*: 6v.14-17
Strindberg, August (1849-1912) *NB 3*: 47v.10-49v.20
Stücker, Helene *NB 3*: 11r
That's all ⟨→ Pfanzelt, Georg⟩
Tschechow, Anton Pawlowitsch (1860-1904) *NB 3*: 47v.10-49v.20
Tschechowa, Olga (1897-1980) *NB 3*: 37r
Tucholsky, Kurt (1890-1935) *NB 3*: 50v.4-5
Lied der Cowgoys *NB 3*: 46r-47v.8
Valentin, Karl ⟨Pseudonym von Valentin Ludwig Fey⟩ (1882-1948) *NB 3*: 40v.1-7, 46r-47v.8
Verlaine, Paul (1844-1896) *NB 3*: 19r-19v.7
Gaspard Hauser chante: *NB 3*: 50v.4-5
Villon, François (ca. 1431 – ca. 1463) *NB 2*: 1v-2r.4
Vischer, Friedrich Theodor (1807-1887)
Auch Einer *NB 3*: 43v.1-6
Walden, Herwarth ⟨Pseudonym von Georg Levin⟩ (1878-1941) *NB 3*: 11r
Warschauer, Esther *NB 3*: 40v.14-16
Warschauer, Frank ⟨oder: Franz⟩ (1892-1940) *NB 3*: 40v.14-16
Warschauer, Hermine *NB 3*: 40v.14-16
Wassermann, Jakob (1873-1934)
Kaspar Hauser *NB 3*: 50v.4-5
Wedekind, Frank ⟨oder: Benjamin Franklin⟩ (1864-1918) *NB 1*: 2r *NB 3*: 19r-19v.7, 50v.4-5
Schloß Wetterstein *NB 2*: 16v.11-13
Wegner, Armin (1886-1978) *NB 3*: 11r
Weigel, Helene (1900-1971) *NB 2*: 16r
Werfel, Franz (1890-1945) *NB 2*: 11v-12r
Wilhelm II. ⟨deutscher Kaiser⟩ (1859-1941) *NB 3*: 19r.9
Wolff, Kurt (1887-1963) *NB 3*: 18r.5-18v.11
Zarek, Otto (1898-1958) *NB 2*: 12v.9-14r.19
Zoff, Marianne (1893-1984) *NB 2*: 10v-11r, 12v.9-14r.19 *NB 3*: 14v.4-15v.22, 25r-26r.14

Editionsplan

Band 1	*Notizbücher* 1-3	(1918-20)
Band 2	*Notizbücher* 4-8	(1920)
Band 3	*Notizbücher* 9-12	(1921)
Band 4	*Notizbücher* 13-16	(1922-25)
Band 5	*Notizbücher* 17-20	(1926)
Band 6	*Notizbücher* 21-23	(1927-29)
Band 7	*Notizbücher* 24-25	(1927-30)
Band 8	*Notizbücher* 26-30	(1928-31)
Band 9	*Notizbücher* 31-35	(1931-37)
Band 10	*Notizbücher* 36-45	(1932-38)
Band 11	*Notizbücher* 46-49	(1940-49)
Band 12	*Notizbücher* 50-54	(1948-53)
Band 13	*Adreßbücher* 1-2	(1930-56)
Band 14	*Einzelblätter*	